T5-BBZ-734

Wissenschaftliche Untersuchungen
zum Neuen Testament · 2. Reihe

Herausgeber/Editor
Jörg Frey

Mitherausgeber / Associate Editors
Friedrich Avemarie · Judith Gundry-Volf
Martin Hengel · Otfried Hofius · Hans-Josef Klauck

197

Enno Edzard Popkes

Die Theologie der Liebe Gottes in den johanneischen Schriften

Zur Semantik der Liebe und zum Motivkreis des Dualismus

Mohr Siebeck

ENNO EDZARD POPKES, geboren 1969; Studium der Theologie und Philosophie in Hamburg und Tübingen; 2004 Promotion; Habilitand im Rahmen des Graduiertenkollegs „Leitbilder der Spätantike" an der Universität Jena.

BS
2601
. P67
2005

ISBN 3-16-148669-2
ISSN 0340-9570 (Wissenschaftliche Untersuchungen zum Neuen Testament 2. Reihe)

Die Deutsche Bibliothek verzeichnet diese Publikation in der Deutschen Nationalbibliographie; detaillierte bibliographische Daten sind im Internet über *http://dnb.ddb.de* abrufbar.

© 2005 Mohr Siebeck Tübingen.

Das Werk einschließlich aller seiner Teile ist urheberrechtlich geschützt. Jede Verwertung außerhalb der engen Grenzen des Urheberrechtsgesetzes ist ohne Zustimmung des Verlags unzulässig und strafbar. Das gilt insbesondere für Vervielfältigungen, Übersetzungen, Mikroverfilmungen und die Einspeicherung und Verarbeitung in elektronischen Systemen.

Das Buch wurde von Druckpartner Rübelmann GmbH in Hemsbach auf alterungsbeständiges Werkdruckpapier gedruckt und von der Buchbinderei Schaumann in Darmstadt gebunden.

Meinen lieben Eltern

Vorwort

Die vorliegende Studie wurde im Sommersemester 2004 an der Evangelisch-Theologischen Fakultät der Ludwig-Maximilians-Universität München als Dissertation angenommen. Für den Druck wurden nur geringfügige formale Änderungen vorgenommen.

Während der Abfassung dieser Arbeit haben mich viele Personen begleitet, denen ich an dieser Stelle danken möchte. Allen voran gilt dies für Prof. Dr. Jörg Frey, der mir im besten Sinne des Wortes ein theologischer Lehrer war. Meine Tätigkeit als Assistent an seinem Lehrstuhl war geprägt von einer intensiven, inspirierenden wissenschaftlichen Forschungsgemeinschaft und von einer äußerst angenehmen Arbeitsatmosphäre – es war eine Zeit, an die ich mich immer dankbar erinnern werde und die mir bleibende Impulse für meine weiteren Wege schenkte.

Das Zweitgutachten für die vorliegende Studie erstellte Prof. Dr. Alexander J. M. Wedderburn. Auch ihm möchte ich danken für die Zeit der Zusammenarbeit und viele anregende Diskussionen. Letzteres gilt auch für die Teilnehmer unserer neutestamentlichen Kolloquien. In diesem Zusammenhang möchte ich v. a. Prof. Dr. Ferdinand Hahn nennen, der mit seinem fachlichen Rat und seiner menschlichen Herzlichkeit die bleibende Lebensfreude personifiziert, die wissenschaftliche Theologie vermitteln kann.

Ferner danke ich meinen Assistenten-Kolleg(inn)en PD Dr. Christina Hoegen-Rohls, Dr. Jutta Leonhardt Baltzer, Dr. Carsten Claußen und v. a. meinem langjährigen ‚Zimmergenossen' Dr. Michael Becker, der mir oft dabei half, an den Abgründen der Computertechnik nicht zu verzweifeln.

Den Herausgebern der ‚Wissenschaftlichen Untersuchungen zum Neuen Testament; 2. Reihe' danke ich für die Aufnahme meiner Studie – auch in diesem Zusammenhang sei wiederum Prof. Dr. Jörg Frey im besonderen genannt. Den Mitarbeitern des Verlags Mohr Siebeck danke ich für die professionelle und freundliche Betreuung bei der Veröffentlichung, insbesondere meinen persönlichen Ansprechpartnerinnen Ilse König und Juliane Haag.

Ebenso möchte ich an dieser Stelle die ‚hilfreichen Geister' nennen, die mir bei den Mühen der Korrekturlesung beistanden, nämlich Nadine Keßler, Juliane Schlegel, Claudia Hixs, Tanja Schultheiß, Sönke Finnern, Manuel Ceglarek und Andreas Gripentrog.

Im besonderen Maße danke ich meiner Freundin Stephanie Sabrina Gripentrog. Sie durchlebte mit mir die unterschiedlichen Stadien der Entstehung dieser Studie und zeigte großes Verständnis für die zeitlichen Entbehrungen, die eine solche Lebensphase mit sich bringt.

Widmen möchte ich dieses Buch meinen Eltern Maria Luise und Lüko Berend Janssen Popkes. Auch wenn mein Vater bereits während meines Studiums starb, erfuhr ich von ihnen eine seelische und materielle Unterstützung, deren Früchte u. a. auch in dieser Arbeit sichtbar wurden. Und auch meine Liebe zu den biblischen Texten verdanke ich nicht zuletzt meinen Eltern.

München, im Frühjahr 2005   Enno Edzard Popkes

Inhaltsübersicht

Teil 1: Einleitung

Teil 2: Die Themen im Kontext der johanneischen Briefe

Teil 3: Die Themen im Kontext des Johannesevangeliums

Inhaltsverzeichnis

Verzeichnis tabellarischer Darstellungen und Exkurse

Tabellarische Darstellungen

Exkurse

Abkürzungsverzeichnis

Die Abkürzungen für Buchreihen, Zeitschriften etc. orientieren sich an S. M. SCHWERTNER, Internationales Abkürzungsverzeichnis für Theologie und Grenzgebiete, 2. Aufl., Berlin/New York 1992 (allerdings wird in der Zitation biblischer Bücher statt I Joh stets 1 Joh etc. gewählt). Im Literaturverzeichnis sind die Kurztitel durch Kursivierung gekennzeichnet.

Ferner folgen die Abkürzung der Nag-Hammadi-Schriften der Aufstellung von H.-M. SCHENKE, Nag Hammadi Deutsch (hrsg. durch die Berlin-Brandenburgische Akademie der Wissenschaften, eingeleitet und übersetzt von Mitgliedern des Berliner Arbeitskreises für Koptisch-Gnostische Schriften; hrsg. von H.-M. Schenke/H.-G. Bethge/U. U. Kaiser) Koptische-gnostische Schriften 2: NHC I,1-V,1 (GCS N. F. 8) Berlin/New York 2001, XIX-XXI.

Teil 1
Einleitung

§ 1 Thematische Hinführung

1. Problemanzeige

Die johanneischen Schriften erfuhren in der Geschichte ihrer Auslegung ausgesprochen gegensätzliche Beurteilungen. *Einerseits* konnten sie als Dokumente einer heilsuniversalen „Theologie der Liebe Gottes"[1] verstanden werden – *andererseits* als Zeugnisse einer „partikularistische(n) Konventikelethik"[2], die „mit einer Lieblosigkeit erkauft wird, die innerhalb der neutestamentlichen Schriften beispiellos ist."[3] Die Grundzüge dieser konträren Auslegungstraditionen können folgendermaßen skizziert werden:

Mehrheitlich wird Joh 3,16f. als ein Evangelium *in nuce*, ein „miniature gospel"[4] verstanden, dessen universalistische Grundintention im weiteren Evangelium entfaltet wird: Aus Liebe zum κόσμος gab bzw. sandte Gott seinen Sohn, damit die Welt durch ihn gerettet werde. Jesus wiederum sandte seine Jünger in die Welt, wie er vom Vater gesandt wurde (Joh 17,18; 20,21). Durch die Liebe und Einheit der Gemeinde soll der Kosmos zu Glauben und Erkenntnis gelangen (Joh 13,35; 14,31; 17,21.23)[5]. Diese Aspekte sprechen dafür, daß für die johanneische Theologie die Welt nicht nur der Schauplatz, sondern das Objekt der Liebe Gottes ist[6]. Da Jesus die Liebe Gottes personifiziert, erweist er sich als das ‚Licht *der Welt*', als der

---

[1] Vgl. T. Söding, Gott, 346.

[2] Vgl. W. Schrage, Ethik, 300.

[3] Vgl. W. Marxsen, Ethik, 263.

[4] So B. Lindars, John, 81. Paradigmatisch für eine Vielzahl entsprechender Einschätzungen resümiert R. Schnackenburg, Johannesevangelium I, 423: „In einem Satz, der sich für alle Zeit tief eingeprägt hat, faßt die kerygmatische Rede die ganze christliche Erlösungsbotschaft zusammen."

[5] So konstatiert z. B. C. Dietzfelbinger, Abschied, 329: „Dieselbe Liebe, mit der Gott Jesus von Uranfang geliebt hat (Joh 17,23f.; 10,17; 15,9), wird an den Glaubenden wirken und auf diese Weise wird Jesus in ihnen sein. ... Es ist die Gemeinde, auf die sich die Liebe Gottes richtet, und über die Gemeinde erreicht sie die ganze Welt (Joh 17,21.23)." Entsprechend erkennt M.-T. Sprecher, Einheitsdenken, 179f. „eine Bewegung der Liebe ... vom Vater über den Sohn zur Gemeinde", die sich schließlich auch auf die Welt bezieht.

[6] So U. Schnelle, Johannes, 75f.; tendenziell ähnlich H. Weder, Asymmetrie, 454.

‚Retter *der Welt*' bzw. als das ‚Lamm, daß die Sünde *der Welt* trägt' (Joh 1,29; 4,42; 8,12; 1 Joh 2,2; 4,14)[7]. Im Christusgeschehen offenbart sich der „Vorentscheid Gottes zum Heil der gesamten Menschheit"[8], die nun auf das Heilsangebot Gottes reagieren muß[9]. In der Verheißung der Einwohnung der ewigen Liebe zwischen Gott und Jesus in der Gemeinschaft der Glaubenden (Joh 17,24.26) entfaltet „das Motiv der Liebe Gottes seinen vollen Klang"[10]. Das johanneische Missionsverständnis zielt darauf, Menschen in diese Liebesgemeinschaft zu integrieren[11]. Die johanneische ‚Theologie der Liebe Gottes' kulminiert schließlich in der Erkenntnis, daß Gott Liebe ist (1 Joh 4,8.16). Diese Aussage über das Wesen Gottes bzw. der Liebe kann als eine „christologische Konsequenz gesamt-biblischer Gottesrede im Horizont des Glaubens an Jesus Christus"[12] verstanden werden.

Die johanneischen Schriften weisen jedoch auch Züge auf, die eine diametral entgegengesetzte Interpretation nahelegen. Während Jesus – der synoptischen Tradition zufolge – die mit der Gottesliebe verschränkte Nächstenliebe als höchstes bzw. erstes Gebot versteht (vgl. Mk 12,31 parr.), spricht der johanneische Jesus explizit nur von einer innergemeindlichen Liebe (Joh 13,34f.; 15,12.17). Eine Feindesliebe bzw. ein Gebet für Feinde wird im Gegensatz zu Mt 5,44; Lk 6,35 nicht gefordert. Statt dessen sollen die johanneischen Gemeindeglieder nicht einmal für Mitchristen beten, die eine ‚Sünde zum Tode' begangen haben (1 Joh 5,16). Vor einer Liebe zur Welt wird strikt gewarnt (1 Joh 2,15-17) und die Menschheit wird in Teufels- oder Gotteskinder differenziert, deren jeweiliges Verhalten durch ihre ontologische Grundverfassung determiniert zu sein scheint (vgl. Joh 8,44-47; 1 Joh 3,7-10, besonders V 9). Wer eine falsche Lehre vertritt bzw. die Gemeinde verlassen hat, erweist sich als Antichrist (1 Joh 2,18f.; 2 Joh 7). Derartige Häretiker dürfen nicht gastfreundlich empfangen, ja nicht einmal begrüßt werden. Wer sich diesen Instruktionen widersetzt, ist nach 2 Joh 10f. ebenso schuldbelastet wie jene Irrlehrer.

---

[7]   Vgl. G. STÄHLIN, Jesus Christus, 73.

[8]   So J. BLANK, Krisis, 290.

[9]   R. BULTMANN, Theologie, 374 zufolge steht diese Reaktion auf Gottes „Einladung und Ruf zur Entscheidung" unter keinem prädestinatianischen Vorbehalt. Entsprechend J. BLANK, Krisis, 343: „Da der Glaube freie Tat und Entscheidung des Menschen ist, bleibt die Möglichkeit bestehen, daß der Mensch das Heilsangebot Gottes ausschlägt." Ähnlich u. a. R. SCHNACKENBURG, Johannesevangelium II, 330f.; R. KÜHSCHELM, Verstockung, 280 und besonders G. RÖHSER, Prädestination, 9. 179. 254.

[10] T. SÖDING, Gott, 344.

[11] Paradigmatisch J. G. VAN DER WATT, Family, 315: „As soon as one becomes a believer one finds oneself within the circle of familial love."

[12] T. SÖDING, Gott, 357. A. FEUILLET, Structure, 203 bzw. 215f. versteht 1 Joh 4,8.16 gar als die theologische Spitzenaussage aller neutestamentlichen Traditionsströme.

Diese Sequenzen inspirierten eine Auslegungstradition, welche jener erstgenannten Einschätzung der johanneischen Theologie als einer heilsuniversalen „Theologie der Liebe Gottes"[13] diametral entgegensteht. Demnach ist das Johannesevangelium „a ‚sectarian' document and the Johannine community a ‚sectarian' group"[14]. Das Motiv einer universalen Liebe Gottes zur Welt (Joh 3,16f.) sei keineswegs das Proprium johanneischer Theologie[15]. Dem ‚johanneischen Jesus' gehe es lediglich um die „Sammlung der prädestinierten Gotteskinder im Kosmos"[16]. Seine jüdischen Kontrahenten seien für ihn schlicht die Kinder des Teufels (Joh 8,44)[17]. Der Autor des Johannesevangeliums vertrete einen „radikalen, im Sinne der *praedestinatio gemina* zu verstehenden Prädestinatianismus"[18]. Der in der synoptischen Tradition gezeichnete „Jesus, der zu den Sündern und Zöllnern ging und das Gleichnis vom barmherzigen Samariter erzählte"[19], sei ausgeblendet und der „Geist Jesu von Nazareth aus den Mauern der johanneischen Schule vertrieben"[20]. Hierin zeige sich „die eherne Kälte des angeblichen Apostels der Liebe"[21], dessen Werk überhaupt nur „errore hominum et providentia Dei"[22] kanonisiert worden sei.

---

[13] Vgl. T. SÖDING, Gott, 346.

[14] So F. F. SEGOVIA, Hatred, 272 (tendenziell ähnlich J. L. HOULDEN, Ethics, 36; W. SCHRAGE, Ethik, 322; J. T. SANDERS, Ethics, 100 etc.). Vermittelnder spricht W. A. MEEKS, Sectarianism, 71 lediglich von einem „sectarian consciousness" der johanneischen Gemeinde.

[15] So M. LATTKE, Einheit, 12. Andererseits versteht z. B. O. HOFIUS, Wiedergeburt, 66f. die Verse durchaus als integralen Bestandteil johanneischen Denkens, ein heilsuniversales Verständnis sei jedoch schlicht ein Mißverständnis.

[16] Vgl. A. STIMPFLE, Blinde, 216.

[17] Auch wenn man Joh 8,44 nicht als „antijudaistischste Äußerung des NT" (so z. B. J. BECKER, Johannes I, 358) verstehen sollte, so ist sie sicherlich die „mißverstandenste und mißbrauchteste" (vgl. G. REIM, Gotteskinder/Teufelskinder, 624; zur unsäglichen Wirkungsgeschichte vgl. K. WENGST, Johannesevangelium I, 337f.). Selbst T. SÖDING, Gott, 354, der in den johanneischen Schriften eigentlich eine ‚Theologie der Liebe Gottes' erkennt (s. o. Anm. 1), resümiert diesbezüglich, daß trotz Joh 4,22 im Zeichen der christologischen Konzentration „die Erwählungsgeschichte Israels schier ausgeblendet" wird.

[18] Vgl. H.-C. KAMMLER, Christologie, 148. Ein streng dualistisches Verständnis johanneischer Theologie muß jedoch nicht zugleich prädestinatianisch ausgerichtet sein (vgl. u. a. die Skizze der Interpretationsansätze von L. Schottroff, W. Langbrandtner etc. in § 3/2.1 bzw. 2.2).

[19] So E. KÄSEMANN, Wille, 136.

[20] Vgl. E. STAUFFER, Botschaft, 47, der hierin Einflüsse des in der Gemeinderegel 1 QS dokumentierten Selbstverständnisses der Qumrangemeinschaft zu erkennen meint. Entsprechend ist für M. RESE, Bruderliebe, 57 das jesuanische Nächstenliebegebot „nicht nur eingeschränkt, sondern schlicht außer Kraft gesetzt."

[21] So E. KÄSEMANN, Wille, 131.

[22] E. KÄSEMANN, Wille, 154; rezipiert bzw. radikalisiert von A. STIMPFLE, 272: „Das Johannesevangelium wird als einzige wahre Jesus-Tradition für die einzig wahre

Die skizzierten Interpretationsansätze lassen sich in unterschiedlichen Stadien der Auslegungs- und Wirkungsgeschichte der johanneischen Schriften beobachten. Die konträren Tendenzen konnten einerseits unterschiedliche Formen einer Allversöhnungshoffnung bzw. -lehre inspirieren, andererseits strikt prädestinatianische Glaubensverständnisse[23]. Bis hinein in die gegenwärtigen Forschungsdiskussionen stehen diese Auslegungstraditionen unausgeglichen nebeneinander. Zweifelsohne eignet beiden eine *particula veri*, insofern sie sich auf entsprechende johanneische Sequenzen berufen können. Ein Diktum Ernst Käsemanns paraphrasierend könnte man geradezu resümieren, daß nicht erst der neutestamentliche Kanon die Vielschichtigkeit christlicher Lehrbildungen präfiguriert[24], sondern bereits jene Dialektik der johanneischen Theologie.

2. Der Ansatz

Die vorliegende Studie analysiert das Verhältnis zweier Themenkomplexe, an denen sich die in der Problemanzeige skizzierte Dialektik der johanneischen Theologie in besonderer Deutlichkeit beobachten läßt. Das Corpus Johanneum bietet ein vielschichtiges Repertoire liebessemantischer und

---

‚Kirche' des johanneischen Konventikel bzw. der Prädestiniert-Erwählten propagiert. Daß es später von der Großkirche als *das* Evangelium für Fragen des Glaubens und der Frömmigkeit rezipiert wurde, und zwar gerade in dem von Johannes nicht intendierten, zur Irreführung insinuierten Verständnis, ist eine Konsequenz, die ganz auf der Ebene johanneischer Ironie liegt".

[23] Zur Skizze und Diskussion entsprechender Traditionen vgl. u. a. J. C. JANOWSKI, Allerlösung I, 76f.; II, 296f.; K. BARTH, Kirchliche Dogmatik II/2, 466f. etc.). Entsprechend entfaltete primär die johanneische Liebes- und Geistmotivik philosophiegeschichtliche Wirkungen (exemplarisch sei verwiesen auf den als „religiöse Anthropotheologie" verstehbaren „Johanneismus" [vgl. H. TIMM, Liebe, 125ff.] und die Rezeption johanneischen Denkens im Deutschen Idealismus [vgl. W. A. SCHULZE, Johannesevangelium, 85-118] bzw. in der Ausbildung des neuzeitlichen Atheismus L. Feuerbachs [vgl. E. JÜNGEL, Gott, 430ff.]). Zu strikt prädestinatianischer Interpretation vgl. z. B. Augustins Ausführungen zu Joh 6,45 [praed. sanct. 13-15] bzw. Joh 12,37-40 [perseu. 35]; in diesen Spätschriften der semipelagianischen Streitigkeiten begründet Augustin seine zuvor besonders an paulinischen Texten orientierten Erwägungen zunehmend durch johanneische Texte [vgl. S. KOPP/A. ZUMKELLER, Semipelagianer, 488; E. E. POPKES, Anmerkungen, 166f.]. Diesbezüglich rekurrierten u. a. Gottschalk, Luther oder Calvin auf die Johannesexegese Augustins [zu Überblick und Kritik entsprechender Ansätze vgl. u. a. K. BARTH, Kirchliche Dogmatik II/2, 11ff. 114. 510; G. WENZ, Bekenntnisschriften, 712-733; W. PANNENBERG, Systematische Theologie, 477-501, besonders 490 Anm. 46; 499 Anm. 71]). Der deutlichsten Gegensatz zu einer heilsuniversalen Interpretation johanneischer Theologie ist sicherlich die antijüdische Wirkungsgeschichte von Joh 8,44 (vgl. K. WENGST, Johannesevangelium I, 337f.).

[24] Vgl. E. KÄSEMANN, Kanon, 214f.

dualistischer Motive[25]. Diese integralen Bestandteile johanneischen Denkens wurden bisher zumeist separat voneinander untersucht. Weniger Aufmerksamkeit erfuhr hingegen die Frage, in welcher Weise sie sich wechselseitig interpretieren. Gerade aus der Dialektik dieser Motive resultiert jedoch im wesentlichen die in der Problemanzeige skizzierte Divergenz der Forschungslage. Wenn man z. B. das Motiv der Liebe Gottes zur Welt (Joh 3,16f.) als eine interpretatorische Leitinstanz johanneischen Denkens versteht, so ist die Schärfe mancher dualistischer Motive zu relativieren. Attestiert man hingegen aufgrund der dualistischen Sprache der johanneischen Theologie einen grundsätzlichen ‚Dualismus‘, sind jene heilsuniversalen Motive zu relativieren.

Die Relevanz einer Verhältnisbestimmung der liebessemantischen und dualistischen Motive wurde bereits in unterschiedlichen thematischen Zusammenhängen konstatiert. In bezug auf das Verständnis der johanneischen Ethik wird dieser Sachverhalt z. B. von Rudolf Schnackenburg treffend in Worte gefaßt: „Die Beurteilung der joh. ‚Bruderliebe‘ ... hängt ... vom Gesamtverständnis joh. Christentums ab. Sieht man in ihm ein Abgleiten in eine esoterische, der Außenwelt verschlossene Haltung, kann man zu der Deutung gelangen, daß die Bruderliebe auf ihre Gruppe verengt war. Begreift man aber den Willen der joh. Gemeinden so, daß sie durch ihre tatkräftig geübte Bruderliebe anderen Menschen ein Zeugnis von der Liebe geben wollten, die ihnen Jesus aufgetragen und vorgelebt hatte, dann verbietet sich eine solche Engführung."[26] Angesichts dieser Problemstellung resümiert Hans Weder: „Von der Liebe Gottes zu reden vertrüge sich nicht damit, diese Liebe einzuschränken, etwa auf die Gott wohlgefälligen Menschen oder den johanneischen Gemeindeverband. Nimmt man diese universale Fassung der Gottesliebe ernst, so wird man nicht mehr von einer dualistischen Theologie des Johannesevangeliums sprechen dürfen."[27] Entsprechend erhebt auch Martin Hengel in der gesamttheologischen Bewertung johanneischen Denkens die Liebessemantik zur Interpretationsinstanz, insofern an partikularistischen bzw. dualistischen Sequenzen wie Joh 8,44; 2 Joh 10f. „von den johanneischen Spitzenaussagen Joh 3,16 oder 1 Joh 4,8 her ... innerjohanneische Sachkritik zu üben" sei[28]. Demgegenüber fällt z. B. für Michael Lattke das Motiv

---

[25] Ausführlich zum Repertoire der liebessemantischen und dualistischen Motive und der entsprechenden Arbeitsterminologie s. u. § 2.

[26] Vgl. R. SCHNACKENBURG, Botschaft II, 180f.

[27] So H. WEDER, Asymmetrie, 454. Ähnlich die traditionsgeschichtlichen Erwägungen von T. SÖDING, Gott, 338: „Besondere Akzente erhält die Aussage, daß Gottes Liebe dem *Kosmos* gilt, im Kontext des joh. Dualismus." (Hv. Söding); op. cit., 356: „Während Paulus seine Agape – Theologie vor dem Hintergrund einer apokalyptischen Äonenvorstellung entwickelt, projiziert sie die joh. Literatur auf die Folie eines dualistischen Welt-Raum-Bildes." Instruktiv erweist sich auch die Erwägungen von O. SCHWANKL, Licht, 16 Anm. 20, derzufolge die von F. NEIRYNCK, Duality, 75ff, für die markinische Theologie durgeführte Sichtung antithetischer Strukturen auch „einem besseren Verständnis des joh Dualismus dienen" könne. Für weitere entsprechende Einschätzungen sei auf den Forschungsbericht verwiesen.

[28] So M. HENGEL, Frage, 150.

der Liebe Gottes zur Welt „sachlich aus dem Rahmen"[29] der dualistischen Grundstruktur
johanneischer Theologie und kann somit nicht zu deren eigentlicher Aussageintention
gerechnet werden. Entsprechend ist z. B. Martin Rese zufolge durch das partikularistische Gemeindeverständnis „das Gebot der Nächstenliebe nicht nur eingeschränkt, sondern schlicht außer Kraft gesetzt"[30].

Auch wenn diese exemplarischen Forschungsstimmen die Relevanz einer
Verhältnisbestimmung der liebessemantischen und der dualistischen Motive dokumentieren, ist eine Analyse ihres Verhältnisses nach wie vor ein
Desiderat. Dieser Diskurs soll in der vorliegenden Studie weitergeführt
werden.

Um die Bedeutung der dualistischen und liebessemantischen Motive für
das johanneische Denken angemessen erfassen zu können, muß jene primäre Fragestellung in einen weiter gefaßten Problemhorizont eingeordnet
werden. So gilt es z. B. herauszuarbeiten, in welcher Weise diese Motive
in die argumentative Linienführung der johanneischen Schriften integriert
sind und welche textpragmatischen Funktionen sie verfolgen. Entsprechend ist zu fragen, was den (bzw. die) Verfasser dazu veranlaßte, sich
eines so vielfältigen Motivrepertoires zu bedienen. Werden lediglich traditionell vorgegebene Syntagmata und Sprachmuster rezipiert, oder werden
sie modifiziert bzw. neu geschaffen? Lassen sich Prinzipien der Gestaltung
und Zuordnung dieser Motive erkennen? In welcher Weise können die
Trennungsprozesse innerhalb der johanneischen Gemeindegeschichte – der
Ausschluß aus der synagogalen Gemeinschaft (Joh 9,22; 12,42f.; 16,1f.)
bzw. das Gemeindeschisma (Joh 6,60ff.; 1 Joh 2,18ff. etc.) – als Hintergründe und Anlässe dieser Konzeptionen begriffen werden? In welcher
Weise werden durch die dualistischen und liebessemantischen Motive
konkrete Situationen abgebildet bzw. gedeutet? Faßt z. B. die Abgrenzung
der Gemeinde von der Welt (Joh 15,18-25; 1 Joh 2,15-17) bzw. die Betonung der gegenseitigen Liebe und Einheit der Glaubenden (Joh 13,34f.;
17,21.23) ein bereits vorhandenes ekklesiologisches Selbstverständnis af-
firmativ in Worte, oder soll durch diese Konzeptionen überhaupt erst eine
Selbstreflexion und Identitätsbildung der Adressaten fociert werden?

Derartige Leitfragen sind in der Verhältnisbestimmung der liebessseman-
tischen und dualistischen Motive der johanneischen Schriften zu berücksichtigen. Im folgenden wird erläutert, in welcher Weise der Ansatz der
vorliegenden Untersuchung konkret umgesetzt werden soll:

---

[29] So M. LATTKE, Einheit, 12, der ähnlich wie E. KÄSEMANN, Wille, 124 die These
Joh 3,16f. lediglich als eine tradierte Formel einstuft.
[30] So M. RESE, Bruderliebe, 57.

3. Die Vorgehensweise

Die vorliegende Studie ist folgendermaßen strukturiert: Innerhalb der formalen und methodischen Vorbemerkungen gilt es zunächst die Arbeitsterminologie ‚liebessemantischer' bzw. ‚dualistischer Motive' zu definieren und das Repertoire entsprechender johanneischer Motivbestände statistisch zu erfassen (§ 2). Daraufhin werden die unterschiedlichen Interpretationsansätze skizziert, die in der bisherigen Forschungsdiskussion herausgearbeitet wurden (§ 3), um schließlich die methodischen Prämissen der vorliegenden Studie zu erläutern (§ 4).

Die materiale Durchführung des Untersuchungsansatzes ist in zwei in sich geschlossene Hauptteile untergliedert, nämlich einerseits der Analyse der liebessemantischen und dualistischen Motive im Kontext der johanneischen Briefkorrespondenz (Teil 2), andererseits im Kontext des Johannesevangeliums (Teil 3).

Diese Differenzierung ergibt sich aus folgenden Sachverhalten: Die johanneischen Schriften stehen in einem engen Traditionszusammenhang und sind füreinander die historisch naheliegendsten Interpretationsinstanzen. Aufgrund ihres unterschiedlichen formalen bzw. literarischen Charakters und der nach wie vor ausgesprochen kontrovers diskutierten Frage ihrer Verfasserschaft bzw. relativen Chronologie dürfen die Eigentümlichkeiten der einzelnen Konzeptionen jedoch nicht nivelliert werden (zur Struktur der wechselseitigen Interpretation der johanneischen Schriften s. u. § 4/1).

In den beiden Hauptteilen werden zwei unterschiedliche Betrachtungsperspektiven zur Geltung gebracht: Einerseits sollen die spezifischen Gestaltungen der einzelnen liebessemantischen bzw. dualistischen Motive herausgearbeitet werden, andererseits deren Bedeutung für die theologische Linienführung der jeweiligen Dokumente. Den Ausgangspunkt der einzelnen Analysen bilden jene Texte, in denen die liebessemantischen und dualistischen Motive explizit miteinander verschränkt sind (zur Textauswahl und dem argumentativen Vorgehen vgl. die Eröffnungsparagraphen der beiden Hauptteile § 5 bzw. § 9). Dabei sollen zunächst die jeweiligen Text- bzw. Argumentationsstrukturen dargestellt werden, um die sprachlich-stilistische Gestalt und die argumentative Einbettung der Motivkomplexe zur Geltung zu bringen bzw. bereits mögliche Rezeptionen traditioneller Vorgabe zu eruieren. Daraufhin werden die Funktionen der thematischen Leitgedanken im Gesamtzusammenhang der jeweiligen johanneischen Schriften herausgearbeitet.

Ferner werden die liebessemantischen und dualistischen Motive primär in ihren spezifisch johanneischen Kontexten interpretiert werden. Traditions- bzw. religionsgeschichtliche Vergleiche sollen exemplarisch das Profil und die Besonderheiten der johanneischen Konzeptionen veranschaulichen und darstellen, welche Kontinuität, Innovation bzw. Diskontinuität gegenüber möglichen traditionellen Vorgaben zu beobachten sind. Eine umfassende religionsgeschichtliche Herleitung bzw. Einordnung derselben ist hingegen weder intendiert, noch im Rahmen der vorliegende Studie möglich (zu Relevanz, Anliegen und Struktur religionsgeschichtlicher Vergleiche s. u. § 4/4).

§ 2 Zur Terminologie und statistischen Erfassung liebessemantischer und dualistischer Motive

Im folgenden Arbeitsschritt wird zunächst die Arbeitsterminologie ‚dualistische‘ und ‚liebessemantische Motive‘ definiert, da sich diese von den bisherigen Forschungsdiskursen markant unterscheidet (vgl. 1.1 bzw. 2.1). Daraufhin soll das Repertoire der jeweiligen Motivbestände skizziert werden (1.2 bzw. 2.2).

1. Die dualistischen Motive

1.1 Zur Terminologie ‚Dualismus‘ bzw. ‚dualistische Motive‘

Im Gegensatz zur bisherigen Forschungsdiskussion wird in der vorliegenden Studie nicht von *dem johanneischen Dualismus*, sondern von *den dualistischen Motiven* gesprochen. Die johanneischen Schriften weisen wie kaum eine andere neutestamentliche Traditionsströmung eine antithetisch strukturierte Sprache auf[1]. Strittig ist jedoch, ob deshalb bereits von einem johanneischen Dualismus gesprochen werden kann. Bereits die divergente theologie- bzw. philosophiegeschichtliche und religionswissenschaftliche Verwendung erweist den erst zum Beginn des achtzehnten Jahrhunderts geprägten Begriff ‚Dualismus‘ als terminologisch unscharf[2]. Entsprechend begegnen auch in den themenspezifischen Forschungsbeiträgen uneinheitliche Begriffsverwendungen[3].

Grundsätzlich kann unter ‚Dualismus‘ eine „Gegenüberstellung zweier Prinzipien" verstanden werden[4]. Ferner kann für das johanneische Denken

---

[1]   Auflistungen dualistischer Motive bieten u. a. F. MUSSNER, Achse, 249f.; O. SCHWANKL, Licht, 15-17; R. BERGMEIER, Glaube, 7; G. BAUMBACH, Gemeinde, 112; W. SCHMITHALS, Gnosis, 177 etc.

[2]   Der Begriff wurde wahrscheinlich erstmals von Thomas Hyde zur Beschreibung des Zoroastrismus verwendet (zur Etymologie vgl. G. G. STROUMSA, Dualismus, Sp. 1004f.).

[3]   Zum Spektrum ausgesprochen divergenter Begriffsverwendung vgl. u. a. H. DÖRRIE, Dualismus, 336ff.; S. PÉTREMENT, Le Dualisme, passim.

[4]   Vgl. M. ELIADE/I. P. CULIANU, Religionen, 167.

ein „*radikaler* Dualismus"[5], der die Gleichwertigkeit dieser Prinzipien voraussetzt, ausgeschlossen werden. Wie für die gesamte biblische Tradition wäre der Begriff „eines gemäßigten oder monarchischen Dualismus" angemessen, „der die Alleinherrschaft eines höchsten Schöpfers nicht in Frage stellt"[6]. Alle weiteren Spezifikationen erweisen sich jedoch als problematisch. Einerseits lassen sich in der antiken Religions- und Philosophiegeschichte eine Vielzahl unterschiedlicher, zuweilen einander ausschließender dualistischer Systeme eruieren (z. B. ‚zeitliche', ‚ethische', ‚spatiale', ‚sphärische', ‚ontologische', ‚kosmische', ‚metaphorische Dualismen' etc.[7]). Andererseits ist strittig, welche Merkmale bzw. Funktionen gegeben sein müssen, um antithetisch strukturierte Systeme als ausgeprägte Dualismen qualifizieren zu können[8].

---

[5] M. ELIADE/I. P. CULIANU, Religionen, 167. So etwa bezüglich des Zoroastrismus (vgl. grundlegend) oder Manichäismus (vgl. u. a. M. BOYCE, Zoroastrianism III, 361ff. 456ff. u. ö.; U. BIANCHI, Dualismo persiano, 390ff.; DERS., Dualismo radicale, 54ff.). Doch auch in diesen Traditionen lassen sich Relativierungen erkennen (vgl. etwa zu Ansätzen einer Apokatastasis im späteren Zoroastrismus H.-P. HASENFRATZ, Antagonismus, 246; G. LANCZKOWSKI, Dualismus, 200; zur Eschatologie des Manichäismus vgl. G. G. STROUMSA, Dualismus, Sp. 1005).

[6] M. ELIADE/I. P. CULIANU, Religionen, 167. A. WUCHERPFENNIG, Heracleon, 410 zufolge ist selbst im Gesamtkontext urchristlicher Literatur ein radikaler Dualismus höchstens bei Markion zu finden. Zu entsprechenden gnostischen Entwicklungen s. u. § 4/4.3.

[7] Grundlegend z. B. die von U. BIANCHI, Il Dualismo, 49ff.; DERS., Histoire des Religions, 21ff. erwogene Differenzierung dreier Grundformen antithetischer Paare (radikaler – moderater Dualismus; dialektischer – eschatologischer Dualismus; kosmischer – antikosmischer Dualismus). Unterschiedliche Dualismen lassen sich bereits innerhalb so divergenter Traditionsströme wie den essenischen bzw. qumranischen Texten vom toten Meer (eine Skizze bietet J. FREY, Patterns, 277f.) oder dem Mittel- bzw. Neuplatonismus beobachten (zur Wirkungsgeschichte und Modifikation platonischer Motive in mittel- und neuplatonischen Traditionen vgl. u. a. A. H. ARMSTRONG, Dualism, 29ff.; F. P. HAGER, Monismus, 59ff.; K. ALT, Weltflucht, 83ff.; zu entsprechenden Entwicklungen im Kontext der klassischen griechischen Literatur vgl. C. A. VAN DUZER, Duality, 1 - 49). Zu Hintergründen und Voraussetzungen entsprechender Konzeptionen der antiken Gnosis vgl. F. STOLZ, Weltbilder, 173; K. RUDOLPH, Gnosis, 68ff.). Selbst für den ersten Kommentar des vierten Evangeliums beschreibt nach A. WUCHERPFENNIG, Heracleon, 410f. der Begriff Dualismus „nur sehr unpräzise die hermeneutische Transformation, die ... bei Herakleons Erklärung zum Johannesevangelium" vollzogen wird, weshalb besser von einer „*metakosmischen Überhöhung*" Gottes zu sprechen sei (zur Bedeutung entsprechender religionsgeschichtlicher Vergleiche für die vorliegende Studie s. u. § 4/4).

[8] Dies gilt besonders hinsichtlich der Protologie und der Eschatologie. In den johanneischen Schriften fehlen wesentliche Elemente elaborierter dualistischer Systeme, z. B. eine Sündenfalltheorie, ein widergöttlicher Protagonist, ein Weltvernichtungsszenario (vgl. zu diesen Motiven U. BIANCHI, Il dualismo, 65ff.). Ergänzend versteht F. STOLZ, Weltbilder, 173 alle Facetten antiker Dualismen als „das Symptom einer gemeinsamen Grundstimmung: Das Gefühl der Unbehaustheit in der Welt hat sich durchgesetzt; man

Angesichts dieser Sachlage stellt sich die Frage, ob aufgrund einzelner dualistisch strukturierter Züge der johanneischen Sprache bereits von einem johanneischen Dualismus gesprochen werden kann. Um diesen Vorbehalt auch terminologisch zu berücksichtigen, wird in der vorliegenden Studie lediglich von ‚*dualistischen Motiven*' gesprochen.

Diese Begriffsverwendung setzt die Einschätzungen vorhergehender Forschungsdiskurse konsequent um: Während bereits Josef Blank den Begriff des Dualismus für die Beschreibung johanneischen Denkens als schlechterdings inadäquat erklärte[9], urteilt Hans Weder vermittelnder, daß man im Zeichen von Joh 3,16f. „nicht mehr von einer dualistischen Theologie des Johannesevangeliums sprechen" sollte[10]. Entsprechend verwendet Otto Schwankl lediglich die Termini „Dualität" bzw. „duale Systeme"[11] und spricht vom „leidige(n) Problem des sogenannten joh. Dualismus"[12]. Ähnlich zurückhaltend äußerte sich bereits Takashi Onuki über den „sogenannten johanneischen Dualismus"[13].

In der Analyse der einzelnen dualistischen Motive muß zur Geltung gebracht werden, welche Funktionen sie für die johanneische Christologie, Kosmologie, Protologie, Eschatologie, Soteriologie etc. besitzen, ob sie rhetorisch-deskriptiv oder begründend verwendet werden, ob vorgegebene Traditionen lediglich rezipiert oder kreativ umgestaltet werden etc. Ferner ist zu eruieren, in welcher Weise die antithetischen Begriffe aufeinander bezogen sind, ob sie z. B. in einem statischen oder dynamischen Verhältnis zueinander stehen, ob sie quantitativ bzw. wortstatistisch symmetrisch bzw. asymmetrisch verteilt sind etc. Diese Sachverhalte werden jedoch noch nicht in der statistischen Erhebung, sondern erst in der Interpretation der jeweiligen Texte dargestellt.

1.2 Zum Verhältnis der Termini ‚dualistische Motive'
und ‚Konfliktparteien'

In der statistischen Erhebung werden die in den johanneischen Schriften thematisierten Konfliktparteien nicht unter der Kategorie ‚dualistische Motive' subsumiert (z. B. die Kontroversen zwischen Jesus bzw. den Jüngern und ‚den Juden', den Schismatikern, dem Kosmos etc.). Dualistische Motive sind vielmehr jene Sprachelemente, durch welche die positive bzw. ne-

---

wendet sich vom unmittelbar gegebenen Leben ab und sucht nach einem Jenseits." Entsprechend versucht T. ONUKI, Welt, 10 herauszuarbeiten, inwiefern aus einer religionssoziologischen Perspektive der ‚johanneische Dualismus' auch als eine soziale Selbstreflexion und Theodizee verstanden werden kann (in Rekurs auf M. WEBER, Religionssoziologie I, 571-573; P. BERGER, Dialektik, 69ff.; zu den instruktiven Ausführungen von Onuki s. u. § 3/2.1.1).

9   Vgl. J. BLANK, Krisis, 342f.
10   So H. WEDER, Asymmetrie, 454.
11   Vgl. O. SCHWANKL, Licht, 15.
12   So O. SCHWANKL, Licht, 355.
13   Vgl. T. ONUKI, Welt, 19; ähnlich R. KÜHSCHELM, Verstockung, 266.

gative Grundverfassung der entsprechenden Individuen bzw. Gruppen und
die Zugehörigkeit zur Heils- bzw. Unheilssphäre reflektiert wird.

1.3 Das Repertoire der dualistischen Motive

Die Differenzierung der dualistischen Strukturen orientiert sich an den
wichtigsten antithetischen Reflexionskategorien, nämlich ‚Licht – Finsternis‘, ‚Leben – Tod‘, ‚Geist – Fleisch‘, ‚Oben – Unten‘ (im folgenden auch
als spatiale Rhetorik bezeichnet), ‚Haß – Liebe‘, ‚Wahrheit – Lüge‘,
‚Gotteskindschaft – Teufelskindschaft‘ (im folgenden auch als Geburts-
bzw. Zeugungsmetaphorik bezeichnet). Alle weiteren Aspekte werden als
Unterkategorien der folgenden Aufstellung zur Geltung gebracht:

Die tabellarische Darstellung skizziert sowohl die jeweiligen semantischen Felder, als
auch die syntaktischen Verwendungen der jeweiligen Termini (ob sie z. B. substanti-
visch, verbal, adjektivisch etc. verwendet werden). Mehrfache Belege innerhalb eines
Verses werden speziell benannt. Die Erläuterungen zu den einzelnen Kategorien sind in
den jeweiligen Fußnoten angegeben (v. a. Wortbestand, Kursivierung, Unterstreichung
etc.).

Dualistisches Motiv	Johannesevangelium	1. Johan-nesbrief	2. Johan-nesbrief	3. Johan-nesbrief
Licht[14]	Joh 1,4.5.*5*.7.8 (2 x).9.*9* (2 x); 3,19 (2 x). 20 (2 x). 21; 5,35.*35*.<u>*35*</u>; 8,12 (2 x); 9,<u>4</u>.5; 11,<u>9</u> (2 x).9.10; 12,35 (2 x).36 (3 x). 46	1 Joh 1,5. 7 (2 x); 2,8. *8*.9.10	-	-
Finsternis[15]	Joh 1,5 (2 x); 3,<u>2</u>.*19*; 8,12; 9,<u>4</u>; 11,<u>10</u>; 12,35 (2 x). 46; 13,<u>30</u>; 20,<u>1</u>	1 Joh 1,5.*6*; 2,8.9.11 (3 x)	-	-

---

[14] Zum semantischen Feld ‚Licht‘ zählen neben φῶς, **φωτίζειν** (kursiv fett), *φαί-νειν* (kursiv) partiell auch *λύχνος* (kursiv unterstrichen) und ἡμέρα als Pendant zu νύξ (unterstrichen).

[15] Zum semantischen Feld ‚Finsternis‘ zählen σκοτία bzw. σκότος (kursiv). In einigen Sequenzen ist zudem zu diskutieren, inwieweit auch die (unterstrichen angege-
benen) Belege von νύξ der Licht – Finsternis – Metaphorik zuzuordnen sind (z. B. der
Weggang des Judas in der Nacht 13,30; entsprechend vgl. Joh 3,2; 9,4; 11,10; 19,39;
20,1; keine thematische Relevanz haben hingegen Joh 6,17; 21,3, insofern hier nur eine
temporale Aussage vorliegt).

Dualistisches Motiv	Johannes-evangelium	1. Johan-nesbrief	2. Johan-nesbrief	3. Johan-nesbrief
Leben[16]	Joh 1,4 (2 x); 3,15.16. 36 (2 x); 4,10f.14. 36.50f.53; 5,21. (2 x). 24 (2 x).25.26 (2 x). 29.39f.; 6,27.33.35. 40.47f.51.51 (2 x). 53.54.57 (3 x). 58.63. 63.68; 7,38; 8,12; 10,10.11.15.17.24,28; 11,25.25f.; 12,25.25 (2 x). 27.50; 13,37.38; 14,6.19 (2 x); 15,13; 17,2f.; 20,31	1 Joh 1,2 (2 x); 2,25; 3,14f.16 (2 x); 4,9; 5,11 (2 x).12 (2 x). 13.16.20	-	-
Tod[17]	Joh 4,47.49; 5,24; 6,49f.58; 8,21.24 (2 x). 51.52.52.53 (2 x); 11,4.13.14.16.21.25. 26.32.37.50.51; 12, 24.33 (2 x).33; 18,14.32.32; 19,7; 21,19.23	1 Joh 3,14 (2 x); 5,16 (3 x).17	-	-
Geist[18]	Joh 1,32.33 (2 x); 3,5.6 (2 x); 8.8 (2 x).34; 4,23.24 (2 x); 6,63 (2 x); 7,39 (2 x); 11,33; 13,21; 14,17.26; 15,26; 16,13; 19,30; 20,22	1 Joh 3,24; 4,1 (2 x). 2 (2 x).3. 6 (2 x).13; 5,6 (2 x).8	-	-
Fleisch[19]	Joh 1,13.14; 3,6 (2 x); 6,51.52. 53.54. 55.56. 63; 8,15; 17,2	1 Joh 2,16; 4,2	2 Joh 7	-

---

[16] Zum johanneischen Lebensbegriff zählen primär ζωή, ζάω (kursiv), ζωοποιεῖν (kursiv unterstrichen). Hiervon zu unterscheiden ist der Terminus ψυχή (unterstrichen), der jedoch nur in einem weiteren Sinne zum semantischen Feld ‚Leben' zu rechnen ist.

[17] Zu dieser Kategorie zählen θάνατος und ἀποθνῄσκειν (kursiv). θανατόω begegnet in den johanneischen Schriften hingegen nicht.

[18] Neben der überwiegenden Verwendung von πνεῦμα gibt es nur zwei Belege von πνεῖν (unterstrichen). πνευματικός bzw. πνευματικῶς etc. sind johanneisch nicht belegt.

[19] Diese Kategorie beinhaltet lediglich σάρξ (σάρκινος bzw. σαρκικός sind nicht belegt).

Dualistisches Motiv	Johannesevangelium	1. Johannesbrief	2. Johannesbrief	3. Johannesbrief
Oben[20]	Joh 1,*51*; 3,*3*.*7*.*13*.**14**. (2 x).*27*.*31*; 6,*31*.*32*.*33*.*38*. *41*.*42*.*50*.*51*.*58*.62; 8,23. **28**; 11,41; 12,*28*.**32**.**34**; 19,*11*; 20,*17* (2 x)	-	-	-
Unten	Joh 1,*32f.51*; 3,*13*.31; 6,*33*.*38*.*41*.*42*.*50*.*51*. *58*.62; 8,23	-	-	-
Positive ontologische Grundverfassung[21]	Joh 1,12.*13*.**13**; Joh 3,**3**. **5**.**6**.**7**.**8**; 8,**23**.**39**.**41**. 41f.; 11,52; Joh 17,**14**.**16**; 18,**36**	1 Joh 2,**16**. 29; 3,1.2.9 (2 x). 10.**19**; 4,1f.4.6; 7.**7**; 5,1 (2 x).2 4.18.**19**	2 Joh *1.4.13*	3 Joh **4**.10
Negative ontologische Grundverfassung[22]	Joh 3,**6**; 8,*23*.44; 9,**16**; 15,*19*	1 Joh 2,**16**; 3,8.10.12; 4,**3**.**5**	-	-

[20] Zu der auch als ‚spatiale Rhetorik' bezeichneten Antitheik von ἄνω und κάτω zählen ferner die Korrespondenzbegriffe ἀναβαίνειν/καταβαίνειν (jeweils kursiviert), ἄνωθεν (unterstrichen), ἐκ τοῦ οὐρανοῦ (kursiv fett unterstrichen), ὑψοῦν (Fettdruck). Keine thematische Relevanz haben hingegen die entsprechenden Belege in Joh 2,12f.; 4,47.49.51; 5,1.7; 6,16; 7,8.10.14; 8,6 (textkritisch sekundär); 10,1; 11,55; 12,20, 21,11. Auch wenn das Motiv des vom Himmel herabsteigenden Engels in Joh 5,4a prinzipiell der spatialen Rhetorik entspricht, ist es textkritisch eindeutig sekundär und somit nicht zu berücksichtigen.

[21] Die Kategorie ‚positive ontologische Grundverfassung' umfaßt folgende Lexeme: τέκνα τοῦ θεοῦ, υἱοὶ φωτός (Fettdruck), γεννᾶσθαι ἐκ τοῦ θεοῦ (kursiv) und εἶναι ἐκ τοῦ θεοῦ (unterstrichen), γεννᾶσθαι ἐκ τοῦ πνεύματος (unterstrichen kursiv), γεννᾶσθαι ἐξ ὕδατος καὶ πνεύματος/γεννᾶσθαι ἄνωθεν/εἶναι ἐκ τῆς ἀληθείας/εἶναι ἐκ τοῦ ἄνω/οὐκ εἶναι ἐκ τοῦ κόσμου/οὐκ εἶναι ἐξ αἱμάτων οὐδὲ ἐκ θελήματος σαρκὸς οὐδὲ ἐκ θελήματος ἀνδρός/οὐκ γεννᾶσθαι ἐκ πορνείας/τέκνα τοῦ 'Αβραάμ (unterstrichen fett). Zum weiteren Motivfeld gehört ferner die ekklesiologisch ausgerichtete Kindschaftsmetaphorik 2 Joh 1.4.13; 3 Joh 4 (unterstrichen fett kursiv)

[22] Unter der Kategorie ‚negative ontologische Grundverfassung' sind folgende Lexeme subsumiert: τέκνα τοῦ διαβόλου/εἶναι ἐκ τοῦ διαβόλου/εἶναι ἐκ τοῦ πονεροῦ/οὐκ εἶναι ἐκ τοῦ θεοῦ (unterstrichen fett), γεννᾶσθαι ἐκ τῆς σαρκός (unterstrichen kursiv), εἶναι ἐκ τῶν κάτω; εἶναι ἐκ τοῦ κόσμου τούτου (kursiv fett); οὐκ εἶναι ἐκ τῶν προβάτων τῶν ἐμῶν (Joh 10,26).

Dualistisches Motiv	Johannesevangelium	1. Johannesbrief	2. Johannesbrief	3. Johannesbrief
Wahrheit[23]	Joh 1,_9_.14.17._47_; 3,21._33_; 4,_18_._23_.23.24._37_._42_; 5,_31_. _32_.33; 6,_14_._32_._55_ (2 x); 7,_18_._26_.28._40_; 8,_13.14_._16_. _17_.26._31_.32 (2 x).40.44 (2 x).45f.; 10,_41_; 14,6.17; 15,_1_.26; 16,7.13 (2 x); 17,_3_._8_.17 (2 x).19; 18,37 (2 x). 38; 19,_35_._35_; 21,_24_	1 Joh 1,6.8; 2,4._5_._8_._8_.21 (2 x). _27_; 3,18f.; 4,6; 5,6._20_ (3 x)	2 Joh 1 (2 x). 2.3. 4	3 Joh 1.3 (2 x). 4.8. 12._12_
Lüge[24]	Joh 8,44._44_	1 Joh 1,_6_._10_; 2,_4_.21._22_.2 7; 4,_1_._20_; 5,_10_	-	-

2. Die liebessemantischen Motive

2.1 Zur Terminologie ‚Liebessemantik' bzw. ‚liebessemantische Motive'

Unter dem Begriff ‚liebessemantische Motive' werden alle Einzelaspekte johanneischer Schriften subsumiert, die direkt bzw. indirekt Liebesverhältnisse thematisieren bzw. über die Liebe selbst reflektieren[25]. Des weiteren wird zwischen ‚relationalen' und ‚nicht-relationalen Liebesaussagen' unterschieden (2.2.1 bzw. 2.2.2). Relationale Liebesaussagen beschreiben das Verhältnis zwischen Personen bzw. Gruppen – sei es in positiver oder negativer Hinsicht[26]. Nicht-relationale Liebesaussagen reflektieren hingegen

---

[23] Das Begriffsfeld ‚Wahrheit' umfaßt die Termini ἀλήθεια, ἀληθής (kursiv), ἀληθινός (unterstrichen) und ἀληθῶς (unterstrichen kursiv).

[24] Hierzu zählen neben ψεῦδος auch ψεύδομαι (kursiv), ψεύστης (kursiv unterstrichen) und ψευδοπροφήτης (unterstrichen).

[25] Vgl. entsprechend die relativ weitgefaßte Definition von M. MORGEN, Art. Liebe, 336: „Der Begriff L. umfaßt ein weites semantisches Feld und beschreibt verschiedene Beziehungserfahrungen im Bereich der emotionalen Zuneigung, der Verantwortung, des ethischen Engagement bes. aber im geistigen Bereich."

[26] Positive Relationsbeschreibung sind z. B. die Liebe zwischen dem Vater und dem Sohn (Joh 3,35; 5,20; 10,17; 14,3; 15,9; 15,10, 17, 23f.26), zwischen Gott und den Jüngern (Joh 14,21.23; 16,27; 17,23.26; 1 Joh 3,1; 4,10f.19.21), die Liebe Gottes zur Welt (Joh 3,16), zwischen Jesus und seinen Jüngern (Joh 13,1.34; 14,15.21.23.28, 15,9.12-15.17; 16,27; 1 Joh 3,16; 4,9); zwischen den Jüngern bzw. den Gemeindegliedern (zum Syntagma ἀγαπᾶν ἀλλήλους vgl.: Joh 13,34f., 15,12; 1 Joh 3,11.14.23; 4,7.11f.19; 2 Joh 5; zum Syntagma ἀγαπᾶν τὸν ἀδελφόν vgl. 1 Joh 2,10, 3,10.18; 4,20f.; 2 Joh 1; 3 Joh 1). Letzteres zeigt sich auch in der gemeindeinternen Kommunikation (1 Joh 2,7;

primär das Wesen und die Eigentümlichkeit dieser Personen bzw. der Liebe selbst[27].

2.2 Das Repertoire der liebessemantischen Motive

Die johanneischen Schriften bieten ein im Neuen Testament analogieloses Spektrum liebessemantischer Motive[28]. Sie bieten nicht nur wortstatistisch betrachtet den Großteil der neutestamentlichen Belege von ἀγαπᾶν κ.τ.λ. bzw. φιλεῖν κ.τ.λ.[29], sondern v. a. ein beispielloses Spektrum unterschiedlicher Verwendungsformen. Zur Erfassung des semantischen Inventars

---

3,2.21; 4,1.7.11; 2 Joh 3; 3 Joh 1f.5.11). Themenspezifische Relevanz hat ferner die Korrelation reziproker Immanenz- und Liebesaussagen (Joh 5,42; 15,9f.; 17,26, 1 Joh 3,17; 4,16). *Negative Relationsbeschreibungen* finden sich z. B. in der Reflexion einer falschen Stellung zu Jesus (Joh 3,19; 5,42, 8,42; Joh 12,25; 14,24; 15,19), zu Gott (Joh 12,43; 1 Joh 4,8a) oder zum κόσμος (1 Joh 2,15).

[27] Vgl. die Aussagen über das Wesen Gottes (1 Joh 4,8.16), der Liebe (1 Joh 2,5; 4,7.10.12.17f; 5,3; 2 Joh 6), der Gotteskinder (1 Joh 4,7; via negationis 1 Joh 2,15; 3,17) bzw. über das Erkennungsmerkmal der Gemeinde (Joh 17,21.23; 1 Joh 3,14.18; 4,16; 3 Joh 6).

[28] Die Einzelaspekte der liebessemantischen Motive und deren Relation zueinander wurden bisher nur partiell zur Geltung gebracht. So differenziert z. B. M.-T. SPRECHER, Einheitsdenken, 178 einzelne Liebesrelationen und erkennt eine „Bewegung der Liebe – vom Vater über den Sohn zur Gemeinde" (op. cit., 179f.), entfaltet diese jedoch nicht. Nach J. AUGENSTEIN, Liebesgebot, 66 prägt die Liebessemantik sogar die Kompositionsstruktur des Joh: In Joh 1-12 stehe primär die Liebe zum Sohn und dessen Sendung im Vordergrund. Dies sei die Voraussetzung für die Liebessemantik der Abschiedsreden, welche die Jünger einbeziehen. Zustimmend folgert J. NISSEN, Community, 201 aus den Überlegungen von Augenstein, daß die unterschiedlichen Teile des Johannesevangeliums zusammenhalten würden „by the concept of love." Entsprechend differenziert K. HALDIMANN, Rekonstruktion, 178f. die vier Relationsebenen ,Gott – Jesus', ,Jesus – Jünger' , ,Jünger – Jesus' und ,die Liebe der Jünger untereinander'.

[29] Auch wenn sich sowohl in den paulinischen, als auch in den johanneischen Schriften eine neutestamentlich analogielose Intensität in der Rezeption und Modifikation alttestamentlicher bzw. frühjüdischer Liebessemantik beobachten läßt (so zu Recht T. SÖDING, Gott, 352f.), bietet das Corpus Johanneum ein vielschichtigeres Motivspektrum. Das Corpus Johanneum bietet 106 der 320 neutestamentlichen Belege von ἀγαπᾶν κ.τ.λ. (im speziellen ἀγαπᾶν: Johannesevangelium: 37/1.-3. Johannesbrief: 31/im übrigen Neuen Testament: 143; ἀγάπη: Johannesevangelium: 7/1.-3. Johannesbrief: 21/ im übrigen Neuen Testament: 116; ἀγαπητός: 1.-3. Johannesbrief: 10/ im übrigen Neuen Testament: 61). Entsprechend bieten die johanneischen Schriften 21 der 55 neutestamentlichen Belege von φιλεῖν κ.τ.λ. (im speziellen φιλεῖν: Johannesevangelium: 13; im übrigen Neuen Testament: 25; φιλός: Johannesevangelium 8/ im übrigen Neuen Testament 29; darüber hinaus gibt es nur einen einzigen neutestamentlichen Beleg von φιλία [Jak 4,4]). Daß in den johanneischen Schriften hingegen ebenso wie in allen weiteren neutestamentlichen Dokumenten weder ἐρᾶν κ.τ.λ. noch στεργεῖν κ.τ.λ. vorliegen, sollte nicht als implizite Kritik bzw. theologische Wertung überinterpretiert werden (ausführlich hierzu vgl. die Anmerkungen zu den traditionsgeschichtlichen Hintergründen der johanneischen Liebessemantik in § 3/3.2).

wird die Wortfeldanalyse durch eine Bildfeldanalyse ergänzt, welche die narrativen bzw. metaphorischen Züge johanneischen Denkens zur Geltung bringt. Im einzelnen lassen sich folgende liebessemantische Motivkomplexe kategorisieren:

Relationale Liebessemantik

Beziehungs-ebene	Johannesevangelium	1. Johan-nesbrief	2. Johan-nesbrief	3. Johan-nesbrief
Die Liebe des Vater zum Sohn	Joh 3,35; 5,20; 10,17; 15,9; 17,23.24.26 (2 x)	-	-	-
Die Liebe des Sohnes zum Vater	Joh 14,31; 15,10	-	-	-
Die Liebe Gottes zu den Glaubenden	Joh 14,21.23; 16,27; 17,23.26	1 Joh 3,1; 4,10.11.19	-	-
Die Liebe der Glaubenden zu Gott	-	1 Joh 4,10.19.21	-	-
Die Liebe Jesu zu den Glaubenden[30]	Joh 11,3.5.11.36; 13,1 (2 x).23.34; 14,15.21, 15,9.12.13.14.15.17; 19,26; 20,2; 21,7. 15.15.16.16.17 (3 x).20	1 Joh 3,16; 4,9	-	-
Die Liebe der Glaubenden zu Jesus[31]	Joh 14,15.21(2 x). 23.28; 15,9.10; 16,27	-	-	-

---

[30] Zu dieser Kategorie zählen auch Aussagen über die Liebe Jesu zu exponierten Einzelpersonen (Marta [Joh 11,5], Lazarus [Joh 11,3.11.36], der geliebte Jünger [Joh 13,23; 19,26; 20,2; 21,7.20], Petrus [Joh 13,36-38; 21,15.15.16.16.17]) bzw. die Inszenierung von Liebesbeziehungen (v. a. die Fußwaschungserzählung Joh 13,2ff.; weniger relevant ist hingegen die Bräutigams- bzw. Brautmetaphorik Joh 3,29 oder das Motiv des Kaiserfreundes Joh 19,12).

[31] Antithetische Korrelate zum Motiv der Liebe zu Jesus finden sich ferner in Joh 3,20; *5,42,* 8,42, wo von einer hassenden Ablehnung bzw. einer mangelnden Liebe zu Jesus bzw. Gott die Rede ist.

Beziehungsebene	Johannesevangelium	1. Johannesbrief	2. Johannesbrief	3. Johannesbrief
Die gegenseitige Liebe der Glaubenden	Joh 13,34 (3 x).35, 15,12	1 Joh 3,11. 23; 4,7.11. 12.19	2 Joh 5	-
,Bruderliebe'	-	1 Joh 2,10; 3,10.14.18; 4,20 (2 x). 21	2 Joh 1	3 Joh 1
Liebessemantische Motive der gemeindeinternen Kommunikation[32]	-	1 Joh 2,7; 3,2.21; 4,1.7.11	2 Joh 3	3 Joh 1.2.5. 11.15 (2 x)
Die Liebe Gottes zur Welt	Joh 3,16	-	-	-
Die falsche Liebe der Glaubenden zur Welt	-	1 Joh 2,15	-	-
Die Liebe der Welt/Menschen zur Finsternis bzw. zu sich selbst[33]	Joh 3,19; 15,19	-	-	-

---

[32] Hierzu zählen Termini wie ἀγαπητός, φιλός, Grußformeln wie ὁ πρεσβύτερος Γαίῳ τῷ ἀγαπητῷ ὅν ἐγὼ ἀγαπῶ ἐν ἀληθείᾳ (3 Joh 1; modifiziert auch 2 Joh 1b) etc.

[33] Als antithetische Korrelate zu den Aussagen über die Liebe der Menschen bzw. der Welt können jene Sequenzen gewertet werden, in denen der Haß der Welt gegenüber Jesus bzw. den Glaubenden thematisiert wird (Joh 7,7; 15,18-25). Als problematische Form der Selbstliebe gilt ferner die Überwertung der eigenen ψυχή (Joh 12,25) bzw. der menschlichen Ehre (Joh 12,43).

Nicht-relationale Liebessemantik

Liebessemantisches Motivelement	Johannes-evangelium	1. Johan-nesbrief	2. Johan-nesbrief	3. Johan-nesbrief
Zum Verhältnis von Gott und Liebe	-	1 Joh 4,*7.8. 10.16*	-	-
Zum Verhältnis von Liebe und Furcht	-	1 Joh 2,*5;* 4,*12.17.18* (2 x)	-	-
Zum Verhältnis von Liebe und Gottes- bzw. Teufelskindschaft	Joh 8,42	1 Joh 3,10; 4,7f.	-	-
Zum Verhältnis von Liebe und Gebotsobservanz	Joh 14,15.21.23f.	1 Joh 5,*3;* 2 Joh *6*	2 Joh *6*	-
Zum Verhältnis von Liebe und Tod	-	1 Joh 3,14	-	-
Liebessemantik als Element der Immanenzsprache	Joh 5,*42;* 14,23; 15,*9.10* (2 x); 17. 26.*26*	1 Joh 2,*15;* 3,17.*17;* 4,16	-	-

§ 3 Das Spektrum der Interpretationsansätze

1. Zum Anliegen und zur Konzeption der Skizze der Interpretationsansätze

Im folgenden wird keine ausführliche Darstellung der Forschungsgeschichte zu den liebessemantischen und dualistischen Motiven der johanneischen Schriften geboten. Statt dessen soll zunächst nur das Spektrum unterschiedlicher Interpretationsansätze skizziert werden. Eine Auseinandersetzung mit den jeweiligen Entwürfen erfolgt dann in anderen Kontexten: Die divergente Forschungslage ist u. a. auf ausgesprochen konträre methodische, hermeneutische und religionsgeschichtliche Prämissen zurückzuführen. Diesbezüglich wird bereits in der Klärung der methodischen Vorüberlegungen der vorliegenden Studie Stellung bezogen (s. u. § 4). Eine dezidierte Bewertung einzelner Ergebnisse der bisherigen Diskussionsbeiträge erfolgt weiterhin erst im Verlauf der Untersuchung anhand der konkret zu diskutierenden Textsequenzen der johanneischen Schriften.

Wie in der thematischen Hinführung bereits konstatiert wurde, sind die dualistischen und liebessemantischen Motive bisher zumeist separat voneinander analysiert worden. Angesichts dessen versucht die folgende Skizze der Interpretationsansätze einerseits die einzelnen Positionen zur Geltung zu bringen, andererseits ihre implizite Verschränkung zu veranschaulichen.

2. Zur Interpretation der dualistischen Motive

Die Interpretationsansätze zu den dualistischen Motiven können unter zwei Hauptkategorien subsumiert werden. Eine nahezu alle themenspezifischen Beiträge beschäftigende Fragestellung ist die Interpretation der prädestinatianischen Züge johanneischer Theologie (2.1). Hiervon abzuheben sind Konzeptionen, die anhand der dualistischen Motive eine johanneische Theologie- bzw. Gemeindegeschichte zu rekonstruieren versuchen (2.2).

2.1 Die Interpretation der prädestinatianischen Züge johanneischer Theologie

Daß die johanneische Theologie prädestinatianische Züge aufweist, wird von nahezu allen Diskussionsbeiträgen konstatiert[1]. Strittig ist jedoch, ob diese ‚entscheidungsdualistisch' oder ‚strikt prädestinatianisch' zu verstehen sind[2]. Angesichts dieser Primärunterscheidung lassen sich folgende Interpretationsmodelle differenzieren:

2.1.1 Entscheidungsdualistische Interpretationsmodelle

Die Mehrheit der Diskussionsbeiträge kommt zu dem Urteil, daß die johanneische Theologie trotz einer prädestinatianischen Grundtendenz dem menschlichen Individuum eine partielle Entscheidungsfreiheit bzw. Mitverantwortlichkeit bezüglich seines eschatologischen Heils zugesteht. Das Spektrum einer solchen ‚entscheidungsdualistischen' Interpretation johanneischer Theologie kann anhand der Ansätze von Rudolf Bultmann, Luise Schottroff und Rudolf Schnackenburg veranschaulicht werden. Die Grundzüge dieser Konzeptionen wurden wiederum durch Takashi Onuki, Roman Kühschelm und Otto Schwankl entfaltet. Eine Sonderstellung nimmt hingegen die Studie von Günter Röhser ein, der der johanneischen Theologie selbst eine prädestinatianische Grundtendenz *per se* abspricht.

---

[1]   Eine Ausnahme bildet der Beitrag von G. RÖHSER, Prädestination, passim (s. u. § 3/2.1.1).

[2]   Zu undifferenziert ist die Begriffsdefinition von C. H. RATSCHOW, Art. Prädestination, 479: „Unter Prädestination wird die über den Menschen und seine Heilsteilhabe oder Heilsverschlossenheit gefallene Gottesentscheidung verstanden, angesichts derer der Mensch nicht in der Lage ist, sich durch freie Willensentscheidung um sein Heil zu bemühen. Es ist über ihn im Verhältnis zum Ausgang seines religiösen Weges vorentschieden." Dies verkennt jedoch, daß dogmengeschichtlich eine Vielzahl von Entwürfen einer Prädestinationslehre herausgearbeitet wurden, die gemäßigt synergistische Züge aufweisen (insbesondere in der Zuordnung der *providentia dei* und *praescientia dei*; zur Skizze dogmengeschichtlicher Konzeptionen vgl. G. R. EVANS, Art. Prädestination, 110ff.; T. MAHLMANN, Art. Prädestination, 118ff.; entsprechend zur Begriffsdistinktion ‚Synergismus' und ‚Determinismus' vgl. W. PANNENBERG, Art. Prädestination, 488f.; P. GERLITZ, Art. Prädestination, 98f.). Angesichts dessen wird im folgenden zwischen einem *entscheidungsdualistisch-* und *streng-prädestinatianischem* Verständnis unterschieden. Der Begriff ‚Entscheidungsdualismus' besagt, daß trotz des grundsätzlichen Primats göttlichen Gnadenhandelns bzw. prädestinatianischer Züge johanneischen Denkens dem Menschen eine partielle Entscheidungsfreiheit für oder gegen das Heilsangebot Gottes zugestanden ist (zur Begriffsgeschichte vgl. R. BULTMANN, Theologie, 373 bzw. 429.). Letzteres wird im Zeichen einer streng prädestinatianischen Interpretation jedoch verneint. Auch wenn dies implizit einer *praedestinatio gemina* entspricht, wird diese dogmengeschichtliche Kategorie in der Skizze der exegetischen Beiträge nur verwendet, wenn sie von den Autoren selbst benutzt wird.

Rudolf Bultmann zufolge bietet Joh 3,16f. *in nuce* das johanneische E-vangelium und dokumentiert den universalen Heilswillen Gottes[3]. Durch die Sendung des Sohnes in die Welt werde jeder Mensch in die Entschei-dung für oder gegen den Glauben an Jesus gestellt. Dies sei aber keine Wahl zwischen „innerweltlichen Möglichkeiten"[4], insofern die Entschei-dungssituation überhaupt erst durch das Christusgeschehen ermöglicht werde. Waren „vor dem Kommen des Lichtes ... alle blind"[5], manifestiert sich im Kommen des Lichts Gottes „Einladung und Ruf zur Entschei-dung"[6]. In diesem Sinne könne sich kein Mensch vor Gott auf seinen Glauben als eine von ihm erbrachte Leistung berufen. Durch die prädesti-natianischen Züge johanneischer Theologie erscheint die Wahl zwischen Unglauben und Glauben „als eine determinierte, ohne es doch zu sein"[7]. Auch wenn auf diese Weise die Voraussetzungslosigkeit der Gnade Gottes akzentuiert würde[8], sei die Glaubensentscheidung nicht zu einem „willen-lose(n) Hingerissenwerden"[9] degradiert.

Die prädestinatianischen Tendenzen speisen sich nach Bultmann aus ei-nem kosmischen Dualismus gnostischer Provenienz, dessen prädestinatia-nischer Akzent im Rahmen johanneischer Theologie modifiziert ist: „Der gnostische Schicksalsdualismus ist zum Entscheidungsdualismus geworden ... , und der Glaube ist nichts anderes als die in der Überwindung des An-stoßes vollzogene Entscheidung gegen die Welt für Gott."[10]

---

[3] Vgl. R. BULTMANN, Theologie, 367.

[4] Vgl. R. BULTMANN, Theologie, 375.

[5] Vgl. R. BULTMANN, Theologie, 375f.

[6] Vgl. R. BULTMANN, Theologie, 374.

[7] Vgl. R. BULTMANN, Theologie, 429.

[8] Vgl. R. BULTMANN, Theologie, 429: „Die Glaubensentscheidung versteht sich als geschenkte." Entsprechend wertet R. BULTMANN, Theologie, 435 auch das johanneische Liebesgebot als Indiz der entscheidungsdualistischen Ausrichtung johanneischen Den-kens (s. u. Anm. 110).

[9] Vgl. R. BULTMANN, Theologie, 375 zu Joh 6,44f. Auch in bezug auf die Sequen-zen Joh 6,44f.64., die als Kronzeugen einer prädestinatianischen Grundtendenz johan-neischer Theologie verstanden werden, gelte, „daß es jedem frei steht, zu den vom Vater Gezogenen zu gehören" (R. BULTMANN, Johannes, 172). In Rekurs auf diese Einschät-zung Bultmanns resümiert R. METZNER, Sünde, 230, daß das Motiv des ‚Ziehen Gottes' zugleich ein ‚Sich – Entziehen des Kosmos' impliziert, welches nicht „passiv – enthal-tend", sondern „aggressiv – feindschaftlich" zu verstehen sei.

[10] R. BULTMANN, Theologie, 429 (zu dem von Bultmann postulierten vorjohannei-schen, gnostischen Erlösungsmythos vgl. J. FREY, Eschatologie I, 129-140; R. SCHNA-CKENBURG, Johannesevangelium I, 433-447). Die zeitweilige Dominanz dieser inzwi-schen nicht mehr haltbaren religionsgeschichtlichen Einordnung johanneischer Theologie dokumentiert H.-M. SCHENKE, Christologie, 225: „Hier ist das christliche Kerygma ins-gesamt und so konsequent wie möglich in der Sprache und in den Kategorien der Gnosis zum Ausdruck gebracht, sei es, daß hier ein Gnostiker (samt seinem Kreise) das Chri-stentum in die eigenen Kategorien übersetzt hatte, sei es, daß diese Übersetzung vorge-

Luise Schottroff modifiziert den Ansatz von Rudolf Bultmann und radikalisiert die religionsgeschichtliche Verortung johanneischen Denkens in gnostischen Traditionsströmen[11]. Dabei integriert sie Aspekte des Interpretationsansatzes von Ernst Käsemann, der sich wiederum von dem Bultmanns dezidiert unterscheidet[12]. Auch Schottroff erkennt im Johannesevangelium einen „existential gedachte(n) Dualismus von Annahme und Ablehnung der Offenbarung"[13], dessen religionsgeschichtlicher Hintergrund ein kosmisch-gnostischer Dualismus sei. Im Gegensatz zur Einschätzung Bultmanns ist jedoch für Schottroff bereits jene gnostische Konzeption entscheidungsdualistisch orientiert[14].

Ferner werde dieser gnostische Dualismus durch das johanneische Denken nicht modifiziert bzw. relativiert, sondern ausdifferenziert: „Der gnostische Dualismus bestimmt den johanneischen Entwurf der Christologie und Soteriologie völlig. Johannes ist das erste uns ausführlicher bekannte System einer Gnosis, die sich christliche Traditionen adaptiert. Mit dem Johannesevangelium ist die gnostische Heilslehre in den Kanon gelangt."[15] Entsprechend vertritt das Johannesevangelium auch keinen Heilsuniversalismus. Nach Schottroff liegt ihm vielmehr eine „Theorie der dualistischen

---

nommen war, um Gnostiker für das Christentum zu gewinnen. Was nun das vierte Evangelium anbelangt, das eben als Evangelium vom Anfang bis zum Ende Christologie ist, so ist es als Ganzes von der gnostischen Erlöser-Vorstellung bestimmt. Der allgemeine Nachweis dafür ist auf breiter Basis längst erbracht, besonders von R. Bultmann ... – die neuen Quellen lassen das bereits Erkannte nur noch deutlicher werden ... und die Anerkenntnis dieses Sachverhalts ist weit verbreitet." Zur Kontroverse um eine solche Einschätzung der von Schenke u. a. angesprochenen sogenannten ‚Nag-Hammadi-Bibliothek' und der religionsgeschichtlichen Einordnung johanneischer Theologie s. u. § 4/4.

[11] Auch wenn L. SCHOTTROFF, Reich, 107 Anm. 17 in späteren Schaffensphasen den johanneischen Texten ein positiveres Weltverhältnis attestierte, revidierte sie nicht ihre religionsgeschichtliche Einordnung.

[12] Zum Verhältnis der Ansätze von Bultmann, Käsemann und Schottroff vgl. J. FREY, Eschatologie I, 174ff.

[13] Vgl. J. FREY, Eschatologie I, 171.

[14] Vgl. L. SCHOTTROFF, Welt, 236-238. Zugleich entzieht sie sich kategorisch aller Rückbezüge auf alttestamentliche bzw. frühjüdische Traditionsströme. Paradigmatisch L. SCHOTTROFF, Welt, 241: „Der jüdische Dualismus aller Spielarten ist per definitionem am νόμος orientiert, und die im Sinne des Johannes positive Funktion des νόμος ist eine gegenüber jedem jüdischen νόμος-Verständnis polemische ... In der Frage des νόμος zeigt sich gerade die totale Diastase zwischen jüdischem und johanneischem Dualismus."

[15] Vgl. L. SCHOTTROFF, Welt, 275. Affinitäten johanneischer Theologie zu gnostischen Systembildung postulieren u. a. auch W. LANGBRANDTNER, Gott, VII; W. SCHMITHALS, Johannesevangelium, 149; H. M. SCHENKE/K. M. FISCHER, Einleitung II, 188ff. J. BECKER, Johannes I, 60 vermutet gnostische Einflüssen erst für die Spätphase der johanneischen Theologie (zum Verhältnis johanneischer und frühgnostisch-gnostischer Traditionen s. u. § 4/3).

Diastase zweier Wirklichkeiten"[16] zugrunde, in der „jede Textaussage, die dem alles beherrschenden Dualismus nicht entspricht und die Integrität der ‚oberen' Welt zerbrechen würde, auf der Ebene der Mißverständlichkeit des Kerygmas zu verstehen" sei[17].

Repräsentativ für eine Vielzahl von Ansätzen zur Interpretation der prädestinatianischen Züge johanneischen Denkens sind die Einschätzungen von Rudolf Schnackenburg[18]. Schnackenburg konstatiert eine deutliche Spannung der prädestinatianischen und entscheidungsdualistischen Aussagen[19]. Auch wenn von einer supralapsarischen _praedestinatio gemina_ an keiner Stelle des Johannesevangeliums explizit die Rede sei, lasse „sich nicht leugnen, daß wir hart an den Rand einer solchen Vorstellung geführt werden."[20] Der Verfasser des Johannesevangeliums beabsichtige jedoch keinen „systematischen Ausgleich zwischen göttlicher Prädestination und moralischer Schuld des Menschen"[21]. Die konträren Argumentationslinien würden vielmehr unterschiedlichen Aussageintentionen dienen: Die entscheidungsdualistischen Sequenzen fokussieren die Entscheidungssituati-

---

[16] So die treffende Charakterisierung der Interpretation L. Schottroffs durch J. FREY, Eschatologie I, 174. H. THYEN, Literatur, 231 versteht dieselbe als einen „Dualismus vom weltlosen Gott und gottloser Welt", welcher ein „rein negative(s) Weltverständnis des johanneischen Christentums" postuliere.

[17] Vgl. L. SCHOTTROFF, Welt, 268.

[18] Vgl. hierzu den themenspezifischen Exkurs „Selbstentscheidung und -verantwortung, Prädestination und Verstockung" von R. SCHNACKENBURG, Johannesevangelium II, 328-346.

[19] Als entscheidungsdualistische Aussagen versteht R. SCHNACKENBURG, Johannesevangelium II, 330f. die direkten (Joh 10,37f.; 12,36; 14,1.11) und indirekten Glaubensaufforderungen (Joh 3,12; 4,48; 5,38.44.46f.; 8,45f., 15,22-24). Die individuelle menschliche Mitverantwortung für das eschatologische Heil käme zur Sprache in konditionalen Partizipialkonstruktionen wie Joh 1,12; 3,15f.18.36; 5,24; 6,35.40.47; 7,38f.; 11,25f.; 12,44.46; 14,12; 20,31b, in den mit ἵνα eingeleiteten Finalbestimmungen in Joh 1,7; 6,29f.; 9,36; 11,15.42; 13,19; 14,29; 17,21; 19,35; 20,31a bzw. in Konditionalsätze wie Joh 8,24.31.51; 11,40; 12,47). Demgegenüber bildet das Gerichtswort Joh 9,39 den Höhepunkt der in u. a. in Joh 3,3.5f.8; 6,44f.64f.; 12,37-41 implizierten prädestinatianischen Aussagen, deren Schärfe nicht relativiert werden könne bzw. dürfe (vgl. R. SCHNACKENBURG, Johannesevangelium II, 328). Insofern Schnackenburg somit eine dialektische Spannung des johanneischen Denkens konstatiert, erweist sich seine Einschätzung als differenzierter als die von Josef Blank, in dessen Auslegungslinie er sich weitestgehend bewegt (vgl. J. FREY, Eschatologie I, 241f.). J. BLANK, Krisis, 290 erkannte generell im Johannesevangelium den „Vorentscheid Gottes zum Heil der gesamten Menschheit". Der Begriff des Dualismus sei in jeder Hinsicht inadäquat (z. B. Unterkategorien wie ‚kosmisch-metaphysischer'; ‚ethischer Dualismus'; ‚Entscheidungsdualismus'; ‚Geschichtsdualismus' etc.; op. cit., 342f.).

[20] R. SCHNACKENBURG, Johannesevangelium II, 334.

[21] R. SCHNACKENBURG, Johannesevangelium I, 524.

on, in welche die Menschheit durch das Christusgeschehen gestellt sei[22]. Eine johanneische Besonderheit gegenüber partikularistisch orientierten qumranischen bzw. gnostischen Konzeptionen sei die heilsuniversale Ausrichtung dieses Geschehens (Joh 1,29; 4,42; 8,12; 13,34f.; 17,21.23; 1 Joh 2,2; 4,14)[23]. Die prädestinatianischen Züge johanneischen Denkens resultieren v. a. aus der Reflexion des Unglaubens. Sie konstituieren jedoch keine Prädestinationslehre, die jegliche menschliche Entscheidungsfreiheit bzw. Mitverantwortung ausschließt: „Der Glaube ist für Joh wirklich eine vom Menschen aufzubringende Haltung, das Grunderfordernis für die Heilserlangung, und es besteht kein Zweifel daran, daß es für jeden Menschen bei gutem Willen möglich ist, an Jesus zu glauben."[24]

Im Gefolge der skizzierten Interpretationsansätze erfolgte eine Konzentration auf Einzelaspekte der dualistischen Strukturen johanneischer Texte. Wegweisend wurde dabei der Ansatz von Takashi Onuki, der wiederum von Roman Kühschelm und Otto Schwankl ausdifferenziert wurde:

Takashi Onuki konzentriert sich auf die „Frage nach der theologischen und pragmatischen Funktion des ‚johanneischen Dualismus'"[25] und möchte herausarbeiten, wie „sich die joh Gemeinde zu der sie umgebenden Außenwelt" verhält, und zwar „im Hinblick auf *den historisch-empirischen Träger der johanneischen Theologie.*"[26] Zentral ist für Onuki nicht nur die Frage nach der Geschichte hinter dem Text[27], sondern v. a. die Frage, „was für ein Weltverhalten ... der Verfasser durch die Kommunikation über den

---

[22] Nach R. SCHNACKENBURG, Johannesevangelium II, 488 hat gerade Jesu letzter Glaubensappell in Joh 12,29-36 (besonders Joh 12,31f.) einen eindeutig heilsuniversalen Akzent (ähnlich R. SCHNACKENBURG, Johannesevangelium II, 493). Entsprechend setzt W. G. KÜMMEL, Theologie, 268 zufolge das Johannesevangelium „voraus, daß der Christus an sich bei den Menschen keine Aufnahme und damit keinen Glauben findet ... Wenn ein Mensch zum Glauben kommt, hat also Gott den ersten Schritt getan, aber daß bedeutet nicht, daß der Menschen nicht den zweiten Schritt selber tun muß ... ".

[23] So R. SCHNACKENBURG, Johannesevangelium I, 426, was aber lediglich als Angebot, nicht als Feststellung universalen Heils zu verstehen sei.

[24] Vgl. R. SCHNACKENBURG, Johannesevangelium II, 330f. Entsprechend J. BLANK, Krisis, 343: „Da der Glaube freie Tat und Entscheidung des Menschen ist, bleibt die Möglichkeit bestehen, daß der Mensch das Heilsangebot Gottes ausschlägt."; ähnlich DERS., Alternative, 150-156.

[25] Vgl. den Untertitel der Studie. T. ONUKI, Welt, 1ff. versteht seinen Ansatz als eine Vermittlung der Ansätze von Bultmann, Käsemann und Bornmann: „Argumentiert Bultmann in erster Linie nicht auf der Ebene der Historie, sondern der Hermeneutik mit dem Anspruch auf grundsätzlich sachliche Gültigkeit, so erörtert E. Käsemann alle theologischen Probleme des Johannesevangeliums ständig im Hinblick auf den historischen-empirischen Träger, die johanneische Gemeinde, um von daher diskursiv auf den historischen Ort dieser Gemeinde zu schließen." (op. cit., 2).

[26] Vgl. T. ONUKI, Welt, 1 (Hervorhebung von Onuki).

[27] Vgl. T. ONUKI, Analyse, 171.

Text ... bei seiner Lesergemeinde hervorrufen will"[28]. Wegweisend wurde die Analyse Onukis v. a. dadurch, daß sie in der Interpretation des „sogenannten johanneischen Dualismus"[29] dem Phänomen der im Johannesevangelium zu beobachtenden ‚hermeneutischen Horizontverschmelzung' Rechnung trägt (zur Terminologie s. u. § 4/2)[30].

Der ‚Dualismus' sei zwar ein integraler Bestandteil einer „joh. Grenzsprache"[31], aber kein Indiz einer radikalen, sektenhaften Weltdistanz. Diese Konzeption intendiere vielmehr, den Lesern ein angemessenes Verhältnis zum κόσμος zu vermitteln: „*Die Gemeinde wird aus der Verkündigungssituation in der ungläubigen Welt herausgerufen und zur Rückbesinnung angeleitet. Hier versichert sie sich erneut der Identität ihrer eigenen Verkündigungsaufgabe. So gefestigt wird sie erneut in die Welt gesandt – zur weiteren Verkündigung* ... Resignation vor der Welt war ausgeschlossen.*"[32] Angesichts dessen erscheint der johanneische Dualismus nicht als „geschlossener, sondern als ein prinzipiell aufgebrochener, nicht als Produkt der Weltdistanz seiner Trägergemeinde, sondern als sprachliches Mittel zur Distanzierung der Leser von ihrer eigenen negativen Welterfahrung zum Zwecke ihrer erneuten Sendung in die Welt"[33]. Die dualistische Grenzsprache der johanneischen Schriften habe somit eine zweifache pragmatische Funktion, nämlich einerseits eine Abgrenzung der Gemeinde von der Welt, anderseits deren Reintegration in die Welt.

---

[28] Vgl. T. ONUKI, Welt, 9. Zur Durchführung dieses Ansatzes rekurriert Onuki u. a. auch auf literatursoziologische und texttheoretische Interpretationsschemata.

[29] So die bewußt vorsichtige, die den Begriff ‚Dualismus' relativierend in Anführungszeichen setzende Formulierung von T. ONUKI, Welt, 19.

[30] Vgl. T. ONUKI, Welt, 12ff.. Auch der strukturell vergleichbare soziologische Ansatz von W. A. MEEKS, Sectarianism, passim würde diesem Phänomen der hermeneutischen Horizontverschmelzung kaum gerecht werden (vgl. T. ONUKI, Welt, 10 Anm 47).

[31] Vgl. T. ONUKI, Welt, 19-28.

[32] Vgl. T. ONUKI, Welt, 218 (Hervorhebung von Onuki) bzw. DERS., Analyse, 186 bezüglich der Präfiguration der Gemeindesituation im Leben Jesu. Dies entspräche religionssoziologischen Ansätzen, einen religiös orientierten Dualismus sowohl als soziale Selbstreflexion als auch als Versuch einer Theodizee zu verstehen (DERS., Welt, 10 in Rekurs auf M. WEBER, Religionssoziologie I, 571-573; P. BERGER, Dialektik, 69ff.). Ferner korrespondieren die Ergebnisse Onukis der Analyse des Liebesgebots durch H. MEISINGER, Liebesgebot, 182, demzufolge die johanneischen Schriften ein „Überforderungsbewußtsein" ihrer Adressaten überwinden und ihnen ein „Erweiterungsbewußtsein" ermöglichen möchten.

[33] So in Beschreibung durch J. FREY, Eschatologie I, 342. Ähnlich U. SCHNELLE, Johannesforschung, 35: „Wenn der johanneische Dualismus nicht mehr als statisches, sondern als dynamisches Geschehen der Bewegung des Offenbarers in die Welt hinein verstanden wird, dann sind Inkarnation und Kreuz nicht mehr nur uneigentliches Geschehen, sondern das Zentrum johanneischer Christologie." Dies veranschaulicht den Unterschied der Erträge von Onuki und Meeks, insofern W. A. MEEKS, Sectarianism, 71 der johanneischen Gemeinde ein „sectarian consciousness" zuschreibt.

Sowohl der Ansatz, als auch die Ergebnisse von Takashi Onuki wurden vielfach zustimmend rezipiert bzw. ausdifferenziert, insbesondere durch die themenspezifisch relevanten Monographien von Roman Kühschelm und Otto Schwankl: In Korrespondenz zu Takashi Onuki analysiert Roman Kühschelm, welche „Intention – im Blick auf die joh Adressatengemeinde(n) und deren spezielle(r) Situation – ... die eigentümliche sprachliche und gedankliche Konzeption des sogenannten ,joh. Dualismus' bzw. ,Determinismus'"[34] verfolgt. Kühschelm konzentriert sich dabei auf die Analyse des Textes Joh 12,35-50, in welchem die Dialektik prädestinatianischer und entscheidungsdualistischer Tendenzen in besonderem Maße zutage tritt[35]. Diese über eine konkrete historische Situation hinausgreifende letzte öffentliche Rede Jesu bzw. die damit verbundene Begründung der partiellen Ablehnung Jesu verfolge eine zweifache pragmatische Funktion, nämlich einerseits eine Konfrontation bzw. Provokation, andererseits eine Selbstidentifikation. Einerseits sei beabsichtigt, daß der Text „die Adressaten zur kritischen Überprüfung und Korrektur ihrer Gesinnung und ihres Verhaltens herausfordert, ihnen die zentralen Inhalte der Offenbarung von neuem zum Anspruch macht, ihnen vermeintlich gefestigte Positionen entzieht, sie zum je neuen Gewinn und somit zur stetigen Verlebendigung des Glaubens anhält"[36]. Andererseits werde die Gemeinde ihrer Position in und ihrer bleibenden Aufgabe für die Welt vergewissert. Die dualistischen bzw. prädestinatianischen Züge wären „nicht Ausdruck einer vorgängigen, absoluten, kosmischen Scheidung bzw. Substanzierung von ,Licht' und ,Finsternis', sondern Funktionen (Epiphänomene) der joh. Christologie, d. h. sie unterstreichen die Bedeutung der Christusoffenbarung und der damit verbundenen Krisis für die Welt."[37] Die Termini ,Dualismus' bzw. ,Determinismus' seien nur zulässig, wenn sie nicht die Dynamik ausblenden, in welche die Gemeinde durch das Christusgeschehen versetzt ist. Die Sendung Jesu werde vielmehr in ihrer Verkündigung fortgeführt[38].

---

34 R. KÜHSCHELM, Verstockung, 10, der ebenso wie T. Onuki bereits im Untertitel der Studie (Exegetische und biblisch-theologische Untersuchung zum sogenannten johanneischen „Dualismus" und „Determinismus" in Joh 12,35-50) relativierende Anführungsstriche setzt.

35 R. KÜHSCHELM, Verstockung, 11-13, wobei dem ,Verstockungszitat' Jes 6,10 besondere Aufmerksamkeit gewidmet werden müsse.

36 R. KÜHSCHELM, Verstockung, 61.

37 Vgl. R. KÜHSCHELM, Verstockung, 280 in Abgrenzung zu E. Käsemann und L. Schottroff. Ebenso unangemessenen sei aber auch die Käsemann und Schottroff widersprechende Rede von einer „Präponderanz des Heils" (vgl. op. cit., 267 in Abgrenzung zu J. BLANK, Krisis, 290).

38 So R. KÜHSCHELM, Verstockung, 270 in explizitem Rekurs auf T. ONUKI, Welt, 36. Die Korrespondenz zwischen T. Onuki zeigt sich ferner in der Verhältnisbestimmung von historischer und gegenwärtiger Perspektive und der Distinktion zwischen „nachindividueller" und ,vorindividueller Krisis" (R. KÜHSCHELM, Verstockung, 267f.).

Die Beiträge von Takashi Onuki und Roman Kühschelm wurden wiederum von Otto Schwankl aufgenommen und modifiziert. Schwankl fokussiert ein zentrales dualistisches Strukturelement johanneischer Sprache, nämlich die Antithetik von Licht und Finsternis. Diese sei ein „metaphorisches Paradigma der johanneischen Schriften"[39] und ein dramaturgisches Medium des vierten Evangeliums: „In der lichtmetaphorischen Dramaturgie des Johannes bündelt sich der dramatische Gesamtprozeß der Welt- und Heilsgeschichte wie der individuellen Lebensgeschichte. Er wird darin repräsentiert, konzentriert, vorangetrieben und prinzipiell entschieden"[40]. Vor diesem Hintergrund sei auch das „leidige Problem des sogenannten joh Dualismus"[41] zu interpretieren. Auch wenn das vierte Evangelium wie kein anderes neutestamentliches Dokument mit dualisierender Sprachtechnik operiere[42], intendiere diese Konzeption gerade die Relativierung eines strikten Dualismus: „Wo ein alles bestimmendes Zentrum ist, gibt es folglich keinen eigentlichen Dualismus mehr. Die christologische Zentrierung bändigt und bricht im Grunde das Gegeneinander der Kräfte; sie deformiert die dualistische Grundstruktur."[43]

Einen Sonderfall innerhalb des Spektrums ‚entscheidungsdualistischer' Interpretation johanneischen Denkens bildet der Beitrag von Günter Röhser. Während alle übrigen Interpretationsansätze prädestinatianische Züge johanneischen Denkens zumindest partiell konstatieren, streitet Röhser dieselben grundsätzlich ab. Röhsers Beitrag ist Teilaspekt einer Studie, die einen grundsätzlichen Neuzugang zu paulinischen und johanneischen Erwählungs- bzw. Prädestinationsaussagen zu finden beabsichtigt[44]. Hierzu versucht Röhser zunächst, unterschiedliche Systeme der Vorstellung von

---

[39]　Vgl. den Untertitel der Studie. Wie Onuki integriert O. SCHWANKL, Licht, 6f. interdisziplinäre, besonders sprach- bzw. metapherntheoretische Impulse in die historisch-kritische Methodik. Speziell zur dramaturgischen Funktion dieser Motive vgl. op. cit., 352-354. Auch wenn das Johannesevangelium kein spezifisches Drama sei, neige „Johannes ... zum Dramatisieren" (op. cit., 351).

[40]　O. SCHWANKL, Licht, 354.

[41]　O. SCHWANKL, Licht, 355.

[42]　O. SCHWANKL, Licht, 15.

[43]　O. SCHWANKL, Licht, 360; entsprechend spricht J. GNILKA, Johannes, 10 von einem christologisch aufgebrochenen Dualismus. Ähnlich H. WEDER, Asymmetrie, 454. Vgl. ferner K. SCHOLTISSEK, Johannes II, 118: „Um dem joh Dualismus gerecht zu werden, wird man die christologische Konzentration des JohEv beachten müssen". Nach H. MERKLEIN, Gott, 281 haben die „Antithetik von Gott und Welt und von Glaube und Unglaube ihren gemeinsamen Schnittpunkt in der Offenbarung des Sohnes, die den Gegensatz zwischen Gott und Welt aufdeckt und den Glauben ermöglicht." Entsprechend R. A. CULPEPPER, Anatomy, 97: „The plot of the gospel is propelled by conflict between belief and unbelief as response to Jesus".

[44]　Zur johanneischen Theologie vgl. G. RÖHSER, Prädestination, 179-243, besonders 244-254.

Vorherbestimmung, Prädestination und Verstockung im Bereich alttestamentlicher und frühjüdischer Traditionen herauszuarbeiten. Obwohl dieser Untersuchungsansatz prinzipiell plausibel ist, ist dessen Durchführung und Ertrag äußerst problematisch[45]. Bezüglich der johanneischen Theologie gelangt Röhser zu folgender Interpretation: Auch wenn Texte wie Joh 6,44.65; 8,44; 9,39; 12,39f.; 17,9 auf den ersten Blick prädestinatianisch wirkten, sei „das Vorliegen prädestinatianischen Denkens im Johannesevangelium insgesamt und grundsätzlich in Frage zu stellen."[46]

Die Grundlagen seiner Argumentation leitet Röhser aus Joh 3,19-21 ab[47]. Insbesondere die Aussage ὁ δὲ ποιῶν τὴν ἀλήθειαν ἔρχεται πρὸς τὸ φῶς (Joh 3,21) bringe zur Geltung, daß in der Genese des eschatologischen Heils auch das menschliche Individuum eine partielle Mitverantwortung trage[48]. Es könne von einer „(sachlichen) Vorgängigkeit der ‚Werke' vor dem Glauben (bzw. Unglauben) und der daraus sich ergebenden notwendigen Abfolge von menschlicher *Grund*haltung und entsprechender *Glaubens*haltung" gesprochen werden[49]. Damit sei jeder Form einer auch nur partiell prädestinatianischen Interpretation johanneischer Theologie der Boden entzogen[50]. Röhsers Quintessenz lautet: „Wer im Rahmen seiner (jüdischen) Möglichkeiten sich ganz für Gott und dessen Gesandten Jesus Christus (17,3) öffnet, der wird gleichzeitig auch von Gott zu Jesus ‚hingezogen' und von diesem im Heilsbereich ewigen Lebens bewahrt. Wer hingegen diese Möglichkeit definitiv ausschlägt (und sich nicht zur Umkehr rufen läßt – gewissermaßen letztgültig von Jesus ‚weggeht' [vgl. 6,66f.]), der wird von Gott selbst in Verblendung und Verstockung geführt und damit endgültig auch aus dem Bereich des heilvollen Wirkens Jesu ausgeschlossen."[51]

---

[45] Zu den Definitionen von ‚Prädestination' und ‚Verstockung' vgl. G. RÖHSER, Verstockung, 9f. Die Kritik bezieht sich sowohl auf die historischen, als auch auf die systematischen Durchführungen des Interpretationsansatzes. Bereits die methodischen Zugriffe auf alttestamentliche und frühjüdische Texte sind problematisch, noch deutlicher jedoch die Anwendung der dabei herausgearbeiteten Interpretationsmuster auf die paulinische und johanneische Theologie (vgl. J. FREY, Rez. Röhser, 147f.).

[46] Vgl. G. RÖHSER, Prädestination, 9 bzw. 179.

[47] Vgl. G. RÖHSER, Prädestination, 195-208 bzw. 216.

[48] G. RÖHSER, Prädestination, 214, wobei die inhaltliche Entsprechung von ‚kommen' und ‚glauben' postuliert wird.

[49] G. RÖHSER, Prädestination, 204.

[50] G. RÖHSER, Prädestination, 252. Andererseits rekonstruiert G. RÖHSER, Verstokkung, 193f. aus Joh 12,40 das Motiv einer „nachgängige(n) Verstockung", die Gott Menschen zuteil werden läßt, die eine ihnen gebotene Zeit der Entscheidung nicht genutzt hätten.

[51] Vgl. G. RÖHSER, Prädestination, 254. Auch wenn die kritischen Auseinandersetzung mit den referierten Interpretationsmustern erst im Verlauf der Studie geboten werden, kann vorausgreifend festgehalten werden, daß der Beitrag Röhsers eine Außensei-

2.1.2 ‚Strikt prädestinatianische' Interpretationsmodelle

Das Spektrum ‚strikt prädestinatianischer' Interpretationen johanneischer Theologie kann an den Ansätzen von Ernst Käsemann, Roland Bergmeier, Otfried Hofius und Hans-Christian Kammler veranschaulicht werden.

Der themenspezifische Beitrag von Ernst Käsemann stellt einen Teilaspekt seiner generellen Interpretation johanneischer Theologie dar[52]. Käsemann zufolge begegnet nirgendwo „im Neuen Testament ... ein härterer Dualismus"[53] als in den johanneischen Schriften. Dieser sei nicht radikaler bzw. metaphysischer Natur, insofern die Welt als Gottes Schöpfung verstanden würde. Gleichwohl könne nicht von einem Entscheidungsdualismus[54], geschweige denn von einem Heilsuniversalismus gesprochen werden: Das Motiv der universalen Liebe Gottes zur Welt (Joh 3,16[55]) sei nur eine beibehaltene Formel, die nicht das Proprium johanneischer Theologie repräsentiere: „Jesus ist zwar nach Joh 3,17; 6,33; 12,47 gesandt, die Welt zu retten und ihr das Leben zu geben, und ist nach 9,5; 12,46 das Licht der Welt. Doch zeigt das Evangelium, daß solche Sendung in der Krisis der Welt endet."[56]

Die johanneische Theologie und der ihr inhärente Dualismus sei vielmehr von „einer eigenartigen Prädestinationslehre"[57] geprägt: „Sich für Jesus entscheiden zu können, ist göttliche Gabe und nur den Erwählten möglich, wie umgekehrt im Glauben Erwählung sichtbar wird und die Gabe allgemein angeboten wird."[58] Die hierin zutage tretende Diastase von Gemeinde und Welt sei bereits in der uranfänglichen Trennung von Licht

---

terposition in der Forschungsdiskussion bildet, der wesentliche Intentionen johanneischer Theologie verkennt: „In Röhsers Versuch, die Frage nach der Prädestination und der Verstockung nicht-aporetisch und ggf. anders als die dogmatische und exegetische Tradition zu lösen, zeigt sich allzudeutlich das systematische Interesse, die Tragweite der prädestinatianischen Aussagen einzuschränken und der menschlichen Freiheit der Entscheidung und des Wirkens zum Heil möglichst uneingeschränkt festzuhalten." (so J. FREY, Rez. Röhser, Sp. 149). Entsprechend resümiert H.-C. KAMMLER, Christologie, 143 Anm. 324, daß manche Einschätzung Röhsers „angesichts des johanneischen Textbefundes schier unglaublich" anmuten.

[52] Zur Struktur und Wirkung der Studie Käsemanns vgl. G. BORNKAMM, Auseinandersetzung, 104ff.; J. FREY, Eschatologie I, 160-170, besonders 165ff.

[53] Vgl. E. KÄSEMANN, Wille, 131.

[54] Diesbezüglich opponiert E. KÄSEMANN, Wille, 132 nicht nur gegen R. BULTMANN, Theologie, 373 und H. CONZELMANN, Grundriß, 385, sondern auch gegen L. SCHOTTROFF, Welt, 236ff., deren Einschätzungen er ansonsten weitestgehend zustimmen kann.

[55] Vgl. E. KÄSEMANN, Wille, 124.

[56] Vgl. E. KÄSEMANN, Wille, 125, was ebenso für alle weiteren heilsuniversalen Sequenzen gelte.

[57] Vgl. E. KÄSEMANN, Johannes-Interpretation, 153.

[58] Vgl. E. KÄSEMANN, Wille, 134.

und Finsternis präfiguriert, so daß die Gemeinde das Heil als „Geschehen des ersten Schöpfungstages"[59] erfahre.

Auch die Sendung der Gemeinde in die Welt habe lediglich die Funktion, die im Christusgeschehen begründete Scheidung empirisch sichtbar zu machen[60], was sich in der Sammlung der Prädestinierten vollziehe[61]. Angesichts dessen charakterisiert Käsemann die johanneische Gemeinde als einen „Konventikel mit gnostisierenden Tendenzen."[62] Unabhängig von historisch konkret verifizierbaren Bezügen zu qumranischen und gnostischen Entwicklungen gelte: „Das Verhältnis zur Welt ist ... dort wie hier ähnlich."[63] Im Zeichen dieser Grundausrichtung müsse johanneisches Denken zwangsläufig wesentliche Züge der synoptischen und paulinischen Tradition desavouieren: „Der irdische Jesus, der zu den Sündern und Zöllnern ging und das Gleichnis vom barmherzigen Samariter erzählte, ist ebenso ferngerückt wie die paulinische Verkündigung von der Rechtfertigung der Gottlosen."[64]

In Rekurs auf Ernst Käsemann konzentriert sich Roland Bergmeier auf die prädestinatianischen Züge des johanneischen Dualismus[65], deren Herkunft und Intention er durch religionsgeschichtliche Vergleiche mit prädestinatianischen bzw. dualistischen Strukturen antik-jüdischer bzw. gnostischer Provenienz zu bestimmen versucht[66]. Bergmeier gelangt zu dem Ergebnis, daß die johanneische Theologie zwar zweifelsohne eine prädestinatianische Prämisse enthalte[67], aber keine elaborierte, logisch-stringente Prädestinationslehre[68]. Auch wenn das systematisch-theologische Problem

---

59 Vgl. E. KÄSEMANN, Wille, 114 (ähnlich op. cit., 42f. bzw. 124f.), was als Rückprojektion der Eschatologie in die Protologie zu verstehen sei.

60 Vgl. E. KÄSEMANN, Wille, 135f.

61 Vgl. E. KÄSEMANN, Wille, 139.

62 Vgl. E. KÄSEMANN, Wille, 130.

63 Vgl. E. KÄSEMANN, Wille, 139.

64 Vgl. E. KÄSEMANN, Wille, 136.

65 Vgl. R. BERGMEIER, Glaube, 8. Er versteht den prädestinatianischen Akzent als Zentralproblem des johanneischen Dualismus. Zum Rekurs auf Käsemann vgl. ferner op. cit., 28.

66 Hierzu versucht R. BERGMEIER prädestinatianische bzw. dualistische Konzeptionen apokalyptischer (58-62), qumranischer (63-85) und gnostischer Provenienz herauszuarbeiten (letzteres wiederum unterteilt in nichtchristliche [117-177] und christliche Gnosis [178-199]).

67 R. BERGMEIER, Glaube, 213ff. Gerade Joh 12,35-50 als ein Schlüsseltext des Johannesevangeliums, der die öffentliche Tätigkeit Jesu abschließt und zu den Abschiedsreden überleitet, bietet im Verstockungszitat Jes 6,10 (Joh 12,39f.) das Hauptargument für die streng prädestinatianische Ausrichtung des Johannesevangeliums (vgl. op. cit., 228ff., worin sich der Gegensatz zur Interpretation von R. Kühschelm zeigt).

68 R. BERGMEIER, Glaube, 231: „Der Evangelist denkt prädestinatianisch, entfaltet aber nicht eine den Gesetzen der Logik genügende Prädestinations*lehre*." (Hervorhebungen von Bergmeier).

menschlicher Willens- und Entscheidungsfreiheit bzw. Verantwortung nicht in die johanneischen Texte hineinprojiziert werden soll, dürfe die Schärfe der johanneischen Argumentationen nicht aus dogmatischen bzw. moralischen Intentionen nivelliert werden[69].

Die Interpretationsansätze von Käsemann bzw. Bergmeier tendieren dazu, heilsuniversale Texte wie Joh 1,29; 3,16f.; 4,42; 8,12 etc. als lediglich übernommene Traditionen zu relativieren bzw. literarkritisch auszuscheiden[70]. Hiervon unterscheiden sich prädestinatianische Interpretationsansätze, die jene Textsequenzen zwar als integrale Bestandteile des johanneischen Denkens verstehen[71], ihnen aber eine heilsuniversale Aussageintentionen prinzipiell absprechen. Derartige Erklärungsmuster lassen sich an den Beiträgen von Otfried Hofius und seinem Schüler Hans-Christian Kammler veranschaulichen:

Ebenso wie Käsemann und Bergmeier geht Otfried Hofius von einer strikt prädestinatianischen Grundintention des Johannesevangeliums aus[72]. Texte wie z. B. Joh 1,29; 3,16f.; 4,42; 8,12 etc. wirken zwar universalistisch, sind es aber nicht. Paradigmatisch hierfür sei der Kosmos-Begriff: „Spricht der Evangelist von dem κόσμος, so ist das nicht eine quantitative Bestimmung (= alle Menschen im numerischen Sinn), sondern eine qualitative Bestimmung (= die gottfeindliche, der Sünde und dem Tod verfallene Menschheit); und macht er eine *positive* Aussage über den κόσμος, so sind die Erwählten gemeint, die in sich selbst nicht weniger gottlos und verloren sind als die Nicht-Erwählten. Das heißt: Der vierte Evangelist redet in diesen Fällen synekdochisch – nämlich im Sinne einer ‚Totum pro parte‘ – Metonymie – von der ‚Welt‘. Obwohl die Formulierung von Joh 3,16 ohne Frage universalistisch klingt, ist die Aussage gleichwohl *keine* universalistische (Gott hat *alle* ohne Ausnahme geliebt), sondern eine solche, die auf die Qualität der Erlösten abhebt."[73] In gleicher Weise relativiert Hofius alle weiteren heilsuniversalistisch anmutenden Aussagen. Alle Nicht-Erwählten gehören „zu der dem Verdammungs- und Todesgericht

---

[69]   R. BERGMEIER, Glaube, 229 bzw. 231.

[70]   So erkennt z. B. R. BERGMEIER, Glaube, 212 in Joh 15 redaktionelle Zusätze, die eine menschliche Eigenverantwortlichkeit postulieren bzw. die ansonsten streng prädestinatianische Ausrichtung des Evangeliums korrigieren (z. B. Joh 15,6). Vgl. ferner A. STIMPFLE, Blinde, 18.40.29.260.

[71]   Dies entspricht dem in der neueren Johannesforschung dominierenden Primat der synchronen Textanalyse gegenüber der diachronen (hierzu s. u. § 4/3).

[72]   O. HOFIUS, Wiedergeburt, 66-73; DERS., Erwählung, 81-86, besonders 86 Anm. 23 in Rekurs auf Joh 3,1ff.; 6,29.44f.65; 8,37-47; 10,3f.26ff.; 12,37-40; 17,2.6ff.; 18,37.

[73]   Vgl. O. HOFIUS, Wiedergeburt, 66 (alle Hervorhebungen von HOFIUS). Entsprechend interpretiert Hofius alle weiteren positiven Aussagen über den κόσμος (Joh 1,29; 3,16f.; 4,42; 6,33.51; 8,12; 9,5; 12,47; 17,21.23).

verfallenen *massa perdinitionis*"[74]. Entsprechend präfiguriere das Johannesevangelium bereits die für die dogmengeschichtlichen Lehrbildungen einer Erwählungslehre zentralen Motive der *perseverantia sanctorum*, der *electionis firmitudo* und des *donum perseverantiae*[75].

Die Konzeption von Hofius wurde von seinem Schüler Hans-Christian Kammler fortgeführt[76]. Zu Recht stellt Kammler fest, daß Joh 6,37.39.44f.65; 8,43f.47; 10,3f.26f.; 12,39f.; 17,2.6.9.12.24; 18,37 nicht einfach als „prädestinatianische Splitter"[77] marginalisiert werden könnten[78]. Statt dessen gebe es dem Johannesevangelium zufolge zwischen dem Kosmos „und der Sphäre des Göttlichen ... keinen – wie auch immer gearteten – anthropologischen Anknüpfungspunkt, sondern nur die schärfste Diastase ... Weil die Menschenwelt von der Sphäre Gottes unendlich geschieden ist, ist der Mensch im Blick auf seine Heilsteilhabe radikal unfrei und ausschließlich auf die göttliche Erwählung angewiesen."[79]

Diese Fundamentalbestimmung zeigt sich Kammler zufolge eindrücklich an der Verwendung des Begriffs ἀκούειν: Wenn im Johannesevangelium vom Hören der Worte Jesu gesprochen wird, räume dies dem Menschen keine individuelle Entscheidungsfreiheit ein, sich dem Gehörten gegenüber ablehnend oder zustimmend zu verhalten: „Ein solches ‚Hören' ist streng und ausschließlich als *Wirkung* des Wortes zu fassen und damit als ein in der göttlichen Erwählung zum Heil begründetes Werk des Sohnes *am* Menschen. Es ist deshalb im Blick auf das vierte Evangelium exegetisch durchaus angemessen, Jesu Wort – in der Begrifflichkeit reformatorischer Theologie gesprochen – als *verbum efficax* und den Glauben, der durch dieses Wort hervorgehoben wird, dementsprechend – mit der gleichen Begrifflichkeit – als *fides ex auditu* zu bezeichnen."[80] Es könne somit

---

74   O. HOFIUS, Wiedergeburt, 68.

75   O. HOFIUS, Erwählung, 82. Dies bestätige die Einschätzung Calvins, daß „nicht nur die beiden Worte Joh 6,39f. und 10,27-29, sondern auch ... Joh 6,37 zu den ‚Verheißungen für die Zukunft', die uns die ‚Beständigkeit der Erwählung' (electionis firmitudo) und die ‚Gabe der Beharrung' (donum perseverantiae) bezeugen und verbürgen." (vgl. op. cit., 86 in Rekurs auf Calvin, Institutio III 26,6. Entsprechend wären alle Text, die von einer eigenverantwortlichen menschlichen Aktivität zu sprechen scheinen, als Folge göttlicher Erwählung zu verstehen (vgl. O. HOFIUS, Wiedergeburt, 73 in Rekurs auf Joh 6,44.64f.).

76   Als Beispiele nahezu analoger Argumentationen vgl. H.-C. KAMMLER, Geistparaklet, 128f.; DERS., Christologie, 66 (zum Begriff κόσμος), DERS., Christologie, 136ff. (zum Motiv der Perseveranz) etc.

77   So J. BECKER, Beobachtungen, 79 bzw. 81 Anm. 26.

78   Vgl. H.-C. KAMMLER, Christologie, 148.

79   Vgl. H.-C. KAMMLER, Geistparaklet, 100f.

80   Vgl. H.-C. KAMMLER, Christologie, 129 in bezug auf Joh 4,25ff.; 5,24a; 6,67-69; 9,35-38; 11,25-27; 20,16. In Rekurs auf A. STIMPFLE, Blinde, 77 resümiert Kammler, daß

resümiert werden, daß der vierte Evangelist einen „radikalen, im Sinne der *praedestinatio gemina* zu verstehenden Prädestinatianismus"[81] propagiere.

Inhaltlich bilden diese Überlegungen den diametralen Gegensatz zum Beitrag G. Röhsers[82]. Die Ansätze von Kammler und Röhser repräsentieren somit die extremen Gegenpole des Spektrums der Interpretation der prädestinatianischen Aussagen des Johannesevangeliums.

2.2 Die dualistischen Motive als Leitinstanz der Rekonstruktion einer johanneischen Theologie- bzw. Gemeindegeschichte

In der Geschichte der Exegese der johanneischer Schriften kam es zu einer Vielzahl von Versuchen, eine johanneische Theologie- bzw. Gemeindegeschichte zu rekonstruieren[83]. Paradigmatisch für eine entsprechende Bewertung der dualistischen Motive sind die Beiträge von Jürgen Becker und Wolfgang Langbrandtner, die trotz vergleichbarer methodischer Prämissen zu unterschiedlichen Ergebnissen gelangen[84].

Jürgen Becker versteht die dualistischen Züge als „umfassende Rahmenbedingung joh. Theologie"[85], anhand der vier unterschiedliche Phasen einer johanneischen Gemeinde- bzw. Theologiegeschichte rekonstruiert werden könnten. Zunächst sei die johanneische Theologie – wie nahezu alle weiteren urchristlichen Traditionsströme – weder dualistisch noch prädestinatianisch orientiert[86]. In der folgenden zweiten Phase geriet die Gemeinde jedoch unter den Einfluß qumranischer Theologie, was die Entwicklung eines ‚prädestinatianisch-ethischen' bzw. ‚deterministisch-ethischen Dualismus' forcierte[87]. Die Zugehörigkeit zur Heils- bzw. Unheilssphäre zeige sich im individuellen Verhalten und der Stellung zu Je-

---

dieses ‚Hören' das ‚Hören können' umschreibe, welches nur den dazu Prädestinierten möglich sei.

[81] Vgl. H.-C. KAMMLER, Christologie, 148. Letzteres kann als Radikalisierung der Ansätze von Hofius gewertet werden, dessen Argumentationen zwar auf eine entsprechende Einschätzung hinauslaufen, sie jedoch nicht in dieser Deutlichkeit aussprechen.

[82] Dennoch sind beide Interpretationsmuster in ihrer subtil dogmatischen Orientierung strukturell vergleichbar. Zur Kritik der von Kammler bewußt gewählten dogmatischen Terminologie und entsprechender Argumentationstechniken vgl. E. E. POPKES, Rez. Kammler, 285ff. (zur dogmatischen Tendenz bei G. Röhser vgl. J. FREY, Rez. Röhser, Sp. 149).

[83] Zur methodischen Problematik solcher Rekonstruktionsversuche vgl. die Skizze der methodischen Prämissen der vorliegenden Studie in § 4/3 bzw. 4.

[84] Einen entsprechenden Versuch einer entwicklungsgeschichtlichen Differenzierung der liebessemantischen Motive bietet Fernando F. Segovia (s. u. § 3/3.1).

[85] J. BECKER, Johannes I, 59.

[86] J. BECKER, Johannes I, 176.

[87] J. BECKER, Beobachtungen, 79 bzw. DERS., Johannes I, 176.

sus[88]. Diese Konzeption sei in einer dritten Phase durch gnostische Impulse zu einem kosmischen Dualismus modifiziert worden, der die Abgrenzung von Gott und Welt durch die spatiale Entgegensetzung einer oberen, himmlischen und einer unteren, irdischen Sphäre bzw. einer Sphäre des Lebens und einer Sphäre des Todes akzentuierte[89]. Im Vergleich mit späteren gnostischen Systemen fehle jedoch eine elaborierte Kosmogonie, Dämonologie, Substanzontologie, Anthropologie etc. Die anfänglich noch prädestinatianische Orientierung sei durch den Evangelisten revidiert worden, dessen Aktivität am Ende der dritten Phase anzusetzen sei[90]. Dieser versuche die Weltoffenheit der ersten Phase zu reaktivieren bzw. die Tendenzen einer zunehmenden Sektenmentalität zu überwinden[91]. Insofern der Dualismus nun eine Funktion der in den Vordergrund tretenden Christologie sei, könne von einem „soteriologischen Entscheidungsdualismus"[92] gesprochen werden: „Jesus legt nicht mehr einen vorgegebenen Dualismus frei und überwindet ihn, sondern sein Wort provoziert ihn." Die vierte, postevangelistische Phase verfalle jedoch wieder einem partikularistischen Selbstverständnis: Sie entwickle einen „verkirchlichten" bzw. „prädestinatianischen Dualismus", der sich in der Entgegensetzung von Kirche und Welt zeige[93].

Im Gegensatz zu Jürgen Becker rekonstruiert Wolfgang Langbrandtner lediglich drei Stadien einer johanneischen Theologiegeschichte. Seine Konzeption basiert auf einer literarkritischen Differenzierung von zwei konträren theologischen Konzeptionen im vierten Evangelium, einer Grundschrift und deren redaktioneller Überarbeitung[94]. Diese Textebenen repräsentierten die beiden ersten Phasen der johanneischen Theologiege-

---

[88] So z. B. Joh 3,19-21. Gerade hier vermutet J. BECKER, Johannes I, 176f. Bezüge zu qumranischen Konzeptionen (v. a. 1 QS III,13-IV,26) und den Testamenten der Zwölf Patriarchen (kritisch hierzu s. u. § 4/3).

[89] Vgl. J. BECKER, Johannes I, 177f. Durch Konzeptionen wie Joh 3,31-36 und die entsprechende spatiale Rhetorik trete „an die Stelle des vertikalen Schnitts zwischen verschiedenen Menschengruppen ... der horizontale Schnitt zwischen Gott und Kosmos, Oben und unten, der Sphäre des Lebens und der Sphäre des Todes" (so in der kritischen Beschreibung durch H.-C. KAMMLER, Christologie, 146).

[90] J. BECKER, Johannes I, 178.

[91] Die Gestalt des Evangelisten ist für J. BECKER, Johannes I, 70ff. bzw. 178f. die zentrale Gestalt johanneischer Theologie. Bezüglich der genannten Entwicklungen „erschließt das Gegensatzpaar von Glaube und Unglaube den Sinn, den der E dem Dualismus beilegt." (op. cit., 179).

[92] J. BECKER, Johannes I, 179 in Zustimmung zu entsprechenden Einschätzungen von R. Bultmann, partiell auch L. Schottroff.

[93] J. BECKER, Johannes I, 179 in bezug auf Joh 15,18-16,15; Joh 17 etc. und v. a. die Briefkorrespondenz.

[94] Vgl. W. LANGBRANDTNER, Gott, 1.

schichte, die Briefkorrespondenz und v. a. der erste Johannesbrief hingegen die dritte.

Generell sei zu konstatieren, daß die johanneischen Texte nicht nur eine gnosisnahe Sprache, sondern auch gnostisches Denken aufweisen[95]. Die Charakteristika der einzelnen Textstadien versucht Langbrandtner durch religionsgeschichtliche Vergleiche mit gnostischen Traditionsbildungen herauszuarbeiten[96]. Auch wenn in der Entwicklung johanneischen Denkens der Dualismus keine derart zentrale Stellung einnehme, wie dies in der Rekonstruktion Beckers postuliert wird, lasse sich die Wandlung des theologischen Selbstverständnisses gerade an diesem Thema demonstrieren. Ein Charakteristikum der Grundschrift bestehe „in der dualistischen Konzeption, die zwei einander ausschließende Sphären gegenüberstellt, eine untere, die das Irdische verkörpert, und eine obere, die das Himmlische in sich birgt."[97] Es könne von einem ‚kosmologischen Dualismus‘ gesprochen werden, denn eine „Vermischung beider Bereiche ist unmöglich, so daß sich die göttliche Welt in voller Integrität und Unberührtheit vom Irdischen absetzt."[98] Insofern beide Bereiche auf einem unterschiedlichen Verständnis von Wahrheit basieren, komme es zwischen den Angehörigen der jeweiligen Sphäre zu permanenten Mißverständnissen. Diese „gründen darin, daß die Worte Jesu in einem völlig anderen undualistischen Sinn aufgefaßt werden, indem nämlich der Bezug zur oberen Welt ausgelassen und Jesus auf diese Weise mißverstanden wird."[99] Der Dualismus sei ferner soteriologisch bzw. ontologisch, denn der „Mensch ist auf einen dieser Bereiche festgelegt". Er besitze aber eine individuelle Entscheidungsfreiheit für oder gegen Jesus[100]. Die Grundschrift repräsentiere einen Dualismus, der sich „mit dem gnostischen Dualismus voll zur Deckung bringen lasse"[101], der jedoch ein relativ frühes Stadium gnostischer Traditionsbil-

---

[95] W. LANGBRANDTNER, Gott, VII in Berufung auf E. Käsemann und L. Schottroff. Partielle „gnostisierende Tendenzen" vermutet J. BECKER, Johannes I, 60 lediglich für die Spätphase johanneischer Theologie.

[96] Die religionsgeschichtlichen Erwägungen Langbrandtners sind fast durchgehend hermeneutisch und historisch problematisch (etwa zum Corpus Hermeticum, Basilides, den Oden Salomos [vgl. op. cit., 121-194], v. a. aber zum Dualismus der sogenannten ‚Zwei – Geister – Lehre‘ [1QS III,13-IV,26; vgl. op. cit., 179-186] und zum EvThom bzw. dem AJ [vgl. op. cit., 194-373]; ausführlich hierzu § 4/4.3). Die unterschiedlichen theologischen Charakteristika versucht Langbrandtner v. a. anhand der johanneischen Christologie, Ekklesiologie etc. zu veranschaulichen.

[97] W. LANGBRANDTNER, Gott, 84.

[98] W. LANGBRANDTNER, Gott, 85f.

[99] W. LANGBRANDTNER, Gott, 88.

[100] W. LANGBRANDTNER, Gott, 86.

[101] W. LANGBRANDTNER, Gott, 192 entspricht Schottroff darin, daß bereits die von ihm postulierte gnostische Theologie entscheidungsdualistisch orientiert sei. Auch der

dung repräsentiere. Die Redaktion hingegen „verarbeitet ... stellenweise einen Dualismus anderer Art, der den innerweltlichen Gegensatz zwischen Gemeinde und ungläubiger Welt herausstellt."[102] Der in der Grundschrift dominante kosmologische Gegensatz von Welt und Gott werde aufgebrochen bzw. auf die innerweltliche Konfrontation von Gemeinde und Kosmos reduziert[103]. Entsprechend sei auch die Soteriologie modifiziert[104]. Auch wenn der Aufruf zum Glauben seine fundamentale Bedeutung behalte, fokussiere die theologische Reflexion nun Themenhorizonte wie Ekklesiologie, Sakramentalismus und futurische Eschatologie. Der erste Johannesbrief schließlich liege „auf der Fluchtlinie der über die Gs [sc. Grundschrift] und R.ion [sc. Redaktion] hinausreichenden theologischen Entwicklung"[105], in welcher die Dualismen der beiden ersten Stadien zu einem ethischen Dualismus modifiziert würden[106]. Die Bruderliebe-Ethik basiere zwar auf der in der Sendung Jesu sich offenbarenden Liebe Gottes, die universale Komponente von Joh 3,16f. werde jedoch im Zeichen des Gemeindeschismas eingeschränkt: Die Rettung ziele nun nicht mehr auf den gesamten Kosmos, sondern nur noch auf die Gemeinde[107]. Auch für den ersten Johannesbrief gelte somit, daß „im Rahmen seines dualistischen Gepräges Gott und Kosmos als ethische Größen unvereinbar sind."[108]

3. Die liebessemantischen Motive

Die bisherigen Forschungsbeiträge zu den liebessemantischen Motiven widmeten sich v. a. drei Themenkomplexen, nämlich dem johanneischen Liebesgebot (3.1), den traditionsgeschichtlichen Vorstufen einzelner Topoi (3.2) und der narrativen Inszenierung exponierter ‚Liebesbeziehungen' im Johannesevangelium (3.3). Auch wenn diese Themenkomplexe inhaltlich korrespondieren, sollen sie der Anschaulichkeit halber getrennt voneinander skizziert werden.

---

johanneischen Theologie selbst wird von beiden Exegeten eine Affinität zur Gnosis attestiert (vgl. L. SCHOTTROFF, Welt, 275).

102 Hierin erkennt W. LANGBRANDTNER, Gott, 192f. Einflüsse qumranischer Theologie, auch wenn keine direkten Verbindungen zwischen qumranischen und johanneischen Kreisen belegt werden könnten.

103 W. LANGBRANDTNER, Gott, 106f.; so z. B. Joh 3,31-36 bzw. Joh 15-17.

104 W. LANGBRANDTNER, Gott, 108.

105 W. LANGBRANDTNER, Gott, 389.

106 W. LANGBRANDTNER, Gott, 391.

107 W. LANGBRANDTNER, Gott, 392.

108 W. LANGBRANDTNER, Gott, 392.

3.1 Das Liebesgebot

Die johanneischen Schriften thematisieren explizit nur die gegenseitige Liebe der Jünger (Joh 13,34f.; 15,12.17; 1 Joh 3,11.23; 4,7.11f.19; 2 Joh 5 etc.) bzw. die Geschwisterliebe (z. B. 1 Joh 2,10; 3,10.18; 4,20f.; 2 Joh 1; 3 Joh 1 etc.). Nächstenliebe, geschweige denn Feindesliebe wird hingegen nicht gefordert. Hieraus resultieren zwei sich wechselseitig bedingende Fragen: Ist die Konzentration auf die innergemeindliche Perspektive das Indiz einer Sektenmentalität der johanneischen Gemeinde? In welchem Verhältnis steht das johanneische Liebesgebot zu anderen neutestamentlichen, insbesondere synoptischen und paulinisch-deuteropaulinischen Konzeptionen?

Für die Mehrheit der Forschungsbeiträge setzt das johanneische Liebesgebot die synoptische bzw. paulinische Tradition stillschweigend voraus bzw. bietet zuweilen deren situationsgebundene Reformulierung[109]. Dies sei jedoch kein Indiz einer Sektenmentalität. Paradigmatisch betont Rudolf Bultmann, für die außerjohanneische Welt bestehe „ständig die Möglichkeit, in den Kreis des ἀλλήλους ἀγαπᾶν einbezogen zu werden."[110]

Auf dem Fundament einer vergleichbaren theologiegeschichtlichen Einschätzung versucht Victor Paul Furnish die spezifisch johanneischen Aspekte bzw. die ethischen Implikationen des johanneischen Liebesgebots zur Geltung zu bringen[111]. Eine Besonderheit bestehe zunächst darin, daß das Johannesevangelium im Gegensatz zur synoptischen Tradition die gegenseitige Liebe der Menschen nicht mit der Liebe der Menschen zu Gott in Beziehung setzt (insbesondere nicht als Gebot im Sinne von Dtn 6,4f.[112]). Dennoch werde die Relation zwischen Gott und Mensch anhand der Liebessemantik reflektiert: „According to this conception love is first

---

[109] So bereits ältere Beiträge wie z. B. J. MOFFAT, Love; V. WARNACH, Agape; C. SPICQ, Àgapè, die jedoch aufgrund einer noch undifferenzierten Methodik bzw. Hermeneutik zu einer „unjustified homogenization of different perspectives and emphases within the New Testament itself" tendieren (treffend P. FURNISH, Love Command, 19; eine entsprechende Kritik betrifft auch die speziell auf die johanneische Theologie ausgerichteten Beiträge von M. BOUTTIER, La notion; J. COPPENS, Àgapè; G. MENESTRINA, 'Αγάπη; J. VADAKETHALA, Love).

[110] Vgl. R. BULTMANN, Theologie, 435 im Zeichen seiner entscheidungsdualistischen Interpretation johanneischer Theologie. Nach F. VOUGA, Johannesbriefe, 36 impliziert bereits der Terminus ἀγαπᾶν sowohl im Johannesevangelium, als auch im ersten Johannesbrief dem generellen biblischen bzw. hellenistischen Sprachgebrauch entsprechend eine menschliche Entscheidungsfähigkeit (so auch E. STAUFFER, Art. ἀγαπάω, ἀγάπη, ἀγαπητός, 35, der die johanneische Theologie eigentlich strikt prädestinatianisch interpretiert).

[111] V. P. FURNISH, Love Command, 19.

[112] V. P. FURNISH, Love Command, 133.

of all that which unites the Father to his own who are in the world"[113]. Gerade die Korrespondenz zwischen dem Sendungs- und dem Einheitsmotiv (vgl. Joh 17,21-23.25f.) zeige den dynamischen, zur Außenwelt geöffneten Charakter der johanneischen Gemeinde[114]. Das johanneische Liebesgebot sei „neither a softening nor a repudiation of the command to love the neighbor, but a special and indeed urgent form of it."[115] Auch durch die prädestinatianischen Züge johanneischen Denkens sei diese prinzipielle Offenheit der johanneischen Gemeinde für Außenstehende nicht relativiert, denn „the ,predestinarian' aspects of the Gospel originate in a concern to stress the sovereign initiative of God in coming into the world in love; they do not originate in a conviction that some are forever excluded from true life"[116]. Eine weitere Besonderheit des vierten Evangeliums bestehe darin, daß die Gestaltung des Liebesgebots eng mit der Christologie verknüpft sei[117]. Auch dieser Sachverhalt sei dafür verantwortlich, daß sich die Gestaltung des Liebesgebots im vierten Evangelium so markant von der synoptischen Tradition unterscheide.

In Aufnahme der skizzierten Einschätzungen gibt Michael Figura einen weiteren wichtigen Diskussionsimpuls. Die primär innergemeindliche Perspektive des johanneischen Liebesgebots müsse von den theologischen Hauptmotiven der johanneischen Dokumente her erläutert werden, nämlich einerseits im Zeichen der christologischen Konzentration des Johannesevangeliums, andererseits im Zeichen des Motivs der Gottes- und Christusgemeinschaft im ersten Johannesbrief[118]. Auch wenn Figura diesen Ansatz selbst kaum entfaltet, sondern der weiteren Diskussion anheimstellt, resümiert auch er: „Liebe bedeutet auch für das Corpus Johanneum eine auf alle hin geöffnete Gemeinschaft"[119].

Der skizzierten Auslegungstradition steht eine diametral entgegengesetzte gegenüber, welche das johanneische Liebesgebot als Ausdruck einer strikten Sektenmentalität versteht[120]. Die Charakteristika dieses Interpreta-

---

113 V. P. FURNISH, Love Command, 145, der aufgrund der Korrespondenz von Joh 15,9 und 17,20-26 diese Einheit nicht als statischen Konventikel, sondern als „a living and moving unity" versteht.

114 V. P. FURNISH, Love Command, 145.

115 V. P. FURNISH, Love Command, 148.

116 V. P. FURNISH, Love Command, 147. Entsprechend M. HENGEL, Frage, 163, Anm. 35: „Die johanneische Erwählungs- und Prädestinationsvorstellung ist - wie bei Paulus - Ausdrucksmittel der radikalen Gnade Gottes."

117 So V. P. FURNISH, Love Command, 157 in Rekurs auf H.-D. WENDLAND, Ethik, 111.

118 So M. FIGURA, Botschaft, 415.

119 M. FIGURA, Botschaft, 416. Entsprechend J. NISSEN, Community, 212: „The Johannine community is a community of love."

120 So in unterschiedlicher Schärfe E. STAUFFER, Botschaft, 47; C. R. BOWEN, Love, 45 bzw. 42-48; J. L. HOULDEN, Ethics, 36; W. SCHRAGE, Ethik, 299f.; J. T. SANDERS,

tionsansatzes können anhand der Beiträge von Ernst Käsemann, Michael Lattke und Fernando F. Segovia veranschaulicht werden:

Auf der Basis seiner Interpretation dualistischer und prädestinatianischer Züge johanneischen Denkens urteilt Ernst Käsemann: „Objekt christlicher Liebe ist für Johannes allein, was zur Gemeinde unter dem Wort gehört oder dazu erwählt ist, also die christliche Bruderschaft.“[121] In scharfer Abgrenzung zu Bultmann fordert Käsemann, daß synoptische bzw. paulinische Konzeptionen nicht in die johanneische Theologie hineinprojiziert werden dürften. Im vierten Evangelium gelte Jesu Liebe ausschließlich den Jüngern, nicht aber Außenstehenden, geschweige denn der Welt[122]. Es gebe keine textlichen Evidenzen, daß „die Bruderliebe exemplarisch die Nächstenliebe umfaßt, wie sie sonst im Neuen Testament gefordert wird.“[123] Eine Affinität bestehe statt dessen zu qumranischer bzw. gnostischer Theologie, was sich v. a. im esoterischen Stil der Jüngerbelehrung zeige (Joh 13,34f.)[124]. Der johanneische Liebesbegriff korreliere besonders den Begriffen ‚Glaube‘ und ‚Wort‘: „Meint Glaube die Annahme des Wortes für sich selbst, so Liebe die Selbsthingabe an das Wort im Dienst.“[125] Das Liebesverständnis präge wiederum das Einheitsmotiv, beide Bereiche würden nahezu parallelisiert bzw. identifiziert[126]. Dies zeige, daß im johanneischen Denken Liebe „etwas anderes als ein Gefühl bezeichnet und sogar den Bereich ethischer Entscheidungen transzendiert“[127]. Dieses ekklesiologische Selbstverständnis und die einen „naiven Doketismus“[128]

Ethics, 100; M. Dibelius, Joh 15,13, 213f.; tendenziell auch G. Stählin, Art. φιλεῖν, 128 und bereits J. Wellhausen, Evangelium Johannis, 118ff.).

[121] E. Käsemann, Wille, 136, demzufolge auch „der ... Jesus, der zu den Sündern und Zöllnern ging und das Gleichnis vom barmherzigen Samariter erzählte“ ausgeblendet sei.

[122] E. Käsemann, Wille, 123.

[123] E. Käsemann, Wille, 124.

[124] E. Käsemann, Wille, 125 bzw. 128.

[125] E. Käsemann, Wille, 129, besonders in Rekurs auf Joh 10,18; 13,1; 15,3.13 und deren implizite Interpretation traditioneller Vorgaben.

[126] E. Käsemann, Wille, 123.

[127] E. Käsemann, Wille, 128. Entsprechende Einschätzungen finden sich in Beiträgen zur johanneischen Ethik wie z. B. J. L. Houlden, Ethics, 36: „Even when he speaks of the command to love and of doing what Jesus commands, John's real concern is not primarily ethical at all. His concern is with the new condition of life conferred on the believers through Christ“. Ähnlich E. Stauffer, Botschaft, 47; W. Schrage, Ethik, 299f.; J. T. Sanders, Ethics, 100 (einen Überblick bietet R. Schnackenburg, Botschaft, Bd. II, 171-181, der selbst einer solchen Interpretation skeptisch gegenübersteht).

[128] E. Käsemann, Wille, 61f. Anm. 68. Ein ‚naiver Doketismus‘ habe noch nicht die theologischen Konsequenzen einer Christologie realisiert, die eigentlich nur noch „die Folie eines durch die Menschenwelt schreitenden Gottessohnes“ (op. cit., 35) bietet. Tendenziell ähnlich, jedoch nicht mit anderen theologischen Konsequenzen urteilte be-

implizierende Darstellung Jesu ließen wiederum auf den Charakter ihres Verfassers zurückschließen: „Nicht einmal Paulus hat bei all seinem Temperament, seinen Zornesausbrüchen und seiner Ironie die eherne Kälte des angeblichen Apostels der Liebe, die schon der johanneische Stil bekundet."[129]

Die Interpretation Käsemanns wurde von Michael Lattke elaboriert[130]. Von der streng prädestinatianischen bzw. partikularistischen Einschätzung johanneischer Theologie ausgehend versucht Lattke, die Korrelation der Begriffe ‚Liebe' und ‚Wort' herauszuarbeiten. Alle wesentlichen liebessemantischen Motive seien stets in Rekurs auf das semantische Feld ‚Wort' bzw. ‚Gebot' (besonders λόγος und ἐντολή) entwickelt. Entsprechend versucht Lattke unterschiedliche Konnotationen von ἀγαπᾶν κ.τ.λ. und φιλεῖν κ.τ.λ. herauszuarbeiten. Das in beiden Termini implizierte „Subjekt – Objekt – Verhältnis" reflektiere die „‚personale' Relation"[131] zwischen dem Vater, dem Sohn und den Gemeindemitgliedern. Liebe sei somit im Johannesevangelium der „Ausdruck einer wesentlichen Einheit zwischen Vater, Sohn und den Seinen"[132]. Spezifisches Kennzeichen dieses Motivs sei die Reziprozität[133], welche eine „kettenartige Abbildhaftigkeit"[134] umschreibe. Diese Sprachfigur veranschauliche das ekklesiologische Selbstverständnis des Johannesevangeliums, weil „durch die Möglichkeit jener Kettenbildung einerseits der Ring geschlossen wird zwischen dem Sendenden, dem Gesandten und den Erwählten und anderseits der Ausschluß des Kosmos noch gravierender, literarisch gesprochen, 3,16 noch isolierter erscheint"[135].

Zu ähnlichen Einschätzungen wie Käsemann und Lattke gelangt Fernando F. Segovia, jedoch auf der Basis eines anderen methodischen Ansatzes. Segovia versucht die von Jürgen Becker entworfene Rekonstruktion einer johanneischen Theologie- und Gemeindegeschichte auf die Liebessemantik anzuwenden[136]. Der Ausgangspunkt seiner Argumentation ist die

---

reits W. HEITMÜLLER, Johannes-Evangelium, 27: „Der Johannes-Christus ist, kurz gesagt, eine über die Erde wandelnde Gottheit."

[129] E. KÄSEMANN, Wille, 131. Entsprechend sei auch die Darstellung der menschlichen Züge Jesu auf ein „Mindestmaß an Ausstattungsregie" reduziert (op. cit., 28).

[130] Grundsätzlich M. LATTKE, Einheit, 1; dies zeigt sich besonders in der Terminologie ‚Einheit im Wort', welche dezidiert auf E. KÄSEMANN, Wille, 123 rekurriert (vgl. hierzu M. LATTKE, Einheit, 24).

[131] M. LATTKE, Einheit, 22.

[132] M. LATTKE, Einheit, 169.

[133] M. LATTKE, Einheit, 22.

[134] M. LATTKE, Einheit, 24-26.

[135] M. LATTKE, Einheit, 26.

[136] Vgl. F. F. SEGOVIA, Love Relationships, 2 bzw. 23f. (zur Konzeption Beckers s. o. § §/2.2).

Interpretation der Liebessemantik des ersten Johannesbriefs. Dieser reflektiere vor dem Hintergrund des johanneischen Gemeindeschismas das Verhältnis von Gottes- und Bruderliebe[137]. Richtiges bzw. falsches Verständnis dieser Liebe orientiere sich an jeweils fünf Hauptkriterien[138]: Der Autor des ersten Johannesbriefs fordere die Anerkennung Jesu und seiner Gebote, eine strikte Ablehnung jeder Liebe zur Welt und das Bekenntnis der voraussetzungslosen Liebe Gottes. Auf dieser Liebe Gottes basiere einerseits die Liebe untereinander, andererseits die Observanz der Gebote Gottes bzw. Jesu. Ein falsches Liebesverständnis zeige sich hingegen in der Verleugnung der Dignität Jesu und seiner Gebote, einer positiven Einstellung gegenüber dem κόσμος und einer Liebe zu Gott, welche keinerlei ethischen Konsequenzen nach sich ziehe. Dies äußere sich zuletzt in Bruderhaß und Nichtbefolgung der Gebote Gottes. Das Liebesgebot sei strikt gruppenintern ausgerichtet[139], was für ein deutlich sektiererisches bzw. partikularistisches Gemeindeverständnis spräche[140].

Auf der Grundlage dieser Interpretation des ersten Johannesbriefs wendet sich Segovia dem Johannesevangelium zu, dessen liebessemantische Motive s. E. unterschiedlichen redaktionellen Stadien zugeordnet werden können. Das ursprüngliche Johannesevangelium reflektiere nicht das gemeindeinterne Verhalten, sondern nur die Liebe der Jünger zu Jesus[141], die Liebe zwischen dem Vater und dem Sohn[142] und deren Liebe zu den Jüngern[143]. Die Unterscheidung richtig und falsch verstandener Liebe sei im Gefolge der Abfassung des ersten Johannesbriefs in das vierte Evangelium redaktionell eingefügt worden (besonders Joh 13,34f.; 15,1-16,15)[144]. Auch wenn der erste Johannesbrief noch deutlicher die Züge einer Sektenmentalität trage, seien diese bereits im ursprünglichen Johannesevangelium präfiguriert. Besonders das Motiv der Liebe und des Hasses zu Jesus charakte-

---

[137] F. F. SEGOVIA, Love Relationships, 66. Das Hauptinteresse des Autors liege in der „differentiation of correct love, or love ‚of God‘, from incorrect love."

[138] F. F. SEGOVIA, Love Relationships, 74f.

[139] F. F. SEGOVIA, Love Relationships, 76. In Rekurs auf F. BOGART, Perfectionism, 123-141 vermutet F. F. SEGOVIA, Love Relationships, 77-79 hinter den johanneischen Schriften eine Gemeinschaft, welche sich sowohl gegen doketische als auch libertinistische Tendenzen abgrenze, die beide auf unterschiedliche Weise die Notwendigkeit konkreter ‚Liebestaten‘ in Frage stellen würde.

[140] F. F. SEGOVIA, Love Relationships, 212.

[141] F. F. SEGOVIA, Love Relationships, 145-153.

[142] So v. a. Joh 3,35; 5,20; 10,17; vgl. F. F. SEGOVIA, Love Relationships, 159-163.

[143] F. F. SEGOVIA, Love Relationships, 154-159. Gerade diese Beziehung versteht F. F. SEGOVIA, Love Relationships, 171f. als „post-resurrectional relationship". Hingegen sei die Liebe des Vaters zum Sohn „pre-resurrectional" (gleiches gelte für Joh 3,16).

[144] F. F. SEGOVIA, Love Relationships, 197-203.

risiere das Johannesevangelium als „"sectarian' document and the Johannine community a ,sectarian' group."[145]

Einen Vermittlungsversuch zwischen den skizzierten Beurteilungen versucht Jörg Augenstein zu entwerfen. Augenstein zufolge resultiert diese Forschungskontroverse aus inadäquaten Untersuchungsansätzen[146]. Entscheidend sei zunächst die Berücksichtigung der konkreten Situation der johanneischen Gemeinde. Daraufhin müsse gefragt werden, welche Konfliktbewältigungsstrategien ergriffen werden. Augenstein widmet sich primär dem Liebesgebot und analysiert von hieraus weitere Aspekte der Liebessemantik[147]. Der Schwerpunkt seines Interesses liegt in der Verhältnisbestimmung des johanneischen Liebesgebots zum alttestamentlichen Liebesgebot Lev 19,17f.[148]. Augenstein kommt zu pointierten Ergebnissen: Grundsätzlich begegne im gesamten johanneischen Schrifttum ein einheitlicher Liebesbegriff, dessen unterschiedliche Facetten von wechselnden Perspektiven beleuchtet werden[149]. Im Johannesevangelium sei das Liebesgebot „Teil einer geschlossenen theologischen Konzeption von Liebe, die sich stark an die atl. Aussagen von der erwählenden Liebe Gottes und von der Liebe zu Gott im Sinne des deuteronomistischen Grundbekenntnisses (Dtn 6,4f.) anlehnt"[150]. Zwischen einer Außen- und Binnenmoral könne nicht unterschieden werden[151]. Die Sendung der Jünger in die Welt zeige den missionarischen, der Außenwelt zugewandten Charakter einer Gemeinschaft, deren entscheidendes Identifikationsmerkmal die gegenseitige Liebe sei (Joh 13,35). Die johanneische Fassung des Liebesgebots erweise sich als eine situativ bedingte Reflexion von Lev 19,17f., welche einerseits durch den Synagogenausschluß (dies v. a. im Joh), andererseits durch das Zerbrechen der Gemeinde (dies v. a. im 1 Joh) provoziert sei. Man könne somit von dem „biblischen ,Liebesgebot im Joh und in den Johannesbriefen'" sprechen, welches „Lev 19,17f. als Verzicht auf Haß gegen den Bruder" zur Geltung bringen möchte[152].

---

[145] Dies versteht F. F. SEGOVIA, Hatred, 272 zugleich als die „recent and frequent opinion" der Forschungsdiskussion. Als entsprechendes Beispiel vgl. M. RESE, Bruderliebe, 57f.; W. SCHRAGE, Ethik, 299f.; J. L. HOULDEN, Ethics, 36; J. T. SANDERS, Ethics, 100; etwas gemäßigter auch W. A. MEEKS, Sectarianism, 71.

[146] Vgl. J. AUGENSTEIN, Liebesgebot, 184, besonders die Frage, ob das johanneische Liebesgebot eine Verleugnung der synpotischen Weite der Nächsten- und Feindesliebe sei (E. Käsemann etc.), oder ob es dasselbe stillschweigend voraussetzt (R. Bultmann etc.).

[147] Vgl. J. AUGENSTEIN, Liebesgebot, 20f.

[148] Vgl. J. AUGENSTEIN, Liebesgebot, 11f.

[149] Vgl. J. AUGENSTEIN, Liebesgebot, 184.

[150] Vgl. J. AUGENSTEIN, Liebesgebot, 93.

[151] So J. AUGENSTEIN, Liebesgebot, 90 bzw. 184, besonders in Rekurs auf Joh 17,18.21.23.

[152] Vgl. J. AUGENSTEIN, Liebesgebot, 183.

Eine Sonderstellung in der Analyse des johanneischen Liebesgebots nimmt der Diskussionsbeitrag von Herbert Meisinger ein, der die neutestamentlichen Konzeptionen eines Liebesgebot im Zeichen der Altruismusforschung bzw. soziobiologischer Kategorien zu analysieren versucht[153]. Diese interdisziplinäre Studie korrespondiert sowohl im Ansatz, als auch im Ergebnis den soziologisch ausgerichteten Analysen der dualistischen Motive durch Takashi Onuki[154], derzufolge die Kontrastierung von Gemeinde und Welt nicht etwa eine Verhärtung der Fronten intendiert, sondern die negative Welterfahrung seiner Adressaten reflektieren und überwinden möchte. Entsprechend betont auch Meisinger, daß die johanneische Gestaltung des Liebesgebots keine Abgrenzung der Gemeinschaft der Glaubenden von ihrer Außenwelt propagiere. Daß primär die innergemeindliche Situation fokussiert werde, resultiere viel mehr aus der textpragmatischen Funktion, die negativen Erfahrungen bzw. das Selbstbewußtsein der Adressaten in Worte zu fassen. Gleichwohl könne keine Differenz einer innergemeindlichen und außergemeindlichen Ethik postuliert werden. Die Leser würden vielmehr ermutigt, gerade angesichts ihrer negativen Erfahrungen die gegenseitige Liebe als Grundlage der Identitätsfindung neu zu begreifen. Die Inszenierung der einzelnen textinternen Figuren sollen somit unterschiedliche Bewußtseinsebenen reflektieren und eine Selbstreflexion der Adressanten provozieren: „Gerade im Vergleich zum Verhalten des Kosmos wird herausgestellt, daß sich die Liebe nicht nur auf das Eigene beschränkt (Joh 15,18ff), so daß wir von einem *Erweiterungsbewußtsein* sprechen können. Die literarische Figur des Petrus und das alttestamentliche Kainsbeispiel liefern ein Indiz für den schwierigen Umgang mit dem Liebesgebot und weisen auf ein *Überforderungsbewußtsein* hin. Doch bleibt das johanneische Schrifttum dabei nicht stehen, sondern eröffnet die Möglichkeit zur Veränderung hin zu einem neuen Menschen mit neuen Aufgaben. Darin drückt sich ein *Schwellenbewußtsein* aus"[155].

3.2 Traditionsgeschichtliche Hintergründe der johanneischen Liebessemantik

Wie alle neutestamentlichen Dokumente bieten die johanneischen Schriften weder ἐρᾶν κ.τ.λ. noch στέργειν κ.τ.λ. Dieses Phänomen sollte jedoch nicht als implizite Diskreditierung jener im pagan-hellenistischen

---

[153] Zum methodischen Ansatz vgl. H. MEISINGER, Liebesgebot, 1ff. bzw. speziell zur Analyse des Liebesgebots in den johanneischen Schriften vgl. op. cit., 150-182.

[154] Zu den Analysen von Onuki s. o. § 3/2.1.1.

[155] Vgl. H. MEISINGER, Liebesgebot, 182 (Kursivierung von Meisinger). Zur Distinktion der Begriffe ‚Überforderungs-‘, ‚Schwellen-‘ und ‚Erweiterungsbewußtsein‘ vgl. op. cit. 4f.

Schrifttum führenden Liebesterminologie überinterpretiert werden[156]. Angemessener – jedoch im Zuge der vorliegenden Studie nicht verifizierbar – ist hingegen die Vermutung, daß ἀγαπᾶν κ.τ.λ. aufgrund seiner phonetischen Korrespondenz zum hebräischen אהב zum semantischen Leitbegriff avancierte[157]. Entsprechendes gilt für das Verhältnis von ἀγαπᾶν κ.τ.λ. und φιλεῖν κ.τ.λ.. Auch wenn die johanneische Liebessemantik überwiegend mit ἀγαπᾶν κ.τ.λ. operiert, werden beide Termini nahezu synonym verwendet (vgl. u. a. im Motiv der Liebe zwischen Gott und Jesus Joh 3,35; 5,20; 10,17; der Liebe der Jünger zu Jesus Joh 14,15.21.23f.; 16,27)[158].

Auch wenn ἀγάπη κ.τ.λ. in den neutestamentlichen Traditionsströmen eine „semantische Kontinuität ... auf den entscheidenden theologischen und ethischen Bedeutungsfeldern"[159] aufweist, bieten die johanneischen Schriften ein analogieloses Spektrum liebessemantischer Motive. Die Erforschung der traditionsgeschichtlichen Hintergründe konzentrierte sich auf Einzelaspekte wie z. B. der Korrespondenz von Immanenz- und Liebesaussagen (Joh 17,26; 1 Joh 4,7-10)[160], dem Motiv der Bruderliebe (1

---

[156] Eine solche ‚Überinterpretation' zeigt sich bei dogmatisch motivierten Distinktionen wie u. a. von A. NYGREN, Eros I, 25ff.; K. BARTH, Kirchliche Dogmatik IV/2, 825ff. Im System von A. NYGREN, Eros II, 126 bildet die johanneische Verhältnisbestimmung von Gott und Liebe in 1 Joh 4,8.16 sogar „den Schlußstein in dem urchristlichen Agapebau ... "). Zur Dokumentation älterer Forschungsdiskussionen vgl. E. STAUFFER, Art. ἀγαπάω, ἀγάπη, ἀγαπητός κ.τ.λ., 20-55, besonders 34f. bzw. 38f.; W. WARNACH, Liebe, 927. Zur Kritik derartiger Konzeptionen aus exegetischer bzw. systematisch-theologischer Perspektive vgl. T. SÖDING, Wortfeld, 288f. bzw. E. JÜNGEL, Gott, 436ff.

[157] Vgl. F. SIEGERT, Septuaginta-Übersetzung, 291; ähnlich G. SCHNEIDER, Art. ἀγάπη, ἀγαπάω, ἀγαπητός, 21. Signifikant ist ferner, daß in der LXX-Übersetzung des ausgesprochen erotisch orientierten Cant. primär ἀγαπᾶν κ.τ.λ., jedoch in keinem Fall ἐρᾶν κ.τ.λ. als Äquivalent gewählt wurde (vgl. u. a. Cant. 1,3; 2,4f.; 3,1.4; 5,8; 8,6 etc.).

[158] Vgl. J. AUGENSTEIN, Liebesgebot, 78; ähnlich bereits M. PAESLACK, Bedeutungsgeschichte, 64f.; gegen K. HALDIMANN, Rekonstruktion, 385f. Generell zur Verhältnisbestimmung von ἀγαπᾶν κ.τ.λ. und φιλεῖν κ.τ.λ. außerhalb der johanneischen Schriften vgl. O. M. BAKKE, Concord, 192f.; J. P. LOUW/E. A. NIDA, Lexicon, 294.

[159] Treffend T. SÖDING, Wortfeld, 328, für den dies in einem „kontinuierlichen Traditionsstrom zur Septuaginta und entsprechenden Konzeptionen des Frühjudentums" steht. Gleichwohl würden die paulinische und johanneische Theologie analogielose Innovationsleistungen bieten (DERS., Gott, 352f.). Generell zum alttestamentlichen bzw. frühjüdischen Liebesbegriff vgl. E. JENNI, Art. אהב, 60-73; J. SANMARTIN-ASCASO, Art. דוד, 152-167; H.-J. FABRY, Liebe, 43ff.; F. AVEMARIE, Art. Liebe, 348f.; H.-C. SCHMIDT, Art. Liebe Gottes, 350f.; H. SEEBASS, Art. Liebe, 128ff.

[160] Hierin erkennt K. SCHOLTISSEK, Sein, 1. 33f. 364 eine genuine Leistung johanneischer Theologie, die von einem impliziten Dialog mit platonischen, stoischen oder gnostischen Traditionsströmen zeuge. Die meisten Beiträge zu traditionsgeschichtlichen Hintergründen entstammen jedoch aus thematisch anderweitig orientierten Studien.

Joh 2,10; 3,10.14; 1 Joh 4,20f. etc.)[161], dem Motiv der Freundschaft zwischen Jesus und den Jüngern (Joh 15,13-15)[162] etc.

Besonderes Interesse galt jedoch den traditionsgeschichtlichen Hintergründe des johanneischen Liebesgebots (Joh 13,34f.)[163] und der theologischen Spitzenaussage ὁ θεὸς ἀγάπη ἐστίν (1 Joh 4,8.16)[164]. Auch wenn sich beide Konzeptionen nicht unmittelbar aus schriftlich manifestierten vorjohanneischen Traditionen zurückführen lassen, können sie als konsequente Umsetzungen alttestamentlich-frühjüdischer und frühchristlicher Vorgaben verstanden werden. Während sich das johanneische Liebesgebot als situationsbedingte Reformulierung von Lev 19,17f.34 erweist[165], kann die Formel ὁ θεὸς ἀγάπη ἐστίν (1 Joh 4,8.16) als eine „christologische Konsequenz gesamt-biblischer Gottesrede im Horizont des Glaubens an Jesus Christus" verstanden werden[166].

Neben dieser innovativen Aneignung frühjüdisch-alttestamentlicher Konzeptionen muß jedoch auch eine biblisch-theologisch zutiefst problematische Relativierung des Motivs der erwählenden Liebe Gottes konstatiert werden: „In großartiger Konzentration und problematischer Einseitigkeit blendet Johannes (anders als Paulus!) die Geschichte der Liebestaten Gottes an seinem Volk aus, um die ganze Aufmerksamkeit auf die alles entscheidende Person und Passion Jesu zu lenken"[167].

---

[161] H.-J. KLAUCK, Johannesbrief, 279 bzw. 285f. zufolge lassen sich in den semitischen Anklängen im Motiv der Bruderliebe zugleich Wechselwirkungen mit Zügen hellenistischer Familien- bzw. Freundschaftsethik beobachten (vgl. 4 Makk 13,19-14,1, ähnlich TestXII.Rub 6,9; TestXII.Sim 4,4.6f.; TestXII.Seb 8,5; TestXII.Jos 17,2.5). Zur Wirkung von Plutarchs Traktat *De fraterno amore* vgl. H. D. BETZ, *De fraterno amore*, 231ff. bzw. H.-J. KLAUCK, Brotherly Love, 144-156; speziell zur Korrespondenz der johanneischen Theologie und den Testamenten der Zwölf Patriarchen vgl. M. KONRADT, Bruderliebe, 308-310.

[162] Vgl. u. a. J. SCHRÖTER, Freunde, 263ff.; J. AUGENSTEIN, Liebesgebot, 72-79; K. HALDIMANN, Rekonstruktion, 385f.; M. DIBELIUS, Joh 15,13, 213f. etc.

[163] Vgl. J. AUGENSTEIN, Liebesgebot, 93.183 etc. (ausführlich zur Einschätzung Augensteins und der Diskussion zum Verhältnis von Joh 13,34f. zu Lev 19,17f.34 s. o. § 3/3.1).

[164] T. SÖDING, Gott, 357, der zugleich einen Überblick über ältere Forschungsbeiträge bietet. Zu 1 Joh 4,8.16 lassen sich keine expliziten alttestamentlichen bzw. frühjüdischen Parallelen benennen (vgl. op. cit., 346; ähnlich bereits R. SCHNACKENBURG, Johannesbriefe, 234; G. STRECKER, Johannesbriefe, 208f.).

[165] Vgl. J. AUGENSTEIN, Liebesgebot, 183.

[166] T. SÖDING, Gott, 346, der hierin eine Glaubenskurzformel erkennt: „Zeichnet sich schon im Evangelium die Agape als wichtiges Motiv johanneischer Theologie ab, so darf der Erste Johannesbrief vielleicht mit noch größerem Recht als das Dokument einer Theologie der Liebe Gottes gelesen werden".

[167] T. SÖDING, Gott, 388 (ähnlich 354 und 338 Anm. 138 zu Joh 1,17) in Korrespondenz zu F. MUSSNER, Traktat 281-293.

Die skizzierten Sachverhalte führen zu der für die vorliegende Studie relevante Frage, durch welche Anlässe derartige Rezeptions- und Interpretationsprozesse provoziert wurden. Dies gilt besonders für die Interpretation jener liebessemantischer Motive, für die sich keine schriftlich-manifestierten Vorgaben benennen lassen (v. a. das Motiv der Liebe Gottes zur Welt [Joh 3,16a], das Motiv der Liebe der Jünger zu Jesus [Joh 14,15.21.23f.; 16.27], das Motiv einer Liebesbeziehung zwischen Gott und Jesus, die bereits vor der Schöpfung bestanden habe [vgl. u. a. Joh 17,24] etc.).

3.3 Die narrative Inszenierung exponierter ‚Liebesbeziehungen' im Johannesevangelium

Die Analyse der narrativen bzw. metaphorischen Züge der johanneischen Liebessemantik bringt jene Topoi zur Geltung, die sich einer rein wortstatistisch orientierten Perspektive entziehen. Themenspezifische Relevanz haben v. a. die Stilisierungen spezieller Figuren und Liebesbeziehungen (z. B. die Freundschafts- bzw. Familienmetaphorik, die Fußwaschungserzählung, exponierte Personen wie der ‚Lieblingsjünger', Lazarus etc.[168]).

Besonderes Forschungsinteresse zog v. a. die Gestalt des Lieblingsjüngers bzw. dessen Verhältnis zu Petrus auf sich[169]. Auch wenn dieser Motivkomplex eine semantische Achse des Johannesevangeliums bildet[170], ist er für die vorliegende Studie nur von marginaler Relevanz. Statt dessen sollte die offensichtlich bewußt aufrechterhaltene Anonymität des Lieblingsjüngers auch interpretatorisch gewürdigt werden[171]. Von größerer Bedeutung ist hingegen, daß die Beziehung Jesu zu Petrus und dem Lieblingsjünger jeweils mittels liebessemantischer Motive reflektiert wird.

Angesichts dieser Besonderheiten des vierten Evangeliums eruiert Sjef van Tilborg die Kompositionskriterien und pragmatischen Intentionen dieser narrativ-imaginativen Liebessemantik[172]. Zu diesem Zwecke differenziert er unterschiedliche Motivkomplexe, welche die Beziehung eines Lehrers zu bevorzugten Schülern bzw. Bezugspersonen umschreiben, insbesondere die Beziehung Jesu zum Täufer Johannes, zum Lieblingsjünger,

---

[168] Es wäre eine Überinterpretation johanneischer Texte, die einzelnen Jüngergestalten als Personifikation unterschiedlicher ekklesiologischer Selbstverständnisse zu verstehen (eine Übersicht und Kritik entsprechender Ansätze bietet K. SCHOLTISSEK, Sein, 237-240; generell zur Analyse exponierter Personen im vierten Evangelium vgl. P. DSCHULNIGG, Personen, passim).

[169] Vgl. hierzu die forschungsgeschichtlichen Überblicke von J. H. CHARLESWORTH, Disciple, 127-224; L. SIMON, Petrus, 33-112; I. DUNDERBERG, The beloved disciple, 243ff.

[170] Vgl. u. a. K. SCHOLTISSEK, Sein, 238; I. DE LA POTTERIE, Parole, 37f.

[171] Treffend J. FREY, Art. Lieblingsjünger, 366f.

[172] S. VAN TILBORG, Love, 1ff.

die Freundschaft zu den Jüngern und die Sonderstellung der Frauen[173].
Diese einzelnen ‚Liebesgeschichten' säumen S. van Tilborg zufolge den
Gesamtduktus des vierten Evangeliums und veranschaulichen „the most
fundamental message of the Johannine Gospel that love ultimately wins
victory"[174]. Generell könne festgestellt werden, daß im Johannesevangelium das Leben und Leiden Jesu als eine ‚Liebesgeschichte' beschrieben
wird, die in der frühchristlichen Literaturgeschichte keine Analogie besitzt[175].

In einem methodisch und strukturell vergleichbaren Untersuchungsansatz versucht Jan Gabriël van der Watt jene einzelnen Liebesbeziehungen
in den Gesamtzusammenhang der johanneischen Familienmetaphorik einzuordnen. Eine Besonderheit der Ekklesiologie des vierten Evangelium
bestehe darin, die Relationen von Gott, dem Gottessohn und den Glaubenden als ein Beziehungsgeflecht zu beschreiben, das als eine Familie Gottes
bezeichnet werden könne[176]. Diese Reflexionskategorien prägten auch die
externe Abgrenzung der Gemeinde, insofern der Familie Gottes eine Familie des Teufels kontrastiert wird[177]. Diese Antithetik sei jedoch kein Indiz
einer Konventikelethik. Grundlegendes Anliegen johanneischer Theologie
sei vielmehr die Integration Außenstehender in diese Familie (Joh 4,42;
13,35; 17,21.23). Entsprechend laute die Quintessenz des johanneischen
Missionsverständnisses: „As soon as one becomes a believer one finds
oneself within the circle of familial love."[178]

Ferner ist festzuhalten, daß durch eine Analyse der narrativen Inszenierung von Liebesbeziehungen all jene Interpretationen in Frage gestellt
werden, die eine völlige Affektlosigkeit des johanneischen Liebesbegriffs
postulieren und auch die Darstellung der menschlichen Züge Jesu im vierten Evangelium als ein „Mindestmaß an Ausstattungsregie"[179] diskreditieren. In diesem Sinne gilt es eine eher beiläufig von Johannes Nissen erwogene These zu entfalten, derzufolge die narrativen Züge des Johannesevangeliums bis hinein in die Passionsgeschichte eine Illustration von Joh

---

[173] Problematisch sind z. B. die – eher beiläufig geäußerten – Erwägungen, inwieweit
die Szenerien mit Lazarus bzw. dem Lieblingsjünger antike Vorstellungen homoeroti-
scher Lehrer – Schüler Beziehungen reflektieren (op. cit., 246-248; 251f.).

[174] Vgl. S. VAN TILBORG, Love, 250. Entsprechend zur Korrelation der einzelnen
Erzählstränge „The concrete love story is considered a selection from many other love
stories, as a narrative-factual love story among the many love stories possible." (op. cit.,
241)

[175] S. VAN TILBORG, Love, 1ff.: „ ... a love story which is different from any other
narrative."

[176] Vgl. besonders J. G. VAN DER WATT, Family, 304-323 bzw. 360-369.

[177] So J. G. VAN DER WATT, Family, 315 in Rekurs auf Joh 8,44.

[178] J. G. VAN DER WATT, Family, 315.

[179] So etwa E. KÄSEMANN, Wille, 28; ähnlich M. LATTKE, Einheit, 22.24-26 etc.

3,16 bieten: „As a consequence, John's portrait of Christ is decisively formed by the concept of love"[180].

---

[180] J. NISSEN, Community, 200; vgl. entsprechend op. cit., 201 Anm. 28 den Rekurs auf J. JERVELL, Jesusbilde, 58f. Prinzipiell vergleichbar auch L. NEREPERAMPIL, New Commandment, 108, der die johanneische Beschreibung der Taten und des Todes Jesu als Illustration seiner liebenden Lebenshingabe versteht.

§ 4 Methodische Vorüberlegungen

In den vergangenen Jahren entwickelten sich „weitreichende Neuaufbrüche auf nahezu allen Feldern der Johannesforschung"[1]. Angesichts der nach wie vor ausgesprochen kontroversen Diskussionslage sollen im Folgenden die methodischen Prämissen der vorliegenden Studie reflektiert werden. Dabei ist zunächst zu bedenken, in welchem Verhältnis die johanneischen Schriften zueinander stehen und in welcher Weise sie sich wechselseitig interpretieren (1.). Daraufhin wird erläutert, welche Relevanz die Divergenz der literarischen Gattungen und Charaktere der johanneischen Schriften für die Interpretation der liebessemantischen und dualistischen Motive besitzt (2.). Eine der grundlegendsten Veränderungen der Exegese der johanneischen Schriften zeigt sich in der Zuordnung synchroner und diachroner Textanalyse, so daß auch diesbezüglich die methodischen Prämissen zu klären sind (3.). Besondere Aufmerksamkeit gilt schließlich der Relevanz und Struktur religionsgeschichtlicher Vergleiche für das Verständnis johanneischer Theologie (4.).

1. Das Verhältnis der johanneischen Schriften

Das Johannesevangelium und die johanneischen Briefe stehen in einem engen Traditionszusammenhang[2]. Die Sprache der johanneischen Schriften

---

[1]   Treffend K. SCHOLTISSEK, Johannes II, 127, nachdem J. BECKER, Streit, 204 bereits in den 80er Jahre des 20. Jahrhunderts von einem grundlegenden „Streit der Methoden" sprach.

[2]   Zum Corpus Johanneum zählen das vierte Evangelium und die johanneische Briefkorrespondenz. Auch wenn das Verhältnis der Johannesapokalypse das vielleicht „schwierigste Rätsel des Corpus Johanneum" ist (so M. HENGEL, Frage, 313), ist sie kein gleichwertiges Zeugnis johanneischer Theologie (zum Spektrum unterschiedlicher Verhältnisbestimmungen vgl. A. HEINZE, Dogmatik, 55-76; DERS., Johannesapokalypse, 11-200; J. FREY, Erwägungen, 326-336; J.-W. TAEGER, Johannesapokalypse, passim; DERS., Gesiegt!, passim; S. S. SMALLEY, Love, 16f. 131-136; E. SCHÜSSLER-FIORENZA, Johannine School, 402-407; P. STUHLMACHER, Theologie II, 210-213; O. BÖCHER, Apokalypse, 310-321, DERS., Verhältnis, 289-310 etc.). Angesichts dessen wird die Johannesapokalypse nur dort thematisiert werden, wo spezifische Intentionen des Johannesevangeliums und der johanneischen Briefe veranschaulicht werden können (tendenziell ähnlich R.

ist stilistisch überaus geschlossen bzw. einheitlich[3]. Syntaktisch, phraseo-
logisch und terminologisch kann eher von einem Idiolekt als von einem
Soziolekt gesprochen werden[4]. Der sprachlichen Kohäsion und Kohärenz
entspricht eine im wesentlichen homogene theologische Gesamtausrichtung[5].

Auch wenn auf der Basis der johanneischen Schriften bzw. der literarkritischen Differenzierungen unterschiedlicher Textstadien keine johanneische Theologie- und Gemeindegeschichte rekonstruiert werden kann[6], sind
die johanneischen Briefe die historisch nächstliegenden Interpretationsinstanzen des vierten Evangeliums[7]. Eine Darstellung der johanneischen

---

A. CULPEPPER, School, 263: „The question of the relation of the Apocalypse and the rest
of the Johannine literature will be left open. That it comes from a different author is
clear; that it came from the same community is not.").

[3] Vgl. die Ergebnisse der stilistischen und wortstatistischen Untersuchungen von E.
Schweizer, E. Ruckstuhl und P. Dschulnigg (zur Forschungsgeschichte vgl. J. FREY,
Eschatologie I, 432-442, speziell zur Distinktion der Begriffe ‚Sozio-‘ bzw. ‚Idiolekt‘ vgl.
op. cit., 439-442). Das Johannesevangelium und der erste Johannesbrief stehen sich
sprachlich näher als das Lukasevangelium und die Apostelgeschichte (erwogen bereits
von H.-J. HOLTZMANN, Problem, 134; positiv aufgenommen von H.-J. KLAUCK, Johannesbrief, 44) oder einige authentische Paulusbriefe (vgl. C. H. DODD, First Epistle, 138;
beide Einschätzungen zustimmend aufgenommen von J. FREY, Eschatologie III, 58 Anm.
138.). Grundlegend ferner M. HENGEL, Frage, 238-248.

[4] Zur Verteidigung literarkritischer Modelle wurde erwogen, ob die Redaktoren den
vorgegebenen Sprachstil imitiert haben könnten (z. B. R. BULTMANN, Johannes, 175
Anm. 5; E. HIRSCH, Stilkritik, 135; J. WAGNER, Auferstehung, 22; R. T. FORTNA, Gospel, 210 Anm. 509). Dies wäre jedoch nach E. RUCKSTUHL/P. DSCHULNIGG, Stilkritik, 53
geradezu ein „Kulturwunder“. J. FREY, Eschatologie I, 444 sieht in der „Einheitlichkeit
und Eigenständigkeit des johanneischen Sprachgebrauchs ... den Idiolekt des Evangelisten“, der neben dem Johannesevangelium auch die johanneischen Briefe verfaßt haben
könnte (vgl. J. FREY, Eschatologie I, 454; Eschatologie III, 57f.; ähnlich bereits u. a. M.
HENGEL, Frage, 238ff.).

[5] Auch die argumentativen Strategien der johanneischen Schriften scheinen zuweilen auf vergleichbaren Denkbewegungen zu basieren, obwohl dieselben in ausgesprochen unterschiedlichen literarischen Gattungen verortet sind (vgl. hierzu § 4/2). Mögliche
Charakterisierungen johanneischer Denkbewegungen sollen anhand der thematisch relevanten Texte diskutiert werden (z. B. durch Kategorien wie ‚aspektiv‘ [M. HENGEL, Frage, 194 in Rekurs auf E. BRUNNER-TRAUT, Frühformen, 1ff.120ff.171ff.; vgl. J. FREY,
Eschatologie I, 458], ‚inklusiv‘ [C. K. BARRETT, Johannes, 162], ‚synthetisch‘ [T.
KNÖPPLER, Theologia crucis, 5 Anm 21, T. POPP, Grammatik, 67ff. bzw. 479ff.] etc.).

[6] Zur methodischen Problematik derartiger Rekonstruktionsversuche s. u. § 4/3.

[7] Vgl. J. FREY, Eschatologie I, 451ff. Auch wenn die johanneischen Briefe und angesichts der hermeneutischen Horizontverschmelzung der vor- und nachösterlichen Zeitebenen auch das vierte Evangelium die Existenz einer johanneischen Gemeinde bzw.
Schule bezeugen, gewähren sie lediglich partielle Einblicke in deren Geschichte und
Konflikte (vgl. U. SCHNELLE, Einleitung, 607).

Theologie muß sowohl die Eigentümlichkeit der einzelnen Schriften, als auch deren gemeinsame Grundintentionen zur Geltung bringen.

Strittig ist jedoch, in welchem Verhältnis die einzelnen Schriften zueinander stehen und in welcher Weise sie sich wechselseitig interpretieren[8]. Besonders kontrovers ist die Frage der Verfasserschaft und der relativen Chronologie der einzelnen Dokumente. Stammen die johanneischen Schriften von einem einzigen Autor[9] oder von verschiedenen Autoren aus einem Schulzusammenhang[10]? Gehören die johanneischen Briefe zur Nachgeschichte des Johannesevangeliums, in der sich ein innergemeindlicher Streit entwickelte, welcher partiell auch durch das vierte Evangelium provoziert werden konnte[11]? Oder bietet das Johannesevangelium die Bewältigung und Reflexion der in den Briefen dokumentierten Konflikte[12]?

---

[8]   Die johanneischen Schriften bieten diesbezüglich keine eindeutigen Indizien wie z. B. Zitate, explizite Rekurse etc. (vgl. H.-J. KLAUCK, Johannesbrief, 46f.; J. FREY, Eschatologie III, 53ff.).

[9]   So z. B. E. RUCKSTUHL/P. DSCHULLNIGG, Stilkritik, 46-54; M. HENGEL, Frage, 123. 156f. 204. 238ff.; J. FREY, Eschatologie I, 454; DERS., Eschatologie III, 57f.; P. STUHLMACHER, Theologie II, 202f.; W. G. KÜMMEL, Einleitung, 392; J. AUGENSTEIN, Liebesgebot, 150f.; ähnlich bereits F. OVERBECK, Johannesevangelium, 465ff.; A. JÜLICHER, Einleitung, 213-215; G. SCHUNACK, Johannesbriefe, 108 etc. (zur Skizze entsprechender Einschätzung vgl. U. SCHNELLE, Einleitung, 466-468).

[10]   So z. B. H.-J. KLAUCK, Johannesbrief, 45; U. SCHNELLE, Einleitung, 467f.; DERS., Christologie, 63f.; R. SCHNACKENBURG, Die Johannesbriefe, 335; C. H. DODD, Johannine Epistles, XLVII-LVI; R. BULTMANN, Johannesbriefe, 9; DERS., Art. Johannesbriefe, 838; H.-C. KAMMLER, Christologie, 7 (vgl. auch hier die Übersichten von U. SCHNELLE, Einleitung, 466-468 und H.-C. KAMMLER, Christologie, 7 Anm. 17). Das zentrale Problem ist, ob die Briefe und das Johannesevangelium unterschiedliche Autoren haben. Von geringerer Bedeutung und methodisch problematisch ist hingegen die Frage, ob die einzelnen Briefe unterschiedlichen Autoren zugeordnet werden müssen (so z. B. R. BERGMEIER, Verfasserproblem, 99f.; R. BULTMANN, Johannesbriefe, 10; H. BALZ, Johannesbriefe, 159; K. WENGST, Brief, 230f.; G. STRECKER, Johannesbriefe, 49ff.; hierzu s. u. § 2/4.3.1).

[11]   Für die Priorität des Johannesevangeliums plädieren – mit teils ausgesprochen unterschiedlichen Argumentationen – die Mehrzahl der Forschungsbeiträge (z. B. H.-J. KLAUCK, Johannesbrief, 46f.; W. G. KÜMMEL, Einleitung, 392f.; I. BROER, Einleitung, 234f.240; J. BEUTLER, Johannesbriefe, 18-20; K. WENGST, Brief, 24f.; H.-C. KAMMLER, Christologie, 7f.). Auch hier ist wiederum v. a. das chronologische Verhältnis des ersten Johannesbriefs und des Johannesevangeliums entscheidend (zum Verhältnis der Briefe untereinander s. u. § 5).

[12]   Für eine Priorität der Briefe plädiert eine deutliche Minderheit der Forschungsbeiträge (z. B. U. SCHNELLE, Einleitung, 471; G. STRECKER, Johannesbriefe, 51-53; J. FREY, Eschatologie II, 262f.; DERS., Eschatologie III, 53-60; P. STUHLMACHER, Theologie II, 209) wobei jedoch U. SCHNELLE, Christologie, 65 zu Recht moniert, daß die chronologische Priorität des Johannesevangeliums vor der Briefkorrespondenz allzuhäufig mit „einer bemerkenswerten Selbstverständlichkeit" vorausgesetzt würde, ohne hinreichend reflektiert zu werden. U. SCHNELLE, Einleitung, 451f. selbst revitalisiert dabei die bereits

Angesichts der nach wie vor kontroversen Diskussionslage geht die vorliegende Studie nicht von einer vorgefaßten Verhältnisbestimmung der johanneischen Schriften aus. Statt dessen werden die Konzeptionen des Johannesevangeliums und der Briefe als eigenständige Entwürfe zur Geltung gebracht. Die Herausforderung besteht somit darin, die johanneischen Schriften wechselseitig voneinander her zu interpretieren, ohne bereits eine chronologische und verfasserschaftliche Zuordnung vorauszusetzen[13].

Auch wenn die Bestimmung der relativen Chronologie und der Verfasserschaft der johanneischen Schriften somit kein primäres Anliegen der vorliegenden Studie ist, soll in einem Exkurs angedeutet werden, welche Impulse die Analyse der liebessemantischen und dualistischen Motive den entsprechenden Diskursen vermitteln kann (s. u. den Exkurs zu § 13/2.4). Sekundäre Bedeutung hat hingegen zunächst die geographische Verortung und die absolute Chronologie der johanneischen Schriften. Dieser Problemhorizont ist hingegen für die religionsgeschichtliche Einordnung der johanneischen Theologie von Relevanz, in der u. a. nach traditionsgeschichtlichen Prägungen johanneischen Denkens und sozialgeschichtlichen Kontexten der johanneischen Gemeinde zu fragen ist (s. u. § 4/4).

2. Der literarische Charakter der johanneischen Schriften

Die Gattungen bzw. literarischen Charaktere der johanneischen Schriften weisen markante Unterschiede auf. Die Briefkorrespondenz bietet eine direkte Kommunikation zwischen Verfasser und Adressaten, in der ethische und dogmatische Mißstände in unterschiedlicher Deutlichkeit thematisiert werden. Sie spiegelt die Situation der johanneischen Gemeinde angesichts ihres Zerbrechens. Dies gilt für den zweiten und dritten Johannes-

---

von J. E. HUBER, Briefe, 34f.; F. BLEEK, Einleitung, 588; O. PFLEIDERER, Johanneshypothese, 419ff.; A. HILGENFELD, Einleitung, 737; B. WEISS, Johannes, 8f.; H. H. WENDT, Johannesbriefe, 1-7 erwogene Reihenfolge 2 Joh/3 Joh/1 Joh/Joh.

13 Entsprechend konstatiert J. FREY, Eschatologie I, 454f.: „Man wird ... aus texttheoretischen Gründen nicht einfach Evangelium und Briefe interpretatorisch zusammenfassen dürfen, sondern jedes Werk in eigenständiger Weise auf seine Situation und Intention hin zu befragen haben. Erst dann läßt sich prüfen, wie weit die Vorstellungen in den Briefen den Aussagen des Evangeliums entsprechen, worin sie sich von denselben unterscheiden und inwiefern sie zu deren Verständnis beitragen". Ein solcher Zugang zielt somit nicht auf die Rekonstruktion einer johanneischen Theologie- bzw. Gemeindegeschichte. Methodisch problematisch sind auch Versuche, die Chronologie und Verfasserschaft durch eine literarkritische Differenzierung redaktioneller Schichten in den Briefen und im Johannesevangelium zu klären (zur diesbezüglichen Forschungsgeschichte vgl. H.-J. KLAUCK, Johannesbriefe, 88-126; zu methodischen Problemen derartiger Versuche s. o. § 2/1.1).

brief ebenso wie für den ersten, auch wenn letzterer nicht über die klassischen formalen Merkmale eines Briefes verfügt[14].

Weit komplexer ist hingegen die literarische Gestalt des vierten Evangeliums, dessen Eigentümlichkeit in der neueren Johannesforschung durch
interdisziplinäre Methodendiskurse präziser erfaßt werden konnte (v. a.
durch Impulse literaturwissenschaftlicher und soziologischer Provenienz).
Besondere Aufmerksamkeit zog dabei die narrative Struktur des vierten
Evangeliums auf sich, in der diskursiv-argumentativ vorgetragene Sach-
bzw. Lehraussagen erzählerisch veranschaulicht werden[15]. Diese literarische Strategie erzeugt eine mystagogische Christologie *sui generis*, „in
deren Verlauf die Jesus begegnenden Personen mit ihrer Lebens- und
Glaubensgeschichte zum Ziel ihrer Suche gelangen"[16]. Die Perspektiven

---

[14] Vor dem Spektrum unterschiedlicher Einschätzungen wie „amtliches Sendschreiben" (W. NAUCK, Charakter, 126f.), „religiöser Traktat" (H. WINDISCH, Johannesbriefe,
107) oder „autoritatives Mahnschreiben" (R. SCHNACKENBURG, Johannesbriefe, 4) kann
der erste Johannesbrief mit U. SCHNELLE, Einleitung, 472 angesichts seiner „dogmatisch-
paränetischen Gesamtausrichtung" und des „Fehlens brieflicher Merkmale" als „briefar-
tige Homilie" verstanden werden, die beiden kleinen Schreiben hingegen als Mahnbriefe
angesichts konkreter Probleme (der dritte Johannesbrief richtet sich an eine Einzelperson,
der zweite hingegen an eine Gemeinden [zur Interpretation der *adscriptio* 2 Joh 1a
ἐκλεκτῇ κυρίᾳ καὶ τοῖς τέκνοις αὐτῆς vgl. H.-J. KLAUCK, Der zweite und dritte
Johannesbrief, 33f.]). Aufgrund ihres vergleichbaren Sitzes im Leben (vgl. H.-J.
KLAUCK, Johannesbriefe, 152ff.) sind alle drei Briefe für die Interpretation der liebessemantischen und dualistischen Motive bedeutsam. Auch wenn ihre theologischen und
situativen Eigentümlichkeiten eigenständig zu Wort kommen müssen, sollte die Bedeutung der beiden kleinen Briefe nicht überschätzt werden. Es ist fraglich, ob sie überhaupt
eigenständig ohne den ersten Johannesbrief tradiert wurden (vgl. M. HENGEL, Frage,
100f.; J. FREY, Eschatologie I, 452).

[15] Grundlegend hierfür ist die narrative Analyse des Johannesevangeliums durch R.
A. Culpepper, der unangemessene Terminologien vermeidet und die methodischen Grenzen narrativer Analysen erkennt bzw. benennt (vgl. K. SCHOLTISSEK, Johannes I, 62:
„Viele Basisbeobachtungen seiner Studie können in ihrer Grundtendenz als Allgemeingut
der Johannesforschung gelten."; vgl. entsprechend G. R. O'DAY, Narrative-Critical Study, 341ff.). Die von R. A. CULPEPPER, Anatomy, 11 herausgearbeiteten Hauptaspekte der
narrativen Analyse des Johannesevangeliums (real author, implied author, narrator, point
of view, plot, real reader, implied reader) werden auch in der vorliegenden Studie verschiedentlich zur Geltung gebracht werden (entsprechend die narrativ orientierten Ansätze wie z. B. J. ZUMSTEIN, Ostergeschichte; DERS., Evangelium etc.; V. MANNUCCI, Vangelo narrante, passim; D. TOVEY, Narrative art, passim; J. L. RESSEGUIE, Narrative design, passim).

[16] K. SCHOLTISSEK, Johannes II, 115f. Entsprechend besteht für R. A. CULPEPPER,
Anatomy, 98 die pragmatische Funktion der Narrativität des Johannesevangeliums darin,
seine Leser in die johanneische Glaubensgemeinschaft einzuführen bzw. in derselben zu
festigen. Der Begriff einer ‚mystagogischen Christologie' ist jedoch zu unterscheiden von
religionsgeschichtlichen Versuchen, die johanneische Theologie im Zeichen antiker My-
sterienreligionen zu interpretieren.

der textexternen Leser und der textinternen Akteure unterscheiden sich jedoch grundsätzlich. Der Leser, der besonders durch den Prolog einen ‚Wissensvorsprung' hat[17], wird durch unterschiedliche Medien wie Erzählerkommentare, Mißverständnisse, Ironie, Symbolsprache etc. zum richtigen Verstehen des vierten Evangeliums geführt[18].

Dabei erweisen die ästhetischen, metaphorischen und dramaturgischen Züge des Johannesevangeliums seinen Verfasser als einen Dramaturgen von Rang[19], als einen „Lehrer des kontemplativen Sehens"[20]. Das johanneische Denken kann nur unzureichend erfaßt werden, wenn diese narrativen Züge interpretatorisch vernachlässigt werden. Aus diesem Grund wird in der vorliegenden Studie besondere Aufmerksamkeit der Frage gewidmet, in welcher Weise die liebessemantischen und dualistischen Motive in die Erzählung des vierten Evangeliums eingebettet sind.

Ein zweites literarisches Charakteristikum, daß für ein angemessenes Verständnis johanneischer Theologie von Bedeutung ist, ist das im vierten Evangelium zu beobachtende Phänomen einer „hermeneutischen Horizontverschmelzung"[21], in der die nachösterliche Retrospektive der johanneischen Gemeinde und die Stilisierung der vorösterlichen Tätigkeit Jesu ineinander projiziert werden. In der Gestalt des irdischen Jesus ist zugleich der Erhöhte präsent, in den ihn begleitenden, textinternen Jüngern die

---

[17] Vgl. M. THEOBALD, Fleischwerdung, 438ff.

[18] Zu unterschiedlichen Entfaltungen dieser Aspekte vgl. u. a. R. A. CULPEPPER, Anatomy, 165; O. SCHWANKL, Licht, 8-37 (zur Korrespondenz zwischen Symbolik und Metaphorik vgl. op. cit., 362-369). Zur Unterscheidung textinterner und textübergreifender Kommunikationsebenen, der Interaktion des Autors, seines Textes und dessen Rezipienten vgl. J. FREY, Eschatologie I, 457; U. SCHNELLE, Johannesforschung, 26; zu den Jüngermißverständnissen vgl. D. A. CARSON, Understanding, 60-67; J. RAHNER, Mißverständnisse, 212ff.). Im Gegensatz zu den genannten Beiträgen versteht A. STIMPFLE, Blinde, 216 die johanneischen Mißverständnisse als Medium der Verschärfung des Dualismus, um die „Sammlung der prädestinierten Gotteskinder im Kosmos" zu forcieren.

[19] So z. B. in der Unterscheidung der ‚erzählten' Zeit und ‚der Zeit der Erzählung': „The ‚speed' of the narrative reduces steadly, therefore, until it virtually grinds to a halt at the climactic day." (vgl. R. A. CULPEPPER, Anatomy, 72). Zu den Zeitspannen der jeweiligen Erzählsequenzen vgl. M. W. G. STIBBE, John, 89. Diese Züge des vierten Evangeliums werden ferner zur Geltung gebracht von L. SCHENKE, Johannesevangelium, 202-223; DERS., Johannes, 398-400; R. F. M. HITCHCOCK, Drama, passim, die das Johannesevangeliums als ein „Lese- bzw. Rezitationsdrama" zu interpretieren versuchen (so L. SCHENKE, Johannes, 399).

[20] C. HERGENRÖDER, Herrlichkeit, 689f. O. SCHWANKL, Licht, 352-354 erkennt dies besonders in der Lichtmetaphorik. Entsprechend bezeichnete bereits R. GUARDINI, Botschaft, 53 den Verfasser des Johannesevangeliums als einen „Mann des Auges".

[21] Angedeutet bei F. HAHN, Sehen, 140f. In Anlehnung an H.-G. GADAMER, Wahrheit, 296ff., durchgeführt von T. ONUKI, Welt, 34ff. (zu den Unterschieden der Ansätze von Onuki und Gadamer vgl. J. FREY, Eschatologie I, 399; C. HOEGEN-ROHLS, Johannes, 24-28).

nachösterliche, textexterne Gemeinde[22]. Eine Schlüsselrolle nehmen diesbezüglich die johanneischen Abschiedsreden ein, in denen im besonderen Maße ein „Neben- und Ineinander von Vergangenheits- und Zukunftsaussagen, Retrospektive und Prospektive"[23] zu erkennen ist. Durch diese Korrelation der Zeitebenen wird der Leser des vierten Evangeliums zu einer „Lektüre in doppelter Perspektive"[24] herausgefordert.

Die angesprochenen unterschiedlichen Charaktere der johanneischen Schriften müssen auch in der Erfassung ihrer inhaltlichen Konzeptionen zur Geltung gebracht werden. Angesichts der komplexeren literarischen Gestalt des Johannesevangeliums wird in der vorliegenden Studie zunächst das Verhältnis der liebessemantischen und dualistischen Motive in der johanneischen Briefkorrespondenz analysiert, insofern hier die strittigen Themen in einer direkten Kommunikation zwischen Verfasser und Adressaten thematisiert werden.

3. Das Verhältnis synchroner und diachroner Textanalyse

Eine der markantesten methodologischen Neuorientierungen der Johannesforschung zeigt sich in der literarkritischen Arbeit am vierten Evangelium, welche lange Zeit von der Suche nach literarischen Vorstufen bzw. Quellenschichten dominiert wurde. Die kaum überschaubare Fülle teils diame-

---

[22] Dies korrespondiert dem von U. SCHNELLE, Johannesforschung, 28f. treffend charakterisierten Selbstanspruch des Johannesevangeliums, das Christusgeschehen im Sinne einer „geistgewirkten nachösterlichen Anamnese (vgl. Joh 2,17.22; 12,26; 13,7; 20,9)" zu reflektieren (vgl. ferner F. MUSSNER, Sehweise, 45ff.). Zum Verhältnis des Phänomens der hermeneutischen Horizontverschmelzung zur konsequent nachösterlichen Perspektive des Johannesevangeliums vgl. C. HOEGEN-ROHLS, Johannes, 27f. Für C. HOEGEN-ROHLS, Johannes, 308 erweist sich das vierte Evangelium als „eine ‚Konzeption im Rückblick' ..., die auf nachösterlicher Einsicht basiert, sich dessen bewußt ist und beabsichtigt, die nachösterliche Erkenntnis als hermeneutischen Ausgangspunkt ihrer theologischen Deutung transparent zu machen."

[23] So J. FREY, Eschatologie I, 462. Dies muß in bezug auf das gesamte vierte Evangelium berücksichtigt werden (vgl. G. BORNKAMM, Interpretation, 115). Den Abschiedsreden kommt nicht nur eine „Schlüsselrolle für das joh. Zeitverständnis", sondern für die johanneische Theologie insgesamt zu (so zu Recht U. SCHNELLE, Johannesforschung, 36). Dies spiegelt sich auch im Spektrum der themenspezifischen Arbeiten (vgl. u. a. F. F. SEGOVIA, Farewell; M. WINTER, Vermächtnis; D. F. TOLMIE, Farewell; J. NEUGEBAUER, Aussagen; A. DETTWILER, Gegenwart; C. HOEGEN-ROHLS, Johannes; DIETZFELBINGER, Abschied; K. HALDIMANN, Rekonstruktion; H.-U. WEIDEMANN, Tod Jesu).

[24] So J. FREY, Eschatologie I, 465 in Rekurs auf C. WELCK, Zeichen, 89; zum Begriff der ‚johanneischen Sehweise' vgl. F. MUSSNER, Sehweise, passim. Treffend konstatiert R. A. CULPEPPER, Anatomy, 37: „The temporal point of view of the farewell discourse is, therefore, correlative to that of the narrator." Die Perspektive dieses Erzählers könne somit als „stereoscopic" bezeichnet werden (op. cit., 33).

tral entgegengesetzter Diskussionsbeiträge dokumentiert jedoch die Gefahr einer *petitio principii* bzw. einer „unaufhörlich funktionierende(n) *selffulfilling prophecy*"[25].

Ein entsprechender Vorbehalt gilt den Rekonstruktionsversuchen einer johanneischen Gemeinde- bzw. Theologiegeschichte, welche ihrerseits auf literarkritischen bzw. redaktionsgeschichtlichen Differenzierungen basieren[26]. Beide Ansätze konnten die Interpretationsprobleme johanneischer Theologie nicht befriedigend lösen. Demgegenüber wird in der gegenwärtigen Johannesforschung mehrheitlich das Primat der synchronen Textanalyse gegenüber der diachronen betont[27]. Demnach soll das Johannesevan-

---

[25] H. THYEN, Synoptiker, 82. Die Gefahr einer *petitio principii* besteht besonders dann, wenn sprachlich-statistischen Verifikationen keinerlei Bedeutung zugemessen wird (treffend K. SCHOLTISSEK, Johannes I, 52). Während z. B. eine literarkritische Arbeit an synoptischen Texten auf textgeschichtliche Korrelate rekurrieren kann, können sich literarkritische Operationen am Johannesevangelium ausschließlich um sprachlich-stilistische Verifikation bemühen (vgl. exemplarisch die wohl „komplizierteste Entstehungsgeschichte des Joh" durch M.-É. Boismard [so J. BECKER, Methoden, 31]; kritisch in Frage gestellt bereits von F. NEIRYNCK, Jean, 227ff.; vgl. ferner J. FREY, Eschatologie I, 267-269). Wird jedoch auch diese Argumentationsbasis verlassen, verwandelt sich literarkritische Arbeit zu einer theologisch wertenden Tendenzkritik, in welcher der subjektiven Einschätzung des Interpreten Tür und Tor geöffnet sind. So kann es dazu kommen, daß „bei Bultmann und Becker z. B. der von ihnen rekonstruierte Evangelist zu einem nahezu lupenreinen protestantischen Theologen, einem Reformator avant la lettre" wird (vgl. K. SCHOLTISSEK, Johannes I, 59). Paradigmatisch hierfür ist die Forschungsgeschichte zur johanneischen Eschatologie, die einen der meist diskutierten Ansatzpunkte literarkritischer Operationen bildet (vgl. J. FREY, Eschatologie I, passim). Gleiches gilt für die Suche nach Quellenschichten, etwa hinsichtlich der Annahme einer Offenbarungsredenquelle (R. Bultmann; zur bereits sehr frühen Kritik vgl. R. SCHNACKENBURG, Johannes I, 38f.) und der lange Zeit dominante Hypothese einer Semeia-Quelle (zum Forschungsüberblick bzw. kritischen Diskussion vgl. G. VAN BELLE, Signs Source, passim; U. SCHNELLE, Johannesforschung, 23; M. LABAHN, Lebensspender, 67fff. 487ff. etc).

[26] Die Johannesforschung brachte bereits eine Vielzahl divergenter Rekonstruktionsversuche einer Entwicklungsgeschichte der johanneischen Schule hervor (vgl. z. B. R. E. BROWN, John, XXXIV-XXXIX; DERS., Community; K. WENGST, Gemeinde; passim; eine Übersicht bietet H.-J. KLAUCK, Johannesbriefe, 105-110, 125-127). Diese erweisen sich jedoch zuweilen als ein „reines Konstrukt der Ausleger der Texte und bloße Spiegelbilder des Typs der jeweiligen Auslegung" (so H. THYEN, Synoptiker, 81; entsprechend M. HENGEL, Frage, 238ff; J. KÜGLER, Science fiction, 62). Themenspezifisch besonders relevant sind u. a. die Beiträge von J. BECKER, Johannes I, 47-66 bzw. 174-179; W. LANGBRANDTNER, Welt, 1ff. bzw. 389ff.; F. F. SEGOVIA, Love Relationships, 2ff. 23ff. bzw. 197-203 etc., insofern diese an der Liebessemantik bzw. den dualistischen Motiven die Entwicklung der Gemeinde darzustellen versuchen (ausführlich s. o. die entsprechenden Skizzen in § 3/2.2 bzw. 3.1).

[27] Gerade in der Verhältnisbestimmung synchroner und diachroner Interpretationen zeigt sich „eine neue Epoche der Johannesforschung" (so U. SCHNELLE, Johannesforschung, 21. Dies spiegelt sich auch in einer Vielzahl neuerer Kommentare und Monographien wie z. B. U. WILCKENS, Johannes; F. J. MOLONEY, John; L. SCHENKE, Johannes;

gelium als kohärentes literarisches Werk gewürdigt bzw. zur Geltung gebracht werden, das erst dann hinreichend verstanden ist, wenn es *„nicht
nur als Element der Ideengeschichte, sondern* – als Ganzes mit seinen
vermeintlichen Inkongruenzen und Widersprüchen – *in seiner Funktion als
Kommunikationsmittel zwischen dem Autor und seinen Adressaten* begriffen ist."[28] Angesichts dessen soll auch dort, wo Konzeptionen logisch in-
konsistent erscheinen, zunächst gefragt werden, welche Funktionen die
sich widersprechenden Argumentationslinien in der johanneischen Theologie bzw. für die johanneische Gemeinde gehabt haben könnten[29]. Nur so
kann eruiert werden, ob trotz jener Spannungen eine „pragmatisch ... ein-
heitliche Wirkintention"[30] vorliegt. Erst nachdem das johanneische Denken
in seiner Dialektik und Eigentümlichkeit zur Geltung gebracht wurde, *kann*
und *muß* es theologisch bewertet werden[31].

Zur historischen Interpretation eines Textes bedarf es jedoch sowohl der
synchronen, als auch der diachronen Textanalyse[32]. Die bleibende Relevanz diachroner Textanalysen zeigt sich eindrücklich in der religionsgeschichtlichen Einordnung johanneischen Denkens, die in der neueren Johannesforschung ihrerseits markante Neubewertungen erfuhr. Die methodischen Prämissen der religionsgeschichtlichen Vergleiche in der vorliegenden Studie sind im folgenden Arbeitsschritt zu klären:

U. SCHNELLE, Johannes; K. SCHOLTISSEK, Sein; H.-C. KAMMLER, Christologie etc. Zur
Skizze unterschiedlicher synchroner und diachroner Ansätze vgl. J. BEUTLER, Methoden,
passim; K. SCHOLTISSEK, Johannes I, 51-59; speziell zur johanneischen Eschatologie J.
FREY, Eschatologie I, passim.

[28] So J. FREY, Eschatologie I, 456. U. SCHNELLE, Johannesforschung, 24 zufolge ist
das Johannesevangelium „Ausdruck eines imposanten literarischen und theologischen
Aussage- und Gestaltungswillens". Entsprechend erkennt J. A. DU RAND, Reading, 5ff.
im vierten Evangeliums gar eine „Literary symphony".

[29] Vgl. U. SCHNELLE, Johannesforschung, 24. Ähnlich bereits M. W. G. STIBBE,
Storyteller, 16; R. A. CULPEPPER, Anatomy, 234.

[30] Vgl. J. FREY, Eschatologie I, 431, demzufolge sich das vierte Evangelium durch
die Erfassung seiner rhetorischen und pragmatischen Intentionen auch dort als ein „über-
raschend einheitliches und kohärentes Gefüge" erweist, wo leichtfertige literarkritische
Operationen bestehende Textkonstellationen zerrissen hätten.

[31] Dies gilt sowohl für mögliche logische Inkonsistenzen, als auch für die aus heutiger Perspektive problematischen Tendenzen wie z. B. für die radikale Ketzerpolemik 2
Joh 10f. und v. a. die vielleicht „mißverstandenste und mißbrauchteste" Sequenz des
gesamten biblischen Kanons Joh 8,44 (vgl. G. REIM, Gotteskinder/Teufelskinder, 624).

[32] Treffend konstatiert K. SCHOLTISSEK, Johannes II, 101, daß „besonnene exegetische Arbeit ... synchrones und diachrones Fragen, textinterne und textexterne Ebenen
einerseits genau zu unterscheiden und andererseits in konstruktiver Weise aufeinander zu
beziehen" hat.

4. Die religionsgeschichtliche Stellung johanneischer Theologie

Die religionsgeschichtliche Stellung der johanneischen Schriften ist ebenso umstritten wie ihre Verfasserschaft und relative Chronologie[33]. Angesichts dessen soll zunächst zur Sprache kommen, welche Bedeutung religionsgeschichtliche Vergleiche für die Interpretation der johanneischen Schriften besitzen (4.1). Anschließend wird dargestellt, wie die religionsgeschichtlichen Vergleiche der vorliegenden Studie strukturiert sind und welche Anliegen sie verfolgen (4.2). Des weiteren soll bereits vorausgreifend angesprochen werden, welchen Bezugsgrößen dabei besondere Aufmerksamkeit zuteil wird (4.3).

4.1 Zur Aporie und Relevanz einer religionsgeschichtlichen Verortung der johanneischen Schriften

Die johanneischen Texte zeugen von einem hohen Bildungsniveau und Reflexionsvermögen ihres (bzw. ihrer) Verfasser(s) im Umgang mit einem weitgefächerten traditionsgeschichtlichen Hintergrund[34]. Das Grundanliegen des vierten Evangeliums ist auch für Leser verständlich, die keine derartigen Vorkenntnisse besitzen (z. B. für Leser, die praktiziertes jüdisches Leben nicht aus eigener Erfahrung kennen). Durch Erläuterungen wie z. B. Joh 1,41; 2,6; 4,25; 11,55; 18,20.28b; 19,40 gewährleistet der Verfasser die grundsätzliche Verständlichkeit seines Werkes[35]. Die Tiefendimension vieler Motive und Argumentationsstrukturen scheint jedoch „eine bemerkenswerte Kenntnis der Schriften und Traditionen des Alten Testament wie auch zahlreicher Elemente der Evangelientradition" bei den Lesern vorauszusetzen[36]. In diesem Sinne erweist sich das vierte Evangelium – in

---

[33] Ausgeschlossen werden können extreme Frühdatierung (vgl. u. a. J. A. T. ROBINSON, Priority, passim; DERS.; Redating, 307ff.; O. CULLMANN, Kreis, 101f.; M. BARTH, Juden, 42ff: 53ff.; K. BERGER, Theologiegeschichte, 653-657, DERS., Anfang, 11ff.; P. HOFRICHTER, Johannesevangelium, passim; DERS., Komposition, passim) bzw. Spätdatierung (so bereits F. C. BAUR, Untersuchungen, 349f.; zuletzt W. SCHMITHALS, Johannesevangelium, 69f. bzw. 422). Weitere Beiträge und deren Kritik bietet M. HENGEL, Frage, 15-18 bzw. 236-238. Zum Überblick unterschiedlicher Datierungsvorschläge vgl. ferner J. M. ROBINSON, Entwicklungslinien, 23f. Anm. 1 bzw. U. SCHNELLE, Einleitung, 528f.

[34] Vgl. U. SCHNELLE, Johannes, 17.

[35] Vgl. K. SCHOLTISSEK, Johannes I, 69; R. A. CULPEPPER, Anatomy, 208.

[36] Vgl. J. FREY, Mose, 204; entsprechend R. A. CULPEPPER, Anatomy, 220-222; H. LAUSBERG, Johannesprolog, 91. Aus diesen Motivanspielungen kann jedoch nicht gefolgert werden, daß das Johannesevangelium primär für einen jüdischen Bildungskreis geschrieben sei (vgl. u. a. v. a. K. WENGST, Johannesevangelium I, 21ff.; besonders 26f.; A. WUCHERPFENNIG, Heracleon, 412 etc.).

einem paradoxen Bild ausgedrückt – als eine Textwelt, in der ‚ein Kind waten und ein Elefant schwimmen kann'[37].

Eine Interpretation des Johannesevangeliums muß versuchen, diese unterschiedlichen Rezeptionsebenen zu berücksichtigen: Einerseits muß zu Geltung gebracht werden, in welcher Weise die liebessemantischen und dualistischen Motive von Lesern verstanden werden können, die keine derartigen Vorkenntnisse besitzen. Andererseits sind die zuweilen subtilen Tiefendimension zu benennen, die erkennbar werden, wenn man die johanneischen Konzeptionen als Modifikation bzw. Neugestaltung vorjohanneischer Traditionen versteht.

Religionsgeschichtliche Vergleiche dürfen jedoch die spezifisch johanneischen Intentionen nicht verdecken, sondern müssen die Kontinuität, Diskontinuität und das Innovationspotential der jeweiligen Motive im Vergleich zu möglichen Vorentwicklungen veranschaulichen.

Doch auch wenn der semantische Gehalt johanneischer Begriffs- und Motivkomplexe somit primär im Kontext der johanneischen Schriften zu eruieren ist, entreißt eine „absolute Autosemantik ... ihren Text der kommunikativen Situation, aus der heraus und in die hinein der Text entstanden ist und gesprochen wird und von daher auch zu verstehen ist."[38] Strittig ist jedoch, in welchen Kontexten die johanneischen Schriften entstanden sind. Es stellt sich nicht nur die Frage, welche traditionsgeschichtlichen Hintergründe den bzw. die Verfasser der johanneischen Schriften geprägt haben könnten und wie mit diesen umgegangen wird, sondern auch, welche sozialen Umstände die Entwicklung der johanneischen Gemeinde beeinflußt haben könnten. Ist das vierte Evangelium das Zeugnis einer „jüdisch-judenchristlichen Kontroverse"[39]? Kennzeichnet die in Joh 9,22; 12,42f.; 16,2 angesprochene Trennung von der synagogalen Gemeinschaft die Gegenwart der johanneischen Gemeinde zur Abfassungszeit des Johannesevangeliums[40], oder ein früheres Stadium, daß nun auf die Refle-

---

[37] So in Anlehnung an R. A. KYSAR, The Fourth Evangelist, 6: „ ... a book in which a child can wade and an elephant can swim." Entsprechend insistiert R. BAUCKHAM, Audience, 111 darauf, daß das vierte Evangelium nicht etwa nur für eine isolierte Gruppe verständlich sei: „In fact, FG [sc. the Fourth Gospel] may envisage a wider readership than perhaps any other New Testament text."

[38] Vgl. K. SCHOLTISSEK, Johannes II, 100. Entsprechend formuliert H.-J. KLAUCK, Herrenmahl, 4: „Das Verstehen eines Textes gelangt erst dann zu seinem Ziel, wenn der ganze Zirkel seiner Kontexte abgeschritten ist." Und dieses ist „im weitesten Sinn der gesamte geistige Raum, in dem eine Äußerung steht, unter Einbezug seiner Geschichte" (op. cit., 4; tendenziell ähnlich J. FREY, Kontexte, 20f.).

[39] So z. B. K. WENGST, Johannes I, 21. Tendenziell ähnlich J. L. MARTYN, Glimpses, 120f.

[40] Vgl. u. a. K. WENGST, Johannes I, 23, DERS., Gemeinde, 183f.; ähnlich G. REIM, Lokalisierung. 72ff. bzw. 85f.

xion der Stellung der Gemeinde im Kosmos angewendet wird[41]? In welchem Verhältnis steht die johanneische Theologie bzw. Gemeinde zu weiteren urchristlichen Traditionsströmen? Bildet sie eine von der synoptischen Tradition unabhängige ‚johanneische Entwicklungslinie‘[42], welche „in a more remote corner of the Christian map" entstand[43]. Oder rezipiert und interpretiert die johanneische Theologie synoptische, paulinische und deuteropaulinische Traditionen[44]? Angesichts dieser Aporien sind die religionsgeschichtlichen Vergleiche der vorliegenden Studie folgendermaßen strukturiert:

4.2 Die Struktur und Intention religionsgeschichtlicher Vergleiche

Die vorliegende Studie zielt primär auf die Interpretation der liebessemantischen und dualistischen Motive im Kontext der johanneischen Schriften. Eine umfassende traditionsgeschichtliche Einordnung aller Teilaspekte ist in diesem Rahmen nicht möglich[45]. Aufgrund der skizzierten Aporien einer religionsgeschichtlichen Einordnung der johanneischen Theologie „muß von Fall zu Fall entschieden werden, welcher Traditionslinie die johanneischen Vorstellungen am nächsten stehen"[46].

Die religionsgeschichtlichen Vergleiche werden in der Exegese der relevanten Textsequenzen vorgenommen, um die Plausibilität der vorliegenden religionsgeschichtlichen Einordnungen *en détail* zu diskutieren. Ebenso wie hinsichtlich der relativen Chronologie und der Verfasserschaft wird somit versucht, ohne eine vorausgesetzte geographische und geistesgeschichtliche Einordnung das Profil der johanneischen Theologie zu erfassen.

Die religionsgeschichtlichen Vergleiche, die angesichts der Breite der möglichen Bezugsgrößen johanneischer Theologie zwangsläufig nur selektiv erfolgen können, orientieren sich an folgenden Zugangsperspektiven: Bei der Diskussion möglicher Vergleichsgrößen muß deutlich werden, ob,

---

[41] Vgl. u. a. M. HENGEL, Frage, 300; J. FREY, Eschatologie II, 259; DERS., Heiden, 231ff.; U. SCHNELLE, Einleitung, 488ff. etc.

[42] Vgl. J. M. ROBINSON, Entwicklungslinie, 235ff. bzw. 242ff.

[43] So D. M. SMITH, Johannine Christianity, 237f.

[44] S. u. Anm. 52.

[45] Die Eruierung spezifischer Motivhintergründe würde eine Vielzahl eigenständiger Monographien erfordern. Auch Studien, die sich nur mit Teilaspekten der liebessemantischen und dualistischen Motive der johanneischen Schriften beschäftigten, konnten die entsprechenden Traditionszusammenhänge nur partiell eruieren (vgl. u. a. zur Licht – Finsternis – Metaphorik O. SCHWANKL, Licht, 50-73; zur Zeugungs- und Geburtsmetaphorik D. RUSAM, Gemeinschaft, 15ff. etc., zum Liebesgebot vgl. J. AUGENSTEIN, Liebesgebot, passim; zur theologischen Spitzenaussage ὁ θεὸς ἀγάπη ἐστίν [1 Joh 4,8.16] vgl. T. SÖDING, Gott, passim etc.).

[46] So U. SCHNELLE, Johannesforschung, 34.

und wenn ja worin, eine spezifisch johanneische Modifikation derselben zu erkennen ist. Des weiteren ist zu benennen, welche johanneischen Konzeptionen sich nicht aus traditionsgeschichtlichen Bezugsgrößen herleiten lassen. In der Erfassung johanneischen Denkens muß jedoch auch beachtet werden, welche dualistischen bzw. liebessemantischen Motivtraditionen nicht aufgenommen wurden, obwohl es durchaus plausibel ist, daß der bzw. die Verfasser sie kannten (z. B. das Motiv einer teuflischen Versuchung Jesu, Exorzismen, die Antithetik von Engel und Dämonen, das Feindesliebegebot etc.).

Komparatistisch bzw. religionsphänomenologisch betrachtet können auch Vergleiche mit chronologisch jüngeren Zeugnissen hilfreich sein, wenn auf diese Weise das Profil des johanneischen Denkens erläutert werden kann (so z. B. Texte des rabbinischen Judentums und frühgnostisch-gnostischer Traditionsströme). Gleichwohl dürfen derartige Vergleichsgrößen nicht zum Zwecke einer historisch-genetischen Herleitung in die zeitgenössische Situation der johanneischen Theologiebildung zurückprojiziert werden[47].

Im Anschluß an diese formalen Leitgedanken zu traditions- bzw. religionsgeschichtlichen Vergleichen kann nun das Spektrum religionsgeschichtlicher Bezugsgrößen dargestellt werden.

4.3 Das Spektrum religionsgeschichtlicher Vergleichsgrößen

Nachdem zuvor das Anliegen und die Struktur der religionsgeschichtlichen Vergleiche erläutert wurde, ist nun zu klären, welchen Bezugsgrößen besondere Beachtung geschenkt werden muß und welche lediglich mit Vorsicht zu behandeln sind.

Zunächst ist festzuhalten, daß der Verfasser des Johannesevangeliums mit den ihm zur Verfügung stehenden Vorgaben ausgesprochen kreativ umgeht und sie souverän im Zeichen seiner theologischen Aussageintentionen umgestaltet. Ferner kann die religionsgeschichtliche Einordnung des vierten Evangeliums nicht auf spezielle Traditionskreise eingegrenzt bzw. festgelegt werden. Die einzigen Bezugsgrößen, die von dem Verfasser selbst als solche gekennzeichnet werden, sind alttestamentliche Begriffs- und Motivkomplexe. Die grundlegende Bedeutung der Schrifthermeneutik zeichnet sich bereits in der paraphrasierenden Interpretation von Gen 1,1ff.

---

[47] Zu Kriterien bzw. Indikatoren eines historisch-genetischen Zusammenhanges vgl. G. SEELIG, Methode, 325ff.; K. BERGER/C. COLPE, Textbuch, 18ff. Zum Verhältnis religionsgeschichtlicher, religionsphänomenologischer und komparatistischer Vergleiche vgl. J. WAARDENBURG, Art. Religionsphänomenologie, 731ff.; P. V. ZIMA, Komparatistik, 43f.; F. STOLZ, Religionswissenschaft, 223ff.; H. G. KIPPENBERG/K. V. STUCKRAD, Religionswissenschaft, 32-36.

im Prolog ab, die geradezu eine „christologische Leseanweisung"[48] für das gesamte Evangelium bietet. Die γραφαί zeugen von Jesus (Joh 5,39), der selbst der ‚Exeget Gottes' ist (Joh 1,18)[49]. In seiner „christologische(n) Inanspruchnahme der Schrift"[50] avanciert das vierte Evangelium seinerseits zu einer heiligen Schrift. Auch wenn die formale Gestalt und inhaltliche Intention entsprechender Rekurse im Einzelfall zu diskutieren ist, kann vorausgreifend festgehalten werden, daß die expliziten und impliziten Schriftbezüge auch für die Interpretation der Liebessemantik und dualistischen Strukturen fundamentale Bedeutung haben[51].

Alle weiteren Bezugsgrößen sind nicht explizit als solche kenntlich gemacht – was zur Vorsicht gegenüber allzu weitreichenden religionsgeschichtlichen Hypothesen mahnt. Unter diesem Vorbehalt ist das Verhältnis der johanneischen Schriften zu folgenden Traditionsströmen zu analysieren:

Eine zentrale Frage ist, welche Stellung die johanneische Theologie innerhalb der urchristlichen Theologiegeschichte besitzt. Gerade die liebessemantischen und dualistischen Motive besitzen eine Vielzahl thematischer Korrespondenzen zu synoptischen, paulinischen und deuteropaulinischen Konzeptionen (z. B. die Gestaltung des Liebesgebots, die Geburts- bzw. Zeugungsmetaphorik, die Licht – Finsternis – Metaphorik etc.). Angesichts dessen soll in der vorliegenden Studie besondere Aufmerksamkeit der Frage gelten, in welcher Weise in den johanneischen Schriften entsprechende frühchristliche Vorgaben rezipiert bzw. modifiziert werden[52].

---

48 So M. THEOBALD, Fleischwerdung, 438ff. bezüglich des Verhältnisses des Prologs zum Corpus des Johannesevangeliums und zum ersten Johannesbrief (dabei ist im Kontext der synchronen Interpretation des vierten Evangelium zunächst nicht von Bedeutung, welche theologischen Ausrichtungen mögliche Vorlagen bzw. Überarbeitungsstufen des Prolog gehabt haben könnten bzw. in welchem Verhältnis diese zum Corpus des Evangeliums stehen).

49 A. OBERMANN, Erfüllung, 427 erkennt ein reziprok gestaltetes Verhältnis zwischen Schrifthermeneutik und Christologie. Der präexistente Logos manifestiert sich in den Logoi der Schrift, die ihrerseits von Jesus Zeugnis ablegen und ihre Erfüllung im inkarnierten Logos finden. Besonders zeigt sich dies in der Mose – Jesus – Typologie und deren Konnotationen (Joh 1,17; 3,14f. etc; vgl. hierzu J. FREY, Mose, 204f.; J. PAINTER, Quotations, 56f. 180f.; M. HENGEL, Schriftauslegung, 263ff. etc.)

50 Diese erkennt J. FREY, Mose, 204 in nahezu allen direkten und indirekten Schriftbezügen (vgl. u.a. Joh 3,14f.; 5,39.46; 8,56; 10,34-36; 11,41 etc.). Hingegen betont W. KRAUS, Johannes, 22 kritisch, daß „die christologische Aneignung der Schrift bei Johannes zu einer Vernachlässigung elementarer Grundaussagen des atl. Gotteswortes führt ...".

51 Z. B. zum Liebesgebot Lev 19,17f., zum Schema Israel Dtn 6,4f., zu Aspekten alttestamentlicher Lichtmetaphorik, zum Motiv der Voraussetzungslosigkeit der Liebe und der Erwählung Gottes etc.

52 Insbesondere die Frage der Stellung des Johannesevangeliums innerhalb der Evangelientradition hat zentrale Bedeutung für das Gesamtverständnis johanneischer

Die qumranischen Schriftfunde markieren zweifelsohne einen „Meilen-stein für die religionsgeschichtliche Einordnung des Johannesevangeli-ums"[53]. Doch trotz zuweilen markanter sprachlicher und motivlicher Be-rührungen[54] können qumranische Texte nicht als der „Mutterboden des Johannesevangeliums"[55] verstanden werden. Gerade in bezug auf die lie-bessemantischen und dualistischen Motive läßt sich eine Vielzahl von Vergleichspunkten benennen[56]. Dies zwingt jedoch nicht dazu, konkrete geschichtliche Bezüge der johanneischen Gemeinde zu jener Gemeinschaft am Toten Meer zu postulieren, wie es z. B. in unterschiedlichen Rekon-struktionsversuchen einer johanneischen Theologie- bzw. Gemeindege-schichte versucht wurde[57]. Einerseits zeigen sich in differenzierten Ver-gleichen der vermeintlichen Bezugspunkte zuweilen grundlegende inhaltli-

---

Theologie. Eine Kenntnis des Markus- und Lukasevangeliums seitens des vierten Evan-gelisten wird inzwischen vielfach konstatiert (vgl. J. FREY, Evangelientradition, 74ff. bzw. 104ff.; U. SCHNELLE, Johannesforschung, 23f.), zuweilen eine Kenntnis des Mat-thäusevangeliums (vgl. u. a. M. HENGEL, Frage, 16; L. SCHENKE, Johannes, 432ff.). Zur Skizze von Korrespondenzen in der Logienüberlieferung, erzählenden Texten, komposi-torischer Entsprechungen etc. vgl. U. SCHNELLE, Einleitung 506f.; zur Frage der Kriteri-en zum Nachweis von Abhängigkeit und Unabhängigkeit vgl. J. FREY, Evangelientraditi-on, 79ff.; zu Forschungsberichten vgl. DERS., 60ff.; M. LANG, Johannes, 11ff.; F. NEI-RYNCK, John, 3-62; A. DAUER; Johannes, 15-37 etc; speziell zur Frage eines Verhältnis-ses zur Q-Tradition vgl. C. M. TUCKETT, Q, 281ff.). Für eine Unabhängigkeit der jo-hanneischen Theologie von der synoptischen Tradition plädieren hingegen u. a. P. GARDNER-SMITH, Saint John, passim; J. M. ROBINSON, Entwicklungslinie, 235ff. bzw. 242ff.; D. M. SMITH, Johannine Christianity, 237f. etc. Noch diffiziler gestaltet sich die Verhältnisbestimmung der paulinischen und johanneischen Theologie (M. HENGEL, Fra-ge, 160 erkennt hierin eine der spannendsten Fragen neutestamentlicher Exegese). Zwar lassen sich deutliche Affinität erkennen, aber kaum explizite Bezüge aufweisen (zum Diskussionsspektrum vgl. U. SCHNELLE, Paulus und Johannes, passim; D. ZELLER, Pau-lus, 167ff. R. SCHNACKENBURG, Christologie, passim; K. BERGER, Theologiegeschichte, 222-236 etc.). Eine Affinität zwischen johanneischer und paulinischer Theologie wäre umso naheliegender, wenn man Ephesus als wesentlichen Ort der Entwicklungen der johanneischen Theologie versteht, insofern auch die paulinische Schule hier ihren Sitz hatte (vgl. A. J. M. WEDDERBURN, History, 178).

[53] Vgl. M. HENGEL, Frage, 282. Zustimmend aufgenommen von J. FREY, Bedeu-tung, 206.

[54] Auflistungen möglicher Vergleichspunkte bieten u. a. R. E. BROWN, Schriftrollen; J. H. CHARLESWORTH, Qumran, 107-136.

[55] Gegen K. G. KUHN, Palästina, 210; zur weiteren Forschungsentwicklung vgl. J. FREY, Bedeutung, 191ff.; D. E. AUNE, Dualism, 281ff.; A. PILGAARD, Qumran scrolls, passim; A. DESTRO/M. PESCE, Community Rule, 201ff. etc.

[56] Zur Skizze terminologischer und motivlicher Vergleichspunkte vgl. u. a. J. H. CHARLESWORTH, Comparison, 101f.; J. FREY, Bedeutung. 196ff.; R. BAUCKHAM, Qu-mran, 269.271f. etc.

[57] Vgl. u. a. J. BECKER, Johannes I, 176f.; J. H. CHARLESWORTH, Dead Sea Scrolls, 88f.

che Differenzen. Andererseits ist unsicher, ob diese Vergleichspunkte ü-
berhaupt Zeugnisse genuin qumranischer Theologie sind. Eine grundlegende Erkenntnis der neueren Qumranforschung besteht darin, die Texte
nicht als Zeugnisse einer einheitlichen theologischen Gesamtkonzeption zu
verstehen, sondern Texte bzw. Textgruppen unterschiedlicher theologischer Provenienz voneinander zu differenzieren. Diese repräsentieren nicht
nur genuin qumranische bzw. essenische, sondern u. a. auch voressenische
Konzeptionen[58]. Die besondere Bedeutung der Qumranfunde besteht somit
v. a. darin, daß sie eine *„breitere palästinisch-jüdische Matrix"* einer zuvor
unbekannten Textwelt repräsentieren[59]. Diese Sachverhalte weisen jedoch
auf der Suche nach traditionsgeschichtlichen Vorentwicklungen johanneischer Theologie in das weite Feld des zeitgenössischen Judentums, des
Hellenismus und deren wechselseitiger Beeinflussung. Doch auch wenn
generell festgehalten werden kann, daß z. B. die sprachlichen und religi-
onsphilosophischen Entwicklungen der Septuaginta oder der frühjüdischen
Weisheitsliteratur wesentliche Voraussetzungen johanneischen Denkens
bilden, sind Gestalt und Intensität möglicher Rezeptionen im Einzelfall zu
prüfen[60]. Gerade aufgrund des kreativ-innovativen Umgangs des Verfassers des vierten Evangeliums mit traditionsgeschichtlichen Vorgaben ist es
nicht möglich, „einen einheitlichen religionsgeschichtlichen Hintergrund
für das johanneische Denken zu postulieren"[61].

---

[58] Vgl. J. VANDERKAM, Qumranforschung, 36ff. bzw. 49ff.; zu Kriterien der Unterscheidung voressenischer, essenischer und genuin qumranischer Texte vgl. A. LANGE,
Tempel, 131ff.; DERS./H. LICHTENBERGER, Art. Qumran, 45; eine Skizze der Theologie
der Qumrangemeinschaft entwerfen A. LANGE/H. LICHTENBERGER, Art. Qumran, 69f.

[59] Vgl. J. FREY, Bedeutung, 208. Dies führte zugleich zu einer grundlegenden Revi-
sion früherer Verhältnisbestimmungen qumranischer und neutestamentlicher Texte (zu
problematischen, diesem Diskussionsstand nicht mehr entsprechenden Verhältnisbestimmungen vgl. die in der Forschungsskizze diskutierten Ansätze von J. Becker, R. Bergmeier, W. Langbrandtner. Zur Differenzierung verschiedener dualistischer und liebessemantischer Motive in der Qumranbibliothek vgl. J. FREY, Patterns, 277ff.; H.-J. FABRY,
Liebe, 46ff.). Entsprechend resümiert U. SCHNELLE, Johannes, 21f. Anm. 91, daß sich
generell „einlinige Zuordnungen zu neutestamentlichen Schriften verbieten."

[60] Vgl. K. SCHOLTISSEK, Sein, 23-139, besonders 125. Zuweilen ist unklar, ob die
Vergleichspunkte zur Vor- oder Nachgeschichte johanneischen Denkens zu rechnen sind.
Paradigmatisch für diese Problematik sind die Testamente der Zwölf Patriarchen. Diese
sind für einen Vergleich mit johanneischen Konzeptionen bedeutsam, insofern sie sowohl
in bezug auf die Entwicklung dualistischer Strukturen als auch des Liebesgebots eine
gewichtige religionsgeschichtliche Rolle spielen. Strittig ist jedoch, inwiefern sich unterschiedliche redaktionelle Textebenen erkennen lassen, die partiell auch auf christliche
Interpolationen zurückzuführen sind (zum Diskussionsspektrum vgl. M. DE JONGE,
Commandments, 390; M. KONRADT, Bruderliebe, 308-310; J. BECKER, Patriarchen, 1,
16f.; J. AUGENSTEIN, Liebesgebot, 166ff.).

[61] Vgl. J. FREY, Kontext, 23.

Methodische Vorsicht ist ferner geboten, wenn johanneische Texte mit Bezugsgrößen verglichen werden, die erst in nachjohanneischer Zeit schriftlich manifestiert wurden. Dies gilt z. B. für rabbinische und früh-gnostisch-gnostische Texte. Auch wenn bereits in johanneischer Zeit rab-binische Traditionen mündlich kursiert haben könnten, sind die literarisch fixierten Bezugspunkte chronologisch deutlich später anzusiedeln[62]. Ver-gleiche mit rabbinischen Traditionen dienen der Intention, johanneisches Denken im Kontext des antiken Judentums verstehen zu wollen[63]. Proble-matisch wäre es jedoch, in „bewusster Einseitigkeit ... im Wesentlichen eine Beschränkung"[64] auf diese Bezugstexte zu wählen.

Ähnlich verhält es sich mit Versuchen, johanneisches Denken als Reak-tion auf gnostische Entwicklungen zu interpretieren[65]. Auch wenn einzelne

---

[62] So versucht z. B. K. WENGST, Johannesevangelium I, 26-28 das vierte Evangeli-um primär von jüdischen-rabbinischen Vergleichstexten her zu interpretieren: „Auch wenn eine Tradition sich in einer jungen ‚Sammlung' findet, kann sie doch sehr alt sein. Das Altersargument hätte Gewicht, wenn intendiert wäre, ‚Abhängigkeiten' zu erweisen. Darum aber ... geht es nicht, sondern um den Aufweis jüdischer Sprachmöglichkeiten und Denkmuster; und dafür ist es relativ unerheblich, wie alt oder wie jung ein Text ist, wenn er noch im selben Traditionszusammenhang steht und unter vergleichbaren histori-schen Bedingungen entstanden ist" (op. cit., 28). Einen vergleichbaren, jedoch metho-disch unterschiedlichen Ansatz wählte bereits der von Wengst vielfach kritisierte A. SCHLATTER, Sprache, passim; DERS., Johannes, passim, der anhand griechischer Rück-übersetzung rabbinischer Texte die semitische Züge der johanneischen Sprach- und Denkwelt zu veranschaulichen versuchte. Entsprechend versuchte H. ODEBERG, Fourth Gospel, passim, auch Traditionen jüdischer Mystik in die religionsgeschichtliche Einord-nung johanneischer Texte einzubeziehen (zu methodischen und chronologischen Proble-men und zur forschungsgeschichtlichen Bedeutung der Studien Schlatters und Odebergs vgl. J. FREY, Eschatologie I, 75f.80-82; generell zur Verhältnisbestimmung der johanne-ischen Theologie und des rabbinischen Judentums vgl. ferner J. C. THOMAS, Rabbinic Judaism, 159ff.). Als problematisch erwies sich hingegen der Versuch von C. F. BURNEY, Origin, passim, eine aramäische Urfassung des Johannesevangeliums zu postulieren (ent-schieden bereits in Frage gestellt von E. C. COLWELL, Greek, 7f.11; vgl. ferner M. HEN-GEL, Frage, 376f.; eine entsprechende Skepsis ist gegenüber Versuchen wie z. B. von G. SCHWARZ, Jesus, 112ff. etc. geboten, durch Rückübersetzungen authentische Jesusworte im vierten Evangelium rekonstruieren zu wollen (grundlegend zu dieser Frage zuletzt M. THEOBALD, Herrenworte, 21ff. bzw. 619ff.; speziell zur themenspezifisch höchst relevan-ten Frage des johanneischen Liebesgebots s. u. § 7/3.3 bzw. § 12/2.2).

[63] Vgl. J. FREY, Eschatologie I, 75 bzw. 82.

[64] Vgl. K. WENGST, Johannesevangelium I, 27, dessen Ansatz von der Intention ge-tragen ist, das vierte Evangelium als Zeugnis einer „jüdisch-judenchristlichen Kontrover-se" zur Geltung zu bringen (op. cit., 21).

[65] Zur Skizze der Verhältnisbestimmungen johanneischer und frühgnostisch-gnostischer Konzeptionen vgl. u. a. A. WUCHERPFENNIG, Heracleon, 2ff.; K. RUDOLPH, Johannes gnosticus, 415ff.; K. SCHOLTISSEK, Johannes I, 36-51 (zur früheren Diskussio-nen und die Relevanz eines vorjohanneischen, gnostischen Erlösungsmythos für die Aus-bildung johanneischer Christologie vgl. R. SCHNACKENBURG, Johannesevangelium I,

Züge johanneischen Denkens gegen frühgnostische Tendenzen zu polemisieren scheinen[66], ist es historisch unwahrscheinlich, daß es bereits in vorjohanneischer, geschweige denn vorchristlicher Zeit elaborierte gnostische Systeme gab[67]. Das Verhältnis der johanneischen Theologie zu frühgnostisch-gnostischen Konzeptionen ist somit weitestgehend eine wirkungsgeschichtliche Fragestellung[68]. Gleichwohl können auch derartige Vergleiche hilfreich sein, daß Profil der johanneischen Konzeptionen zu veranschaulichen[69]. So kann z. B. analysiert werden, ob einzelne Züge johanneischen Denkens eine Affinität zu späteren gnostischen Entwicklungen besitzen oder inwieweit sie in der gnostischen Rezeption modifiziert werden mußten. Die Präsenz johanneischer Motive in gnostischen Systemen beweist jedoch nicht den gnostischen Charakter johanneischer Theologie, sondern lediglich das Interesse gnostischer Kreise, die johanneischen Texte gnostisch zu überformen[70].

433-447; zur Funktion und Problematik der Gnosishypothese R. Bultmanns vgl. J. FREY, Eschatologie I, 129-140; zu deren Radikalisierung der Ansätze von Bultmann und Käsemann durch L. Schottroff op. cit., 170-179; zu späteren Ansätzen wie z. B. von J. Becker; H. Koester oder W. Schmithals op. cit., 274ff. bzw. 365-387).

[66] Vgl. u. a. J. BEUTLER, Johannesbriefe, 24f.; O. SCHWANKL, Licht, 287; M. HENGEL, Paulus, 502ff. etc.

[67] Vgl. M. HENGEL, Gnosis, 218f. Treffend C. MARKSCHIES, Art. Gnosis/Gnostizismus, 869: „Es ist unwahrscheinlich, daß es eine vorchristl. Gnosis gab; es sind keinerlei Quellen dafür erhalten." Selbst Valentin kann in seiner um ca. 140-160 in Rom anzusetzenden Lehrtätigkeit noch nicht als Gnostiker verstanden werden, obwohl sich wichtige gnostischer Denker wie z. B. Ptolemäus, Theodotus und Herakleon auf ihn berufen (vgl. C. MARKSCHIES, Valentinus, 402ff.; zur Skizze früherer chronologischer Verortungen vgl. K. RUDOLPH, Gnosis, 294ff.).

[68] Zur Untersuchung der frühen Wirkungsgeschichte johanneischer Theologie vgl. T. NAGEL, Rezeption, passim; W. RÖHL, Rezeption, passim; W. VON LOEWENICH, Johannesverständnis, passim; und zuletzt speziell zu Herakleon als dem ersten Kommentator des Johannesevangeliums A. WUCHERPFENNING, Heracleon, passim.

[69] Entsprechend betont G. SEELIG, Methode, 280, daß „der religionsgeschichtliche Vergleich um seine besten Möglichkeiten betrogen wird, wenn er lediglich im Dienst der Frage nach der Herkunft bestimmter Vorstellungen angewandt wird."

[70] Vgl. T. NAGEL, Rezeption, 476ff.; M. HENGEL, Frage, 51ff. Eine derartig subtil kritisierende bzw. überformende Argumentations- bzw. Legitimationstaktik läßt sich K. KOSCHORKE, Polemik, 232ff. bzw. 242ff. zufolge in unterschiedlichen gnostischen Schulbildungen beobachten. In diesem Sinne ist auch die Einschätzung von W. RÖHL, Rezeption, 207f. zu hinterfragen. Röhl zufolge sahen z. B. die Verfasser bzw. Trägerkreise von Texten wie dem ‚Brief des Jakobus' (NHC I,1), dem ‚Evangelium der Wahrheit' (NHC I,3), dem ‚Philippusevangelium' (NHC II,3), dem ‚Brief des Petrus an Philippus' (NHC VIII,2) oder dem ‚Testimonium Veritatis' (NHC IX,3) „offensichtlich im JohEv kein ihrer Geisteswelt kongeniales Zeugnis, dem sie ihre Aufmerksamkeit hätten schenken können". Dieses Ergebnis ist bereits in einem unangemessenen methodischen Ansatz präfiguriert, in dem „andere Rezeptionsformen als die der unmodifizierten, zustimmen-

Als konkrete Vergleichstexte aus dem Spektrum frühgnostisch-gnostischer Zeugnisse werden v. a. das Thomasevangelium und die Langfassung des Johannesapokryphons herangezogen. Diese Wahl basiert auf folgenden Gesichtspunkten: Auch wenn das Verhältnis des Thomasevangeliums zur frühen Jesus-Tradition ausgesprochen kontrovers beurteilt wird[71], kann es als eine „Jesusüberlieferung auf dem Weg zur Gnosis"[72] verstanden werden. Es besitzt jedoch zugleich eine Vielzahl von Korrespondenzen zu johanneischen Texten[73], die auch für die liebessemantischen und dualistischen Motive von Relevanz sind (z. B. die Gestaltung des Liebesgebots als Gebot der Bruderliebe, der Kosmos-Begriff, die Lichtmetaphorik etc.).

Einen noch deutlicheren Bezug auf die johanneischen Schriften läßt das Johannesapokryphon erkennen. Die Langfassung des Johannesapokryphons rekurriert explizit auf das Johannesevangelium und wirkt wie eine „Zusatzoffenbarung zum Evangelium"[74], die dem Lieblingsjünger übermittelt worden sein soll. Doch auch wenn es eine Vielzahl begrifflicher und motivlicher Bezüge zu den johanneischen Schriften gibt, ist die theologische Grundausrichtung der johanneischen Theologie diametral entgegengesetzt[75]. Dies wurde verschiedentlich als Indiz gewertet, daß

---

den Aufnahme johanneischer Motive und Sprache in joh. Deutung von vornherein ausgeschlossen" werden (so zu Recht T. NAGEL, Rezeption, 28).

[71] Zu divergenten Verhältnisbestimmungen des Thomasevangeliums zur frühen Jesustraditionen und Charakterisierungen wie ‚gnostisch', ‚frühgnostisch', ‚judenchristlich-enkratitisch', ‚weisheitlich', ‚mysterientheologisch', ‚sozialradikal' etc. vgl. die Forschungsberichte von J. SCHRÖTER, Jesu Worte, 122-140; ders./H.-G. BETHGE, Thomas, 153ff.; F. T. FALLON/R. CAMERON, Thomas, 4195-4251; S. J. PATTERSON, Forschungsbericht, 45-97; G. RILEY, Thomas, 227-252.

[72] Treffend J. SCHRÖTER/H.-G. BETHGE, Thomas, 163. Entsprechend sprechen G. THEISSEN/A. MERZ, Jesus, 54 von einer „Gnosis in statu nascendi".

[73] Eine Skizze möglicher Vergleichspunkte bieten J. H. CHARLESWORTH/C. A. EVANS, Jesus, 479-533, besonders 496ff.; G. J. RILEY, Resurrection, 1-7 bzw. 176ff.; R. E. BROWN, Thomas, 155-177; I. DUNDERBERG, Thomas, 361ff.; E. E. POPKES, Licht, passim.

[74] Treffend M. HENGEL, Frage, 51ff. Zum Verhältnis der Langfassung des Johannesapokryphons (NHC II,1 bzw. IV,1) zu den johanneischen Schriften vgl. T. NAGEL, Rezeption, 385-394; M. WALDSTEIN, Providence Monologue, 369-402; P. J. LALLEMANN, Acts of John, 110-123; A. H. B. LOGAN, Apocryphon of John, 109ff.

[75] Zu Anspielungen auf das vierte Evangelium vgl. u. a. die Selbstprädikation ΑΝΟΚ ΠΕ ΠΟΥΟΕΙΝ (NHC II,1 p. 30,33f.; IV,1 p. 47,24f.) und Joh 8,12, das Motiv des Eintretens des Lichtes in das Reich der Finsternis (NHC II,1 30,17f.; IV,1 47,2f.) mit Joh 3,19-21 etc. Diametral entgegengesetzt sind u. a. das platonische Motiv des menschlichen Körpers als Gefängnis der Seele, welches auf die Inkarnation anwendet und doketisch funktionalisiert wird (AJ NHC II,1 30,16f.; 31,4; IV,1 47,16f.; 48,4). Weitere grundsätzliche Differenzen finden sich im Gottesbegriff, dem Schöpfungsverständnis bzw. den protologischen Spekulationen etc. (AJ NHC II,1 p. 19,11ff.; 23,25-24,1).

durch die Langfassung des Johannesapokryphons die johanneische Theologie bewußt modifiziert werden soll[76]. Aus diesem Grunde ist dieses Dokument ein besonders interessantes Beispiel für die Versuche, johanneische Theologie im Geiste gnostischen Denkens zu reformulieren.

Abschließend ist nochmals zu betonen, daß in der vorliegenden Studie primär eine theologische Interpretation der liebessemantischen und dualistischen Motive vorgenommen wird. Fragen der historisch-genetischen Herleitung können lediglich in Ansätzen diskutiert werden. Aus diesem Grunde sollen die religionsgeschichtlichen Anmerkungen und Exkurse v. a. das Profil der johanneischen Konzeptionen zur Geltung bringen.

---

[76] Vgl. E. E. POPKES, Licht, passim; entsprechend T. NAGEL, Rezeption, 394f.; ähnlich bereits S. GIVERSEN, Apocryphon Johannis, 271f. Vergleiche der johanneischen Schriften mit dem Johannesapokryphon ermöglichen zugleich eine Auseinandersetzung mit dem Interpretationsansatz der dualistischen Motive von L. Schottroff, die gerade im Rekurs auf den ‚Pronoia-Monolog' der Langversion des Johannesapokryphons (NHC II,1 30,11-31,25 bzw. NHC IV,1 46-49,6) den gnostischen Charakter johanneischer Theologie zu erweisen versuchte (zur Skizze des Interpretationsansatzes von Schottroff s. o. § 3/2.1.1).

Teil 2

Die Themen im Kontext der johanneischen Briefe

§ 5 Die Textauswahl und das argumentative Vorgehen

Die Textauswahl und das argumentative Vorgehen zur Verhältnisbestimmung der liebessemantischen und dualistischen Motive in der johanneischen Briefkorrespondenz orientiert sich an folgenden Sachverhalten: Auch wenn die theologischen und situativen Eigentümlichkeiten der johanneischen Briefe eigenständig zu Wort kommen müssen, besitzt der erste Brief die zentrale interpretatorische Relevanz. Die beiden kleinen Briefe können nur von diesem Dokument her angemessen verstanden werden[1].

Innerhalb des ersten Johannesbriefs bietet sich wiederum eine exponierte Textsequenz in besonderem Maße dafür an, als Ausgangspunkt der Analyse zu fungieren. Im folgenden soll zunächst erläutert werden, in welcher Weise in 1 Joh 4,7-5,4 wie in einem Kompendium nahezu alle liebessemantischen und dualistischen Motive der johanneischen Briefkorrespondenz explizit bzw. implizit erkennbar sind (1). Daraufhin wird die Stellung dieser in sich geschlossenen Textsequenz im Gesamtaufbau des ersten Johannesbriefs erläutert (2). Abschließend ist darzulegen, inwieweit 1 Joh 4,7-5,4 als das ‚johanneische Hohelied der Liebe Gottes‘ bezeichnet werden kann, welches das Verhältnis der dualistischen und liebessemantischen Motive paradigmatisch zur Geltung bringt (3).

1. Die Texteinheit 1 Joh 4,7-5,4 als Kompendium liebessemantischer und dualistischer Motive in den johanneischen Briefen

Das Problem der innergemeindlichen Liebe ist neben den christologischen Streitigkeiten der Hauptkonflikt des johanneischen Schismas[2]. Auch wenn

---

[1]   Die Bedeutung der beiden kleinen Briefe sollte nicht überschätzt werden. Es ist fraglich, ob sie überhaupt eigenständig ohne den ersten Johannesbrief tradiert wurden (vgl. M. HENGEL, Frage, 100f.; J. FREY, Eschatologie I, 452).

[2]   Vgl. M. HENGEL, Frage, 170ff. bzw. 185ff.; W. UEBELE, Verführer, 118ff. bzw. 141ff.; H. SCHMID, Gegner, 277ff.; H.-J. KLAUCK, Johannesbriefe, 127ff. bzw. 141ff. Alle weiteren Konfliktpunkte können als Unterkategorien der christologischen und ethischen Streitigkeiten zur Geltung gebracht werden (z. B. der Anspruch der Sündlosigkeit

der zweite und dritte Johannesbrief das Liebesgebot nicht *in extenso* reflektieren, setzen die paränetischen Aussagen dessen grundlegende Bedeutung voraus (2 Joh 1.3.5f.; 3 Joh 1f.5f.11).

Eine eingehende Begründung und Reflexion der innergemeindlichen
Liebe und ihrer ethischen und theologischen Implikationen bietet jedoch
nur der erste Johannesbrief, der auf die Ermahnung zur „Praxis der Liebe
zu den Brüdern und Schwestern innerhalb der Gemeinde ... ausgerichtet"[3]
ist. Dieses Grundanliegen wird in mehreren Kontexten mit unterschiedlichen spezifischen Aussageintentionen entfaltet (1 Joh 2,7-11.15-17; 3,11-
24; 4,7-5,4). Weil jedoch alle zuvor entwickelten Argumentationsstrukturen im Zentralabschnitt 1 Joh 4,7-5,4 zum Tragen kommen, soll dieser
Text als Ausgangspunkt der Analyse gewählt werden.

Dabei soll zunächst die Text- und Argumentationsstruktur von 1 Joh
4,7-5,4 herausgearbeitet werden (§ 6), um anschließend die thematischen
Leitmotive im Gesamtzusammenhang der johanneischen Briefkorrespondenz analysieren zu können (§ 7). Zuvor ist jedoch zu erläutern, welche
Stellung und Funktion dieser Text im ersten Johannebrief einnimmt und
inwieweit er als das ‚johanneische Hohelied der Liebe Gottes' bezeichnet
werden kann:

2. Zur Stellung und Funktion von 1 Joh 4,7-5,4 im Gesamtaufbau des ersten Johannesbriefs

Obwohl die ausgesprochen komplexe Gesamtstruktur des ersten Johannesbriefs eine Vielzahl von Gliederungsversuchen inspirierte[4], ist die Stellung
und Funktion von 1 Joh 4,7-5,4 relativ klar erkennbar. Als argumentativer
Fluchtpunkt aller vorhergehenden Ermahnungen zur Geschwisterliebe bildet 1 Joh 4,7-21 zusammen mit 1 Joh 4,1-6 eine Ausdifferenzierung der

---

[1 Joh 1,8], die falsche Haltung zum κόσμος [1 Joh 2,15-17], das Verhalten des Diotrephes [3 Joh 9f.] etc.).

[3] Vgl. H.-J. KLAUCK, Johannesbrief, 274; ähnlich J. FREY, Eschatologie III, 76.

[4] Treffend spricht H.-J. KLAUCK, Briefliteratur, 259 von einer „verwirrenden Fülle
von ... Gliederungsvorschlägen" (zur Skizze unterschiedlicher Diskussionsbeiträge vgl. J.
BEUTLER, Johannesbriefe, 14-17). Bereits das Spektrum zwei- bis zehnteiliger Gliede-
rungsvorschläge läßt fragen, inwieweit „eine exakte Abgrenzung von thematischen Un-
tereinheiten im ersten Johannesbrief überhaupt möglich ist" (treffend J. FREY, Rez. J.
Beutler, 156). Für die Erfassung der Liebesaussagen verdient eine Überlegung von J. C.
THOMAS, Literary Structure, 380f. besondere Aufmerksamkeit, derzufolge die ethische
Konkretisierung des Liebesgebots 1 Joh 3,11-18 als textstrukturelles *und* thematisches
Zentrum des gesamten Briefes zu verstehen sei.

These 1 Joh 3,23, die als eine der „Kurzformel joh. Glaubens"[5] verstanden werden kann: Die Adressaten werden ermahnt, an den Namen des Gottessohns zu glauben und sich gegenseitig zu lieben. Dieses Doppelgebot wird in zwei Argumentationslinien entfaltet, die zunächst getrennt voneinander verlaufen. 1 Joh 4,1-6 fokussiert in Rekurs auf 1 Joh 3,23bα den Glaubensbegriff, 1 Joh 4,7-21 in Rekurs auf 1 Joh 3,23bβ die gegenseitige Liebe der Gemeindeglieder. Der in 1 Joh 4,7 eröffnete Argumentationsduktus findet in 1 Joh 4,21 einen ersten Abschluß, welcher das thematische Leitmotiv rekapituliert:

1 Joh 4, 7a   ἀγαπητοί, ἀγαπῶμεν ἀλλήλους, ...

1 Joh 4,21a   καὶ ταύτην τὴν ἐντολὴν ἔχομεν ἀπ' αὐτοῦ,
         b   ἵνα ὁ ἀγαπῶν τὸν θεὸν ἀγαπᾷ καὶ τὸν ἀδελφὸν αὐτοῦ.

Während 1 Joh 4,7a eine Argumentation einleitet, welche den Adressaten die Bedeutung der innergemeindlichen Liebe einsichtig zu machen versucht, bezeichnet erst V 21 die Bruderliebe als Gebot und schafft so eine Inklusion zu 1 Joh 3,23[6]. Die in 1 Joh 3,23 eingeführte Parallelisierung von Glaube, Liebe und Gebotsobservanz kulminiert jedoch erst in 1 Joh 5,1-4[7]. Insofern mit 1 Joh 5,5 wiederum das christologische Bekenntnis zur Gottessohnschaft Jesu in den Vordergrund tritt, kann 1 Joh 4,7-5,4 als Gesamtkomposition verstanden werden, in der 1 Joh 4,7-21 eine in sich geschlossene *exhortatio* bildet, deren Quintessenz zugleich die nachfolgende *peroratio* (1 Joh 5,1-12) eröffnet (1 Joh 5,4)[8]. 1 Joh 4,7-5,4 ist somit weder ein Fremdkörper im Gesamtgefüge des ersten Johannesbriefs, der dessen Argumentationsduktus unterbricht[9], noch eine situationslose Abhandlung über das Wesen christlicher Liebe, deren textpragmatische Intention unab-

---

[5] So in Modifikation von F. MUSSNER, Kurzformel, 50-52, der 1 Joh 3,23f. auch als Kurzformel weiterer neutestamentlicher Glaubensverständnisse versteht.

[6] Aus diesem Grunde erkennen F. VOUGA, Johannesbriefe, 65; H.-J. KLAUCK, Johannesbrief, 244f. in 1 Joh 4,7-21 eine in sich geschlossene Argumentationseinheit. J. BEUTLER, Johannesbriefe, 108 bzw. 114 versteht 1 Joh 4,19-21 als Abschluß des johanneischen Hohelied der Liebe, der in einem erneuten Aufruf die vorhergehenden Argumentationen zusammenfaßt, jedoch keine neuen Aspekte hinzufügt (ähnlich F. F. SEGOVIA, Love Relationships, 68 zu 1 Joh 4,16b-18).

[7] So u. a. G. STRECKER, Johannesbriefe, 263; J. AUGENSTEIN, Liebesgebot, 130f.

[8] Vgl. H.-J. KLAUCK, Briefliteratur, 259; ähnlich F. VOUGA, Johannesbriefe, 70f.

[9] Vgl. u. a. J. BONSIRVEN, Épîtres, 198. R. BULTMANN, Johannesbriefe, 79ff. hält lediglich Teilsequenzen für Glossen, die den ursprünglichen Argumentationsduktus stören würden.

hängig von der Gesamtintention des ersten Johannesbriefs erfaßt werden könnte[10].

3. Die Texteinheit 1 Joh 4,7-5,4 als das johanneische Hohelied der Liebe Gottes

Die Texteinheit 1 Joh 4,7-5,4 wird vielfach als ‚das johanneische Hohelied der Liebe' bezeichnet, insofern ebenso wie z. B. in 1 Kor 13 oder 1 Clem 49,1-50,7 angesichts innergemeindlicher Streitigkeiten die vermittelnde Kraft der Liebe thematisiert wird[11]. Diese Einschätzung bringt jedoch die spezifisch johanneische Konzeption nicht präzise zur Geltung. Im Vergleich mit den Ermahnungen des Paulus gegenüber seinen Adressaten in Korinth bzw. den Erwägungen des Verfassers des ersten Clemensbriefs fällt auf, daß in 1 Joh 4,7-5,4 kaum zur Sprache gebracht wird, in welchem Verhalten sich die gegenseitige Liebe der Glaubenden konkret zeigen soll[12]. Dieser Sachverhalt resultiert aus dem primären Anliegen des Autoren des ersten Johannesbriefs, dem es nicht darum geht, einen ethischen Verhaltenscodex für seine Gemeinde zu entwerfen. Er möchte vielmehr angesichts der innergemeindlichen Streitigkeiten eine theologische Begründung der innergemeindlichen Liebe zu entwickeln[13].

Zu diesem Zwecke reflektiert er nicht generell das Wesen menschlicher Liebe, sondern speziell das Wesen der „im Sohn sich offenbarenden Got-

---

[10] Derartige kontextenthobene Interpretationsmodelle lassen sich in vielen theologie- und philosophiegeschichtlichen Rezeptionen von 1 Joh 4,7-5,4 beobachten (zur Skizze entsprechender Bezüge vgl. H.-J. KLAUCK, Johannesbrief, 248ff.).

[11] Vgl. u. a. T. SÖDING, Liebesgebot, 124f. bzw. 130ff.; J. ZUMSTEIN, Dieu, 104; H.-J. KLAUCK, Johannesbrief, 244. Zur Korrespondenz von 1 Kor 13 und 1 Clem 49,1ff. vgl. O. M. BAKKE, Concord, 265 Anm. 1193; L. SANDERS, Saint Clément, 94f.; D. A. HAGNER, Use, 200f.

[12] Vgl. besonders 1 Kor 13,4-7 (vgl. O. WISCHMEYER, Weg, 92ff.; W. SCHRAGE, Korinther III, 336ff.) und 1 Clem 49,5f. (vgl. H. E. LONA, Clemensbrief, 509-511). Neben den unterschiedlichen textpragmatischen Funktionen im Gesamtaufbau der jeweiligen Dokumente sind auch argumentative Einzelaspekte voneinander zu differenzieren (so z. B. die Funktion der Trias πίστις – ἐλπίς – ἀγάπη [1 Kor 13,13] in der paulinischen Rechtfertigungslehre [vgl. U. MELL, Entstehungsgeschichte, 202ff.; T. SÖDING, Trias, 40ff.] oder das Motiv des ‚Bandes der Liebe Gottes' [1 Clem 49,2a ὁ δεσμὸς τῆς ἀγάπης τοῦ θεοῦ] in der Paränese und Ekklesiologie des ersten Clemensbriefs [vgl. O. M. BAKKE, Concord, 339f.]).

[13] Diese Ausrichtung entspricht prinzipiell auch der Gestaltung des Liebesgebots im Johannesevangelium. Ausführlich hierzu bzw. zu den Grundzügen der johanneischen Ethik s. u. § 13/3.1.

tesliebe ... , die zur Bruderliebe ermahnt bzw. verpflichtet"[14]. In seinen vielschichtigen Argumentationen lassen sich zwei Hauptmotive erkennen, denen alle weiteren Einzelmotive subsumiert werden können, nämlich einerseits die Aussagen über die voraussetzungslose Liebestat Gottes, andererseits die Aussagen darüber, wie die Glaubenden auf dieses Handeln Gottes reagieren sollen. Die Zuordnung der Haupt- und Teilargumente kann folgendermaßen tabellarisch veranschaulicht werden:

Das voraussetzungslose Handeln Gottes	Gottes Liebe zu den Glaubenden	-Gott ist Liebe (1 Joh 4,8b.16b) -Die Liebe ist aus Gott (1 Joh 4,7b) -Die Liebe Gottes offenbarte sich in der Sendung des Sohnes (1 Joh 4,10.14)
Die Reaktion der Gemeinde	Die gegenseitige Liebe der Glaubenden	-Liebende erkennen Gott (1 Joh 4,7b.8a) -Liebende sind Gotteskinder (1 Joh 4,7b) -Gottesliebe konkretisiert sich in der Observanz der Gebote Gottes und der Geschwisterliebe (1 Joh 5,2f.) -Die Liebe Gottes findet ihre Vollendung im Leben der Gemeinde (1 Joh 4,12b.17)

Diese tabellarische Darstellung veranschaulicht *in nuce*, daß das Motiv der in der Sendung des Sohnes sich offenbarenden Liebe Gottes die Basis der gesamten Argumentationsentwicklung ist. Alle weiteren ekklesiologischen und paränetischen Aspekte werden aus diesem Fundamentalmotiv abgeleitet. In diesem Sinne sollte 1 Joh 4,7-5,4 nicht nur als das ,johanneische Hohelied der *Liebe*', sondern präziser als das ,johanneische Hohelied der *Liebe Gottes*'[15] bezeichnet werden.

---

[14] Treffend G. STRECKER, Johannesbriefe, 221; entsprechend erkennt T. SÖDING, Gott, 348 eine „Besinnung auf die Liebe Gottes ... in einzigartiger Konzentration."

[15] Diese entspricht auch den formgeschichtlichen Überlegungen von K. BERGER, Formgeschichte, 93. 101. 328, demzufolge in 1 Joh 4,7-5,4 unterschiedliche rhetorische Techniken (v. a. symbuleutische und epideiktische) auf die Liebe Gottes bezogen sind.

§ 6 Die Text- und Argumentationsstruktur des Hohenliedes der Liebe Gottes (1 Joh 4,7-5,4)

Das johanneische Hohelied der Liebe Gottes besitzt eine ausgesprochen komplexe Text- und Argumentationsstruktur. Auch wenn einzelne Sequenzen in sich geschlossen und für die Gemeindekatechese gut memorierbar gestaltet sind[1], sind sie in eine kunstvolle und kommunikativ wirkungsvolle Gesamtkonzeption eingebettet. Auf diese Weise werden unterschiedliche Aspekte der Liebe Gottes und der gegenseitigen Liebe der Glaubenden in einem „spiraling type of argumentation"[2] reflektiert.

Die Komplexität dieses Textes inspirierte eine Vielzahl unterschiedlicher Strukturbeschreibungen, die ihre *particula veri* besitzen[3]. Um die Text- und Argumentationsstruktur von 1 Joh 4,7-5,4 zur Darstellung bringen zu können, werden im folgenden sechs Einzelsequenzen voneinander differenziert, welche die Liebe Gottes bzw. der Glaubenden aus unterschiedlichen Perspektiven thematisieren[4], nämlich die Reflexionen über den Ursprung und das Wesen der Liebe (1 Joh 4,7-10), über die innergemeindliche Liebe als Reaktion auf die Liebe Gottes (1 Joh 4,11f.), über das

---

[1]   In der Memorierbarkeit der konsistenten Einzelsequenzen erkennt H.-J. KLAUCK, Briefliteratur, 259 zu Recht Parallelen zu Konzepten klassischer Epistolographie (vgl. u. a. Seneca, Ep. Mor. 33,6b.7a.: „ ... facilius enim singula insidunt circumscripta et carminis modo inclusa. Ideo pueris et sententias ediscendas damus et has quas Graeci chrias vocant, quia conplecti illas puerilis animus potest, qui plus adhuc non capit"). Zugleich veranschaulicht die Reflexion dieser Kurzsequenzen das hohe intellektuelle Niveau des Verfassers des ersten Johannesbriefs (zu entsprechenden rhetorischen Strukturen vgl. A. T. ROBERTSON, Grammar, 401 bzw. 699).

[2]   Treffend F. F. SEGOVIA, Love Relationships, 61.

[3]   Zur Skizze entsprechender Vorschläge vgl. u. a. J. BEUTLER, Johannesbriefe, 108; R. E. BROWN, Epistles, 543-546; D. M. SCHOLER, 1 Joh 4,7-21, 310f.

[4]   Dieser Ansatz orientiert sich an H.-J. KLAUCK, Johannesbrief, 245, welcher zwischen den Aspekten des Ursprungs (VV 7-10), der Antwort (V 11f.), der Erfahrung (VV 13-16), der Zukunft (17f.) und der Praxis der Liebe (VV 19-21) unterscheidet. In dieses Modell sollen weitere Diskussionsbeiträge integriert werden (z. B. die zur Erfassung der textpragmatischen Intentionen relevante Unterscheidung von Indikativen und Imperativen bzw. Exhortationen und Paränesen [vgl. u. a. das dreistufige Modell von F. F. SEGOVIA, Love Relationships, 61 bzw. 76, der die Teilsequenzen VV 7-12/13-16a/16b-21 differenziert] bzw. die Einbeziehung von 1 Joh 2,28-3,10 und 5,1-4 [ähnlich T. SÖDING, Gott, 346ff.]).

Verhältnis von Gotteserkenntnis und Glaubensbekenntnis (1 Joh 4,13-16), über die eschatologischen Implikationen der Liebe Gottes (1 Joh 4,17f.), über die Verschränkung von Gottes- und Geschwisterliebe (1 Joh 4,19-21) und über das Verhältnis der Liebe zu Gott und der Observanz seiner Gebote (1 Joh 5,1-4). Diese Teilsequenzen sollen nun *en détail* analysiert werden:

1. Die Text- und Argumentationsstruktur von 1 Joh 4,7-10

Bereits in 1 Joh 4,7-10 ist die Grundintention erkennbar, welche das gesamte johanneische Hohelied der Liebe Gottes prägt, nämlich die Aufforderung der Adressaten zur gegenseitigen Liebe. Zunächst nimmt der einleitende Kohortativ V 7a (᾿Αγαπητοί, ἀγαπῶμεν ἀλλήλους, ...) die bereits in 1 Joh 3,11.23 vorhandenen paränetischen Ermahnungen auf[5]. Daraufhin folgt eine komplexe Aussageeinheit, deren Argumentationsstruktur folgendermaßen graphisch veranschaulicht werden kann:

V 7a 　᾿Αγαπητοί, 　ἀγαπῶμεν ἀλλήλους,
　ba 　ὅτι 　ἡ ἀγάπη 　　ἐκ τοῦ θεοῦ ἐστιν,
　bβ 　καὶ πᾶς ὁ 　ἀγαπῶν 　　ἐκ τοῦ θεοῦ γεγέννηται
　bγ 　καὶ 　　　γινώσκει τὸν θεόν.
V 8a 　　　ὁ μὴ ἀγαπῶν οὐκ ἔγνω τὸν θεόν,
　b 　ὅτι 　　ὁ θεὸς 　　ἀγάπη ἐστίν.

V 9a 　ἐν τούτῳ ἐφανερώθη ἡ ἀγάπη τοῦ θεοῦ ἐν ἡμῖν,
　ba 　ὅτι τὸν υἱὸν αὐτοῦ τὸν μονογενῆ ἀπέσταλκεν ὁ θεὸς εἰς τὸν κόσμον
　bβ 　ἵνα ζήσωμεν δι' αὐτοῦ.
V 10a 　ἐν τούτῳ ἐστὶν ἡ ἀγάπη,
　b 　οὐχ ὅτι ἡμεῖς ἠγαπήκαμεν τὸν θεόν
　ca 　ἀλλ' ὅτι αὐτὸς ἠγάπησεν ἡμᾶς
　cβ 　καὶ ἀπέστειλεν τὸν υἱὸν αὐτοῦ ἱλασμὸν περὶ τῶν ἁμαρτιῶν ἡμῶν.

Das argumentative Zentrum von 1 Joh 4,7-10 bilden die beiden Nominalsätze V 7ba und V 8b[6]. Auch wenn diese Aussagen einander chiastisch

---

[5]　Auch wenn grammatikalisch ἀγαπῶμεν ἀλλήλους (V 7a) sowohl Kohortativ als auch Indikativ sein kann, unterstreicht die textpragmatische Gesamtintention deutlich die Aufforderung zur konkreten Tat (so auch H.-J. KLAUCK, Johannesbrief, 246; G. STREKKER, Johannesbriefe, 222; K. WENGST, Brief, 177; A. E. BROOKE, Epistles, 117 etc.).

[6]　Vgl. u. a. G. STRECKER, Johannesbriefe, 224 bzw. 229f.; K. WENGST, Brief, 180f. Beide Aussagen verwenden ein „gnomic present ... in proverbial statements or general maxims about what occurs at *all* time." (vgl. B. M. FANNING, Verbal Aspect, 298; ähnlich J. FREY, Eschatologie II, 80 Anm. 9).

zugeordnet bzw. reziprok aufeinander bezogen sind, ist die theologische Spitzenaussage ὁ θεὸς ἀγάπη ἐστίν die übergeordnete Interpretationsinstanz: Gott ist zwar Liebe, aber die Liebe ist nicht Gott, sondern aus Gott. Die Teilaspekte der Aussagen über das Wesen Gottes bzw. das Wesen der Liebe sind somit nicht umkehrbar[7].

Diese ontologischen Bestimmungen sind folgendermaßen in die Argumentationsstruktur von 1 Joh 4,7-10 eingebettet: Zunächst wird V 7bβ durch die Stichwortverbindung ἐκ τοῦ θεοῦ aus V 7bα abgeleitet. V 7bβ ist wiederum durch die Antithetik ὁ ἀγαπῶν und ὁ μὴ ἀγαπῶν parallel zu V 8a konstruiert[8]. Diese Verschränkung erzeugt eine komprimierte Aussageeinheit: Wenn die Liebe aus Gott ist, ist auch derjenige, der liebt, aus Gott geboren. Der Liebende erkennt Gott, der Nichtliebende erkennt Gott nicht[9]. Der argumentative Duktus mündet schließlich in die theologische Spitzenaussage 1 Joh 4,8b, welche die Aussageeinheit VV 7f. abschließt.

Diese Erwägungen über das Wesen der Liebe werden in den Folgeversen weitergeführt[10]. Die Liebe Gottes zu den Gemeindegliedern (V 9a)[11]

---

[7]   Prägnant A. T. ROBERTSON, Grammar, 768 zu 1 Joh 4,16: „„God' and ‚love' are not convertible terms ... "; zur Bedeutung der Artikel vor den Substantiven vgl. op. cit., 794 (ähnlich R. BULTMANN, Johannesbriefe, 71; H.-J. KLAUCK, Johannesbrief, 261f.; T. SÖDING, Gott, 349 etc.; zur Interpretation von 1 Joh 4,8b.16.b s. u. § 7/1.1).

[8]   V 7bβ bzw. 8a bieten ἀγαπᾶν ohne Objektsangabe. Der Gesamtkontext spricht jedoch dafür, daß ebenso wie in 1 Joh 3,18f.; 4,7a 5,2 etc. die innergemeindliche Liebe gemeint ist. Die textkritisch eindeutig sekundäre Objektsangabe ἀγαπᾶν τὸν θεόν (A) in V 7bβ kann entweder als Präzisierungsversuch oder als Ergebnis eines Zeilensprungs aus der folgenden Wendung γινώσκει τὸν θεόν (1 Joh 4,7bγ) verstanden werden. Sie verfehlt jedoch das argumentative Gesamtanliegen der Sequenz, welches nicht die Liebe zu Gott, sondern die Liebe zu den Geschwistern thematisiert (zur Skizze der theologie- und philosophiegeschichtlich ausgesprochen kontroversen Diskussionen vgl. u. a. A. PLUMMER, Epistles, 100; I. H. MARSHALL, Epistles, 211f.; H.-J. KLAUCK, Johannesbrief, 248).

[9]   Vgl. die Kontrastierung von ... γινώσκει τὸν θεόν (V 7bγ) und ... οὐκ ἔγνω τὸν θεόν (V 8a).

[10]   A. T. ROBERTSON, Grammar, 401 (bzw. 699) versteht die in 1 Joh 4,9f.13 auftretende Parallelstruktur ἐν τούτῳ - ὅτι als eine lokativ funktionalisierte Unterkategorie einer „apposition with the predicate and looser amplifications," welche das Memorieren der Kernaussagen erleichtere (zu zeitgeschichtlich vergleichbaren Konzepten wie u. a. Seneca, Ep. Mor. 33,6b.7a s. o. Anm. 1).

[11]   Strittig ist, ob ἡ ἀγάπη τοῦ θεοῦ ἐν ἡμῖν (V 9a) die ‚Gottes Liebe zu den Glaubenden' (z. B. J. BALZ, Johannesbriefe, 191f.; P. BONNARD, Épîtres, 92) oder die ‚in den Glaubenden wohnende Liebe Gottes' bezeichnet (so etwa E. MALATESTA, Note, 301ff.; entsprechend u. a. 1 Joh 4,12c.13c etc.; vgl. F. BLASS/A. DEBRUNNER, Grammatik, § 205/218). Vermittelnd spricht R. S. CANDLISH, First Epistle, 407 von der ‚Liebe, die Gott in den Glaubenden erweckt'. Strittig ist bereits die grammatikalische Funktion von ἡ ἀγάπη τοῦ θεοῦ. Auch wenn die textpragmatische Intention für einen genetivus objektivus spricht (vgl. H. J. KLAUCK, Johannesbriefe, 249 bzw. 261; für einen genetivus sub-

offenbarte sich in der Sendung seines Sohnes in die Welt (V 9bα), damit diese die ζωή erlangen (V 9bβ)[12]. Das Heilsgeschehen resultiert somit nicht aus der Liebe der Glaubenden zu Gott (V 10b), sondern aus der voraussetzungslosen Liebe Gottes (V 10cα), welche der Grund der Sendung des Sohnes war (V 10cβ)[13].

Die Voraussetzungslosigkeit der Liebe Gottes wird durch den Duktus der Argumentationsentwicklung bzw. die Zuordnung der Zeitebenen hervorgehoben: Zunächst thematisieren VV 7f. die gegenwärtige Situation der Gemeinde bzw. die Implikationen des Liebesgebots (entsprechend begegnen in diesem Kontext v. a. präsentische Zeitstufen). V 9a.bα und V 10b.cα verweisen hingegen auf die Sendung Jesu, welche die Adressaten als Zeichen der voraussetzungslosen Liebe Gottes verstehen sollen (dies geschieht anhand einer Vermittlung von erzählendem Aorist und historischem Perfekt[14]). V 9bβ bzw. V 10a bringen wiederum zur Geltung, welche die Konsequenzen dies für die gegenwärtige Existenz der Gemeinde haben soll: Die Liebe Gottes ist der Grund der gegenseitigen Liebe der Glaubenden[15].

2. Die Text- und Argumentationsstruktur von 1 Joh 4,11f.

Die Argumentationseinheit 1 Joh 4,11f. trägt im Gesamtzusammenhang des Hohenliedes der Liebe Gottes analeptische und proleptische Funktionen[16]. Einerseits wird die Aussageeinheit 1 Joh 4,7-12 abgerundet[17]. Andererseits wird die Liebessemantik erstmals zu den Themenkreisen Imma-

---

jektivus plädieren u. a. F. VOUGA, Johannesbriefe, 67; R. E. BROWN, Epistles, 516.553), ist diese Frage erst im Zusammenhang der Immanenzaussagen zu erörtern.

[12] V 9bβ ist ebenso wie V 10cβ auf die Jüngergemeinde konzentriert, während in V 14b die universalen Dimensionen benannt werden.

[13] Treffend resümiert H.-J. KLAUCK, Johannesbrief, 250, daß das „Zur – Welt Kommen Gottes in Jesus Christus" ein argumentatives Zentrum von 1 Joh 4,7-10 und den nachfolgenden Erörterungen ist.

[14] Vgl. J. BEUTLER, Johannesbriefe, 108f. B. M. FANNING, Verbal Aspect, 296f. zufolge arbeitet kein anderer neutestamentlicher Autor derart intensiv mit Perfektformen und deren Kontrastierung zum Aorist: „This seems to due to a desire to dwell on the continuing effects of the events of Jesus' life recorded to the Gospel and reflected upon in the Epistles." Ähnlich bereits M. S. ENSLIN, Perfect Tense, 126-131; vgl. ferner F. BLASS/A. DEBRUNNER, Grammatik, § 343.1.

[15] Eine vergleichbare Zuordnung der Zeitebenen für 1 Joh 4,9-14 bietet B. M. FANNING, Verbal Aspect, 193; ähnlich bereits J. P. LOUW, Verbal Aspects, 101f.

[16] Vgl. H.-J. KLAUCK, Johannesbrief, 253.

[17] Vgl. F. F. SEGOVIA, Love Relationships, 66. Entsprechend betont H.-J. KLAUCK, Johannesbrief, 274, daß die gesamte Paränese 1 Joh 4,7-12 letztlich auf der Reflexion des Handeln Gottes basiert.

nenz bzw. Eschatologie in Beziehung gesetzt. Diese Argumentationsstränge werden jedoch zunächst nur angedeutet und erst in späteren Zusammenhängen entfaltet. 1 Joh 4,11f. konzentriert sich hingegen darauf, die Konsequenz der vorhergehenden Ausführungen für die konkrete Situation der
Glaubenden zu benennen:

V 11a   'Αγαπητοί, εἰ οὕτως ὁ θεὸς ἠγάπησεν ἡμᾶς,
   b   καὶ ἡμεῖς ὀφείλομεν ἀλλήλους ἀγαπᾶν.
V 12a   θεὸν οὐδεὶς πώποτε τεθέαται.
   b   ἐὰν ἀγαπῶμεν ἀλλήλους,
  ca   ὁ θεὸς ἐν ἡμῖν μένει
  cβ   καὶ ἡ ἀγάπη αὐτοῦ ἐν ἡμῖν τετελειωμένη ἐστιν.

Die neue Aussageeinheit wird durch eine direkte Anrede eröffnet (ἀγαπητοί)[18]. Daraufhin werden in zwei konditionalen Satzgefügen Schlußfolgerungen aus den vorhergehenden Ausführungen gezogen[19]. Die Protasis V
11a verweist auf die zuvor angesprochene Liebe Gottes, die Apodosis V
11b benennt eine Konsequenz für das Leben der Gemeinde: Wenn Gott
derartig seine Liebe zu den Glaubenden erwiesen hat, dann sollen auch sie
sich einander lieben[20]. Dieser Gedankengang wird in V 12b.c abgeschlossen. Diesmal spricht die Protasis V 12b zunächst das Verhalten der Glaubenden an. Die Apodosis V 12c benennt die Konsequenzen für das Verhältnis von Gott und den Glaubenden. Wenn die Adressaten sich gegenseitig lieben, bleibt Gott in ihnen (V 12cα) und seine Liebe gelangt zu ihrer
vollkommenen Entfaltung (V 12cβ)[21]. Das Verhalten der Gemeinde soll

---

[18]   Mit K. WENGST, Brief, 184 gegen J. AUGENSTEIN, Liebesgebot, 132, der eine Zä-
sur zwischen V 11 und V 12 annimmt und VV 12-16 aufgrund des Immanenzmotivs als
Sinneinheit versteht. Auch hier entspricht das Spektrum unterschiedlicher Strukturvor-
schläge der Vielschichtigkeit der johanneischen Argumentationen.

[19]   V 12a führt ein neues Motiv in die Argumentation ein, nämlich das der
‚Unsichtbarkeit Gottes'. Dieser unabhängige Aussagesatz wirkt jedoch deplaziert. Einerseits werden keinerlei Konsequenzen deduziert (dies geschieht erst in 1 Joh 4,20), andererseits schließt V 12b nahtlos an V 11b an. In diesem Sinne kann V 12a als Prolepse der
erst später entfalteten Verhältnisbestimmung von Gottesschau und Geschwisterliebe verstanden werden.

[20]   Während in der Protasis durch das demonstrativ-korrelative Pronominaladverb
οὕτως auf das in VV 9f. angesprochene Heilshandeln Gottes zurückverwiesen wird, wird
durch ein emphatisch hervorgehobenes ἡμεῖς die Konsequenz für das Verhalten der
Glaubenden benannt (vgl. E. G. HOFFMANN/H. v. SIEBENTHAL, Grammatik, 75 [§ 61c]
bzw. G. STRECKER, Johannesbriefe, 238).

[21]   Auch wenn 1 Joh 4,12cβ im Gegensatz zu 1 Joh 2,5 ein periphrastisches Partizip
verwendet, entsprechen sich beide Aussagen sachlich (vgl. J. H. MOULTON/N. TURNER,
Grammar IV, 77; B. M. FANNING, Verbal Aspect, 318ff).

somit eine angemessene Reaktion auf die Liebe Gottes sein. Die Liebe Gottes soll im Leben der Gemeinde ihre Vollendung finden. Diese Schlußfolgerung ist keineswegs selbstverständlich. Die vorhergehenden Ausführungen hätten auch in den Appell münden können, daß die Glaubenden Gott so lieben sollen, wie er sie liebt[22]. Der vorliegende Argumentationsschluß bringt jedoch implizit eine Aussageintention zur Geltung, die schließlich in 1 Joh 4,20 explizit zutage tritt. Dem Verfasser des ersten Johannesbriefs geht es nicht darum, die Liebe der Glaubenden zu Gott zu thematisieren, sondern das Verhältnis von Gottes- und Geschwisterliebe. Diese Akzentsetzung läßt sich auch in der im johanneischen Schrifttum singulären Zuordnung von ἀλλήλους vor ἀγαπᾶν beobachten, in welcher das Objekt der Liebe vor dem Verb erscheint und somit eigens betont ist (V 11b)[23]. Durch diese stilistische Eigentümlichkeit wird eigens hervorgehoben, daß die Liebe sich in der gegenseitigen Solidarität konkretisieren soll.

3. Die Text- und Argumentationsstruktur von 1 Joh 4,13-16

Wie in den vorgehenden Argumentationsgängen werden auch in 1 Joh 4,13-16 die liebessemantischen Motive zu weiteren Aspekten johanneischen Denkens in Beziehung gesetzt[24]. Zu den bereits angesprochenen Motivkomplexen ‚Erkenntnis' und ‚Immanenz' treten nun die Pneumatologie und das johanneische Missionsverständnis.

V 13a ἐν τούτῳ γινώσκομεν ὅτι ἐν αὐτῷ μένομεν καὶ αὐτὸς ἐν ἡμῖν,

   b   ὅτι ἐκ τοῦ πνεύματος αὐτοῦ δέδωκεν ἡμῖν.

V 14a καὶ ἡμεῖς τεθεάμεθα καὶ μαρτυροῦμεν

   b   ὅτι ὁ πατὴρ ἀπέσταλκεν τὸν υἱὸν σωτῆρα τοῦ κόσμου

V 15a ὃς ἐὰν ὁμολογήσῃ ὅτι Ἰησοῦς ἐστιν ὁ υἱὸς τοῦ θεοῦ,

   b   ὁ θεὸς ἐν αὐτῷ μένει καὶ αὐτὸς ἐν τῷ θεῷ.

---

[22] Treffend K. WENGST, Brief, 184.

[23] Ebenso wie alle weiteren johanneischen Belege (1 Joh 3,11.23; 4,7.12; 2 Joh 5; Joh 13,34; 15,12.17 etc.) stellen traditionsgeschichtlich vergleichbare Lexemverwendungen zumeist das Verb voran (vgl. Plato, Leg 678 e 9; Epiktet IV 1,126; 1 Thess 4,9; Polyk 10,1; 2 Clem 4,3; anders hingegen Röm 13,8; 1 Petr 1,22; vgl. G. STRECKER, Johannesbriefe, 238).

[24] Auch wenn ἀγαπᾶν κ.τ.λ. in 1 Joh 4,13-15 explizit nicht begegnet, stört dies nicht den Gedankenfluß. Die angesprochenen Themen sind unter dem Vorzeichen der vorhergehenden Ausführungen zur Liebe Gottes und zur Liebe der Gemeinde zu verstehen (zu Recht J. BEUTLER, Johannesbriefe, 111; H.-J. KLAUCK, Johannesbrief, 252 gegen u. a. J. C. O'NEILL, Puzzle, 50f.; R. BULTMANN, Johannesbriefe, 74; R. SCHNACKENBURG, Johannesbriefe, 241f. etc.).

V 16aα καὶ ἡμεῖς ἐγνώκαμεν καὶ πεπιστεύκαμεν τὴν ἀγάπην
aβ ἣν ἔχει   ὁ θεὸς ἐν ἡμῖν.
b   ὁ θεὸς   ἀγάπη   ἐστίν,
cα   καὶ ὁ μένων   ἐν τῇ ἀγάπῃ   ἐν τῷ θεῷ   μένει
cβ   καὶ   ὁ θεὸς   ἐν αὐτῷ   μένει.

Nachdem bereits in V 7bγ bzw. V 8a die Gotteserkenntnis der Glaubenden
thematisiert wurde, wird nun in 1 Joh 4,13 erläutert, woran die bleibende
Präsenz Gottes in der Gemeinde erkannt werden kann. Zunächst wird in V
13a das bereits in V 12cα angedeutete Motiv der Immanenz Gottes aufgenommen und nun im Sinne der spezifisch johanneischen reziproken Imma-
nenzformeln entfaltet[25]. Anschließend wird betont, daß die Adressaten die
Immanenz Gott erkennen können, weil er ihnen Anteil an seinem Geist
gewährte (V 13b)[26].

Die Aktion Gottes und die Reaktion der Gemeinde werden durch das
Changieren der Zeitebenen in ein dynamisches Verhältnis zueinander gesetzt[27]. Die Glaubenden haben das Heilshandeln Gottes in Jesus gesehen
und bezeugen, daß der Vater den Sohn zur Rettung der Welt gesandt hat. V
14b rekapituliert und modifiziert somit das Sendungsmotiv 1 Joh 4,9b.10cβ
mit einem universalen Akzent[28]. Der folgende konditionale Relativsatz V
15a bringt die christologische Relevanz dieser Argumentationen zur Geltung, indem das Bekenntnis der Gottessohnschaft Jesu als eine *conditio
sine qua non* der reziproken Immanenz von Gott und Glaubenden benannt
wird (V 15b)[29]. Besondere Aufmerksamkeit verdient dabei der Sachverhalt, daß V 14f. johanneische Verkündigungs- bzw. Bekenntnissprache zu
sein scheint[30]. Wie in 1 Joh 4,11b.14a (καὶ ἡμεῖς ...) spricht V 16aα em-

---

25 K. SCHOLTISSEK, Sein, 358.

26 Vgl. C. F. D. MOULE, Idiom Book, 72 zum Genetivus partitivus V 13bβ ἐκ τοῦ
πνεύματος.

27 Besonders durch die Korrelation zwischen Perfekt und Präsens in V 13bβ bzw. V
14 (vgl. A. T. ROBERTSON, Grammar, 894; zu weiteren johanneischen Beispielen [Joh
5,42; 11,1f.27; 15,24; 17,7 etc.] vgl. B. M. FANNING, Verbal Aspect, 292). Perfekt wird
in diesen Zusammenhängen wie Aorist als Erzähltempus verwendet (vgl. J. H. MOUL-
TON/N. TURNER, Grammar III, 70).

28 Ausführlich zum Verhältnis dieser partikularen und universalen Perspektive bzw.
zum Kosmos – Begriffs in der johanneischen Briefkorrespondenz s. u. § 7/3.4.

29 Zum präteritalem Aspekt des konditionalen Relativsatz V 15a vgl. K. BEYER,
Syntax I/1, 177.

30 V. a. μαρτυρεῖν κ.τ.λ. (V 14a) kann als *terminus technicus* johanneischer Verkündigungssprache verstanden werden (1 Joh 1,2; 5,6f.9f. etc.; vgl. A. HEINZE, Schriften,
320ff.; J. BEUTLER, Art. μαρτυρέω/διαμαρτυρέομαι/μαρτυρέομαι, Sp. 961f.; J. FREY,
Eschatologie III, 105 bzw. 172; G. STRECKER, Johannesbriefe, 242. Zu dem in der johanneischen Briefkorrespondenz dokumentierten missionstheologischen Selbstverständnis der johanneischen Gemeinde s. u. § 7/3.4.3).

phatisch von der Reaktion der Glaubenden, welche zur Erkenntnis und zum Glauben an die Liebe Gottes gelangt sind[31]. Die dabei verwendeten Perfektformen unterstreichen die bleibende Bedeutung des Vergangenen für die Gegenwart der Glaubenden[32].

Die Argumentationseinheit wird abgerundet, indem in V 16b nochmals die theologische Spitzenaussage ὁ θεὸς ἀγάπη ἐστίν (1 Joh 4,8b) in Gestalt eines unabhängigen Aussagesatzes aufgenommen wird. Dieser mündet in eine weitere Begründung der reziproken Immanenz von Gott und Mensch: Wenn Gott Liebe ist, bleibt derjenige, der in der Liebe ist, in Gott und Gott in ihm[33]. V 16 bildet somit den Höhepunkt und Abschluß der Immanenzaussagen in 1 Joh 4,7-21[34].

4. Die Text- und Argumentationsstruktur von 1 Joh 4,17f.

In 1 Joh 4,17f. wird zur Sprache gebracht, welche Bedeutung die bisherigen Ausführungen über die Liebe Gottes und die Liebe der Gemeinde für das eschatologische Selbstverständnis johanneischen Denkens besitzen:

V 17aα ἐν τούτῳ τετελείωται ἡ ἀγάπη μεθ' ἡμῶν,

  aβ ἵνα παρρησίαν ἔχωμεν ἐν τῇ ἡμέρᾳ τῆς κρίσεως,

  b ὅτι καθὼς ἐκεῖνός ἐστιν καὶ ἡμεῖς ἐσμεν ἐν τῷ κόσμῳ τούτῳ.

V 18aα   φόβος οὐκ ἔστιν   ἐν τῇ ἀγάπη

  aβ ἀλλ' ἡ τελεία ἀγάπη ἔξω βάλλει   τὸν φόβον,

  aγ ὅτι ὁ   φόβος κόλασιν ἔχει,

  b ὁ δὲ   φοβούμενος οὐ τετελείωται ἐν τῇ ἀγάπη.

Wie in 1 Joh 4,9.10a.13a wird durch ἐν τούτῳ (V 17aα) ein neuer Argumentationszusammenhang eröffnet, welcher die bereits in 1 Joh 2,5; 4,12cβ angedeuteten eschatologischen Konsequenzen der Liebe aufnimmt und entfaltet.

Zunächst wird im ersten Teilvers V 17aβ betont, daß die Liebe u. a. darin ihre Vollendung erfährt, daß die Glaubenden eine ‚furchtlose Zuver-

---

[31] Vgl. G. STRECKER, Johannesbriefe, 238.

[32] Vgl. H.-J. KLAUCK, Johannesbrief, 260, der hierin die Korrespondenz von ‚Glaube' und ‚Erkenntnis' erkennt (ähnlich E. GAUGLER, Johannesbriefe, 239; I. DE LA POTTERIE, Verité, 302f.).

[33] Wie in 1 Joh 4,18.21 fungiert in 1 Joh 4,16cα ein konditional ausgerichtetes Partizip (ὁ μένων ἐν τῇ ἀγάπῃ) als grammatikalisches Subjekt des Hauptsatzes (K. BEYER, Syntax I/1, 212).

[34] So K. SCHOLTISSEK, Sein, 356. Dabei trägt die Rekapitulation von 1 Joh 4,8b in 1 Joh 4,16b einen ekklesiologischen Aussageakzent (vgl. G. STRECKER, Theologie, 470).

sicht' gegenüber dem noch bevorstehenden Gerichtstag gewinnen[35]. Diese Aussage wird durch die folgenden Teilverse begründet. Nachdem in V 17b die Situation Jesu bzw. der Glaubenden in der Welt miteinander verglichen wird, bietet V 18 eine weitere Reflexion über das Wesen der Liebe. Dabei wird zunächst die prinzipielle Gegensätzlichkeit von Furcht und Liebe angesprochen (V 18aα)[36]. Diese Antithetik wird in V 18aβ herausgearbeitet, wobei die chiastische Versstruktur die Zentralbegriffe eindrücklich kontrastiert (V 18aα φόβος – ἀγάπη; V 18aα ἀγάπη – φόβος). Nachdem die Begriffe in V 18aα zunächst statisch zuordnet sind, werden sie in V 18aβ in ein dynamisches Verhältnis zueinander gestellt. Die dynamische Komponente wird jedoch nur der Liebe zugestanden[37]. Der Folgevers bietet eine Aussage über das Wesen der Angst bzw. Furcht: V 18aγ zufolge impliziert Angst Bestrafung. In diesem Sinne ergänzt V 18 die bisherigen ontologischen Aussagen über die Liebe: Weil eine vollkommene Liebe die Furcht überwindet, kann Furcht keine Wesenseigenschaft der Liebe sein.

Der abschließende Teilvers V 18b schafft eine Inklusion zur Eröffnung der Argumentationssequenz (1 Joh 4,17aα), indem οὐ τετελείωται und τετελείωται kontrastiert werden. Die Schlußfolgerung lautet, daß bei demjenigen, der sich fürchtet, die Liebe Gottes noch nicht ihre volle Entfaltung gefunden hat[38].

5. Die Text- und Argumentationsstruktur von 1 Joh 4,19-21

In 1 Joh 4,19-21 werden unterschiedliche Argumentationslinien der vorhergehenden Aussageeinheiten zusammengeführt. Einerseits wird das in 1 Joh 4,12a angedeutete Motiv der Gottesschau paränetisch ausgestaltet, andererseits verweist 1 Joh 4,21 erstmalig im Gesamtzusammenhang des Ho-

---

[35] So J. FREY, Eschatologie III, 85f.; ausführlich zum Verständnis von παρρησία s. u. § 7/1.2. Das konsekutive ἵνα (V 17b) impliziert wie in 1 Joh 3,1.23; 5,3 epexegetische Funktionen (vgl. H. -J. KLAUCK, Johannesbriefe, 269; zum Verständnisspektrum von μεθ' ἡμῶν [17aα] vgl. C. D. F. MOULE, Idiom Book, 61).

[36] Die grundlegende Bedeutung dieser Feststellung wird durch die Verwendung eines gnomischen Präsens hervorgehoben (vgl. B. M. FANNING, Verbal Aspect, 209. F. F. SEGOVIA, Love Relationships, 68f. erkennt hierin das argumentative Zentrum von 1 Joh 4,17f.).

[37] A. T. ROBERTSON, Grammar, 758 verweist zudem darauf, daß ἀγάπη im Gegensatz zu φόβος stets einen Artikel trägt. In der dynamischen Komponente ἔξω βάλλει erkennt R. E. BROWN, Epistles, 530 wie in Mt 8,12: 22,13; 25,30; Joh 6,37 etc. eine apokalyptische Konnotation.

[38] Auch wenn in 1 Joh 4,17f. nicht explizit von der Liebe Gottes gesprochen wird, spricht der Kontext 1 Joh 4,7-5,4 dafür, daß es um die Auswirkungen der Liebes Gottes im Leben der Gemeinde bzw. der einzelnen Glaubenden geht.

henliedes der Liebe Gottes auf das Liebesgebot 1 Joh 3,23[39]. Beide Aspekte sind eingebettet in eine direkte Auseinandersetzung mit den Irrlehrern, die der bereits in 1 Joh 2,7-11 entfalteten Verhältnisbestimmung von ,Lichtwandel' und ,Geschwisterliebe' korrespondiert:

V 19a ἡμεῖς ἀγαπῶμεν,
   b ὅτι αὐτὸς πρῶτος ἠγάπησεν ἡμᾶς.
V 20aα ἐάν τις εἴπῃ ὅτι 'Αγαπῶ τὸν θεόν καὶ τὸν ἀδελφὸν αὐτοῦ μισῇ,
   aβ ψεύστης ἐστίν.
   ba ὁ γὰρ μὴ ἀγαπῶν τὸν ἀδελφὸν αὐτοῦ ὃν ἑώρακεν,
   bβ τὸν θεὸν ὃν οὐχ ἑώρακεν οὐ δύναται ἀγαπᾶν.
V 21a καὶ ταύτην τὴν ἐντολὴν ἔχομεν ἀπ' αὐτοῦ,
   b ἵνα ὁ ἀγαπῶν τὸν θεὸν ἀγαπᾷ καὶ τὸν ἀδελφὸν αὐτοῦ.

In 1 Joh 4,19-21 lassen sich mehrere abbreviative Rekurse auf die vorhergehenden Argumentationsgänge erkennen: Zunächst wird in V 19 wie bereits in V 10 die innergemeindliche Liebe als eine angemessene Konsequenz auf jene Liebe kennzeichnet, die Gott den Glaubenden entgegenbrachte[40]. Auch wenn in V 19 kein Objekt der Liebe benannt ist, spricht die sachliche Korrespondenz zu 1 Joh 4,7a dafür, daß auch in diesem Kontext ἀγαπῶμεν ἀλλήλους gemeint ist[41]. Der Folgevers nennt ein Motiv, daß im bisherigen Argumentationsverlauf des ,johanneischen Hohenliedes der Liebe Gottes' überhaupt noch nicht angesprochen wurde, obwohl es ein zentrales Anliegen des ersten Johannesbriefs ist: Erstmalig seit 1 Joh 3,17 wird nämlich wieder die Bruderliebe angesprochen.

V 20 bietet ein konditionales Satzgefüge (V 20a) und einen Aussagesatz (V 20b). Nachdem die Protasis V 20aα die Selbsteinschätzung eines Schismatikers mit seinem innergemeindlichen Verhalten konfrontiert, wird in der Apodosis V 20aβ eine kritische Schlußfolgerung gezogen: Wer für sich selbst in Anspruch nimmt, Gott zu lieben, seinen Bruder aber haßt, erweist sich als Lügner. Die Begründung komprimiert eine zentrale Aussageintention von 1 Joh 4,7-21: „Wer seinen Bruder nicht liebt, kann Gott

---

[39] Gegen J. BEUTLER, Johannesbriefe, 114, der 1 Joh 4,19-21 als Abschluß von 1 Joh 4,7-18 versteht, welcher die bisherigen Argumentationen zusammenfaßt und keine neuen Aspekte hinzufügt.

[40] Während ἀγαπῶμεν (V 19a) ebenso wie in 1 Joh 4,7a grammatikalisch sowohl Indikativ, als auch kohortativer Konjunktiv sein kann (so R. LAW, Tests, 402; J. BEUTLER, Johannesbriefe, 114f.), spricht die Subjektsangabe ἡμεῖς anders als 1 Joh 4,7a für den Indikativ (A. E. BROOKE, Johannine Epistles, 125).

[41] Treffend K. WENGST, Brief, 195f. Die textkritische sekundäre Ergänzung des Objektes der Liebe (τὸν θεόν ℵ 048. 33. 81. 614. 630. 1505 al w vg^cl sy bo) verkennt die argumentative Intention, die ja gerade die Geschwisterliebe als Konsequenz der Gottesliebe zur Geltung bringen möchte.

nicht lieben" (ὁ γὰρ μὴ ἀγαπῶν τὸν ἀδελφὸν ... τὸν θεὸν ... οὐ δύναται ἀγαπᾶν). In diesen Aussagesatz sind zwei Relativsätze integriert,
welche die Sichtbarkeit des jeweiligen Objekts der Liebe thematisieren (ὅν
ἑώρακεν bezüglich des Bruders in V 20bα bzw. ὅν οὐχ ἑώρακεν bezüglich Gottes in V 20bβ). Dabei sind die zentralen Begriffe einander chiastisch zugeordnet (V 20bα ἀγαπᾶν – ὁρᾶν; 20bβ ὁρᾶν – ἀγαπᾶν).

Der durch ein epexegetisches καί eingeleitete Folgevers benennt eine
Quintessenz der vorhergehenden Ausführungen[42]. Erstmals wird in der
Argumentationsentfaltung seit 1 Joh 4,7ff. die gegenseitige Liebe als Gebot benannt. Dies kann als ein Rekurs auf 1 Joh 3,23 verstanden werden,
welcher die Reflexionen über die Bedeutung der gegenseitigen Liebe bekräftigen soll. Es läßt sich jedoch ein markanter Unterschied erkennen: 1
Joh 3,23 spricht von einem Doppelgebot von Glaube und Liebe, 1 Joh 4,21
hingegen von einem Doppelgebot von Gottes- und Geschwisterliebe[43]. Des
weiteren bergen diese Aussagen eine Aporie, die für das Gebotsverständnis
des ersten Johannesbriefs von zentraler Bedeutung ist: Insofern V 21a
nicht explizit zu erkennen gibt, ob ἀπ' αὐτοῦ auf Gott oder Jesus bezogen
ist, bleibt unklar, wer als Urheber dieses Gebots zu verstehen ist[44]. Dieser
Sachverhalt wird in der Analyse der Leitmotive des ‚johanneischen Hohenliedes der Liebe Gottes' eigens zu thematisieren sein, da sich die Frage
stellt, ob hier auf die synoptische Verschränkung von Gottes- und Menschenliebe Bezug genommen wird (s. u. § 7/3.3).

6. Die Text- und Argumentationsstruktur von 1 Joh 5,1-4

In 1 Joh 5,1-4 schließt sich der zuvor aufgebaute Spannungsbogen, indem
die unterschiedlichen Argumentationsstrategien miteinander verschränkt
werden. Einerseits wird in Korrespondenz zu 1 Joh 4,7-18 an die Einsicht
in die Notwendigkeit innergemeindlicher Liebe appelliert (vgl. 1 Joh 5,1b).
Andererseits wird in Korrespondenz zu 1 Joh 3,23f.; 4,19-21 auf den Gebotscharakter der Liebe verwiesen (vgl. 1 Joh 5,2bβ bzw. V 3b). In diesem
Zusammenhang werden die bisherigen Reflexionen über ‚Gottesliebe' und

---

[42]   Vgl. G. STRECKER, Johannesbriefe, 260.

[43]   In V 21b hat ἵνα eine explizierende Funktion (G. STRECKER, Johannesbriefe, 281
Anm. 76; ferner P. LAMPE, Art. ἵνα, 465; vgl. auch Joh 6,39.40; 15,12; 1 Joh 3,11.23;
5,3; 2 Joh 6 etc.; vgl. ferner A. T. ROBERTSON, Grammar, 1078f.: „It is worth noting that
ἵνα is common also in appositional clauses [cf. Lu. 1:43: 1 Cor 9:18], especially in the
writings of John [Jo. 4:34; 15:8; 17:3; 1Jo. 3:11,23: 4:21; 5:3 etc.])." Speziell zur epexe-
getischen Funktion vgl. ferner J. H. MOULTON/N. TURNER, Grammar III, 139.

[44]   Der präzisierende Zusatz ἀπο τοῦ θεοῦ (A 048^vid r vg^el) ist textkritisch eindeutig
sekundär.

,Geschwisterliebe' ergänzt, indem sie zu den Themen ,Glaube' und ,Gebotsobservanz' in Beziehung gesetzt werden:

V 5,1a πᾶς ὁ πιστεύων ὅτι 'Ιησοῦς ἐστιν ὁ Χριστὸς ἐκ τοῦ θεοῦ γεγέννηται
  ba καὶ πᾶς   ὁ ἀγαπῶν   τὸν γεννήσαντα
  bβ   ἀγαπᾷ καὶ   τὸν γεγεννημένον ἐξ αὐτοῦ.
V 5,2a ἐν τούτῳ γινώσκομεν ὅτι ἀγαπῶμεν τὰ τέκνα τοῦ θεοῦ,
  ba ὅταν τὸν θεὸν ἀγαπῶμεν
  bβ καὶ τὰς ἐντολὰς αὐτοῦ ποιῶμεν.
V 5,3a αὕτη γάρ ἐστιν ἡ ἀγάπη τοῦ θεοῦ,
  b ἵνα τὰς ἐντολὰς αὐτοῦ τηρῶμεν,
  c καὶ αἱ ἐντολαὶ αὐτοῦ βαρεῖαι οὐκ εἰσίν.
V 5,4a ὅτι πᾶν τὸ γεγεννημένον ἐκ τοῦ θεοῦ νικᾷ τὸν κόσμον.
  b καὶ αὕτη ἐστὶν ἡ νίκη ἡ νικήσασα τὸν κόσμον, ἡ πίστις ἡμῶν.

1 Joh 5,1a ergänzt die bereits in 1 Joh 3,1f.7-10; 4,7f. etc. angeführten zeugungs- und geburtsmetaphorischen Motive, indem das christologische Bekenntnis zum Kriterium der Gotteskindschaft erklärt wird. Aus dieser argumentativen Prämisse wird eine weitere Begründung des Liebesgebots abgeleitet, welche familienmetaphorisch ausgerichtet ist: Wer Gott als seinen Vater liebt (V 1bα), liebt auch die übrigen Gotteskinder als seine Glaubensgeschwister (V 1bβ)[45]. Die richtig verstandene Geschwisterliebe zeigt sich wiederum in der Liebe zu Gott und der Observanz seiner Gebote (V 2). Während die Themen Gottesliebe und Gebotsobservanz in V 2bα bzw. V 2bβ zunächst unverbunden nebeneinander stehen, werden sie im Folgevers zueinander in Beziehung gesetzt: Die Liebe zu Gott (V 3a) konkretisiert sich in der Einhaltung seiner Gebote (V 3b).

Der skizzierte Argumentationsduktus ist eigentlich tautologisch, insofern die Geschwisterliebe neben dem Glauben an Jesus ohnehin das einzige explizit benannte Gebot in den johanneischen Schriften ist. Dieser Sachverhalt veranschaulicht jedoch nicht eine defizitäre Argumentationsfähigkeit, sondern das Interesse des Verfassers des ersten Johannesbriefs, die Liebe zu Gott und die Liebe zu den Menschen untrennbar miteinander zu verschränken.

---

45 Auch wenn der Begriff ,Vater' in 1 Joh 5,1 nicht explizit vorliegt, ist er durch die familien- bzw. zeugungsmetaphorische Terminologie implizit vorhanden. Ferner wird durch den prohibitiven, durch καί hervorgehobenen Konjunktiv die Dringlichkeit der vorhergehenden Appelle hervorgehoben (vgl. G. STRECKER, 263 Anm. 13.; F. BLASS/A. DEBRUNNER, Grammatik, § 364,4; für weitere Belege, in denen 3. Pers. Sing. Konjunktiv Präsens eine imperativische Bedeutung trägt, vgl. ferner 1 Kor 16,11; 2 Kor 11,6; 2 Thess 2,23 etc.).

Abschließend wird ein neuer Aspekt in die Argumentation integriert, welcher das johanneische Gebots- und Glaubensverständnis zueinander in Beziehung setzt: 1 Joh 5,3c zufolge sind die Gebote Gottes nicht schwer zu erfüllen, weil ein aus Gott geborener Mensch die weltlichen Hindernisse überwinden bzw. besiegen könne (V 4a). Der Glaube der Gemeindeglieder sei vielmehr der ‚Sieg über die Welt' (V 4b). Dieses Motiv benennt somit weitere eschatologische Implikationen der Liebe Gottes bzw. der Liebe der Gemeinde. Seine Bedeutung für das Weltverhältnis johanneischen Denkens kann jedoch nur im Gesamtzusammenhang des ersten Johannesbriefs angemessen zur Geltung gebracht werden (s. u. § 7/3.4.4).

7. Zusammenfassung der Zwischenergebnisse

Das ‚johanneische Hohelied der Liebe Gottes' weist eine komplexe Text- und Argumentationsstruktur auf und bietet eine kunstvolle Kompilation unterschiedlicher Strategien literarischer Rhetorik (u. a. Parallelismen, Variationen, Oppositionen, Kontrastierungen, Paronomasien, Synonyme, abbreviative Rekurse auf vorhergehende Argumentationen etc.).

Der Verfasser konfrontiert seine Adressaten nicht einfach nur mit einem Liebesgebot, sondern er versucht ihnen die Bedeutung und Notwendigkeit der gegenseitigen Liebe einsichtig zu machen. Zu diesem Zwecke wird in sechs Argumentationseinheiten, die in sich geschlossen und katechetisch memorierbar gestaltet sind, das Wesen Gottes bzw. der Liebe, das Christusgeschehen und die Bedeutung der gemeindlichen Liebe zur Sprache gebracht. Dabei wird zunächst über den Ursprung und das Wesen dieser Liebe reflektiert (1 Joh 4,7-10), um anschließend die innergemeindliche Liebe als Reaktion auf die Liebe Gottes kennzeichnen zu können (1 Joh 4,11f.). Nachdem das Verhältnis von Gotteserkenntnis und Glaubensbekenntnis (1 Joh 4,13-16) und die eschatologischen Implikationen der Liebe Gottes thematisiert wurden (1 Joh 4,17f.), wird das Verhältnis von Gottes- und Geschwisterliebe (1 Joh 4,19-21) bzw. das Verhältnis der Liebe zu Gott und der Observanz seiner Gebote bestimmt (1 Joh 5,1-4).

Die kommunikative Wirksamkeit dieser Konzeption wird zusätzlich dadurch gesteigert, daß die Adressaten zuweilen direkt angesprochen werden (1 Joh 4,11.21), zuweilen indirekt in die Argumentationsentfaltung einbezogen werden (z. B. durch Reminiszenzen an johanneische Verkündigungs- bzw. Bekenntnissprache [1 Joh 4,14f.] bzw. zu prinzipiell anerkannten Prämissen [1 Joh 4,21]). Auf diese Weise möchte der Verfasser erreichen, daß die Adressaten seinen Schlußfolgerungen beipflichten können, nachdem er ihnen sein Verständnis der gegenseitigen Liebe der Glaubenden dargelegt hat.

§ 7 Die thematischen Leitmotive des Hohenliedes der Liebe Gottes im Gesamtzusammenhang der johanneischen Briefe

Im vorhergehenden Untersuchungsabschnitt wurde die Text- und Argumentationsstruktur von 1 Joh 4,7-5,4 skizziert. Vor diesem Hintergrund sollen nun die thematischen Leitmotive des ‚Hohenliedes der Liebe Gottes‘ im Gesamtzusammenhang der johanneischen Briefkorrespondenz erläutert werden.

Die systematische Erfassung dieser Ausführungen ist jedoch einem Problem ausgesetzt. Die johanneischen Briefe gewähren lediglich einen begrenzten Einblick in die Situation der johanneischen Gemeinde. Auch wenn fortwährend die Spannungen und der Zerbruch der Gemeinde thematisiert werden, bieten die Briefe keine exakte Bestandsaufnahme der Geschehnisse. Ebenso kann ein heutiger Leser der johanneischen Briefe nicht eindeutig erkennen, welches gemeinsame theologische Wissen der (bzw. die) Verfasser bei seinen eigentlichen Adressaten voraussetzt. Um dennoch die komplexen, in unterschiedlichen argumentativen Kontexten eingebetteten Ausführungen erfassen zu können, werden sie im folgenden drei thematischen Hauptkategorien zugeordnet. Zunächst sollen jene Aussagen analysiert werden, in denen über das Wesen Gottes bzw. das Wesen der Liebe reflektiert wird (1.). Daraufhin werden die unterschiedlichen Strategien erläutert, durch welche der (bzw. die) Verfasser die Notwendigkeit der gegenseitigen Liebe der Glaubenden begründen (2.). Zuletzt kommt zur Darstellung, in welcher Weise die Ausführungen über das Liebesgebot einen Einblick in die innergemeindlichen Konflikte gewähren (3.).

1. Das Wesen der Liebe und das Wesen Gottes

Die Aussagen des ‚Hohenliedes der Liebe Gottes‘ über das Wesen Gottes bzw. über das Wesen der Liebe dienen zwei Aussageintentionen: Einerseits versucht der Verfasser seinen Adressaten zu erläutern, in welcher Weise in der Sendung Jesu die Liebe als ein bzw. der entscheidende Wesenszug Gottes erkennbar wurde (1.1). Andererseits möchte er sie ermahnen, daß die

Liebe Gottes im Leben der Gemeinde ihre Entfaltung bzw. Vollendung finden soll (1.2). Das Profil dieser Ausführungen soll nun im Einzelnen dargestellt werden:

1.1 Die Liebe als Wesenszug Gottes

Die Aussagen über das Wesen Gottes und das Wesen der Liebe sind zentrale Bestandteile der ethischen Paränese im johanneischen Hohelied der Liebe Gottes[1]. Insbesondere die theologische Aussage ὁ θεὸς ἀγάπη ἐστίν (1 Joh 4,8b.16b) kann geradezu als eine Kurzformel johanneischen Glaubens verstanden werden, derzufolge „Gott sich in der Dahingabe seines Sohnes letztlich *selbst* hingegeben hat, um die Menschen zu retten, und daß gerade diese Selbst-Mitteilung durch die Hingabe seines Sohnes sein Wesen wie sein Handeln ausmacht"[2].

Um die Genese und Intention der Verhältnisbestimmung von Gott und Liebe angemessen verstehen zu können, muß ihre Stellung im ersten Johannesbrief bzw. im johanneischen Denken dargestellt werden:

In den johanneischen Schriften begegnen insgesamt drei formelhafte Bestimmung des Wesens Gottes, die syntaktisch nahezu analog strukturiert sind:

1 Joh 1,5b	ὁ θεὸς	φῶς	ἐστιν
1 Joh 4,8.b.16.b	ὁ θεὸς	ἀγάπη	ἐστίν
Joh 4,24a		πνεῦμα	ὁ θεός

Alle drei Aussagen haben eine vergleichbare grammatikalische Struktur und textpragmatische Funktion[3]. Keine dieser Thesen dient kontextenthobenen ontologischen Reflexionen, sondern sie verfolgen eine spezifische Aussageintention. Während Joh 4,24 in die These mündet, daß Gott nur ‚in Geist und Wahrheit' angemessen angebetet werden könne, kulminiert 1 Joh 1,5b in der Schlußfolgerung, daß nur derjenige sich in der Sphäre des göttlichen Lichtes aufhält, der seine Mitchristen liebt (1 Joh 2,7-11)[4]. Dieser paränetische Akzent entspricht den Aussagen 1 Joh 4,8b.16, die ihrerseits inmitten einer Ermutigung zur gegenseitigen Liebe der Glaubenden begegnen.

---

[1]   Entsprechend J. ZUMSTEIN, Dieu, 104f.; T. SÖDING, Gott, 357; A. FEUILLET, Structure, 203 bzw. 215f.

[2]   Vgl. T. SÖDING, Gott, 351.

[3]   Die strukturelle Analogie der drei Thesen versteht H.-J. KLAUCK, Johannesbrief, 261f. als Indiz ihrer inhaltlichen Korrespondenz.

[4]   Ausführlich zum Verhältnis der lichtmetaphorischen und liebessemantischen Aussagen im ersten Johannesbrief s. u. § 7/3.2.

Gleichwohl lassen sich Unterschiede der drei ontologischen Bestimmungen erkennen. Während 1 Joh 1,5b; Joh 4,24a als Worte Jesu angeführt werden[5], ist 1 Joh 4,8b.16b eine Aussage des Verfassers des ersten Johannesbriefs. Der bedeutendste Unterschied ist jedoch, daß die Formel ὁ θεὸς ἀγάπη ἐστίν keine expliziten religionsgeschichtlichen Vorlagen besitzt[6]. Demgegenüber kann die Aussage über das Lichtwesen Gottes (1 Joh 1,5b) geradezu als ein „theologischer Allerweltssatz"[7] verstanden werden und auch die Verhältnisbestimmung von Gott und Geist ist „gleichermaßen ein Spitzensatz hellenistischer Religionsgeschichte und joh. Theologie."[8]

Das Verhältnis von Gott und Liebe wird induktiv entfaltet, insofern das singuläre Ereignis der Sendung des Gottessohns den Ausgangspunkt der einzelnen Reflexionen bietet: Durch die Sendung Jesu ist die Liebe Gottes offenbar geworden (1 Joh 4,9)[9]. Gott und Liebe werden jedoch nicht mit-

---

5   Auch wenn die einleitenden Worte 1 Joh 1,5b καὶ ἔστιν αὕτη ἡ ἀγγελία ἣν ἀκηκόαμεν ἀπ' αὐτοῦ ... nicht *expressis verbis* erläutern, von wem die Gemeinde die Botschaft übermittelt bekommen hat, daß Gott Licht ist, spricht der Bezug zu 1 Joh 1,3b dafür, daß Jesus als Urheber der hier referierten Aussage über Gott gemeint ist (vgl. O. SCHWANKL, Licht, 285f. bzw. 292f.).

6   Vgl. T. SÖDING, Gott, 349ff. Eine thematische Korrespondenz besteht am ehesten noch zum paulinischen Motiv ὁ θεὸς τῆς ἀγάπης (2 Kor 13,11b).

7   Vgl. K. WENGST, Brief, 50; entsprechend O. SCHWANKL, Licht, 292. Eindrücklich z. B. Ps 27,1: יְהוָה אוֹרִי וְיִשְׁעִי (Gott ist mein Licht und mein Heil; ähnlich Ps 36,10 etc.). Zum Spektrum lichtmetaphorischer Gottesbilder vgl. u. a. B. JANOWSKI, Sonnengott, 221ff.; M. ARNETH, Sonne, 109ff. zur Solarisierung der Gottesvorstellung bzw. T. PODELLA, Lichtkleid, 116ff. bzw. 124ff. zur Kleidungsmetaphorik. Die Lichtmetaphorik bzw. Solarisierung war ihrerseits bereits für Echnatons Religionskonstrukt (besonders für die Gottesgestalt Aton) von zentraler Bedeutung (vgl. J. ASSMANN, Ägypten, 245f.). Ferner bietet Philo von Alexandrien in einer Interpretation von Ps 26,1 LXX (... κύριος φωτισμός μου ...) die These ὁ θεὸς φῶς ἐστιν (vgl. Philo, Somn. I,75). Gott sei nicht nur Licht, sondern das Urbild aller anderen Lichter (... καὶ οὐ μόνον φῶς, ἀλλὰ καὶ παντὸς ἑτέρου φωτὸς ἀρχέτυπον). Dieses Urbild sei wiederum der göttliche Logos (zur Bedeutung der Lichtmetaphorik für das philonische Gottesverständnis bzw. der Verhältnisbestimmung von Licht, Gott und λόγος vgl. D. T. RUNIA, Creation, 167-171; E. R. GOODENOUGH, Light, 168f.). Zum Spektrum gnostischer Lichtmetaphorik vgl. u. a. T. ONUKI, Fleischwerdung, 75ff.; K. RUDOLPH, Gnosis, 95ff. u. ö.; speziell zu lichtmetaphorischen Motiven in der Nag-Hammadi-Bibliothek vgl. u. a. EV NHC I/3 43,9-24; AJ NHC II,1 31,1ff.23f. bzw. NHC IV,1 47,24f.; EvPhil NHC II,3 69,8-14; ParSem NHC VII,1 1,26f.32-2,5 etc.

8   So U. SCHNELLE, Geisttheologe, 28; zu möglichen traditionsgeschichtlichen Hintergründen vgl. Kleanthes, Fr. 1009; Sen, Helv Consol 8,3; Ep. 31,11; Chrysipp Fr. 310 (v. Arnim II, 112,31f.); Epict, Diss II 8,1f.9-11.

9   Vgl. besonders den effektiven Aorist ἐφανερώθη (1 Joh 4,9a). Treffend bezeichnet H.-J. KLAUCK, Johannesbrief, 250 das „Zur – Welt Kommen Gottes in Jesus Christus" als den argumentativen „Angelpunkt, um den sich alles dreht". Entsprechend J. BEUTLER, Johannesbriefe, 115; J. ZUMSTEIN, Dieu, 104; F. VOUGA, Johannesbriefe, 60f.; B. GERHARDSSON, Imitation, 281; P. STUHLMACHER, Theologie II, 224; M. HENGEL,

einander identifiziert: Gott ist zwar Liebe, aber die Liebe ist nicht Gott, sondern aus Gott (1 Joh 4,7b)[10]. Die primäre Aussageintention des Verfassers besteht vielmehr darin, die Liebe als einen bzw. den entscheidenden Wesenszug Gottes zur Geltung zu bringen, der auch das Verhalten der Glaubenden prägen soll. Dies zeigt sich eindrücklich in den jeweiligen Kontexten der Formel ὁ θεὸς ἀγάπη ἐστίν. Die erste Erwähnung bietet die Begründung einer Argumentationskette, die mit der Ermahnung zur gegenseitigen Liebe der Gemeindeglieder begann. Nur Liebende erweisen sich als Gotteskinder und erkennen Gott. Auch wenn 1 Joh 4,8b in 1 Joh 4,16b als grammatikalisch unabhängiger Aussagesatz rekapituliert wird, kann die Formel in diesem Kontext ebenfalls „nicht als abstrakte Wesensdefinition Gottes verstanden werden"[11]. Sie ist vielmehr in die Ausführungen über die reziproke Immanenz von Gott und den Glaubenden integriert. Da die Liebe als ein Wesenszug Gottes in den Gotteskindern wirkt, können sie die praktizierte Geschwisterliebe als Kennzeichen der Immanenz Gottes verstehen.

Die skizzierten Sachverhalte erweisen sowohl die Formel ὁ θεὸς ἀγάπη ἐστίν als auch die aus ihr deduzierten Begründungen der Ethik als Besonderheiten johanneischen Denkens, die im Hinblick auf die Bewältigung des Gemeindeschismas herausgearbeitet wurden. Gleichwohl sind wesentliche Teilaspekte der einzelnen Argumentationslinien bereits in alttestamentlichen-frühjüdischen und frühchristlichen Traditionsströmen vorgezeichnet (z. B. das Motiv der voraussetzungslosen Liebe Gottes, die Kontrastierung von Bruderliebe und Bruderhaß, die Verschränkung von

---

Präexistenz, 288; R. SCHNACKENBURG, Johannesbriefe, 240f.; J. PAINTER, Christology, 239.

[10] Vgl. das Verhältnis von 1 Joh 4,8b.16b und 1 Joh 4,7b. Schon die grammatikalische Struktur der Nominalsätze 1 Joh 4,8b.16b verhindert für sich genommen eine Identifikation von θεός und ἀγάπη (vgl. H.-J. KLAUCK, Johannesbrief, 261f.; T. SÖDING, Gott, 349; A. T. ROBERTSON, Grammar, 768; R. BULTMANN, Johannesbriefe, 71). Auch wenn die strikte Entgegensetzung von ἐρᾶν κ.τ.λ. und ἀγαπᾶν κ.τ.λ. als dogmatisch inspirierte Typisierung eines pagan-philosophischen und christlichen Liebesbegriffs zu kritisieren ist (treffend T. SÖDING, Wortfeld, 288f.; E. JÜNGEL, Gott, 436ff.; zur Forschungsgeschichte s. o. § 3/3.2), kann mit C. DE VOGEL, Greek Cosmic Love, 74 festgehalten werden, daß die johanneische Intention der Ermahnung zur Geschwisterliebe die ontologischen Aussagen 1 Joh 4,7bα.8b.16b von pagan-philosophischen Vergleichsgrößen unterscheidet: „There is nothing Greek and nothing of mythology either behind or in his words." (zugleich kritisch gegenüber der von G. QUISPEL, Eros, 194 erwogenen Modifikation von 1 Joh 4,9 in Proclus, In Alcib, 233).

[11] Vgl. M. FIGURA, Botschaft, 416. Für G. STRECKER, Theologie, 470 ist 1 Joh 4,8b v. a. theologisch bzw. christologisch, 1 Joh 4,16b hingegen ekklesiologisch ausgerichtet.

Gottesliebe und Menschenliebe etc.[12]). Aus diesem Grunde kann man die Verhältnisbestimmung von Gott und Liebe in 1 Joh 4,8b.16b als eine „christologische Konsequenz gesamt-biblischer Gottesrede im Horizont des Glaubens an Jesus Christus" bezeichnen[13].

1.2 Die Vollendung der Liebe Gottes im Leben der Gemeinde

Drei Sequenzen des ersten Johannesbriefs thematisieren das Motiv der Vollendung der Liebe Gottes im Leben der Glaubenden (1 Joh 2,4f.; 4,12.17f.). Obwohl sie in unterschiedlichen argumentativen Kontexten verortet sind, hängen sie sachlich zusammen und veranschaulichen die e-schatologischen Implikationen des johanneischen Liebesgebots.

Die erste Erwähnung in 1 Joh 2,4f. erfolgt eher *en passant*. In diesem Kontext ermahnt der Autor seine Adressaten zum Halten der göttlichen Gebote, da dies ein Kriterium der Gotteserkenntnis sei. Die Liebe Gottes finde ihre Vollendung im Leben jener Personen, die seine Gebote bewahren (1 Joh 2,5a ὃς δ' ἂν τηρῇ αὐτοῦ τὸν λόγον ἀληθῶς ἐν τούτῳ ἡ ἀγάπη τοῦ θεοῦ τετελείωται).

Diese Aussage wird in 1 Joh 4,12c wieder aufgenommen. In diesem Zusammenhang wird aber nicht die Bewahrung der göttlichen Gebote, sondern die gegenseitige Liebe der Glaubenden als ein Kennzeichen der Vollendung der Liebe Gottes benannt. Insofern jedoch die gegenseitige Liebe das entscheidende Gebot johanneischer Jüngerschaft ist, kann 1 Joh 4,12c als eine Konkretisierung von 1 Joh 2,5a verstanden werden[14].

Im Kontext des Hohenliedes der Liebe Gottes bildet 1 Joh 4,12c die Klimax einer Argumentation, die folgendermaßen paraphrasiert werden kann: Aufgrund seiner voraussetzungslosen Liebe zur Gemeinde sendet

---

12   Entsprechende traditionsgeschichtliche Hintergründe werden in der weiteren Analyse der Leitmotive des Hohenliedes der Liebe Gottes in ihren themenspezifischen Kontexten skizziert.

13   Vgl. T. SÖDING, Gott, 357, demzufolge die johanneische Theologie diese „Gedanke(n) der Liebe Gottes ... aus genuin biblischer Tradition, die ihr das Frühjudentum vermittelt hat", schöpft (op. cit. 351). Für A. FEUILLET, Structure, 203 bzw. 215f. ist 1 Joh 4,8b.16b gar eine Klimax neutestamentlicher Theologiegeschichte; ähnlich T. KELLY, God, 35f. bzw. 55f. Um so auffälliger ist jedoch, daß trotz der zentralen Bedeutung in 1 Joh 4,7-5,4 ὁ θεὸς ἀγάπη ἐστίν keine expliziten Analogien in den übrigen johanneischen Schriften besitzt. T. SÖDING, Gott, 340 zufolge sei dieses Motiv „in Joh 3,16 (vermittelt über 1 Joh 3,16) angelegt, ohne daß die Formulierung des Ersten Johannesbriefs in die des Evangeliums zurückprojiziert werden dürfte." Entsprechend erkennt J. ZUMSTEIN, Dieu, 104f. in 1 Joh 4,8b.16b. im Speziellen und in 1 Joh 4,7-21 im Generellen eine Relecture und abschließende Reflexion der entsprechenden Aussagen des Johannesevangeliums (zur Diskussion der chronologischen Zuordnung s. u. den Exkurs in § 13/2.4).

14   Vgl u. a. K. WENGST, Brief, 70f.

Gott seinen Sohn (1 Joh 4,9)[15]. Die Sendung des Sohnes offenbart wiederum die Liebe als einen bzw. den entscheidenden Wesenszug Gottes (1 Joh 4,7bα.8b). Die gegenseitige Liebe der Glaubenden erweist sich als die angemessene Reaktion auf diese Liebe Gottes, welche im Leben der Gemeinde ihre volle Entfaltung finden soll (1 Joh 4,11f.). Die Glaubenden existieren somit in einem „Kraftfeld der Liebe"[16], daß von Gott begründet wurde und nur durch Gott selbst bzw. seine bleibende Immanenz seine Vollendung finden kann.

Die dritte Aussage über die Vollendung der Liebe Gottes im Leben der Gemeinde in 1 Joh 4,17f. benennt eine weitere Konsequenz für die individuelle Verfassung der Glaubenden[17]. Die Argumentationseinheit basiert auf der ontologischen Bestimmung, daß φόβος und ἀγάπη sich wechselseitig ausschließen (V 18a)[18]. Angesichts dieser Prämisse kann gefolgert werden, daß die Vollendung der Liebe Gottes im Leben der Gemeinde die Furcht überwindet und die Gemeindeglieder eine ‚furchtlose Zuversicht' gegenüber dem Gerichtstag haben können[19]. Die Liebe Gottes habe ihre

---

[15] 1 Joh 4,9f. wirkt geradezu wie eine Abbreviatur der Sendungs- und Dahingabeformeln aus Joh 3,16f. (so P. STUHLMACHER, Theologie II, 224; ferner zum Verhältnis von Joh 3,16f. und 1 Joh 4,9f. vgl. M. HENGEL, Präexistenz, 288; J. FREY, Eschatologie III, 286f.). Dennoch müssen markante Unterschiede registriert werden. In Joh 3,16f. wird die Dahingabe bzw. Sendung des Sohnes nicht als nur Folge der Liebe Gottes zur Gemeinde, sondern auch zum gesamten Kosmos verstanden. Das Motiv der Liebe Gottes zur Welt begegnet in der johanneischen Briefkorrespondenz jedoch nicht. Statt dessen wird vor einer falschen Liebe zur Welt gewarnt (1 Joh 2,15-17). Zudem wird in 1 Joh 4,9-12 die gegenseitige Liebe als eine Reaktion auf die Aktion Gottes gefordert und nicht wie in Joh 13,2ff.34f. am paradigmatischen Verhalten Jesu orientiert. Diesem entspricht, daß im ersten Johannesbrief bedeutend weniger das Verhältnis von Vater und Sohn reflektiert wird. Dies wird mehrheitlich als Indiz gewertet, daß der erste Johannesbrief eine situationsbedingte Reflexion der entsprechenden Aussagen des vierten Evangeliums bietet (vgl. z. B. J. BEUTLER, Johannesbriefe, 115; T. SÖDING, Gott, 351; F. VOUGA, Johannesbriefe, 60-62; R. SCHNACKENBURG, Johannesbriefe, 240f.; J. ZUMSTEIN, Dieu, 104; J. PAINTER, Christology, 239; H.-J. KLAUCK, Johannesbrief, 252; zur Bedeutung dieser Sachverhalte für die Chronologie der johanneischen Schriften s. u. den Exkurs in § 13/2.4).

[16] So H.-J. KLAUCK, Johannesbrief, 253. Entsprechend resümiert K. WENGST, Brief, 71 zur Korrespondenz von 1 Joh 2,5 und 1 Joh 4,12: „Nicht wir vollenden eine etwa unvollkommene Gottesliebe, sondern Gott selbst, der in der Sendung seines Sohnes seine Liebe vollkommen erwiesen hat, bringt sie auch, indem er uns durch sein Wort in diese Liebe einschließt und uns sein Wort halten heißt und läßt, zur Vollendung."

[17] Vgl. C. F. D. MOULE, Individualism, 31; J. FREY, Eschatologie III, 83.

[18] Zur argumentativen Schlüsselfunktion dieser These für die Aussageeinheit 1 Joh 4,17f. vgl. F. F. SEGOVIA, Love Relationships, 68f. bzw. § 6/4.

[19] H.-J. KLAUCK, Johannnesbrief, 271 versteht das Motiv der präsentisch erlittenen Furcht nicht nur als Antizipation und Relativierung einer eschatologischen Verdammung, sondern als Angst vor derselben (κόλασις wie in Mt 25,46; Herm sim IX 18,1; TestXII.Rub 5,5 etc. als *terminus technicus* ewiger Verdammung).

volle Entfaltung jedoch noch nicht bei jenen Personen gefunden, die sich nach wie vor fürchten[20].

Dieses Motiv kann als eine Modifikation traditionsgeschichtlicher Vorentwicklungen im Zeichen der johanneischen Liebessemantik verstanden werden. Die ‚Furchtlosigkeit der Gerechten' ist ein zentrales Motiv unterschiedlicher Konzeptionen einer Gerichtserwartung[21]. Die παρρησία kann aus der Gerechtigkeit, der Frömmigkeit, einem guten Gewissen etc. resultieren[22]. 1 Joh 4,17f. versteht die Zuversicht gegenüber dem Gericht jedoch als Konsequenz der Liebe Gottes, die in den Glaubenden Raum gewinnt. Eine Besonderheit von 1 Joh 4,17 besteht darin, die Furcht zugleich als Indiz zu werten, daß die Liebe Gottes im Leben der Glaubenden noch nicht zur vollkommenen Entfaltung gelangt ist[23]. Dieses Motiv entspricht paulinischen Vorgaben. Auch wenn Paulus dazu ermahnen konnte, sich um das Heil μετὰ φόβου καὶ τρόμου zu bemühen (Phil 2,12), kulminiert seine Soteriologie in der Zuversicht, daß die Glaubenden nicht von der Liebe Gottes getrennt werden können (Röm 8,38f.). Auch wenn Röm 8,38f. als das ‚paulinische Hohelied der Heilsgewißheit' der Sequenz 1 Joh 4,17f. sachlich entspricht[24], heben die johanneischen Ausführungen noch deutlicher die Konsequenzen für die Existenz des Glaubenden und die furchtüberwindende Kraft der Liebe hervor.

Entsprechendes gilt auch für 1 Kor 13 oder 1 Clem 49,1-50,7, die ebenso wie 1 Joh 4,7-5,4 als ein ‚Hohelied der Liebe' bezeichnet werden können[25]. Gerade 1 Clem 49,1-

---

20   Der Gesamtkontext 1 Joh 4,7-5,4 läßt erkennen, daß 1 Joh 4,17f. die Auswirkungen der Liebe Gottes im Leben der Gemeinde thematisiert, obwohl nicht explizit von der Liebe Gottes, sondern allgemein von der Liebe gesprochen wird.

21   Treffend J. Frey, Eschatologie III, 86, der dies ebenso in der in 1 Joh 2,28 angesprochenen Antithetik der Zuversicht und des „Beschämt- oder Zuschandewerdens" erkennt (vgl. entsprechend Prov 13,5 LXX 20,9; Hi 22,60; 27,10; TestXII.Rub 4,2 bzw. A. Nissen, Gott, 192ff. bzw. 446f. Zum Kontrast vgl. die opfertheologischen Ausführungen Philo, Spec Leg 1,288-300, besonders 299f.; zu Kontext und Funktion dieser Sequenz vgl. J. Leonhardt, Jewish Worship, 185ff. bzw. A. Nissen, Gott, 446f.).

22   Entsprechend zur Etymologie von παρρησία vgl. H. Balz, Art. παρρησία/παρρησιάζομαι, Sp. 106f.; H. Schlier, Art. παρρησία/παρρησιάζομαι, 869ff.

23   H. Schlier, Art. παρρησία/παρρησιάζομαι, 879 bezieht die in 1 Joh 4,17 angesprochene Zuversicht nur auf die zukünftige Gerichtssituation, die von der in 1 Joh 3,21; 5,14 umschriebenen gegenwärtigen Situation der Gemeinde zu unterscheiden sei. Dies verkennt jedoch, daß der Kontext die gegenwärtigen Konsequenzen der Liebe Gottes für die Gemeinde thematisiert. 1 Joh 4,18b ermutigt ja gerade zur Bemühung um vollkommene Liebe und impliziert damit die Überwindung der Furcht.

24   So in Anlehnung an U. Wilckens, Römer II, 177, der treffend resümiert: „Weil die Liebe des Gekreuzigten die Liebe Gottes ist, und so wahr Gottes Liebe in ihrer Macht die Herrschaft jener Mächte zerbrochen *hat*, *wird* Gottes Liebe auch die gegenwärtig noch bedrängten Christen der Macht jener Mächte entreißen. Darum kann Paulus aus dieser Gewißheit des Glaubens an Christus heraus der Gesamtheit dieser Mächte, so bedrohlich immer er sie erfährt, den Sieg Christi entgegensingen." (op. cit., 178; Hervorhebungen von Wilckens). Diese Zuversicht impliziert ebenso die Argumentationsentwicklung Phil 2,12f., insofern V 13 als ein „seltsam paradoxer Satz" (so G. Bornkamm, Lohngedanke, 91) die vorhergehende Ermahnung V 12 relativiert (vgl. J. Gundry Volf, Perseverance, 269ff.).

25   Zum Verhältnis von 1 Kor 13; 1 Clem 49,1ff. und 1 Joh 4,7-5,4 s. o. § 5/3. Zur gattungsgeschichtlichen Diskussion vgl. O. M. Bakke, Concord, 265 Anm. 1193; L.

50,7, wo Affinitäten sowohl zu paulinischen, als auch zu johanneischen Motiven beobachtet werden können, appelliert angesichts gemeindlicher Streitigkeiten an die vollkommene Entfaltung der Liebe (vgl. besonders 1 Clem 50,1: Ὁρᾶτε, ἀγαπητοί, πῶς μέγα καὶ θαυμαστόν ἐστιν ἡ ἀγάπη, καὶ τῆς τελειότητος αὐτῆς οὐκ ἔστιν ἐξήγησις). Gleichwohl betont 1 Clem 51,2, daß diejenigen, die sich in den Gemeindestreitigkeiten angemessen verhalten, sich ‚mit Furcht und Liebe‘ (μετὰ φόβου καὶ ἀγάπης) darum bemühen[26]. Die in 1 Joh 4,17f. erkennbare Verhältnisbestimmung von ‚Liebe‘ und ‚Furcht‘ korrespondiert somit zwar alttestamentlichen, frühjüdischen bzw. frühchristlichen Traditionen, betont jedoch in analogieloser Weise die furchtüberwindende Kraft der Liebe[27].

Natürlich ist 1 Joh 4,17f. weder eine eigenständige *meditatio de novissimis*, noch eine situationslose Wesensbestimmung der Liebe. Ebenso wie die Verhältnisbestimmungen von Gott und Liebe sind auch die Aussagen über die furchtüberwindende Kraft der Liebe speziell vor dem Hintergrund des johanneischen Gemeindeschismas zu verstehen. Der Verfasser des ersten Johannesbriefs versucht seinen verunsicherten Adressaten zu vermitteln, daß sie eine furchtlose Zuversicht haben dürfen, wenn sie die ihnen anvertrauten Glaubenstraditionen bewahren. Insofern „Heilsindikativ und ethischer Imperativ untrennbar miteinander verbunden" werden[28], appelliert auch 1 Joh 4,17f. an die Einsicht, in welcher Weise die Liebe Gottes in der gegenseitigen Liebe der Glaubenden ihre Vollendung findet.

Auch wenn verschiedene alttestamentliche, frühjüdische und neutestamentliche Traditionsströme in Ansätzen einer derartige ‚Dramaturgie der Liebe Gottes‘ umschreiben[29], bietet der erste Johannesbrief eine analogie-

---

SANDERS, Saint Clément, 94f.; D. A. HAGNER, Use, 200f.; T. SÖDING, Liebesgebot, 124f. bzw. 130ff.; J. ZUMSTEIN, Dieu, 104; H.-J. KLAUCK, Johannesbrief, 244.

[26] Zur Struktur und Intention der Argumentation vgl. O. M. BAKKE, Concord, 192.

[27] Für K. BERGER, Psychologie, 176ff. zeichnet sich in der Verhältnisbestimmung von ‚Furcht‘ und ‚Liebe‘ gar ein religionsgeschichtlicher Paradigmenwechsel ab (vgl. u. a. Philo, SpecLeg 1,299f.; Imm 69; Seneca Ep 47,18; Cic Off II 23f.; Mt 25,14-30.46; Herm sim IX 18,1; 1 Clem 50,1 etc.); ähnlich G. STRECKER/U. SCHNELLE, Neuer Wettstein II/2, 1439; ausführlich hierzu A. NISSEN, Gott, 192ff. Aus chronologischen Gründen problematisch ist hingegen ein Rekurs auf rabbinische Vergleichsgrößen (so etwa B. GERHARDSSON, Hintergrund, 262).

[28] Vgl. J. FREY, Eschatologie III, 87. Dies gilt für 1 Joh 4,17f. ebenso wie für das Motiv der Zuversicht in 1 Joh 2,28 (vgl. op. cit., 85f.). Zu eschatologischen Konnotationen von παρρησίαν wie z. B. in Weish 5,1; Hebr 3,6; 4,16; 10,35 vgl. O. HOFIUS, Inkarnation, 212 Anm. 14; G. STRECKER, Johannesbriefe, 143 bzw. 255.

[29] Vgl. z. B. die Motivkomplexen der ‚Reue Gottes‘ (vgl. u. a. JÖ. JEREMIAS, Reue, 52-59), der Gerechtigkeit und Barmherzigkeit Gottes (vgl. R. RENDTORFF, Sünden, 145ff.; B. JANOWSKI, Richter, 76-79). H. SPIECKERMANN, Liebeserklärung, 202 bzw. 207ff., besonders 222f. erwägt gar, auf dem ‚Fundamentalmotiv‘ von „Gottes Selbstbestimmung zur Liebe" und unterschiedlichen Formen einer „Liebeserklärung Gottes" eine Theologie des Alten Testaments zu entwerfen. D. MUÑOZ-LEÓN, La novedad, 193ff. erkennt zudem in Joh 13,34f.; 15,12 eine johanneische Modifikation von Jer 31,31-34

lose Entfaltung und paränetische Funktionalisierung entsprechender Motive.

Exkurs: Das Motiv der Vollendung der Liebe Gottes
als Teilaspekt johanneischer Eschatologie

Die skizzierten eschatologischen Implikationen der gemeindeinternen Liebe entsprechen der johanneischen Dialektik futurischer und präsentischer Eschatologie. Sowohl das Johannesevangelium als auch die johanneischen Briefen sind von einer eigentümlichen Dialektik präsentischer und futurischer Eschatologie geprägt[30]. Die Betonung der präsentischen Eschatologie (vgl. 1 Joh 1,2f. 7; 2,5.9f. 13f; 3,1.14; 4,15) ist sowohl im Johannesevangelium als auch im ersten Johannesbrief eine Konsequenz der johanneischen Christologie[31]. Dennoch wird die Erwartung einer noch ausstehenden Erfüllung des Heilsgeschehen nicht eliminiert. Sowohl das vierte Evangelium, als auch der erste Johannesbrief zeugen von der Erwartung eines eschatologischen Gerichtstags (vgl. 1 Joh 2,17f. 28; 3,2; 4,17; Joh 5,28f.) bzw. der ἐσχάτη ἡμέρα (Joh 6,39c.40c.44c.54b; 12,48c)[32]. Die textpragmatische Funktion dieser Dialektik in der johanneischen Ekklesiologie tritt v. a. in den Abschiedsreden Joh 13-17 zutage, insofern hier im Zeichen der hermeneutischen Horizontverschmelzung die vorösterliche Situation Jesu und seiner Jünger und die nachösterliche Situation der johanneischen Gemeinde zueinander in Beziehung gesetzt werden[33]. Ein zentrales Anliegen der Abschiedsreden ist der Trost für die Gemeinde, welche nach Jesu Weggang in einer ihr haßerfüllt gegenüber stehenden Welt Angst bzw. Heimatlosigkeit empfindet (Joh 15,18-25; 16,16ff.33 etc.). Die Jünger sollen jedoch getrost sein, daß Jesus die Welt überwunden hat (Joh 16,33) und im Geistparakleten gegenwärtig ist (z. B. Joh 14,18-24; 16,16-26). Dennoch geht die Gemeinde jener Vollendung noch entgegen, die Jesus schon erreicht hat (Joh 12,25f., 14,2f.; 17,24)[34].

---

bzw. Ez 36,26f. (zu entsprechenden Überlegungen zu 1 Joh 4,9f. vgl. A. DALBESIO, 29-31). Zur Frage bundestheologischer Motive in der johanneische Theologie s. u. §12/2.2.3.

[30] Vgl. J. FREY, Eschatologie III, 85-87. 374. 487 etc. Hingegen versteht H.-C. KAMMLER, Christologie, 7f. den Verfasser des ersten Johannesbriefs als einen „Schüler des vierten Evangelisten, der dessen theologisches Erbe in veränderter Situation und aufs Neue zur Geltung bringen möchte", der jedoch im Gegensatz zu jenem eindeutig futurisch-eschatologische Erwartungen propagiere (1 Joh 4,17; ähnlich 1 Joh 2,28; 3,3) und sich so von dessen Intentionen entfernt habe (vgl. H.-C. KAMMLER, Christologie, 78f. 221 etc). Zur Kritik des Ansatzes und der Durchführung der Studie von H.-C. Kammler vgl. E. E. POPKES, Rez. Kammler, 285).

[31] Vgl. J. FREY, Eschatologie III, 464ff.

[32] Dies entspricht sachlich Joh 5,28f.; terminologisch Joh 6,39.40.44.54; 12,48 (vgl. J. FREY, Eschatologie II, 3 bzw. 210).

[33] Zur interpretatorischen Relevanz des Phänomens der ‚hermeneutischen Horizontverschmelzung' im vierten Evangelium und der unterschiedlichen literarischen Charaktere der johanneischen Schriften vgl. die Skizze der methodischen Prämissen § 4/2.

[34] Joh 15,18-25; 16,16ff.33 wären textpragmatisch obsolet, wenn Joh 12,25f., 14,2f.; 17,24 eine nachösterliche Situation verheißen sollten, die keinerlei futurische Erfüllung mehr erwartet (vgl. J. FREY, Eschatologie III, 232ff. bzw. 476ff.). Gegen H.-C. KAMMLER, Christologie, 224. etc., der selbst Joh 6,39c.40.44c.54b.; 12,48c als Umschreibung einer „partikulare(n), geistliche(n) Totenauferstehung" versteht, die sich präsentisch-eschatologisch überall dort vollzieht, wo in der nachösterlichen Verkündigung den Glaubenden die ζωή zuteil wird (ausführlich hierzu op. cit., 212-224).

Darin spiegelt sich in modifizierter Form auch die in der Briefkorrespondenz geschilderte Notsituation der Gemeinde. Die Stellung der Gemeinde in der Welt wird jeweils an der Stellung Jesu in der Welt orientiert (1 Joh 4,17b). Die Welt erkennt die Gemeinde nicht, weil sie Jesus nicht erkennt (*in nuce* 1 Joh 3,1c διὰ τοῦτο ὁ κόσμος οὐ γινώσκει ἡμᾶς ὅτι οὐκ ἔγνω αὐτόν; *in extenso* Joh 15,18-25; s. u. § 14/3.1). In beiden Reflexionszusammenhängen werden die eschatologischen Motive mit der Liebessemantik vernetzt. Die Jünger partizipieren bereits „in der Welt an der zeitenthobenen Seinsweise des Erhöhten ... . Der innere Vergleichspunkt ist die Liebesgemeinschaft ... , die den Erhöhten ständig mit dem Vater verbindet."[35]

Auch wenn diese Integration der Liebessemantik in die Eschatologie eine johanneische Besonderheit ist, bestehen graduelle Unterschiede zwischen der Konzeption des vierten Evangeliums und der Briefkorrespondenz. Während in der johanneischen Briefkorrespondenz die Notsituation primär durch das Gemeindeschisma (1 Joh 2,18ff. etc.) entsteht, fokussiert das Johannesevangelium die Angst der Jünger vor dem Weggang Jesu und den Verfolgungen durch ‚die Juden' bzw. dem Kosmos (Joh 7,13; 15,18-16,4.33; 19,38; 20,19 etc.). Diese Furcht wird im Gegensatz zu 1 Joh 4,17f. nicht als κόλασις verstanden. Statt dessen betont Joh 15,11 die Partizipation an der χαρά Jesu. Während 1 Joh 4,12.17f. die Vollendung der Liebe bzw. der Liebe Gottes thematisiert, spricht Joh 14,21.23; 17,24 von der Einwohnung der ewigen Liebe zwischen dem Vater und dem Sohn in den Glaubenden, die als Grundlage ihrer nachösterlichen Freude und Gemeinschaft mit Gott und Jesus zu verstehen ist. Während 1 Joh 5,3f. zufolge der Glaube der Jünger an Jesus die Welt überwindet, ist nach Joh 16,33 Jesus selbst der Überwinder der Welt, der deshalb seinen Jüngern Mut zusprechen kann[36].

In diesem Sinne ist zu resümieren, daß zwar sowohl im Johannesevangelium, als auch in der johanneischen Briefkorrespondenz die Liebessemantik ein integraler Bestandteil der Eschatologie ist, daß jedoch das vierte Evangelium diese Argumentationsgrundlage differenzierter und christologisch zugespitzter entfaltet[37]. Jesus personifiziert geradezu die vollendete Liebe Gottes, die in den Jüngern einwohnt.

1.3 Zusammenfassung der Zwischenergebnisse

Die Aussagen des johanneischen Hohenliedes der Liebe Gottes über das Wesen Gottes bzw. der Liebe bilden eine argumentative Grundlage der ethischen Paränese im ersten Johannesbrief. Auch wenn einzelne Motivaspekte bereits in alttestamentlich-frühjüdischen und weiteren frühchristlichen Traditionsströmen vorgegeben sind, erweisen sie sich als Besonderheiten des johanneischen Denkens, die angesichts der Bewältigung des Gemeindeschismas herausgearbeitet wurden. Der Verfasser des ersten Johannesbriefs versucht seinen Adressaten einsichtig zu machen, daß in der Sendung Jesu die Liebe als ein bzw. der entscheidende Wesenszug Gottes erkennbar wurde. Auch ihr ethisches Verhalten solle sich an dieser Ein-

---

[35] H.-J. KLAUCK, Johannesbrief, 270 in Rekurs auf R. ROTHE, Johannes, 154.

[36] Entsprechend beschreibt παρρησία in Joh 16,25.29; 18,20 (vgl. ferner Joh 7,4.13.26; 10,24; 11,14.54) die öffentliche, freimütige Haltung Jesu in der Welt, in 1 Joh 2,28; 3,21; 4,17; 5,14 hingegen die Zuversicht der Jünger als Folge ihrer Stellung zu Gott bzw. Jesus (vgl. G. STRECKER, Johannesbriefe, 143).

[37] Gegen u. a. M. FIGURA, Botschaft, 414.

sicht orientieren. Gott und Liebe werden jedoch nicht miteinander identifiziert: Gott ist zwar Liebe, aber die Liebe ist nicht Gott, sondern aus Gott (1
Joh 4,7b). Die Liebe Gottes findet ihre Vollendung im Leben jener Personen, die seine Gebote bewahren (1 Joh 2,5a), gegenseitige Liebe praktizieren (1 Joh 4,12c) und eine ‚furchtlose Zuversicht' gegenüber dem Gerichtstag haben (1 Joh 4,17f.).

2. Die Begründung des Liebesgebots

Die Analyse der Struktur des ‚johanneischen Hohenliedes der Liebe Gottes' (§ 6) zeigte, daß der Verfasser des ersten Johannesbriefs seine Adressaten durch zwei unterschiedliche Argumentationsstrategien zur gegenseitige Liebe ermahnt. Einerseits versucht er ihnen die Einsicht in die Bedeutung und Notwendigkeit gegenseitiger Liebe zu vermitteln (2.1). Andererseits erinnert er sie daran, daß die Liebe das entscheidende Gebot johanneischen Glaubens ist (2.2). Diese beiden Argumentationsebenen gehen in
den jeweiligen Aussageeinheiten fließend ineinander über. Im folgenden
soll jedoch herausgearbeitet werden, welche Hintergründe und welches
Profil diese Einzelargumente für sich genommen besitzen:

2.1 Die Einsicht in die Bedeutung und Notwendigkeit gegenseitiger Liebe

In den johanneischen Briefen lassen sich fünf Argumentationslinien erkennen, durch welche der Verfasser seinen Adressaten die Bedeutung und
Notwendigkeit gegenseitiger Liebe einsichtig machen möchte. Das zentrale
Motiv ist, daß die innergemeindliche Liebe als die einzig angemessene
Reaktion auf die voraussetzungslose Liebe Gottes verstanden werden soll
(2.1.1). Vor diesem Hintergrund wird die gegenseitige Liebe der Glaubenden mit vier zentralen Aspekten johanneischen Denkens in Beziehung gesetzt, nämlich mit den Motiven der reziproken Immanenz von Gott und
Mensch (2.1.2), der Gotteserkenntnis (2.1.3), der Gottesschau (2.1.4) und
der Gotteskindschaft (2.1.5).

2.1.1 Die innergemeindliche Liebe als Reaktion auf die voraussetzungslose Liebe Gottes

Ein zentrales Anliegen des Verfassers des ersten Johannesbriefs ist es, die
gegenseitige Liebe der Gemeindeglieder als die angemessene Reaktion auf
die Liebe Gottes zur Geltung zu bringen. Dabei betont er emphatisch die
Voraussetzungslosigkeit dieser Liebe Gottes, die in der Sendung Jesu offenbar wurde. Das Heilsgeschehen resultiert nicht aus der Liebe der Jünger
zu Gott, sondern aus der Liebe Gottes, in welcher die Sendung des Sohnes
gründet. Auch die gegenwärtige Liebe der Gemeinde basiere weiterhin auf

dieser voraussetzungslosen Zuwendung Gottes (1 Joh 4,9f.)[38]. Insofern alle weiteren Argumentationsstränge, welche an die Bereitschaft der Adressaten zur gegenseitigen Liebe appellieren, auf diesem Motiv basieren, kann die voraussetzungslose Liebe Gottes als Fundament der gemeindlichen Liebe verstanden werden[39].

Die skizzierte Konzeption kann als eine modifizierte „Vorbild-Ethik"[40] bezeichnet werden, insofern die Adressaten fortwährend ermahnt werden, ihr Verhalten am Vorbild der Liebe Gottes zu orientieren (vgl. besonders 1 Joh 2,6: ὁ λέγων ἐν αὐτῷ μένειν ὀφείλει καθὼς ἐκεῖνος περιεπάτησεν καὶ αὐτὸς οὕτως περιπατεῖν)[41]. Diese Appelle sind jedoch nur angemessen verständlich, wenn berücksichtigt wird, daß die Liebe Gottes in der Sendung und im Verhalten Jesu eine konkrete Gestalt gewonnen hat. Aus diesen Gründen verweist der Autor des ersten Johannesbriefs in unterschiedlichen argumentativen Kontexten wiederholt auf das paradigmatische Verhalten Jesu: Die Glaubenden sollen ‚rein' sein, wie er ‚rein' war (1 Joh 3,3). Sie sollen gerecht sein, wie er gerecht war (1 Joh 3,7). Sie sollen sogar bereit sein, ihr Leben füreinander zu geben, wie Jesus sein Leben für sie gab (1 Joh 3,16)[42]. In diesem Sinne kann man resümieren, daß im Motiv der Voraussetzungslosigkeit der Liebe Gottes und in den Verweisen auf das Leben, Leiden und den Tod Jesu eindrücklich die

---

[38]   Entsprechend versteht B. GERHARDSSON, Imitation, 281, 1 Joh 4,10 als eines der „clearest New Testament statements about the primacy of God's love".

[39]   Vgl. H.-J. KLAUCK, Johannesbrief, 250. Die Voraussetzungslosigkeit der Liebe Gottes zeigt sich zudem im Sühneverständnis, daß in der Korrespondenz von 1 Joh 2,2 und 1 Joh 4,10 eindrücklich zutage tritt (vgl. J. FREY, Deutung, 353 bzw. 357f.; ähnlich T. KNÖPPLER, Sühne, 221ff.).

[40]   Zum Begriff vgl. R. SCHNACKENBURG, Epheser, 216. Zur religionsgeschichtlichen Einordnung vgl. H. D. BETZ, Nachahmung, 48ff.; ferner A. NISSEN, Gott, 69ff.; 439f.; B. LINDARS, Imitation, 394-402. Zu entsprechenden Motiven vgl. u. a. TestXII.B 3,1; 4,1 (auf Menschen bezogen); 4 Makk 9,23; 13,9; Ps.-Phocylides 77; Arist 188.210.280f. (auf Gott bezogen); Philo, Vit Mos I, 158; Spec Leg IV, 173.182 etc. Im Neuen Testament begegnet eine derartige Begründungsstruktur der Ethik neben 1 Joh 4,11f. explizit nur noch in Eph 5,1 (implizite Korrelationen bestehen zu Typologien wie 1 Thess 1,7; 2 Thess 3,9; Phil 3,17 etc. (vgl. H. D. BETZ, Nachahmung, 137ff.). Anspielungen auf die johanneischen Sequenzen begegnen u. a. in Ign Eph 1,1; Tral 1,2 und besonders in Diog 10,3f.: ἀγαπήσας δὲ μιμητὴς ἔσῃ αὐτοῦ τῆς χρηστότητος (zur Rezeption von 1 Joh 4,11.19 in Diog 10,3f. vgl. R. BRÄNDLE, „Schrift an Diognet", 74, der jedoch Joh 13,34f.; 15,12 zu undifferenziert als Nachahmung der Liebe Gottes versteht, obwohl dort die Vorbildhaftigkeit Jesu betont wird).

[41]Vgl. R. F. COLLINS, Commandment, 245; H.-J. KLAUCK, Johannesbrief, 274.

[42]   Zu 1 Joh 3,3.7.16 vgl. V. P. FURNISH, Love Command, 149; F. F. SEGOVIA, Love Relationships, 63-65. H.-J. KLAUCK, Johannesbrief, 253 versteht zudem οὕτως (1 Joh 4,11a) als Verweis auf das Verhalten Jesu.

„Einheit der johanneischen ‚theologia crucis' und der Ethik der Liebe ... "
zutage tritt[43].

Die Integration des Motivs der voraussetzungslosen Liebe Gottes in die Begründung des Liebesgebots kann als eine Ausgestaltung alttestamentlicher, frühjüdischer und frühchristlicher Vorentwicklungen verstanden werden. Verweise auf die voraussetzungslose Liebe Gottes begegnen in Kontexten wie z. B. der Erwählung Israels (Dtn 7,6-10; 10,14f.), dem Motiv der Reue Gottes (Hos 11,1ff., besonders V. 9f.), der Güte Gottes (חסד; vgl. u. a. Ps 25,6; 40,12; 51,3; 69,14.17; 86, 5; Jes 54,7f.; Jer 31,3 etc.; zu entsprechenden frühjüdischen Rezeptionen vgl. u. a. CD VIII,14-17; XIX,28-30, 4Q504 Frg. 1ii,8f. etc.[44]).

In paulinischen und deuteropaulinischen Traditionen bildet das Motiv der voraussetzungslosen Liebe Gottes die sachliche Grundlage der Rechtfertigungsaussagen (vgl. besonders Röm 5,8; entsprechend Röm 3,21ff.; Gal 2,15-21; 2 Tim 1,9f. etc.[45]) und der Erwählung der Glaubenden (vgl. u. a. Eph 1,4f.; 2,4f.; Tit 3,5[46]). Auch wenn in diesen Motiven bereits ekklesiologische Konsequenzen impliziert sind, expliziert 1 Joh 4,9f. in besonderer Deutlichkeit, daß die voraussetzungslose Liebe Gottes zum Fundament und Ansporn der gegenseitigen Liebe der Glaubenden werden soll. In diesem Sinne entspricht die johanneischen Konzeption sachlich 1 Petr 1,22-2,3, wo die Gemeinde als eine „Liebesgemeinschaft dank göttlicher Neuzeugung" beschrieben wird[47].

---

[43] Treffend M. HENGEL, Frage, 192. Gleichwohl unterscheidet sich die Vielschichtigkeit der Begründung des Liebesgebots im ersten Johannesbrief vom vierten Evangelium, welches das Liebesgebot strikt und ausschließlich christologisch begründet (vgl. J. AUGENSTEIN, Liebesgebot, 22-24; G. STRECKER, Johannesbriefe, 331f.; H.-J. KLAUCK, Erträge, 97; A. DALBESIO, La communione fraterna, 24 etc.). Zur Bedeutung dieser Aspekte für die Verhältnisbestimmung der johanneischen Schriften vgl. § 13/2.4.

[44] Zu den entsprechenden Kontexten und Applikationen vgl. H. SPIECKERMANN, Liebe, 162f.; J. JEREMIAS, Reue, 52-59; B. JANOWSKI, Richter, 76-79; G. STRECKER, Johannesbriefe, 235f. Im Gegenteil hierzu versteht z. B. Philo, de Abr. 50; Somn. I 69; TestXII.Naph 8,4 die Liebe Gottes als Folge menschlicher Vorbedingungen (vgl. G. STRECKER, Johannesbriefe, 236; DERS./U. SCHNELLE, Neuer Wettstein II/2, 156f.). Zur Verbindung des Motivs der Liebe Gottes und der Erwählung in späteren rabbinischen Traditionen vgl. P. KUHN, Selbsterniedrigung, 13-20; A. NISSEN, Gott, 118-126.

[45] Zur sachlichen Korrespondenz der voraussetzungslosen Liebe Gottes und den Rechtfertigungsvorstellungen vgl. U. SCHNELLE, Paulus, 214ff.; D. ZELLER, Paulus, 171f.

[46] Vgl. O. HOFIUS, Grundlegung, 233 bzw. 245f.

[47] Treffend H. GIESSEN, Liebesgemeinschaft, 135ff. Zur Wirkungsgeschichte der johanneischen Gestaltung dieses Motivs vgl. u. a. Od Sal 3,3; leicht modifiziert auch OdSal 7,1f.; 8,14.23; 42,8; ferner Diog 10,1f. Zwar rezipiert OdSal 3,3 deutlich 1 Joh 4,9f.19 bezüglich des Motivs der vorgängigen Liebe Gottes, jedoch nicht bezüglich der ethischen Konsequenzen (vgl. T. NAGEL, Rezeption, 164). Demgegenüber formuliert R. BRÄNDLE, „Schrift an Diognet", 220 zu Diog 10,1f.: „Auf den Einfluss johanneischer Theologie zurückzuführen ist ... zum einen die in Kap 10 gegebene Begründung der Ethik, zum anderen aber auch ihre Entfaltung mit der Konzentration auf die Liebe" (speziell zu 1 Joh 4,9f. vgl. op. cit., 79 bzw. 171ff.).

2.1.2 Die reziproke Immanenz von Gott und den Jüngern

Der erste Johannesbrief bietet ein breites Spektrum von Immanenzaussagen, die als konsequente Ausgestaltungen alttestamentlich-frühjüdischer Vorgaben verstanden werden können[48]. Eine Besonderheit der johanneischen Konzeption besteht jedoch darin, diese Immanenzaussagen mit den Appellen zur gegenseitigen Liebe der Glaubenden zu verschränken[49]. Eindrücklich zeigt sich diese Verhältnisbestimmung in der These 1 Joh 4,16, die als eine Klimax der johanneischen Immanenzmotivik verstanden werden kann: Wer in der Liebe bleibt, bleibt auch in Gott bzw. Gott bleibt in ihm[50]. 1 Joh 4,13 zufolge können die Glaubenden ihre reziproke Immanenz mit Gott überhaupt nur erkennen, weil er ihnen Anteil an seinem Geist gegeben hat (vgl. entsprechend 1 Joh 3,24; 4,2.6; 5,6). Die *conditio sine qua*

---

[48]   Zur Relation der johanneischen Immanenzvorstellungen zu alttestamentlichen und frühjüdischen Konzeptionen vgl. K. SCHOLTISSEK, Sein, 1. 33f. 364 (zur Schechinatheologie und dem weiteren Spektrum altorientalischer und alttestamentlicher Immanenzvorstellungen vgl. B. JANOWSKI, Mitte, 119ff.; K. SCHOLTISSEK, Sein, 23ff. bzw. 75ff.).

[49]   Dieser paränetische Akzent unterscheidet die johanneische Konzeption v. a. von Vergleichstexten wie Philo, Som II 248; Gig 13-15.60f.; Poster C 122, Cher 98-101; Sobr 62-64 etc. (generell zur Immanenzthematik bei Philo vgl. K. SCHOLTISSEK, Sein, 106-118, der deutlicher als z. B. G. G. GUNTHER, Alexandrian Gospel, 600ff. die spezifischen Differenzen der johanneischen Motive gegenüber Philo herausarbeitet). Das johanneische Motiv der Immanenz Gottes bzw. seiner Liebe in den Glaubenden veranschaulicht jedoch zugleich eine Differenz johanneischer Theologie gegenüber qumranischen Vergleichstexten wie z. B. 1QH IV,17; V,19; VIII,11; XX,11-13; XII,31f.; XXI,14 etc. Diese rezipieren zwar ihrerseits alttestamentliche Immanenzvorstellungen, bieten jedoch „keine Aussagen über eine Immanenz Gottes im Menschen bzw. des Menschen in Gott" (vgl. K. SCHOLTISSEK, Sein, 106).

[50]   1 Joh 4,16 kann als Höhepunkt und Abschluß der Immanenzaussagen in 1 Joh 4,7-21 verstanden werden (vgl. K. SCHOLTISSEK, Sein, 356). M. FIGURA, Botschaft, 414 bzw. 418 versteht 1 Joh 4,16 gar „als die höchste Aussage über die gegenseitige Immanenz von Gott und Mensch" und als Zusammenfassung der johanneischen Botschaft von der Liebe Gottes. Ein Unterschied zwischen den Immanenzaussagen des ersten Johannesbriefs und des vierten Evangeliums besteht jedoch darin, daß nach Joh 14,21.23f. die Einwohnung Gottes bzw. seiner Liebe in den Jüngern eine Folge ihrer Liebe zu Jesus ist. Zudem spricht der erste Johannesbrief lediglich von der reziproken Immanenz von Gott und Mensch, das Johannesevangelium hingegen von der Immanenz des Sohnes und des Vaters in den Jüngern. Die Mittlerfunktion Jesu wird im vierten Evangelium somit deutlicher hervorgehoben (so zu Recht F. VOUGA, Johannesbriefe, 68). Dies gilt ebenso für die Begründung der Erkennungsmöglichkeit der reziproken Immanenz von Gott und Mensch durch das Motiv der Geistgabe, obwohl die Grundtendenzen von Joh 14,16; Joh 15,26; 16,7; 1 Joh 2,20.27; 4,13 vergleichbar sind (H.-C. KAMMLER, Geistparaklet, 97; ähnlich J. BECKER, Geist- und Gemeindeverständnis, 229; P. STUHLMACHER, Theologie II, 214 versteht 1 Joh 4,13 gar als Vermittlung von 1 Joh 2,20.27 und 1 Joh 4,2.6; 5,6.). Zur Bedeutung dieser Aspekte für die Chronologie der johanneischen Schriften s. u. den Exkurs in § 13/2.4.

non der bleibenden Immanenz Gottes ist jedoch die gegenseitige Liebe der Gemeindeglieder (vgl. u. a. 1 Joh 4,12; 1 Joh 4,16c).

Ebenso wie die Aussagen über das Wesen der Liebe oder das Wesen Gottes dienen diese Immanenzaussagen somit nicht metaphysischen Spekulationen, sondern der Ermahnung zur gegenseitigen Liebe der Adressanten.

2.1.3 Geschwisterliebe und Gotteserkenntnis

In der Eröffnung des Hohenliedes der Liebe Gottes werden die Themen ‚Liebe' und ‚Gotteserkenntnis' zueinander in Beziehung gesetzt: 1 Joh 4,7bγ.8a. zufolge erkennt der Liebende Gott – wer hingegen nicht liebt, erkennt Gott nicht. Die Intentionen und Implikationen dieser Aussage können nur im Gesamtzusammenhang des ersten Johannesbriefs angemessen erfaßt werden.

Angesichts der Notsituation des Gemeindeschismas ermahnt der Verfasser seine Adressaten, nicht jeder Geistesströmung Vertrauen zu schenken, sondern die Geister zu prüfen (1 Joh 4,1). Aus diesem Grunde appelliert er in unterschiedlichen thematischen Zusammenhängen an ihre Urteilsfähigkeit und erinnert sie an die wesentliche Inhalte ihrer ‚Glaubenserkenntnis'.

Die Glaubenden können Gott und seinen Sohn erkennen, weil sie durch Jesus den göttlichen Geist vermittelt bekommen haben (1 Joh 3,20; 4,13; 5,20[51]). Demgegenüber kann der Kosmos die Gotteskindschaft der Glaubenden nicht erkennen, weil er Gott selbst nicht erkannt hat (1 Joh 3,1b). Der ‚Geist Gottes bzw. der Wahrheit' und der ‚Geist der Lüge' ist wiederum am Bekenntnis – wohl dem Bekenntnis zur Inkarnation Jesu – zu erkennen (1 Joh 4,2.6; 2 Joh 7). Neben diesen christologischen Kriterien werden auch ethische Erkennungsmerkmale der Gotteskindschaft benannt: Die τέκνα τοῦ θεοῦ können daran erkannt werden, daß sie die Gebote Gottes bewahren und Gerechtigkeit und Geschwisterliebe praktizieren (1 Joh 2,3-5.29; 3,19).

Die zentralen Inhalte der Gotteserkenntnis sind somit das christologische Bekenntnis und die in der Sendung Jesu offenbarte Liebe Gottes samt ihrer ethischen Implikationen (1 Joh 3,16; 4,9f.16)[52]. Weitere Erkenntnisinhalte werden in der johanneischen Briefkorrespondenz nicht zur Sprache gebracht. Diese Zurückhaltung zeigt sich auch in den Aussagen über das Lichtwesen Gottes (1 Joh 1,5b) und die Erkenntnis vermittelnde Salbung

---

[51] Die durch Jesus vermittelte διάνοια (1 Joh 5,20) bezeichnet das „Erkenntnisvermögen" der Jünger (vgl. H.-C. KAMMLER, Christologie, 112 in Rekurs auf W. BAUER/K. ALAND, Wörterbuch, 375).

[52] Dies entspricht paulinischen und deuteropaulinischen Ansätzen (zu 1 Kor 8,3; Eph 3,19 etc. vgl. O. WISCHMEYER, Weg, 140; T. SÖDING, Liebesgebot, 116-119 bzw. 282).

(1 Joh 2,20f.27). Die Aussage ὁ θεὸς φῶς ἐστιν mündet in den weiteren lichtmetaphorischen Aussagen in die These, daß derjenige, der für sich in Anspruch nimmt, im Licht zu sein, auch seine Mitchristen lieben soll[53]. Demgegenüber wird durch den Verweis auf das von Jesus vermittelte χρῖσμα inmitten christologischer Ausführungen an die Erkenntnisfähigkeit der Gemeindeglieder appelliert[54]. Beide Motive werden in der johanneischen Briefkorrespondenz allerdings nicht weiter entfaltet.

Diese Sachverhalte veranschaulichen, daß der Verfasser des ersten Johannesbriefs nicht über die Inhalte einer esoterischen Gotteserkenntnis spekulieren möchte. Es geht im vielmehr darum, den Anspruch einer Gotteserkenntnis von der Praxis zwischenmenschlicher Liebe her zu beurteilen.

Exkurs: Zur Besonderheit der Zuordnung von Glaube, Erkenntnis und Liebe
in den johanneischen Briefen

Die skizzierte Verhältnisbestimmung von ‚Erkenntnis' und ‚Liebe' entspricht 1 Kor 8,1-3; 1 Kor 13,12 etc.[55] Die paulinischen und johanneischen Ausführungen verfolgen vergleichbare argumentative Anliegen. In diesen Texten wird jeweils ein Erkenntnisanspruch problematisiert, der sich nicht im ethischen Verhalten konkretisiert[56]. Die johanneischen und paulinischen Konzeptionen erklären einmütig die praktizierte Liebe gegenüber den Gemeindegliedern zum Kriterium des Erkenntnisanspruchs. 1 Kor 8,1ff.; 13,2 zufolge müssen die entsprechenden Erkenntnisinhalte „von der Liebe geleitet werden, um für den Aufbau der Gemeinde fruchtbar werden zu können"[57]. Der Verfasser des ersten Johannesbriefs stellt jedoch noch entschiedener als Paulus die Richtigkeit der postulierten Erkenntnis in Frage (vgl. 1 Joh 2,7-11; 4,7f.19ff.).

Zudem veranschaulicht die inhaltliche Bestimmung und soteriologische Relevanz der in den johanneischen Briefen thematisierten ‚Erkenntnis' die Differenz zu späteren frühgnostisch-gnostischen Traditionsbildungen. Irenäus von Lyon moniert in seiner Skizze valentianischer Konzeptionen oftmals das hybride und lieblose Verhalten seiner Gegner (paradigmatisch Iren., haer. I,6,4a: ... ἡμῶν μέν ... κατατρέχουσιν ὡς ἰδιωτῶν καὶ

---

[53]   Zu 1 Joh 2,7-11 s. u. § 7/3.2.

[54]   Dies birgt eine Korrespondenz zwischen 1 Joh 2,20.27 und den Parakletverheißungen in den Abschiedsreden des Johannesevangeliums. In diesem Sinne erkennt H. GIESEN, Art. ψεῦδος, Sp. 1192 hierin eine „Metapher für den Geist" (vgl. entsprechend vgl. H.-J. KLAUCK, Johannesbrief, 157 bzw. 159; H. CONZELMANN, Art. ψεῦδος κ.τ.λ., 599).

[55]   Implizit entspricht dies auch der Zuordnung von Liebe und Erkenntnis bzw. Selbsterkenntnis und Gotteserkenntnis in Gal 4,9 (zu den paulinischen Sequenzen vgl. W. SCHRAGE, Korinther II, 215f.; T. SÖDING, Liebesgebot, 282; O. HOFIUS, Gott, 170f.)

[56]   Zur Einordnung von 1 Kor 8,1-3; 12,31b-13,13 in ihre jeweiligen Kontexte vgl. W. SCHRAGE, Korinther III, 279f.

[57]   Treffend F. LANG, Korinther, 109.

μηδὲν ἐπισταμένων ἑαυτοὺς δὲ ὑπερυψοῦσι τελείους ἀποκαλοῦντες καὶ σπέρ-
ματα ἐκλογῆς)[58].

Strittig ist jedoch, inwieweit ein solcher Vorwurf berechtigt ist: Ein prominentes
Zeugnis valentianischer Theologie, das zugleich eine Vielzahl von Reminiszenzen an das
johanneische Denken aufweist, ist das Philippusevangelium[59]. Dieses erklärt jedoch Erkenntnis und Liebe gleichermaßen zu ‚Kardinaltugenden‘: „Die Erkenntnis der Wahrheit
erhebt ... Die Liebe aber erbaut ... Wer aber freigeworden ist durch die Erkenntnis, ist um
der Liebe willen ein Sklave für die, die die Freiheit der Erkenntnis noch nicht aufnehmen
konnten" bzw. „Der Wind ist die Liebe – sie ist es, durch die wir wachsen. Das Licht
aber ist die Erkenntnis, sie ist es, durch die wir reifen" (EvPhil 110 bzw. 115 [NHC II,3
77, 24-27 bzw. 78,29f.]). In diesen Kontexten wird die in 1 Kor 8,1b negativ ausgerichtete These ἡ γνῶσις φυσιοῖ positiv interpretiert (ⲧⲅⲛⲱⲥⲓⲥ ⲛ̄ⲧⲁⲗⲏⲑⲉⲓⲁ ϫⲓⲥⲉ [NHC II,3
77,24])[60].

Doch auch wenn die Polemik des Verfassers des ersten Johannesbriefs bzw. des Lyo-
ner Bischofs und die Selbstwahrnehmung der jeweiligen Gegner möglicherweise divergieren, ist festzuhalten, daß in gnostischen Traditionsströmen der Erkenntnis eine andere
soteriologische Relevanz zukommt als in der johanneischen Theologie. Dies entspricht
auch dem in 1 Joh 2,20.27 angesprochenen Motiv des von Jesus vermittelten χρῖσμα (1
Joh 2,20.27), welches die Erkenntnisfähigkeit der Gemeindeglieder gewährleisten solle.
Während dieses Motiv jedoch nur beiläufig angeführt wird und in den johanneischen
Schriften keine weitere Entfaltung findet, avanciert eine erkenntnisvermittelnde Salbung
in EvPhil 6; 75; 95 als eines der fünf valentinianischen Sakramente zu einem soteriologischen Zentralmotiv (NHC II,3 52,21-24; 69,8-14; 74,12-20)[61].

Paradigmatisch für eine „Jesusüberlieferung auf dem Weg zur Gnosis"[62] sind einzelne
Logien des Thomasevangeliums, denenzufolge die Erkenntnis der verborgenen Worte
Jesu (EvThom Incipit bzw. 1f.), des Schöpfungsursprungs (EvThom 18/19), der eigenen
‚Urbilder‘ (EvThom 84,1) bzw. die Selbsterkenntnis der Glaubenden als Gotteskinder
(EvThom 3f.) etc. heilsvermittelnde Relevanz besitzt. Die Jünger Jesu werden nicht erst
durch den Glauben zu ‚Kindern des Lichts‘ (Joh 12,36), sondern sie sind es aufgrund

---

[58] Vgl. den Übersetzungsvorschlag von N. BROX, Irenäus I, 167: „ ... sie ziehen aber
über uns ... als Simpel und Nichtwisser her, schätzen sich selbst maßlos hoch ein und
bezeichnen sich als Vollkommene und als erwählten Samen."

[59] T. NAGEL, Rezeption, 407 vermutet keinen unmittelbaren Rekurs auf johanneische Texte, sondern eine „Rezeption ... verschiedener Joh-Rezeptionen". Gleichwohl
versuche der Verfasser „die Sprache des vierten Evangelisten den Intentionen der jeweiligen Aussagen im EvPhil dienstbar" zu machen. Zu entsprechenden Rezeptionen johanneischer Theologie in den Fragmenten Valentins vgl. C. MARKSCHIES, Valentinus, 79.

[60] Vgl. H.-M. SCHENKE, Philippus-Evangelium, 477. Dies ist ein markantes Beispiel, in welcher Weise Paulus entgegen seiner eigentlichen Intentionen zum haereticorum apostolus werden konnte (zu diesem von Tertullian beschriebenen Phänomen vgl.
Tert., Adv. Marc. III, 5,4 [C.Chr. SL. 1, 513,26]).

[61] Zur Bedeutung der Salbung für die Soteriologie des Philippusevangeliums vgl.
H.-M. SCHENKE, Philippus-Evangelium, 159ff.; 402f. bzw. 445-448. Für das Verhältnis
zu den johanneischen Schriften sind zudem die impliziten Bezüge zur Lichtmetaphorik
und den Parakletverheißungen des Johannesevangeliums bedeutend (besonders die Identifikation der Salbung als Licht: ⲡⲟⲩⲟⲉⲓⲛ ⲇⲉ ⲡⲉ ⲡⲭⲣⲓⲥⲙⲁ [PhilEv 75b NHC II,3 p.
69,14]; entsprechend spricht EvPhil 74 von einer Salbung mit dem Geist).

[62] Vgl. J. SCHRÖTER/H.-G. BETHGE, Thomas, 163.

ihrer ontologischen Grundverfassung (EvThom 50,1)[63]. Jesus ist nicht etwa das Objekt, sondern der Vermittler der Erkenntnis.

Eine noch deutlichere Modifikation des johanneischen Erkenntnisbegriffs bietet die Langfassung des Johannesapokryphons, die als eine „Zusatzoffenbarung zum Evangelium"[64] gestaltet wurde. Dabei wird gerade die Erkenntnis der Schöpfungsprinzipien und der individuellen Zugehörigkeit zu den gegensätzlichen Sphären als heilsvermittelnd verstanden. So mahnt z. B. der abschließende ‚Pronoia-Monolog': „Richte dich auf und erinnere dich daran, daß du der bist, der gehört hat; und folge deiner Wurzel, die ich bin." (NHC II,1 31,154-16)[65]. Die im Johannesapokryphon *in extenso* entfaltete Protologie impliziert jedoch Erkenntnisinhalte, die der johanneischen Theologie diametral widersprechen (besonders im Gottesbegriff, den doketischen Tendenzen etc.)[66].

Des weiteren veranschaulicht 1 Joh 4,7f.13 die Differenz der in der johanneischen Briefkorrespondenz thematisierten ‚Erkenntnis' gegenüber weisheitlichen Traditionen, die in der Qumranbibliothek erhalten sind. Vordergründig besteht z. B. eine Korrespondenz zwischen dem Motiv der erkenntnisvermittelnden Immanenz des göttlichen Geistes (1 Joh 4,13) und 1QH XX,11-13[67]. Der Beter der Hodajot nimmt für sich in Anspruch, vom Geiste Gottes erfüllt zu sein. Aufgrund dieser Immanenz des göttlichen Geistes sei er in die Geheimnisse und die Erkenntnis Gottes eingeweiht worden. Er rühmt sich freilich nicht seiner eigenen Erkenntnisfähigkeit, sondern er dankt Gott für die Gnade, die ihm zu teil wurde:

11b ואני משכיל ידעתיכה אלו ברוך

12 אשר נתתה בי ונאמנה שמעתי לסוד פלאכה ברוח קדשכה

13 [פ]תחתה לתוכי דעת ברז שכלכה ומעיו בורת[כה] ...

11b „Und ich, Maskil, ich habe Dich erkannt, mein Gott, durch den Geist,
12 den Du in mich gegeben, und Verläßliches habe ich zu Deinem
Wundergeheimnis gehört durch den Geist Deiner Heiligkeit.
13 Du hast in mich [er-]öffnet Erkenntnis in deines Verstandes Mysterium"[68].

Ebenso wie in den Korrespondenztexten 1QH IV,17; V,19; VIII,11; XII,31f.; XXI,14 wird diese Erkenntnis göttlicher Geheimnisse von einer exponierten Führungsfigur in Anspruch genommen, die die weiteren Gemeindemitglieder zu belehren hat[69]. Demgegenüber wird in 1 Joh 3,24; 4,2.6.13; 5,6 die erkenntnisvermittelnde Geistgabe allen Gemeindegliedern zugestanden. Sie sollen nicht jedem Geist vertrauen, sondern prüfen,

---

63 Ausführlich hierzu vgl. E. E. POPKES, Licht, passim. T. ONUKI, Fleischwerdung, 85 versteht EvThom 50,1 gar als direkte Rezeption und Modifikation von Joh 12,36.

64 Treffend M. HENGEL, Frage, 51ff. (ausführlich zum Verhältnis des Corpus Johanneum zum Johannesapokryphon s. o. § 4/4.3).

65 Zur zentralen Bedeutung dieses Motivs für die Soteriologie des Johannesapokryphons vgl. M. WALDSTEIN, Apokryphon des Johannes, 100f.

66 Vgl. hierzu u. a. M. FIEGER, Thomasevangelium, 282; C. MARKSCHIES, Valentinus, 93f. Vgl. u. a. AJ NHC II,1 30,11ff.; besonders 31,31f. bzw. NHC IV,1 46,23ff. etc.

67 K. SCHOLTISSEK, Sein, 105f. versteht 1QH XX,11-13 als die einzige den johanneischen Immanenzaussagen nahekommende Sequenz der Qumranbibliothek.

68 So der Übersetzungsvorschlag von J. MAIER, Qumran-Essener I, 103f. Vgl. ferner F. MANZI, Il Peccato, 376ff.; K. SCHOLTISSEK, Sein, 105f.

69 Zu vergleichbaren Aspekten der Hodajot vgl. J. VANDERKAM, Qumranforschung, 84f.

ob dieselben aus Gott sind (1 Joh 4,1). Das πνεῦμα τῆς ἀληθείας bzw. πνεῦμα τῆς πλάνης zeigt sich im christologischen Bekenntnis (1 Joh 4,6)[70].

2.1.4 Das Verhältnis von ‚Geschwisterliebe‘ und ‚Gottesschau‘

Der Autor des ersten Johannesbriefs thematisiert in unterschiedlichen argumentativen Zusammenhängen die Sichtbarkeit bzw. Unsichtbarkeit Gottes. Das Anliegen dieser Aussagen zeigt sich eindrücklich in 1 Joh 3,1f. Der argumentative Duktus scheint darauf hinzuweisen, daß der Verfasser eine gegnerische Position problematisieren möchte, welche die präsentisch-eschatologische Bedeutung der Gottesschau überbewertet[71]. Aus diesem Grund erläutert er seinen Adressaten, welche Bedeutung seines Erachtens die Gotteskindschaft für die gegenwärtige und zukünftige Existenz der Glaubenden besitzt:

V 3,2aα Ἀγαπητοί, νῦν τέκνα θεοῦ ἐσμεν,
    αβ καὶ οὔπω ἐφανερώθη τί ἐσόμεθα.
  b οἴδαμεν ὅτι ἐὰν φανερωθῇ, ὅμοιοι αὐτῷ ἐσόμεθα,
           ὅτι ὀψόμεθα αὐτὸν καθώς ἐστιν.

In V 2 formuliert der Verfasser einen ‚eschatologischen Vorbehalt‘, indem er die präsentisch-eschatologischen und futurisch-eschatologischen Implikationen der Gotteskindschaft der Glaubenden anspricht: Zunächst wird betont, daß die Adressaten sich bereits gegenwärtig als Gotteskinder verstehen dürfen (V 2aα). Diese ontologische Neubestimmung hat jedoch noch nicht ihre volle Entfaltung gefunden (V 2aβ). Die „Offenbarung der eigentlichen Wesengestalt der Glaubenden"[72] vollzieht sich erst in der ‚Gleichgestaltung‘ bzw. unmittelbaren Schau Gottes bzw. Jesus (V 2b).

Auch wenn grammatikalisch und sachlich unklar bleibt, ob ὀψόμεθα αὐτὸν καθώς ἐστιν eine ‚Gottesschau‘, oder eine ‚Schau Christi‘ bezeichnet[73], bringt dieses Motiv zur Sprache, daß Gott in der gegenwärtigen Situation auch für die Glaubenden noch unsichtbar ist. Diese Aussage wird

---

[70] Zur Differenz beider Konzeptionen vgl. D. E. AUNE, Dualism, 298. Treffend J. J. COLLINS, Apocalypticism, 161: „John has no concept of an eschatological war between the two spirits."

[71] So u. a. K. WENGST, Brief, 125f.; R. E. BROWN, Epistles, 392f. Gleichwohl kann von den genannten Argumenten her das religionsgeschichtliche Profil dieser Gegner nicht exakt benannt werden (vgl. J. FREY, Eschatologie III, 89ff.).

[72] Vgl. J. FREY, Eschatologie III, 91.

[73] Während z. B. R. E. BROWN, Epistles, 422ff.; H-J. KLAUCK, Johannesbrief, 178f.; R. SCHNACKENBURG, Johannesbriefe, 169ff. V 2bα als Anspielung auf eine ‚*visio dei*‘ verstehen, plädieren u. a. J. FREY, Eschatologie III, 91; S. S. SMALLEY, 1, 2, 3 John, 145f.; H. BALZ, Johannesbriefe, 184ff. für eine ‚*visio christi*‘ (zur Skizze des Diskussionsspektrum vgl. u. a. J. FREY, Eschatologie III, 89-91).

in 1 Joh 4,12a.20 wieder aufgenommen und nun zur Gottesliebe und der gegenseitigen Liebe der Gotteskinder in Beziehung gesetzt: Die Liebe zu dem noch unsichtbaren Gott soll sich in der Liebe zu dem bereits gegenwärtig sichtbaren Bruder konkretisieren. Die argumentative Grundlage dieser Aussage bildet das bereits in 1 Joh 4,7 angedeutete und in 1 Joh 5,2 entfaltete familienmetaphorische Motiv, daß die Liebe zu Gott als dem Vater die Liebe zu den sonstigen Gotteskindern als den ‚Glaubensgeschwistern‘ nach sich zieht.

Die skizzierte Korrespondenz zwischen der Paränese zur Geschwisterliebe und dem Motiv der Gottesschau entspricht der Betonung der „Anschaulichkeit und Realität des Heilsgeschehens", welche seit dem Proömium 1 Joh 1,1-4 eine Grundlage der Auseinandersetzung mit den gegnerischen Positionen bildet[74]. Auch in diesen Zusammenhang wird somit das paradigmatische Handeln Jesu als „Gottes menschgewordene Liebe"[75] zum Fundament der Begründung des Liebesgebots.

Exkurs: Zur Besonderheit des Motivs der Gottesschau im ersten Johannesbrief

Die Besonderheit der skizzierten Argumentationsfigur läßt sich v. a. im Vergleich mit philonischen und gnostischen Gestaltungen des Motivs einer Gottesschau veranschaulichen[76]. *Philo von Alexandrien* bietet ein breites Spektrum von Gottesschau-Motiven[77],

---

[74] Treffend U. SCHNELLE, Christologie, 66, der bereits in 1 Joh 1,1-4 die Vorbereitung der Auseinandersetzungen in 1 Joh 2,22f.; 4,1-3 erkennt. Entsprechend erkennt C. HERGENRÖDER, Herrlichkeit, 365f. eine Korrespondenz der Epiphaniesprache von Joh 1,1-18 und 1 Joh 1,1-4. Dennoch lassen sich markante Unterschiede zwischen 1 Joh 3,2; 4,12a.20 und Joh 1,14.18; 12,45; 14,8-10 erkennen. Beide Dokumente sprechen formal nahezu identisch von der Unsichtbarkeit Gottes (1 Joh 4,12a; Joh 1,18). Der erste Johannesbrief bietet jedoch nicht das Motiv der Sichtbarkeit des Vaters im Sohn (Joh 12,45; 14,8.10), welches eine johanneische Besonderheit gegenüber traditionsgeschichtlichen Vergleichsgrößen ist. 1 Joh 4,12a.20 könnte als eine Rekapitulation von Joh 1,18a; 5,37; 6,46; 1 Joh 3,2 verstanden werden, die nun ekklesiologisch appliziert bzw. modifiziert wird (vgl. F. F. SEGOVIA, Love Relationships, 66; H.-J. KLAUCK, Johannesbrief, 253f. bzw. 275). A. D. DECONICK, Voices, 131, erkennt gar eine Fortentwicklung gegenüber dem vierten Evangelium, insofern angesichts des johanneischen Schismas „the eschatological interpretation of the vision of God is developed in the later Johannine writing, 1 John". H.-C. KAMMLER, Christologie, 112 versteht 1 Joh 5,20 als eine Reminiszenz zu Joh 12,45; 14,6-10 (zur Bedeutung dieser Sachverhalte für die Chronologie der johanneischen Schriften s. den Exkurs in § 13/2.4).

[75] Treffend H.-J. KLAUCK, Johannesbrief, 253f.

[76] Zu entsprechenden Motive bei Philo vgl. u. a. G. STRECKER/U. SCHNELLE, Neuer Wettstein II/2, 1439f. Konkrete Einflüsse philonischer Theologie auf das johanneische Denken sind jedoch unsicher. Ferner erschwert die Kürze der Argumentation eine Zuordnung zu frühjüdischen Auslegungstechniken (treffend H.-J. KLAUCK, Johannesbrief, 275; anders hingegen H. WINDISCH, Johannesbrief, 131). Zu weiteren möglichen Korrespondenztexten wie Ex 33,20; Dtn 4,12 und deren Modifikation in Philo, Post 168; Decal 120 etc. vgl. T. KORTEWEG, Invisible, 50ff.; C. HERGENRÖDER, Herrlichkeit, 66ff.).

die partiell auch 1 Joh 4,20; Joh 1,18 korrespondieren. Eine deutliche Affinität zur paränetischen Intention von 1 Joh 4,20 weist z. B. Philo, Decal 120 auf. Im Kontext einer Auslegung des vierten Dekaloggebot Ex 20,12 betont Philo, daß nur derjenige den unsichtbaren Gott ehren könne, der auch Ehrfurcht vor seinen sichtbaren und nahestehenden Mitmenschen hat (ἀμήχανον δ' εὐσεβεῖσθαι τὸν ἀόρατον ὑπὸ τῶν εἰς τοὺς ἐμφανεῖς καὶ ἐγγὺς ὄντας ἀσεβούντων)[78].

Daneben wird bei Philo ekstatischen Erfahrungen eine zentrale Bedeutung zugeschrieben (vgl. u. a. Philo, Quis Her. 69f. 264f.; Vit. Cont. 12; Mig. 34f.; Q. G. III,9; IV,140). Derartige Konnotationen trägt die johanneische Motivgestaltung nicht: „In John this ethical expression is as vital to the knowledge of God as is the ecstatic expression in Philo"[79]. Eine noch deutlichere Diskrepanz besteht jedoch zu jenen philonischen Motivaspekten, denenzufolge eine Gottesschau u. a. durch eine Abkehr vom Materiellen bzw. Körperlichen ermöglicht wird. Paradigmatisch hierfür ist z. B. Philo, Rer Div Her, 78f., wo das in Gen 15,5 beschriebene Hinaustreten Abrahams aus seinem Zelt allegorisch als eine Distanzierung vom Materiell-Sinnlichen interpretiert wird. Derjenige, der auf diese Weise Gott sieht (Philo, Rer Div Her, 78a: ... θεὸν ὁρῶν ...), gewinnt einen Zugang zum ‚göttlichen Logos' und zur ‚unvergänglichen Seelennahrung' (Philo, Rer Div Her, 79a: πεπαίδευται δὲ καὶ εἰς τὸ μάννα ἀφορᾶν τὸν θεῖον λόγον τὴν οὐράνιον ψυχῆς φιλοθεάμονος ἄφθαρτον τροφήν)[80]. Hierin entspricht Philo den von ihm rezipierten platonischen Konzeptionen, denenzufolge das „Sich - Hinauslehnen ins wahrhaftige Sein"[81] der Abkehr vom Vergänglichen zum Unvergänglichen bzw. Unwandelbaren entspricht. Demgegenüber dient das Motiv der Gottesschau in 1 Joh 4,20-5,1 gerade dazu, die konkrete materielle Not der Mitmenschen zu beachten. In diesem Sinn entspricht die johanneischen Argumentationsstruktur dem Agraphon „Hast du deinen Bruder gesehen, du hast deinen Gott gesehen" (Cl Al, Strom I 19,94; ähnlich Tertullian, Orat 26[82]).

Ein prägnantes Beispiel für die soteriologischen Implikationen einer ‚gnostischen Gottesschau' bietet EvPhil 44a (NHC II,3 61,20-32): „Es ist unmöglich, daß jemand etwas von dem Feststehenden sieht, es sei denn, daß er jenem gleich wird. Nicht so wie

---

[77]   Zum Motiv der Sichtbarkeit bzw. Unsichtbarkeit Gottes im philonischen Denken vgl. E. R. GOODENOUGH, Light, 338f., der eine traditionsgeschichtliche Wirkung der philonischen Vorstellung auf spätneutestamentliche Motive wie 1 Tim 6,16a (ὁ μόνος ἔχων ἀθανασίαν, φῶς οἰκῶν ἀπρόσιτον, ὃν εἶδεν οὐδεὶς ἀνθρώπων οὐδὲ ἰδεῖν δύναται ...) vermutet.

[78]   Diese Bestimmung wird im Kontext primär auf die Eltern bezogen.

[79]   Treffend D. A. HAGNER, Vision, 92.

[80]   Vgl. D. A. HAGNER, Vision, 92f.

[81]   So C. RIEDWEG, Mysterienterminologie, 38 zum Motiv der Gottesschau bei Plato und deren Wirkung auf Philo. Besonders deutlich sei der Einfluß des Seelenwagenmythos (Plato, Phaidros, 246a-257a) auf die mysterientheologischen Facetten des philonischen Denkens zu erkennen (op. cit., 106; entsprechend D. T. RUNIA, Creation, 229ff.). Eine Diskreditierung zeige sich zudem überall dort, wo die Überwindung der unvollkommen korporalen Geschöpflichkeit im Gewand mythischer Darstellung thematisiert wird (C. RIEDWEG, op. cit., 107). Eine Rezeptions- und Interpretationslinie dieser Dualisierung lasse sich von Platon über Philo und Plutarch und bis zu Clemens von Alexandrien verfolgen (op. cit., 140).

[82]   Vgl. A. RESCH, Agrapha, 182, der eine thematische Korrespondenz zum matthäischen Motiv des Sehens Jesu im Notleidenden vermutet (vgl. Mt 25,31-46, besonders 38-40).

der Mensch, wenn er in der Welt ist, die Sonne sieht, ohne Sonne zu sein, und den Himmel, die Erde und alle übrigen Dinge, ohne jene zu sein, (nicht so) verhält es sich in (der Sphäre) der Wahrheit. Sondern du sahst etwas von jenem Ort und wurdest zu jenem, Du sahst den Geist und wurdest Geist. Du sahst Christus und wurdest Christus. Du sahst den [Vater] und wirst zum Vater werden"[83]. In einer solchen Konzeption wird einerseits der gegenwärtigen mystischen Schau die entscheidende soteriologische Relevanz zugestanden, andererseits geht es nicht um eine Erkenntnis Jesu bzw. Gottes, sondern primär um eine Selbsterkenntnis[84]. Doch auch wenn sich die Argumentationen in 1 Joh 3,2 gegen den Anspruch einer bereits erfahrenen Gottesschau zu wenden scheinen, die eine Vorentwicklung einer solchen gnostischen Konzeption sein könnten, bleibt die konkrete religionsgeschichtliche Einordnung der gegnerischen Position spekulativ[85].

2.1.5 Geschwisterliebe und Gotteskindschaft

An dem Verhältnis der Themen ‚Geschwisterliebe' und ‚Gotteskindschaft' läßt sich paradigmatisch die Zuordnung liebessemantischer und dualistischer Motive im ersten Johannesbrief erläutern. In der Eröffnung des Hohenliedes der Liebe Gottes wird betont, daß derjenige, der liebt, aus Gott geboren ist (1 Joh 4,7b). Der Anlaß und die Intention dieser Aussage kann nur im Gesamtzusammenhang der Zeugungs- bzw. Geburtsmetaphorik der johanneischen Briefkorrespondenz angemessen verstanden werden. Aus diesem Grunde wird im folgenden zunächst die in 1 Joh 3,7-10 vorliegende Antithetik von ‚Gotteskindschaft' und ‚Teufelskindschaft' analysiert, welche eine der schärfsten dualistischen Kontrastierungen in der johanneischen Theologie bildet (2.1.5.1). Vor dem Hintergrund dieser Sequenz kann erläutert werden, in welcher Weise die praktizierte Liebe zum Kriterium der Gotteskindschaft erklärt wird (2.1.5.2). Gleichwohl weist die Zuordnung von ‚Geschwisterliebe' und ‚Gotteskindschaft' eine spannungsreiche Verbindung prädestinatianischer und ‚entscheidungsdualistischer' Tendenzen auf. Dieser Sachverhalt soll am Sündenbegriff expliziert werden, der jene Dialektik signifikant zutage treten läßt (2.1.5.3).

2.1.5.1 Die Antithetik von ‚Gotteskindschaft' und ‚Teufelskindschaft'

Die Geburts- und Zeugungsmetaphorik ist ein zentrales Motiv der johanneischen Ekklesiologie[86]. Eine direkte Antithetik von ‚Gotteskindschaft' und

---

83 So der Übersetzungsvorschlag von H.-M. SCHENKE, Philippus-Evangelium, 33.

84 So K. WENGST, Brief, 127.

85 Treffend J. FREY, Eschatologie III, 92f. im Blick auf das komplexe Spektrum alttestamentlich-frühjüdischer bzw. frühchristlicher Korrespondenzmotive.

86 Für D. RUSAM, Gemeinschaft, 165 besitzt die Dominanz des Motiv der Gotteskindschaft für die Ekklesiologie des ersten Johannesbriefs keine neutestamentliche Analogie. Doch auch wenn das Lexem γεννᾶσθαι ἐκ τοῦ θεοῦ im ersten Johannesbrief ungleich häufiger als im Johannesevangelium auftritt (op. cit., 165f.), ist es für beide Dokumente von zentraler Bedeutung (vgl. R. BERGMEIER, Glaube, 213).

‚Teufelskindschaft' begegnet jedoch nur in 1 Joh 3,7-10[87]. Da dieser Text oft als Kronzeuge einer dualistischen bzw. prädestinatianischen Grundtendenz der Theologie des ersten Johannesbriefs gewertet wurde[88], besitzt seine Interpretation eine besondere Relevanz für das Gesamtverständnis johanneischen Denkens.

Die Kontrastierung der ‚Gottes- und ‚Teufelskindschaft' in 1 Joh 3,7-10 ist in den Gesamtkontext 1 Joh 3,1-10 eingebettet, dessen Argumentationsduktus folgendermaßen nachgezeichnet werden kann: Zunächst betont der Verfasser des ersten Johannesbriefs, daß die Gotteskindschaft der Glaubenden ein Geschenk der göttlichen Gnade bzw. ein Ausdruck der Liebe Gottes ist (1 Joh 3,1). Doch auch wenn sich die Adressaten bereits gegenwärtig als Gotteskinder verstehen dürfen, gehen sich noch einer vollständigen Gleichgestaltung mit Gott und der Erkenntnis seines Wesens entgegen (1 Joh 3,2)[89]. Aufgrund dieser Hoffnung sollen die Gotteskinder jedoch bereits gegenwärtig ‚rein' sein wie Gott bzw. Jesus (1 Joh 3,3).

Das Thema der folgenden Verse ist die Sündlosigkeit. Jesus ist zur Aufhebung der Sünde erschienen (1 Joh 3,5a). Da in ihm keine Sünde ist (1 Joh 3,5b), werde jeder, der in ihm bleibt, nicht sündigen (1 Joh 3,6a). Wer hingegen sündigt, habe Jesus weder gesehen, noch erkannt (1 Joh 3,6b). Diese Ausführungen über die Gotteskindschaft der Glaubenden werden in 1 Joh 3,7-10 fortgeführt, indem nun Gotteskindschaft und Teufelskindschaft kontrastiert werden:

1 Joh 3,7a	Τεκνία, μηδεὶς πλανάτω ὑμᾶς.	
ba	ὁ ποιῶν τὴν δικαιοσύνην	δίκαιός ἐστιν,
bβ	καθὼς ἐκεῖνος	δίκαιός ἐστιν.
1 Joh 3,8aα	ὁ ποιῶν τὴν ἁμαρτίαν ἐκ τοῦ διαβόλου ἐστίν,	
aβ	ὅτι ἀπ' ἀρχῆς	ὁ διάβολος ἁμαρτάνει.
ba	εἰς τοῦτο ἐφανερώθη ὁ υἱὸς τοῦ θεοῦ	
bβ	ἵνα λύσῃ τὰ ἔργα τοῦ διαβόλου.	

---

[87] 1 Joh 3,7-10 korrespondiert wiederum Joh 8,42-47. Diese Texte sind jedoch in ausgesprochen unterschiedlichen Kontexten eingebettet und verfolgen nur partiell vergleichbare textpragmatischen Intentionen.

[88] Vgl. u. a. E. KÄSEMANN, Wille, 131 bzw. 154 etc.; F. F. SEGOVIA, Love Relationships, 66 bzw. 74f. u. ö.; DERS., Hatred, 272; E. STAUFFER, Botschaft, 47; W. MARX-SEN, Ethik, 263; O. HOFIUS, Wiedergeburt, 66-73; DERS., Erwählung, 81-86, besonders 86; H.-C. KAMMLER, Christologie, 129 bzw. 148 u. ö.; A. STIMPFLE, Blinde, 77 bzw. 272. J. BECKER, Beobachtungen, 79 bzw. DERS., Johannes I, 176 erkennt hierin Impulse der prädestinatianisch-ethischen bzw. deterministisch-ethischen Züge der ‚Zwei – Geister – Lehre' und der Testamente der zwölf Patriarchen, die erst in der von ihm postulierten zweiten und vierten Entwicklungsphase auf die johanneischen Gemeinde eingewirkt hätten (kritisch hierzu s. u. § 3/2.2).

[89] Zum Motiv der *visio dei* bzw. *visio christi* s. u. § 7/2.1.4.

1 Joh 3,9aα   Πᾶς ὁ γεγεννημένος ἐκ τοῦ θεοῦ ἁμαρτίαν οὐ ποιεῖ,
        aβ   ὅτι σπέρμα αὐτοῦ ἐν αὐτῷ μένει,
        ba   καὶ οὐ δύναται ἁμαρτάνειν,
        bβ   ὅτι ἐκ τοῦ θεοῦ γεγέννηται.
1 Joh 3,10a   ἐν τούτῳ φανερά ἐστιν τὰ τέκνα τοῦ θεοῦ
                    καὶ τὰ τέκνα τοῦ διαβόλου.
        ba   πᾶς ὁ μὴ ποιῶν δικαιοσύνην οὐκ ἔστιν ἐκ τοῦ θεοῦ,
        bβ   καὶ ὁ μὴ ἀγαπῶν τὸν ἀδελφὸν αὐτοῦ.

Die persönliche Aufforderung Τεκνία, μηδεὶς πλανάτω ὑμᾶς (V 7a) kennzeichnet einen argumentativen Neuansatz, der den vorhergehenden Ausführungen eine neue Akzentsetzung vermittelt und die Gegner wieder stärker ins Blickfeld rückt[90]. Ebenso wie in 1 Joh 3,6 wird das Handeln der Gemeindeglieder vom paradigmatischen Verhalten Jesu her beurteilt: Wer Gerechtigkeit praktiziert (V 7ba), ist gerecht wie Jesus selbst (V 7bβ)[91].

Der Folgevers kontrastiert erstmals die ‚Gotteskindschaft' und ‚Teufelskindschaft', indem ποιεῖν τὴν δικαιοσύνην (V 7ba) und ποιεῖν τὴν ἁμαρτίαν (V 8aα) einander gegenübergestellt werden[92]. Daß Menschen Gerechtigkeit bzw. Sünde praktizieren, wird auf ihre jeweilige ontologischen Grundbefindlichkeit zurückgeführt. Wer sündigt, ist aus dem Teufel (V 8aα), weil dieser von Anfang an sündigt (V 8aβ). Der Sohn Gottes ist jedoch dazu erschienen, die Werke des Teufels zu vernichten.

V 9a thematisiert wiederum das Verhalten der Gotteskinder, welche im Gegensatz zu den Teufelskindern nicht sündigen, weil das ‚Sperma Gottes' in ihnen bleibend wirkt (V 9aβ). Dieses Motiv wird durch V 9b nochmals zugespitzt: Die Gotteskinder können nicht einmal sündigen, weil sie aus Gott geboren sind. Die zeugungs- bzw. geburtsmetaphorischen Termini σπέρμα und γεννάσθαι kennzeichnen unterschiedliche Aspekte der Gotteskindschaft. Während γεννάσθαι ἐκ τοῦ θεοῦ den göttlichen Ursprung der Glaubenden kennzeichnet, umschreibt die Phrase ὅτι σπέρμα αὐτοῦ ἐν αὐτῷ μένει (V 9aβ) die bleibende Wirkung der göttlichen Kraft im Leben der Gotteskinder[93].

---

[90]   Vgl. M. HENGEL, Frage, 148f.

[91]   Diese christologische Begründungsstruktur entspricht der Gestaltung des Liebesgebots Joh 13,34f., unterscheidet sich jedoch von 1 Joh 4,7-21 (zu Analogie und Differenz der Begründung des Liebesgebot in der johanneischen Briefkorrespondenz und im vierten Evangelium s. u. § 13/2.4).

[92]   Entsprechend erkennt R. BERGMEIER, Glaube, 213f. in 1 Joh 3,7-10 eine Reflexion unterschiedlicher menschlicher Grundverfassungen und ihrer ethischen Erkennungszeichen angesichts des johanneischen Schismas.

[93]   Eine entsprechende Metaphorik bieten u. a. Philo, VitMos 1,279; Cher 44; Det 60; Post 171; All 3,40, aus hermetischen bzw. gnostischen Kontexten vgl. u. a. CorpHerm 13,2; EV NHC I/3 43,9-24. Ausführlich hierzu vgl. H.-J. KLAUCK, Johannes-

Dieser Gedankengang wird abgeschlossen, indem nochmals die Gottes-
und Teufelskindschaft und ihre jeweiligen Erkennungszeichen unmittelbar
gegenübergestellt werden (V 10a). Wer nicht Gerechtigkeit (V 10bα) und
Bruderliebe (V 10bβ) praktiziert, ist nicht aus Gott.

Der skizzierte Argumentationsduktus weist eine Besonderheit auf, die
für das Gesamtverständnis der johanneischen Geburts- und Zeugungsmetaphorik höchst bedeutsam ist: Die Antithetik von τέκνα τοῦ θεοῦ und
τέκνα τοῦ διαβόλου wird nämlich nicht streng symmetrisch entfaltet.
Bezüglich der ‚Teufelskinder' wird nicht von einem γεννάσθαι ἐκ τοῦ
διαβόλου gesprochen, sondern lediglich von einem εἶναι ἐκ τοῦ διαβόλου (1 Joh 3,8aα). Da dem Teufel keine Schöpfungsmittlerschaft zugestanden wird, besteht keine gleichberechtigte Gegenüberstellung von Gott bzw.
Jesus und Teufel. Entsprechend existiert der Teufel nicht ἐν ἀρχῇ (Joh
1,1), sondern lediglich ἀπ᾽ ἀρχῆς (1 Joh 3,8aβ)[94]. Noch moderater ist diese Antithetik in 3 Joh 11 gestaltet. In jenem Kontext wird ein κακοποιῶν
nicht etwa als ein Kind des Teufels bezeichnet, sondern lediglich als jemand, der Gott nicht gesehen bzw. nicht erkannt hat[95].

> Exkurs: Zum Vergleich des Motivs der Gotteskindschaft in 1 Joh 3,7-10
> mit qumranischen und gnostischen Konzeptionen
>
> Die prädestinatianische bzw. deterministische Zuspitzung der Gottes- und Teufelskind-
> schaft in 1 Joh 3,7-10 besitzt außer dem innerjohanneischen Korrespondenztext Joh
> 8,44ff. keine neutestamentlichen Analogien[96]. Dies ist jedoch kein Indiz einer traditions-
> geschichtlichen Relation zur Qumrangemeinschaft[97].
>
> Die oftmals als Bezugstext vermutete ‚Zwei – Geister – Lehre' ist ein protoesseni-
> sches Zeugnis und kann nicht als spezifisch qumranische Konzeption verstanden wer-
> den[98]. I QS III,15f. zufolge sind alle individuellen und kosmischen Prozesse bereits vor

---

brief, 193; ähnlich J. DE WAAL DRYDEN, Sperma, 98-100, der σπέρμα αὐτοῦ begriffsge-
schichtlich als Variation von τέκνα αὐτοῦ identifiziert. Weder die Bezüge zu philonischen bzw. hermetischen Vergleichsgrößen sind jedoch ein Indiz eines alexandrinischen
Ursprungs johanneischer Theologie (gegen G. G. GUNTHER, Alexandrian Gospel, 600f.).

[94]Zu beiden Relativierungen vgl. H.-J. KLAUCK, Johannesbrief, 191f.

[95] Vgl. R. SCHNACKENBURG, Der zweite und dritte Johannesbrief, 113. Zu traditionsgeschichtlichen Hintergründen vgl. O. WISCHMEYER, Gut und Böse, 131ff.

[96] G. STRECKER, Johannesbriefe, 175 erkennt zwar partielle Motivkorrespondenzen
zu Mt 13,38f.; Act 13,10; Eph 2,2f.; Kol 3,9f. etc. Diese Sequenzen sind jedoch nicht
derartig massiv prädestinatianisch ausgerichtet.

[97] Zur vermeintlichen Verwandtschaft von 1 Joh 3,7-10 und 1QS I,3f.10; III,17ff.;
1QH VI,29f. etc. vgl. u. a. F. M. CROSS, Qumran, 212f.; M.-É. BOISMARD, Qumran,
164f.; J. L. PRICE, Qumran, 22 etc.; O. BÖCHER, Dualismus, 147; J. BECKER, Johannes I,
176; J. H. CHARLESWORTH, Comparison, 107ff. etc.

[98] Vgl. A. LANGE, Weisheit, 126-132.

der Weltschöpfung festgelegt. Die menschliche Geschichte (vgl. 1 QS III,13 תולדות) läuft strikt nach einem Plan Gottes (vgl. 1 QS III,15 מחשבה) ab[99]:

15 (...) מאל הדעות כיל הויה ונהייה ולפני היותם הכין כול מחשבתם
16   ובהיותם לתעודותם כמחשבת כבודו ימלאו פעולתם ואין להשנות (...)

15 (...) „Vom Gott der Erkenntnis kommt alles, was ist und was sein wird. Und bevor sie waren, hat er ihren ganzen Plan festgesetzt.

16 Und wenn sie zu der ihnen bestimmten Zeit geworden sind, erfüllen sie ihr Werk nach dem Plan seiner Herrlichkeit, ohne das sich etwas ändert"

Diese prädestinatianischen bzw. deterministischen Züge sind jedoch eine Ausdifferenzierungen von Vorentwicklungen, die z. B. im Book of Mysteries (1Q27; 4Q299-301) oder dem *Mûsār l^e mēbîn* (4QInstruction; Sap Work A) zu beobachten sind[100]. Insofern derartige Tendenzen in genuin qumranischen Texten nochmals zugespitzt wurden, veranschaulicht dies die „zentrale Rolle des Determinismus" für das Selbstverständnis der Qumrangemeinschaft[101].

Ein strukturell vergleichbares Phänomen zeigt sich im Motiv der ‚Gottes-' bzw. ‚Teufelskindschaft'. Kontrastierungen wie z. B. ‚Söhne des Lichts' (בני אור) und ‚Söhne der Finsternis' (בני חושך) scheinen für das Selbstverständnis der Qumrangemeinschaft zentrale Bedeutung gehabt zu haben (vgl. u. a. 1 QS I,9f.)[102]. Entsprechende Äquivalente begegnen jedoch nicht nur in weiteren genuin qumranischen, sondern auch in essenischen bzw. voressenischen Dokumenten (z. B. die Antithetik von ‚Kindern' bzw. ‚Männern des Lichts' [1QM I,1.3.9.11.13f.; 1QS I,9; II,16; III,13.24f.; 4Q 174 III,8f.; 4Q 177 IX,7; XI,12.16; 4Q 266 Frg. 1,1; 4Q 280 Frg. 2,1; 4Q 510 Frg. 1,7; 4Q 511; Frg. 10,4; 4Q 548, Frg. 1,16]) und ‚Kindern' bzw. ‚Männern der Finsternis' [1QM I,1.7.16; III,6.9; XIII,16; XIV,17; XVI,11; 1QS I,10; 4Q 428 Frg. 16,1; 4Q 491 Frg. 8-10.14; 4Q 496 I Frg. 3,7; 4Q 548 Frg. 1,10f.], die Antithetik von ‚Kindern' bzw. ‚Männern der Heiligkeit' [CD XX,2.5.7; 1QS V,13.18; VIII,17.20.23; IX,8], der Thora [4Q258 Frg. 1 I,1], der ‚Erkenntnisse' [CD XX,4f.], der ‚Wahrheit' [1QH VI,2; X,13f.; 1QpHab VII,10] und ‚Männern des Verderbens' [4Q 258 Frg. 2 III,1.6], des ‚Truges' [4Q258 Frg. 2 II,8], des ‚Spottes' [4Q 162 II,6f.; 4Q 525 Frg. 22,8] bzw. des ‚Unrechts' [4Q 256 Frg. 5,8; 4Q258

---

[99]   So der Übersetzungsvorschlag von A. LANGE, Weisheit, 137f. (zu Kontext, Aussageintention und genuin qumranischen Korrespondenztexten vgl. op. cit., 179-181 bzw. 189).

[100]   Zu den entsprechenden Konzeptionen dieser Schriften vgl. A. LANGE, Weisheitstexte, 12ff. bzw. 17ff., der zur Frage ihres Verhältnisses resümiert: „Von der Sache her betont die Zwei-Geister-Lehre die schon im MLM und Myst angelegten dualistischen Tendenzen stärker und stellt die bereits im MLM und Myst angetroffene Eschatologie mehr ins Zentrum." Eine strikt prädestinatianische Grundtendenz essenischer Theologie wird auch durch die Skizze jüdischer Religionsparteien durch Josephus, Ant. XIII, 172f.: referiert: „τὸ δὲ τῶν Ἐσσηνῶν γένος πάντων τὴν εἱμαρμένην κυρίαν ἀποφαίνεται καὶ μηδὲν ὃ μὴ κατ᾽ ἐκείνης ψῆφον ἀνθρώποις ἀπαντᾷ (vgl. A. LANGE, Weisheit, 251f.; J. C. VANDERKAM, Qumranforschung, 97-99 bzw. 132).

[101]   Vgl. J. C. VANDERKAM, Qumranforschung, 132; ähnlich H. LICHTENBERGER, Menschenbild, 184ff. Zum Verhältnis menschlicher Eigenverantwortung und göttlicher Vorherbestimmung vgl. ferner A. LANGE, Weisheit, 165ff.; F. MANZI, Il Peccato, 400ff.

[102]   Vgl. J. C. VANDERKAM, Qumranforschung, 133-135.

Frg. 1, I,3; Frg. 2 III,2][103]. Weder der prädestinatianische Akzent von 1 Joh 3,7-10 etc., noch die Differenzierung von ‚Gottes'- und ‚Teufelkindern' ist somit ein Indiz traditionsgeschichtlicher Einwirkungen qumranischer Theologie auf die johanneische Gemeinschaft. Zudem unterscheiden sich die Konsequenzen dieses Selbstverständnisses für das Verhalten der Gemeinschaften zu Außenstehenden und zur Welt diametral[104].

Des weiteren dürfen auch nachjohanneische Zuspitzungen dieser Antithetik nicht zur Interpretationsinstanz für das johanneische Motiv der ‚Gottes'- bzw. ‚Teufelskindschaft' erhoben werden[105]. Paradigmatisch hierfür ist z. B. Polyk 7,1, wo in Anspielung auf 1 Joh 2,18; 3,7-10 ein Irrlehrer als πρωτότοκος τοῦ σατανᾶ bezeichnet wird[106]. Ebenso werden die unterschiedlichen Konstitutionen der menschlichen Seele in der johanneischen Theologie nicht in eine elaborierte Protologie integriert, welche die Antithetik von ‚Gottes'- bzw. ‚Teufelskindschaft' bereits in der Schöpfung verankert wissen möchte (vgl. u. a. Herakleon, Frg. 46; PhilEv § 42a [NHC II,3 61,7-9]; UW [NHC II,5 97,23ff.] 146 etc.)[107]. Eine angemessenere Paraphrasierung von 1 Joh 3,7-10 bietet hingegen AuthLog (NHC VI/3 33,29), wo Lieblosigkeit bzw. Hartherzigkeit zum Erkennungszeichen der ϣΗΡΕ ΝΕ ΠΠΔΙΑΒΟΛΟϹ (‚Teufelskinder') erklärt wird[108]. Eine Unterscheidung von Menschenklassen wie Pneumatikern, Psychikern oder Choikern, deren soteriologische Bestimmung ontologisch determiniert wäre, läßt sich jedoch weder aus 1 Joh 3,7-10 entnehmen, noch aus der johanneischen Theologie ableiten.

Die textpragmatische Intention der Ausführungen in 1 Joh 3,7-10 wird v. a. in der abschließenden Feststellung 1 Joh 3,10b erkennbar. Erstmals im Gesamtkontext von 1 Joh 3,1-10 wird die Geschwisterliebe zum Kriterium der Gotteskindschaft erklärt. Diese Aussage leitet zugleich zu der nachfolgenden Sequenz 1 Joh 3,11-18 über, in der die gegenseitige Liebe der

---

[103] Insofern diese Begriffe als Modifikationen des Motivs einer Gotteskindschaft verstanden werden können, wäre es unangemessen, sie „in keinem Fall im Zentrum" qumranischer Theologie zu verorten (vgl. W. GRUNDMANN, Frage, 96; modifiziert auch D. RUSAM, Gemeinschaft, 59f.). Eine bedeutende Modifikation alttestamentlicher Motivvorgabe besteht darin, daß die „Gotteskindschaftmetaphorik in Qumran ... nur auf die Gemeinschaftsmitglieder" angewendet wird (op. cit., 59). Zur Skizze entsprechender dualistischer Strukturen vgl. J. FREY, Dualism, 277f.; H. LICHTENBERGER, Menschenbild, 190-200. Die diesbezüglichen Vorentwicklungen in der Zwei-Geister-Lehre, dem Book of Mysteries oder der Mûsār l^e mēbîn vermutet A. LANGE, Weisheitstexte, 25 in einem „am Tempel zu lokalisierenden weisheitlichen Milieu." Zu weiteren Korrespondenzmotiven wie Jub 15,26ff.; Apk. Abr. 13f.; Test. Dan. 4,7 etc. vgl. G. STRECKER, Johannesbriefe, 175.

[104] Ausführlich zur Frage der Reichweite des johanneischen Liebesgebots und zum Weltverhältnis der johanneischen Gemeinde s. u. § 7/3.4.

[105] Vgl. u. a. W. LANGBRANDTNER, Gott, 192ff.; 201ff. bzw. 386ff.

[106] Zum Verhältnis von 1 Joh 2,18; 3,7-10 und Polyk 7,1 vgl. P. HARTOG, Polycarp, 189; M. HENGEL, Frage, 72f.

[107] Vgl. zu diesen frühgnostisch-gnostischen Motivgestaltungen u. a. H. M. SCHENKE, Philippus-Evangelium, 299f.; A. WUCHERPFENNIG, Heracleon, 342-350; T. NAGEL, Rezeption, 327 bzw. 402f.; zur Kosmogonie und Anthropologie des Traktats ‚Vom Ursprung der Welt' (NHC II,5) vgl. K. RUDOLPH, Gnosis, 81ff.

[108] Zur Rezeption johanneischer Theologie in Authentikos Logos (NHC VI/3) vgl. K.-W. TRÖGER, Gnosis, 49f.

Glaubenden als jene Botschaft zur Sprache kommt, welche die johanneischen Gemeinde von Anfang gehabt hat[109].

Während somit in 1 Joh 3,10ba zum ersten Mal innerhalb des ersten Johannesbriefs die Themen ‚Gotteskindschaft' und ‚Geschwisterliebe' zueinander in Beziehung gesetzt wurden, wird dieses Verhältnis in 1 Joh 4,7f.
nochmals aufgegriffen und vertieft. In diesem Zusammenhang wird noch
deutlich betont, daß die Liebe zu den Mitchristen ein Kriterium der Gotteskindschaft ist.

2.1.5.2 Die Geschwisterliebe als Kriterium der Gotteskindschaft

Sowohl in 1 Joh 3,10ba, als auch in 1 Joh 4,7 wird die gegenseitige Liebe
der Glaubenden zum Kennzeichen der Gotteskindschaft erklärt. Gleichwohl ist zu beachten, daß diese Verse unterschiedliche Aussageintentionen
verfolgen und nicht unmittelbar zu einer Aussageeinheit zusammengefaßt
werden können. Sie reflektieren vielmehr aus unterschiedlichen Perspektiven das johanneische Schisma[110].

Der Argumentationsduktus ist in einem Fall deduktiv, im anderen Fall
induktiv ausgerichtet: In 1 Joh 3,9aα wird von einem Geburtsstatus auf das
Verhalten geschlossen, in 1 Joh 4,7bβ hingegen vom Verhalten auf den
Geburtsstatus. 1 Joh 3,9 steht unter dem Vorzeichen von 1 Joh 3,1: Der
Verfasser redet seine Adressaten als Kinder Gottes an und ermahnt sie,
sich dementsprechend zu verhalten. 1 Joh 4,7ff. steht hingegen von Anfang

---

[109] Diese Sequenz ist für J. C. THOMAS, Literary Structure, 380f. sogar das textstrukturelle und thematische Zentrum des gesamten Briefes.

[110] Vgl. R. BERGMEIER, Glaube, 213f.; ähnlich R. METZNER, Sünde, 295. Aufgrund
dieser unterschiedlichen argumentativen Einbettungen können die Sequenzen nicht ohne
weiteres kompiliert werden. Würde man die z. B. Aussagen 1 Joh 3,9aα (πᾶς ὁ γεγεννημένος ἐκ τοῦ θεοῦ ἁμαρτίαν οὐ ποιεῖ) und 1 Joh 4,7bβ (πᾶς ὁ ἀγαπῶν ἐκ
τοῦ θεοῦ γεγέννηται) als logisch konsistente Parallelaussagen mißverstehen, so wäre
die Gotteskindschaft auf diejenigen beschränkt, welche *sowohl* sündlos leben, *als auch*
Geschwisterliebe praktizieren. Selbst die Fähigkeit zur ἀγάπη wäre auf die Gotteskinder
beschränkt (dies entspräche den Interpretationen des johanneischen Liebesbegriffs von A.
STIMPFLE, Blinde, 184; M. LATTKE, Einheit, 24-26, obwohl beide nicht explizit auf 1 Joh
3,9 rekurrieren). Ein aus dem Teufel stammender Mensch könnte hingegen nur sündigen
und nicht lieben. Entsprechend resümiert z. B. D. RUSAM, Gemeinschaft, 137 in bezug
auf 1 Joh 3,9ba: „ ... für beide Gruppen gilt das οὐ δύναται, d. h. sie müssen tun, was sie
tun". Die praktizierte Geschwisterliebe wäre nicht einmal partiell eine willentliche, mit-
verantwortliche Reaktion des Glaubenden auf die Liebe Gottes, sondern lediglich die
Konsequenz einer Heilsprädestination. In logischer Konsequenz würde eine solche Konzeption nicht nur einen „radikalen, im Sinne der praedestinatio gemina zu verstehenden
Prädestinatianismus" implizieren (so H.-C. KAMMLER, Christologie, 148 in bezug auf die
prädestinatianischen Züge des vierten Evangeliums), sondern auch eine Determination
des individuellen Verhaltens (vgl. u. a. D. RUSAM, Gemeinschaft, 135 bzw. 137-147; H.-
M. SCHENKE, Determination, 145-147).

an unter dem Vorzeichen der Aufforderung zur Liebe. Insofern jedoch der Anspruch der Gotteskindschaft durch die praktizierte Geschwisterliebe verifiziert bzw. falsifiziert werden kann, dominiert in beiden Textsequenzen der Appell zu Ausübung von Liebe und Gerechtigkeit (eine entsprechende Argumentationsentfaltung bietet 1 Joh 2,7-11 in bezug auf das Verhältnis von ‚Lichtwandel' und Geschwisterliebe; s. u. § 7/3.2)[111].

Dennoch impliziert die Korrespondenz von 1 Joh 3,7-10 und 1 Joh 4,7 im Gesamtzusammenhang des ersten Johannesbriefs inhaltliche Spannungen, die nicht logisch-konsistent ausgeglichen werden können[112]. Der Autor des ersten Johannesbriefs versteht die Gotteskindschaft als voraussetzungsloses Gnadengeschenk Gottes (1 Joh 3,1, 4,9-12 etc.)[113]. Er sieht sich jedoch mit dem Problem konfrontiert, daß einige Gemeindeglieder sich nicht bzw. nicht mehr dieser Gotteskindschaft gemäß verhalten. Die von ihm entwickelten Bewältigungsstrategien ermöglichen jedoch unterschiedliche Beurteilungen der innergemeindlichen Liebe. Einerseits appelliert der Verfasser an die Eigenverantwortlichkeit der Gemeindeglieder, so daß die Geschwisterliebe als eine mitverantwortlich geleistete Reaktion auf die Liebe Gottes verstanden werden kann[114]. Andererseits wird jedoch behauptet, daß Gotteskinder gar nicht sündigen (bzw. lieblos sein) können. Dies entspricht der Irrlehrerpolemik 1 Joh 2,18ff., derzufolge die ἀντίχριστοι zwar von der Gemeinde ausgegangen sind (V 19aα ἐξ ἡμῶν ἐξῆλθαν), ihr jedoch niemals wesensmäßig angehört haben (V 19bα ἀλλ' οὐκ ἦσαν ἐξ ἡμῶν[115]). Demnach kann die Geschwisterliebe nur als eine Folge göttlicher

---

[111] Ein entsprechendes Verhältnis von Geburtsmetaphorik und Liebessemantik bietet auch 1 Petr 1,22-2,3, wo nicht nur das einzelne Gemeindeglied als ein zur Geschwisterliebe berufenes Gotteskind angesprochen wird, sondern die Gemeinde kollektiv als eine „Liebesgemeinschaft dank göttlicher Neuzeugung" (treffend H. GIESSEN, Liebesgemeinschaft, 135ff.).

[112] Auch wenn z. B. O. BÖCHER, Dualismus, 52 zu Recht fordert, die Schärfe von 1 Joh 3,7-10 im Gesamtzusammenhang johanneischer Theologie zu relativieren, marginalisiert er unangemessen die bleibenden logischen Spannungen. Treffend gesteht V. P. FURNISH, Love Command, 145-148 der Johannesinterpretation E. Käsemanns das Verdienst zu, die Schärfe von Sequenzen wie 1 Joh 3,7-10; 2 Joh 10f. etc. zur Geltung zu bringen (gleiches gilt auch für die Entwürfe von O. Hofius und H.-C. Kammler etc. [ausführlich hierzu s. o. § 3/2.1.2]). Eine generelle Bestreitung prädestinatianischer Züge johanneischen Denkens (so z. B. G. RÖHSER, Prädestination, 9 bzw. 179) muß 1 Joh 3,7-10 ignorieren. Auch die vermittelnden Ansätze von R. KÜHSCHELM, Verstockung, 70; T. ONUKI, Welt, 145 etc. werden 1 Joh 3,7-10 nicht gerecht.

[113] Treffend M. HENGEL, Frage, 163 Anm. 35: „Die johanneische Erwählungs- und Prädestinationsvorstellung ist – wie bei Paulus – Ausdrucksmittel der radikalen Gnade Gottes."

[114] Vgl. u. a. J. AUGENSTEIN, Liebesgebot, 131; R. SCHNACKENBURG, Johannes II, 330f.; J. BLANK, Krisis, 343 etc.

[115] Diese Aussage wird durch den Irrealis der Vergangenheit V 19b εἰ γὰρ ἐξ ἡμῶν ἦσαν μεμενήκεισαν eigens betont (dabei erfüllt das augmentlose Plusquamperfekt με-

Erwählung verstanden werden, die nicht in der Verfügungsgewalt des menschlichen Individuums steht[116].

Die skizzierte Aporie tritt noch deutlicher durch eine Betrachtung des Sündenbegriffs im ersten Johannesbrief zutage. Da sowohl in 1 Joh 3,7-10, als auch in 1 Joh 4,10 ἁμαρτία und ἀγάπη als Kontrastbegriffe verwendet werden, erweist sich die mangelnde Liebe gegenüber den Mitchristen als ein wesentlicher Aspekt der kritisierten Sündhaftigkeit[117]. Die Beurteilung der Sünden von Glaubenden scheint wiederum ein gravierendes Problem der johanneischen Gemeinde zur Zeit der Abfassung des ersten Johannesbriefs gewesen zu sein:

2.1.5.3 Das Ideal der Sündlosigkeit und die Sündhaftigkeit der Kinder Gottes – Zur Aporie des Sündenbegriffs im ersten Johannesbrief

Der Sündenbegriff birgt einige der diffizilsten Aporien der Interpretation des ersten Johannesbriefs[118]. Nahezu alle Aussagen zu diesem Thema behandeln innergemeindlicher Sünden[119]. Insbesondere die Vermittlung zwischen dem Faktum der Sünden einiger Gemeindeglieder und dem Ideal einer Sündlosigkeit der Gotteskinder scheint ein wesentliches Problem der johanneischen Schule zur Zeit der Abfassung des ersten Johannesbriefs gewesen zu sein:

Einerseits begegnet das Bekenntnis zur Sündenverfallenheit (1 Joh 1,7-2,2), die nur durch das Heilswirken Christi und dessen Blut aufgehoben werden könne (1 Joh 1,7). Wer für sich hingegen in Anspruch nehme, sündlos zu sein, erklärt Jesus zu einem Lügner (1 Joh 1,8)[120]. Auch Gemeindeglieder können sündigen, dürften jedoch auf die Fürsprache des beim himmlischen Vater weilenden Parakleten, den erhöhten Jesus Christus, hoffen (1 Joh 2,1f.). *Andererseits* scheinen Aussagen wie 1 Joh 3,4-

---

μενήκεισαν wie in Mt 12,7; Joh 11,21 v. l.; 14,7; 19,11 die Funktion eines Aorist; vgl. F. BLASS/A. DEBRUNNER, Grammatik, § 360 3.4.; E. G. HOFFMANN/H. V. SIEBENTHAL, Grammatik, § 72 h).

[116] Vgl. H.-M. SCHENKE, Determination, 145-147; ähnlich J. BECKER, Johannes, 176f.; A. STIMPFLE, Blinde, 183-185 (zu entsprechenden Aussagen des Johannesevangeliums s. u. den Exkurs zu § 11/2.2).

[117] Vgl. R. METZNER, Sünde, 355 in Abgrenzung zu T. ONUKI, Dualismus, 216, der v. a. ‚Unglaube' und ‚Sünde' parallelisiert. Insofern ‚Glaube' und ‚Liebe' miteinander verschränkt werden (vgl. 1 Joh 3,23f.; 5,1-4 etc.), korrespondieren auch ‚Lieblosigkeit' und ‚Unglaube'.

[118] So H.-J. KLAUCK, Johannnesbrief, 333.

[119] Vgl. R. E. BROWN, John I, 56.

[120] 1 Joh 1,8a (ἐὰν εἴπωμεν ὅτι ἁμαρτίαν οὐκ ἔχομεν...) repräsentiert offensichtlich die Selbsteinschätzung einiger Gemeindeglieder (vgl. W. UEBELE, Verführer, 139f.; R. METZNER, Sünde, 303-305. 311; R. SCHNACKENBURG, Johannesbriefe, 82f.; F. VOUGA, Johannesbriefe, 29).

6.8f. das Ideal einer Sündlosigkeit der Gotteskinder zu vertreten[121]. Insbesondere 1 Joh 3,9aβ bzw. bα schreibt den Glaubenden praktisch einen „character indelebilis"[122] zu: Der aus Gott geborene Mensch kann nicht sündigen, da Gottes σπέρμα in ihm bleibt[123]. Gott schützt seine Kinder – der πονηρός kann sie nicht ergreifen (1 Joh 5,18).

Eine Vermittlung dieser unterschiedlichen Tendenzen scheint in 1 Joh 5,16f. vorzuliegen, wo zwei unterschiedliche Sündenbegriffe voneinander differenziert werden, nämlich einerseits eine ‚Sünde zum Tode' (ἁμαρτία πρὸς θάνατον), anderseits ‚Sünden nicht zum Tode' (ἁμαρτία μὴ πρὸς θάνατον)[124]. Für Gemeindeglieder, die eine ‚Sünde nicht zum Tode' begehen, solle bzw. könne Fürbitte geleistet werden. Man dürfe die Zuversicht haben, daß Gott dem Delinquenten die ζωή zuteil werden lasse. Dies gelte jedoch nicht für jene Gemeindeglieder, die eine ‚Sünde zum Tode' begehen.

Verschiedentlich wurde 1 Joh 5,16-18 als redaktioneller Nachtrag verstanden, der die Spannung zwischen dem Bekenntnis zur Sündhaftigkeit (1 Joh 1,7-2,2) und dem Sündlosigkeitsideal ausgleichen soll[125]. Demnach würde sich das Postulat der Sündlosigkeit (1 Joh 3,4-6.9) ausschließlich auf die in V 16f. thematisierte Sünde zum Tode beziehen. Hingegen könnte eine Sünde, welche keine ἁμαρτία πρὸς θάνατον sei, von den Gemeindegliedern begangen werden. Diesbezüglich bestünde die Möglichkeit der Fürbitte durch Glaubensbrüder (V 16a) bzw. die Fürsprache des Parakleten (1 Joh 2,1f.). Eine derartige Differenzierung des Sündenbegriffs wird jedoch im Gesamtkontext des ersten Johannesbriefs nicht angedeutet. Statt dessen impliziert 1 Joh 3,4-6.9; 5,18 das Ideal einer kategorischen Sündlosigkeit der Gemeindeglieder.

Die skizzierte Dialektik kann auch nicht dadurch relativiert werden, daß das Ideal der Sündlosigkeit auf die postkonversionale Existenz bezogen wird und das Bekenntnis 1 Joh 1,8-2,2 auf die Situation vor der Bekeh-

---

[121] Vgl. G. STRECKER, Johannesbriefe, 173, der einen markanten Gegensatz zu 1 Joh 1,8 beobachtet. H.-J. KLAUCK, Johannesbrief, 195 erkennt ein entsprechendes Spannungsverhältnis sogar innerhalb der Sequenz 1 Joh 5,16-18.

[122] So D. RUSAM, Gemeinschaft, 146.

[123] Zur kontroversen dogmengeschichtlichen Rezeption der in 1 Joh 3,9 implizierten These der Sündlosigkeit der Gotteskinder vgl. H.-J. KLAUCK, Johannesbrief, 198-200 bzw. R. METZNER, Sünde, 295f.

[124] Einen Vermittlungsversuch vermuten u. a. K. WENGST, Brief, 221; G. SCHUNACK, Briefe, 104.

[125] Vgl. F. VOUGA, Johannesbriefe, 29-31; H.-J. KLAUCK, Johannesbrief, 195 bzw. 318ff. Demgegenüber versteht G. STRECKER, Johannesbriefe, 293 1 Joh 5,16-18 als Postskriptum des in 1 Joh 5,13 endenden Hauptbriefes; ähnlich R. E. BROWN, Epistles, 630-633.

rung[126]. Die konditionalen Satzgefüge 1 Joh 1,8.9a; 2,1b sprechen unmiß-
verständlich von Sünden, die im Status der Gotteskindschaft begangen
wurden[127]. Eine weitere Spannung besteht zwischen 1 Joh 3,16b und 1 Joh
5,16. Einerseits sollen die Geschwister bereit sein, für einander selbst die
eigene ψυχή hinzugeben. Andererseits soll für einen Bruder, der eine
‚Sünde zum Tode' begeht, nicht einmal Fürbitte geleistet werden[128]. Es
wird jedoch weder im ersten Johannesbrief, noch in den übrigen johanneischen Schriften erläutert, worin eine solche Todsünde konkret besteht[129].

Die skizzierten Spannungen im Sündenbegriff können nicht relativiert
werden[130]. Sie sind als eine Aporie zu registrieren, der sich der Autor des
ersten Johannesbriefs angesichts des johanneischen Gemeindeschismas
ausgesetzt sah. Insbesondere das Verhältnis des Ideals der Sündlosigkeit
der Gotteskinder und der Sünden einzelner Gemeindeglieder konnte er
nicht logisch-konsistent bestimmen. Sein Grundanliegen zeigt sich jedoch
in 1 Joh 2,1f.: Die Adressaten sollen sich um Sündlosigkeit bemühen.
Würden sie jedoch scheitern, ist ihnen der Beistand Jesu gewiß. Insofern
mangelnde Geschwisterliebe ein wesentlicher Aspekt des johanneischen
Sündenbegriffs ist[131], entspricht der Aufruf zur Sündlosigkeit dem Aufruf
zur gegenseitigen Liebe: „Es geht nicht um ein Sein (‚Unfähigkeit'), sondern um ein Verhalten (‚Unmöglichkeit') im Blick auf die in der christli-

---

[126] Zu derartigen Relativierungsversuchen vgl. R. METZNER, Sünde, 293ff.

[127] 1 Joh 1,8 (ἐὰν εἴπωμεν ὅτι ἁμαρτίαν οὐκ ἔχομεν, ἑαυτοὺς πλανῶμεν καὶ ἡ
ἀλήθεια οὐκ ἔστιν ἐν ἡμῖν.) und 1 Joh 1,9 (ἐὰν ὁμολογῶμεν τὰς ἁμαρτίας ἡμῶν,
πιστός ἐστιν καὶ δίκαιος, ἵνα ἀφῇ ἡμῖν τὰς ἁμαρτίας καὶ καθαρίσῃ ἡμᾶς ἀπὸ
πάσης ἀδικίας) sprechen jedoch eindeutig von der gegenwärtigen Situation der Gemeinde. Noch deutlicher kommt dies in 1 Joh 2,1b zum Tragen: καὶ ἐάν τις ἁμάρτῃ,
παράκλητον ἔχομεν πρὸς τὸν πατέρα Ἰησοῦν Χριστὸν δίκαιον (entsprechend erkennt R. METZNER, Sünde, 292 hierin die Auseinandersetzung mit dem „Problem
postbaptismaler Sünden").

[128] Diese Sequenz wurde oftmals als Indiz gewertet, daß die johanneische Gemeinde
eine „partikularistische Konventikelethik" vertrete (vgl. W. SCHRAGE, Ethik, 300 bzw.
317f.; ähnlich M. RESE, Bruderliebe, 57f.; J. L. HOULDEN, Ethics, 36; J. T. SANDERS,
Ethics, 100; F. F. SEGOVIA, Hatred, 272).

[129] G. STRECKER, Johannesbriefe, 298ff. vermutet einen Bezug zu Num 15,30f.;
18,22 (LXX: ἁμαρτίαν θανατηφόρον); Jes 22,14 etc. Während H.-J. KLAUCK, Johannesbrief, 330 die ἁμαρτία πρὸς θάνατον als johanneische Modifikation von Mk 3,28f.;
Lk 12,10; Mt 12,31f. versteht, verortet R. METZNER, Sünde, 296f. sie im „Zusammenhang der Ausbildung der frühchristlichen Lehre von der zweiten Buße." Es bleibt jedoch
festzuhalten, daß auch der Verfasser des ersten Johannesbriefs selbst keine exakte inhaltliche Bestimmung vornimmt.

[130] Zu entsprechenden Versuchen in der Auslegungsgeschichte vgl. G. STRECKER,
Johannesbriefe, 229-304; H.-J. KLAUCK, Johannnesbrief, 324-333.

[131] Vgl. R. METZNER, Sünde, 355; T. ONUKI, Dualismus, 216 (ferner s. o. §
7/2.1.5.3).

chen Gemeinde existierende, jedoch zu bekennende Sünde"[132]. Erst die aus unterschiedlichen thematischen Perspektiven entwickelten Reflexionen des Indikativs der Gotteskindschaft und des Imperativs der gegenseitigen Liebe in 1 Joh 3,7-10 bzw. 1 Joh 4,7ff. führen zu den skizzierten Aporien[133].

2.2 Die gegenseitige Liebe der Glaubenden als Gebot Gottes

Die Adressaten der johanneischen Briefkorrespondenz werden in unterschiedlichen thematischen Zusammenhängen mit der These konfrontiert, daß die gegenseitige Liebe das zentrale Gebot ihres Glaubens sei. Die einzelnen Argumentationslinien bzw. Aussageintentionen können vier Unterkategorien zu geordnet werden: Die zentrale These, von der alle weiteren Korrespondenztexte her erläutert werden können, findet sich in 1 Joh 3,23, insofern hier programmatisch ein Doppelgebot der Liebe und des Glaubens formuliert wird (2.2.1). Auf diesem Motiv basiert eine zweite Argumentationslinie, derzufolge die Liebe zu Gott sich in der Observanz seiner Gebote und somit gerade dem Liebesgebot konkretisieren soll. Für jene Leser, die nicht mit dem Vorwissen bzw. dem Vorverständnis der eigentlichen Adressaten der johanneischen Briefe vertraut sind, birgt die Gebotsterminologie der johanneischen Briefe jedoch Aporien: Obwohl von mehreren Geboten gesprochen wird, werden dieselben mit Ausnahme des Doppelgebots von Liebe und Glaube nicht inhaltlich bestimmt. Das Liebesgebot wird wiederum einerseits als das ‚alte‘, andererseits als das ‚neue Gebot‘ bezeichnet. Aus diesem Grunde soll in den Arbeitsschritten 2.2.2 bzw. 2.2.3 analysiert werden, in welcher Weise diese Gebotsterminologie für das Verständnis der johanneischen Ethik von Relevanz ist. Vor diesem Hintergrund wird schließlich eine für das Gesamtverständnis johanneischer Theologie zentrale Frage diskutiert, nämlich die Frage nach der Reichweite des Liebesgebots (2.2.4).

2.2.1 Das Doppelgebot von Glaube und Liebe

Welche zentrale Bedeutung der Verfasser des ersten Johannesbriefs der gegenseitigen Liebe der Glaubenden beimißt, zeigt sich eindrücklich innerhalb der Argumentationseinheit 1 Joh 3,19-24. Inmitten dieser Erörte-

---

[132] Treffend R. METZNER, Sünde, 295.

[133] Eine Skizze der Gemeinsamkeiten bzw. Unterschiede des Sündenbegriffs der johanneischen Briefkorrespondenz und des Johannesevangeliums bietet R. METZNER, Sünde, 287ff. bzw. 291ff. Doch auch wenn mit R. METZNER, Sünde, 325 generell festgehalten werden kann, daß die Unterschiede „durch die gegenüber dem Evangelium ausschließlich innergemeindliche orientierte Konfrontation mit den Dissidenten aus der eigenen Gemeinde bedingt" sind, ist zu fragen, ob dies für die chronologische Priorität des Johannesevangeliums spricht (vgl. op. cit., 314f. bzw. 322-324).

rung über die ‚furchtlose Zuversicht' der Gotteskinder erinnert der Verfasser seine Adressaten an das zentrale Gebot Gottes:

1 Joh 3,23a	καὶ αὕτη ἐστὶν ἡ ἐντολὴ αὐτοῦ,
bα	ἵνα πιστεύσωμεν τῷ ὀνόματι τοῦ υἱοῦ αὐτοῦ Ἰησοῦ Χριστοῦ
bβ	καὶ ἀγαπῶμεν ἀλλήλους,
c	καθὼς ἔδωκεν ἐντολὴν ἡμῖν.

Die Satzstruktur hebt den Gebotscharakter dieser Aussage hervor, indem im ersten und letzten Teilvers V 23a bzw. V 23c jeweils von der ἐντολή Gottes gesprochen wird[134]. Die durch diese Inklusion gerahmten Zwischenaussagen bieten zwei inhaltliche Bestimmungen dieses Gebots, nämlich einerseits den Glauben an den Namen des Gottessohnes Jesus Christus (V 23bα), andererseits die gegenseitige Liebe der Glaubenden (V 23bα). Diese Verschränkung veranschaulicht, in welcher Weise für den Verfasser des ersten Johannesbriefs diese beiden Themen einander korrespondieren. Glaube und Liebe implizieren einander und können nicht voneinander differenziert werden. Daß jedoch zuerst von Glaube und dann von Liebe gesprochen wird, bringt zur Geltung, daß „das Tun der Glaubenden in Gottes Tun gründet, auf das sich der Glaube bezieht"[135].

Der Kontext bringt die Bedeutung dieser These eindrücklich zur Geltung: Die Gemeindeglieder können zuversichtlich sein, da ihre Gebete erhört werden, weil sie die Gebote Gottes halten (V 21f.). Wer die Gebote hält, bleibt in Gott und Gott in ihm (V 24a). Um so auffälliger ist, daß Glaube und Liebe die einzigen explizit genannten Gebote sind. In diesem Sinne kann 1 Joh 3,23 als eine programmatische ‚Kurzformel johanneischen Glaubens' bezeichnet werden[136].

Die spezifisch johanneische Verschränkung von πιστεύειν und ἀγαπᾶν zeigt sich auch in der letzten Argumentationseinheit des ‚Hohenliedes

---

[134] Innerhalb der Phase πιστεύσωμεν τῷ ὀνόματι τοῦ υἱοῦ αὐτοῦ Ἰησοῦ Χριστοῦ (V 23bα) rekurriert αὐτοῦ ebenso wie V 23a eindeutig auf das Subjekt von V 22, also Gott. Das ἀγαπᾶν ἀλλήλους ist in diesem Kontext somit nicht ein Gebot Jesu, sondern Gebot Gottes (vgl. H.-J. KLAUCK, Johannesbrief, 275). Um so auffälliger ist jedoch, daß die Verschränkung von Gottes- und Geschwisterliebe in 1 Joh 4,21 als Gebot Jesu bezeichnet wird. Ausführlich zum Verhältnis dieser Aussagen s. u. § 7/3.3.

[135] So K. WENGST, Brief, 161, der zudem die Korrelation von Glaube und Liebe treffend charakterisiert: „Wie die Botschaft nicht im Liebesgebot aufgeht und dieses wiederum als Bestandteil der Botschaft nicht bloße Forderung ist ... , so gilt andererseits, dass die Botschaft von Jesus Christus als dem Sohne Gottes nicht nur in bezug darauf den Charakter der Forderung hat, dass sie das Liebesgebot enthält, sondern auch – dem sachlich vorgeordnet – in bezug darauf, dass sie Glauben verlangt."

[136] So in Anlehnung an F. MUSSNER, Kurzformel, 50-52, der 1 Joh 3,23f. auch als Kurzformel weiterer neutestamentlicher Glaubensverständnisse versteht.

der Liebe Gottes' (1 Joh 5,1-4)[137]. Auch in diesem Kontext versucht der Autor des ersten Johannesbriefs, seinen Adressaten in die Notwendigkeit der innergemeindlichen Liebe einsichtig zu machen. Sie sollen ihre gegenseitige Solidarität als eine Konsequenz ihres Glaubens und ihrer Liebe zu Gott verstehen. Die vorhergehenden Argumentationen werden nun familienmetaphorisch zugespitzt. Wer Gott als seinen Vater liebt, liebt auch seine Mitchristen als seine Glaubensgeschwister. Ebenso wie der Glaube impliziert die Gottesliebe die praktizierte Geschwisterliebe (1 Joh 5,1).

In paulinischen bzw. deuteropaulinischen Worten formuliert kann die Liebe als die praktische Auswirkung des Glaubens (Gal 5,6b πίστις δι' ἀγάπης ἐνεργουμένη) bzw. das richtige Verständnis von Liebe und Glaube als Hauptsumme ethischer Unterweisung (1 Tim 1,5a τέλος τῆς παραγγελίας) verstanden werden[138]. Einen Glauben, der aufgrund mangelnder Werke νεκρά καθ' ἑαυτήν wäre (vgl. Jak 2,17), kann es demzufolge gar nicht geben[139]. Ein ‚liebloser Glaube' ist johanneischem Verständnis zufolge eine *contradictio in adjecto*.

2.2.2 Die Liebe zu Gott und die Observanz seiner Gebote

Der Verfasser des ersten Johannesbriefs ermahnt seine Adressaten in unterschiedlichen thematischen Zusammenhängen dazu, die Gebote Gottes zu bewahren: Die Liebe zu Gott solle sich in der Observanz seiner Gebote

---

[137] Entsprechend betont G. STRECKER, Johannesbriefe, 261, dass in der johanneischen Theologie wie in keinem sonstigen neutestamentlichen Traditionsstrom „das allgemeinchristliche Phänomen des Glaubens mit dem Agapethema" verbunden ist; ähnlich bereits H. SCHLIER, Glauben, 290; G. EICHHOLZ, Glaube, 436f. Deutliche Ansätze zeigen sich jedoch bereits in der paulinischen Theologie (z. B. in der Trias πίστις – ἐλπίς – ἀγάπη [1 Kor 13,13]; vgl. u. a. U. MELL, Entstehungsgeschichte, 197ff.; T. SÖDING, Trias, 40f.).

[138] Treffend zur Konvergenz der Begründung und Ausgestaltung des Liebesgebots im Galater- und Römerbrief T. SÖDING, Liebesgebot, 255f.: „Die wesentlichen Übereinstimmungen zwischen dem Römer- und dem Galaterbrief sowohl in der Rechtfertigungs- wie auch in der Gesetzestheologie weisen Röm 13,8ff einen ähnlichen Platz innerhalb der paulinischen Soteriologie und Ethik zu, wie ihn Gal 5,13f einnimmt. Die theologische Konvergenz spiegelt sich auch in der Formulierung der Verse. Röm 13,8ff setzt einige neue Akzente, ist aber im wesentlichen eine Bestätigung der Aussage aus dem Galaterbrief." In diesem Sinne kann auch in 1 Tim 1,5 eine Kontinuität in der Bewahrung des paulinischen Erbes erkannt werden (vgl. J. ROLOFF, Timotheus, 66f.).

[139] So A. DALBESIO, La comunione fraterna, 20 bzw. 31f. Auch wenn die Verfasser des 1 Johannesbriefs und des Jakobusbriefs zu unterschiedlichen Bewältigungsstrategien gelangen, sind sie ähnlichen Problemen ausgesetzt (vgl. W. UEBELE, Verführer, 145). Entsprechend resümiert W. POPKES, Jakobus, 200 zum Anlaß von Jak 2,17f.: „Jak betreibt keine Fundamentalkritik des Glaubens, sondern korrigiert eine Fehlbehandlung des Themas. Wichtig ist, daß der Glaube ins Leben hinein wirkt. Die ἔργα haben mit Werkgerechtigkeit nichts zu tun, sondern sind Lebenszeichen wirklichen Glaubens."

konkretisieren (vgl. besonders 1 Joh 5,3a; 2 Joh 6)[140]. Die Gemeindeglieder dürfen sich der Erhörung ihrer Bitten und der Gegenwart Gottes gewiß sein, da sie die Gebote Gottes halten (1 Joh 3,22.24). Auch die Erkenntnis der Wahrheit bzw. die Erkenntnis Gottes führt zur Gebotsobservanz (1 Joh 2,3-5). Zudem sollen die Adressaten wissen, daß diese Gebote Gottes nicht schwer zu erfüllen sind (1 Joh 5,3c).

Diese Aussagen führen zu der Frage, welche Gebotsbestimmungen mit jenen ἐντολαί konkret gemeint sind? Daß die Liebe zu Gott sich in der Bewahrung seiner Gebote erweisen solle und daß diese Gebote leicht zu erfüllen sind, wird auch in unterschiedlichen deuteronomisch bzw. deuteronomistischen und frühjüdischen Konzeptionen betont (vgl. u. a. Dtn 30,11-14; TestXII.Naph 8,10; TestXII.Jos 10,2; 11,1 etc. und besonders Philo, De spec. leg. I 299: αἰτεῖται ... ὁ θεὸς οὐδὲν βαρύ)[141].

Im Gegensatz zu derartigen theologiegeschichtlichen Vergleichsgrößen benennt jedoch weder die johanneische Briefkorrespondenz noch das Johannesevangelium, welche Gebotsbestimmungen mit der Phrase τηρεῖν τὰς ἐντολάς bezeichnet sind[142]. Die einzigen explizit benannten Gebotsbestimmungen sind der Glaube an die Gottessohnschaft Jesu und die gegenseitige Liebe (vgl. 1 Joh 3,23). Alle weiteren Identifikationsversuche johanneischer Gebote bleiben Spekulation. Für den heutigen Leser der jo-

---

[140] Entsprechend wird in 1 Joh 2,3f.; 2 Joh 6 die Gebotsobservanz und die Gotteserkenntnis zueinander in Beziehung gesetzt.

[141] Vgl. ferner Dtn 6,4-6; 7,9; 11,1; 30,16 etc. (s. hierzu E. MALATESTA, Covenant, 23f.; A. NISSEN, Gott, 227 bzw. 231; zur Funktion von Dtn 30,11 vgl. E. AURELIUS, Heilsgegenwart, 13ff. bzw. 26-29; J. BEUTLER, Angst, 56ff.; N. LOHFINK, Hauptgebot, 65). Zur Patriarchenliteratur vgl. u. a. TestXII.Naph 8,10; TestXII.Jos 11,1; TestXII.Jud 10,2; TestXII.Ben 3,1; TestXII.Dan 5,3 (s. hierzu J. BEUTLER, Angst, 55-62; J. AUGENSTEIN, Liebesgebot, 168). Zu entsprechenden Traditionen in den Qumranschriften vgl. u. a. 1 QH XVI,13; 4Q418 Frg. 81,8f. 1QH VI,26; 1QH VII,9f.; 11Q05 XIX,11; 11Q05XXII, 1,2; 4Q385 Frg. 2,2; 4Q369 Frg. 1 ii,11; 4Q418 Frg. 81,8f. 4Q418 Frg. 82 4Q418 Frg. 122,3; 4Q419 Frg. 1,12; 4Q504 1 ii 8f. (s. hierzu u. a. R. SCHNACKENBURG, Johannesevangelium, 431f.; J. BEUTLER, Angst, 55-62; A. NISSEN, Gott, 227 bzw. 231). Ferner erkennt J. BEUTLER, Angst, 62 bzw. 112 Bezüge zur deuteronomistischen Bundestheologie, die er als Ausdifferenzierung von Joh 14,15-24 versteht. Zu Recht betont G. STRECKER, Johannesbriefe, 299 Anm 33, daß rabbinische Unterscheidungen schwerer und leichter Gebote weder dem Anliegen von 1 Joh 5,3c korrespondieren, noch aus chronologischen Gründen als Vergleichstexte konsultiert werden sollten (zur Skizze entsprechender Traditionen vgl. BIL. I, 901f.). Ferner zur stoischen Modifikation von Dt 30,11-14 in Philo, Prob. 42; Virt. 184 vgl. A. NISSEN, Gott, 472f.

[142] Eine markante Differenz zwischen der johanneischen Briefkorrespondenz und dem vierten Evangelium besteht jedoch darin, daß 1 Joh 3,22f.; 5,3 die Observanz der *Gebote Gottes* als Kennzeichen der *Liebe zu Gott* deklariert, während Joh 14,15.21; 15,12.17 von der Observanz der *Gebote Jesu* als Kennzeichen der *Liebe zu Jesus* spricht (hierzu s. u. den Exkurs in § 13/2.4).

hanneischen Briefe ist nicht mehr rekonstruierbar, was die eigentlichen Adressaten unter diesen Geboten konkret verstanden haben.

Doch auch wenn die johanneischen Briefe im Gegensatz zu anderen neutestamentlichen Zeugnissen kaum konkrete Verhaltenskodizes skizzieren, zeigt sich gerade hier, daß die Ethik in der johanneischen Theologie nicht marginalisiert, sondern im Liebesgebot und den Geboten impliziert ist: „Die ἐντολαί reflektieren die eine ἐντολή."[143] Jene anderen Gebote werden weder inhaltlich bestimmt, noch für obsolet erklärt[144]. Die Konzentration auf das Liebesgebot entspricht jedoch der paulinischen Ethik, in welcher „die Liebe als die Erfüllung des Gesetzes herausgestellt" wird[145]. Entsprechend korrespondiert die Zuordnung von Liebe und Gebotsobservanz der synoptischen Verschränkung von Gottesliebe und Menschenliebe, die als das höchste bzw. erste Gebot verstanden wird (Mk 12,28 parr.)[146].

---

[143] Treffend G. STRECKER, Theologie, 539 Anm. 143. Die deutlichsten ethischen Konkretionen bietet 1 Joh 3,11-24 (vgl. J. BEUTLER, Johannesbriefe, 115). P. STUHLMACHER, Theologie II, 270 versteht 1 Joh 2,12-14 als Korrespondenz zu einer Haustafelethik wie z. B. Kol 3,20f.; Eph 6,1.4. Entsprechend betont U. C. V. WAHLDE, Foundation, 216, daß in 2 Joh 6 περιπατῶμεν κατὰ τὰς ἐντολὰς αὐτοῦ etwas anderes bezeichnen muß als die gegenseitige Liebe, da die Argumentation ansonsten tautologisch wäre. Gegen u. a. H.-D. WENDLAND, Ethik, 109, dem die johanneischen Schriften den „Eindruck einer gewaltigen Reduktion ethischer Fragen und Aussagen" vermitteln (ähnlich A. STIMPFLE, Blinde, 183-185; E. KÄSEMANN, Wille, 128; M. RESE, Bruderliebe, 57f.; J. L. HOULDEN, Ethics, 36; E. STAUFFER, Botschaft, 47; J. T. SANDERS, Ethics, 100 etc.).

[144] Treffend J. AUGENSTEIN, Gesetz, 170 bzw. 172 in bezug auf das vierte Evangelium: „Obwohl dem Gesetz bzw. der Schrift eine solch zentrale Rolle als Zeugnis für Jesus zukommt, bleibt doch die aus der Paulus- und Synoptikerexegese geläufige Frage nach der Gültigkeit des Gesetzes und der Gebote ... unberücksichtigt." Demgegenüber U. SCHNELLE, Christologie, 43: „Das für Paulus so wichtige Problem ‚Gesetz – Gnade‘ ist für den Evangelisten längst gelöst ... ". Ferner zum Verhältnis von νόμος und γραφή in der johanneischen Theologie vgl. U. LUZ, Gesetz, 120; J. AUGENSTEIN, Gesetz, 163f.; A. OBERMANN, Erfüllung, 37-63.

[145] Vgl. U. WILCKENS, Römer III, 71, der in bezug auf die Rede vom Liebesgebot als dem πλήρωμα νόμου in Röm 13,10b formuliert: „Die Erwähnung des Gesetzes ist an dieser Stelle ... keineswegs beiläufig. Gesetz und Liebe schließen sich nicht aus; sondern wie die Liebe der eigentliche Inhalt des Gesetzes ist, so ist das Gesetz die Autorität, die dem Tun der Liebe absolute Verbindlichkeit zuspricht." Entsprechend zum Verhältnis des johanneischen und paulinischen Gebotsverständnisses vgl. M. HENGEL, Frage, 160; U. SCHNELLE, Paulus, 212ff.; D. ZELLER, Paulus, 167f. Zu vergleichbaren deuteropaulinischen Motiven vgl. Kol 3,14; 1 Tim 1,5; 1 Tim 6,11; 2 Tim 1,7; 2,22.

[146] Während Mk 12,28 lediglich von der ἐντολὴ πρώτη spricht, kommt in der Formulierung Mt 22,36 (... ἐντολὴ μεγάλη ἐν τῷ νόμῳ ...) noch deutlicher das Verhältnis von Einzelgebot und Gesetz zur Sprache. Die Affinität des johanneischen Gebotsverständnisses zu Mk 12,28ff. tritt auch in 1 Joh 4,21 zutage, wo offensichtlich eine Kenntnis dieser Tradition bei den Adressanten vorausgesetzt wird (s. u. § 7/3.3). In bezug auf Joh 14,15.21.24f. erkennt K. WENGST, Johannes II, 125 zudem eine Entsprechung zu rabbinischen Verhältnisbestimmungen der Gebote: „Das den Schülern gegebene *eine*

2.2.3 Das ,alte' und das ,neue Gebot'

In den johanneischen Schriften begegnet eine auf den ersten Blick verwirrende Dialektik der Rede von einem ,neuen' und einem ,alten' Gebot[147]. Die Adressaten des zweiten Johannesbriefs werden dafür gelobt, daß sie gemäß der Wahrheit leben. Dieses Gebot habe die johanneische Gemeinschaft vom Vater – also Gott – empfangen (V 4b … περιπατοῦντας ἐν ἀληθείᾳ, καθὼς ἐντολὴν ἐλάβομεν παρὰ τοῦ πατρός). Entsprechend ermahnt der Verfasser zur gegenseitigen Liebe (2 Joh 5b). Die Liebe zeige sich an einem an den Geboten Gottes orientierten Lebenswandel (2 Joh 6)[148]. Dies sei kein neues Gebot, sondern jenes, welches die Gemeinde von Anfang gehabt habe (V 5b οὐχ ὡς ἐντολὴν καινὴν γράφων σοι ἀλλὰ ἣν εἴχομεν ἀπ' ἀρχῆς).

Die skizzierte Argumentation entspricht weitgehend der des ersten Johannesbriefs. Auch hier wird das Liebesgebot als jene Botschaft verstanden, welche die Gemeinde von Anfang hatte (1 Joh 3,11 αὕτη ἐστὶν ἡ ἀγγελία ἣν ἠκούσατε ἀπ' ἀρχῆς, ἵνα ἀγαπῶμεν ἀλλήλους). Eine Unterscheidung zwischen einem alten und neuen Gebot begegnet jedoch in der Verhältnisbestimmung von ,Lichtwandel' und Geschwisterliebe[149]. Die ἐντολὴ ἡ παλαιά (1 Joh 2,7b) wird nicht explizit bestimmt. Der ἐντολὴ καινή (1 Joh 2,8a) zufolge soll derjenige, der für sich in Anspruch nimmt, im Licht zu wandeln, auch seine Mitchristen lieben. Das Liebesgebot wird somit in den johanneischen Briefe nicht explizit als ein neues Gebot bezeichnet. Demgegenüber wird im Johannesevangelium entschieden betont, daß die Aufforderung zum ἀγαπᾶν ἀλλήλους das ,neue' Gebot Jesu sei (Joh 13,34f.).

Die skizzierten Differenzen werden zuweilen als Indiz für die chronologische Priorität des Johannesevangeliums gewertet. Zunächst sei durch das vierte Evangelium die gegenseitige Liebe der Glaubenden als das neue Gebot Jesu gekennzeichnet worden. Die Briefkorrespondenz würde in den Wirren des Gemeindeschismas auf jenes neue Gebot zurückverweisen, welches nun als das alte Gebot zu verstehen sei, welches die Gemeinde

---

Gebot, einander zu lieben, dürfte in seinem Verhältnis zu den anderen Geboten nicht anders verstanden sein als das Gebot der Nächstenliebe in der rabbinischen Tradition, nämlich als ,große Zusammenfassung in der Tora'" (so in Rekurs auf BerR 24,7).

[147] Treffend skizziert von J. AUGENSTEIN, Liebesgebot, 100ff.; G. GHIBERTI, ,Vecchio' e ,nuovo', 232-234. Ferner zu Einordnung dieser Distinktion in die semantischen Felder ,Alt' und ,Neu' in der johanneischen Theologie op. cit., 242ff.

[148] Auch wenn 2 Joh 6b unbestimmt von τὰς ἐντολὰς αὐτοῦ spricht, sind dieselben aufgrund der Korrespondenz zu V 4 als Gebote Gottes zu verstehen (vgl. U. C. V. WAHLDE, Foundation, 216).

[149] Zur Interpretation von 1 Joh 2,7-11 s. o. § 7/3.2.

‚von Anfang an' gehabt habe[150]. Die Dialektik von ‚alt' und ‚neu' kann jedoch ebenso durch den narrativen Charakter und die Dramaturgie des Johannesevangeliums erklärt werden. Auf der Erzählebene des vierten E-vangeliums übermittelt Jesus seinen Jüngern eine ἐντολὴ καινή. Diese textinternen Begleiter Jesu symbolisieren die spätere johanneische Ge-meinde. Der textexterne Leser erkennt somit das Gebot der gegenseitigen Liebe als jene Botschaft, welche die Gemeinde ἀπ' ἀρχῆς übermittelt be-kommen hat (vgl. 1 Joh 3,11; 2 Joh 6). Für den Leser der Briefkorrespon-denz ist das neue Gebot Joh 13,34f. somit als das alte Gebot erkennbar[151].

Die Betonung der ‚Neuheit' des Liebesgebots sollte somit nicht nur als eine chronologische, sondern v. a. als eine ontologische Aussage verstan-den werden: „Il comandamento dell' amore è antico e nuova a un tempo: coincide con gli inizi della predicazione (e dell' esperienza che è all' origi-ne di questa) e propizia la luce degli ultimi tempi."[152]

2.2.4 Die Reichweite des Liebesgebots in den johanneischen Briefen

In den ethischen und paränetischen Ausführungen der johanneischen Briefkorrespondenz wird explizit lediglich die innergemeindliche Liebe thematisiert. Dies ist jedoch kein Indiz, daß das johanneische Liebesgebot strikt partikular auf jene Glaubensgemeinschaft beschränkt ist, die dem johanneischen Christusbekenntnis zustimmt. Die Konzentration auf die innergemeindliche Situation ergibt sich vielmehr aus den textpragmati-schen Intentionen des Verfassers[153]. Im Gegensatz zu dem bereits in der Logienquelle tradierten Gebot der Feindesliebe (Mt 5,39-48/Lk 6,27-36),

---

[150] R. F. COLLINS, Commandment, 236 bzw. 242f., der für die Briefliteratur eine um-strittenere Situation innerhalb der Gemeinde voraussetzt und in ἀπ' ἀρχῆς zudem eine Anspielung auf die Taufkatechese erkennt (hinsichtlich der Chronologie plädieren ähn-lich u. a. J. ZUMSTEIN, Dieu, 104f.).

[151] Die Dialektik von ‚alt' und ‚neu' zwischen dem vierten Evangelium und der Briefkorrespondenz ist somit kein Indiz der chronologischen Zuordnung der johanne-ischen Schriften. Es ist jedoch zu überlegen, inwiefern die Divergenzen der Gebotstermi-nologie innerhalb der Briefkorrespondenz als Hinweis zu werten sind, daß der Verfasser noch keine abschließende Reflexion und Bewältigung des Konfliktpotentials gefunden hat.

[152] Treffend G. GHIBERTI, ‚Vecchio' e ‚nuovo', 232f. Die ‚Neuheit' des Gebots be-steht somit nicht nur darin, daß es stets neu zu bewahren wäre (so etwa M. FIGURA, Bot-schaft, 415).

[153] Treffend S. SCHULZ, Ethik, 527, demzufolge die Briefe sicherlich keine „sekten- oder ghettohafte Konventikelethik" propagieren. Gegen z. B. M. RESE, Gebot, 57, für den „das Gebot der Nächstenliebe nicht nur eingeschränkt, sondern schlicht außer Kraft ge-setzt." F. F. SEGOVIA, Love Relationships, 76 sieht aufgrund des Verhältnisses von 1 Joh 4,21 zu 1 Joh 5,1b das johanneische Liebesgebot strikt gruppenintern beschränkt. Ähn-lich W. SCHRAGE, Ethik, 317f. bzw. 322; E. KÄSEMANN, Wille, 136; M. LATTKE, Ein-heit, 24-26 etc.

der lukanischen Reformulierung des Liebesgebots (Lk 10,25-37) oder paulinischen Aussagen über Wiedervergeltungsverzicht bzw. Feindesliebe
(Röm 12,9-21; 1 Kor 4,12f.; 1 Thess 5,15) ist die Frage der Reichweite des
Liebesgebots kein akutes Problem des Verfassers des ersten Johannesbriefs[154]. Statt dessen möchte er seine Adressaten angesichts des johanneischen Schismas an ihre gegenseitige Verantwortung erinnern. Er thematisiert somit „nicht die Alternative Bruderliebe oder Nächstenliebe, sondern
den grundsätzlichen Gegensatz von Bruderliebe und Bruderhaß (1 Joh 2,9-
11; 3,14f.)"[155]. Es wird jedoch weder explizit, noch implizit verboten, das
Liebesgebot auch über die Gemeindegrenzen hinweg zu praktizieren[156].

Dieser Sachverhalt unterscheidet das Liebesgebot der johanneischen Briefe kategorisch
von eindeutig partikularistischen Konzeptionen, in denen *sowohl* die Liebe zu den internen Bezugspersonen, *als auch* der Haß gegenüber Außenstehenden gefordert wird. Paradigmatisch hierfür ist z. B. das Selbstverständnis der Qumrangemeinschaft. In 1 QS I,9f.
wird dazu aufgefordert, alle ‚Söhne des Lichts' zu lieben (ולאהוב כול בני אור [1 QS I,9b])
und alle ‚Söhne der Finsternis' zu hassen (ולשנוא כול בני חושך [1 QS I,10b])[157]. Diese in
unterschiedlichen genuin qumranischen Texten oftmals erkennbare „Verbindung von
Bruderliebe und Feindeshaß ist so eng, daß die Liebe zum Nächsten in den Augen der
Qumran-Essener nicht wirklich Liebe wäre, würde ihr nicht der Haß auf die ‚Männer der

---

[154] Die narrative Inszenierung der Frage der Reichweite des Liebesgebots durch das
Gleichnis vom barmherzigen Samariter wird eigens durch die Frage καὶ τίς ἐστίν μου
πλησίον (Lk 10,29b) eingeleitet (vgl. G. SELLIN, Erzählung, 45ff.; zur Korrespondenz
von Lk 6,27-36; 7,1-10; 16,13 und Act 15,20.29 etc. vgl. G. S. OEGEMA, Gebot, 507 bzw.
513f.; zu geistes- und sozialgeschichtlichen Hintergründen von Mt 5,38/Lk 6,27-38 vgl.
M. EBNER, Feindesliebe, 119ff.; G. THEISSEN, Gewaltverzicht, 176ff. bzw. 180ff.; L.
SCHOTTROFF, Feindesliebe, 197ff.; zu Röm 12,9-21; 1 Kor 4,12f.; 1 Thess 5,15 vgl. J.
SAUER, Feindesliebe, 17ff.).
[155] Treffend G. STRECKER, Gottes- und Menschenliebe, 62.
[156] Treffend resümiert R. BULTMANN, Johannesbriefe, 35, mit ‚Bruder' (1 Joh 2,10;
3,10.14; 4,20.21; 2 Joh 1; 3 Joh 1) sei „nicht speziell der christliche Glaubensgenosse
gemeint, sondern der Mitmensch, der ‚Nächste'" (vgl. entsprechend G. STRECKER, Johannesbriefe, 263 Anm. 12).
[157] Diese Aufforderung ist zudem in die Eröffnung eines Textes integriert, den man
„mit gutem Recht als ... Verfassung für die Qumrangemeinschaft" verstehen kann und
der dies mehrfach rekapituliert (vgl. 1 QS I,3f.; V,23-VI,3; IX,15f.21f. (vgl. J. C. VAN-
DERKAM, Qumranforschung, 79). Dies entspricht der Forderung in den Hodajot in 1 QH
IV,21: [רשעה לה] תהלך בכול אשר אהבתה ולמאוס בכול אשר שנא[תה ולעשות] הטוב בעיניך. Zum
Spektrum der Gestaltung des Liebesgebots in den spezifischen qumranischen, esseni-
schen bzw. protoessenischen Textgruppen vgl. ferner 1 QH VI,10f. 25-27; VII,18f.; 1 QS
III,26; 1Q28 IX,16; 4Q258 Frg. 2, iii,1.; 4Q256 Frg. 8 i,5; 4Q258 Frg. 2, iii, 6; (4Q
266,16f.) CD VI,20f.; IX,2.7f.XVI,16f. etc.) Generell zur Antithetik von Lieben und
Hassen in Texten der Qumranbibliothek vgl. T. SÖDING, Feindeshaß, 611ff.; H. LICH-
TENBERGER, Menschenbild, 201, 213, 217f.; H.-J. FABRY, Liebe, 51ff. Entsprechend
resümiert J. H. CHARLESWORTH, Qumran, 114: „The most conspicuous feature of Qumran dualism is the ethical."

Grube' entsprechen"[158]. Auch wenn der Gegensatz zu einem solchen Gemeinschaftsverständnis nicht derart explizit zutage tritt wie z. B. in Mt 5,43-48 bzw. Lk 6,27-38; 10,25-37[159], zeigt sich diesbezüglich ein diametraler Unterschied der Gestaltungen des Liebesgebots in der johanneischen Briefkorrespondenz und genuin qumranischen Dokumenten[160]. Selbst die Warnung vor einer falschen Liebe zur Welt (1 Joh 2,15-17) impliziert keine Abgrenzung gegenüber Außenstehenden bzw. eine kategorische Abwertung der materiellen Welt[161].

Doch auch wenn die synoptischen und paulinischen Gestaltungen des Liebesgebots und 1 Joh 4,7-5,4 nicht grundsätzlich divergieren, bestehen Unterschiede hinsichtlich der praktischen Konsequenzen. Obwohl der Autor des ersten Johannesbriefs seine Adressaten dazu ermutigt, sogar zur Selbstaufopferung für die Mitchristen bereit zu sein (1 Joh 3,16), soll nicht für einen ἀδελφός Fürbitte geleistet werden, der eine ‚Todsünde‘ begeht (1 Joh 5,16f.). Irrlehrer sollen keine Gastfreundschaft gewährt bekommen, ja nicht einmal gegrüßt werden (2 Joh 10f.[162]). Dies entspricht wiederum der Kennzeichnung der Gegner als ‚Antichristen‘ bzw. ‚Teufelskinder‘ (1 Joh 2,18ff.; 3,7-10; 2 Joh 7)[163]. Die Schärfe dieser Irrlehrerpolemik resultiert jedoch nicht aus einer radikalen Sektenmentalität, sondern aus der Verarbeitung des Gemeindezerbruchs. Sie zielt nicht *per se* auf die außerjohanneische Welt, sondern primär auf ehemalige Gemeindeglieder, die als nun πλάνοι bzw. ἀντίχριστοι verstanden werden. Ebenso wie in der Adaption dualistischer Motive zeigt sich auch diesbezüglich die johanneische Modifikation traditionsgeschichtlicher Vorentwicklungen: „The author[s] of 1

---

[158] Treffend T. SÖDING, Feindeshaß, 615.

[159] Spekulativ bleibt, ob Mt 5,43-48 bzw. Lk 6,27-38; 10,25-37 gegen genuin qumranische Konzeptionen polemisieren (entsprechende Kontrastierung von Haß und Liebe finden sich in der Qumranbibliothek sowohl in qumranischen, als auch in essenisch-voressenischen Texten). Eine direkte Polemik gegen das qumranische Gemeinschaftsverständnis vermuteten u. a. E. STAUFFER, Botschaft 128ff.; H. BRAUN, Qumran I, 17f.; O. SEITZ, Enemies, 49f.; skeptischer hingegen D. LÜHRMANN, Feinde, 426; U. LUZ, Matthäus I, 407f. Vermittelnd resümiert T. SÖDING, Feindeshaß, 619, daß unter „allen frühjüdischen Texten ... die qumranischen ... am ehesten Anschauungsmaterial ... liefern."

[160] Gegen z. B. H. M. TEEPLE, Qumran, 12f., der „parallels in general ideas" postuliert. Ähnlich bereits E. KÄSEMANN, Wille, 139. Paradigmatisch behauptet E. STAUFFER, Botschaft, 47, daß Spätwirkungen des in 1 QS dokumentierten Selbstverständnisses der Qumrangemeinschaft dafür verantwortlich gewesen wären, daß der „Geist Jesu von Nazareth aus den Mauern der johanneischen Schule vertrieben" worden sei.

[161] Hierzu s. u. § 7/3.4.

[162] Die Radikalität dieser Abgrenzung findet eine neutestamentliche Analogie am ehesten noch in der Ekklesiologie der Sendschreiben der Johannesapokalypse (vgl. besonders Apk 2,6: ἀλλὰ τοῦτο ἔχεις, ὅτι μισεῖς τὰ ἔργα τῶν Νικολαϊτῶν ἃ κἀγὼ μισῶ.).

[163] Während der Begriff ‚Antichrist‘ im Johannesevangelium ebenso wie im gesamten sonstigen neutestamentlichen Kanon nicht belegt ist, begegnet die Kategorie ‚Teufelskinder‘ in Joh 8,42-47 in bezug auf spezielle jüdische Kontrahenten Jesu.

and 2 John use[s] it to describe and legitimise the situation of the Johannine community. By interpreting the conflict that split the community as the coming of the Antichrist, the author[s] represent this conflict as being planned by God and as proof of the nearness of the end."[164]

Die skizzierten Formen der Abgrenzung von Irrlehrern stehen in der Tat in deutlichem Gegensatz zu anderen frühchristlichen Konzeptionen. So wird z. B. im synoptischen Feindesliebegebot eigens betont, daß eine Liebe zu Gleichgesinnten keine spezifische Besonderheit einer ‚christlichen Gesinnung' sei. In der lukanischen Fassung des Feindesliebegebots wird gerade die „Liebe zu denen geboten ... , die unter dem eschatologischen Fluch stehen" (Lk 6,27f.)[165]. Auch die paulinischen bzw. deuteropaulinischen Ermahnungen zur Meidung von Gegnern haben nicht annähernd eine derartig polemische Schärfe (1 Kor 5,5; Röm 16,17f. etc.; 2 Thess 3,6.14; 1 Tim 6,3ff.; 2 Tim 2,14ff. etc.). Selbst der im Umgang mit seinen Gegnern ausgesprochen kompromißlose Verfasser des zweiten Thessalonicherbriefs, der seine Adressaten ermahnt, die Gemeinschaft mit jedem abzubrechen, der den Worten seines Briefes widerspricht (2 Thess 3,14), insistiert darauf, daß derselbe nicht als Feind, sondern als Bruder zu betrachten sei (2 Thess 3,15).

Auch wenn die Vehemenz der in den johanneischen Briefen dokumentierten Irrlehrerpolemik als Reaktion auf das akute Problem des Gemeindezerbruchs psychologisch erklärt werden kann und „im Rahmen zeitgenössischer jüdischer Paränese nichts Neues"[166] bietet, ist diesbezüglich ebenso wie in bezug auf die Bezeichnung der Kontrahenten Jesu als Teufelskinder in Joh 8,44 theologische Sachkritik geboten[167].

2.3 Zusammenfassung der Zwischenergebnisse

Die vorgehenden Analysen erläuterten die Argumentationsstrategien, mit denen die Adressaten der johanneischen Briefe zur gegenseitigen Liebe ermahnt werden. Einerseits wird an ihre Einsicht appelliert, die Liebe als

---

[164] Vgl. L. J. LIETAERT PEERBOLTE, Antichrist, 96ff. bzw. 113. Tendenziell ähnlich R. A. PIPER, Satan, 277f.

[165] So zu Recht D. LÜHRMANN, Feinde, 437. Auch wenn dieser Appell auch in Mt 5,44 impliziert ist, ist er in der lukanischen Fassung deutlicher betont, indem das Feindesliebegebots mit den Seligpreisungen und den Weherufen (Lk 6,20-26) verschränkt wird.

[166] Treffend U. LUZ, Matthäus I, 334ff. zur Antithese Mt 5,21f. in Rekurs auf 1 QS V,25f.; VI,25-27; VII,2-5.8f.; Sir 34,21f. etc.. W. BAUER, Johannesevangelium, 248 erkennt hierin das cholerische Temperament eines Verfassers, der sich „mit heißem Haß" gegen seine Gegner wenden konnte.

[167] Treffend M. HENGEL, Frage, 148f. Entsprechend T. SÖDING, Gott, 354, der Joh 8,44 als die „eventuell problematischste Aussage des gesamten NT" versteht (entsprechend F. MUSSNER, Traktat, 281ff.).

eine angemessene Reaktion auf die Liebe Gottes bzw. Jesu zu verstehen, andererseits wird darauf insistiert, daß die Liebe das entscheidende Gebot johanneischen Glaubens sei.

Um die Einsicht der Adressaten zu gewinnen, wird die gegenseitige Liebe der Glaubenden zu weiteren Aspekten johanneischen Denkens in Beziehung gesetzt. Die gegenseitige Liebe der Glaubenden ist die einzig angemessene Reaktion auf die voraussetzungslose Liebe Gottes. Die Adressaten sollen ihr Verhalten an dieser Liebe Gottes orientieren, welche durch die Sendung Jesu und dessen paradigmatisches Verhalten offenbar wurde (vgl. 1 Joh 2,6; 3,3.7.16). Dieser Aussageintention dienen auch die Aussagen über die reziproke Immanenz von Gott und Mensch, über die Gotteserkenntnis, die Gottesschau und die Gotteskindschaft. Dabei läßt sich ebenso wie bei den Aussagen über das Wesen Gottes und das Wesen der Liebe ein kreativ-innovativer Umgang mit traditionsgeschichtlichen Vorgaben erkennen.

Ein entsprechendes Phänomen zeigt sich in der Verhältnisbestimmung von Liebe und Erkenntnis. Der Verfasser des ersten Johannesbriefs spekuliert nicht über Mysterien einer esoterischen Gotteserkenntnis, sondern insistiert darauf, daß der Anspruch einer Gotteserkenntnis von der Praxis zwischenmenschlicher Liebe her zu beurteilen ist. Als zentrale Inhalte der Gotteserkenntnis werden hingegen das christologische Bekenntnis und die in der Sendung Jesu offenbarte Liebe Gottes samt ihrer ethischen Implikationen benannt (1 Joh 3,16; 4,9f.16). Die Glaubenden sollen sich dessen bewußt sein, daß die Entfaltung ihres eschatologischen Heil noch nicht vollendet ist und daß sie einer unmittelbaren *visio dei* bzw. *visio christi* erst noch entgegen gehen. Die Liebe zu dem noch unsichtbaren Gott soll sich jedoch in der Liebe zu dem bereits gegenwärtig sichtbaren Bruder konkretisieren (vgl. die Korrespondenz von 1 Joh 3,1f.; 4,20). Ebenso wird auch in der Zuordnung der Themen ‚Geschwisterliebe‘ und ‚Gotteskindschaft‘ (1 Joh 3,10; 4,7) die praktizierte Liebe zu einem Kriterium der Gotteskindschaft erklärt.

Neben diesen Appellen an die Einsicht seiner Adressaten erinnert der Verfasser dieselben verschiedentlich daran, daß die gegenseitige Liebe das zentrale Gebot ihres Glaubens sei. Insbesondere die Zuordnung von Glaube und Liebe in 1 Joh 3,23 kann als eine programmatische ‚Kurzformel johanneischen Glaubens‘ bezeichnet werden, welche die weiteren Argumentationsstrategien in sich birgt: Die gegenseitige Liebe soll als Konsequenz des Glaubens und der Liebe zu Gott verstanden werden (1 Joh 5,1). Die Liebe zu Gott solle sich in der Observanz seiner Gebote konkretisieren (1 Joh 5,3a; 2 Joh 6). Die Erkenntnis der Wahrheit bzw. die Erkenntnis Gottes führe zur Observanz seiner Gebote (1 Joh 2,3-5).

Auch wenn in den johanneischen Schriften keine weiteren Gebote bzw. konkrete Verhaltenskodizes thematisiert werden, zeigen die Anspielungen auf diese Themen, daß die Ethik in der johanneischen Theologie keineswegs marginalisiert, sondern im Liebesgebot und den Geboten impliziert ist. Dabei lassen sich keine Indizien erkennen, die dafür sprechen, daß das Liebesgebot strikt partikular auf die Mitglieder der johanneischen Gemeinde eingeschränkt ist. Die Frage der Reichweite des Liebesgebots ist kein primäres Anliegen des Verfassers des ersten Johannesbriefs. Er möchte vielmehr seine Adressaten angesichts der innergemeindlichen Konflikte an ihre gegenseitige Verantwortung erinnern. Es wird jedoch weder explizit, noch implizit verboten, Liebe auch über die Gemeindegrenzen hinweg zu praktizieren. Entsprechend fordert auch die in 1 Joh 2,15-17 formulierte Warnung vor einer falschen Liebe zur Welt keine prinzipielle Abgrenzung gegenüber Außenstehenden bzw. eine kategorische Abwertung des κόσμος. Sie dokumentiert vielmehr soziale Differenzen in der johanneischen Gemeinde, insofern dazu aufgefordert wird, mit den zum Leben notwendigen Besitztümern bedürftige Gemeindeglieder zu unterstützen und die gegenseitige Liebe in ‚tatkräftiger Wahrheit‘ zu praktizieren (1 Joh 3,17f.). Die Vehemenz der Irrlehrerpolemik kann nicht als Indiz einer Konventikelethik verstanden werden, sondern nur als eine Reaktion auf das akute Problem des Gemeindezerbruchs.

3. Das Liebesgebot und die innergemeindlichen Konflikte

Die johanneische Betonung der innergemeindlichen Liebe steht in einem engen Zusammenhang mit den Konflikten im johanneischen Kreis. Um diesen Themenbereich angemessen aufarbeiten zu können, soll im folgenden zunächst skizziert werden, in welcher Weise die Selbsteinschätzungen der Gegner aus den Argumentationen der johanneischen Briefe rekonstruiert werden können (3.1). Darauf wird dargestellt, durch welche Argumentationen die Berechtigung jener gegnerischen Position in Frage gestellt wird. Besonders deutlich zeigt sich dies in den Verhältnisbestimmungen der Themen ‚Geschwisterliebe‘ und ‚Lichtwandel‘ (3.2) bzw. ‚Geschwisterliebe‘ und ‚Gottesliebe‘ (3.3). In diesem Zusammenhang wird erkennbar, daß angesichts des johanneischen Schismas auch das Verhältnis der Gemeinde zur Welt einer Reflexion bzw. Neubestimmung bedurfte (3.4).

3.1 Die Selbsteinschätzung der Gegner

Die johanneische Briefkorrespondenz zeugt von Streitigkeiten bzw. Zerbrüchen innerhalb der johanneischen Gemeinde (vgl. u. a. 1 Joh 2,18ff.; 2

Joh 7-11; 3 Joh 9f.). Das theologische Profil und Verhalten der Gegner kann zumindest partiell aus den Argumentationen herausgearbeitet werden[168]. Auch wenn eine exakte religionsgeschichtliche Einordnung dieser Kontrahenten nicht möglich ist, erweisen sich die Christologie und die Ethik als die zentralen Streitpunkte[169].

Die gravierendsten Konfliktpotentiale liegen im *christologischen Bekenntnis*. Dieses wird im ersten Johannesbrief in unterschiedlicher Weise als Kriterium der Zugehörigkeit zur Gemeinde formuliert: Es geht darum, daß „Jesus Gottes Sohn ist" (1 Joh 4,15), daß „Jesus der Christus ist" (1 Joh 2,22; 5,1) und daß „Jesus Christus ins Fleisch gekommen ist" (1 Joh 4,2; vgl. 2 Joh 7). Wer diesen Aussagen nicht zustimmt, erweist sich dadurch nach der Überzeugung des Autors als „Antichrist" (vgl. 1 Joh 2,22; 4,3; 2 Joh 7). Diese „Antichristen" entstammen zwar der (johanneischen) Gemeinde, hätten ihr aber nie wesensmäßig zugehört (1 Joh 2,18f.).

Die *ethischen Konfliktpotentiale* zeigen sich v. a. in 1 Joh 2,9; 4,20, wo die Selbsteinschätzung der Gegner paraphrasiert wird. Diese Verse korrespondieren einander sowohl in der syntaktischen, als auch in der argumentativen Struktur:

1 Joh 2,9a	Ὁ λέγων ἐν τῷ φωτὶ εἶναι
b	καὶ τὸν ἀδελφὸν αὐτοῦ μισῶν
c	ἐν τῇ σκοτίᾳ ἐστὶν ἕως ἄρτι.
1 Joh 4,20a	ἐάν τις εἴπῃ ὅτι Ἀγαπῶ τὸν θεόν
b	καὶ τὸν ἀδελφὸν αὐτοῦ μισῇ,
c	ψεύστης ἐστίν.

Die kritisierten Personen nehmen für sich in Anspruch, ,im Licht zu sein' bzw. ,Gott zu lieben' (1 Joh 2,9a bzw. 1 Joh 4,20a). Diese Selbsteinschätzung wird jeweils mit dem ethischen Verhalten des Angesprochenen kon-

---

[168] Zum Spektrum von Rekonstruktionsversuchen gnostischer, ,ultrajohanneischer', judenchristlicher Gegnerprofile vgl. u. a. W. UEBELE, Verführer, 118ff.; H. SCHMID, Gegner, 303; H.-J. KLAUCK, Johannesbriefe, 127ff.

[169] Vgl. M. HENGEL, Frage, 170ff. bzw. 185ff.; W. UEBELE, Verführer, 118ff. bzw. 141ff.; H. SCHMID, Gegner, 277ff. Themen wie z. B. der Anspruch der Sündlosigkeit (1 Joh 1,8), die falsche Haltung zum κόσμος (1 Joh 2,15-17), das Verhalten des Diotrephes (3 Joh 9f.) etc. sind Teilaspkte jener primären Konfliktthemen. Die Aporien der Bestimmung der Gegnerschaft sollten jedoch nicht dazu veranlassen, die Existenz derselben *per se* in Frage zu stellen. So resümiert z. B. H. SCHMID, Gegner, 289f.: „Es gibt die Gegner in 1Joh, aber nicht außerhalb. Es gibt sie nämlich nur durch den Text als dessen Konstruktion und Selbstreferenz, d.h. die Gegner dienen in erster Linie der Selbstdarstellung der Gemeinde. ... *Die Gemeinde braucht nicht 1Joh zum Schutz vor den Gegnern, sondern sie braucht die Gegner, um auf eine bestimmte Weise wirkungsvoll von sich selbst sprechen zu können.*" (Hervorhebungen von Schmid).

frontiert. In beiden Fällen wird dem Gegner vorgeworfen, seinen Bruder zu hassen (1 Joh 2,9b bzw. 1 Joh 4,20b). Es wird jedoch nicht eigens erläutert, worin sich dieser Haß konkret äußert (vgl. 1 Joh 2,9.11; 3,13). Lediglich 1 Joh 3,15 nennt das Motiv eines ἀνθρωποκτόνος, was in diesem Kontext als extreme Paraphrase eines lieblosen Verhaltens zu verstehen ist[170]. In diesem Sinne kann ‚hassen' in Rekurs auf Dtn 21,15-17; Prov 13,23 etc. schlicht als Äquivalent für ‚nicht lieben' verstanden werden[171]. Der Tatbestand des Bruderhasses falsifiziert wiederum die Selbsteinschätzung des Gegners. Er sei noch immer der Finsternis verhaftet bzw. ein Lügner (1 Joh 2,9c bzw. 1 Joh 4,20c).

1 Joh 2,9; 4,20 entsprechen sich nicht nur strukturell, sondern auch in bezug auf die rhetorische und argumentative Einbettung. In beiden Fällen wird die Selbsteinschätzung der Gegner erst in einem relativ späten Stadium der Gedankenentwicklung angesprochen. Während die argumentativen Prämissen für die Verhältnisbestimmung von ‚Geschwisterliebe' und ‚Lichtwandel' bereits in der Eröffnung des Briefkorpus (1 Joh 1,5-7) gelegt werden, begegnet die Irrlehrerpolemik 1 Joh 4,20 erst in der fünften und vorletzten Argumentationseinheit des Hohenliedes der Liebe Gottes. Dieser Sachverhalt veranschaulicht die Argumentationsstrategie des Verfassers des ersten Johannesbriefs. Zunächst entfaltet er sein Verständnis der gegenseitigen Liebe der Glaubenden. Wenn die Adressaten seinen Argumentationen folgen und zustimmen können, müssen sie auch seinen Schlußfolgerungen beipflichten, in denen er die gegnerischen Selbsteinschätzungen beurteilt.

Nachdem nun skizziert wurde, inwieweit die direkten Auseinandersetzungen mit den Gegnern in 1 Joh 2,9; 4,20 argumentativ vergleichbar sind, kann im folgenden betrachtet werden, in welcher Weise die Themenkomplex ‚Geschwisterliebe' und ‚Lichtwandel' bzw. ‚Geschwisterliebe' und ‚Gottesliebe' im Einzelnen entfaltet werden:

---

[170] Paradigmatisch die Mahnung Sir 34,21f.: (21) ἄρτος ἐπιδεομένων ζωὴ πτωχῶν, ὁ ἀποστερῶν αὐτὴν ἄνθρωπος αἱμάτων. (22) φονεύων τὸν πλησίον ὁ ἀφαιρούμενος ἐμβίωσιν, καὶ ἐκχέων αἷμα ὁ ἀποστερῶν μισθὸν μισθίου. Die Schärfe des Vorwurfs 1 Joh 3,16 entspricht zudem der Antithese Mt 5,21f., wo ebenfalls das Verhalten zum ‚Bruder' thematisiert wird (vgl. U. Luz, Matthäus I, 334ff.).

[171] Vgl. H. Balz, Johannesbriefe, 179; O. Michel, Art. μισέω, 694; W. Uebele, Verführer, 144.; Bil I, 139-149). Zum semantischen Gehalt von μισεῖν κ.τ.λ. vgl. T. Söding, Feindeshaß, 615f.; J. Beutler, Johannesbriefe, 115. Entsprechend resümiert H.-J. Fabry, Liebe, 61 zum Verständnis von ‚hassen' in der qumranischen Theologie: „Der Haß artikulierte sich einzig in der konsequenten Ab- und Ausgrenzung der immer schon und noch immer Außenstehenden." Ähnlich bereits E. F. Sutcliffe, Hatred, 351 bzw. 355f.; K. Stendahl, Hate, 343ff.; H. Lichtenberger, Menschenbild, 201, 213, 217f.

3.2 Das Verhältnis von ‚Geschwisterliebe' und ‚Wandel im Licht' (1 Joh 2,7-11)

Die argumentativen Prämissen der in 1 Joh 2,7-11 durchgeführten Verhältnisbestimmung von ‚Lichtwandel' und ‚Bruderliebe' begegnen bereits in der Eröffnung des Briefkorpus (1 Joh 1,5-7). Auch hier ist bereits die polemische Ausrichtung von 1 Joh 2,7-11 erkennbar, insofern der abrupte Einsatz und die Vehemenz der Argumentation auf einen konkreten Streitfall zu reagieren scheinen[172]. Unmittelbar nach dem Prolog 1 Joh 1,1-4 konfrontiert der Autor seine Leser mit der Aussage, daß Gott Licht ist und keine Finsternis in sich hat (1 Joh 1,5b ὁ θεὸς φῶς ἐστιν καὶ σκοτία ἐν αὐτῷ οὐκ ἔστιν οὐδεμία). Diese Botschaft habe Jesus den Gemeindegliedern mitgeteilt, die sie nun ihrerseits weitergeben würden (V 5a)[173].

Diese Verhältnisbestimmung von Gott und Licht bildet eine thematische Exposition, die „dem ganzen Abschnitt ... als wesentlichster Grundgedanke" vorangestellt ist[174]. Von 1 Joh 1,5b ausgehend werden die Motive des Licht- und Finsterniswandels kontrastiert. Wer im Licht wandele, habe Gemeinschaft mit Gott und das Blut Jesu reinige ihn von aller Sünde (V 7). Wer hingegen nicht der Wahrheit gemäß handele, wandele in der Finsternis und partizipiere nicht an der Gottesgemeinschaft der Glaubensgeschwister[175].

In den unmittelbaren folgenden Ausführungen thematisiert der Verfasser des ersten Johannesbriefs zunächst die Themen ‚Sünde' und ‚Erkenntnis' (1 Joh 1,8-2,2 bzw. 2,3-6). Daraufhin greift er in 1 Joh 2,7-11 erneut die antithetischen Motive ‚Wandel im Licht' und ‚Wandel in der Finsternis' auf. Nun steht jedoch nicht mehr das Verhältnis von ‚Lichtwandel' und Gottesgemeinschaft im Vordergrund seines argumentativen Interesses, sondern das Verhältnis von ‚Lichtwandel' und Bruderliebe bzw. Bruderhaß:

1 Joh 2,7aα	Ἀγαπητοί, οὐκ ἐντολὴν καινὴν γράφω ὑμῖν
aβ	ἀλλ' ἐντολὴν παλαιὰν ἣν εἴχετε ἀπ' ἀρχῆς.
b	ἡ ἐντολὴ ἡ παλαιά ἐστιν ὁ λόγος ὃν ἠκούσατε.

---

[172] Vgl. G. STRECKER, Johannesbriefe, 74f.; O. SCHWANKL, Licht, 288ff. Die polemischen Züge der Argumentation übersieht O. SCHAEFER, Licht, 471, demzufolge lediglich die Freude über diese Erkenntnis betont werden solle.

[173] Vgl. O. SCHWANKL, Licht, 285f. bzw. 292f. Zur Frage der Urheberschaft der hier referierten Aussage über Gott bzw. zum Verhältnis von 1 Joh 1,3b und 1 Joh 1,5a s. o. § 7/1.1.

[174] Treffend W. UEBELE, Verführer, 137.

[175] Während 1 Joh 1,6a (κοινωνίαν ἔχομεν μετ' αὐτοῦ) nur die Gottesgemeinschaft anspricht, verbindet V 7ba (κοινωνίαν ἔχομεν μετ' ἀλλήλων) dies mit der gegenseitigen Gemeinschaft der Gotteskinder (vgl. D. RUSAM, Gemeinschaft, 181f.).

1 Joh 2,8aα   πάλιν ἐντολὴν καινὴν γράφω ὑμῖν,

aβ   ὅ ἐστιν ἀληθὲς ἐν αὐτῷ καὶ ἐν ὑμῖν,

bα   ὅτι ἡ σκοτία παράγεται

bβ   καὶ τὸ φῶς τὸ ἀληθινὸν ἤδη φαίνει.

1 Joh 2,9a   ὁ λέγων ἐν τῷ φωτὶ εἶναι καὶ τὸν ἀδελφὸν αὐτοῦ μισῶν

b   ἐν τῇ σκοτίᾳ ἐστὶν ἕως ἄρτι.

1 Joh 2,10a   ὁ ἀγαπῶν τὸν ἀδελφὸν αὐτοῦ ἐν τῷ φωτὶ μένει

b   καὶ σκάνδαλον ἐν αὐτῷ οὐκ ἔστιν.

1 Joh 2,11a   ὁ δὲ μισῶν τὸν ἀδελφὸν αὐτοῦ ἐν τῇ σκοτίᾳ ἐστὶν

bα   καὶ ἐν τῇ σκοτίᾳ περιπατεῖ

bβ   καὶ οὐκ οἶδεν ποῦ ὑπάγει,

bγ   ὅτι ἡ σκοτία ἐτύφλωσεν τοὺς ὀφθαλμοὺς αὐτοῦ.

In 1 Joh 2,7aα werden die Adressaten des ersten Johannesbrief erstmals direkt als ‚Geliebte‘ angesprochen. Auf diese Weise wird ein argumentativer Neueinsatz gekennzeichnet, der die Aufmerksamkeit der Leser steigert. Dabei betont der Verfasser zunächst, daß er seinen Adressaten kein neues Gebot mitteilen möchte. Er möchte vielmehr das alte Gebot (V 7aβ) bekräftigen, welches die Gemeinde ‚von Anfang an‘ gehabt hat, nämlich den nicht näher erläuterten λόγος (V 7b). In den Folgeversen wird jedoch auch ein neues Gebot entfaltet[176]. Zu diesem Zwecke greift der Verfasser auf die bereits in 1 Joh 1,5-7 eingeführte Antithetik von Licht und Finsternis zurück. Während diese Begriffe zuvor nur statisch gegenübergestellt wurden, werden sie nun dynamisch zueinander ins Verhältnis gesetzt: Die Finsternis vergehe, das wahre Licht leuchte schon (V 8b)[177]. Diese Aussage wird im Folgevers zu dem Thema der innergemeindlichen Liebe in Beziehung gesetzt: Wer für sich in Anspruch nehme, im Licht zu sein, aber seinen Bruder haßt (V 9a), sei noch immer der Finsternis verhaftet (V 9b). Wer hingegen seinen Bruder liebe, bleibe im Licht (V 10a) und errege keinen Anstoß (V 10b). V 11 benennt nochmals die Quintessenz der vorhergehenden Gedankenentfaltung. Anders als in V 9 geht die Argumentation nicht von der falschen Selbsteinschätzung des Gegners aus, sondern von dessen Verhalten: Wer seinen Bruder hasse, sei in der Finsternis (V 11a). Dieses Bild wird in dem dreigliedrigen Teilvers V 11b nochmals entfaltet: Er wandele in der Finsternis (V 11bα) und wisse nicht, wohin er gehe (V 11bβ), da die Finsternis seine Augen verschließt (V 11bβ).

---

[176] Zum Verhältnis des ‚alten‘ und des ‚neuen Gebots‘ s. u. § 7/2.2.3.

[177] Wie in Joh 1,9a kann τὸ φῶς τὸ ἀληθινόν als implizite Polemik gegen andere vermeintliche Licht- bzw. Heilsgestalten verstanden werden (vgl. R. SCHNACKENBURG, Johannesevangelium I, 230; M. THEOBALD, Fleischwerdung, 186-189; O. SCHWANKL, Licht, 316f.).

Obwohl somit in 1 Joh 2,8 ein neues Gebot angekündigt wird, bieten die nachfolgenden Ausführungen kein Liebesgebot, sondern eine Reflexion der innergemeindlichen Liebe, welche sich der Licht – Finsternis – Antithetik bedient. ‚Bruderliebe' bzw. ‚Bruderhaß' werden zu den ethischen Erkennungszeichen des ‚Seins im Licht' bzw. des ‚Seins in der Finsternis' erklärt. Die Korrespondenz dieser semantischen Felder spricht dafür, daß ἐν τῇ σκοτίᾳ περιπατεῖ nicht etwa ein libertinistisches „immoral behaviour"[178], sondern ein liebloses Verhalten gegenüber den Mitchristen umschreibt[179].

Wie in 1 Joh 4,20 wird auch in 1 Joh 2,7-11 die praktizierte Geschwisterliebe zum Maßstab der Bewertung der gegnerischen Selbsteinschätzung erklärt. In diesem Sinne können die ethischen Ausführungen in 1 Joh 2,9-11 als die Schlußfolgerungen der bereits in 1 Joh 1,5b eingeführten Aussage verstanden werden, daß Gott Licht ist. Die johanneischen Aussageintentionen liegen demnach nicht in theologischen bzw. lichtmetaphorischen Spekulationen, sondern in der Paränese zur gegenseitigen Liebe. Entsprechend begegnen ab 1 Joh 2,12 keine weiteren lichtmetaphorischen Motive. Statt dessen ist die Paränese zur Bruderliebe neben den antidoketischen Argumentationen die Hauptintention der weiteren Ausführungen des Briefs: „Daß ... weit häufiger von der Liebe als von Licht die Rede ist, dürfte symptomatisch sein. φῶς wird im Verlauf des Briefes von ἀγάπη gleichsam überholt und abgelöst"[180].

Ferner ist zu beachten, daß die Argumentationen 1 Joh 1,5-7; 2,7-11 durch innergemeindliche Streitigkeiten provoziert wurden. Der ‚Wandel im Licht' wird nicht als ein explizit gefordertes Ideal johanneischer Jüngerschaft thematisiert, sondern als der Selbstanspruch der Gegner reflektiert bzw. problematisiert[181]. Die spärlichen Andeutungen ermöglichen jedoch

---

[178] So u. a. J. BOGART, Perfectionism, 124; ähnlich F. F. SEGOVIA, 75ff.; R. SCHNACKENBURG, Johannesbriefe, 98.
[179] Dies korrespondiert dem semantischen Gehalt von μισεῖν τὸν ἀδελφὸν αὐτοῦ, was als Paraphrase von ‚nicht lieben' verstanden werden kann (s. o. Anm. 157 bzw. 171). Ein Libertinismusvorwurf würde auch nicht dem Sachverhalt entsprechen, daß ja gerade die Gegner für sich Sündlosigkeit in Anspruch zu nehmen scheinen (treffend W. UEBELE, Verführer, 141-144, der 1 Joh 1,8a zurecht als Paraphrase der gegnerischen Meinung versteht, die auch für den Kontext 1 Joh 2,7-11 von Relevanz ist).
[180] Treffend O. SCHWANKL, Licht, 309. Diese Zuordnung entspricht einem kompositionstechnischen Phänomen im Johannesevangelium, insofern in Joh 1-12 φῶς ein Schlüsselbegriff ist, in Joh 13-20 jedoch nicht mehr. Statt dessen tritt ἀγάπη κ.τ.λ. in den Vordergrund (treffend A. FEUILLET, Structure, 214-216).
[181] Lediglich in 1 Joh 1,7 wird das ‚Sein im Licht' als „Ziel des Gläubigen und Seinsweise Gottes selbst" thematisiert (vgl. H. SCHMID, Gegner, 193). Wenn die angesprochenen Gegner zu den in 1 Joh 2,18ff. kritisierten ἀντίχριστοι zu zählen sind, so handelt es sich ebenfalls um ehemalige Gemeindeglieder (vgl. W. UEBELE, Verführer, 143ff.).

keine exakte religionsgeschichtliche Einordnung der angesprochenen Gegner.

Exkurs: Zur Aporie einer religionsgeschichtlichen Einordnung der in 1 Joh 1,5-7; 2,7-11 angesprochenen Kontrahenten

Da lichtmetaphorische Aussagen in unterschiedlichsten Traditionsströmen begegnen, ist die religionsgeschichtliche Einordnung der in 1 Joh 1,5-7; 2,7-11 angesprochenen Kontrahenten ausgesprochen schwierig[182]. Dies gilt besonders für oftmals erwogene qumranische bzw. gnostische Vergleichsgrößen. An 1 Joh 1,5-7; 2,7-11 im Besonderen und der johanneischen Lichtmetaphorik im Allgemeinen läßt sich eindrücklich die Bedeutung der Textfunde vom Toten Meer für die religionsgeschichtliche Einordnung johanneischer Theologie demonstrieren. Einige johanneische Motive besitzen deutliche Entsprechungen in qumranischen Schriften (vgl. z. B. die Korrespondenz von 1 Joh 2,11ba ἐν τῇ σκοτίᾳ περιπατεῖ und הלך דרכי החושך in 1QS III,31; IV,11; im Gesamtzusammenhang johanneischer Texte vgl. ferner υἱοὶ φωτός [Joh 12,36] und בני אור [1QS I,9; II,16; III,13.24f.; 1QM I,1.3.9.11.13; 4QMidrEschat[a] III,8f. = 4Q174 1-2 I,8f. etc.])[183]. Das in unterschiedlichen Schriftengruppen der Qumranbibliothek begegnende lichtmetaphorische Repertoire repräsentiert jedoch nicht nur genuin qumranische Konzeptionen, sondern eine weiter verbreitete palästinisch-jüdische Matrix[184]. Andere lichtmetaphorische Motive der johanneischen Schriften besitzen keine Äquivalente in Dokumenten der Qumranbibliothek (u. a. τὸ φῶς τὸ ἀληθινόν [Joh 1,9; 1 Joh 2,8]; εἶναι bzw. μένειν ἐν τῇ σκοτίᾳ [1 Joh 2,9; Joh 12,46])[185]. Dieser Sachverhalt problematisiert die Versuche, anhand der Lichtmetaphorik eine traditionsgeschichtliche Verbindung zwischen der Qumrangemeinschaft und der johanneischen Schule zu rekonstruieren[186]. Vor allem jedoch unterscheiden sich die jeweiligen Intentionen der Verwendung lichtmetaphorischer Motive. 1 Joh 2,7-11 dient einzig und allein dem Aufruf zur konkreten Geschwisterliebe. Der erste Johannesbrief thematisiert auch nicht eigens die Frage nach dem Schöpfungsursprung der

---

[182] Zu den Aporien einer religionsgeschichtlichen Einordnung der johanneischen Lichtmetaphorik vgl. u. a. G. STRECKER, Johannesbriefe, 75ff.; R. BAUCKHAM, Qumran, 275ff.

[183] Vgl. J. FREY, Bedeutung, 196f.; D. E. AUNE, Dualism, 288; J. CHARLESWORTH, Comparison, 101f.

[184] Eine Übersicht über paradigmatische Licht – Finsternis – Oppositionen in voressenisch-essenischen und genuin qumranischen Texten bieten J. FREY, Patterns, 277f.; R. BAUCKHAM, Qumran, 279.

[185] Vgl. R. BAUCKHAM, Qumran, 273. Anders hingegen J. CHARLESWORTH, Comparison, 102.

[186] Entsprechend warnen R. BAUCKHAM, Qumran, 272; J. FREY, Bedeutung, 203f. vor einer zu stark auf qumranische Vergleichstexte bezogenen Herleitung der johanneischen Lichtmetaphorik. Im Gegensatz hierzu sind z. B. für J. MAIER/K. SCHUBERT, Qumran - Essener, 133 gerade in der Lichtmetaphorik „die Ähnlichkeiten dermaßen auffallend, daß ein enger Zusammenhang nicht geleugnet werden kann." Auch wenn u. a. J. CHARLESWORTH, Comparison, 101f. eine Affinität der Motive ‚Licht'- bzw. ‚Finsternissöhne' und ‚Licht'- bzw. ‚Finsterniswandels' erkennt (vgl. 1 Joh 1,6; 2,11; 1QS III,21; IV,11), hat die diesem Vergleich zu Grunde liegende ‚Zwei – Geister – Lehre' protoessenischen Charakter (vgl. A. LANGE, Weisheit, 132).

Finsternis[187]. Noch deutlicher tritt der Unterschied im Johannesevangelium zutage, dessen Lichtmetaphorik strikt christologisch und heilsuniversal ausgerichtet ist (vgl. Joh 1,4f.; 9f.; 8,12 etc.; ausführlich hierzu § 11/3.1)[188].

Ähnliche Vorbehalte gelten gegenüber frühgnostisch-gnostischen Vergleichsgrößen. Insofern elaborierte, schriftlich fixierte gnostische Traditionsströme chronologisch deutlich nach den johanneischen Schriften zu verorten sind[189], kann man nur mit Vorsicht hinter der Gegnerschaft einen „beginnenden Gnostizismus"[190] vermuten. In unterschiedlichen frühgnostisch-gnostischen Dokumenten begegnet ein breites Spektrum lichtmetaphorischer Spekulationen (EvThom NHC II,2 10.11.16.24.33.50.61.77.83; AJ NHC II,1 31,1ff.23f. etc.; EV NHC I/3 43,9-24; PhilEv NHC II,3 69,8-14), die partiell auf das Johannesevangelium bzw. den ersten Johannesbrief zu rekurrieren scheinen (vgl. z. B. EvThom 77,1 NHC II,2 46,22f.; AJ NHC II,1 31,33f. bzw. NHC IV,1 47,24f.; jeweils ⲁⲛⲟⲕ ⲡⲉ ⲡⲟⲩⲟⲉⲓⲛ als Anspielung auf Joh 8,12 ἐγώ εἰμι τὸ φῶς)[191]. Der in 1 Joh 2,11 erhobene Vorwurf, daß derjenige, der in der Finsternis wandle, nicht wisse wohin er geht (V 11 bβ καὶ οὐκ οἶδεν ποῦ ὑπάγει), wirkt durchaus wie ein „Faustschlag ins Angesicht der Gnostiker"[192], die für sich ja gerade in Anspruch nehmen, zu wissen, woher sie kommen und wohin sie gehen (vgl. Cl Al, Exc Theod 78,2). Die johanneischen Dokumente polemisieren jedoch sicherlich nicht gegen die genannten gnostischen Zeugnisse, sondern höchstens gegen Präfigurationen frühgnostischer Motive, die sich später u. a. im Thomasevangelium oder in der Langfassung des Johannesapokryphons schriftlich manifestierten[193].

Der für die Erfassung der textpragmatischen Funktion von 1 Joh 1,5-7; 2,7-11 entscheidende Sachverhalt besteht darin, daß im Gegensatz zu den angesprochenen religionsgeschichtlichen Vergleichsgrößen die lichtmetaphorischen Ausführungen des ersten Johannesbriefs v. a. dem Aufruf zur gegenseitigen Liebe der Glaubenden dienen. Die Geschwisterliebe wird somit zum einem Kriterium von Orthodoxie und Orthopraxie erklärt[194].

---

[187] Im Gegensatz etwa zu 1QS III,15f.25f., was als konsequente Ausdifferenzierung von Jes 45,7 verstanden werden kann. Vgl. R. BAUCKHAM, Qumran, 276; speziell zur Interpretation von 1QS III,18f.25 und Korrespondenztexten innerhalb der Qumranbibliothek vgl. F. MANZI, Il Peccato, 382ff.

[188] Vgl. J. FREY, Bedeutung, 196 bzw. 203ff.; R. BAUCKHAM, Qumran, 275ff.

[189] Zur chronologischen Einordnung frühgnostisch-gnostischer Traditionsströme s. o. § 4/4.3.

[190] Vgl. J. BEUTLER, Johannesbriefe, 24f.; ähnlich O. SCHWANKL, Licht, 287.

[191] Vgl. E. E. POPKES, Licht, passim.

[192] So R. SCHNACKENBURG, Johannesbriefe, 116; tendenziell auch erwogen von W. SCHRAGE, Art. τυφλός κ.τ.λ., 292; W. UEBELE, Verführer, 144.

[193] Dabei ist zu betonen, daß sich diese ausgearbeitete Lichtmetaphorik nur in der koptischen Fassung des Thomasevangeliums beobachten läßt (zum Vergleich der lichtmetaphorischen Züge des Thomasevangelium und der johanneischen Theologie vgl. E. E. POPKES, Licht, passim).

[194] O. SCHWANKL, Licht, 292f. versteht die gegenüber dem vierten Evangelium stärker theologisch als christologisch zugespitzte Lichtmetaphorik als Reaktion auf die christologischen Streitigkeiten des johanneischen Schismas, in dem sich die Schismatiker auf das Johannesevangelium berufen haben könnten (op. cit., 285.). Gleichwohl setze die

3.4 Das Verhältnis von ‚Geschwisterliebe' und ‚Gottesliebe'

Bereits in der Analyse von 1 Joh 3,23; 5,1 wurde erkennbar, daß der Autor des ersten Johannesbriefs die sachliche Korrespondenz bzw. Zusammengehörigkeit von Glaube, Gottesliebe und Geschwisterliebe einsichtig machen möchte. Seine Adressaten sollen ihre gegenseitige Liebe als eine Konsequenz ihres Glaubens und ihrer Liebe zu Gott verstehen (1 Joh 5,1). Wer den unsichtbaren Gott liebt, soll auch seine sichtbaren Mitchristen lieben (1 Joh 4,20b).

Daß das Verhältnis der Liebe zu Gott und der Liebe zu den Geschwistern einen konkreten Konfliktpunkt der innergemeindlichen Streitigkeiten bildete, zeigt sich besonders in 1 Joh 4,20f. In diesem Kontext appelliert der Autor nicht nur an die Einsicht seiner Adressaten, sondern konfrontiert sie auch mit einem Gebot. Der Gemeinde sei geboten, daß derjenige, der Gott liebt, auch seinen Bruder lieben soll. Diese These impliziert eine Frage, die für das Gesamtverständnis und die religionsgeschichtliche Einordnung johanneischer Theologie bzw. des johanneischen Liebesgebots von fundamentaler Bedeutung ist: Ist die in 1 Joh 4,21 vorliegende Verschränkung von Gottesliebe und Geschwisterliebe eine Rezeption bzw. Modifikation des synoptischen Doppelgebots der Liebe (Mk 12,28-32 parr.)[195]?

Auch wenn die johanneische Briefkorrespondenz keine expliziten Zitate der synoptischen Tradition bietet[196], scheint die Legitimations- und Argumentationsstruktur in 1 Joh 4,21 eine Kenntnis von Mk 12,28-32 parr. sowohl beim Verfasser als auch bei den Adressaten vorauszusetzen[197]. Die Gemeinde hat jenes Gebot ἀπ' αὐτοῦ. Der Text benennt jedoch nicht, ob hiermit Gott oder Jesus gemeint ist[198]. In 1 Joh 3,23 wird zweifelsfrei Gott als der Urheber des Doppelgebots von Glaube und Liebe benannt[199]. Dies

---

Konzeption des ersten Johannesbriefs die des Johannesevangeliums voraus bzw. präzisiere sie (op. cit., 293).

[195] Während z. B. H.-J. KLAUCK, Johannesbrief, 276 eine Korrespondenz von 1 Joh 4,21 und Mk 12,29-31 parr. vermuten, lehnen dies u. a. C. BURCHARD, Liebesgebot, 8 Anm. 19; D. M. SMITH, Dimensions, 165 strikt ab.

[196] G. STRECKER, Johannesbriefe, 261.

[197] Dies wäre ein Argument gegen D. MOODY-SMITH, Dimensions, 165: „There is no synoptic counterpart to the Johannine Epistles."

[198] So vermutet z. B. H.-J. KLAUCK, Johannesbrief, 275, dass 1 Joh 4,21 von einem Gebot Gottes spricht. Dies entspräche 1 Thess 4,9, wonach die Adressaten bezüglich der Bruderliebe (φιλαδελφία) nicht belehrt werden müßten, da sie von Gott selbst darüber unterrichtet wären (θεοδίδακτοί ἐστε εἰς τὸ ἀγαπᾶν ἀλλήλους). Zum Verhältnis von 1 Thess 4,9 und Joh 13,34f. vgl. § 12/2.2.1.4. Demgegenüber erkennen z. B. G. STREKKER, Johannesbriefe, 260; R. R. WILLIAMS, Letters, 52; F. HAUCK, Kirchenbriefe, 142 ein Verweis auf ein Gebot Jesu.

[199] Innerhalb der Phrase πιστεύσωμεν τῷ ὀνόματι τοῦ υἱοῦ αὐτοῦ 'Ιησοῦ Χριστοῦ (1 Joh 3,23ba) rekurriert αὐτοῦ ebenso wie V 23a eindeutig auf das Subjekt von V 22, also Gott. Dieses Gebot Gottes hat zwei Inhalte, nämlich einerseits den Glauben an

entspräche dem Gesamtduktus der Argumentationen in 1 Joh 4,7ff., in der die Ermutigung zur innergemeindlichen Liebe an der Liebe Gottes ausgerichtet ist (1 Joh 4,11f. etc.). Im Gegensatz zu 1 Joh 3,23 spricht 1 Joh 4,21 jedoch von einem Doppelgebot von Gottesliebe und Bruderliebe. Vermittelnd könnte man resümieren, daß zwar Gott gemeint sei, jedoch so „wie er in Jesus Christus geschichtlich in Wort und Werk in Erscheinung getreten ist"[200]. Die syntaktische Bezogenheit von V 21a und V 21b legt jedoch nahe, daß ἀπ' αὐτοῦ nicht Gott bezeichnet, sondern jemanden, der über Gott als Objekt der Liebe spricht. Angesichts dessen kann folgendes resümiert werden:

Trotz seiner primären Intention, den Adressaten die Bedeutung und Notwendigkeit der innergemeindlichen Liebe einsichtig zu machen, subsumiert der Verfasser seine Konzeption unter Lev. 19,17f. und dessen Kombination mit Dtn 6,5f. im synoptischen Doppelgebot der Liebe[201]. Einerseits spricht die Antithetik von ‚Bruderhaß' und ‚Bruderliebe' für eine Kenntnis von Lev 19,17f., da der Autor in seinen Argumentationen die kontextuelle Verortung bzw. Ausdifferenzierung dieses Liebesgebots verarbeitet[202]. Angesichts des akuten Problems des Gemeindeschismas wird „Lev 19,17f als Verzicht auf Haß gegen den Bruder" zur Geltung gebracht[203]. Andererseits ist 1 Joh 4,21 nicht wie Mk 12,28-32 parr. eine von Außenstehenden initiierte Erörterung über das höchste bzw. erste Gebot. 1 Joh 4,21 setzt vielmehr die Kenntnis einer solchen Verschränkung bei den Adressaten voraus. Der Verfasser möchte keine eigenständige johanneische Variante des synoptischen Doppelgebots formulieren, sondern integriert entsprechende Vorkenntnisse durch assoziative Hinweise in seine

---

den Namen seines Sohnes Jesus Christus (V 23 bα), andererseits die gegenseitige Liebe der Gemeindeglieder (V 23bα). Das ἀγαπᾶν ἀλλήλους ist somit dezidiert nicht Gebot Jesu, sondern Gebot Gottes (vgl. H.-J. KLAUCK, Johannesbrief, 275).

[200] J. BEUTLER, Johannesbriefe, 115; G. STRECKER, Johannesbriefe, 260 sieht dies durch die textkritisch sekundäre Variante ἀπο τοῦ θεοῦ A 048^vid r vg^cl bestätigt.

[201] Gegen G. STRECKER, Theologie, 453, demzufolge im Sinne der „Eigenständigkeit der ethischen Mahnung des Presbyters ... das Agapegebot als das Gebot der gegenseitigen Liebe weder durch einen Rückbezug auf das alttestamentliche Gebot der Nächstenliebe (vgl. Lev 19,18) noch auch eine Beziehung zum synoptischen Doppelgebot der Liebe (Mk 12,28-24parr.) ausgewiesen" werden soll.

[202] So J. AUGENSTEIN, Gesetz, 169f., der in Joh 13,34f. und v. a. im ersten Johannesbrief stärker als in der synoptischen Tradition den Kontext von Lev 19,17f. berücksichtigt sieht (besonders das Verbot des Bruderhasses bzw. den Verzicht auf Vergeltung).

[203] Vgl. J. AUGENSTEIN, Liebesgebot, 183. Treffend beobachtet A. DALBESIO, La communione fraterna, 24, daß die Liebe beschrieben wird als eine „energia interiore nella linea delle profezie di Ger 31,33-34 e di Ez 36,26-27" (in Rekurs auf A. GARCIA-MORENO, Ἀγάπη, 373-377; D. MUÑOZ-LEÓN, La novedad, 230f.; zu bundestheologischen Implikationen des johanneischen Liebesgebots s. u. § 12/2.2.3).

Reflexionen der Liebe Gottes bzw. der gegenseitigen Liebe der Glaubenden.

Der Akzent der Argumentation liegt gegenüber der synoptischen Tradition jedoch deutlich auf der Ermahnung zur innergemeindlichen Solidarität. Strittig ist nicht die Bedeutung der Gottesliebe, welche der direkt zuvor
angegriffene Diskussionspartner für sich in Anspruch nimmt. Strittig ist
hingegen die ethische Konsequenz der Gottesliebe. In diesem Sinne ist die
Kenntnis der synoptischen Tradition des Doppelgebots der Liebe beim
Verfasser des ersten Johannesbriefs historisch und theologisch plausibel[204].

1 Joh 4,21 bildet somit nicht nur einen „wertvollen frühchristlichen
‚Kommentar' zu dem von Jesus verkündigten Doppelgebot'"[205], sondern
bietet dessen Modifikation bzw. Reformulierung angesichts des johanni-
schen Schismas. Im Gegensatz zu Mk 12,28-32 parr. wird Jesus in 1 Joh
4,21; Joh 13,34f. jedoch nicht als Torainterpret, sondern als Gebotsgeber
verstanden[206]. Dies zeugt von einem fortgeschrittenen Stadium christologischer Reflexionen, in denen die Autorität Jesus hervorgehoben wird.

Exkurs: Jesu Gebot der Bruderliebe – zum Vergleich
von 1 Joh 4,21 und EvThom 25

Auffälligerweise gestaltet das Thomasevangelium im Gegensatz zur synoptischen Tradition und in Übereinstimmung mit dem ersten Johannesbrief das Gebot der Nächstenliebe
als Gebot der Bruderliebe (vgl. EvThom 25,1 [NHC 38,10f.]: ⲡⲉϫⲉ ⲓ̄ⲥ̄ ϫⲉ ⲙⲉⲣⲉ ⲡⲉⲕ-
ⲥⲟⲛ ⲛ̄ⲑⲉ ⲛ̄ⲧⲉⲕ ⲯⲩⲭⲉ). Dies ist jedoch kein Indiz eines traditionsgeschichtlichen Zu-
sammenhangs bzw. akuten Konfliktes zwischen den Trägerkreisen der johanneischen

---

[204] Zum Verhältnis der johanneischen und synoptischen Tradition s. o. § 4/4.3.

[205] Treffend G. STRECKER, Johannesbriefe, 269 in Rekurs auf R. SCHNACKENBURG,
Johannesbriefe, 251. 1 Joh 4,21 ist ein weiteres Indiz gegen die These einer traditionsgeschichtlichen Unabhängigkeit der johanneischen Theologie von der synoptischen Tradition (zu entsprechenden Einschätzungen vgl. u. a. J. M. ROBINSON, Entwicklungslinie,
235ff. bzw. 242ff., der die Briefkorrespondenz in seiner religionsgeschichtlichen Einordnung des Johannesevangeliums marginalisiert; ähnlich D. M. SMITH, Johannine Christianity, 237f.).

[206] K. WENGST, Brief, 199. J. ZUMSTEIN, Dieu, 104 verstehen 1 Joh 4,21 (unter der
Annahme der chronologischen Priorität des Johannesevangeliums) als eine Vermittlung
von Mk 12,29-31 parr. und Joh 13,34f. (entsprechend R. F. COLLINS, Commandment,
244: „It is clear that the author of 1 Jn knew the logion of Jn 13:34; most probably his
readers knew the logion as well."). Eine derartige Einschätzung ist jedoch der Frage ausgesetzt, warum der erste Johannesbrief kaum die äußerst reflektierte christologische Begründung des Liebesgebots in Joh 13,34f. rezipiert. Ferner ist zu klären, warum das vierte Evangeliums die Liebe zu Jesus zur *conditio sine qua non* johanneischer Jüngerschaft
(Joh 14,15.21.23f.28; 16,27) erklärt, welches wiederum in der johanneischen Briefkorrespondenz keine Erwähnung findet (zur Bedeutung dieser Differenzen für die Chronologie
der johanneischen Schriften und das Gesamtverständnis der johanneischen Liebessema-
tik vgl. den Exkurs in § 13/2.4).

Schriften und des Thomasevangeliums[207]. Die Terminologie ‚Bruderliebe' begegnet sowohl in frühjüdischen Vorstufen des synoptischen Doppelgebots (Jub 36,7f.; TestXII.Ben 3,5 etc.[208]), als auch in pagan-philosophischen Erörtungen (Plut Mor 480d-f; Plot II 9,16.149-152[209]). Im Gegensatz zu 1 Joh 4,21 bietet EvThom 25 keine Verschränkung von Bruderliebe und Gottesliebe. Ferner wird nicht die Selbstliebe, sondern die Liebe der eigenen Seele und des Augapfels zum ethischen Maßstab erklärt wird (vgl. EvThom 25,2 [NHC II,2 38,11f.]: ⲉⲡⲓⲧⲏⲣⲉⲓ ⲙ̄ⲙⲟϥ ⲛ̄ⲑⲉ ⲛ̄ⲧⲉⲗⲟⲩ ⲛ̄ ⲡⲉⲕ ⲃⲁⲗ). Dies impliziert eine Diskreditierung des Körperlichen, insofern im Gesamtzusammenhang des Thomasevangeliums die Beschränkung auf die Liebe zur ‚Seele' und zum ‚Auge' eine „Entzweiung von Leib und Seele"[210] zu dokumentieren scheint (zur negativen Bewertung der Körperlichkeit vgl. EvThom 87; 112 etc.). Dies entspricht dem Phänomen, daß sich im Thomasevangelium keinerlei Züge einer Gemeinschaftsbildung oder ekklesiologische Reflexionen beobachten lassen. Stattdessen wird die Vereinzelung gelobt bzw. geradezu „zum einsiedlerischen Leben"[211] aufgefordert (zur ⲙⲟⲛⲁⲭⲟⲥ – Motivik vgl. EvThom 16/30/75 etc. und besonders die Seligpreisung der Einzelnen, welche als die ‚Erwählten' bezeichnet werden [EvThom 49]). Diese Tendenzen widersprechen diametral 1 Joh 3,16-18; 4,7-5,4, wo gerade die Vernachlässigung der Gemeinschaft und konkreter materieller Hilfe thematisiert wird.

---

[207] Eine Kontroverse hinsichtlich unterschiedlicher Themen vermuten u. a. G. J. RILEY, Resurrection, 176ff.; DERS., Gospel of Thomas, 227-252; A. D. DE CONICK, Vision Mysticism, 72f.; DIES., Voices, 68ff.; 86ff.; S. L. DAVIES, Christology, 681f.; DERS., Gospel of Thomas, 116 (zum Verhältnis beider Traditionskreise s. o. § 4/4.3).

[208] Vgl. Jub 36,7f. inmitten der Abschiedsrede Isaaks (Jub 36,1-11): „Ich beschwöre euch ... daß ihr ihn fürchtet und ihm dient und daß jeder seinen Bruder in Herzlichkeit und Aufrichtigkeit liebt"; ausführlich hierzu A. NISSEN, Gott, 192 bzw. 202. Dies widerspricht C. BURCHARD, Liebesgebot, 19, demzufolge „das doppelte Liebesgebot der Substanz und der Funktion nach jüdisch vorgebildet" ist, dies jedoch primär „im hellenistischen Bereich, kaum im palästinischen." (vgl. C. BURCHARD, Liebesgebot, 21f.; zu weiteren Bezugstexten vgl. SifDev 32,99 (Bil. I 176f.): „Nehmt auf euch das Joch der Gottesherrschaft und beugt einander in Gottesfurcht und geht miteinander um in Erweisung von Liebeswerken." Auch für H.-P. MATHYS, Liebe, 154 ist „das Doppelgebot der Liebe ... im Alten Testament angelegt."

[209] Zur Wirkung von Plutarchs Traktat *De fraterno amore* auf das frühe Christentum vgl. H. D. BETZ, *De fraterno amore*, 231ff.; H.-J. KLAUCK, Brotherly Love, 144-156. G. STRECKER/U. SCHNELLE, Neuer Wettstein II/2, 1440f. erwägen neben Plut Mor 480d-f auch Plot II 9,16.149-152 als Vergleichstext. Während Plutarch die mittelplatonische Modifikation platonischer, aristotelischer und stoischer Freundschaftsethik repräsentiert, ist die deutlich nachjohanneische antignostische Polemik des Neuplatonikers Plotins zugleich ein Teilaspekte der Wirkungsgeschichte johanneischer Theologie (G. STRECKER/U. SCHNELLE, Neuer Wettstein II/2, 1441 Anm. 1).

[210] Vgl. M. FIEGER, Thomasevangelium, 104f., der eine bewußte Modifikation von Mk 12,28-32 parr. vermutet. Im Gegensatz hierzu verstehen H. KÖSTER, Gnomai Diaphoroi, 130f.; T. ZÖCKLER, Thomasevangelium, 81 EvThom 25 als eine von der synoptischen Tradition unabhängige weisheitliche Gestaltung des Liebesgebots.

[211] Treffend P. POKORNÝ, Hintergrund, 83.

3.4 Das Verhältnis von ‚Gemeinde‘ und ‚Welt‘

Der in der johanneischen Briefkorrespondenz vorliegende κόσμος – Begriff veranschaulicht eindrücklich die Dialektik heilsuniversaler und heilspartikularer Tendenzen in der johanneischen Theologie[212]. Das dabei erkennbare ‚Weltverhältnis‘ der johanneischen Gemeinde kann an vier Themenkomplexen erläutert werden: Zunächst soll die Intention der eindringlichen Warnung vor einer falschen Liebe zur Welt bzw. zu weltlichen Besitztümern herausgearbeitet werden (3.4.1). Vor diesem Hintergrund wird erläutert, in welcher Weise die Prädikationen Jesu als ‚Retter der Welt‘ bzw. als ‚Sühne für die Sünde der Welt‘ die universale Grundtendenz johanneischen Denkens zutage treten lassen (3.4.2). Diesen Motiven korrespondieren wiederum die missionstheologischen Reminiszenzen (3.4.3) und die sogenannten ‚Überwindersprüche‘ (3.4.4).

3.4.1 Die Warnung vor einem unangemessenen Verhältnis zur ‚Welt‘ (1 Joh 2,15-17; 3,17)

Auf den ersten Blick erscheint es, daß die Ausführungen in 1 Joh 2,15-17 eine strikte Ablehnung des Kosmos propagieren und eine Sektenmentalität der johanneischen Gemeinde erkennen lassen:

1 Joh 2,15a	Μὴ ἀγαπᾶτε τὸν κόσμον μηδὲ τὰ ἐν τῷ κόσμῳ.
bα	ἐάν τις ἀγαπᾷ τὸν κόσμον,
bβ	οὐκ ἔστιν ἡ ἀγάπη τοῦ πατρὸς ἐν αὐτῷ.
1 Joh 2,16a	ὅτι πᾶν τὸ ἐν τῷ κόσμῳ,
bα	ἡ ἐπιθυμία τῆς σαρκὸς
bβ	καὶ ἡ ἐπιθυμία τῶν ὀφθαλμῶν
bγ	καὶ ἡ ἀλαζονεία τοῦ βίου,
c	οὐκ ἔστιν ἐκ τοῦ πατρὸς ἀλλ' ἐκ τοῦ κόσμου ἐστίν.[213]
1 Joh 2,17a	καὶ ὁ κόσμος παράγεται καὶ ἡ ἐπιθυμία αὐτοῦ,
b	ὁ δὲ ποιῶν τὸ θέλημα τοῦ θεοῦ μένει εἰς τὸν αἰῶνα.

Der argumentative Duktus dieser Mahnung kann folgendermaßen nachgezeichnet werden: Der Autor warnt seine Adressaten vor der Liebe zur Welt

---

[212] Treffend G. STRECKER, Johannesbriefe, 94. Von den 24 Belegen in der Briefkorrespondenz sind 1 Joh 2,2; 3,17 4,9.14 eindeutig positiv, 1 Joh 2,15-17; 3,1.13; 5,19 eindeutig negativ ausgerichtet. Neutral bzw. strittig sind hingegen die Begriffsverwendung in 1 Joh 4,1.3-5.17; 5,4f.; 2 Joh 7 (zum Vergleich des in den Briefen bzw. dem vierten Evangelium gleichermaßen ambivalenten Aussagenspektrums vgl. R. B. EDWARDS, Epistles, 114f.; N. H. CASSEM, Inventory, 87ff.).

[213] Die Lesart τοῦ θεοῦ anstelle von τοῦ πατρός (so A C 33 *pc* w z bo^pt; Cn) kann als Angleichung an 1 Joh 2,5 bzw. den überwiegenden Sprachgebrauch des ersten Johannesbriefs verstanden werden (vgl. H.-J. KLAUCK, Johannesbrief, 136f.).

bzw. ‚weltlichen Gütern' (V 15a). Wer den κόσμος liebe (V 15bα), könne nicht die Liebe des Vaters in sich tragen (V 15bβ). V 16 entfaltet die Antithetik von Gott und Welt durch eine ontologische Differenzierung: Alle Dinge in der Welt seien aus der Welt und nicht aus dem Vater (V 16a.c). Eine exakte Bestimmung der zwischen die Teilverse V 16a und V 16c eingefügten Trias bleibt jedoch schwierig[214]. Es wäre möglich, daß sie Assoziationen evozieren sollen zu einer konkreten „contemporary ... pagan society, with its sensuality, superficiality and pretentiousness, its materialism and its egoism"[215]. Gegen einen hierin implizierten Libertinismusvorwurf spricht jedoch, daß die in 1 Joh 1,8 angesprochenen Gegner offensichtlich ihre eigene Sündlosigkeit postulierten[216]. Am naheliegendsten ist somit, daß 1 Joh 2,16 schlicht „in materiellem Sinn ... Habgier und Geiz"[217] umschreibt, insofern dies dem Vorwurf der mangelnden Geschwisterliebe entspricht (vgl. u. a. 1 Joh 3,16-18).

Der die Argumentationseinheit abschließende V 17 kontrastiert nochmals die kosmische und göttliche Sphäre: Die Welt vergeht samt ihrer ἐπιθυμία (V 17a). Wer hingegen den Willen Gottes praktiziert, bleibt in Ewigkeit (V 17b).

Auf den ersten Blick wirkt 1 Joh 2,15-17 wie ein Appell zur radikalen Distanzierung von der Welt. In Korrespondenz zur Irrlehrerpolemik 1 Joh 2,18ff.; 5,16-18; 2 Joh 10f. etc. könnte dies als Indiz einer strikten Sektenmentalität gewertet werden, welche die johanneische Gemeinschaft zur Zeit der Abfassung des ersten Johannesbriefs entwickelt hätte[218]. Eine derartige Einschätzung wird jedoch weder der Intention des ersten Johannesbriefs, noch den anderen johanneischen Schriften gerecht[219].

---

[214] Treffend das zurückhaltende Votum von J. BEUTLER, Johannesbriefe, 70: „Eine Eingrenzung auf bestimmte Bereiche ... wird vom Text selbst nicht nahe gelegt."
[215] So C. H. DODD, Epistle, 42; ähnlich N. ALEXANDER, Epistle, 62f.; K. GRAYSTON, Epistle, 75 und G. THEISSEN, Soziologie, 32f. bezüglich 1 Joh 5,19. Zu traditionsgeschichtlichen Motiven der Gefährdung der Rechtgläubigkeit durch visuelle Verführung vgl. O. BÖCHER, Dualismus, 64f. Für R. BULTMANN, Johannesbriefe, 38 liegt ein besonderer Akzent auf der Warnung vor der Vergänglichkeit der Güter.
[216] Vgl. W. UEBELE, Verführer, 143f.; anders H.-J. KLAUCK, Johannesbrief, 141f.; G. STRECKER, Johannesbriefe, 118f.
[217] Vgl. K. WENGST, Brief, 95f. Entsprechend bezeichnen die Begriffe ἡ ἀλαζονεία τοῦ βίου (1 Joh 2,16bγ) bzw. βίος τοῦ κόσμου (1 Joh 3,17) W. BAUER/K. u. B. ALAND, Wörterbuch, Sp. 283 zufolge „irdisches Vermögen".
[218] So etwa D. RUSAM, Gemeinschaft, 225f.; J. BECKER, Johannes, 176f.; W. LANGBRANDTNER, Gott, 389ff.; F. F. SEGOVIA, Love Relationships, 76. 145-153. 212 etc. Tendenziell ähnlich M. RESE, Bruderliebe, 57f.; W. SCHRAGE, Ethik, 299f.; J. L. HOULDEN, Ethics, 36; J. T. SANDERS, Ethics, 100.
[219] Gegen u. a. T. ZÖCKLER, Lehren, 114; L. SCHOTTROFF, Welt, 268 bzw. 275 etc., die selbst 1 Joh 2,1f.; 4,14; 5,4; Joh 3,16; 14,22.31; 17,18.21.23 nicht als Indizien einer positiven Haltung zur Welt verstehen.

1 Joh 2,15-17 hat seinen konkreten Ort in der Polemik gegen ehemalige Gemeindeglieder[220]. Der Verfasser fordert keine strikte Ablehnung der Welt bzw. ‚weltlicher' Besitztümer, sondern warnt vor einer falschen Einstellung zu denselben: Wer den βίος τοῦ κόσμου besitzt, solle der Not seiner Mitchristen Abhilfe leisten (1 Joh 3,17)[221]. In diesem Kontext wird „irdisches Vermögen"[222] somit als positive Größe gewertet. Die Polemik 1 Joh 2,15-17 zielt u. a. auf eine mangelnde Bereitschaft, diesen Besitz zu teilen. Selbst der Aufruf zur Bereitschaft, für die Gemeindeglieder das Leben zu geben (1 Joh 3,16), schließt auch die materiellen Auswirkungen der gegenseitigen Liebe ein[223]. In der richtigen Einstellung zu den Gütern der Welt konkretisiert sich die Bereitschaft der Adressaten, die gegenseitige Liebe ἐν ἔργῳ καὶ ἀληθείᾳ zu praktizieren (1 Joh 3,18b).

Auch wenn die konkreten sozialen Anlässe dieser Ermahnungen von den johanneischen Schriften her nicht erfaßt werden können, entspricht die johanneische Aussageintention alttestamentlichen, frühjüdischen und frühchristlichen Aufforderungen zum Geben von Almosen, der Witwen- bzw. Waisenunterstützung etc. (vgl. Dtn 15,7f.; TestXII.Seb 7.3f.; 8,1-3; Gal 2,10; Act 2,44f.; 3,2ff.; 4,32; 5,1; 9,39; Jak 1,27; 2,15f.; 1 Tim 5,3ff.; IgnSm 6,2 etc.)[224]. Die skizzierte Polemik kann somit als Indiz sozialer Differenzen in der johanneischen Gemeinde verstanden werden[225].

---

[220] Vgl. J. FREY, Eschatologie III, 78f. Anm. 35; G. STRECKER, Johannesbriefe, 122-125; D. RUSAM, Gemeinschaft, 192. Dies entspricht der formgeschichtlichen Einstufung des ersten Johannesbriefs als „postkonversionale Mahnrede" durch K. BERGER, Formgeschichte, 133f.

[221] 1 Joh 3,17 benennt keine konkreten Auswirkungen dieser Not. Zur Bedeutungsbreite von σπλαγχνίζομαι κ.τ.λ. vgl. Mt 9,36; 14,14; 15,32; 18,27; 20,34; Mk 1,41; 6,34; 8,2: 9,22; Lk 1,78; 7,13; 10,33; 15,20; Act 1,18; 2 Kor 6,12; 7,15; Phil 1,8; 2,1; Kol 3,12; Phlm 7.12.20. Die ethischen Akzentsetzungen entspricht zudem der weit schärferen These Jak 4,4a ἡ φιλία τοῦ κόσμου ἔχθρα τοῦ θεοῦ ἐστιν (vgl. W. POPKES, Jakobus, 268; zu entsprechenden Warnungen vgl. Jud 12; 2 Tim 4,10a: Δημᾶς γάρ με ἐγκατέλιπεν ἀγαπήσας τὸν νῦν αἰῶνα).

[222] Treffend W. UEBELE, Verführer, 145.

[223] Das vierte Evangelium spricht lediglich von der Selbsthingabe Jesu (Joh 15,13). Der Selbstanspruch des Petrus, für Jesus sein Leben geben zu wollen (Joh 13,36-38), wird hingegen zum Paradigma seines Scheiterns stilisiert.

[224] Vgl. hierzu W. UEBELE, Verführer, 145, der hierin eine Affinität der angegriffenen Personen zu den Gegnern des Ignatius zu Antiochien zu erkennen meint (besonders IgnSm 6,2; op. cit., 145 bzw. 155f.). Diese Bezüge sind jedoch nicht zwingend, insofern der problematisierte Mangel an innergemeindlicher Solidarität so unterschiedliche Texte wie 1 Kor 12,33ff.; Gal 2,10; Jak 2,15f.; 1 Tim 5,3ff. etc. veranlassen konnte.

[225] Dies entspricht dem terminologischen und motivlichen Bezugstext Dtn 15,7f., in welchem an die Verantwortung sozial gut situierter Personen appelliert wird (vgl. J. BEUTLER, Johannesbriefe, 96f.). Entsprechende soziale Konflikte vermutet G. THEISSEN, Soziologie, 32f. auch hinter 1 Joh 5,19 (vgl. ferner U. C. VON WAHLDE, Conflict, 385ff.).

Die skizzierte Interpretation verschaulicht, daß die negativen Aussagen über den Kosmos in 1 Joh 2,15-17 und die positiven Aussagen in 1 Joh 2,2; 4,14 nicht einander widersprechen, sondern einander ergänzen[226]. 1 Joh 2,15-17 propagiert keine generelle Ablehnung der ‚Welt‘, sondern warnt lediglich vor einer falschen Einstellung zu derselben. Daß die johanneische Theologie auch in den johanneischen Briefen eine prinzipiell positive Einstellung zum κόσμος besitzt, zeigt sich hingegen in den heilsuniversalen ausgerichteten christologischen Thesen 1 Joh 2,2; 4,14, in den Jesus als der ‚Retter der Welt‘ bzw. als die ‚Sühne für die Sünde der Welt‘ bezeichnet wird:

3.4.2 Jesus als ‚Retter der Welt‘ bzw. als ‚Sühne für die Sünde der Welt‘ (1 Joh 2,1f.; 4,14)

Sowohl in 1 Joh 2,1f., als auch in 1 Joh 4,14 wird die heilsuniversale Dimension der Sendung Jesu zur Sprache gebracht. Die Aussagen bietet jedoch zwei unterschiedliche Deutungskategorien. Einerseits wird Jesus als der ‚Retter der Welt‘ bezeichnet (1 Joh 4,14), andererseits als die ‚Sühne für die Sünden der gesamten Welt‘ (1 Joh 2,2). Die heilsuniversale Dimension dieser Verse kann nicht relativiert werden. Die Struktur von 1 Joh 2,1f. zeigt vielmehr, daß in der universalen Aussage eine Quintessenz der Argumentation liegt:

1 Joh 2,1a	Τεκνία μου, ταῦτα γράφω ὑμῖν ἵνα μὴ ἁμάρτητε.
bα	καὶ ἐάν τις ἁμάρτῃ,
bβ	παράκλητον ἔχομεν πρὸς τὸν πατέρα Ἰησοῦν Χριστὸν δίκαιον.
1 Joh 2,2a	καὶ αὐτὸς ἱλασμός ἐστιν περὶ τῶν ἁμαρτιῶν ἡμῶν,
bα	οὐ περὶ τῶν ἡμετέρων δὲ μόνον
bβ	ἀλλὰ καὶ περὶ ὅλου τοῦ κόσμου.

1 Joh 2,2 enthält ein Zentralmotiv der johanneischen Deutung des Todes Jesu (speziell des Sühneverständnisses[227]) und bildet den dramaturgischen

---

J. AUGENSTEIN, Liebesgebot, 168 Anm. 60 erkennt zudem eine Korrespondenz zu TestXII.Gad 6,11.

[226] Gegen u. a. L. SCHOTTROFF, Welt, 268 bzw. 275; T. ZÖCKLER, Lehren, 114; W. LANGBRANDTNER, Gott, 391ff. etc.

[227] J. FREY, Deutung, 353 zufolge belegen 1 Joh 2,2; 4,10, daß „die Briefe eine klare Rezeption der urchristlichen Sühneterminologie" zeigen; entsprechend T. KNÖPPLER, Sühne, 221ff. (gegen u. a. R. BULTMANN, Theologie, 406f., demzufolge das vierte Evangelium keinerlei sühnetheologischen Züge trägt und 1 Joh 1,7 als redaktionelle Glosse zu verstehen sei; ähnlich zur soteriologischen Relevanz von Joh 1,29 zuletzt J. SCHRÖTER, Freunde, 286). Zur johanneischen Deutung des Todes Jesu vgl. ferner Joh 1,29.36; 19,14ff.; 33ff. und 1 Joh 1,7; 3,5.16; 5,6.8. Das Spektrum traditionsgeschichtlicher Herleitungen skizzieren u. a. O. HOFIUS, Leben, 16f.; H.-J. KLAUCK, Johannesbrief, 106ff.

Höhepunkt von 1 Joh 1,6-2,2[228]. 1 Joh 1,6-10 widmet sich dem strittigen Thema innergemeindlicher Sünden[229]. Der Verfasser möchte seine Adressaten dazu ermutigen, nicht zu sündigen (1 Joh 2,1a). Wenn ein Gemeindeglied jedoch sündigen sollte, könne es getrost auf den Fürsprecher beim ‚himmlischen Vater' vertrauen, nämlich Jesus Christus, welcher die Sühne für die Sünden der Gemeindeglieder sei (V 1b).

Die Dimension des durch Jesus geschaffenen Heils wird sukzessive ausgeweitet: Zunächst wird die durch ihn gewirkte Sündenvergebung auf die Gemeinde bezogen (V 2a). Anschließend wird jedoch emphatisch betont, daß diese der gesamten Welt gelte (V 2bβ). Die rhetorische Kontrastierung von V 2bα und V 2bβ und die Hervorhebung περὶ ὅλου τοῦ κόσμου zeigen, daß der Kosmosbegriff ebenso wie in Joh 1,10; 3,16f. etc. die gesamte Menschenwelt bezeichnet[230].

Eine vergleichbare Zuordnung einer gemeindespezifischen und einer gemeindeübergreifenden Perspektive läßt sich auch im Verhältnis der Aussagen 1 Joh 4,10 und 1 Joh 4,14 erkennen. Obwohl die syntaktisch ähnlich strukturierten Teilverse V 10cβ und V 14b jeweils die Sendung Jesu thematisieren, weisen sie bedeutende Differenz auf:

10cβ καὶ   ἀπέστειλεν τὸν υἱὸν αὐτοῦ   ἱλασμὸν περὶ τῶν ἁμαρτιῶν ἡμῶν
14b ὅτι ὁ πατὴρ ἀπέσταλκεν τὸν υἱὸν   σωτῆρα   τοῦ κόσμου

In V 10cβ wird der (Gottes)sohn ebenso wie bereits zuvor in 1 Joh 2,2 als ἱλασμός bezeichnet, in 1 Joh 4,14b hingegen als σωτήρ. Ferner unterscheiden sich die Dimensionen des Heilsgeschehens. V 9b.10cβ beziehen

---

(besonders zu IV Makk 6,28-29); H. BÜCHSEL, Art. ἱλάσκομαι, ἱλασμός, 301-318; G. STRECKER, Johannesbriefe, 93; P. STUHLMACHER, Jes 53, 103 (besonders zu Jes 53,4-6.10-12); R. SCHNACKENBURG, Johannesevangelium I, 289ff.

[228] Treffend H.-J. KLAUCK, Johannesbrief, 108f. Dies entspricht dem argumentativen Duktus in Joh 4,1-42, wo die Samaritaner erst am Ende der Episode (Joh 4,42) die universale Dimension des Heilsgeschehens erkennen bzw. bekennen (vgl. H.-J. KLAUCK, Johannesbrief, 260).

[229] Zur offensichtlich akuten innerjohanneischen Kontroverse um den Anspruch einer Sündlosigkeit und die Aporien des Sündenbegriffs im ersten Johannesbrief s. o. § 7/2.1.5.3.

[230] Zu κόσμος im Johannesevangelium s. u. § 14/3 bzw. § 15/2.2.2.2. 1 Joh 2,2 falsifiziert jeden Relativierungsversuch der heilsuniversalen Tendenzen des ersten Johannesbriefs. Dies gilt besonders für die von O. HOFIUS, Wiedergeburt, 66 vorgeschlagene Differenzierung zweier unterschiedlicher Verwendungen des κόσμος - Begriffs, derzufolge jede positive Aussage sich ausschließlich auf die zum Heil Prädestinierten beziehe (rezipiert von H.-C. KAMMLER, Geistparaklet, 128f.; DERS., Christologie, 66). Ebenso wie Joh 1,29 spricht 1 Joh 2,2 von einer universalen Sündenschuld des Kosmos und einer universalen Dimension des Heilsgeschehens (vgl. R. E. BROWN, John I, 56; vgl. ferner C. K. BARRETT, Johannes, 201f.; T. ONUKI, Welt, 181; N. H. CASSEM, Inventory, 85).

dasselbe ausschließlich auf die Gemeinde, V 14b hingegen auf den κόσμος. Diese unterschiedlichen Perspektiven sind weder widersprüchlich,
noch Indizien redaktioneller Überarbeitungen[231]. Ebenso wie in 1 Joh 2,1f.
wird auch hier zunächst die Bedeutung des Heilsgeschehens für die Gemeinde zur Sprache gebracht und anschließend dessen universale Tragweite. Diese Zuordnung kann als eine rhetorische Hervorhebung der Grenzen-
losigkeit der Liebe Gottes verstanden werden[232].

Des weiteren fällt auf, daß mit ἱλασμός (1 Joh 2,2; 4,10) und σωτήρ (1
Joh 4,14) zwei unterschiedliche Kategorien zur Deutung des Handelns und
des Leidens Jesu verwendet werden. Die universale Relevanz dieses Geschehens wird jedoch in beiden Reflexionszusammenhängen herausgestellt. Auch dieser Sachverhalt zeigt, daß die Grundtendenz des ersten Johannesbriefs universal ausgerichtet ist.

3.4.3 Missionstheologische Reminiszenzen in den johanneischen Briefen

Die zuvor skizzierte Dialektik des κόσμος-Begriffs korrespondiert den
missionstheologischen Aspekten der johanneischen Briefkorrespondenz.
Auch wenn die johanneischen Briefe keine expliziten missionstheologischen Reflexionen bieten, dokumentieren sie in unterschiedlicher Weise
missionarische Aktivitäten der johanneischen Gemeinde. Besonders deutlich zeigt sich dies im dritten Johannesbrief, der neben dem Verweis auf
‚Wanderbrüder' (3 Joh 3.12) Ansätze einer strukturierten Heidenmission
aufweist (3 Joh 5-8)[233]. Demgegenüber zeigen sich im zweiten Johannesbrief radikale Abgrenzungsbestrebungen. Ein Irrlehrer solle nicht begrüßt,
geschweige denn gastfreundlich empfangen werden (2 Joh 10). Ein Zuwi-
derhandelnder partizipiere an den bösen Werken des Irrlehrers (V 11)[234].

---

[231] Vgl. O. BAUMGARTEN, Johannes-Briefe, 185-228; unterschiedliche Relativie-
rungsversuche referiert H.-J. KLAUCK, Johannesbrief, 109f. Zu Versuchen, diese Spannung als Indiz einer Entwicklungsgeschichte johanneischer Theologie und literarkritischer Überarbeitungen zu verstehen vgl. u. a. J. BECKER, Beobachtungen, 79ff., DERS.,
Johannes I, 176ff.; W. LANGBRANDTNER, Gott, 391ff. (kritisch hierzu s. o. § 3/2.2).

[232] Treffend K. H. SCHELKLE, Art. σωτήρ, 784: „Der Zshg. betont die Universalität
wie die Gewissheit der Erlösung. Wie das Joh-Ev., so ist 1Joh (2,2; 4,9) auf die ganze
Welt bezogen". Tendenziell ähnlich J. BEUTLER, Johannesbriefe, 110; H.-J. KLAUCK,
Johannesbrief, 249f.

[233] Vgl. M. R. RUIZ, Missionsgedanke, 73-162 bzw. U. SCHNELLE, Ekklesiologie, 41,
demzufolge auch 1 Joh 4,1b; 2 Joh 7a missionarische Aktivität implizieren. Für F. HAHN,
Mission, 144 dokumentiert insbesondere der dritte Johannesbrief, daß trotz der gemeindlichen Konflikte „der missionarische Dienst ... in dem johanneischen Bereich nicht einfach erloschen ist".

[234] Dies übertrifft die Schärfe anderer frühchristlicher Traditionsströme (vgl. Mt
7,15; Apg. 20,19; 1 Kor 5,9.11; Röm 16,17; Did 16,3; Ign. Phd 2,2; 2 Clem 5,2; Justin,
apol. 16,3; ausführlich hierzu M. HENGEL, Frage, 147, besonders Anm. 173 und 175). W.
POPKES, Paränese, 121 erkennt hierin ein *specificum* postliminaler Paränese, welche

Insofern diese Forderung jedoch in keinem anderen Kontext näher erläutert bzw. wiederholt wird und „3 Joh 5-8 ein genaues Gegenbild zu 2 Joh 10f."[235] zeichnet, kann 2 Joh 10f. nicht als Indiz einer grundsätzlichen johanneischen Sektenmentalität gewertet werden. Es scheint sich vielmehr um eine situationsbedingte Reaktion auf das Auseinanderbrechen der Gemeinde zu handeln. Insbesondere die Form der „Auseinandersetzung mit den Irrlehrern zeigt, daß hier noch eine andere Missionsbewegung auf den Plan getreten ist, gegen deren falsche Verkündigung zuallererst einmal eine klare Stellung zum Schutz der bestehenden Gemeinde bezogen werden muß."[236]

Während der dritte Johannesbrief eine ausgesprochen rege Missionsarbeit und der zweite Johannesbrief strikte Abgrenzungsbestrebungen dokumentieren, bietet der erste Johannesbrief eine Dialektik beider Tendenzen. Einerseits korrespondieren die Warnung vor einer Liebe zur Welt in 1 Joh 2,15-17 und die Irrlehrerpolemik in 1 Joh 2,18ff. der Schärfe von 2 Joh 10f.[237], andererseits wird in 1 Joh 2,1f.; 4,14 emphatisch die universale Weite des Heilsgeschehens betont.

Die Analyse dieser Sequenzen zeigte jedoch, daß in ihnen keine generelle Weltflucht gefordert wird, sondern lediglich ein angemessenes Verhältnis zur Welt. Entsprechend wird durch den argumentativen Duktus von 1 Joh 2,1f.; 4,10.14 die heilsuniversale Ausrichtung des johanneischen Missionsverständnisses zur Geltung gebracht. Dieser Sachverhalt zeigt sich zuletzt in einem sprachlichen Detail. Die Aussage über die Sendung Jesu zur Rettung der Welt in 1 Joh 4,14 bietet nämlich einen zentralen Aspekt des johanneischen Bekenntnisses bzw. der johanneischen Verkündigung (καὶ ἡμεῖς τεθεάμεθα καὶ μαρτυροῦμεν ὅτι ὁ πατὴρ ἀπέσταλκεν τὸν υἱὸν σωτῆρα τοῦ κόσμου). Insofern μαρτυρεῖν κ.τ.λ. ein *terminus technicus* der johanneischen Verkündigungssprache ist, kann die

---

Identität durch Abgrenzung und Kontinuitätsbewußtsein zu wahren versucht. Korrespondenz bestehe am ehesten zur Ekklesiologie der Sendschreiben der Johannesapokalypse (vgl. z. B. Apk 2,2.6 etc.).

[235] Treffend H.-J. KLAUCK, Der zweite und dritte Johannesbrief, 435; ähnlich J. AUGENSTEIN, Liebesgebot, 141. Auch in 3 Joh 9f. bleibt der Konfliktpunkt unklar (vgl. M. MITCHELL, Diotrephes, 301 bzw. 319f., v. a. in Abgrenzung zu der von W. BAUER/K. ALAND, 577 erwogenen These, daß Διοτρέφης οὐκ ἐπιδέχεται ἡμᾶς (3 Joh 9) die Ablehnung der Autorität des πρεσβύτερος umschreibe.

[236] Treffend F. HAHN, Mission, 144; tendenziell R. SCHNACKENBURG, Missionsgedanke, 70 zu 1 Joh 4,1.4-6; 2 Joh 10f.

[237] R. E. BROWN, Epistles, 324f. versteht selbst einen Text wie 1 Joh 2,15-17 nicht als generelle Weltverneinung, sondern als Warnung einer Gruppierung, die eine falsch verstandene missionarische ‚Liebe zur Welt' hatte. Dies korrespondiert den Überlegungen von O. BÖCHER, Dualismus, 145, der 1 Joh 2,15 als Reaktion auf die negativen Erfahrungen der Gemeinde mit dem sie umgebenden κόσμος versteht.

heilsuniversale Aussage 1 Joh 4,14 sogar als ein integraler Bestandteil der johanneischen Missionstätigkeiten verstanden werden[238].

Exkurs: Zum Vergleich des κόσμος – Begriffs im ersten Johannesbrief mit qumranischen und gnostischen Konzeptionen

An den skizzierten Aspekten kann man die Differenz der im ersten Johannesbrief erkennbaren Haltung zur Welt gegenüber qumranischen und gnostischen Konzeptionen erläutern. Auch in qumranischen Texten wird die Welt nicht *per se* verdammt. Bereits das weisheitliche, noch nicht spezifisch essenische Book of Mysteries dokumentiert die eschatologische Hoffnung, daß nach der Vernichtung der ‚Sphäre der Finsternis' die Welt wieder in einen positiven Zustand versetzt wird und eine universale Erkenntnis Gottes herrscht (1Q27 1 I,5-7)[239]:

5 וזה לכם האות בהסגר מולדי עולה וגלה הרשע מפני הצדק כגלות חׄושׄך מפני
6 אור וכתום עשן ואיננוע עוד כן יתם הרשע לעד והצדק יגלה כשמש תכון
7 תבל וכול תומכי רזי פלא אינמה עוד ודעה תמלא תבל אוין שם לעׄדׄע אולת

5 Und dies soll ihnen das Zeichen sein, daß es so sein wird: Wenn die Kinder des Frevels ausgeliefert werden, dann wird der Frevel entschwinden vor der Gerechtigkeit, wie die Finsternis entschwindet vor

6 dem Licht. Und wie Rauch verfliegt und n[icht] mehr ist, so wird der Frevel für immer vergehen. Und die Gerechtigkeit wird offenbart werden, wie die Sonne aufgeht über

7 der Erde. Und alle, die die wunderbaren Geheimnisse festhalten, werden nicht mehr sein. Und Erkenntnis wird die Welt erfüllen, und Torheit wird es dort nimmermehr geben.‘

Entsprechend heißt es in der protoessenischen ‚Zwei – Geister – Lehre' (1 QS III,13-IV,26 par 4QpapS[c] V 1,1-8), in welcher die eschatologischen Züge des Book of Mysteries oder des *Mûsār l[e] mēbîn* elaboriert werden[240], daß die Welt in ihrer Gesamtheit Got-

---

[238] Zu 1 Joh 1,1f.; 5,6f.9f.; Joh 6,69; 19,35 etc. vgl. A. HEINZE, Schriften, 320ff.; J. BEUTLER, Art. μαρτυρέω/διαμαρτυρέομαι/μαρτύρομαι, Sp. 961f. Speziell zu 1 Joh 4,14 vgl. J. FREY, Eschatologie III, 105 bzw. 172. G. STRECKER, Johannesbriefe, 242 erkennt hierin eine frühe Anschauung der johanneischen Schule. Aufgrund der sachlichen Korrespondenz zu 1 Joh 1,1f. vermutet H.-J. KLAUCK, Johannesbrief, 257f. bzw 260 eine bewußte Nivellierung der Differenz von Augenzeugen, Traditionsträgern und späteren Gemeindegliedern.

[239] So der Übersetzungsvorschlag von A. LANGE, Weisheitstexte, 15 (zur Rekonstruktion bzw. Transkription des Textes vgl. DERS., Weisheit, 96-98). Zu entsprechenden Vorstellungen im *Mûsār l[e] mēbîn* vgl. 4Q416 Frg. 111-14; 4Q418 Frg. 69 II,4-9. Vergleichbar heißt es in der Danielparaphrase 4Q246 Kol II, 5-9, daß Gott die Welt beherrschen und alle Verwüstung aus ihr vertreiben wird (vgl. hierzu F. GARCÍA MARTÍNEZ, Apocalyptic, 162ff.). Entsprechend bietet der fragmentarische Text 4Q246 Kol I,1 den Gottestitel ‚König der Welt' (vgl. hierzu J. FITZMYER, 4Q246, 153ff.).

[240] A. LANGE, Weisheitstexte, 26, der in der „zunehmende(n) Dualisierung und Eschatologisierung ... eine zunehmende Affinität der Weisheit zur Apokalyptik" erkennt.

tes Schöpfung sei (1 QS III,15-18)[241]. Zu einem Ort des Heils wird sie für die Söhne des Lichtes jedoch erst nach der eschatologischen Vernichtung aller Söhne der Finsternis (1QS IV,6), wenn sich die Wahrheit Gottes endgültig offenbaren wird (1 QS IV,21).

Auch die spezifisch qumranische Gemeinderegel, in welche die Zwei-Geister-Regel integriert wurde, dokumentiert die Erwartung, daß die Gegner Gottes aus der Welt vertilgt werden (1 QS V,19)[242]. Die Rechtgläubigen werden hingegen auch die Güter und Köstlichkeiten der Welt genießen (1 QS X,15). In diesen eschatologischen Konzeptionen bleibt somit eine grundsätzlich positive Haltung zur Schöpfung gewahrt. Im Gegensatz zur johanneischen Theologie ist jedoch keinerlei missionarische Hinwendung zur Welt, geschweige denn zu den ‚Söhnen der Finsternis‘ erkennbar. Statt dessen wird explizit zum Haß gegen Außenstehende aufgefordert (vgl. 1 QH VI,10f.25-27; VII,18f.; 1 QS I,3f.9f.; IX,15f.21f.; X,20ff. etc.)[243]. Diese Dualisierung soll sich auch eschatologisch verfestigen, insofern „eine Rettungszeit für Gottes Volk und eine Herrschaftsperiode für alle Männer seines Loses, aber Vernichtung für das Los Belials" erhofft wird (vgl. 1QM I,5)[244]. Gerade vor diesem Hintergrund zeigt sich die Besonderheit des Weltbezugs des ersten Johannesbriefs, der trotz der Auseinandersetzung mit den Schismatikern bzw. Irrlehrern eine heilsuniversale Perspektive aufrecht erhält (vgl. 1 Joh 2,2; 4,14; zu der prinzipiell vergleichbaren missionstheologischen Konzeption des Johannesevangeliums s. u. § 15).

Eine noch größere Differenz besteht jedoch zwischen dem Weltverhältnis der johanneischen Schriften und frühgnostisch-gnostischen Konzeptionen. Vordergründig scheint die Warnung vor einer Liebe zur Welt in 1 Joh 2,15-17 dem Aufruf zur Enthaltsamkeit bzw. Distanz gegenüber der Welt in EvThom 27a zu korrespondieren: λέγει Ἰ[ησοῦ]ς ἐὰν μὴ νηστεύσηται τὸν κόσμον οὐ μὴ εὕρηται τὴν βασιλείαν τοῦ θ[εο]ῦ; nahezu äquivalent bietet der jüngere koptische Textbestand ⲉⲧⲉⲧⲛ̄ⲧⲙ̄ⲣ̄ⲛ̄ⲏ ⲥⲧⲉⲩⲉ ⲉⲡⲕⲟⲥⲙⲟⲥ ⲧⲉⲧⲛⲁϩⲉ ⲁⲛ ⲉⲧⲙⲛ̄ⲧⲉ ⲣⲟ [NHC II,2 38,19f.][245]). In gnostischen Systemen sind derartige

---

[241] Gerade die Eröffnungssequenz von 1QS III,13-IV,26 kulminiert somit in einem „statement, that safeguards the sovereignty of God." (vgl. D. J. HARRINGTON, Wisdom Texts, 77). Zum Spektrum schöpfungstheologischer Aussagen in der Begründung des Bösen in qumranischen Schriften vgl. J. J. COLLINS, Apocalypticism, 30ff. (speziell zum Verhältnis von Jes 45,7a יוֹצֵר אוֹר וּבוֹרֵא חֹשֶׁךְ zu 1QS III,15f. op. cit., 42f.).

[242] Zum Spektrum apokalyptischer Erwartungen in genuin qumranischer Theologie vgl. J. J. COLLINS, Apocalypticism, 91ff.

[243] J. H. CHARLESWORTH, Comparison, 114 erkennt in diesen rigorosen ethischen Abgrenzungen eine Affinität zu 1 Joh 3,7-10; ähnlich J. BECKER, Beobachtungen, 79 bzw. DERS., Johannes I, 176.

[244] So in Orientierung am Übersetzungsvorschlag von J. VANDERKAM, Qumranforschung, 87. Die Kriegsrolle (I QM) versteht das eschatologische Enddrama gar als ein sich über vierzig Jahre erstreckendes Geschehen, an dessen Ende das Gericht erfolgt. Es wird ein Endkampf erwartet, in dem Gott seinen Auserwählten die Kraft gibt, die Söhne der Finsternis zu vernichten. Gott habe seit jeher einen Tag des Kampfes bestimmt (XI-II,14ff.), an welchem er alle Angehörigen der Finsternis vernichten wird (I,9f; XV,2f.12 u.a.). Für das Volk Gottes beginnt die Zeit des Heils (I,5; XIII,15f.; XV,1ff.), der Gefolgschaft Belials droht die ewige Vernichtung (I,5; IX,5; XIII,16; XVIII,1 etc.). Ausführlich hierzu vgl. J. J. COLLINS, Apocalypticism, 91ff.

[245] So etwa T. ZÖCKLER, Jesu Lehren, 114 zur Korrespondenz von 1 Joh 2,15 und EvThom 27,1. Unzutreffenderweise vermutet Zöckler nur bei dem Thomasevangelium einen dialektischen Weltbegriff: „Züge des ... positiven Weltbezugs und etwas der Auf-

Warnungen jedoch in ein soteriologisches System eingeordnet, welches die körperlichen bzw. materiellen Aspekt menschlicher Existenz grundsätzlich diskreditiert (vgl. EvThom 56 bzw. 111 [NHC II,2 42,29-32 bzw. 51,6-10]; AJ NHC II,1 31,3f. bzw. NHC IV,1 48,5f.)[246]. Dabei avanciert „die Einschätzung von Welt und Materie als böser Schöpfung und eine dadurch bedingte Erfahrung der Fremdheit des Gnostikers in der Welt"[247] zu einem Zentralmotiv. Nur die heilsvermittelnde Erkenntnis ermöglicht dem Gnostiker die Flucht aus dem Reich des Demiurgen. Paradigmatisch für eine derartige Überwindung der körperlich-materiellen Gebundenheit ist die Schilderung des Durchschreitens der unterschiedlichen Himmelsebenen in der koptisch-gnostischen Apokalypse des Paulus (NHC V,2 17,19-24,9). Die Schlußsequenz schildert die Begegnung des Paulus mit einer Gottesfigur, die Dan 7,9f. nachempfunden zu sein scheint. Diese „verkörpert den degradierten Schöpfergott in gnostischer Sicht, der den weiteren Aufstieg zu verhindern trachtet, gegen den Identitätsnachweis des Gnostikers jedoch machtlos ist"[248]: „Ich antwortete und sprach zu dem im sechsten Himmel amtierenden Zöllner: [Öffne] mir und dem [heiligen] Geist, [der] vor [mir her] geht! Er öffnete [uns. Darauf gelangten wir] hinauf zum siebten [Himmel]. [Ich sah inmitten] des Lichts einen Greis [in] weißem [Gewand. Sein Thron], der im siebten Himmel stand, war [siebenmal] heller als die Sonne. Es antwortete der Greis und sprach zu [mir]: ‚Wohin willst du gehen, du Gesegneter und von deiner Mutter Leib an Ausgesonderter?‘ Darauf blickte ich hinüber zu dem Geist, und er machte eine Kopfbewegung und sagte zu mir: ‚Rede mit ihm!‘ Und ich antwortete und sprach: ‚Ich will an den Ort gehen, von dem ich gekommen bin.‘ Der Greis erwiderte mir: ‚Von wo bist Du?‘ Ich erwiderte meinerseits und sprach: ‚Ich werde hinunterfahren in die Welt der Toten, um die Gefangenschaft gefangen zu führen – jene, die in der babylonischen Gefangenschaft gefangen geführt wurde.‘ Es erwiderte mir der Greis und sprach: ‚Wie willst du imstande sein, mir zu entkommen? Schau her und siehe diese Mächte und Gewalten!‘ Es antwortete [der] Geist und sprach: ‚Gib ihm [das] Zeichen, daß Du hast, und [er wird] dir öffnen.‘ Darauf gab ich ihm das Zeichen. Er wandte sein [Angesicht] nach unter *auf seine Schöpfung* und auf die ihm unterstehenden Gewalten" [Kursivierung E. E. P.]. Darauf öffnete sich der Ausgang des siebten Himmels und wir gelangten hinauf zur Achtheit ... "[249].

Ebenso wie Paulus entgegen seiner eigentlichen Intentionen in gnostischer Bibelexegese zum *haereticorum apostolus* stilisiert werden konnte (vgl. Tert., Adv. Marc. III,

---

forderung zur Weltzuwendung in Log. 24 Vergleichbares finden sich weder bei Johannes noch bei Paulus. Daß auf der anderen Seite die aus Thomas hypothetisch erschließbaren zwei Konzeptionen von ‚Welt‘ mit den klassischen gnostischen Systemen und deren Weltbegriff wenig gemeinsam haben, leuchtet ebenso ein und bedarf ebensowenig einer ausführlichen Begründung" (op. cit., 120). Diese Einschätzung wird jedoch EvThom 24 ebensowenig gerecht wie der johanneischen und paulinischen Theologie (zu EvThom 24 vgl. R. VALANTASIS, Thomas, 98; M. FIEGER, Thomasevangelium, 103; W. SCHRAGE, Verhältnis, 79; E. E. POPKES, Licht, passim).

[246] Entsprechend wird bereits in vor- bzw. frühgnostischen Traditionsströmen die Überwindung der Welt als deren Auflösung bzw. Zerstörung gewertet (vgl. C. MARKSCHIES, Valentinus, 142f.).

[247] Hierin erkennt C. MARKSCHIES, Gnosis, 25 ein Charakteristikum aller gnostischen Systeme.

[248] Treffend W.-P. FUNK, Koptisch-gnostische Apokalypse des Paulus, 630.

[249] So in Orientierung am Übersetzungsvorschlag von W.-P. FUNK, Koptisch-gnostische Apokalypse des Paulus, 632.

5,4 [C.Chr. SL. 1, 513,26]), wurde auch die johanneische Theologie im Zeichen gnostischer Soteriologie modifiziert. Eindrücklich geschieht dies in der Langfassung des Johannesapokryphons, die ein Schöpfungs- und Gottesverständnis bietet, daß der johanneischen Theologie diametral widerspricht. Bezeichnenderweise rezipieren z. B. AJ NHC
II,1 31,32; 32,5f. bzw. IV,1 49,14.25f. (entsprechend EpPetr 132,12-133,8;) den johanneischen σωτήρ – Begriff, aber blenden die universale Komponente τοῦ κόσμου aus (1
Joh 4,14; Joh 4,42)[250]. Ein derartig gebrochenes Verhältnis zur Schöpfung kann der johanneischen Theologie nicht unterstellt werden. Die Warnung vor einer Liebe zur Welt
(1 Joh 2,15-17) besitzt somit keine Affinität zu frühgnostisch-gnostischen Konzeptionen.

3.4.4 Der Glaube und die Überwindung der Welt

Auch die ‚Überwindersprüche‘ des ersten Johannesbriefs reflektieren partiell das Verhältnis der johanneischen Gemeinde zum Kosmos. Gleichwohl
sind diese Motive in ausgesprochen unterschiedlichen thematischen Kontexten verortet. In 1 Joh 5,4a wird die Erfüllbarkeit der Gebote Gottes
durch die Aussage begründet, daß jedes Gotteskind die Welt ‚überwinden‘
bzw. ‚besiegen‘ könne. Der Sieg über die Welt sei der Glaube an Christus
(1 Joh 5,4b). Der Autor des ersten Johannesbriefs gesteht seinen Adressaten sogar zu, daß sie die Welt bzw. den ‚Bösen‘ (ὁ πονηρός) bereits gegenwärtig überwunden haben (1 Joh 2,13f.; 4,4). Diese seelsorgerischen
Ermutigungen und paränetischen Ermunterungen entsprechen *prima vista*
Joh 16,33b, wo der johanneische Jesus seinen Jüngern zuspricht, daß sie
getrost sein dürfen, da er die Welt überwunden hat[251]. Dennoch besteht ein
markanter Unterschied zwischen diesen Sequenzen. Das vierte Evangelium
spricht nicht von dem Glauben an Jesus als Sieg der Gemeindeglieder über
die Welt, sondern vom Sieg Jesu über die Welt, welcher den Jüngern Trost
und Gelassenheit ermöglichen soll. Joh 16,33 hebt somit deutlicher als 1
Joh 5,4f. die Heilsmittlerschaft Jesu hervor[252].

Den Überwindersprüchen der johanneischen Schriften ist jedoch gemeinsam, daß sie keinerlei Konnotationen einer kriegerischen Unterwer-

---

[250] Vgl. T. NAGEL, Rezeption, 439; W. RÖHL, Rezeption, 170; M. W. MEYER, Letter,
94f. Speziell zu AJ NHC II,1 32,5f. bzw. IV,1 49,25f. vgl. C. MARKSCHIES, Valentinus,
93 Anm. 62). Interessanterweise relativiert jedoch die Rezeption von Joh 4,42; 4,14 in
EpPetr 132,12-133,8 nicht die universale Weite des johanneischen σωτήρ – Begriffs,
obwohl dies der gnostischen Gesamttendenz zuwiderläuft (u. a. EpPetr 132,18f.: ⲡⲥⲱⲧⲏⲣ
ⲛ̄ⲧⲉ ⲡⲕⲟⲥⲙⲟⲥ; so treffend T. NAGEL, Rezeption, 439).

[251] Dabei wird in Joh 16,33b (ἐγὼ νενίκηκα τὸν κόσμον) ebenso wie in 1 Joh
2,13f.; 4,4 Perfekt verwendet. Zu den Analogien der paränetischen Ausführungen der
johanneischen Briefe und dem Johannesevangelium vgl. W. POPKES, Paränese, 118ff.

[252] In der Frage der chronologischen Zuordnung der johanneischen Schriften ist zu
diskutieren, ob 1 Joh 5,3f. einen Rekurs auf Joh 16,33 bietet, demzufolge die Glaubenden
die Welt überwinden, weil Jesus die Welt überwunden hat (so etwa K. WENGST, Brief,
204f.), oder ob erst Joh 16,33 die christologische Ausdifferenzierung des Weltüberwin-
dungsmotivs entwirft. Entsprechend betont E. GAUGLER, Johannesbriefe, 257, daß 1 Joh
5,4f. nicht als Marginalisierung der Christologie zu verstehen sei.

fung widergöttlicher Gegner oder einer Diskreditierung der irdisch-materiellen Schöpfung implizieren[253]. Insbesondere 1 Joh 5,4 zielt als Abschluß des ‚johanneischen Hohenliedes der Liebe Gottes' auf die Überwindung des Hasses durch die Gebotsobservanz bzw. Bruderliebe[254]. In diesem Sinne implizieren auch die Überwindersprüche die johanneische Hoffnung auf eine „innerweltliche Überwindung des Kosmos ... als Ort des Unglaubens"[255].

Exkurs: Die Diskrepanz der Überwindersprüche in den johanneischen Schriften und in der Johannesapokalypse

Die Besonderheit von 1 Joh 2,13f.; 4,4; 5,4f.; Joh 16,33b zeigt sich eindrücklich im Kontrast zu den ‚Überwindersprüchen' der Johannesapokalypse, welche innerhalb des Neuen Testaments die deutlichsten Motivkorrespondenzen aufweisen (Apk 2,7.11.17.26; 3,5.12.21; 5,5; 6,2; 11,7; 12,11; 13,7; 15,2; 17,14)[256]. Obwohl sich zuweilen frappierende Analogien beobachten lassen, ist die inhaltliche Ausrichtung höchst divergent.

Auch Apk 3,21; 5,5 bezeichnen den erhöhten Christus als den Überwinder (Apk 3,21; 5,5). Im Gegensatz zu Joh 16,33 wird jedoch kein Objekt des Überwindens genannt. Während Apk 3,21; 5,5 Joh 16,33 von einem bereits zurückliegenden Ereignis sprechen, dokumentiert Apk 17,14 die futurisch-eschatologische Erwartung, daß das Lamm die widergöttlichen Mächte besiegen wird[257].

Eine noch deutlichere Diskrepanz zeigt sich jedoch in den paränetischen und ekklesiologischen Applikationen der Überwindungsmotive. Jedes Sendschreiben bietet einen ‚Überwinderspruch', dem eine spezifische Verheißung zugeordnet ist (Apk 2,7.11.17.26; 3,5.12.21). Die Überwindersprüche der Sendschreiben sind zwar ebenso wie in der johanneischen Theologie eng mit der Christologie verschränkt, insofern sie stets im Kontext der Selbstproklamationen des Erhöhten erfolgen[258]. Ebenso wie in Apk 3,21; 5,5 wird νικᾶν jedoch absolut gebraucht. Es bleibt somit unbestimmt, was von den Adressaten überwunden werden soll. Der ermutigende, tröstende Akzent von 1 Joh 2,13f.; 4,4; 5,4f. ist jedoch nicht in dieser Intensität erkennbar. Nur mit der Erfüllung der entsprechenden Forderungen werden die Adressaten zukünftig an dem bereits vollzogenen Sieg Jesu partizipieren können (signifikant Apk 3,21 ὁ νικῶν δώσω αὐτῷ καθίσαι μετ᾽ ἐμοῦ ἐν τῷ θρόνῳ μου, ὡς κἀγὼ ἐνίκησα καὶ ἐκάθισα μετὰ τοῦ πατρός μου ἐν τῷ θρόνῳ αὐτοῦ). Von einem bereits errungenen Sieg wird nur „in visionärer Vorwegnahme der Vollendung"[259] gesprochen (Apk 12,11; 15,2). Statt dessen wird sogar postuliert, daß

---

[253] Zu derartigen Motiven qumranischer bzw. gnostischer Provenienz s. o. § 7/3.4.3.

[254] Vgl. K. WENGST, Brief, 204; ähnlich Vgl. H.-J. KLAUCK, Johannesbrief, 289f.

[255] So zu 1 Joh 5,4f. U. SCHNELLE, Johannes, 77 in Rekurs auf H. BALZ, Art. κόσμος, 772.

[256] Die Korrespondenztexte Lk 11,22; Rm 3,4 sind hingegen motivlich und textpragmatisch grundsätzlich anders orientiert.

[257] Zum Verhältnis von Apk 17,14 zu den christologischen Implikationen von Apk 16,12-16; 19,11ff. vgl. D. E. AUNE, Revelation III, 953f.

[258] Treffend D. E. AUNE, Revelation I, 124.

[259] Vgl. U. B. MÜLLER, Offenbarung, 94. Auch Apk 12,11 ist keinen Gegenargument, da in diesem „hymnischen Stück die Perspektiven verschränken und nicht völlig deutlich wird, ob von den noch lebenden Christen im realen Präteritum ... oder von den

den widergöttlichen Mächten die Macht zur Überwindung der Heiligen verliehen sei (Apk 13,7; sachlich entsprechend Apk 11,7). Eine derartige Aussage wäre für den Perseveranzgedanken der johanneischen Theologie schlechterdings undenkbar[260].

3.5 Zusammenfassung der Zwischenergebnisse

Die in den johanneischen Briefen vorliegenden Ausführungen über die Bedeutung der gegenseitige Liebe der Glaubenden stehen in einem unmittelbaren Zusammenhang zum johanneischen Gemeindeschisma. Besonders eindrücklich zeigt sich dies in 1 Joh 2,9; 4,20, wo die Selbsteinschätzung der Gegner in Worte gefaßt wird. Diese nehmen für sich in Anspruch, ‚im Licht zu sein‘ bzw. ‚Gott zu lieben‘ (1 Joh 2,9a bzw. 1 Joh 4,20a). Die Problematisierung dieser Selbsteinschätzung ist nahezu analog strukturiert: In beiden Fällen wird den Kontrahenten vorgeworfen, daß sie ihre Gemeindegeschwister faktisch hassen (1 Joh 2,9b bzw. 1 Joh 4,20b). Dieser Tatbestand falsifiziere ihre Selbsteinschätzung. Sie seien noch immer der Finsternis verhaftet und erweisen sich als Lügner (1 Joh 2,9c bzw. 1 Joh 4,20c). In beiden Zusammenhängen wird somit die praktizierte Geschwisterliebe zum Maßstab des Selbstanspruchs erklärt.

Speziell zu 1 Joh 2,7-11 kann resümiert werden, daß diese lichtmetaphorischen Spekulationen keine situationsunabhängigen Aussageintentionen verfolgen. Die lichtmetaphorischen Ausführungen in 1 Joh 1,5-7; 2,7-11 scheinen vielmehr durch innergemeindliche Streitigkeiten provoziert worden zu sein. Der ‚Wandel im Licht‘ wird nicht als ein Ideal johanneischer Jüngerschaft thematisiert, sondern als Selbstanspruch der Kontrahenten reflektiert bzw. problematisiert. In diesem Sinne kann man die Ausführungen in 1 Joh 2,9-11 als eine ethische Konkretion der theologischen Prämisse verstehen, daß Gott Licht ist (1 Joh 1,5b). Diese Aussageintention zeigt sich ferner darin, daß ab 1 Joh 2,12 keine weiteren lichtmetaphorischen Motive begegnen und die Ermahnungen zur gegenseitigen Liebe in den Vordergrund treten. Auch wenn die angesprochenen Gegner religionsgeschichtlich nicht exakt eingeordnet werden können, kann die Vernetzung der Licht – Finsternis – Antithetik und der liebessemantischen Motive als eine johanneische Besonderheit verstanden werden.

Auch 1 Joh 4,20f. thematisiert eine konkrete Konfliktsituation. In diesem Fall nehmen die Kontrahenten für sich in Anspruch, Gott zu lieben. Der Autor hält ihnen jedoch entgegen, daß die Gemeinde von Jesus das Gebot hat, daß derjenige der Gott liebt, auch seinen Bruder lieben soll. Die

---

schon vollendeten Märtyrern oder proleptisch von den einst vollendeten ... die Rede ist.“ (treffend J. FREY, Verhältnis, 390 Anm. 383).

[260] F. HAHN, Sendschreiben, 386 Anm. 108 erkennt hierin eine gegenüber dem „Johannesevangelium und den Johannesbriefen ... weiterentwickelte Auffassung ... “; vgl. J.-W. TAEGER, Gesiegt!, 44f.

Analyse der Argumentationsstrategie läßt es plausibel erscheinen, daß der Verfasser bei seinen Adressaten eine Kenntnis der in Mk 12,29-31 parr. tradierten Verschränkung von Gottesliebe und Nächstenliebe voraussetzt. Er möchte jedoch keine eigenständige johanneische Variante jenes synoptischen Doppelgebots formulieren, sondern integriert entsprechende Vorkenntnisse durch assoziative Hinweise in seine Reflexionen über die Liebe Gottes bzw. die Bruderliebe. Der Akzent der Argumentation liegt gegenüber der synoptischen Tradition jedoch deutlich auf der Ermahnung zur Bruderliebe. Strittig ist nicht die Bedeutung der Gottesliebe an sich, welche die direkt zuvor angegriffenen Personen für sich in Anspruch nehmen, sondern lediglich die ethische Konsequenz der Gottesliebe.

Des weiteren ist der Verfasser genötigt, angesichts des johanneischen Schismas auch das Verhältnis der Gemeinde zur Welt neu zu bestimmen bzw. zu reflektieren. Die in 1 Joh 2,15-17 vorgenommene Kontrastierung der Gemeinschaft der Glaubenden und der Welt impliziert keine prinzipielle Diskreditierung des κόσμος. Statt dessen werden ‚weltliche Besitztümer' sogar positiv bewertet, wenn sie der gegenseitigen Solidarität dienen (1 Joh 3,17).

Daß die johanneischen Briefe prinzipiell eine positive Einstellung zum κόσμος propagieren, zeigt sich v. a. in den heilsuniversalen christologischen Aussagen 1 Joh 2,2; 4,14, in denen Jesus als ‚Retter der Welt' bzw. als ‚Sühne für die Sünde der Welt' bezeichnet wird. Dabei wird durch die argumentative Einbettung bzw. die Zuordnung der gemeindespezifischen und gemeindeübergreifenden Perspektive jene heilsuniversale Perspektive eigens hervorgehoben. Dieses dialektische Verhältnis von Gemeinde und κόσμος zeigt sich auch in missionstheologischen Reminiszenzen und in dem Motiv der ‚Überwindung der Welt' (vgl. 1 Joh 2,13f.; 4,4.14; 5,4; 3 Joh 3.5-8.12). Obwohl somit der Verfasser des ersten Johannesbriefs durch das johanneische Gemeindeschismas zu einer ausgesprochen scharfen Irrlehrerpolemik genötigt wurde, bleibt die Grundstruktur seines Denkens heilsuniversal ausgerichtet.

§ 8 Zusammenfassung der Arbeitsergebnisse zu den johanneischen Briefen

Die johanneische Briefkorrespondenz spiegelt in unterschiedlicher Intensität die Konflikte bzw. den Zerbruch der johanneischen Gemeinde. Eine besondere Bedeutung kommt in diesem Zusammenhang dem Problem der innergemeindlichen Liebe zu. Insbesondere der erste Johannesbrief ist darauf ausgerichtet, die Gemeindeglieder zur gegenseitigen Liebe zu ermahnen. Einerseits möchte der Autor seine Adressaten daran erinnern, daß die gegenseitige Liebe ein bzw. das zentrale Gebot Gottes ist. Andererseits versucht er ihnen die Bedeutung und Relevanz ihrer gegenseitigen Liebe einsichtig zu machen.

Zu diesem Zweck entwickelt er ein kommunikativ wirkungsvolles ‚Hoheslied der Liebe Gottes' (1 Joh 4,7-5,4), in welchem unterschiedliche Argumentationslinien durch Strategien literarischer Rhetorik kunstvoll kompiliert werden. Die zentrale Aussageintention besteht darin, die innergemeindliche Liebe als die angemessene Reaktion auf die Sendung Jesu zu erläutern (1 Joh 4,11f.). Auch die Aussagen über das Wesen Gottes bzw. der Liebe sind zentrale Argumente dieser ethischen Paränese. Durch die Sendung Jesu wurde die Liebe als ein Wesenszug Gottes erkennbar (1 Joh 4,9f.). Gott und Liebe werden jedoch nicht miteinander identifiziert: Gott ist zwar Liebe, aber die Liebe ist nicht Gott, sondern aus Gott (1 Joh 4,7b). Die Liebe Gottes soll in der Gemeinschaft der Glaubenden ihre Entfaltung finden. Dieses Grundmotiv wird in Beziehung gesetzt zu weiteren Themen wie z. B. der Gotteserkenntnis, der reziproken Immanenz von Gott und Mensch, dem Gebotsverständnis und der Eschatologie: Weil Gott Liebe bzw. die Liebe aus Gott ist (1 Joh 4,7f.), ist jeder Liebende in Gott und Gott in ihm (1 Joh 4,13-16 etc.), erkennt Gott (1 Joh 4,7f.) und bewahrt die Gebote Gottes (1 Joh 3,23f.; 4,20-5,3; 2 Joh 6). Weil vollkommene Liebe keine Furcht in sich trägt, können die Glaubenden, die sich gegenseitig lieben, eine furchtlose Zuversicht gegenüber dem Gericht haben (1 Joh 4,17f.). Auch wenn die Gemeindeglieder sich bereits gegenwärtig als Gotteskinder verstehen dürfen, gehen sie einer unmittelbaren *visio dei* bzw. *visio christi* erst noch entgegen (1 Joh 3,1f.). Die Liebe zu dem noch unsichtbaren Gott soll sich jedoch bereits gegenwärtig in der Liebe zu dem sichtbaren Bruder konkretisieren (1 Joh 4,20f.).

In dem skizzierten paränetischen Gesamtzusammenhang wird auch das Verhältnis der liebessemantischen und der dualistischen Motive erkennbar. Aus dem dualistischen Motivrepertoire der johanneischen Schriften dominieren im ersten Johannesbrief die Licht – Finsternis – Antithetik (1 Joh 1,5-7; 2,7-11), die Geburtsmetaphorik (1 Joh 3,7-10; 4,7; 5,1 etc.) und die Kontrastierung der Gemeinde und des Kosmos (1 Joh 2,1f.; 2,15-17; 4,14 etc.). Auch diese Ausführungen dienen primär dem Appell zur gegenseitigen Liebe der Glaubenden – die Orthopraxie wird zum Kriterium der Orthodoxie erklärt. Besonders eindrücklich zeigt sich diese Aussageintention in den lichtmetaphorischen Motiven 1 Joh 1,5-7; 2,7-11, welche offensichtlich durch innergemeindliche Streitigkeiten überhaupt erst provoziert wurden. Das in 1 Joh 2,9-11 entfaltete Motiv eines ‚Wandelns im Licht‘ wird lediglich als Selbstanspruch der Schismatiker thematisiert und reflektiert. Demgegenüber betont der Verfasser des ersten Johannesbriefs, daß nur derjenige für sich in Anspruch nehmen könne, im Licht zu sein, der sich auch um das Wohlergehen seiner Mitchristen kümmert (1 Joh 2,9-11). Wer hingegen seine Geschwister ‚haßt‘, sei noch immer der Finsternis verhaftet (1 Joh 2,9). In diesem Sinne kann man die lichtmetaphorischen Ausführungen in 1 Joh 2,9-11 als die ethische Quintessenz der in 1 Joh 1,5b angeführten Prämisse verstehen, daß Gott Licht sei (1 Joh 1,5b). Diese Zuordnung entspricht dem kompositionstechnischen Phänomen, daß mit der Verhältnisbestimmung von Lichtwandel und Geschwisterliebe in 1 Joh 2,9-11 die lichtmetaphorischen Ausführungen beendet werden, während die ethische Paränese neben den antidoketischen Aussagen zum zentralen Thema wird. Ein vergleichbares Phänomen läßt sich im Verhältnis der Themen ‚Geschwisterliebe‘ und ‚Gotteskindschaft‘ (1 Joh 3,10; 4,7) beobachten, insofern auch hier die praktizierte Liebe zu einem Identitätsmerkmal der ontologischen Grundverfassung erklärt wird. An der Geschwisterliebe unterscheiden sich Gottes- und Teufelskinder (1 Joh 3,10).

Auch wenn das religionsgeschichtliche Profil der indirekt angesprochenen Gegner nicht genau bestimmt werden kann, lassen die Argumentationen des Verfassers des ersten Johannesbrief eine kreativ-innovative Aneignung traditioneller Vorgaben erkennen. Alttestamentlich-frühjüdische bzw. frühchristliche Vergleichsgrößen besitzen z. B. die Identifikation von Gott und Licht, das Motiv eines Lichtwandels oder einer furchtlosen Zuversicht, die Immanenzaussagen, die Kontrastierung einer Gottes- und Teufelskindschaft, die Voraussetzungslosigkeit der Liebe Gottes etc. Insbesondere in den Ausführungen über das Liebesgebot scheint der Verfasser des ersten Johannesbriefs implizit auf entsprechende alttestamentliche bzw. synoptische Konzeptionen zu rekurrieren. Während z. B. das Liebesgebot Lev 19,17f. im Hintergrund der Warnungen vor den negativen Folgen des ‚Bruderhasses‘ steht, wird bei den Adressaten anscheinend sogar eine Kenntnis des Doppelgebots von Gottes- und Nächstenliebe vorausgesetzt (vgl. das Verhältnis von Mk 12,29-31 parr. und 1 Joh 4,21). Andere Teilaspekte dieser Konzeption besitzen jedoch keine Vorgaben und scheinen auf die Reflexionsarbeit des Briefverfassers zurückzugehen (v. a. die Formel ὁ θεὸς ἀγάπη ἐστίν).

Die Intentionen dieser Ausführungen lassen sich jedoch nicht unabhängig von dem johanneischen Schisma verstehen. Das primäre Anliegen des Verfassers des ersten Johannesbriefs besteht darin, angesichts der innergemeindlichen Konflikte die Adressaten an ihre gegenseitige Verantwortung zu erinnern. Auch wenn die Frage der Reichweite des Liebesgebots hiervon unberührt ist, zeigen sich in der Ausgestaltung des Liebesgebots inhaltliche Differenzen z. B. zu paulinischen und synoptischen Konzeptionen. Vor dem Hintergrund der innergemeindlichen Streitigkeiten überschreiten die Appelle nicht die Grenzen von Orthopraxie und Orthodoxie. Obwohl die Gemeindemitglieder bereit sein sollen, füreinander das Leben zu geben (1 Joh 3,16), sollen sie nicht für Mitchristen Fürbitte leisten, welche eine Todsünde begangen haben (1 Joh 5,16f.). Irrlehrer sollen keine Gastfreundschaft gewährt bekommen und nicht einmal gegrüßt werden (2 Joh 10f.). Gleichwohl ist die Schärfe dieser Polemik kein Indiz einer Konventikelethik, sondern lediglich eine Reaktion auf das akute Problem des Gemeindezerbruchs. Dies zeigt sich nicht zuletzt darin, daß jene Todsünde im Zusammenhang der johanneischen Schriften nicht eigens geklärt wird. Der Verfasser scheint jedoch vorauszusetzen, daß seine Adressaten wissen, was mit diesem Tatbestand gemeint ist.

Der skizzierte Sachverhalt entspricht auch der Kontrastierung der Gemeinschaft der Glaubenden und der Welt. Die Warnung vor einer falschen Liebe zur Welt (1 Joh 2,15-17) propagiert keine generelle Diskreditierung des κόσμος, sondern dokumentiert soziale Differenzen innerhalb der johanneischen Gemeinde. Der Verfasser ist genötigt, angesichts des johanneischen Schismas auch das Verhältnis der Gemeinde zur Welt neu zu bestimmen bzw. zu reflektieren. Wer die Welt in falscher Weise liebt und nicht bereit ist, auch durch Einsatz seines ‚irdisches Vermögens‘ die Notlage eines Gemeindegliedes zu lindern (1 Joh 3,17f.), trägt keine Gottesliebe in sich (1 Joh 2,15). Derartiger Besitz wird somit positiv bewertet, wenn er der gegenseitigen Solidarität dient. Es gibt jedoch keine weiteren Hinweise, was mit der mangelnden Liebe bzw. dem Haß der Schismatiker konkret gemeint ist. Die positive Haltung zur Welt zeigt sich ferner v. a. in den heilsuniversal ausgerichteten Prädikationen Jesu als ‚Retter der Welt‘ bzw. als ‚Sühne für die Sünde der Welt‘ und in den missionstheologischen Reminiszenzen (vgl. 1 Joh 2,2; 4,4.14; 3 Joh 3.5-8.12). Die in der johanneischen Briefkorrespondenz erkennbare theologische Grundtendenz ist somit prinzipiell heilsuniversal ausgerichtet, auch wenn ihr(e) Verfasser durch das johanneische Gemeindeschisma zu einer ausgesprochen scharfen Irrlehrerpolemik genötigt wurde(n).

Teil 3

Die Themen im Kontext des Johannesevangeliums

§ 9 Die Textauswahl und das argumentative Vorgehen

Die Textauswahl und das argumentative Vorgehen zur Analyse der liebessemantischen und dualistischen Motive im Johannesevangelium unterliegt folgenden Kriterien: Die einzelnen Motive sind in ausgesprochen unterschiedlichen erzählerischen und thematischen Kontexten integriert. Es läßt sich jedoch ein Gliederungsprinzip der liebessemantischen Motive erkennen, an dem sich auch die Konzeption der vorliegenden Studie orientiert[1]. Auch wenn die einzelnen liebessemantischen Motive auf den ersten Blick relativ unverbunden über das Johannesevangelium verteilt sind, bilden sie einen konsistenten Motivkomplex, der als ,dramaturgische Christologie der Liebe Gottes' bezeichnet werden kann. Die hermeneutische Rahmenbestimmung dieser Konzeption kann anhand der letzten Bitte des Abschiedsgebets Jesu (Joh 17) erläutert werden, nämlich der eschatologischen Schlußbitte Jesu (Joh 17,24-26).

Aus diesem Grund soll im folgenden zunächst die Stellung und Funktion des Abschiedsgebets in der Gesamtkomposition des Johannesevangeliums skizziert werden (1.). Daraufhin wird erläutert, inwieweit diese Worte Jesu ein Gliederungsprinzip bieten, durch welches die weiteren liebessemantischen Motive des Johannesevangeliums eine ,dramaturgische Christologie der Liebe Gottes' bilden (2.).

1. Zur Stellung und Funktion von Joh 17 in der Gesamtkomposition des Johannesevangeliums

Joh 17 gehört zu den „dichtesten und reifsten Texten joh. Theologie"[2]. Das Abschiedsgebet Jesu nimmt in der Komposition des vierten Evangeliums

---

[1] Zur interpretatorischen Relevanz der unterschiedlichen literarischen Gattungen und Charaktere der johanneischen Schriften für die Analyse der liebessemantischen und dualistischen Motive s. u. § 4/2.

[2] Vgl. K. SCHOLTISSEK, Gebet Jesu, 119. Zur Übersicht der Strukturierungsvorschläge zu Joh 17 vgl. u. a. H. RITT, Gebet, 92-147; G. L. BORCHERT, Narrative Framework, 11ff.; E. MALATESTA, Literary Structure, 190ff. etc. Gerade in der Interpretation von Joh 17 dokumentiert sich eindrücklich der methodische Paradigmenwechsel in der Johannesforschung. Auch die themenspezifische Perspektive der vorliegende Studie

eine exponierte Stellung ein: Text*chronologisch* betrachtet beendet Joh 17 die Abschiedsreden und leitet zur Passionserzählung über[3]. Text*dramaturgisch* betrachtet erreicht jener Spannungsbogen seine Klimax, der seit dem Beginn der Abschiedsreden aufgebaut wurde[4]. Bereits Joh 13,1.31f. eröffnet eine „temporale Doppelperspektive, die das Ganze der Abschiedsreden kennzeichnet"[5]. Das Motiv der ‚Stunde' Jesu akzentuiert eigens die Inklusion zwischen Joh 13,1 und Joh 17,1[6].

Die einleitende Anmerkung Joh 17,1a verortet das Abschiedsgebet Jesu jedoch nicht nur zwischen der vor- und nachösterlichen Zeit, sondern auch zwischen Himmel und Erde. Auch wenn die beschriebene Gebetshaltung der Bitte am Grab des Lazarus entspricht (Joh 11,41), stilisiert sie in Joh 17 eine noch ‚weltenthobenere' Situation[7], welche der spatialen Rhetorik des vierten Evangeliums entspricht: Jesus, der vom Himmel herabgestiegene Menschensohn (Joh 3,13a), hebt seine Augen zum Himmel (Joh 17,1a ... καὶ ἐπάρας τοὺς ὀφθαλμοὺς αὐτοῦ εἰς τὸν οὐρανόν). Nachdem Jesus zuvor zu seinen Jüngern sprach, spricht er nun zu seinem Vater, zu dem er zurückkehrt. Diese Einleitung und die nachfolgende Worte Jesu vermitteln den Eindruck, daß der „Betende proleptisch gleichsam schon aus der Welt heraus versetzt spricht"[8] (vgl. besonders Joh 17,11 καὶ οὐκέτι εἰμὶ ἐν τῷ κόσμῳ, καὶ αὐτοὶ ἐν τῷ κόσμῳ εἰσίν, κἀγὼ πρὸς σὲ ἔρχομαι).

Auf der textinternen Ebene wird nicht explizit erläutert, in welcher Weise die Jünger das Gebet Jesu verfolgen können. Die textexternen Leser erkennen jedoch, daß sie in das gemeinsame Wissen von Vater und Sohn eingeweiht werden[9]. Sie erfahren, wie Jesus für sie beim Vater eintritt und

---

zeigt, daß Joh 17 bzw. einzelne Textsequenzen nicht als redaktionelle Ergänzungen verstanden werden müssen, welche die vorhergehenden Konzeptionen der Abschiedsreden interpretieren bzw. revidieren (vgl. die Kritik von u. a. U. SCHNELLE, Johannes, 255 an entsprechenden literarkritischen Entwürfen von J. BECKER, Aufbau, 73ff.; R. SCHNACKENBURG, Johannesevangelium III, 195.207-209.215 etc.).

[3]   Vgl. U. SCHNELLE, Johannes, 255.

[4]   Treffend G. L. BORCHERT, Narrative Framework, 13f.

[5]   J. FREY, Eschatologie III, 124. Zur Unterscheidung, Kontinuität und Verschmelzung der unterschiedlichen Zeitebenen in Joh 17 vgl. C. HOEGEN-ROHLS, Johannes, 230-255.

[6]   Vgl. M. LANG, Johannes, 61f. bzw. 85f. In Joh 17,1 spricht Jesus in eigenen Worten aus, was in Joh 13,1 als erzählender Kommentar begegnete.

[7]   Treffend K. WENGST, Johannesevangelium II, 34 bzw. 174.

[8]   So bereits A. THOLUCK, Evangelium Johannis, 391 (zustimmend aufgenommen von K. WENGST, Johannesevangelium II, 173). Treffend formuliert T. L. BRODIE, John, 506, daß Jesus zugleich an- und abwesend ist.

[9]   In diesem Sinne erweist sich die in Joh 17 gezeichnete „Selbstdarstellung des Sohnes und sein Eintreten für die Seinen als Mittel der Vergewisserung der Gemeinde ... " (treffend J. BECKER, Johannes II, 611). Entsprechend resümiert U. SCHNELLE, Johan-

unter welchem Segen ihre Zeit in der Welt nach Jesu Weggang steht[10]. In diesem argumentativen und narrativen Rahmen bietet Joh 17 ein „Kompendium der johanneischen Offenbarungstheologie"[11], in welchem unterschiedliche Motive und Argumentationslinien vorhergehender Texte zusammengeführt, komprimiert und ausdifferenziert werden[12]. In besonderem Maße gilt dies für die liebessemantischen Motive des Johannesevangeliums. Auch wenn Joh 17 ebenso wie Joh 1,1-18 ein „Scharniertext"[13] im Gesamtaufbau des vierten Evangeliums ist, wird die im Prolog erkennbare „Bewegung des Logos"[14] erst durch Joh 17,23f.26 als „Bewegung der Liebe Gottes"[15] erkennbar.

Dementsprechend durchläuft das Gebet Jesu „eine Bewegung der Öffnung ... Zunächst bittet Jesus für sich selbst, dann für die Jünger und

---

nes, 260: „Wie an keiner anderen Stelle des 4. Evangeliums repräsentiert der bittende Jesus das Einbezogensein der Glaubenden in das göttliche Heilshandeln und damit das Selbstverständnis der textexternen Gemeinde." Hierin erweist sich Joh 17 als ein „testamentarisch-programmatische(s) Gebet Jesu" (vgl. K. SCHOLTISSEK, Gebet Jesu, 209). Spekulativ bleibt jedoch, welchen ‚Sitz im Leben' dieses Gebet besaß (zur Skizze unterschiedlicher Hypothesen vgl. R. SCHNACKENBURG, Johannesevangelium III, 222; K. SCHOLTISSEK, Gebet Jesu, 211f.; C. DIETZFELBINGER, Abschied, 355f.).

[10] U. a. diese Aspekte inspirierten die Bezeichnung von Joh 17 als das ‚hohepriesterliche Gebet Jesu' (zur Forschungsgeschichte bzw. zur komplexen gattungsgeschichtlichen Diskussion vgl. M. WINTER, 285ff.; T. ONUKI, Welt, 167ff.; C. DIETZFELBINGER, Abschied, 254ff.; H. RITT, Gebet, passim etc.). Entsprechend resümiert J. P. HEIL, Jesus, 730: „As high priest Jesus not only contrasts with the Jewish high priesterhood but also transcends it in his ability to lead and provide for the welfare of the people he serves." In diesem Sinne kann Joh 17 auch als narrative Inszenierung von 1 Joh 2,2 verstanden werden (vgl. K. SCHOLTISSEK, Gebet Jesu, 218: „Sachlich übereinstimmend spricht 1 Joh 2,1-2 von Jesus als dem Parakleten beim Vater ..."). Kritisch gegenüber derartigen Motivhintergründen sind hingegen u. a. C. DIETZFELBINGER, Abschied, 255; O. MICHEL, Gebet, 521-534; R. SCHNACKENBURG, Johannesevangelium III, 189 bzw. 228-230. Zur Skizze der Kontroverse K. SCHOLTISSEK, Gebet Jesu, 211ff.; J. P. HEIL, Jesus, 744f.

[11] So bereits J. BLANK, Johannes II, 251; positiv aufgenommen u. a. von K. SCHOLTISSEK, Gebet Jesu, 199 bzw. 217.

[12] In „dem Gebet des Scheidenden als Höhepunkt der joh Abschiedsrede ... werden die großen joh Leitthemen aus den vorausgegangenen Evangelienpassus einer relecture unterzogen, die die Kontinuität und Vertiefung joh Theologie eindrucksvoll unter Beweis stellt" (treffend K. SCHOLTISSEK, Gebet Jesu, 216). Zur Skizze thematischer Vernetzung vgl. op. cit., 205; M. W. G. STIBBE, John, 175f., M.-T. SPRECHER, Einheitsdenken, 20f. Zur Einbettung in den Erzählzusammenhang des vierten Evangeliums vgl. G. L. BORCHERT, Narrative Framework, 11ff.

[13] So in Anlehnung an U. WILCKENS, Johannes, 7 bzw. 203f.

[14] Vgl. H. WEDER, Johannesprolog, 411.

[15] Vgl. M.-T. SPRECHER, Einheitsdenken, 179f.; ähnlich V. P. FURNISH, Love Command, 145f.; gegen z. B. J. BECKER, Johannes I, 91, demzufolge das „christologische Wegschema ... im Logosprolog" fehlt.

schließlich für alle Glaubenden."[16] Auch die Exposition dieser ‚Liebestheologie' erfolgt nicht bereits im Prolog, sondern erst in der Begegnung zwischen Jesus und Nikodemus, in welcher die Liebe Gottes zur Welt als Anlaß der Dahingabe bzw. Sendung des Sohnes und somit als das Vorzeichen des gesamten Heilsgeschehens benannt wird (Joh 3,16f.). Das Fundament der ‚Dramaturgie der Liebe Gottes' wird jedoch nicht dem Johannesevangelium als ‚Präludium' vorangestellt, sondern als ‚Interludium' zwischen die Abschiedsreden und die Passionserzählung plaziert. Dieses Interludium bietet jedoch nicht nur eine Überleitung zwischen zwei Hauptteilen des vierten Evangeliums, sondern nicht weniger als „die Vollendung johanneischer Christologie"[17]. Einerseits wird die nachfolgende Passionserzählung unter das Vorzeichen der Liebe des Vaters und des Sohnes zu den Glaubenden gestellt. Andererseits wird der Leser herausgefordert, die vorhergehenden Texte nochmals im Zeichen des Abschiedsgebets Jesu zu lesen und zu verstehen. Der Abschluß von Joh 17, die ‚eschatologische Schlußbitte' Jesu, bietet nämlich eine Rahmenbestimmung, durch welche alle weiteren liebessemantischen Motive des vierten Evangeliums in eine ‚dramaturgische Christologie der Liebe Gottes' eingezeichnet werden können.

2. Die eschatologische Schlußbitte Jesu (Joh 17,24-26) als Rahmenbestimmung einer ‚dramaturgischen Christologie der Liebe Gottes'

Die textchronologisch letzten liebessemantischen Motive des Johannesevangeliums begegnen in einer besonders hervorgehobenen Sequenz, welche den „krönenden Abschluß"[18] des Abschiedsgebets Jesu bildet: Joh 17,24c.26b zufolge soll die ewige Liebe zwischen dem Vater und dem Sohn, die bereits vor der Schöpfung der Welt bestand, in den Glaubenden eine Wohnstätte finden. Diese „eschatologische Schlußbitte Jesu"[19] schafft einen dramaturgischen Spannungsbogen zwischen Protologie und Eschato-

---

[16] So U. SCHNELLE, Johannes, 255.

[17] Vgl. C. DIETZFELBINGER, Abschied, 357. Treffend resümiert G. L. BORCHERT, Narrative Framework, 18: „From my perspective these petitions in Joh 17 offer not only a magnificent window into the Johannine Jesus and his mission to the world, but also form a marvel of structural coherence within the book and provide tantalizing insights into the development of the Johannine argument".

[18] So H. RITT, Gebet, 257.

[19] So die Charakterisierung von Joh 17,24-26 durch J. FREY, Eschatologie III, 225.

logie[20], durch den alle weiteren liebessemantischen Motive in eine sachliche Beziehung zueinander gestellt werden können. Anhand der übrigen liebessemantischen Motive kann nämlich beschrieben werden, wie sich diese Einwohnung der Liebe Gottes und Jesu in den Glaubenden vollzieht und welche Konsequenzen dies für die Existenz der Gemeinde und der Welt hat.

Die grundlegende Bedeutung der skizzierten Aspekte für das Verständnis der johanneischen Theologie zeigt sich nicht zuletzt darin, daß anhand der liebessemantischen Motive die theologische Linienführung des vierten Evangeliums nachgezeichnet werden kann. Diese Konzeption kann als eine ‚dramaturgische Christologie der Liebe Gottes' bezeichnet werden. Es handelt sich um eine dramaturgische Christologie der *Liebe Gottes*, insofern Jesu Sendung und Dahingabe auf die Liebe Gottes zur Welt zurückgeht (Joh 3,16f.). Es handelt sich um eine dramaturgische *Christologie* der Liebe Gottes, insofern Jesus als der fleischgewordene λόγος τοῦ θεοῦ in seinen Taten und Worten die Liebe Gottes offenbarte[21]. Es handelt sich um eine *dramaturgische* Christologie der Liebe Gottes, insofern sich anhand der liebessemantischen Motive die Dramaturgie des Weges Jesu skizzieren läßt[22].

Angesichts der Komplexität dieser Konzeption soll im folgenden zunächst tabellarisch veranschaulicht werden, inwieweit sich anhand der liebessemantischen Motive die theologische Linienführung des vierten Evangeliums nachzeichnen läßt. Zu diesem Zwecke sollen die einzelnen Stufen

---

[20] Treffend C. HOEGEN-ROHLS, Johannes, 97 zum Spannungsbogen zwischen Joh 13,1 und Joh 17.24.26: „Da der Vater Jesus vor aller Erschaffung der Zeit geliebt hat, spannt sich von diesem Anfang an die Liebe Jesu zu den Seinen bis zu ihrer Vollendung in Gott .... . In der Liebe berühren sich so die protologische und eschatologische Dimension der Offenbarung". Ähnlich u. a. T. SÖDING, Gott, 351.

[21] Entsprechend wird H.-J. KLAUCK, Johannesbrief, 253f. zufolge auch im ersten Johannesbrief Jesus als „Gottes menschgewordene Liebe" verstanden.

[22] Zu den dramaturgischen Zügen der Erzählstruktur des Johannesevangeliums s. o. § 4/2. Ebenso wie man z. B. die Erzählung von der Auferweckung des Lazarus (Joh 11) als eine erzählerische Explikation der eschatologischen Ausführungen in Joh 5,24-29 bzw. als eine „Eschatologie in narrativer Gestalt" verstehen kann (vgl. J. FREY, Eschatologie III, 403ff.), kann man Züge der johanneischen Darstellung des Lebens Jesu als erzählerische Entfaltung der These 1 Joh 4,9f. verstehen, derzufolge in Jesu Sendung die Liebe Gottes offenbart worden sei (entsprechend resümiert J. NISSEN, Community, 200: „As a consequence, John's portrait of Christ is decisively formed by the concept of love"; tendenziell ähnlich bereits J. JERVELL, Jesusbilde, 58f.; gegen u. a. E. KÄSEMANN, Wille, 136). Besonders eindrücklich zeigt sich dies in der johanneischen Erzählung von der Fußwaschung Jesu (vgl. U. WILCKENS, Johannes, 211; P. N. ANDERSON, Christology, 267; T. SÖDING, Gott, 356; R. A. CULPEPPER, Hypodeigma, 133; ausführlich hierzu s. u. § 13/1.2.).

der Dramaturgie und die jeweils relevanten thematischen Teilaspekte einander zugeordnet werden:

Die Stufen der Dramaturgie	Die thematischen Teilaspekte
Die ewige Liebe zwischen dem Vater und dem Sohn	-Der Vater liebte den Sohn vor der Schöpfung der Welt (Joh 1,18; 17,24). -In der Liebe des Vaters begründet sich die Herrlichkeit und Vollmacht des Sohns (Joh 3,35; 5,20; 10,17; 17,5 etc.).
Die Sendung des Sohnes in die Welt	-Aufgrund seiner Liebe zur Welt gibt bzw. sendet Gott sein Sohn (Joh 3,16f.).
Die Akzeptanz bzw. Ablehnung des Sendungsanspruchs Jesu	-Die Liebe zu Jesus ist ein Kriterium der Gotteskindschaft (Joh 8,42). -Die Jünger lieben Jesus bzw. das Licht (Joh 3,21; 14,15.21.23f.; 16,27). -Der Kosmos haßt Jesus (Joh 7,7; 15,18; entsprechend Joh 5,42; 12,42f.).
Die Liebe Jesu als Fundament der Gemeinde	-Die Fußwaschung symbolisiert die Liebe Jesu zu seinen Jüngern (Joh 13,1-11). -Die Jünger sollen einander lieben, wie und weil Jesus sie geliebt hat (Joh 13,34f.). -Die Glaubenden sind die ‚Wohnstätte‘ der ewigen Liebe zwischen Jesus und Gott (Joh 17,26; entsprechend Joh 14,23; 15,9-11).
Die Stellung der Gemeinde in der Welt	-Die Jünger sind die Freunde Jesu (Joh 15,13-15). -Die Gemeinschaft der Jünger bildet den Raum der Freude, Liebe und des Friedens Jesu (Joh 15,9-17). -Die Welt haßt die Gemeinde, wie sie Jesus gehaßt hat (Joh 15,18-25).
Die Sendung der Gemeinde in die Welt	-Jesus sendet die Jünger in die Welt, wie er vom Vater gesandt wurde (Joh 17,18; entsprechend Joh 20,21). -An der Liebe und Einheit der Gemeinde sollen ‚alle‘ bzw. der Kosmos zu Glaube und Erkenntnis gelangen (Joh 17,21.23; entsprechend Joh 13,35; 14,31).

Diese *in nuce* skizzierten Stufen der ‚dramaturgischen Christologie der Liebe Gottes‘ im Johannesevangelium werden nun im weiteren Verlauf der Untersuchung *in extenso* erläutert.

§ 10 Die Einwohnung der ewigen Liebe zwischen Gott und Jesus in der Gemeinschaft der Glaubenden

Im vorhergehenden Paragraphen wurde erläutert, inwieweit die einzelnen liebessemantischen Motive des Johannesevangeliums eine ‚dramaturgische Christologie der Liebe Gottes' erzeugen, deren Rahmenbestimmung in der eschatologischen Schlußbitte des Abschiedsgebets Jesu erkennbar ist: Die ewige Liebe zwischen Gott und dem Gottessohn soll in der Gemeinschaft der Glaubenden eine Wohnstätte finden (Joh 17,24c.26b). Um die fundamentale Bedeutung dieses Motivs für die johanneische Theologie angemessen zur Geltung zubringen, soll zunächst die Text- und Argumentationsstruktur jener Schlußbitte herausgearbeitet werden (1.). Daraufhin werden die thematischen Leitmotive im Gesamtzusammenhang des vierten Evangeliums erläutert (2.).

1. Text- und Argumentationsstruktur von Joh 17,24-26

Die eschatologische Schlußbitte Jesu ist in zwei Teilsequenzen untergliedert, die jeweils durch eine direkte Anrede des Sohnes an den Vater eingeleitet sind (V 24 bzw. V 25f.). Zunächst hebt die direkte Anrede Jesu an seinen Vater in V 24a die Schlußbitte von der vorhergehenden Argumentation ab und steigert die Spannung:

V 24a Πάτερ, ὃ δέδωκάς μοι, θέλω
    bα ἵνα ὅπου εἰμὶ ἐγὼ κἀκεῖνοι ὦσιν μετ' ἐμοῦ,
    bβ ἵνα θεωρῶσιν τὴν δόξαν τὴν ἐμὴν ἣν δέδωκάς μοι,
    c ὅτι ἠγάπησάς με πρὸ καταβολῆς κόσμου.

Joh 17,24 hebt sich von den vorhergehenden Aussagen des Abschiedsgebets ab, insofern im Gegensatz zu Joh 17,9.15 (ἐρωτᾶν) die Bitte Joh 17,24a (θέλω) fast einem Befehl gleichkommt[1]. Gleichwohl wird die Ge-

---

[1] Vgl. R. SCHNACKENBURG, Johannesevangelium III, 222; zu ἵνα mit imperativischer Funktion in der zweiten und dritten Person vgl. A. T. ROBERTSON, Grammar, 933; ferner Joh 13,34 etc. Demgegenüber versteht F. TOLMIE, Discourse, 416 V 24 als Ab-

sprächsatmosphäre „eindringlicher und wärmer"[2], da Jesus nun über die Liebe zwischen ihm und seinem Vater spricht.

V 24b bietet zwei Teilaspekte, die zentrale Motive der vorhergehenden Abschiedsreden bzw. des Abschiedsgebets wieder aufnehmen: Jesus bittet, daß die ihm anvertrauten Glaubenden in die Gemeinschaft zwischen ihm und seinem Vater einbezogen werden (V 24bα). Dies entspricht sachlich einer Verheißung, die bereits in die Eröffnung der ersten Abschiedsrede integriert ist. Hier kündigt Jesus seinen Jüngern an, daß er zu seinem Vater zurückkehrt und dort Wohnstätten für seine Jünger bereitet (Joh 14,2f.). Dieses Motiv einer „vita communis von Vater, Sohn und Glaubenden"[3] liegt auch Joh 17,24bα zugrunde. Die Korrespondenz dieser beiden Thesen birgt eine erzählerische Quintessenz: Der Leser soll erkennen, daß die Worte, mit denen Jesus seine Jüngern tröstete, der Fürbitte entsprechen, mit der er selbst bei seinem Vater für die Jünger eintritt. Joh 17,24bβ ergänzt noch sogar noch einen Aspekt, der in der Eröffnung der ersten Abschiedsrede lediglich implizit erkennbar war: In jener vollendeten Gemeinschaft sollen die Jünger die Herrlichkeit Jesu sehen, welche der Vater ihm verlieh. Das Motiv der δόξα Jesu schafft wiederum eine Inklusion zu Joh 17,5, wo bereits die reziproke Verherrlichung des Vaters und des Sohnes zur Sprache kam[4]. Der Abschluß von V 24c bietet nun jedoch eine Begründung der ewigen δόξα Jesu: Der Vater liebte den Sohn schon vor der Schöpfung der Welt[5].

Im Folgevers wird durch die erneute direkte Anrede πάτερ δίκαιε eine weitere Argumentationslinie eröffnet, in der neben dem Vater, dem Sohn und den Glaubenden nun auch der Kosmos thematisiert wird:

---

schluß des „body of prayer" (Joh 17,6-24). Dieser Strukturierungsvorschlag bringt jedoch unzureichend zur Geltung, daß bereits V 24 von den vorhergehenden Bitten Jesu abgehoben ist (zur strukturanalytischen Bedeutung der einzelnen Bitten Jesu im Abschiedsgebet vgl. G. L. BORCHERT, Narrative Framework, 11ff.).

[2]   Vgl. R. SCHNACKENBURG, Johannesevangelium III, 221 Anm. 82.

[3]   So treffend K. SCHOLTISSEK, Sein 215f.; entsprechend zum Verhältnis von Joh 14,2f. und 17,24 vgl. J. J. KANAGARAJ, ‚Mysticism', 266 bzw. 272-275; M. THEOBALD, Herrenworte, 511. Während jedoch das Motiv der himmlischen Wohnungen eine Vielzahl alttestamentlich-frühjüdischer Korrespondenzmotive besitzt (zur Skizze vgl. G. FISCHER, Wohnungen, 115f.), ist die Vernetzung der Immanenz- und Liebesaussagen eine Besonderheit johanneischen Denkens.

[4]   Zum Rekurs von Joh 17,24bβ auf Joh 17,1-5 vgl. W. THÜSING, Herrlichkeit, 53 bzw. K. SCHOLTISSEK, Gebet Jesu, 201.

[5]   Ausführlich zur Inklusion von Joh 17,5 und Joh 17,24 s. u. Anm. 16. Der Aorist ἠγάπησάς με πρὸ καταβολῆς κόσμου (V 24c) bringt die Ewigkeit dieser Liebe zur Sprache. Ebenso wie in Joh 3,16 wird der Aorist als Erzähltempus verwendet (vgl. J. FREY, Eschatologie II, 95; A. T. ROBERTSON, Grammar, 836). Sachlich entsprechend bieten die Korrespondenzaussagen Joh 3,35; 5,20; 10,17 *praesens aeternum* (treffend H.-C. KAMMLER, Christologie, 38).

V 25a πάτερ δίκαιε,

ba καὶ   ὁ κόσμος   σε οὐκ ἔγνω,

bβ   ἐγὼ δέ   σε   ἔγνων,

c καὶ   οὗτοι   ἔγνωσαν ὅτι σύ με ἀπέστειλας.

V 26aα καὶ ἐγνώρισα αὐτοῖς τὸ ὄνομά σου

aβ καὶ γνωρίσω,

ba ἵνα ἡ ἀγάπη ἣν ἠγάπησάς με ἐν αὐτοῖς ᾖ

bβ κἀγὼ ἐν αὐτοῖς.

Die Schlußsentenz des Abschiedsgebets Jesu wird durch die mit δίκαιε spezifizierte Anrede von den vorhergehenden Ausführungen abgehoben und hat eher den Charakter eines Resümees bzw. einer Feststellung als einer Bitte[6]. V 25 bietet eine Kontrastierung der Gotteserkenntnis des Kosmos und der Gemeinde, in der die Mittlerfunktion Jesu durch das Argumentationsgefälle von V 25b zu V 25c signifikant herausgearbeitet ist: Zunächst wird festgestellt, daß der Kosmos Gott nicht erkannt habe (V 25ba). Jesus habe jedoch den Vater erkannt (V 25bβ). Die Glaubenden haben wiederum erkannt, daß Jesus vom Vater gesandt wurde und sind so zur wahren Gotteserkenntnis gelangt. Eine unmittelbare Gotteserkenntnis wird somit nur Jesus zugestanden (V 25bβ). Auch die Jünger erfahren die Erkenntnis des Vaters nur durch die Anerkennung des Sendungsanspruches und der Botschaft des Sohnes (V 25c). Dabei wird der Kontrast zwischen dem Kosmos und den Jüngern durch die Antithetik von καί – καί bzw. die adversative Zuordnung von V 25ba bzw. V 25c eigens hervorgehoben[7].

In V 26a tritt eindrücklich jenes „Neben- und Ineinander von Vergangenheits- und Zukunftsaussagen, Retrospektive und Prospektive"[8] zutage, welches die gesamten Abschiedsreden und das Abschiedsgebet Jesu prägte: Jesus offenbarte den Glaubenden den Namen Gottes und wird dies auch weiterhin tun. Er schaut somit gleichzeitig auf seine irdische Tätigkeit zurück und auf seine nachösterliche Wirksamkeit im Geistparakleten voraus[9]. Die Zuordnung des Aorist ἐγνώρισα (V 26aα) und des Futurs γνωρίσω (V 26aβ) verortet die Worte Jesu gleichsam ,zwischen den Zeiten'.

Abschließend benennt V 26b nochmals eine Grundintention der Sendung Jesu, welche die Korrespondenz der Liebessemantik und der Imma-

---

[6]   Vgl. D. F. TOLMIE, Discourse, 416 bzw. K. WENGST, Johannes II, 174.

[7]   Zur adversativen Funktion von V 25ba vgl. R. SCHNACKENBURG, Johannesevangelium III, 224; R. E. BROWN, John II, 773.

[8]   So J. FREY, Eschatologie I, 462. Speziell zu den Zeitebenen in Joh 17,26 sei verwiesen auf die graphische Darstellung durch C. HOEGEN-ROHLS, Johannes, 249.

[9]   Vgl. M. WINTER, Vermächtnis, 287; G. L. BORCHERT, Narrative Framework, 17f.; C. HOEGEN-ROHLS, Johannes, 254; K. SCHOLTISSEK, Gebet Jesu, 204 Anm. 1. Entsprechend zum speziellen Motiv der Offenbarung des Namens Gottes in Joh 17,6.11.26 vgl. A. RUCK-SCHRÖDER, Name, 210f.

nenzmotivik veranschaulicht: Die Liebe zwischen dem Vater und dem Sohn soll in den Glaubenden eine Wohnstätte finden (V 26bα). Die durch einen Relativsatz modifizierte *figura etymologica* ἡ ἀγάπη ἣν ἠγάπησάς με identifiziert die einwohnende ἀγάπη als jene ewige Liebe des Vaters zum Sohn, die unmittelbar zuvor in V 24c angesprochen wurde[10].

Die Schlußsentenz V 26bβ (κἀγὼ ἐν αὐτοῖς) wirkt auf den ersten Blick syntaktisch überflüssig[11]. Dies ist sie jedoch keineswegs. Sie stellt vielmehr heraus, daß die Einwohnung der ewigen Liebe zwischen Gott und Jesus und die Einwohnung Jesu in den Jüngern sich entsprechen[12].

2. Die Leitmotive von Joh 17,24-26 im Gesamtzusammenhang des Johannesevangeliums

Joh 17,24-26 bietet zwei Leitgedanken, die für das Verständnis der johanneischen Liebessemantik von zentraler Bedeutung sind. Zunächst soll herausgearbeitet werden, in welcher Weise das Motiv der ewigen Liebe zwischen dem Vater und dem Sohn eine Fundmentalaussage der Christologie des vierten Evangeliums bildet (2.1). Daraufhin ist darzulegen, inwieweit das Motiv der Einwohnung jener ewigen Liebe zwischen dem Vater und dem Sohn in der Gemeinschaft der Glaubenden als eine Fundamentalaussage der Ekklesiologie des vierten Evangeliums verstanden werden kann (2.2).

2.1 Die ewige Liebe zwischen dem Vater und dem Sohn

Das Motiv der ewigen Liebe zwischen dem Vater und dem Sohn ist ein integraler Bestandteil der Christologie des Johannesevangeliums, da es eine sachliche Voraussetzung unterschiedlicher Aussagen über das Verhältnis von Jesus und Gott bildet. Dieser Sachverhalt soll im folgenden an drei Themenbereichen erläutert werden: Einerseits wird durch dieses Motiv die göttliche Herrlichkeit und Vollmacht Jesu begründet (2.1.1), andererseits entsprechen die Aussagen über die Liebe zwischen dem Vater und dem Sohn den Aussagen über das Verhältnis von λόγος und θεός, die bereits im Prolog geboten wurden (2.1.2). Vor diesem Hintergrund kann schließlich dargestellt werden, warum das Motiv der ewigen Liebe zwischen dem Vater und dem Sohn als eine Klimax neutestamentlicher Christologiebildung zu verstehen ist (2.1.3).

---

[10] Vgl. F. BLASS/A. DEBRUNNER, Grammatik, § 156,1b bzw. § 153,3.

[11] Vgl. R. SCHNACKENBURG, Johannesevangelium III, 225.

[12] Vgl. G. L. BORCHERT, Narrative Framework, 17f.

2.1.1 Das Motiv der ewigen Liebe zwischen dem Vater und dem Sohn als Begründung der göttlichen Herrlichkeit und Vollmacht Jesu

Das Motiv der ewigen Liebe zwischen dem Vater und dem Sohn ist ein zentrales Motiv der johanneischen Christologie, welches als Weiterführung der Rede von Jesus als dem ‚Sohn Gottes' verstanden werden kann[13]. Obwohl das Johannesevangelium Jesus zumeist nicht explizit als ‚Sohn Gottes', sondern schlicht als ‚den Sohn' bezeichnet, reflektiert es intensiver als jedes andere frühchristliche Dokument die Beziehung zwischen Gott und Jesus als das Liebesverhältnis von Vater und Sohn[14]. Quantitativ überwiegen die Aussagen über die Liebe des Vaters zum Sohn (Joh 3,35; 5,20; 10,17; 15,9f.; 17,23f.26). Die Liebe des Sohnes zum Vater wird hingegen lediglich in Joh 14,31; 15,10 angesprochen[15]. Dieser Sachverhalt resultiert aus dem Anliegen des Verfassers, die Würde Jesu herauszuarbeiten.

Obwohl nur in Joh 17,24c explizit betont wird, daß jene Liebe bereits vor der Schöpfung bestand, liegt dieses Motiv allen weiteren Aussagen über das Verhältnis von Gott und Jesus sachlich zugrunde. Im unmittelbaren Kontext des Abschiedsgebets bietet Joh 17,24c eine letzte Begründung jener δόξα Jesu, die bereits in der Eröffnung des Abschiedsgebets zur Sprache kam[16]. Die Verherrlichungsbitte in Joh 17,1-5 verfolgt eine zweifache Funktion: „Als Scheidender bittet Jesus um seine Verherrlichung durch den Vater. Diese führt in reziproker Umkehrung zur Verherrlichung des Vaters durch den Sohn (V 1f)"[17]. Die *Feststellung* der ewigen Liebe zwischen Gott und Jesus entspricht der *Bitte* um ihre reziproke Verherrlichung. In der Herrlichkeit Jesu zeigt sich nichts anderes als die Herrlichkeit Gottes[18].

---

[13] Vgl. F. HAHN, Art. υἱός, 932f.

[14] Vgl. T. SÖDING, Gott, 340.

[15] Gegen J. BEUTLER, Angst, 55 bzw. J. AUGENSTEIN, Liebesgebot, 60, denenzufolge die Liebe des Sohnes zum Vater nur in Joh 14,31 angesprochen ist. Auch wenn die Liebe des Sohnes zum Vater in Joh 15,10 nicht explizit thematisiert wird, besitzt das Bedeutungsspektrum der Wendung μένω αὐτοῦ ἐν τῇ ἀγάπῃ eine Motivkorrespondenz (z. B. ‚ich bleibe in der Liebe zu ihm' bzw. ‚ich bleibe in der Sphäre seiner Liebe').

16 Vgl. besonders Joh 17,5: καὶ νῦν δόξασόν με σύ, πάτερ, παρὰ σεαυτῷ τῇ δόξῃ ἧ εἶχον πρὸ τοῦ τὸν κόσμον εἶναι παρὰ σοί. Zur Inklusion zwischen Joh 17,5 und Joh 17,24 vgl. W. THÜSING, Herrlichkeit, 34ff. bzw. 99ff.; R. SCHNACKENBURG, Johannesevangelium III, 222; L. HURTADO, Lord, 377 bzw. 380. H.-C. KAMMLER, Christologie, 37 Anm. 62 versteht V 24c (ὅτι ἠγάπησάς με ...) als Parenthese, welche als Begründung der ewigen Herrlichkeit Jesu in die Aussageeinheit ἵνα θεωρῶσιν τὴν δόξαν τὴν ἐμὴν, ἣν δέδωκάς μοι ... πρὸ καταβολῆς κόσμου integriert ist.

17 So K. SCHOLTISSEK, Gebet Jesu, 201, der Joh 17,4a als einen „ersten Rechenschaftsbericht" versteht.

[18] Vgl. L. HURTADO, Lord, 380f.

Die göttliche, vorzeitliche Herrlichkeit Jesu konkretisiert sich wiederum in jener göttlichen ἐξουσία, die seine irdische Wirksamkeit prägte. Dies zeigt sich eindrücklich darin, daß Joh 17,24c auch jene Thesen reflektiert, durch welche bereits im Erzählverlauf der öffentlichen Tätigkeit die Vollmacht Jesu begründet wurde (Joh 3,35; 5,20; 10,17)[19]. Die im Erzählverlauf des vierten Evangeliums ersten Aussagen über die Liebe zwischen Gott und Jesus begegnen in ausgesprochen unterschiedlichen Kontexten. In Joh 3,35 fungiert zunächst der Täufer Johannes als Christuszeuge[20]. Demgegenüber stilisiert Joh 5,20 das Motiv der Liebe zwischen dem Vater und dem Sohn als eine Aussage Jesu, in welcher er auf den Vorwurf reagiert, daß er für sich göttliche Würde zu Unrecht in Anspruch nähme[21]. Obwohl die Thesen somit von unterschiedlichen Personen in unterschiedlichen Situationen formuliert werden, sind sie nahezu symmetrisch strukturiert. Auf diese Weise wird sowohl die Bedeutung jener Worte hervorgehoben, als auch zur Sprache gebracht, daß die Botschaft des Täufers und die Botschaft Jesu sich entsprechen. Die Analogie der Argumentation kann folgendermaßen graphisch veranschaulicht werden:

Die Liebe des Vaters zum Sohn	Die Gabe der Vollmacht an den Sohn
Joh 3,35 ὁ πατὴρ ἀγαπᾷ τὸν υἱόν	καὶ πάντα δέδωκεν ἐν τῇ χειρὶ αὐτοῦ.
Joh 5,20a ὁ γὰρ πατὴρ φιλεῖ τὸν υἱὸν	καὶ πάντα δείκνυσιν αὐτῷ ἃ αὐτὸς ποιεῖ, ...

Joh 3,35a bzw. 5,20a sprechen zunächst von der Liebe des Vaters zum Sohn. Aus dieser Prämisse deduzieren Joh 3,35b bzw. 5,20b die These der Vollmacht des Sohnes. Sowohl Joh 3,35 als auch Joh 5,20 beschreiben die

---

[19] Zum Verhältnis dieser Sequenzen vgl. T. SÖDING, Gott, 340; L. HURTADO, Lord, 373f.

[20] Das Motiv der Liebe des Vaters zum Sohn kann als eine christologische Zentralaussage des Täuferzeugnisses Joh 3,31-36 verstanden werden, welches seinerseits das „klimaktische Schlußstück" der Darstellung des Täufers in Joh 3,22-36 bildet (vgl. T. POPP, Grammatik, 206; ähnlich G. STRECKER, Theologie, 539). Entsprechend resümiert U. SCHNELLE, Johannes, 83: „Zum Abschluß der Gemeindekatechese Joh. 3 formuliert der Evangelist die Basissätze seiner Christologie: In der Liebe des Vaters zum Sohn gründet Jesu einzigartige Stellung; er allein ist der Offenbarer Gottes, der den Glaubenden das ewige Leben schenkt."

[21] Zur zentralen Bedeutung des Motivs der ‚Gottgleichheit' Jesu für die weitere Argumentationsentwicklung in Joh 5,20ff. vgl. H.-C. KAMMLER, Christologie, 34: „Aus dem Dargelegten ergibt sich, daß die Ἰουδαῖοι den Sinn der christologischen Aussage von V. 17b nicht etwa *darin* verfehlen, daß sie ihr fälschlicherweise den Anspruch der wesenshaften Gottgleichheit entnehmen; den Anspruch einer gottgleichen Stellung und Hoheit erhebt der johanneische Jesus tatsächlich ... " (Hervorhebung von Kammler).

Liebe des Vaters zum Sohn mittels eines *praesens aeternum*[22]. Die parallele Verwendung von ἀγαπᾶν bzw. φιλεῖν veranschaulicht die Synonymität beider Lexeme im johanneischen Denken[23]. Während Joh 3,35b zunächst die universale Vollmachtsübergabe an den Sohn thematisiert, spricht Joh 5,20b zudem von der „vollkommenen Handlungseinheit zwischen Vater und Sohn"[24].

Die dritte Aussage über die Liebe des Vaters zum Sohn (Joh 10,17) korrespondiert zwar mit den beiden ersten, verfolgt jedoch eine andere Aussageintention[25]. Im Kontext der Hirtenrede wird erkennbar, daß der „wesentliche Inhalt der Bevollmächtigung des Sohnes durch den Vater ... die Verwirklichung der Liebe Gottes gegenüber den Menschen"[26] ist. Das in Joh 5,20 entfaltete Motiv der Wesens- und Handlungseinheit von Vater und Sohn ist sachlich vorausgesetzt und wird durch die christologische Spitzenaussage ἐγὼ καὶ ὁ πατὴρ ἕν ἐσμεν (Joh 10,30) aufgenommen und zugespitzt[27]. Während jedoch Joh 3,35; 5,20 primär die Vollmachtsübergabe an den Sohn begründen, thematisiert Joh 10,17 die Lebenshingabe des Sohnes:

Joh 10,17a   διὰ τοῦτό με ὁ πατὴρ ἀγαπᾷ
     ba   ὅτι ἐγὼ τίθημι τὴν ψυχήν μου,
     bβ   ἵνα πάλιν λάβω αὐτήν.

Der Sohn besitzt nicht nur die göttliche Macht, Menschen die ζωή zu vermitteln (Joh 5,24-27), sondern auch, seine eigene ψυχή zu geben und zu nehmen (Joh 10,17bβ)[28]. Der Vater wiederum liebt den Sohn u. a. dafür, daß er sein Leben für die Seinen opfert[29].

---

[22] Vgl. H.-C. KAMMLER, Christologie, 38.

[23] Vgl. S. H. RINGE, Wisdom's Friends, 65; J. AUGENSTEIN, Liebesgebot, 65f.; ähnlich bereits M. PAESLACK, Bedeutungsgeschichte, 64f.; gegen K. HALDIMANN, Rekonstruktion, 385f.

[24] Vgl. H.-C. KAMMLER, Christologie, 37; entsprechend J. AUGENSTEIN, Liebesgebot, 65f. Treffend resümiert W. POPKES, Art. δίδωμι, 775: „Der Vater gibt dem Sohn ‚alles' ...; der Sohn bringt der Welt die göttliche Wirklichkeit nahe ... ".

[25] Die Korrespondenz der drei Aussagen problematisiert jene Versuche, Joh 3,35; 10,17 als redaktionelle Zusätze zu verstehen (vgl. u. a. W. SCHMITHALS, Johannesevangelium, 334ff. bzw. 373f.; J. BECKER, Johannes I, 129ff. 156 bzw. 311f.).

[26] So G. STRECKER, Theologie, 539 zu Joh 3,35 als Kernvers von Joh 3,34-36. Entsprechend resümiert T. SÖDING, Vater, 195: „Von der Liebe zwischen dem Vater und dem Sohn ist alles Heilshandeln und Heilsgeschehen bleibend bestimmt."

[27] Vgl. T. SÖDING, Vater, 177f. bzw. 197f.; M. L. APPOLD, Oneness Motif, 259.

[28] Die Vollmacht Jesu im Geben und Nehmen seiner ‚psychischen Existenz' wird in der unmittelbar folgenden Aussage Joh 10,18a eigens betont: οὐδεὶς αἴρει αὐτὴν ἀπ' ἐμοῦ, ἀλλ' ἐγὼ τίθημι αὐτὴν ἀπ' ἐμαυτοῦ (zum Korrelation von Joh 5,26; 10,17f. vgl. P. STUHLMACHER, Theologie II, 245). Diese christologische Zuspitzung unterscheidet Joh 10,17f. signifikant von einem Motiv wie Plato, Gorgias 512d-513a, wonach sich

Diese Aussage veranschaulicht, inwieweit das Motiv der Liebe zwischen Jesus und Gott auch deren Liebe zu den Glaubenden impliziert. In der Argumentationsentwicklung der Hirtenrede thematisiert Joh 10,17 zum dritten und letzten Mal das Motiv der Lebenshingabe für die Schafe (vgl. Joh 10,11b.15b)[30]. Auch wenn durch die mehrfache Wiederholung eine soteriologische Quintessenz der Hirtenrede hervorgehoben wird, wird die Lebenshingabe in diesem Kontext noch nicht explizit als Erweis der Liebe gekennzeichnet. Dies geschieht erst in Joh 15,13, wo die Selbstaufopferung Jesu als höchster Erweis seiner Liebe zu den Jüngern bzw. ‚Freunden' bezeichnet wird. Die sachliche Korrelation von Joh 10,11b.15b.17 bzw. Joh 15,13 zeigt sich darin, daß sie im Wortbestand τὴν ψυχήν ... τιθέναι ὑπέρ ... konvergieren[31].

Joh 10,17 verweist jedoch nicht nur proleptisch auf Joh 15,13, sondern auch auf das Motiv der Einwohnung der ewigen Liebe zwischen dem Vater und dem Sohn in den Jüngern in Joh 17,24.26[32]. Erst nachdem Jesus aus Liebe zu den Jüngern den Seinen sein Leben gab und zu seinem Vater zurückkehrte, wird die Gemeinschaft der Glaubenden zur Wohnstätte der ewigen Liebe zwischen dem Vater und dem Sohn. Die drei Aussagen über die Liebe zwischen dem Vater und dem Sohn in der Beschreibung der öffentlichen Tätigkeit Jesu finden somit ihre thematische Klimax erst in der eschatologischen Schlußbitte des Abschiedsgebets Jesu.

Die skizzierten Sachverhalte zeigen, daß das Motiv der ewigen Liebe zwischen dem Vater und dem Sohn nicht etwa nur eine Variation bzw. Konsequenz des Sendungs-, Offenbarungs-, oder Erwählungsmotivs ist, sondern deren sachliche Voraussetzung[33]. Es bildet den „umfassende(n),

---

Tugendhaftigkeit gerade darin zeige, daß die Erhaltung der eigenen ψυχή Gott überlassen wird (vgl. U. SCHNELLE [Hg.], Neuer Wettstein I/1, 540).

[29] Im Gegensatz hierzu wird Aesch, Prom 92.119-123 zufolge Prometheus von den Göttern gepeinigt, weil er trotz seiner göttlichen Stellung die Menschen zu viel geliebt habe (διὰ τὴν λίαν φιλότητα βροτῶν; vgl. U. SCHNELLE [Hg.], Neuer Wettstein I/1, 632).

[30] Auch wenn im Gegensatz zu Joh 10,11b.15b. nicht explizit von der Lebenshingabe ὑπὲρ τῶν προβάτων gesprochen wird, ist dies in V 17 impliziert.

[31] Die abweichende Alternativlesart zu Joh 10,15b (... τὴν ψυχήν μου δίδωμι ...) kann trotz starker Bezeugung ($\mathfrak{P}^{46.66}$ א* D W pbo) mit NA[27] als sekundär eingestuft werden.

[32] Treffend formuliert K. SCHOLTISSEK, Gebet Jesu, 206: „Spricht 10,17a ‚nur' von der Liebe des Vaters zum Sohn, so verlängern 17,23[bis].24.26 diese Linie ausdrücklich hin zu den Glaubenden."; ähnlich M. L. APPOLD, Oneness Motif, 259; W. THÜSING, Herrlichkeit, 34ff. bzw. 99ff.

[33] Treffend u. a. H.-C. KAMMLER, Christologie, 36 bzw. 38; gegen W. GRUNDMANN, Matt XI. 27, 44f. (zum Verhältnis von Mt 11,27 und Joh 3,35; 5,20; 10,17; 17,24 bzw. zum Verhältnis der Liebes- und Präexistenzaussagen vgl. ferner R. BULTMANN, Johannes, 120 Anm. 3).

tragende(n) Hintergrund des gesamten Offenbarungs- und Heilsgeschehens. Aus der umfassenden Liebe ergibt sich folgerichtig auch die umfassende Gemeinschaft im Offenbarungs- und Heilshandeln des Sohnes."[34]

2.1.2 Das Motiv der ewigen Liebe zwischen dem Vater und dem Sohn als Explikation des Verhältnisses von λόγος und θεός (Joh 1,1f.18)

Das Motiv der ewigen Liebe zwischen Gott und Jesus wird bereits im Prolog des vierten Evangeliums präfiguriert. Zunächst bringt Joh 1,1f. die präexistente Gemeinschaft von λόγος und θεός und deren Wesensgleichheit zur Sprache (bes. V 1b.c καὶ ὁ λόγος ἦν πρὸς τὸν θεόν, καὶ θεὸς ἦν ὁ λόγος.)[35]. Dieses Verhältnis wird zum Abschluß des Prologs durch ein familienmetaphorisches Motiv zugespitzt, welches der johanneischen Liebessemantik korrespondiert: Der λόγος bzw. μονογενὴς θεός ruht ‚auf dem Schoß des Vaters‘[36]. Auch wenn im Prolog Jesus nur ein einziges Mal namentlich genannt ist, kann der textexterne Leser die Identität von Jesus und dem Logos erkennen[37]. Während jedoch Joh 1,1f.18 nur deskriptive Aussagen über die besondere Nähe von Gott und Jesus bietet, formuliert Joh 17,24 eine entsprechende Aussage im Munde Jesu[38].

Die im Prolog exponierten Aussagen über die Präexistenz des Logos korrespondieren den Aussagen über die Präexistenz Jesu im Corpus des

---

[34] J. BLANK, Johannes I/b, 25 in bezug auf Joh 10,30; entsprechend u. a. H.-C. KAMMLER, Christologie, 38 Anm. 67; J. RIEDL, Heilswerk, 211; Y. IBUKI, Wahrheit, 152; K. SCHOLTISSEK, Gebet Jesu, 201; W. THÜSING, Herrlichkeit, 53.

[35] Die artikellose Verwendung von θεός in V 1c ist kein Indiz einer Subordination des λόγος (treffend F. BLASS/A. DEBRUNNER, Grammatik, § 273; O. HOFIUS, Logos-Hymnus, 15f.; H.-C. KAMMLER, Christologie, 178f.; gegen u. a. J. HABERMANN, Präexistenzaussagen, 339; J. BECKER, Johannes I, 88 bzw. R. E. BROWN, John I, 24: „In vs. 1c the Johaninne hymn is bordering on the usage of ‚God‘ for the son, but by omitting the article it avoids any suggestion of personal identification of the Word with the father". Entsprechend versucht K. WENGST, Johannesevangelium I, 47 in Rekurs auf Philo, Som I, 229f. bzw. rabbinische Traditionen wie bMeg 18a; BerR 98,3 zu belegen, daß V 1c lediglich die ‚Gottgleichheit‘ des Logos umschreiben wolle.

[36] Vgl. H. GESE, Johannesprolog, 169: „Die Apposition ὁ ὢν εἰς τὸν κόλπον τοῦ πατρός ‚der im Schoß des Vater (Seiende)‘, die den Einziggeborenen determiniert, enthält nicht, wie oft behauptet, das Bild des am Busen liegenden Freundes, etwa beim Gastmahl, sondern das des im Schoße ruhenden, mit den Armen gehaltenen Kinds, wie es sich aus dem hier expressis verbis genannten Vater-Sohn-Verhältnis ohne weiteres ergibt und ... traditionsgeschichtlich aus dem Alten Testament hergeleitet werden kann." Entsprechend O. HOFIUS, Schoß, 28f. Zu entsprechenden alttestamentlich-frühjüdischen Weisheitsmotiven s. u. Anm. 52.

[37] Entsprechend zum Verhältnis von Joh 1,18; 3,35; 5,20; 6,46; 10,15 L. HURTADO, Lord, 373f.

[38] Eine entsprechende Inklusion besteht auch zum Motiv der Herrlichkeit Jesu. Während in Joh 1,14 die Gemeinde bekennt, die δόξα des inkarnierten Logos gesehen zu haben, bittet Jesus in Joh 17,24, daß die Jünger seine Herrlichkeit erkennen mögen.

vierten Evangeliums: Bereits in Joh 1,30; 8,58 wird betont, daß Jesus vor Johannes, dem Täufer bzw. Abraham existiert habe. Auch Jesaja habe bei seiner Berufung bzw. Thronsaalvision die Herrlichkeit Christi gesehen (Joh 12,41). Entsprechend setzt auch das Motiv der Rückkehr des Sohnes zu seinem Vater sachlich voraus, daß Jesus bereits präexistent bei Gott weilte (vgl. u. a. Joh 6,62). Die Klimax der skizzierten Präexistenzaussagen bildet jedoch Joh 17,24c, indem nun explizit festgehalten wird, daß die Liebesbeziehung zwischen dem Sohn und dem Vater bereits vor der Weltschöpfung bestanden habe. Das Johannesevangeliums spricht somit nicht nur von einer Präexistenz Jesu, sondern von dessen ‚präkreatorischen Präexistenz‘[39]. Diese These besitzt auch eine schöpfungstheologische Implikation, die für die johanneische Christologie von zentraler Bedeutung ist. Die Aussagen über die Wesens- und Handlungseinheit von Vater und Sohn und über ihre Liebe ‚vor Grundlegung der Welt‘ korrespondieren nämlich mit dem Motiv der Schöpfungsmittlerschaft Jesu (Joh 3,35; 5,20; 17,24)[40].

Des weiteren ist festzuhalten, daß in der Darstellung der öffentlichen Tätigkeit Jesu die Motive der Präexistenz Jesu und der Liebe zwischen dem Vater und dem Sohn separat voneinander entwickelt werden. Der textexterne Leser kann ihre implizite Korrespondenz jedoch durch eine Relecture im Zeichen der christologischen Leseanweisung des Prologs und Joh 17,24 erkennen: „Mit πρὸ καταβολῆς κόσμου kommt ... am Ende von Joh 17 zum letzten Mal in diesem Evangelium, auf den Anfang des Gebets Joh 17,5 und in einem großen Bogen auf den Prolog des Evangeliums zurückweisend, Jesu Präexistenz ins Spiel. Damit ist die Erfüllung der Bitten und die Verwirklichung des hier geäußerten letzten Willens Jesu mit allem nur denkbaren Nachdruck und letzter Gewissheit begründet."[41]

2.1.3 Das Motiv der ewigen Liebe zwischen dem Vater und dem Sohn als eine Klimax neutestamentlicher Christologie

Im Motiv der ewigen Liebe zwischen dem Vater und dem Sohn konvergieren unterschiedliche Aspekte frühchristlicher Christologie, welche im vierten Evangelium im Zeichen der Präexistenz- bzw. Logoschristologie vertieft bzw. ausgearbeitet werden[42].

Bekenntnisse der Gottessohnschaft Jesu begegnen in verschiedenen neutestamentlichen Traditionsströmen. So repräsentieren z. B. bereits in der

---

[39] Zum Begriff vgl. J. HABERMANN, Präexistenzaussagen, 403f. Treffend formuliert H.-C. KAMMLER, Christologie, 179, daß das „ewige anfanglose Dasein des Gottessohnes" bereits in den vorhergehenden Präexistenzaussagen impliziert ist.

[40] Entsprechend H.-C. KAMMLER, Christologie, 179.

[41] Treffend J. FREY, Eschatologie III, 231.

[42] Entsprechend M. HENGEL, Sohn Gottes, 114f. zu Joh 1,1; 10,30 etc.; vgl. ferner F. HAHN, Art. υἱός, 922; T. SÖDING, Gott, 340.

paulinischen Theologie „die relativ wenigen Gottes-Sohn-Stellen ... eine umfassende christologische Konzeption"[43], obwohl christologische Hoheitstitel wie u. a. Χριστός oder κύριος quantitativ dominieren. Auch wenn Paulus das Verhältnis von Vater und Sohn nicht als Liebesverhältnis reflektiert, finden sich entsprechende Andeutungen in deuteropaulinischen Traditionen, welche jene paulinischen Vorgaben konsequent ausdifferenzieren (vgl. u. a. Kol 1,13f.; Eph 1,4-6)[44]. Entsprechend wird in unterschiedlichen Entwicklungsstufen der synoptischen Tradition die Gottessohnschaft Jesu propagiert. Bereits in der markinischen Theologie ist υἱὸς θεοῦ ein christologischer Zentralbegriff und wird in der matthäischen und lukanischen Tradition mit unterschiedlichen Akzentsetzungen entfaltet[45]. Auch das Motiv der Liebe Gottes zu seinem Sohn begegnet z. B. in den synoptischen Tauf- bzw. Verklärungstradition Mk 1,11 par.; 9,7 par.; 12,6 par. Lk 20,13; Mt 12,18[46].

Diese paulinischen und synoptischen Konzeptionen können wiederum als konsequente Ausgestaltungen alttestamentlich-frühjüdischer Vorentwicklungen verstanden werden, insbesondere aus dem Bereich der Königs- und Messiastraditionen (vgl. besonders Ps 2,7; 110,1; ferner; Gen 22,2; Is 42,1; 44,21; 62,4f.; Jer 31,20 etc.)[47].

Doch auch wenn das Motiv der Liebe Gottes zu seinem Sohn bereits in den skizzierten synoptischen und deuteropaulinischen Konzeptionen präfiguriert ist, ist die Betonung der Ewigkeit dieser Liebe eine Besonderheit des vierten Evangeliums. Diesbezüglich lassen sich Impulse alttestamentlicher und frühjüdischer Weisheitstheologie vermutet. Die Bedeutung dieser Tradition für die johanneische Theologie wurde in der bisherigen For-

---

43 Vgl. F. HAHN, Art. υἱός, 921.

44 Vgl. T. SÖDING, Gott, 340. Zur Funktion von Kol 1,12f. im Präludium des Hymnus Kol 1,15-20 vgl. A. DE OLIVEIRA, Christozentrik, 85f.

45 Speziell zur Bedeutung von υἱὸς θεοῦ für die markinische bzw. matthäische Theologie vgl. D. LÜHRMANN, Markus, 38; U. SCHNELLE, Einleitung, 226. Strittig ist hingegen, inwieweit die Prädikation Jesu als Sohn bzw. Sohn Gottes bereits implizit in der Logienquelle zu erkennen ist, oder ob sie erst ein Proprium der markinischen Theologie bildet (zur Diskussion vgl. J. SCHRÖTER, Anfänge, 140ff.; P. HOFFMANN/C. HEIL, Spruchquelle, 24f.).

46 Zum diesbezüglichen Verhältnis der Tauf- und Verklärungsszene vgl. F. HAHN, Art. υἱός, 918. Ein weiteres Korrespondenzmotiv zur Liebe zwischen Gott und Jesus findet sich in der markinischen Ausgestaltung des „Gleichnisses von der Tötung des Sohnes" (so R. PESCH, Markusevangelium II, 213 zu Mk 12,1-12), in welchem der Sohn des Weinbergbesitzers als der υἱὸς ἀγαπητός bezeichnet wird. Im Gegensatz zu Mk 1,11 par.; 9,7 par. scheint dieser Aspekt jedoch gerade durch die markinische Redaktion herausgearbeitet worden zu sein (vgl. H.-J. KLAUCK, Allegorie, 287 bzw. 310; K. BACKHAUS, Heilsbedeutung, 104f.).

47 Vgl. u. a. T. SÖDING, Gott, 340; M. HENGEL, Sohn Gottes, 125.

schungsdiskussion v. a. in bezug auf die Motive der Präexistenz und Schöpfungsmittlerschaft Jesu bzw. des λόγος zur Geltung gebracht.

Das Motiv der Präexistenz und Schöpfungsmittlerschaft der Weisheit zeigt sich eindrücklich z. B. in Sap 9,9a: καὶ μετὰ σοῦ ἡ σοφία ἡ εἰδυῖα τὰ ἔργα σου καὶ παροῦσα ὅτε ἐποίεις τὸν κόσμον ... (vgl. ferner Sap 6,24 und v. a. den ,Mythos der Präexistenz der Weisheit' in Prov 8,22ff.). Auch die Konvergenz der Vorstellungen einer Präexistenz der Weisheit und des Messias bzw. Gottessohns zeichnet sich bereits in früh-jüdischen Texten ab[48]. Entsprechende Vorstellungen scheinen relativ früh auf die Aus-bildung der Christologie eingewirkt zu haben, insofern sich der Glaube an eine Präexistenz und Schöpfungsmittlerschaft Jesu bereits in vorpaulinischen Traditionen wie z. B. Phil 2,6f. bzw. 1 Kor 8,6 dokumentiert. Derartige Konzeptionen bilden das theologische Fundament von Joh 1,1-18: „Die Logoschristologie des johanneischen Prologs rund 50 Jahre nach Paulus ist ... der konsequente Schlußpunkt jener Verschmelzung des präexi-stenten Gottessohnes mit der traditionellen Weisheit, wobei freilich der stets von der mythologischen Spekulation bedrohte Begriff der ,Sophia' dem klaren ,Logos', dem Wort Gottes, weichen mußte"[49].

Vor diesen weisheitlichen Motivhintergründen kann auch das johanneische Motiv der ewigen Liebe zwischen Gott und Jesus verstanden werden: Wenn der λόγος bzw. Sohn bereits vor der Schöpfung in Wesenseinheit mit dem Vater existierte (Joh 1,1f.; 17,5)[50], kann bzw. muß auch deren

---

[48] Entsprechend G. SCHIMANOWSKI, Weisheit, 367 zur Übertragung der Vorstellung von der Präexistenz der Weisheit auf die Präexistenz des Messias: „Wie die Weisheit gehört auch er in die unmittelbarer Nähe des göttlichen Thrones; hier wird er ,inthronisiert' und wie die Weisheit erhält auch er seinen Auftrag schon vor dem Beginn der Geschichte. Der Messias wird so zur von Gott von Urfang an bereitgestellten Erlö-sergestalt."

[49] Treffend M. HENGEL, Sohn Gottes, 114; tendenziell ähnlich K. SCHOLTISSEK, Sein, 125.

[50] In Entsprechung zur Aussage über die universale Schöpfungsmittlerschaft des Logos (Joh 1,3) wird somit alleine Jesus eine Präexistenz und gottgleiche δόξα zuge-sprochen. Hierin besteht ein Unterschied zu frühjüdischen Konzeptionen, in denen weite-ren Schöpfungselementen eine Präexistenz zugestanden werden konnte. Paradigmatisch hierfür ist das freilich erst in weit nachjohanneischer Zeit schriftlich manifestierte ,Kompendium jüdischer Präexistenzkonzeptionen' in der Baraita im Baylonischen Tal-mud, wonach sieben Elemente von Gott bereits ,vor der Grundlegung der Welt' geschaf-fen wurden (והא חניא שבעה דברים נבראו קודם שנכרא העולם ואלו הן [also die Tora, die Um-kehr, der Garten Eden, das Gehinnom, der Thron der Herrlichkeit, das Heiligtum und der Name des Messias]; vgl. bPes 54a; bNed 39b; MHG Ber 1,1; zu weiteren entsprechenden Auflistungen vgl. u. a. mAv 5:6; SifDev 355, wo in einer Auflistung von zehn präexisten-ten Schöpfungselementen zusätzlich auch die Dämonen genannt werden; ausführlich hierzu G. SCHIMANOWSKI, Weisheit, 237f.; M. BECKER, Wunder, 175; W. S. TOWNER, Enumeration, 66-71). Entsprechend konstatiert O. HOFIUS, Schoß, 29 in bezug auf die schrifthermeneutische Implikation von Joh 1,18b: „Der vierte Evangelist hat ... mit den Worten ὁ ὢν εἰς τὸν κόλπον τοῦ πατρός Joh 1,18b genau das von *Jesus Christus* aus-gesagt, was nach dem aus AbhothRn (Rez. A) 31 mitgeteilten Text von der präexistenten *Tora* gilt. " (Kursivierung von Hofius).

wechselseitige Liebe als ewige Liebe verstanden werden (Joh 17,24)[51]. Diese christologische Konzeption entspricht wiederum weisheitlichen Traditionen, in welchen die חָכְמָה als der ,Liebling Gottes' verstanden werden konnte. Ein eindrückliches Beispiel hierfür ist u. a. der ,Mythos der Präexistenz der Weisheit' Prov 8,22ff., in welchem die personifizierte Weisheit als die himmlische Vertraute Gottes beschrieben wird (v. a. Prov 8,30 וָאֶהְיֶה אֶצְלוֹ אָמוֹן וָאֶהְיֶה שַׁעֲשֻׁעִים יוֹם יוֹם מְשַׂחֶקֶת לְפָנָיו בְּכָל־עֵת)[52].

Die skizzierten Sachverhalte zeigen, in welcher Weise in der Christologie des Johannesevangelium frühchristliche Applikations- und Modifikationsprozesse alttestamentlich-frühjüdischer Weisheitstheologie fortgeführt werden[53]. Angesichts dessen kann das Motiv der ewigen Liebe zwischen dem Vater und dem Sohn, die bereits πρὸ καταβολῆς κόσμου bestanden hat, als ein Höhepunkt der frühchristlichen Christologiebildung verstanden werden[54].

---

[51] Durch die Betonung der Ewigkeit dieser Liebe zwischen dem Vater und dem Sohn wird auch ein adoptianisches Verständnis der Gottessohnschaft Jesu *per se* ausgeschlossen.

[52] Zum Spektrum der ausgesprochen kontroversen Übersetzungsvorschläge für אמון bzw. משחקת wie z. B. ,geliebtes Kind', ,Schoßkind', ,Pflegekind', ,Vertraute' bzw. ,Meisterin', Meister' vgl. A. STROTMANN, Präexistenz, 100f.; R. ZIMMERMANN, Geschlechtermetaphorik, 159 bzw. 164f.; DERS./R. ZIMMERMANN, Hätschelkind, 77ff.; H. GESE, Johannesprolog, 176f. Generell zum Motiv der ,Frau Weisheit' vgl. R. ZIMMERMANN, Geschlechtermetaphorik, 154ff.; speziell zur Frage der Einflüsse der ägyptischen Maat-Vorstellungen auf die Weisheit bzw. ihrer Liebe vgl. C. KAYATZ, Proverbien, 98-102. Auffälligerweise übersetzt Prov 8,30a LXX hier mit ἤμην παρ' αὐτῷ ἁρμόζουσα und evoziert somit eine Assoziation zur platonischen Demiurgenvorstellung. Wenn das johanneische Motiv der ewigen Liebe zwischen Gott und Jesus somit eine Reminiszenz zu jenem weisheitlichen Motivhintergrund besitzt, so scheint diese durch den hebräischen Text inspiriert worden zu sein.

[53] Entsprechend F. HAHN, Art. υἱός, 923: „Es kann kein Zweifel sein, daß die joh Konzeption aus genuin urchristl. Voraussetzungen entstanden ist. Religionsgeschichtliche Fremdeinflüsse sind unwahrscheinlich und haben allenfalls den konsequenten Ausbau der Sohneschristologie mitbewirkt ... Es geht um die Betonung der ausschließlichen Offenbarungsvollmacht und der uneingeschränkten Heilsmittlerschaft. Die Gottessohnschaft Jesu ist Ausdruck seines göttlichen Wesens, ohne daß hier schon metaphysische Reflexionen eine Rolle spielen. So nachdrücklich Präexistenz und gegenwärtiges Wirken des Erhöhten herausgestellt sind, Fleischwerdung und Tod am Kreuz stehen im Zentrum und werden durch das von Ostern her gewonnene Glaubenszeugnis (Joh 2,22; 12,16; 14,26) nicht abgeschwächt."

[54] Dies bestätigt die Einschätzung, daß die „christologischen Spitzenaussagen des 4. Evangeliums ... das Ziel und die Vollendung der neutestamentlichen Christologie" markieren (so M. HENGEL, Sohn Gottes, 114f. zu Joh 1,1; 10,30 etc.). Um so mehr verwundert, daß das Motiv der Liebe zwischen Vater und Sohn nicht in der johanneischen Briefkorrespondenz entfaltet wird. Zumeist wird vermutet, daß die Briefe jünger sind und die entsprechenden Aussagen des vierten Evangeliums voraussetzen. Paradigmatisch T. SÖDING, Gott, 351: „Anders als im Johannesevangelium wird das Verhältnis zwischen dem

2.2 Die Einwohnung der ewigen Liebe zwischen dem Vater und dem Sohn in der Gemeinschaft der Glaubenden

Die Bedeutung des Motivs der ewigen Liebe zwischen Jesus und Gott für das vierte Evangelium zeigt sich u. a. darin, daß es nicht nur einen Grundsatz der johanneischen Christologie, sondern auch der Ekklesiologie bildet[55]. Diese thematische Korrelation zeigt sich eindrücklich im „Kompositionsfinale"[56] des Abschiedsgebets (Joh 17,26).

In der letzten Aussage Jesu vor der Passionserzählung schließt sich ein Spannungsbogen, der bereits in der Einleitung der Abschiedsreden eröffnet wurde. Nachdem durch Joh 13,1b die nachfolgende Szenerie unter das Vorzeichen der Liebe Jesu zu seinen Jüngern gestellt wurde, mündet Joh 17,26b in die These, daß die Glaubenden zur Wohnstätte der ewigen Liebe zwischen Gott und Jesus werden sollen (17,26ba ἵνα ἡ ἀγάπη ἣν ἠγάπησάς με ἐν αὐτοῖς ᾖ ...)[57].

Dieses Motiv einer *inhabitatio* der göttlichen Liebe korrespondiert unterschiedlichen Themenkomplexen des vorhergehenden Erzählverlaufs des vierten Evangeliums. Primär kann es als eine *relecture* des Motivs der reziproken Immanenz von Gott, Jesus und den Glaubenden im Zeichen der Liebessemantik verstanden werden[58]. Auf diese Weise werden die Glaubenden in die „protologische, geschichtliche und eschatologische Einheit"[59] zwischen dem Vater und dem Sohn einbezogen. Nachdem die Adressaten bereits zuvor ermahnt wurden, im Raum der Liebe Gottes, Jesu und der Jünger zu bleiben (Joh 15,9-11 etc.), wird ihnen nun vermittelt, daß die Einwohnung der Liebe Gottes das Fundament dieser Gemeinschaft bildet. Dieser Zuspruch erweist sich somit als ein positives Korrelat zu

---

Vater und dem Sohn, das ihre protologische, geschichtliche und eschatologische Einheit stiftet, nicht explizit reflektiert. Wohl aber scheinen diese Gedankengänge vorausgesetzt." Ähnlich F. VOUGA, Johannesbriefe, 60-62; R. SCHNACKENBURG, Johannesbriefe, 240f.; J. BEUTLER, Johannesbriefe, 18f. bzw. 30f. 115 etc. Dem in Joh 17,24c entfalteten Motiv der Ewigkeit dieser Liebe wird zuweilen eine Sonderstellung zugewiesen: „Wer immer das Gebet konzipierte, er steht theologisch gleichsam in der Mitte zwischen dem Evangelisten und dem Verf. von 1 Joh." (so R. SCHNACKENBURG, Johannesevangelium III, 223). Zur kritischen Diskussion dieser chronologisch Zuordnungen vgl. den entsprechenden Exkurs zu § 13/2.4.

[55] Vgl. u. a. W. THÜSING, Herrlichkeit, 53; M. L. APPOLD, Oneness Motif, 259.

[56] Vgl. K. SCHOLTISSEK, Sein, 335.

[57] Vgl. K. SCHOLTISSEK, Gebet Jesu, 201.

[58] Treffend K. SCHOLTISSEK, Sein, 332-334.

[59]Vgl. T. SÖDING, Gott, 351. Ähnlich K. SCHOLTISSEK, Gebet Jesu, 203 zu Joh 17,24.26.; V. P. FURNISH, Love Command, 145.

dem Vorwurf, daß die Kontrahenten Jesu die Liebe Gottes nicht in sich tragen würden (Joh 5,42)[60].

Zugleich wird durch Joh 17,26 jedoch auch eine *relecture* der Parakletaussagen der ersten und zweiten Abschiedsrede ermöglicht. Auch wenn Joh 17 diese nicht explizit aufnimmt, bilden die „Geistverheißungen der Abschiedsreden ... die sachliche Voraussetzung für die Aussagen des Abschiedsgebets"[61]. Eindrücklich zeigt sich dies in der Schlußsentenz Joh 17,26bβ (κἀγὼ ἐν αὐτοῖς), die auf den ersten Blick überflüssig wirkt[62]. Das in dieser Teilaussage angesprochene Motiv einer Einwohnung Jesu korreliert jedoch der nachösterlichen Gegenwart Jesu im Geistparakleten[63]. Im Zeichen von Joh 17,26 können die vorhergehenden Parakletaussagen nun als Ausdruck der Liebe Gottes und Jesu zu den Glaubenden neu und vertiefend verstanden werden.

Ferner veranschaulicht der Abschluß des Abschiedsgebets die unterschiedlichen Intentionen präsentischer und futurischer Eschatologie im vierten Evangelium[64]. Der auf der Erzählebene ‚vorösterliche Jesus' spricht über die nachösterliche Situation der Gemeinde: Während Jesus aus der Welt zu seinem Vater zurückkehrt, verbleiben die Jünger in dieser haßerfüllten Umgebung und sind Verfolgungen, Zerstreuungen und Angst ausgesetzt (Joh 15,18-25; 16,1-4.32f.; 17,11)[65]. Die Vollendung der Gemein-

---

[60] Joh 5,42 (... ἔγνωκα ὑμᾶς ὅτι τὴν ἀγάπην τοῦ θεοῦ οὐκ ἔχετε ἐν ἑαυτοῖς) impliziert sowohl einen Bezug zum Gottesliebegebots Dtn 6,4f., als auch zur johanneischen Immanenzmotivik (vgl. J. BEUTLER, Hauptgebot, 226ff.; J. AUGENSTEIN, Liebesgebot, 60f.; U. SCHNELLE, Johannes, 112).

[61] So C. HOEGEN-ROHLS, Johannes, 254. Entsprechend erkennt K. SCHOLTISSEK, Gebet Jesu, 204 Anm. 1 eine „relecture früherer Aussagen über das nachösterliche Weggeleit Gottes" (vgl. ferner DERS., Sein, 327f.; tendenziell ähnlich u. a. M. WINTER, Vermächtnis, 287; G. L. BORCHERT, Narrative Framework, 17f.). Das Fehlen des Geistbegriffs in Joh 17 impliziert somit keine Kritik der vorgehenden Parakletaussagen (so u. a. C. DIETZFELBINGER, Abschied, 343 bzw. 351f. aufgrund literarkritischer Differenzierungen von Joh 14-16 und Joh 17). K. SCHOLTISSEK, Gebet Jesu, 204 Anm. 19 diagnostiziert treffend, daß der Interpretationsansatz von C. Dietzfelbinger die Aporien literarkritischer Zugriffe veranschaulicht. Einerseits differenziert Dietzfelbinger vier unterschiedliche Textschichten, die sich mehr oder weniger theologisch präzisieren bzw. korrigieren (vgl. C. DIETZFELBINGER, Abschied, 247-253.357f.), andererseits erkennt er eine konsistente theologische Gesamtaussage des Endtextes (vgl. op. cit., 359-362). Hinsichtlich der Parakletaussagen kommt er gar zu dem Ergebnis, daß inmitten einer Kritik der Parakletvorstellungen „nichts Geringeres als die Vollendung johanneischer Christologie" erreicht wird (op. cit., 357).

[62] Vgl. R. SCHNACKENBURG, Johannesevangelium III, 225.

[63] Vgl. G. L. BORCHERT, Narrative Framework, 17f.

[64] Auch in der ‚eschatologischen Schlußbitte Jesu' zeigt sich somit die hermeneutische Horizontverschmelzung (ausführlich hierzu C. HOEGEN-ROHLS, Johannes, 242ff.).

[65] Die Satzstruktur Joh 17,11a kontrastiert eindrücklich die unterschiedlichen Situationen Jesu und der Gemeinde (καὶ οὐκέτι εἰμὶ ἐν τῷ κόσμῳ, καὶ αὐτοὶ ἐν τῷ

schaft von Gott, Jesus und den Glaubenden steht somit auch in der nachösterlichen Situation der Gemeinde noch aus (Joh 14,2f.; 17,11)[66]. Die Einwohnung der Liebe Gottes und der Liebe Jesu bestimmt jedoch bereits präsentisch-eschatologisch das Leben der Gemeinde.

Auch das missionstheologische Selbstverständnis der johanneischen
Gemeinde basiert wesentlich auf dieser Konzeption. So wie der Vater den
Sohn in den κόσμος sandte, so sendet auch Jesus die Jünger in den κόσμος (Joh 17,18). Ihre gegenseitige Liebe ist das Ernennungszeichen ihrer
Jüngerschaft (Joh 13,35) – ihre Einheit soll der Welt Glaube und Erkenntnis ermöglichen (Joh 17,21.23)[67]. Die Liebe und Einheit der Gemeinde
basiert jedoch auf der Einwohnung der ewigen Liebe zwischen dem Vater
und dem Sohn. Nur die *inhabitatio* der göttlichen Liebe ermöglicht es somit, „daß sich im Raum der Gemeinde das Heilswerk des Vaters und des
Sohnes fortsetzt"[68].

3. Zusammenfassung der Zwischenergebnisse

Das Motiv der ewigen Liebe zwischen Gott und Jesus ist ein integraler
Bestandteil der Christologie und Ekklesiologie des Johannesevangeliums.
Daß die Liebe zwischen Gott und dem Gottessohn bereits vor der Schöp-
fung der Welt bestanden hat, wird auf der textinternen Erzählebene erst in
einem relativ späten Kontext angesprochen, nämlich in der letzten Bitte
des Abschiedsgebets Jesu. Auf diese Weise werden jedoch vorhergehende
Ausführungen aufgegriffen und vertieft. Einerseits entfaltet das Motiv der
ewigen Liebe zwischen Gott und Jesus die Aussagen über die präexistente
Gemeinschaft und Wesensgleichheit von λόγος und θεός, die bereits im
Prolog geboten wurden (Joh 1,1f.18). Andererseits entspricht es den Aus-

---

κόσμῳ εἰσίν ...). Zur proleptischen Funktion dieses Motivs vgl. K. WENGST, Johannesevangelium II, 173; T. L. BRODIE, John, 506; A. THOLUCK, Evangelium Johannis, 391.

[66] Vgl. J. FREY, Eschatologie III, 228ff.; anders H.-C. KAMMLER, Christologie,
208f. bzw. 224 (ausführlich zur kontroversen Verhältnisbestimmung präsentischer und
futurischer Eschatologie in der johanneischen Theologie s. o. den Exkurs zu § 7/1.2; zur
Korrespondenz von Joh 12,26; 14,2f.; 17,24.26; 1 Joh 3,1-4 bzw. dem Motiv der Ge-
meinschaftsvollendung vgl. ferner K. SCHOLTISSEK, Sein, 215; R. SCHNACKENBURG,
Johannesevangelium III, 222f.).

[67] Ausführlich zur Korrespondenz des johanneischen Liebes- und Missionsverständnisses s. u. § 16.

[68] Treffend U. SCHNELLE, Johannes, 257. Entsprechend kann X. LÉON-DUFOUR, Eucharist Bread, 82ff. zufolge die Liebe der Gemeinde als Symbol der Gegenwart Christi
verstanden werden (ähnlich V. P. FURNISH, Love Command, 145; K.-M. BULL, Gemeinde, 237; M. FIGURA, Botschaft, 411). Entsprechend bezeichnet W. THÜSING, Bitten, 287
die Gemeinde als das „Werkzeug für die universale Liebe Gottes".

sagen über die Präexistenz Jesu, die im Corpus des vierten Evangeliums begegnen (Joh 1,30; 6,62; 8,58; 12,41). Ebenso wird durch dieses Motiv die göttliche Herrlichkeit und Vollmacht Jesu und die Wesens- und Handlungseinheit von (Gott-)Vater und dem Gottessohn begründet (Joh 3,35; 5,20; 10,17.30; 17,5).

Diese christologischen Ausführungen prägen jedoch auch die Ekklesiologie des vierten Evangeliums: Die Gemeinschaft der Glaubenden wird zur Wohnstätte jener ewigen Liebe zwischen Gott und Jesus erklärt. Dieses Motiv, welches ebenfalls erst im Abschiedsgebet Jesu angeführt wird (Joh 17,26), entspricht wiederum den vorhergehenden Aussagen über die reziproke Immanenz von Gott, Jesus und den Glaubenden, über die nachösterliche Präsenz Jesu im Geistparakleten und den missionstheologischen Ausführungen.

Das Motiv der ewigen Liebe zwischen Gott und Jesus veranschaulicht den kreativ-innovativen Umgang des Verfassers des vierten Evangeliums mit traditionsgeschichtlichen Vorgaben. Auch wenn Teilaspekte dieser Konzeption alttestamentlich-frühjüdische und frühchristliche Entsprechungen besitzen (z. B. im Bereich der Weisheits- und Präexistenzvorstellungen, der Immanenzaussagen, der Gottessohnschaft Jesu etc.), so werden sie im Sinne der johanneischen Christologie umgestaltet. Aus diesem Grund kann das Motiv der ewigen Liebe zwischen Gott und Jesus als ein Höhepunkt in der Entwicklungsgeschichte der frühchristlichen Christologie verstanden werden.

§ 11 Gottes Liebe zur Welt als Anlaß der Dahingabe und Sendung seines Sohnes

Die in Joh 3,1-21 stilisierte Begegnung von Jesus und Nikodemus ist ein Schlüsseltext des vierten Evangeliums, der auch für die Verhältnisbestimmung der liebessemantischen und dualistischen Motive von zentraler Bedeutung ist. Einerscits werden in diesem Kontext nahezu alle wesentlichen dualistischen Motive des Johannesevangeliums thematisiert, andererseits begegnet in Joh 3,16f. das strittigste liebessemantische Motiv der johanneischen Schriften, nämlich das Motiv der Liebe Gottes zur Welt.

Um die Bedeutung von Joh 3,1-21 für die Verhältnisbestimmung der dualistischen und liebessemantischen Motive angemessenen zur Geltung bringen zu können, soll im folgenden zunächst skizziert werden, warum der Dialog zwischen Jesus und Nikodemus ein Schlüsseltext des Johannesevangeliums ist (1.). Daraufhin soll dargestellt werden, inwieweit Joh 3,1-21 als ein Kompendium der dualistischen Motive im Johannesevangelium zu verstehen ist (2.). Vor diesem Hintergrund kann schließlich veranschaulicht werden, in welcher Weise in der Nikodemusperikope das Verhältnis der dualistischen und liebessemantischen Motive paradigmatisch zutage tritt und welche Relevanz dies für die Interpretation von Joh 3,16f. besitzt (3.).

1. Der Dialog zwischen Jesus und Nikodemus als Schlüsseltext des Johannesevangeliums

1.1 Zur Stellung und Funktion von Joh 3,1-21 in der Gesamtkomposition des Johannesevangeliums

Der Dialog zwischen Jesus und Nikodemus ist ein Schlüsseltext des vierten Evangeliums, dessen Sonderstellung an folgenden Sachverhalten zutage tritt: Im bisherigen Erzählverlauf des Johannesevangeliums wurde primär über Jesus gesprochen[1]. Jesus selbst wurde nur durch die Begegnun-

---

[1] Zur erzählerischen Hinführung des Lesers zur Nikodemusperikope vgl. u. a. T. POPP, Grammatik, 82-102; J. FREY, Eschatologie III, 241ff.

gen mit den ersten Jüngern zu kurzen Stellungnahmen genötigt (Joh 1,38f.42f.47f.50f.). Auch in den Erzählungen vom Weinwunder (Joh 2,4b.7a) und der Tempelaktion (Joh 2,16.19) ist sein Gesprächsanteil relativ begrenzt. Die Nikodemusperikope bietet jedoch die erste dezidierte Entfaltung und Reflexion der Botschaft Jesu durch ihn selbst[2]. Der Leser des Evangeliums wird somit zum ersten Mal in Gestalt einer „Jesusrede komprimiert in die joh. Lehre eingeführt."[3] Aus diesem Grunde kann Joh 3,1-21 als eine Exposition der johanneischen Theologie verstanden werden[4]. Nikodemus erfährt als textinterner Gesprächspartner Jesu Grundaspekte johanneischer Theologie, welche dem textexternen Leser bereits durch die „christologische Leseanweisung"[5] des Prologs vertraut sind. Es werden jedoch nicht nur vorhergehende Theologumena im Munde Jesu wiederholt und vertiefend reflektiert, sondern weitere Zentralmotive eingeführt (v. a. das Motiv der Liebe Gottes zur Welt, der Dahingabe und Sendung des Sohnes etc.).

Durch die „fortschreitende Wiederholung und Ausweitung"[6] der Gesprächsthemen wird eine äußerst komplexe Argumentationsstruktur entwickelt. Dabei zeigt sich eindrücklich das Phänomen der „hermeneutischen Horizontverschmelzung"[7] im vierten Evangelium. Vordergründung stilisiert Joh 3,1-21 lediglich eine nächtliche, der Öffentlichkeit entzogene Konversation zwischen einem exponierten Vertreter des zeitgenössischen Judentums und Jesus. Die Angesprochenen sind jedoch nicht nur der textinterne Nikodemus und die von ihm repräsentierte Gruppierung (Joh 3,1f.), sondern zugleich die textexternen Adressaten der nachösterlichen Gemeindemission. Im ‚irdischen Jesus' spricht bereits der Erhöhte.

Diese Doppelperspektive deutet sich bereits in der Dialogeinleitung an und tritt nach dem letzten Wortwechsel zwischen Jesus und Nikodemus (Joh 3,9f.) explizit zutage[8]. Para-

---

2   Vgl. J. BECKER, Johannes I, 153.

3   Treffend T. POPP, Grammatik, 84.

4   Die literarische und inhaltliche Komplexität der Nikodemusperikope führte zu so unterschiedlichen formalen Kategorisierungen wie ‚Einführung' (K. BERGER, Exegese, 230), ‚zweiter Dialog' (T. L. BRODIE, John, 210), ‚Grundkatechese zur Heilsfrage' (J. BLANK, Johannes, 222), ‚Taufunterricht für alle Menschen, vor allem auch die Heiden' (W. OEHLER, Missionsschrift, 83) etc.

5   So M. THEOBALD, Fleischwerdung, 438ff. zum Verhältnis des Prologs zum Corpus des Evangeliums.

6   Treffend W. REBELL, Gemeinde, 135. Zur Skizze derartiger Themenverknüpfungen vgl. u. a. J. FREY, Eschatologie III, 244.

7   Vgl. F. HAHN, Sehen, 140f.; T. ONUKI, Welt, 34ff.; J. FREY, Eschatologie I, 399.

8   Vgl. C. HOEGEN-ROHLS, Johannes, 275-281. Demgegenüber ordnet M. SCHMIDL, Nikodemus, 225f. bzw. 228 den Personen- und Tempuswechsel in Joh 3,11f. unterschiedlichen Redaktionsschichten zu (zur Skizze weiterer Interpretationsansätze, die ohne eine Differenzierung der temporalen Perspektiven arbeiteten vgl. op. cit. 217, Anm. 743). Implizit deutet sich dies jedoch bereits im Wechsel von der singularischen zur plurali-

digmatisch hierfür ist die Einleitung der johanneischen Modifikation des Menschensohnsmotivs in Joh 3,11-15. Wie in Joh 3,3.5 wird die Rede Jesu mit der Formel ἀμὴν ἀμὴν λέγω σοι eingeleitet (Joh 3,11a). Auf der textinternen Ebene spricht Jesus also direkt Nikodemus an. Die folgenden Stichoi V 11b.c wechseln jedoch vom Singular in den Plural. Die einander gegenübergestellten Personen sind somit nicht nur Jesus und Nikodemus, sondern auch die nachösterliche Gemeinde und die sie ablehnenden Adressaten ihrer Verkündigung. Entsprechend operieren die Wendungen καὶ ὃ ἑωράκαμεν μαρτυροῦμεν bzw. καὶ τὴν μαρτυρίαν ἡμῶν οὐ λαμβάνετε mit spezifischen Termini der nachösterlichen Verkündigungstätigkeit der johanneischen Gemeinde[9]. Letztere handelt nicht eigenmächtig, sondern durch „den Mund der Gemeinde spricht Jesus Christus selbst"[10]. Eindrücklich zeigt sich dies im Folgevers: Auch wenn weiterhin eine Gruppe von Personen angesprochen wird[11], spricht nun nicht mehr die Gemeinde im Plural, sondern wiederum Jesus im Singular (vgl. den Wechsel von ὃ οἴδαμεν λαλοῦμεν bzw. ὃ ἑωράκαμεν μαρτυροῦμεν zu εἶπον bzw. εἴπω ὑμῖν). Der auf der textinternen Ebene vorösterliche Jesus spricht aus einer nachösterlichen Perspektive über das, was der textexterne Leser als bereits zurückliegendes Ereignis erkennen kann. Das nachösterliche Bekenntnis ist in eine vorösterliche Szenerie hineinprojiziert. Wie in V 11 veranschaulichen die unterschiedlichen Zeitebenen in V 13, daß aus nachösterlicher Perspektive „die Identität zwischen dem in den Himmel Aufgestiegenen und dort Verweilenden (Perfekt: ἀναβέβηκεν) und dem Inkarnierten ... (Aorist: καταβάς)"[12] erkannt bzw. bekannt wird.

Auf diesem „Ineinander der Zeiten"[13] basiert die kommunikative Vielschichtigkeit des Textes.

Insofern die Argumentationsentwicklung durch eine Vielzahl antithetischer Wortfelder strukturiert ist, erweist sich die Nikodemusperikope geradezu als ein Kompendium der dualistischen Motive im vierten Evangeli-

---

schen Redeform in Joh 3,7 an (μὴ θαυμάσῃς ὅτι εἶπόν σοι zu Δεῖ ὑμᾶς γεννηθῆναι ἄνωθεν), der sich einerseits auf die in Joh 2,23-25 angesprochene, von Nikodemus repräsentierte Schar der Glaubenden beziehen kann, andererseits auf das in Joh 3,11f. markant zutage tretende Phänomen der hermeneutischen Horizontverschmelzung.

[9] Vgl. J. BEUTLER, Martyria, 307-313; C. HOEGEN-ROHLS, Johannes, 276f. Vor diesem Hintergrund ist auch die Unterscheidung der Zeitebenen zu verstehen. Das Heilsgeschehen, welches die Jünger gesehen haben (ἑωράκαμεν; Perfekt), wird nun von ihnen verkündigt (μαρτυροῦμεν; Präsens).

[10] Treffend T. ONUKI, Welt, 83. Die durch ein καί-adversativum eingeleitete Phrase καὶ τὴν μαρτυρίαν ἡμῶν οὐ λαμβάνετε hebt die Ablehnung der Gemeinde scharf hervor (vgl. F. BLASS/A. DEBRUNNER, Grammatik, § 442, 1b.4).

[11] Dieses Changieren der Perspektiven und Zeitebenen (z. B. V 12a οὐ πιστεύετε [Präsens] im Kontrast zu V 12b πῶς ... πιστεύσετε [Futur]) inspirierte eine Vielzahl literarkritischer Differenzierungen der Sequenz Joh 3,13-21 (zum Verhältnis von Joh 3,1-21.22-36; 4,1ff. vgl. u. a. W. THÜSING, Erhöhung, 255; J. BLANK, Krisis, 54; C. K. BARRETT, Johannes, 225; zur Skizze weiterer literarkritischer Operationen vgl. M. SCHMIDL, Nikodemus, 230f.). Im Zeichen der hermeneutischen Horizontverschmelzung kann man jedoch von einer „intentionalen Kompositionseinheit" sprechen (so A. STIMPFLE, Blinde sehen, 36 Anm. 115, der dies jedoch als Endprodukt unterschiedlicher Redaktionsstufen versteht).

[12] Treffend U. SCHNELLE, Johannes, 73.

[13] Treffend U. SCHNELLE, Johannes, 74.

um. Fünf zentrale Motivkomplexe werden thematisiert und miteinander in Beziehung gesetzt, nämlich die Geburts- bzw. Zeugungsmetaphorik (Joh 3,3.5), die Geist – Fleisch – Antithetik (Joh 3,6-8), die spatiale Rhetorik (Joh 3,13-15), die Antithetik von Glaube – Unglaube und bzw. Rettung und Gericht (Joh 3,16-18) und die Licht – Finsternis – Metaphorik (Joh 3,19-21). Bevor diese Motivkomplexe und ihre Stellung im vierten Evangelium im einzelnen analysiert werden, ist zunächst darzustellen, inwieweit dieses Kompendium der dualistischen Motive auch in eine dualisierende Erzählstruktur eingebettet ist:

1.2 Die dualisierende Erzählstruktur von Joh 3,1-21

Die Nikodemusperikope wird durch Joh 2,23-25 erzählerisch eingeleitet[14]. Joh 2,23a zufolge bleibt Jesus während des Passafestes in Jerusalem. Obwohl viele Menschen an ihn zu glauben beginnen (V 23b), weiß Jesus um die Vordergründigkeit ihrer Sympathie (V 25)[15]. Aus der Schar der Sympathisanten wird ab Joh 3,1f. eine Einzelperson fokussiert: „Durch den Gegensatz zwischen der Menge und Jesus schafft Johannes einen bewußten Kontrast zum folgenden Dialog zwischen Nikodemus und Jesus. Aus der anonymen Menge tritt nun eine prominente Gestalt heraus, die vom Evangelisten in Großaufnahme dargestellt wird."[16] Der Leser wird über den Namen und die geistig-soziale Stellung des Gesprächspartners Jesu informiert. Er sei Pharisäer, ein ἄρχων τῶν Ἰουδαίων (Joh 3,1) und – wie der textexterne Leser später erfährt – ein Mitglied des Synhedriums (Joh 7,50). Jesus spricht Nikodemus sogar als Lehrer Israels an (Joh 3,10)[17]. Er perso-

---

14 Literarisch und thematisch können Joh 2,23-25 und die Nikodemusperikope als eine erzählerische Einheit verstanden werden, durch welche „der Leser sukzessive mit seinem Herzen und Denken in das theologisch höchst reflektierte Christusgeschehen einbezogen wird (so T. POPP, Grammatik, 102). Zur Stellung der Nikodemusperikope zu Joh 2,23-25 bzw. in der Gesamtkomposition von Joh 3 vgl. ferner op. cit., 233f.; J. FREY, Eschatologie III, 242-245; J. SCHMIDL, Nikodemus, 9-11 (speziell zur Diskussion des redaktionellen Charakters von Joh 2,23-25 vgl. auch J. SCHMIDL, Nikodemus, 107-114 bzw. 119-124; R. BULTMANN, Johannes, 91; R. SCHNACKENBURG, Johannesevangelium I, 372).

15 U. SCHNELLE, Johannes, 67 versteht Joh 2,25c (αὐτὸς γὰρ ἐγίνωσκεν τί ἦν ἐν τῷ ἀνθρώπῳ) als Ausdruck der göttlichen Allwissenheit Jesu, welche ihm „als Messias und Gottessohn ... aus seiner einzigartigen Beziehung zu Gott" zu eigen ist.

16 Treffend U. SCHNELLE, Johannes, 67.

17 Es bleibt spekulativ, ob der bestimmte Artikel in der Bezeichnung ὁ διδάσκαλος τοῦ Ἰσραήλ auf eine bekannte und respektierte Persönlichkeit verweisen möchte (vgl. F. BLASS/A. DEBRUNNER, Grammatik, § 273,1 1,3; R. SCHNACKENBURG, Johannesevangelium I, 388. Anm. 2). Auch die im weiteren Erzählverlauf des Johannesevangeliums thematisierte Offenheit bzw. Sympathie des Nikodemus für die Lehre und Person Jesu (Joh 7,50; 19,39) muß nicht zwingend als Beschreibung einer sukzessiven Glaubensgenese

nifiziert somit einen gehobenen Bildungsgrad, dem die Reflexion der Lehre Jesu möglich sein müßte. Nikodemus sucht „das Gespräch zwischen ‚Lehrer' und ‚Lehrer'"[18], doch sein intellektuelles Scheitern und Unverständnis (Joh 3,4.9) dokumentiert die Sonderstellung Jesu: „Dem ‚Lehrer Israels' (3,10) steht der ‚von Gott gekommene Lehrer' gegenüber"[19]. Nikodemus kann die Worte Jesu nicht angemessen verstehen, weil diese nicht ἐπίγεια, sondern ἐπουράνια sind (Joh 3,12)[20].

Das Gespräch findet ‚des Nachts' statt (Joh 3,2a). Auch wenn νυκτός vordergründig eine schlichte Temporalaussage ist, kann der textexterne Leser eine Korrespondenz zur johanneischen Licht – Finsternis – Metaphorik assoziieren. Nikodemus kommt des Nachts aus der Finsternis des Unglaubens zu Jesus, dem Licht der Welt (Joh 8,12), welches in der Finsternis scheint (Joh 1,4f.9f.; entsprechend Joh 9,4f.; 11,10f.)[21].

Nikodemus spricht Jesus als Rabbi an und drückt somit seine Hochachtung aus[22]. Hierin repräsentiert er die Einschätzung weiterer Sympathisanten Jesu, welche ihn aufgrund der vollbrachten Zeichen für einen von Gott gekommenen Lehrer halten[23]. Diese Inszenierung läßt eine höchst niveauvolle theologische Diskussion und eine Eröffnungsfrage des Nikodemus erwarten. Statt dessen eröffnet jedoch Jesus selbst den Dialog mit einer These (Joh 3,3), die er aufgrund des Un- bzw. Mißverständnisses des Nikodemus spezifiziert (Joh 3,5-8)[24]. Auch die zweite Reaktion des Nikodemus (V 9) initiiert keinen Dialog. Nikodemus tritt vielmehr sukzessive in

---

verstanden werden (zur Diskussion derartiger Ansätze vgl. P. DSCHULNIGG, Nikodemus, 103ff.; ders., Personen, passim; T. POPP, Grammatik, 107ff.).

[18]   Treffend O. HOFIUS, Wiedergeburt, 37.

[19]   Vgl. K. SCHOLTISSEK, Gebet Jesu, 215.

[20]   Vgl. E. HAENCHEN, Johannesevangelium, 220.

[21]   So z. B. U. SCHNELLE, Johannes, 68. Auch in Joh 19,39 wird eigens betont, daß Nikodemus ‚in der Nacht' zu Jesus kam. Im Kontrast hierzu betont Joh 13,30, daß Judas ‚des Nachts' die Gemeinschaft der Jünger verläßt, nachdem der Satan Macht über ihn ergriffen hat (Joh 13,27a). Demgegenüber versteht O. HOFIUS, Wiedergeburt, 36f. die temporale Angabe Joh 3,2a lediglich als Umschreibung des abgeschiedenen, der Öffentlichkeit entzogenen Charakters der Begegnung (zur Diskussion entsprechender Andeutungen in Joh 9,4; 11,10; 13,33; 20,1 s. u. § 11/3.1).

[22]   Für J. SCHMIDL, Nikodemus, 115 kommt diese Ehrerbietung gar einem Bekenntnis nahe.

[23]   Die Anrede Joh 3,2a ῥαββί, οἴδαμεν ... und der Verweis auf die von Jesus vollbrachten Werke (Joh 3,2b) schaffen eine Inklusion zu Joh 2,23 (vgl. J. FREY, Eschatologie III, 243f.).

[24]   Der Übergang von V 2 zu V 3 birgt keinen Bruch in der Argumentationsentfaltung (so z. B. R. E. BROWN, John, 138, der dies als Ausdruck eines dualistischen Denkens johanneischer Theologie versteht). Die Einzelaspekte sind vielmehr chiastisch zugeordnet (vgl. M. VELLANICKAL, Divine Sonship, 206).

den Hintergrund und verstummt schließlich völlig (Joh 3,9)[25]. Die Zwischenfrage Jesu, warum Nikodemus als der διδάσκαλος τοῦ 'Ισραήλ auf die in den Raum gestellten Fragen nicht antworten könne (V 10)[26], unterstreicht dessen Scheitern – der Dialog entwickelt sich endgültig zum Lehrmonolog. Es zeigt sich, daß Nikodemus eigentlich von Beginn an kein Dialogpartner war. Seine Mißverständnisse ebnen vielmehr der Argumentationsentfaltung Jesu den Weg[27]. Diese dualisierende Erzähltechnik, welche die narrative Kontrastierung von Jesus und Nikodemus somit bereits implizit prägt, hebt die dualistischen Sprachelemente zusätzlich hervor, welche in den einzelnen Argumentationeinheiten explizit zur Sprache kommen.

2. Die Nikodemusperikope als ein Kompendium der dualistischen Motive im Johannesevangelium

Joh 3,1-21 kann als ein Kompendium der dualistischen Motive im Johannesevangelium verstanden werden, insofern nahezu alle bedeutenden Motivkomplexe im Dialog zwischen Jesus und Nikodemus thematisiert werden und vorhergehenden bzw. nachfolgenden Erzählkontexten korrespondieren. Dieser Sachverhalt wird im folgenden an den Themen der Geburts- bzw. Zeugungsmetaphorik (2.1), der Fleisch – Geist – Antithetik (2.2), der spatialen Rhetorik (2.3), der Kontrastierung von Glaube und Unglaube,

---

[25] Mit R. A. CULPEPPER, Anatomy, 178f. können Joh 3,4.9 als Paradigmen johanneischer Ironie verstanden werden. Speziell zu V 9 vermutet J. A. T. ROBINSON, Destination, 123: „That is the question put by Jesus, the ruler of the Jews and the teacher of Israel. And Nicodemus, the person he is and the question he poses, represent the problem to which the Fourth Gospel is addressed." Eine derartige Einschätzung steht jedoch in der Gefahr einer Überbewertung von Joh 3,9. Strittig bleibt ferner, ob die Fragen des Nikodemus die Resignation einer Person ausdrücken sollen, die nicht die Voraussetzungen zur rechten Erkenntnis besitzt (vgl. u. a. E. HAENCHEN, Johannesevangelium, 220), oder ob sie grundsätzliche Offenheit umschreiben, Jesus als den ersehnten, von Gott gekommenen Lehrer anzuerkennen (vgl. D. PATTE, Pronouncement, 18; R. BULTMANN, Johannes, 102 etc.).

[26] Die Bezeichnung ‚Lehrer Israels‘ korrespondiert dem johanneischen Schriftverständnis (Joh 1,17f.; 5,45ff. etc.), demzufolge die γραφαί auf Jesus hinweisen bzw. in Jesus ihre Erfüllung finden (so u. a. F. J. MOLONEY, Son of Man, 47; A. OBERMANN, Erfüllung, 425-427; R. SCHNACKENBURG, Johannesevangelium I, 388). Unzutreffend ist hingegen, hierin eine polemische Abgrenzung erkennen zu wollen, welche lediglich die kategoriale Neuheit der Lehre Jesu zur Geltung bringen soll (vgl. z. B. R. BULTMANN, Johannes, 102f.; M. SCHMIDL, Nikodemus, 214f.).

[27] Treffend U. SCHNELLE, Johannes, 69. Entsprechend formuliert J. FREY, Eschatologie III, 243, daß ein „eindeutiger Übergang vom Nikodemusgespräch zum Monolog Jesu ... sich nicht aufweisen" läßt.

Rettung und Gericht (2.4) und der Licht – Finsternis – Metaphorik (2.5) demonstriert.

2.1 Die Geburts- bzw. Zeugungsmetaphorik (Joh 3,3.5)

Die beiden ersten Aussagen Jesu innerhalb der Nikodemusperikope bieten zwei Variationen einer Geburts- bzw. Zeugungsmetaphorik[28]. Die durch die Zwischenfrage des Nikodemus (Joh 3,4) voneinander abgehobenen Thesen sind syntaktisch parallel konstruiert:

Einleitungsformel	Protasis	Apodosis
'Αμὴν ἀμὴν λέγω σοι,	ἐὰν μή τις γεννηθῇ ἄνωθεν,	οὐ δύναται ἰδεῖν τὴν βασιλείαν τοῦ θεοῦ.
'Αμὴν ἀμὴν λέγω σοι,	ἐὰν μή τις γεννηθῇ ἐξ ὕδατος καὶ πνεύματος,	οὐ δύναται εἰσελθεῖν εἰς τὴν βασιλείαν τοῦ θεοῦ.

In beiden Versen leitet 'Αμὴν ἀμὴν λέγω σοι ein konditionales Satzgefüge ein[29]. Die jeweilige Protasis formuliert eine soteriologische Bedingung, die auf einem geburtsmetaphorischen Motiv basiert. Das in Aussicht gestellte eschatologische Heil wird in der jeweiligen Apodosis anhand des Gottesreichsmotivs inhaltlich bestimmt.

Beide Motivkomplexe veranschaulichen die johanneische Modifikation traditioneller Vorgaben. Die βασιλεία τοῦ θεοῦ ist ein zentraler Begriff der Verkündigung Jesu in der synoptischen Tradition[30]. Auch wenn derselbe im Corpus Johanneum explizit nur in Joh 3,3.5 begegnet, wird er im vierten Evangelium auf eine äußerst reflektierte Weise appliziert.

Im Erzählverlauf des vierten Evangeliums begegnet mit βασιλεία τοῦ θεοῦ erstmals ein traditionell geprägter eschatologischer Begriff[31], der mit zwei verschiedenen Motiven verbunden wird: Joh 3,3c spricht vom Sehen

---

[28] Der Terminus γεννᾶσθαι kann sich sowohl auf die Zeugung, als auch auf die Geburt beziehen (vgl. A. KRETZER, Art. γεννάω, 584-586). Beide Aspekte besitzen johanneische Korrespondenzmotive (vgl. u. a. Joh 8,42ff.; 1 Joh 3,17-10 etc.). Angesichts dessen subsumiert A. J. TRUMBOWER, Born from Above, 70ff. bzw. 80ff. Joh 3,3.5 unter dem Sammelbegriff „fixed origins".

[29] Entsprechend Joh 3,11. Alle drei Redeeinheiten Jesu in Joh 3,1-21 werden mit der spezifisch johanneischen doppelten Amenformel eingeleitet (vgl. z. B. Joh 1,51; 5,19.24f.; 6,26.32.47.53; 8,34.51.58; 10,1.7; 12,24; 13,16.20f.38; 14,12; 16,20.23; zu alttestamentlichen bzw. frühjüdischen Präfigurationen vgl. J. JEREMIAS, Theologie, 44f.; H.-W. KUHN, Art. ἀμήν, 166f.).

[30] Vgl. J. P. MEIER, Jew II, 237ff.; G. THEISSEN, Jesus, 221ff. etc.

[31] Vgl. J. FREY, Eschatologie III, 253.

des Gottesreiches, Joh 3,5c hingegen vom Eintreten in dasselbe[32]. Auf diese Weise werden unterschiedliche Aspekte der johanneischen Christologie zur Geltung gebracht. Das ‚Sehen des Gottesreiches' entspricht der Grundintention des Johannesevangeliums, die Gegenwart Jesu als die Gegenwart bzw. Visualisierung des eschatologischen Heils zu erläutern[33]. Das ‚Eingehen in das Gottesreich' korrespondiert weiteren dynamischen Motiven der johanneischen Soteriologie wie z. B. ‚zum Licht kommen', ‚zu Jesus bzw. zum Sohn kommen' etc. (vgl. Joh 3,20f.; 6,44.65 etc.). Die eschatologischen Implikationen dieser Aussagen werden in der folgenden Gesprächsentwicklung zwischen Jesus und Nikodemus entfaltet, indem sie mit weiteren eschatologischen Themen wie dem ewigen Leben oder dem Gericht in Verbindung gebracht werden[34].

Die Klimax der johanneischen Motivgestaltung begegnet jedoch erst in der Passionserzählung. Nachdem bereits in der subtil-ironischen Szenerie des Verhörs vor Pilatus der weltlichen Macht des römischen Statthalters die überweltliche Macht des Gottessohnes kontrastiert wurde, tituliert schließlich ausgerechnet Pilatus den am Kreuz hängenden Jesus als ὁ βασιλεὺς τῶν Ἰουδαίων (Joh 19,19)[35]. Die konsequente Ausgestaltung der johanneischen Christologie bewirkt somit die Transformation der „Rede von der *Gottes*herrschaft in jene von der βασιλεία Christi und die sachliche Identifikation von Gottesreich und Reich Christi"[36].

---

[32] Das Motiv des Sehens der Gottesherrschaft wird in der synoptischen Tradition nur marginal thematisiert (zu Mk 9,1; Lk 9,27 vgl. J. P. MEIER, Jew II, 341-344; R. SCHNACKENBURG, Johannesevangelium I, 380 Anm. 6). Das ‚Eintreten in die Gottesherrschaft' ist sowohl in der synoptischen Tradition, als auch wirkungsgeschichtlich weit öfter belegt (vgl. M. HENGEL, Reich Gottes, 178f. bzw. Mk 9,47; 10,24f. par. Mt 19,23f. par. Lk 18,24f.; Mt 5,20; 7,21; 18,3; 21,31; 22,12; 23,13 par.; 25,10.21.23; die Reminiszenz zu Joh 3,3.5 in Justin, 1 apol. 64,4f. etc.).

[33] Zur Differenz bzw. reziproken Relation des johanneischen Wortfeldes ‚Sehen' wie z. B. βλέπειν, θεωρεῖν, ὁρᾶν, θεάομαι etc. vgl. C. HERGENRÖDER, Herrlichkeit, 1f. bzw. 45ff., der treffend herausarbeitet, inwiefern dasselbe der Reflexion des Glaubensbegriffs dient (op. cit., 493ff. bzw. 498ff.). Einerseits könne ‚Sehen' ein Komplementärbegriff zu πιστεύειν sein, andererseits ein unangemessenes Glaubensverständnis umschreiben. Die Verhältnisbestimmung kulminiert in der Feststellung, daß die πίστις nicht im Sehen begründet sein darf (vgl. Joh 20,29).

[34] Zu ζωὴ αἰώνιος vgl. Joh 3,15f.; zu κρίνειν bzw. κρίσις vgl. Joh 3,17-19. Ausführlich hierzu vgl. J. FREY, Eschatologie III, 253f. Ein entsprechendes Verhältnis besteht zur späteren Täuferaussage über die ὀργὴ τοῦ θεοῦ (Joh 3,36).

[35] Nachdem in Joh 18,18-19,18 die Begriffe βασιλεύς (Joh 18,33.37[bis].39; 19,3.12.14.15[bis].19.21[bis]) und βασιλεία (Joh 18,36 [3 mal]) in bewußter Konzentration benutzt wurden (vgl. J. FREY, Eschatologie III, 271; M. LANG, Johannes, 115ff.), akzentuiert der explizite Verweis auf die dreisprachige Version des Titels (Joh 19,20) die Universalität dieses Geschehens (vgl. U. SCHNELLE, Johannes, 285f.).

[36] Treffend J. FREY, Eschatologie III, 272; entsprechend DERS., Evangelientradition, 103f.; M. HENGEL, Reich Gottes, 177f.

Eine entsprechende christologische Modifikation erfährt auch die Geburts- bzw. Zeugungsmetaphorik. Zunächst wird in Joh 3,3b betont, daß ein Mensch ‚ἄνωθεν‘ geboren bzw. gezeugt werden müsse, um das Gottesreich sehen zu können. Dieses Motiv besitzt eine zweifache argumentative Funktion. Das neutestamentlich analogielose Lexem γεννηθῆναι ἄνωθεν kann semantisch sowohl eine ‚Neugeburt‘, als auch eine ‚Geburt von oben‘ bezeichnen[37]. Der Gesamtkontext der johanneischen Theologie spricht jedoch für ein spatiales Verständnis (vgl. Joh 3,12-15; 31-36; 8,23 etc.)[38].

Auf der skizzierten Doppeldeutigkeit basiert jedoch eine subtile Argumentationsentwicklung, insofern die Reaktion des Nikodemus sonst nicht zu erklären wäre[39]. Nikodemus versteht Joh 3,3 nämlich in der Tat als Wiederholung des natürlichen Geburtsvorganges (Joh 3,4b: πῶς δύναται ἄνθρωπος γεννηθῆναι γέρων ὤν; μὴ δύναται εἰς τὴν κοιλίαν τῆς μητρὸς αὐτοῦ δεύτερον εἰσελθεῖν καὶ γεννηθῆναι;). Dieses absurde Mißverständnis provoziert bzw. ermöglicht die Variation des geburtsmetaphorischen Motivs in V 5: Statt einer ‚Geburt von oben‘ spricht Jesus nun von einer ‚Geburt aus Wasser und Geist‘.

Auch wenn die soteriologischen Implikationen dieser Motive im weiteren Gesprächsverlauf zwischen Jesus und Nikodemus nur partiell entfaltet werden, kann der textexterne Leser deren Korrelation zu späteren Erzählkontexten des Johannesevangeliums erkennen. Vor diesem Hintergrund erweisen sich die Variationen der Geburts- bzw. Zeugungsmetaphorik in Joh 3,3.5 als Funktionen der Christologie des vierten Evangeliums: Jesus ist der vom Himmel herabgestiegene Menschensohn (Joh 3,13), dessen Botschaft nicht irdisch, sondern himmlisch ist (Joh 3,12). Insofern Jesus ‚von oben‘ ist (Joh 8,23a), bedarf es zur Erkenntnis Jesu einer ‚Geburt von oben‘[40]. Der spatiale Akzent von Joh 3,3 bildet somit eine johanneische Besonderheit gegenüber geburtsmetaphorischen Korrespondenzmotiven (vgl. z. B. παλιγγενεσία [Mt 19,28; Tit 3,5] bzw. das neutestamentliche Hapaxlegomenon ἀναγεννᾶσθαι [1 Petr 1,3.23])[41].

---

[37] Zur Diskussion vgl. J. A. TRUMBOWER, Born from Above, 70-76; C. H. DODD, Interpretation, 303 Anm. 2; C. K. BARRETT, Evangelium, 227f.; U. SCHNELLE, Johannes, 69 Anm. 45; J. SCHNEIDER, Johannes, 92 (zum semantischen Spektrum neutestamentlicher Begriffsverwendungen vgl. u. a. Gal 4,9; Mk 15,38 par. Mt 27,51; Lk 1,3; Act 26, 5).

[38] J. A. TRUMBOWER, Born from Above, 73f.

[39] Vgl. J. BECKER, Johannes I, 161f.; J. FREY, Heiden, 245.

[40] Joh 8,23 parallelisiert zudem das ‚Sein von unten‘ (ὑμεῖς ἐκ τῶν κάτω ἐστέ) und das ‚Sein aus der Welt‘ (ὑμεῖς ἐκ τούτου τοῦ κόσμου ἐστέ). Letzteres wird in der Reflexion der Stellung der Jünger in der Welt entfaltet (zu Joh 15,18-25; Joh 17,9ff.; s. u. § 14).

[41] Während das matthäische Sondergut Mt 19,28 die Wiedergeburt als ein futurisch-eschatologisches Geschehen versteht, ist sie in Tit 3,5; 1 Petr 1,3.23 ebenso wie im jo-

Noch komplexer erweist sich jedoch das Motiv der ‚Geburt aus Wasser und Geist' (Joh 3,5b). Die Begriffe πνεῦμα und ὕδωρ werden bereits in der Kontrastierung von Johannes, dem Täufer und Jesus zunächst antithetisch verwendet: Johannes taufe zwar lediglich mit Wasser (Joh 1,26.31), bezeuge jedoch, daß er den Geist in Gestalt einer Taube auf Jesus herabsteigen gesehen habe (Joh 1,32). Dieser sei es, der ἐν πνεύματι ἁγίῳ taufen werde (Joh 1,33b). In diesem Kontext intendiert die Verhältnisbestimmung von πνεῦμα und ὕδωρ somit die Subordination der ‚Wassertaufe' des Johannes gegenüber der von Jesus vermittelten Geisttaufe. In Joh 3,5b werden πνεῦμα und ὕδωρ jedoch nicht antithetisch, sondern parallel verwendet. Insofern ὕδατος καί textkritisch unzweifelhaft zum ursprünglicheren Textbestand zu zählen ist[42], muß dieses Motiv in den größeren Zusammenhang der johanneischen ‚Wassersymbolik' eingeordnet werden[43].

ὕδωρ ist ein „core symbol"[44] des vierten Evangeliums, das ebenso wie ‚Licht' oder ‚Brot' zur Fundamentalbestimmung johanneischer Christologie zu zählen ist. Hinter den über das Evangelium verstreuten Motivaspekten läßt sich ein Motivkomplex erkennen, in den auch die ‚Geburt aus Wasser und Geist' einzuordnen ist: Jesus gibt das Wasser, welches nicht mehr durstig werden läßt und zu einer Quelle wird, die ewiges Leben vermittelt (Joh 4,14). Ströme lebendigen Wassers werden von dem ausgehen, der an Jesus glaubt (Joh 7,38)[45]. Während jedoch in Joh 4,13f. die Antithe-

---

hanneischen Denken ein Aspekt der präsentischen Eschatologie. Insbesondere der paränetische Kontext von 1 Petr 1,22-25 besitzt markante Vergleichspunkte zur johanneischen Theologie. Der Ursprung der Wiedergeburt aus ‚unvergänglichem Samen' ist das ‚lebendige Wort Gottes' (διὰ λόγου ζῶντος θεοῦ ... V 23b). Als Kennzeichen eines angemessenen Lebenswandels gilt die gegenseitige Liebe der Gemeindeglieder und die φιλαδελφία (V 22a).

[42] Verschiedentlich wurde versucht, ὕδατος καί als sekundäre Ergänzung einer kirchlichen Redaktion zu verstehen, welche die johanneische Konzeption an andere urchristliche Sakramentsvorstellungen annähern sollte (so bereits C. H. WEISSE, Geschichte, 211f.; H. H. WENDT, Johannesevangelium, 112; J. WELLHAUSEN, Evangelium Johannis, 17f.; vgl. ferner R. BULTMANN, Johannes, 98 Anm. 2; G. RICHTER, Joh 3,5, 335 Anm. 39; M. SCHMIDL, Nikodemus, 144-157 bzw. 170-191). Zur Kritik dieser textkritisch nicht haltbaren These vgl. U. SCHNELLE, Johannes, 70 Anm. 51 bzw. 52.

[43] So U. SCHNELLE, Johannes, 70; T. POPP, Grammatik, 122.

[44] Vgl. R. A. CULPEPPER, Anatomy, 189.

[45] Auch im Lebenswassermotiv zeigt sich eindrücklich die Fähigkeit des Verfasser des vierten Evangeliums, bereits vorhandene Motivbestände im Sinne seiner theologischen Konzeption zu modifizieren (vgl. M. J. J. MENKEN, Rivers, 201f.). Zur Symbolik und traditionsgeschichtlichen Korrespondenzmotiven zu ὕδωρ ζῶν wie z. B. Ps 42,2; Jes 11,9; Jer 2,13; 17,13; Ez 47,1-12; Sir 15,3; 24,19-21.23-31; syrBar 3,12; Sap 7,25; äthHen 48,1; CD III,16; VI,4; Philo, Fug. 97; Somn. II, 242 etc. vgl. ferner C. R. KOESTER, Symbolism, 167ff.; Bil I, 799-805 bzw. 808-812; U. SCHNELLE, Johannes, 148. Ein für die johanneische Christologie besonders interessanter Vergleichspunkt ist die Interpretation von Gen 2,10 durch Philo, Somn II, 242, derzufolge der Paradiesstrom allego-

tik von ‚gewöhnlichem' Wasser und ‚ewig durststillendem Lebenswasser'
fokussiert wird, bietet Joh 7,38f. neben Joh 3,5 die einzige explizite Parallelisierung von πνεῦμα und ὕδωρ im vierten Evangelium.

Ferner wird das Motiv des Lebenswassers nicht bereits in der Begegnung zwischen Jesus und Nikodemus eingeführt, sondern erst in der johanneischen Schilderung des Laubhüttenfestes, das Jesus während seines
dritten Jerusalemaufenthaltes besucht (Joh 7-10). Das Lebenswasserwort
Joh 7,37f. wird chronologisch explizit auf einem Höhepunkt des Laubhüttenfestes lociert, an dem eine rituelle Wasserspende vollzogen wurde[46].
Das ὕδωρ ζῶν korrespondiert den Motiven der Vermittlung des ewigen
Lebens und des Geistes, welcher nach Jesu Verherrlichung und Weggang
zum Vater den Glaubenden gesandt wird (vgl. Joh 7,39)[47]. Die Parallelisierung von πνεῦμα und ὕδωρ in Joh 7,38 korrespondiert somit nicht nur mit
Joh 3,5, sondern kann sogar als hermeneutische Leitinstanz verstanden
werden: „Als aus Wasser und Geist Getaufte haben die johanneischen
Christen schon teil an der durch Jesus offenbar gewordenen göttlichen Le-
bensfülle."[48] Diese komplexen Assoziationen ermöglichen somit eine Korrelation der Geburtsmotive in Joh 3,3.5 mit den Themen Taufe und Kreuzigung[49].

Diese Aussagen veranschaulichen die Innovationsfähigkeit des Verfassers des vierten
Evangeliums, der traditionelle Vorgaben im Zeichen johanneischer Christologie und
Soteriologie interpretiert bzw. modifiziert. Eindrücklich zeigt sich dies in den Taufmoti-
ven. Daß eine Reflexion überkommener Theologumena die johanneische Schule beschäf-
tigte, zeigt sich z. B. in Frage, ob Jesus selbst bzw. nur seine Jünger die Taufe praktizier-

---

risch als der von der Weisheit ausgehende göttliche Logos zu verstehen sei (κάτεισι δὲ
ὥσπερ ἀπὸ πηγῆς τῆς σοφίας ποταμοῦ τρόπον ὁ θεῖος λόγος, ἵνα ἄρδῃ καὶ πο-
τίζῃ τὰ ὀλύμπια καὶ οὐράνια φιλαρέτων ψυχῶν βλαστήματα καὶ φυτὰ ὡσανεὶ
παράδεισον).

[46] Auch wenn die chronologische Angabe ἐν δὲ τῇ ἐσχάτῃ ἡμέρᾳ τῇ μεγάλῃ
τῆς ἑορτῆς (V 37a) auf den siebten und den achten Tag des Laubhüttenfestes bezogen
werden (zur Diskussion vgl. u. a. Bil II, 808-812; U. SCHNELLE, Johannes, 148), scheint
der Motivkomplex für den siebten Tag zu sprechen. Zu Traditionen einer rituellen Wasserspende wie tSuk 3,1; mSuk 4,1.9; 5,1; jSuk 5,1 etc. und entsprechenden alttestamentlichen bzw. frühjüdischen Korrespondenzmotiven wie z. B. Jes 12,3; 55,1; Sir 51,23f.
vgl. K. WENGST, Johannesevangelium I, 290f.; Bil II, 799-805.

[47] Treffend U. SCHNELLE, Johannes, 88.

[48] So U. SCHNELLE, Johannes, 149.

[49] Vgl. T. POPP, Grammatik, 122ff.; vgl. ferner Y. IBUKI, Gedankenaufbau, 14; T.
SÖDING, Wiedergeburt, 210f.. Speziell zur besonders kontroversen Frage einer sakramen-
talen Konnotation von Joh 19,34f. vgl. ferner K. SCHOLTISSEK, Sein, 207; J. ZUMSTEIN,
Joh 19,25-27; U. BUSSE, Tempelmetaphorik, 422ff. Speziell zum Verhältnis zum Ver-
hältnis Joh 3,5 und 1 Joh 5,6-8 vgl. B. WITHERINGTON, Waters of Birth, 155-160; M.
SCHMIDL, Nikodemus, 144ff.

ten (vgl. Joh 3,22; 4,1-3)[50]. Dies ist jedoch keine generelle Kritik entsprechender Tauf-verständnisse[51]. Gerade in Joh 3,3.5-10 verarbeitet der Verfasser des vierten Evangeliums „Traditionen seiner Schule, in denen die soteriologische Bedeutung der Taufe als Einlaßbedingung in das Reich Gottes thematisiert wird"[52]. Die Reminiszenzen an die Sakraments- bzw. Taufvorstellung in Joh 3,3ff. veranschaulichen somit einen theologischen Konsolidierungsprozeß, in welchem Altes bewahrt und im Zeichen der theologischen Fortentwicklung neu erfaßt wird.

Der weitere Gesprächsverlauf der Nikodemusperikope fokussiert jedoch nicht die Korrespondenz von πνεῦμα und ὕδωρ, sondern die Antithetik von πνεῦμα und σάρξ (Joh 3,6-8).

2.2 Die Fleisch – Geist – Antithetik (Joh 3,6-8)

Die in Joh 3,6-8 vorliegende Antithetik von σάρξ und πνεῦμα durchläuft folgende Argumentationsstruktur. Zunächst wird die zuvor angesprochene Geistgeburt mit einer ‚Fleischgeburt' kontrastiert:

Joh 3,6a	τὸ γεγεννημένον	ἐκ τῆς σαρκὸς	σάρξ ἐστιν,
b	τὸ γεγεννημένον	ἐκ τοῦ πνεύματος	πνεῦμά ἐστιν.

Durch diesen antithetischen Parallelismus wird „Joh 3,5 ... sentenzenhaft in dualistischer Sprache gedeutet"[53]. Die folgende Parenthese Joh 3,7 schafft eine Inklusion zur Eröffnung des geburtsmetaphorischen Diskurses in Joh 3,3 und steigert die Aufmerksamkeit des textinternen Gesprächspartners Jesu bzw. des textexternen Lesers. Der prohibitive Konjunktiv Aorist μὴ θαυμάσῃς (Joh 3,7a) betont nochmals die Bedeutung dieser Worte und warnt vor einem Mißverständnis[54]. Daraufhin wird der πνεῦμα – Begriff durch ein Wortspiel entfaltet:

---

[50] Während C. H. DODD, Interpretation, 311; U. SCHNELLE, Johannes, 84f. u. a. die strittige Sequenz Joh 4,2 als Glosse verstehen, die einen Ausgleich zu synoptischen Korrespondenztexten ermöglicht, erkennen T. OKURE, Mission, 81ff; B. OLSSON, Structure, 153 hierin einen genuinen Textbestandteil

[51] Zu derartigen Ansätzen vgl. M. BARTH, Taufe, 451. Zum Verhältnis der johanneischen Taufvorstellung zu paulinischen und lukanischen Konzeptionen wie u. a. 1 Kor 6,11; 10,1ff.; 12,13; 2 Kor 1,21f.; Gal 5,24f.; Röm 5,5; Act 1,5; 2,38; 8,17; 11,16; 19,1-6 vgl. U. SCHNELLE, Gerechtigkeit, 124ff.

[52] So U. SCHNELLE, Johannes, 72, der die Taufthematik als einen bzw. den Hauptaspekt von Joh 3,3.5-10 versteht

[53] So T. POPP, Grammatik, 129 in Rekurs auf M. THEOBALD, Fleischwerdung, 345 und U. WILCKENS, Johannes, 67. Vgl. entsprechend M. SCHMIDL, Nikodemus, 191; U. SCHNELLE, Johannes, 72.

[54] Vgl. F. BLASS/A. DEBRUNNER, Grammatik, § 337, 3.3; E. G. HOFFMANN/H. V. SIEBENTHAL, Grammatik, § 269b; ähnlich auch Joh 5,28; 1 Joh 3,13; zu entsprechenden rhetorischen Figuren vgl. R. SCHNACKENBURG, Johannesevangelium I, 386. Ferner deutet der Übergang von der singularischen (μὴ θαυμάσῃς ὅτι εἶπόν σοι) zur pluralischen

Joh 3,8aα   τὸ πνεῦμα ὅπου θέλει πνεῖ καὶ τὴν φωνὴν αὐτοῦ ἀκούεις,
aβ   ἀλλ᾽ οὐκ οἶδας πόθεν ἔρχεται καὶ ποῦ ὑπάγει
b   οὕτως ἐστὶν πᾶς ὁ γεγεννημένος ἐκ τοῦ πνεύματος.

Das Wortspiel Joh 3,8aα basiert auf der semantischen Ambiguität des Begriffs πνεῦμα, welcher wie sein hebräisches Äquivalent רוּחַ sowohl ‚Geist‘, als auch ‚Wind‘ bedeuten kann[55]. Die Figura etymologica τὸ πνεῦμα ... πνεῖ vergleicht somit das ‚Wehen des Windes‘ mit der Dynamik des göttlichen Geistes.

Auch wenn σάρξ in Joh 3,8 nicht explizit genannt ist, ist die Entfaltung des Geistbegriffs in den Gesamtzusammenhang der Geist – Fleisch – Antithetik einzuordnen[56]. Auf diese Weise werden σάρξ und πνεῦμα, die in Joh 3,6 zunächst nur statisch gegenübergestellt wurden, nun dynamisch zueinander in Beziehung gesetzt. Dies entspricht wiederum dem argumentativen Duktus in Joh 3,3.5. Während jedoch das Motiv des ‚Hineingehens in das Königreich‘ (Joh 3,5) eine Dynamik kennzeichnet, in die jene versetzt sind, die aus ‚Wasser und Geist‘ geboren werden, thematisiert Joh 3,8 die Voraussetzung dieser Geistgeburt. Die im Motiv der pneumatischen Geburt implizierte Gotteskindschaft ist jeder menschlichen Verfügbarkeit entzogen und gründet allein im Heilshandeln Gottes[57]. Joh 3,8 trägt somit ebenso wie Joh 3,3.5f. prädestinatianische Komponenten, die in späteren Kontexten des Johannesevangeliums entfaltet werden (vgl. u. a. Joh 6,29; 44f.64f.; 8,46f.; 9,39; 12,37-41).

Exkurs: Die sukzessive Entfaltung des Prädestinationsgedankens
im Erzählverlauf des Johannesevangeliums

Das vierte Evangelium bietet ein breites Spektrum prädestinatianischer Aussagen, die in unterschiedlichen Kontexten des Erzählverlaufs eingebettet sind (vgl. v. a. Joh 3,3.5f.8;

Anrede (Δεῖ ὑμᾶς γεννηθῆναι ἄνωθεν) die hermeneutische Horizontverschmelzung der vor- und nachösterlichen Situation an.

[55] Vgl. F. BLASS/A. DEBRUNNER, Grammatik, § 89, 1.2; R. SCHNACKENBURG, Johannesevangelium I, 387, Anm. 2. Unangemessen ist es hingegen, daß Motiv des ‚Wehens des Geistes‘ auf ägyptische Einflüsse zurückzuführen (so M. GÖRG, Pneuma, 5-9).

[56] Zum Verhältnis von Joh 3,5f.8 und Joh 6,51-56.63 vgl. T. POPP, Grammatik, 129 bzw. 360ff. Der Argumentationsduktus in Joh 3,5f. konzentriert sich jedoch auf den Geistbegriff.

[57] Zum Verhältnis von ‚Geistgeburt‘ und ‚Gotteskindschaft‘ D. RUSAM, Gemeinschaft, 11, der Joh 3,3.5f.8 als Vorstufe des im ersten Johannesbrief vorliegenden Motivs der Gotteskindschaft versteht (op. cit., 116f.). Zur Unterscheidung von ἀκούειν φωνήν und ἀκούειν φωνῆς (Joh 3,8; 5,25.28.37; 10,3.16) als bloß akustische Wahrnehmung und einem gehorchenden Hören vgl. F. BLASS/A. DEBRUNNER, Grammatik, § 173, 2,5; 142.

6,44f.65; 8,46f.; 9,39; 12,37-41 etc.)[58]. Die Einzelmotive werden sukzessive bekräftigt und bilden einem konsistenten Motivkomplex.

Alle wesentlichen argumentativen Prämissen sind in die Darstellung der öffentlichen Tätigkeit Jesu integriert. Bereits in der Nikodemusperikope wird deutlich, daß die Voraussetzung des eschatologischen Heils – die ‚Geistgeburt‘ – menschlicher Verfügbarkeit entzogen ist (Joh 3,8; *in nuce* bereits Joh 3,3.5f.)[59]. Während in diesem Zusammenhang somit zunächst *via negationis* erläutert wird, in welcher Weise die Genese der Gotteskindschaft zu verstehen sei, bringt Joh 6,29 *expressis verbis* zur Geltung, daß die πίστις bzw. die Akzeptanz des Sendungsanspruchs Jesu aus einem souveränen Heilshandeln Gottes resultiert[60]. Diese These schließt die erste Reflexion des Speisungswunders ab[61]. Ihre prädestinatischen Implikationen werden jedoch in der nachfolgenden Lebensbrotrede durch die Aussage bekräftigt, daß nur derjenige ‚zu Jesus kommen‘ könne, der vom Vater gezogen wird (Joh 6,44). Die Thesen Joh 6,29 und Joh 6,44 korrespondieren somit einander und bekräftigen sukzessive, daß der Mensch ein heilvolles Gottesverhältnis nicht selbstverantwortlich realisieren kann.

Dieser Sachverhalt erfährt eine weitere Zuspitzung, indem Joh 6,44 in der folgenden Argumentationsentwicklung wiederaufgenommen und konkretisiert wird. Das Motiv des ‚Gezogenwerdens von Gott‘ wird jedoch auf zwei unterschiedlichen Konfliktebenen funktionalisiert. Joh 6,29.44f. schildern die Auseinandersetzung Jesu mit jüdischen Kontrahenten. Während die von Jesus beanspruchte göttliche Dignität nur unter ‚den Juden‘ Anstoß erregt, entfacht sich der Konflikt unter den Jüngern an der eucharistischen bzw. inkarnationstheologischen Interpretation der Lebensbrotrede (Joh 6,60-71)[62].

In der Einleitung dieses Abschnittes wird der textexterne Leser durch einen Erzählerkommentar darüber informiert, daß Jesus bereits um die Skepsis einiger Jünger wußte,

---

[58] Die prädestinatischen Tendenzen des Johannesevangeliums werden bereits im Prolog erkennbar (zu Joh 1,13 vgl. F. J. MOLONEY, John, 38ff. bzw. 44f.; H. GESE, Johannesprolog, 166f.).

[59] Vgl. u. a. R. BERGMEIER, Glaube, 216ff.; O. HOFIUS, Wiedergeburt, 48-52; P. BALLA, Child-Parent Relationship, 223; T. ONUKI, Welt, 63f.; D. RUSAM, Gemeinschaft, 11 etc. Anders hingegen M. SCHMIDL, Nikodemus, 157 bzw. 202f.; G. RÖHSER, Prädestination, 195ff. bzw. 214 und v. a. G. SCHWARZ, Wind, 47f., J. D. THOMAS, Translation, 219-224, die im Motiv des ‚Wehens des Geistes‘ die Erwartung einer universalen Erweckungsbewegung impliziert sehen.

[60] Die syntaktische Struktur der These Joh 6,29a (... τοῦτό ἐστιν τὸ ἔργον τοῦ θεοῦ, ἵνα πιστεύητε εἰς ὃν ἀπέστειλεν ἐκεῖνος) betont eigens, daß der Glaube der Jünger ein Werk Gottes ist (vgl. T. POPP, Grammatik, 317f.; H. WEDER, Menschwerdung, 375f.).

[61] Zur literarischen und sachlichen Verschränkung des Speisungswunders (Joh 6,1-25), dessen erster Reflexion (Joh 6,26-29) und der Lebensbrotrede (Joh 6,30-51) vgl. T. POPP, Grammatik, 265f. bzw. 276ff.; M. STARE, Leben, 22ff.

[62] Zur Unterscheidung dieser Ebenen vgl. J.-M. SCHRÖDER, Israel, 225ff. bzw. 252ff. Der in Joh 6,41ff. thematisierte Anstoß korreliert dem in Joh 5,18; 10,33 ebenfalls von ‚den Juden‘ erhobenen Vorwurf, daß Jesus sich selbst Gott gleich stelle (vgl. besonders Joh 10,33c: σὺ ἄνθρωπος ὢν ποιεῖς σεαυτὸν θεόν; zur Korrespondenz dieser Vorwürfe vgl. H.-C. KAMMLER, Christologie, 17-20). Zudem wird die Dramaturgie von Joh 6 gesteigert, indem das ‚Murren‘ der Jünger (Joh 6,61f.) dem Verhalten jener ‚Juden‘ entspricht (zu Joh 6,41-43 vgl. U. SCHNELLE, Johannes, 140; T. POPP, Grammatik, 336ff.).

ohne darüber eigens informiert worden zu sein[63]. Auf diese Aussage über die besondere Erkenntnisfähigkeit des Gottessohnes folgt eine direkte Konfrontation zwischen Jesus und jenen zweifelnden Jüngern. In diesem Kontext rekurriert V 65 auf die in Joh 6,44f. eingeführte argumentative Prämisse:

Joh 6,44a   οὐδεὶς δύναται ἐλθεῖν πρός με

      b   ἐὰν μὴ ὁ πατὴρ ὁ πέμψας με ἑλκύσῃ αὐτόν, ...

Joh 6,65b   οὐδεὶς δύναται ἐλθεῖν πρός με

      c   ἐὰν μὴ ᾖ δεδομένον αὐτῷ ἐκ τοῦ πατρός.

Die nahezu identisch strukturierten Aussagen werden durch Joh 6,65a explizit zueinander in Beziehung gesetzt (Joh 6,65a καὶ ἔλεγεν Διὰ τοῦτο εἴρηκα ὑμῖν ὅτι ... [64]). In beiden Zusammenhängen wird somit exemplifiziert, in welcher Weise die Akzeptanz der Worte Jesu ein Werk Gottes sei (Joh 6,29). Die zwei unterschiedlichen Konfliktebenen korrespondieren jedoch unterschiedlichen Phänomenen der nachösterlichen Gemeindegeschichte. Während sich in den in Joh 6,26-59 stilisierten Kontroversen die Trennung der johanneischen Christen von der Synagogengemeinschaft spiegelt, entspricht die Trennung unter den Jüngern Jesu dem Gemeindeschisma (Joh 6,60-71)[65]. Und so eindrücklicher ist, daß beide Sachverhalte mit dem gleichen prädestinatianischen Motiv reflektiert werden.

Joh 6,29.44.65 entfalten somit jene soteriologische Komponente, welche bereits in der Nikodemusperikope in bezug auf die ‚Geistgeburt' vorgebracht wurde (Joh 3,3.5f.8). Doch auch diese Thesen werden ihrerseits im weiteren Erzählverlauf entfaltet. In bezug auf Joh 6,29.44.65 könnte postuliert werden, daß Gott lediglich die Voraussetzung für die glaubende Akzeptanz des Sendungsanspruchs Jesu schaffe, die nun die Entscheidung des menschlichen Individuums herausfordere[66]. Dieser Interpretationsfreiraum wird jedoch

---

[63] Der Erzählerkommentar betont somit die Würde Jesu (vgl. K. WENGST, Johannesevangelium I, 256f.). Dies entspricht Joh 2,25, wo ebenfalls betont wird, daß Jesus von sich aus die Vordergründigkeit der ihm entgegengebrachten Sympathien erkannt habe (vgl. U. SCHNELLE, Johannes, 67).

[64] Obwohl Joh 6,65 als Rekurs auf Joh 6,44 erkennbar ist, wird die Voraussetzung der Genese des Glaubens unterschiedlich umschrieben (V 44b spricht vom ‚Gezogen werden vom Vater', V 65b hingegen vom ‚Beschenkt werden vom Vater'). Der Akzent liegt jedoch in beiden Aussagen darauf, daß diese Voraussetzung von Gott ermöglicht wird.

[65] Zur Relevanz dieser nachösterlichen Trennungsprozesse für die Komposition von Joh 6 vgl. U. SCHNELLE, Christologie, 249ff.; C. HOEGEN-ROHLS, Johannes, 256-261; T. POPP, Grammatik, 413; L. SCHENKE, Schisma, 105ff.; H. WEDER, Menschwerdung, 383ff.; T. KNÖPPLER, Theologia crucis, 46f.; J. FREY, Eschatologie III, 396f. etc.

[66] So wird z. B. für G. RÖHSER, Prädestination, 254 derjenige „von Gott zu Jesus ‚hingezogen' und von diesem im Heilsbereich ewigen Lebens bewahrt", der sich seinerseits auf das Handeln Jesu und Gottes einläßt. Eine entgültige Heilsverschlossenheit resultiere erst aus der Ablehnung dieser Heilsermöglichung. R. METZNER, Sünde, 230 zufolge impliziert das Motiv des ‚Ziehens Gottes' zugleich ein ‚Sich – Entziehen des Kosmos', welches nicht „passiv – enthaltend", sondern „aggressiv – feindschaftlich" zu verstehen sei. Entsprechend betont R. BULTMANN, Theologie, 375 zu Joh 6,44f., daß das

durch jene prädestinatianischen Motive eingegrenzt, die im weiteren Erzählverlauf des Johannesevangeliums begegnen:

Die markanteste prädestinatianische These des vierten Evangeliums ist in die Auseinandersetzung um die Abrahams- bzw. Gotteskindschaft der Kontrahenten Jesu integriert (Joh 8,31-47). In diesem Kontext spricht der johanneische Jesus seinen Gegnern die von ihnen beanspruchte Gotteskindschaft ab. Nur derjenige, der ihn liebt, erweise sich als Gottes Kind (Joh 8,42a). Während das Motiv der Liebe zu Jesus erst in den Abschiedsreden als eine *conditio sine qua non* johanneischer Jüngerschaft herausgearbeitet wird (Joh 14,15.21.32f.; 16,27)[67], konzentriert sich der weitere Argumentationsduktus in Joh 8,42-47 auf die Begründung der Ablehnung Jesu. Das Verhalten der Kontrahenten Jesu wird auf ihre ontologische Grundverfassung zurückgeführt: Sie seien Kinder des Teufels und wollten die Werke Vaters ausführen (Joh 8,44aα ὑμεῖς ἐκ τοῦ πατρὸς τοῦ διαβόλου ἐστὲ καὶ τὰς ἐπιθυμίας τοῦ πατρὸς ὑμῶν θέλετε ποιεῖν). Sie beabsichtigen Jesus zu töten (Joh 8,40), da der διαβόλος prinzipiell ein Mörder sei (Joh 8,44bα).

Die Reflexion dieses Verhalten erfährt eine zusätzliche Präzisierung. Nachdem zunächst festgestellt wurde, daß die Gegner Jesu durch ihre Teufelskindschaft ontologisch bestimmt sind, wird nun ergänzend gesagt, daß sie nicht die Voraussetzung haben, Jesu Botschaft zu verstehen. Die Begründung ist ebenso lapidar wie prägnant: Die Gegner Jesu können ihn nicht hören (vgl. Joh 8,43b.46f., besonders V 47b). ἀκούειν bezeichnet in diesem Kontext nicht nur eine akustische Wahrnehmung, infolge deren sich die Gesprächspartner zustimmend bzw. ablehnend verhalten können. Die Aussageintention liegt vielmehr in der Feststellung, daß nur derjenige die Worte Jesu verstehen und akzeptieren kann, der aus Gott geboren ist[68]. Im Gesamtkontext der prädestinatianischen Aussagen des Johannesevangeliums ist ein solches Hören somit nur den dazu prädestinierten Gotteskindern möglich[69]. Demgegenüber können die Teufelskinder die von Jesus verkündigte ,Wahrheit' nicht erkennen, insofern ihr Vater nicht ,in der Wahrheit steht' bzw. keine Wahrheit in sich trägt (Joh 8,44b). Er und seine Kinder propagieren hingegen die ihm wesenseigene Lüge und Täuschung (Joh 8,44c). Das Verhalten der Gesprächspartner Jesu erweise sie somit als Kinder des Teufels.

Man kann resümieren, daß die in Joh 8,42-47 entfaltete Antithetik von Gottes- und Teufelskindschaft wie kaum eine andere Sequenz des vierten Evangeliums betont, daß

,Gezogen werden von Gott' nicht als ein „willenloses Hingerissenwerden" mißverstanden werden dürfe (vgl. entsprechend ders., Johannes, 172). Entsprechend resümiert M. THEOBALD, Fleischwerdung, 366: „Gezogen wird, wer sich ziehen lässt."

[67] Der Irrealis Joh 8,42a (εἰ ὁ θεὸς πατὴρ ὑμῶν ἦν ἠγαπᾶτε ἂν ἐμέ) kennzeichnet die ablehnende Einstellung der Kontrahenten Jesu und bildet ein negatives Korrelat zu Joh 14,15.21.23f.; 16,27. Dies entspricht auch der Antithetik von Joh 5,42 und Joh 17,24.26. Während in Joh 5,42 den Kontrahenten Jesu abgesprochen wird, die Liebe Gottes in sich zu tragen, soll Joh 17,24.26 zufolge die ewige Liebe zwischen dem Vater und dem Sohn in den Glaubenden Wohnung nehmen und durch die Liebe zu Jesus in ihnen bleiben (Joh 14,21.23f.; zum Verhältnis von Joh 5,42; 14,12.23f.; 17,24.26 vgl. K. SCHOLTISSEK, Sein, 332ff.).

[68] H.-C. KAMMLER, Christologie, 129 versteht ein derartiges ,Hören' „streng und ausschließlich als *Wirkung* des Wortes ... und damit als ein in der göttlichen Erwählung zum Heil begründetes Werk des Sohnes *am* Menschen".

[69] Vgl. A. STIMPFLE, Blinde, 77; H.-C. KAMMLER, Christologie, 129. Auch wenn in diesem Kontext nur von einem ,Sein aus Gott' gesprochen wird, impliziert der geburtsmetaphorische Zusammenhang das Motiv der ,Gotteskindschaft'.

die ontologische Grundverfassung eines Menschen seine Erkenntnisfähigkeit und sein Verhalten bestimmt. Würde man diese Aussagen aus dem Gesamtzusammenhang der johanneischen Theologie lösen und logisch stringent entfalten, so würden sie die dogmatische Lehrbildung von einer doppelten Prädestination rechtfertigen können[70].

Während Joh 8,42-47 das ‚Nicht-Hören-Können‘ der Gegner Jesu thematisiert, wird in Joh 9 deren ‚Nicht-Sehen-Können‘ zur Geltung gebracht. Die johanneische Blindenheilungserzählung kann als eine narrative Inszenierung der vorhergehenden prädestinatianischen Aussagen verstanden werden, welche die Innovationskraft des Autor des Johannesevangeliums im Umgang mit den ihm zur Verfügung stehenden Traditionen verdeutlicht. Auch wenn Joh 9 prinzipiell als eine Wundergeschichte charakterisiert werden kann[71], erweist sie sich im Gesamtzusammenhang der Lichtmetaphorik des vierten Evangeliums zugleich als eine Exemplifikation der These, daß Jesus das Licht der Welt sei (Joh 8,12): „Was sich in der Geschichte am Blindgeborenen ereignet, vollzieht sich an jedem Menschen, der zum Glauben kommt. Er wird vom ‚Licht der Welt‘ aus seiner Blindheit herausgeholt und wird so zu einem wahrhaft Sehenden."[72]

Das Johannesevangelium betont gegenüber der synoptischen Tradition zudem, daß der Geheilte bereits bei seiner Geburt blind war. Diese Zuspitzung kann einerseits als eine Konsequenz der johanneischen Geburts- bzw. Zeugungsmetaphorik verstanden werden, andererseits als eine Entfaltung der prädestinatianischen Implikationen der Erzählung[73]. Die Kontroversen, die sich an der Heilung entzünden, werden nämlich von einer subtilen

---

[70]　Treffend H. HÜBNER, Art. Prädestination, 107f., der dies jedoch durch den Gesamtkontext des Johannesevangeliums relativiert sieht. Demgegenüber postuliert H.-C. KAMMLER, Christologie, 148 insbesondere anhand von Joh 8,42-47, daß der vierte Evangelist einen „radikalen, im Sinne der *praedestinatio gemina* zu verstehenden Prädestinatianismus" vertrete.

[71]　Ausführlich vgl. M. REIN, Heilung, 192ff.; bzw. M. LABAHN, Lebensspender, 308; W. SCHRAGE, Art. τυφλός, 281ff. zum Verhältnis der johanneischen Blindheilungserzählung zu alttestamentlich-frühjüdischen und frühchristlichen Erwartungen wie Jes 35,5; 42,7; 61,1; 4Q521 Frgm. 2 col. II. 8; Mt 11,5; Lk 4,18; 7,21 etc.

[72]　Treffend U. SCHNELLE, Johannes, 169. Vor der Heilung des Blinden wird die Selbstprädikation Jesu als ‚Licht der Welt‘ nochmals rekapituliert. Bereits Joh 8,12 kann Assoziationen zu alttestamentlich-frühjüdischen Vorstellungen evozieren, die mit dem Kommen des Messias u. a. auch Blindenheilungen verbinden. Was somit in Joh 8,12 impliziert war, wird in der Blindenheilungserzählung *in extenso* zur Geltung gebracht (zur Funktion von Joh 9,4f. im Kontext der Blindenheilungserzählung und zu Motivhintergründen wie Gen 1,3; Jes 35,5; 42,6.9; 60,1-3 etc. vgl. M. LABAHN, Lebensspender, 305ff. bzw. 380ff.).

[73]　Die Beurteilung dieses Phänomens wird erzählerisch eigens hervorgehoben: Zunächst wird die Frage problematisiert, ob die Sünden des Blindgeborenen oder die Sünden seiner Eltern die Ursache seines Schicksals seien (V 2f.). Gleichwohl wird keine exakte Ursache für diese Blindheit benannt. Die primäre Aussageintention liegt hingegen darin, daß sich an der Blindheit die ἔργα τοῦ θεοῦ offenbaren sollen (V 3b; zum Verhältnis von Sündhaftigkeit und Blindheit vgl. M. LIEU, Blindness, 84-86; M. HASITSCHKA, Sünde, 330 bzw. 335; M. LABAHN, Lebensspender, 309). Angesichts dessen wirkt die johanneische Gestaltung der Blindenheilungserzählung wie eine Ausgestaltung von Mk 8,22-26; 10,46-52 parr., in welcher noch deutlicher als in den synoptischen Korrespondenztexten die „Doxa des Wundertäters" hervorgehoben wird (so U. SCHNELLE, Johannes, 175).

und ironischen Grundaussage begleitet. Der Blinde wird von denjenigen verhört, die für sich in Anspruch nehmen, sehen zu können. Diese sind jedoch blind für das in Jesus präsente eschatologische Heil. Nur wer durch Jesu Zuwendung sehend wurde, kann ihn erkennen[74].

Dieser Sachverhalt wird zum Abschluß der Heilungserzählung pointiert zur Geltung gebracht: Der Geheilte realisiert sukzessive die Hoheit Jesu (Joh 9,11.17.33.35)[75] und der Argumentationsduktus kulminiert schließlich im Glaubensbekenntnis bzw. der Proskynese des ehemals Blinden (Joh 9,38)[76]. Im direkten Anschluß hierin faßt der johanneische Jesus jenen Sachverhalt in Worte, welchen die vorhergehenden Versen erzählerisch zur Geltung gebracht haben (Joh 9,39). An der Heilung des Blinden zeigt sich, inwieweit Jesu Kommen in die Welt ein Gerichtsgeschehen ist: „Eben darin ereignet sich das Gericht, daß sich an der Begegnung mit Jesus die Scheidung zwischen Glauben und Unglauben, zwischen Sehenden und Blinden vollzieht."[77] Auf diese Weise exemplifiziert die johanneische Blindenheilungserzählung eine weitere Facette des Prädestinationsgedankens des vierten Evangeliums und zeigt „in dramatischer Weise, daß Jesus das Licht der Welt ist, das die Geister scheidet."[78].

Die Sequenz Joh 12,37-41 bietet einen weiteren prädestinatianischen Akzent des Johannesevangeliums, der sich jedoch von den zuvor genannten Sequenzen textstrukturell unterscheidet[79]. In Joh 3,8; 6,44f.65; 8,46f.; 9,39 etc. konfrontiert der johanneische Jesus seine jeweiligen textinternen Gesprächspartner mit Aussagen, welche auf unterschiedliche Weise die menschliche Unverfügbarkeit des eschatologischen Heils zur Geltung bringen. Diese Erzählebene wird durch den Erzählerkommentar bzw. die Schlußnotiz Joh 12,36b verlassen (vgl. Joh 12,36b Ταῦτα ἐλάλησεν Ἰησοῦς καὶ ἀπελθὼν ἐκρύβη ἀπ' αὐτῶν). Die Schilderung einer textinternen Kommunikation zwischen Jesus und seinen Jüngern wird erst in den Abschiedsreden wieder aufgenommen.

Zwischen diesen Textbereichen bildet Joh 12,37-50 eine Metaebene, durch welche die öffentliche Tätigkeit Jesu eine abschließende Reflexion erfährt[80]. In diesem Zusammen-

---

74 So U. SCHNELLE, Johannes, 171 zu Joh 9,13 etc.

75 Zu dieser dramaturgischen Zuspitzung vgl. R. E. BROWN, John I, 337.

76 Die Formulierung ὁ δὲ ἔφη· Πιστεύω, κύριε· καὶ προσεκύνησεν αὐτῷ. (Joh 9,38) korreliert dem Thomasbekenntnis Joh 20,28. Diese Korrespondenz birgt eine subtile Interpretation der Begriffe ‚Glauben' und ‚Sehen'. Zunächst entfaltet Joh 9,39, in welcher Weise „Sehen ... Glauben, Unglaube hingegen Blindsein" bedeutet (so U. SCHNELLE, Johannes, 174). Joh 20,28f. präzisiert jedoch, daß ein ‚wahrhaft Sehender' an Jesus glauben kann, auch ohne ihn körperlich gesehen zu haben.

77 So R. BULTMANN, Theologie, 390 angesichts der Vermutung, daß in Joh 3,19; 5,24; 9,39 bei der Verwendung von κρίσις und κρίμα die Aspekte ‚Gericht', ‚Scheidung' und ‚Sonderung' voneinander differenziert werden: „So vollzieht sich – indem mit der Doppelbedeutung von κρίσις gespielt wird – das Gericht als die große Scheidung." (ders., Johannes, 113; kritisch gegenüber einer solchen Distinktion hingegen H.-C. KAMMLER, Christologie, 51).

78 Vgl. M. THEOBALD, Fleischwerdung, 312; entsprechend M. LABAHN, Jesus, 372. R. SCHNACKENBURG, Johannesevangelium II, 328 erkennt in Joh 9,39 sogar den Höhepunkt aller prädestinatinaischen Aussagen des vierten Evangeliums.

79 Vgl. R. BERGMEIER, Glaube, 228ff.

80 Diese Sonderstellung zeigt sich eindrücklich an Joh 12,44-50. Diese „Rede ist bewußt zeitlich und örtlich enthoben nicht fixiert, weil ihr Inhalt immer und überall gilt" (so U. SCHNELLE, Johannes, 209). Für R. KÜHSCHELM, Verstockung, 61 impliziert diese

hang wird u. a. begründet, warum Jesus trotz der von ihm vollbrachten Zeichen Ablehnung erfahren hat. Der Verfasser des Johannesevangeliums versucht dies als ein Geschehen verständlich zu machen, das dem göttlichen Heilsplan nicht enthoben, sondern in denselben integriert ist (Joh 12,37-43). Die Begründung bringt signifikant die johanneische Schrifthermeneutik zur Geltung, insofern zwei jesajanische Motive miteinander kombiniert und christologisch appliziert werden. Zunächst wird festgehalten, daß sich in der Ablehnung Jesu jenes Geschicks erfülle, welches Jes 53,1 zufolge dem Knecht Gottes beschieden ist (Joh 12,38). Hierin realisiere sich wiederum die Verstockungssaussage Jes 6,10 (Joh 12,39f.). Die Schriftrezeption impliziert eine markante soteriologische Pointe: Die Ablehnung Jesu geht nicht auf den Willen des jeweiligen menschlichen Individuums zurück. Gott selbst habe vielmehr die ‚Verblendung der Augen' und die ‚Verhärtung der Herzens' verfügt[81]. In diesem Motiv konvergieren zugleich die zuvor entfaltete Blindheit und Taubheit der Gegner Jesu in bezug auf das Heil, das in ihm gegenwärtig ist[82]. Diese soteriologische Applikation von Jes 6,10 mündet in eine christologische Spitzenthese, welche die Präexistenz Jesu zur Geltung bringt: Die Herrlichkeit, die Jesaja bei seiner Thronsaalvision gesehen habe, war keine andere als die δόξα Jesu[83].

Die abschließende Reflexion der öffentlichen Tätigkeit Jesu in Joh 12,37-41 komprimiert somit eine Quintessenz der zuvor exponierten prädestinatianischen Aussagen: Die Kontrahenten Jesu nahmen nicht an seinem Sendungsanspruch Anstoß, weil sie nicht glauben *wollten*, sondern weil sie nicht glauben *konnten*. Für den Verfasser der Johannesevangeliums ist somit die „Heilsverschlossenheit ... die negative Seite des Prädestinationsgedankens"[84].

Doch auch wenn „die johanneische Erwählungs- und Prädestinations*vorstellung* ... – wie bei Paulus – Ausdrucksmittel der radikalen Gnade Gottes" ist[85], besitzt das vierte

---

Zuordnung eine dialektische Funktion: Einerseits greifen die Worte Jesu über die konkrete historische Situation hinaus, andererseits können sie als die letzte öffentliche Rede Jesu verstanden werden. Auf diese Weise wird der Kontrast von Heilsangebot und Heilsablehnung nochmals hervorgehoben.

[81]   Treffend formuliert R. BERGMEIER, Glaube, 231, daß dieser johanneischen Konzeption zufolge Gott selbst „die Verstockung bewirkt, damit Umkehr und Heilung ausgeschlossen sind". Speziell in bezug auf jüdische Ablehnung Jesu könne resümiert werden: „Deswegen *konnten* die Juden nicht glauben, weil Gottes Vorentscheidung gegen sie schon in Jes 6,10 dokumentiert war" (op. cit., 230; vgl. ferner H.-C. KAMMLER, Christologie, 135). Entsprechend resümiert J. GNILKA, Johannes, 103, daß im Sinne von Joh 8,42-47 etc. der Teufel zwar die Bekehrung verhindert, daß aber letztlich Gott selbst für die Verstockung verantwortlich gemacht wird.

[82]   In Joh 8,46f. bzw. Joh 9,39 werden zwei Formen des Erkennens Jesu thematisiert (‚Hören' bzw. und ‚Sehen'). Beide Motive konvergieren in Joh 12,37-41. Auch wenn eine Korrespondenz zu Jes 6,9f. in Joh 9,39 und Joh 8,46f. nur implizit vermutet werden kann, ist sie sachlich von Joh 12,37-41 her evident (vgl. M. LABAHN, Lebensspender, 309; M. HASITSCHKA, Sünde, 330 bzw. 335; H. HÜBNER, Theologie III, 183; M. LIEU, Blindness, 84-86).

[83]   Vgl. L. HURTADO, Lord, 374f. Zum Verhältnis von Joh 12,41 zu den weiteren Präexistenzaussagen wie z. B. Joh 1,1f.; 1,30; 6,62; 8,58; 17,5.24 s. o. § 10/2.1.2.

[84]   Treffend R. BERGMEIER, Glaube, 231; entsprechend H.-C. KAMMLER, Christologie, 135; O. HOFIUS, Wiedergeburt, 66ff. etc.

[85]   Treffend M. HENGEL, Frage, 163, Anm. 35 (Hervorhebung E. E. P.).

Evangelium keine elaborierte Prädestinations*lehre*[86]. Die johanneische Darstellung der Worte und Taten Jesu reflektiert die nachösterlichen Gemeindesituation und betont dabei nachdrücklich die Souveränität Jesu und die Radikalität der göttlichen Gnade. In dieser Konzeptionen kann auch die partielle Ablehnung Jesu nicht der göttlichen Vollmacht entzogen sein (Joh 12,37-41). Die Adressaten sollen vielmehr getrost sein, daß die Ablehnung Jesu ebenso wie ihre eigenen negativen Erfahrungen – die Trennung von der synagogalen Gemeinschaft, das Gemeindeschisma bzw. die Ablehnung seitens des κόσ-μος – nicht dem göttlichen Heilsplan widersprechen. Nur derjenige könne den Sendungsanspruch und die Botschaft Jesu hören und akzeptieren, der von Gott gezogen werde bzw. aus Gott stamme (Joh 6,44.65; 8,46f.). Die Glaubenden könnten wiederum gewiß sein, daß Jesus selbst ihre Bewahrung verbürgt (Joh 6,39f.; 10,27-29; 17,12.15). Diesbezüglich erweisen sich die dualistischen bzw. prädestinatianischen Züge somit als „Epiphänomene"[87] der johanneischen Christologie. Was jedoch auch einer solchen „theologischen Reflexionsebene als Vorherbestimmung erscheint, ist auf der geschichtlichen Ebene nichts anderes als der nachträgliche Erklärungsversuch der Erfahrung, daß es Glaube und Unglaube gibt"[88].

Die johanneische Intention der Kontrastierung von ‚Fleisch' und ‚Geist' kann jedoch nicht nur von Joh 3,6-8 her erfaßt werden, sondern nur im Gesamtzusammenhang des vierten Evangeliums. Joh 3,6 bietet neben Joh 6,63 die einzige direkte Antithetik von σάρξ und πνεῦμα in den johanneischen Schriften. Auch wenn in beiden Zusammenhängen σάρξ pejorativ verwendet wird, umschreibt dies keine „grundsätzliche dualistische Geschiedenheit"[89] im Sinne eines ontologischen Substanzdualismus. σάρξ ist weder in der johanneischen Briefkorrespondenz, noch im vierten Evangelium *per se* negativ besetzt. Im Gesamtzusammenhang der johanneischen Inkarnationsvorstellung erfährt der Fleisch – Begriff vielmehr eine positive Aufwertung. Die negativen Aussagen dienen unterschiedlichen christologischen bzw. anthropologischen Aussageintentionen. Negativ konnotiert

---

[86] Gegen u. a. H.-C. KAMMLER, Christologie, 148.

[87] Vgl. R. KÜHSCHELM, Verstockung, 280, demzufolge dieselben die Funktion haben, die „Bedeutung der Christusoffenbarung und der damit verbundenen Krisis für die Welt" zu veranschaulichen. Diese Einschätzung kann jedoch nur Einzelaspekte des johanneischen Prädestinationsgedankens erfassen, ihn aber nicht hinreichend erklären.

[88] Treffend U. SCHNELLE, Johannes, 128, der entsprechend fortfährt: „Ein solcher Erklärungsversuch muß notwendigerweise unausgeglichen und widersprüchlich sein, weil sich hier der Mensch gewissermaßen an die Stelle Gottes setzt und vorgibt, seine Geheimnisse zu kennen. Prädestinationsaussagen sind deshalb immer theologische Grenzaussagen." Entsprechend vermutet H. HÜBNER, Art. Prädestination, 109, daß die prädestinatianischen Züge generell erst in der nachösterlichen Reflexionsarbeit entwickelt wurden, und noch keinen Anlaß in der Verkündigung des irdischen Jesus besaßen: „Vereinzelte Anklänge an den Gedanken der Prädestination in den synoptischen Jesusworten sind eher Ausdruck nachösterlicher Reflexion als jesuanischer Predigt."

[89] Gegen M. SCHMIDL, Nikodemus, 193, demzufolge diese Konzeption bereits in Joh 3,3-5 präfiguriert ist und einen „scharfen Dualismus" ausdrückt (op. cit., 197). Entsprechend insistiert A. TRUMBOWER, Born from Above, 75 auf der strikten, unvermittelbaren Geschiedenheit der Sphären.

dient σάρξ als Kennzeichnung der gesamten Menschheit (Joh 17,2), der eingeschränkten menschlichen Urteilsfähigkeit (Joh 8,15) oder einer negativen ontologischen Grundverfassung (Joh 1,13; 3,6; 6,63) etc.[90].

Demgegenüber wird bereits im Prolog die markanteste positive Bewertung des Fleisch – Begriffs innerhalb der johanneischen Theologie thematisiert, nämlich die Inkarnation Jesu (Joh 1,14). Dieses johanneische Fundamentalbekenntnis wird in der Lebensbrotrede und deren eucharistischen Interpretation entfaltet (Joh 6,22ff. und besonders Joh 6,51c-58.59.63). In diesem Kontext tritt auch die Intention der Kontrastierung von σάρξ und πνεῦμα zutage[91]. Die einzige pejorative Verwendung von σάρξ in diesem Zusammenhang bietet Joh 6,63:

Joh 6,63aα	τὸ πνεῦμά	ἐστιν τὸ ζῳοποιοῦν,
aβ	ἡ σὰρξ	οὐκ ὠφελεῖ οὐδέν·
b	τὰ ῥήματα ἃ ἐγὼ λελάληκα ὑμῖν πνεῦμά ἐστιν καὶ ζωή ἐστιν.	

Zunächst wird der Geist als die Vermittlungsinstanz der ζωή benannt (Joh 6,63a). Diese positive Bestimmung des Geistbegriffs wird durch den antithetischen Folgevers eigens zur Geltung gebracht: Die These der ,Nutzlosigkeit des Fleisches' (Joh 6,63aβ) umschreibt wiederum die menschliche Unverfügbarkeit dieser Heilsvermittlung und hebt die lebensspendende Kraft der Worte Jesu hervor (Joh 6,63b)[92]. Diesbezüglich entsprechen sich somit die Antithese von ,Fleisch' und ,Geist' in Joh 3,6; 6,63.

Während jedoch im weiteren Gesprächsverlauf zwischen Jesus und Nikodemus der σάρξ-Begriff nicht mehr thematisiert wird, bietet die eucharistische Interpretation der Lebensbrotrede dessen positive Konnotationen. Die argumentative Grundlage bildet die Selbstprädikation Jesu als das lebende bzw. lebensspendende Brot (Joh 6,51a ἐγώ εἰμι ὁ ἄρτος ὁ ζῶν ὁ ἐκ τοῦ οὐρανοῦ καταβάς· ἐάν τις φάγῃ ἐκ τούτου τοῦ ἄρτου ζήσει εἰς τὸν αἰῶνα, ...). Dieses Motiv wird nun auf den σάρξ – Begriff angewendet. Das Lebensbrot ist das Fleisch Jesu, welches er für das Leben der Welt gibt (Joh 6,51b ... καὶ ὁ ἄρτος δὲ ὃν ἐγὼ δώσω ἡ σάρξ μού ἐστιν ὑπὲρ τῆς τοῦ κόσμου ζωῆς.). Auf diese Weise avanciert der Fleischbegriff zu einem integralen Bestandteil der antidoketischen Reflexionen. Die dialektische Verwendung der Fleisch – Geist – Antithetik veranschaulicht

---

[90] Vgl. U. SCHNELLE, Johannes, 139. Auch die negative Begriffskonnotation 1 Joh 2,16b (ἡ ἐπιθυμία τῆς σαρκός) umschreibt lediglich eine negative Einstellung zur Welt und keine kategorische Weltverneinung (s. o. § 7/3.4.1).

[91] Zum Verhältnis von Joh 3,5f.8 und Joh 6,51-56.63 bzw. zum Argumentationsduktus der Lebensbrotrede vgl. T. POPP, Grammatik, 129 bzw. 360ff.; H. THYEN, Licht, 32ff.

[92] Treffend U. SCHNELLE, Johannes, 139.

somit paradigmatisch die johanneische Modifikation traditioneller Sprachmuster. Eine Entgegensetzung beider Bereiche wird nicht einfach übernommen, sondern in ein überaus reflektiertes, dialektisches Verhältnis gesetzt. Im Zeichen der johanneischen Inkarnationsvorstellung erfährt der σάρξ-Begriff jedoch eine positive Aufwertung.

Auch wenn sich in der paulinischen Theologie eine tendenziell ähnliche Kontrastierung von ‚Fleisch' und ‚Geist' beobachten läßt[93], so erfährt σάρξ im Kontext der johanneischen Inkarnationsvorstellung eine positive Aufwertung, die keine expliziten Analogien in der paulinischen Theologie besitzt[94]. Noch deutlicher hingegen ist die Diskrepanz dieser dialektischen Zuordnung von Fleisch und Geist zur späteren gnostischen Applikation johanneischer Theologie. Paradigmatisch hier für ist das Logion EvThom 29, welches wie eine subtile Transformation der johanneischen Inkarnationsvorstellung wirkt: „Jesus sagte: Wenn das Fleisch wegen des Geistes entstanden ist, ist es ein Wunder: Wenn aber der Geist wegen des Leibes (entstanden ist), ist es ein wunderbares Wunder. Aber ich wundere mich, wie sich dieser große Reichtum in dieser Armut niedergelassen hat."[95] Die dabei in der dritten Teilaussage aufgebaute Antithese von ‚Reichtum' und ‚Armut' birgt eine eindeutig pejorative Konnototion des Fleisch-Begriffs[96] (ⲁⲗⲗⲁ ⲁⲛⲟⲕ ϯⲣ ϣⲡⲏⲣⲉ ⲙⲡⲁⲉⲓ ϫⲉ ⲡⲱⲥ ⲧⲉⲉⲓⲛⲟⲥ ⲙⲙⲛⲧⲣⲙⲙⲁ ⲟ ⲁⲥⲟⲩⲱϩ ϩⲛ ⲧⲉⲉⲓⲙⲛⲧϩⲏⲕⲉ; entsprechend bietet die ausgesprochen fragmentarisch erhaltene griechische Variante POxy 1,1 [Recto] das Äquivalent πτωχεία). In Korrespondenz hierzu wird auch im Pronoia-Monolog des Johannesapokryphons die Inkarnation Jesu als Präsenz im ‚Gefängnis des Leibes' bezeichnet (AJ [NHC II,1] 31,3f.: ⲁⲅⲱ ⲁⲉⲓⲃⲱⲕ ⲉϩⲟⲩⲛ ⲉⲧⲙⲏⲧⲉ ⲙⲡⲟⲩⲱⲧⲉⲕⲱ ⲉⲧⲉ ⲡⲁⲓ ⲡⲉ ⲡⲉϣⲧⲉⲕⲟ ⲛⲧⲥⲱⲙⲁ).

Innerhalb der Begegnung von Jesus und Nikodemus ist Joh 3,8 der Abschluß der geburts- bzw. zeugungsmetaphorischen Ausführungen, die in Joh 3,3 eröffnet wurden[97]. Zugleich impliziert jedoch bereits die Doppel-

---

[93] Vgl. u. a. M. RUTENFRANZ, Art. ὠφελέω, Sp. 1223; U. SCHNELLE, Gerechtigkeit, 126ff.; ders., Johannes, 71 zu Gal 5,13ff.; Röm 1,3f. etc.

[94] Entsprechend resümiert R. METZNER, Sünde, 337 in bezug auf Joh 3,6; 6,63; Röm 8,1-17; Gal 5,16ff. etc.: „Der paulinische Dualismus klingt noch nach. Er steht jedoch bei Johannes nicht mehr im engeren Kontext der Sündenproblematik. Der enge Zusammenhang von „Fleisch" und „Sünde" (Röm 7f) spielt bei ihm keine prägende Rolle mehr" (tendentiell ähnlich R. SCHNACKENBURG, Johannesevangelium I, 385). Zur Frage möglicher frühjüdisch-weisheitlicher Hintergründe der paulinischen Kontrastierung von Fleisch und Geist vgl. J. FREY, Antithese, 53ff.

[95] Vgl. M. FIEGER, Thomasevangelium, 113.

[96] Zur negativen Konnotation der im Thomasevangelium nahezu synonym verwendeten Termini Fleisch (ⲥⲁⲣⲝ) und Körper (ⲥⲱⲙⲁ) vgl. ferner EvThom 28/87/112 (entsprechend M. FIEGER, Thomasevangelium, 114).

[97] Die thematische Konsistenz ist auch ohne die textkritisch eindeutig sekundäre Ergänzung τοῦ ὕδατος καί in Joh 3,8 (ℵ it sy^{s.c}) gegeben (vgl. SCHNACKENBURG, Johannesevangelium I, 387). Diese *varia lectio* bestätigt jedoch eindrücklich, daß ὕδατος καί zum ursprünglichen Textbestand von V 5 gehört haben muß, da ansonsten eine bewußte Ergänzung bzw. ein Zeilensprung zwischen diesen Versen nicht zu erklären wäre.

deutigkeit des Begriffs ἄνωθεν (Joh 3,3.7) die spatiale Rhetorik, die im folgenden Argumentationsabschnitt Joh 3,11-15 entfaltet wird[98].

2.3 Die spatiale Rhetorik (Joh 3,12-15)

In Joh 3,12-15 zeigt sich eindrücklich die zentrale Bedeutung der spatialen Rhetorik für die Christologie des vierten Evangelium. Auch wenn die entsprechenden Motivaspekte in unterschiedliche Erzählzusammenhänge eingearbeitet sind (vgl. u. a. Joh 1,51; 3,12-15.31f.; 6,31-33.38.41f.51f.58.62; 8,23; 12,28.32-34; 20,17), läßt sich ein konsistenter Motivkomplex erkennen.

Das textchronologisch erste spatiale Motiv des vierten Evangeliums bildet eine Klimax der Erzählung über die ersten Nachfolger Jesu (Joh 1,35-51). Zum Abschluß des Dialog zwischen Jesus und Nathanael wird den Jüngern verheißen, daß sie die Engel Gottes über dem Menschensohn hinauf- und hinabsteigen sehen werden (Joh 1,51)[99]. Dieses Motiv einer durch Jesu Kommen begründeten dynamische Relation der himmlischen und irdischen Sphäre wird in Joh 3,12ff. wieder aufgenommen und weitergeführt[100].

Nachdem die spatiale Rhetorik in der Begegnung von Jesus und Nikodemus bereits im Motiv der ‚Geburt von oben‘ impliziert war[101], avanciert sie in Joh 3,14f. zur Grundlage der christologischen Interpretation des Menschensohnmotivs. Die argumentativen Prämissen werden in V 12f. vorgestellt:

Joh 3,12a	εἰ τὰ ἐπίγεια εἶπον ὑμῖν καὶ οὐ πιστεύετε,
b	πῶς ἐὰν εἴπω ὑμῖν τὰ ἐπουράνια πιστεύσετε;
13a	καὶ οὐδεὶς ἀναβέβηκεν εἰς τὸν οὐρανὸν
b	εἰ μὴ ὁ ἐκ τοῦ οὐρανοῦ καταβάς, ὁ υἱὸς τοῦ ἀνθρώπου.

Die spatialen Begriffspaare ἐπίγεια/ἐπουράνια und καταβαίνειν/ἀναβαίνειν differenzieren zwischen einer irdischen und einer himmlischen Sphäre. Diese sind in V 12 zunächst statisch einander gegenübergestellt und werden in V 13 durch das Motiv des auf- und absteigenden

---

[98] Vgl. W. A. MEEKS, Soziologie, 267.

[99] Bereits in dieser Rezeption von Gen 28,12 wird Jesus als Mittler zwischen der himmlischen und irdischen Spähre beschrieben (vgl. J. KALMS, Sturz, 252; F. HAHN, Art, υἱός, 932; M. SASSE, Menschensohn, 150f. bzw. 154; J. P. MIRANDA, Vater, 64; zu den alttestamentlich-frühjüdischen Hintergründen der Motivgestaltung s. u. den Exkurs zum religionsgeschichtlichen Profil der spatialen Motive in der johanneischen Christologie).

[100] Zur sachlichen Korrespondenz von Joh 1,51; 3,13; 6,62 vgl. C. HAM, Title, 67f. bzw. 82-84.

[101] Zur semantischen und argumentativen Mehrschichtigkeit von γεννηθῇ ἄνωθεν vgl. die Ausführungen zu Joh 3,3.7.

Menschensohn dynamisch zueinander in Beziehung gesetzt[102]. Noch deutlicher als in der bisherigen Argumentationsentwicklung wird die Dignität der Lehre Jesu herausgearbeitet und begründet[103]. Als der vom Himmel hinabgestiegene υἱὸς τοῦ ἀνθρώπου verkündet Jesus sein ‚überirdisches' Wissen[104]. Auf diesem Motiv basiert die in V 14f. vorliegende christologische Interpretation des Menschensohntitels:

V 14a καὶ   καθὼς Μωϋσῆς ὕψωσεν   τὸν ὄφιν   ἐν τῇ ἐρήμῳ,
   b   οὕτως   ὑψωθῆναι δεῖ τὸν υἱὸν τοῦ ἀνθρώπου,
  15 ἵνα πᾶς ὁ πιστεύων ἐν αὐτῷ ἔχῃ ζωὴν αἰώνιον.

Joh 3,14f. ist ein erster Höhe- bzw. Zielpunkt der Argumentationsentwicklung in der Nikodemusperikope[105]. Auch wenn kein explizites Schriftzitat vorliegt, exemplifiziert dieses Motiv eindrücklich die „christologische Inanspruchnahme der Schrift"[106] im vierten Evangelium. Durch eine Kompilation der Menschensohnmotivik und der Erzählung von der bronzenen Schlange in Num 21,4-9 wird der johanneische Glaubensbegriff spezifi-

---

[102] Durch die chiastische Struktur von V 13a und V 13b wird der Menschensohntitel hervorgehoben (vgl. M. SCHMIDL, Nikodemus, 251). In den Textzeugen A(*) Θ Ψ 050 *f*[1.13] 𝔐 latt sy[c.p.h] bo[pt] Epiph[pt] ist die spatiale Rhetorik noch deutlicher betont, indem auf die Nennung des Menschensohntitels der Zusatz ὁ ὢν ἐν τῷ οὐρανῷ folgt. Dieser Relativsatz kann nicht als Dittographie der vorhergehenden Aussage ὁ ἐκ τοῦ οὐρανοῦ καταβάς verstanden werden, sondern nur als deren sachliches Pendant, daß bewußt eingefügt wurde. Obwohl diese Lesart verschiedentlich für die ursprünglichere gehalten wird (vgl. u. a. D. A. BLACK, Text, 65f.), kann sie angesichts der gegenteiligen Textzeugen 𝔓[66.75] ℵ B L T W[s] 083. 086. 33. 1241. *pc* co; Eus Epiph[pt] als sekundär eingeschätzt werden (entsprechend die textkritische Entscheidung von NA[27]; ausführlich hierzu vgl. R. SCHNACKENBURG, Johannesevangelium I, 406, Anm. 1). Auch wenn weitere Varianten wie z. B. in sy[c] bzw. 0141 *pc* sys[s] noch deutlicher als sekundäre Lesarten zu erkennen sind, veranschaulichen auch sie die Bedeutung, die selbst in der textgeschichtlichen Tradierung der spatialen Motivik beigemessen wurde.

[103] Vgl. J. FREY, Mose, 180; J. F. MCGRATH, Johannine Legitimation, 116-118. Textstrukturell bewirkt Joh 3,12f. sowohl eine Überleitung, als auch eine Steigerung (vgl. u. a. Y. IBUKI, Gedankenaufbau, 17; F. HAHN, Glaubensverständnis, 66; F. MOLONEY, Son of Man, 48; G. BEASLEY-MURRAY, John, 49. J. BECKER, Johannes I, 166 versteht die Antithese ἐπίγεια bzw. ἐπουράνια auch als einen Aspekt der Argumentationsentwicklung. Während der vorhergehende Gesprächsverlauf primär irdische Sachverhalte erörterte, entfalte der nachfolgende die Offenbarung der himmlischen Botschaft Jesu.

[104] Die Zuordnung der Zeitebenen von Aufstieg (ἀναβέβηκεν [Perfekt]) und Abstieg (καταβάς [Aorist]) entspricht der hermeneutischen Horizontverschmelzung (vgl. U. SCHNELLE, Johannes, 73).

[105] Vgl. J. FREY, Mose, 178 bzw. 180.

[106] Treffend J. FREY, Mose, 153 (entsprechend beruft sich der johanneische Jesus in Joh 5,39.46f auf die Schrift bzw. Mose, ohne dieselbe zu zitieren; zur Funktion des Schriftverweises in Joh 3,14 vgl. J. FREY, Mose, 200-203; A. OBERMANN, Erfüllung, 425 bzw. 427; F. MACARTHUR, God, 7ff.).

ziert, welcher in der Nikodemusperikope unmittelbar zuvor erstmals angeführt wurde (V 12): Num 21,4-9 zufolge soll Gott ‚feurige Schlangen' (V
6) in das Lager des durch die Wüste wandernden Volkes gesendet haben,
um sie für ihren Zweifel zu strafen. Aufgrund ihrer Buße habe er ihnen
jedoch eine Schutzmöglichkeit zugestanden, nämlich eine von Mose an
einem Stab aufgerichtete bronzene Schlange (V 8). Das Schauen auf diese
Schlange ermöglichte eine Heilung von den eigentlich tödlichen Bissen
jener Feuerschlangen. Dieses ‚Sehen auf die erhöhte Bronzeschlange' wird
in der johanneischen Rezeption durch den ‚Glauben an den erhöhten bzw.
gekreuzigten Menschensohn' ersetzt.

Für das Verständnis der spatialen Rhetorik im Johannesevangelium
kommt dem Terminus ὑψοῦν besondere Bedeutung zu. Auch wenn ὑψοῦν
nicht in Num 21,8 LXX vorliegt und auch kein Äquivalent in der hebräischen Textfassung besitzt, konkretisiert der Terminus den jeweils beschriebenen Sachverhalt[107]. In der johanneischen Konzeption ist die spatiale Rhetorik somit noch deutlicher hervorgehoben als in den traditionsgeschichtlichen Vorlagen.

Ein sachliches Korrelat zu ὑψοῦν (V 14aα bzw. aβ) ist der unmittelbar
zuvor eingeführte spatiale Begriff ἀναβαίνειν (V 13aα[108]). Doch sind diese beiden Termini nicht einfach im gleichen Sinn gebraucht. Sie kennzeichnen vielmehr unterschiedliche Aspekte der johanneischen Christologie. Während ἀναβαίνειν den aktiven Aufstieg Jesu zu seinem Vater bezeichnet, benennt ὑψοῦν die durch Menschen vollzogene Kreuzigung Jesu[109].

Auffälligerweise wird ὑψοῦν im vierten Evangelium stets in Relation zum Menschen-
sohnmotiv verwendet. Entsprechend verweist Joh 3,14b proleptisch auf Joh 12,32-34, wo
die Korrelation der ‚Erhöhung des Menschensohns' und der Kreuzigung ausdifferenziert
wird[110]. Eine entsprechende Begriffsdistinktion scheint auch dem Aufstiegsmotiv Joh
20,17 zu Grunde zu liegen: „Johannes verwendet bewußt nicht das Verbum ὑψόω, sondern ἀναβαίνω, wenn er von Jesu bleibender Verbindung mit der himmlischen Welt (vgl.

---

[107] Treffend J. FREY, Mose, 183; ähnlich A. OBERMANN, Erfüllung, 425. Als unangemessen erweist sich demgegenüber die Einschätzung von M. SCHMIDL, Nikodemus,
246: „Offenbar ist die Herkunft der Menschensohn-Worte nur bedingt tauglich, ihre Bedeutung zu erhellen, da der Evangelist eigene Akzente setzt".

[108] Vgl. J. FREY, Mose, 182 Anm. 140.

[109] Vgl. M. HENGEL, Reich Christi, 166 Anm. 13.

[110] Auffälligerweise wird durch die Frage der umstehenden Menge Joh 12,34 πῶς
λέγεις σὺ ὅτι δεῖ ὑψωθῆναι τὸν υἱὸν τοῦ ἀνθρώπου nahezu wortwörtlich die Aussage Jesu aus Joh 3,14aβ (οὕτως) ὑψωθῆναι δεῖ τὸν υἱὸν τοῦ ἀνθρώπου rekapituliert
(vgl. J. FREY, Mose, 185; zur Korrespondenz von Joh 3,14; 12,32-34 vgl. ferner vgl. K.
TSUCHIDO, Composition, 96; W. THÜSING, Erhöhung, 3f.). Entsprechend bezieht L. VAN
HARTINGSVELD, Eschatologie, 65 ὑψωθῆναι auf die Kreuzigung, nicht aber auf die Erhöhung in den Himmel. Die göttliche Aktivität in diesem Geschehen wird hingegen durch
δοξάζειν ausgedrückt.

Joh 1,51) oder von der Rückkehr des Sohnes zum Vater spricht (vgl. Joh 3,13; 6,62)"[111]. Auf diese Weise wird somit die Aktivität und Passivität des Gottessohnes im Heilsgeschehen zur Sprache gebracht.

Die in Joh 3,12-15 herausgearbeiteten spatialen Motive werden im weiteren Erzählverlauf des Johannesevangeliums wieder aufgenommen: Ein eindrückliches Beispiel für den Stellenwert der spatialen Rhetorik im vierten Evangelium bietet die Sequenz Joh 3,31f., die ein Teilaspekt der johanneischen Interpretation der Worte und Taten von Johannes, dem Täufer ist[112]. Das Bekenntnis des Täufers basiert auf jenen spatialen Kategorien, die bereits in Joh 3,12-15 exponiert wurden. Durch die sachliche Korrespondenz beider Texte werden die zentralen „Leit- und Stichworte wie in einem Prisma rekapituliert und die Denkbewegung zugleich amplifiziert"[113].

Die chiastische Argumentationsstruktur von Joh 3,31f. stellt noch einmal den Kontrast irdisch-menschlicher und himmlisch-göttlicher Erkenntnis heraus:

(31a) ὁ ἄνωθεν ἐρχόμενος ἐπάνω πάντων ἐστίν·

               (31ba) ὁ ὢν ἐκ τῆς γῆς ἐκ τῆς γῆς ἐστιν

               (31bβ) καὶ ἐκ τῆς γῆς λαλεῖ.

(31c) ὁ ἐκ τοῦ οὐρανοῦ ἐρχόμενος ἐπάνω πάντων ἐστίν·

(32a) ὃ ἑώρακεν καὶ ἤκουσεν τοῦτο μαρτυρεῖ,

(32b) καὶ τὴν μαρτυρίαν αὐτοῦ οὐδεὶς λαμβάνει.

Während V 31bα eine Antithese zu V 31a bildet, ist V 31bβ chiastisch V 32a zugeordnet. Zuvor wird jedoch in V 31c nochmals die bereits in V 31a angesprochene Würde des himmlischen Boten angesprochen, welcher bezeugt, was er in der himmlischen Sphäre gesehen und gehört hat. Vor diesem Hintergrund tritt die Schlußthese V 32b eindrücklich hervor, in der die Ablehnung seiner Botschaft konstatiert wird[114].

Auch in den Worten des Täufers wird Jesus somit zum Vermittler zwischen der himmlischen und irdischen Sphäre stilisiert. Er sei der wahrhaf-

---

[111] So U. SCHNELLE, Johannes, 303.

[112] Gerade in dieser Sequenz zeigt sich eindrücklich die johanneische Stilisierung des Täufers, der als Vorbote Jesu verstanden wird: „Sicher liegt in diesen Versen aufgrund der im Evangelium durchgehend praktizierten Horizontverschmelzung *inhaltlich* ein Christuszeugnis vor, aber die johanneische Stilisierung des Täufers als Christuszeugen impliziert gerade, daß auch ihm – wie sonst zumeist Jesus – die Worte der johanneischen Verkündigung in den Mund gelegt werden können." (vgl. J. FREY, Eschatologie III, 300; Hervorhebung durch J. Frey). Interessanterweise wird jedoch in den Worten des Täufers die negative Alternative des Heilsgeschehens deutlicher zur Sprache gebracht (Joh 3,36).

[113] Treffend T. POPP, Grammatik, 206.

[114] Diese Zuordnung ist nur eine von mehreren chiastischen Kontrastierungen innerhalb des Täuferzeugnisses, die ihrerseits auf die Nikodemusperikope rekurrieren (vgl. J. BEUTLER, Martyria, 315; J. FREY, Eschatologie III, 300f.).

tige Zeuge Gottes, der ‚von oben' bzw. ‚vom Himmel' kommt und seine ‚überirdische' Botschaft mitteilt (Joh 3,31f.).

Diese spatiale Begründung der Offenbarungsmittlerschaft Jesu liegt auch Joh 8,23; 12,28 zu Grunde: Im Konflikt um seinen göttlichen Ursprung und Sendungsanspruch betont der johanneische Jesus, daß er ‚von oben' stamme, seine Gegner hingegen ‚von unten' (Joh 8,23a καὶ ἔλεγεν αὐτοῖς· ὑμεῖς ἐκ τῶν κάτω ἐστέ, ἐγὼ ἐκ τῶν ἄνω εἰμί· ...)[115]. Entsprechend wird die Herrlichkeit und Gottessohnschaft Jesu durch eine aus dem Himmel erschallende Gottesstimme proklamiert (Joh 12,28).

Die in Joh 3,12-15.31f. implizierten Motive des Auf- und Abstiegs Jesu begegnen auch in den Kontroversen, die sich an der Lebensbrotrede entzünden, und in der Begegnung des Auferstandenen mit Maria:

Abstiegsmotive

Joh 6,50a	οὗτός ἐστιν ὁ ἄρτος	ὁ ἐκ τοῦ οὐρανοῦ καταβαίνων, (...)
Joh 6,51a	ἐγώ εἰμι ὁ ἄρτος ὁ ζῶν	ὁ ἐκ τοῦ οὐρανοῦ καταβάς· (...)
Joh 6,58a	οὗτός ἐστιν ὁ ἄρτος	ὁ ἐξ οὐρανοῦ καταβάς, (...)

Aufstiegsmotive

Joh 6,62	ἐὰν οὖν θεωρῆτε τὸν υἱὸν τοῦ ἀνθρώπου ἀναβαίνοντα ὅπου ἦν τὸ πρότερον;
Joh 20,17a	λέγει αὐτῇ Ἰησοῦς· μή μου ἅπτου, οὔπω γὰρ ἀναβέβηκα πρὸς τὸν πατέρα·
b	πορεύου δὲ πρὸς τοὺς ἀδελφούς μου καὶ εἰπὲ αὐτοῖς· ἀναβαίνω πρὸς τὸν πατέρα μου καὶ πατέρα ὑμῶν (...)

Obwohl diese Aussagen in thematisch unterschiedlichen Kontexten begegnen, korrelieren sie im Motiv der Katabasis und Anabasis des Gottes- bzw. Menschensohnes. In beiden Zusammenhängen wird die spatiale Rhetorik in den Vordergrund gestellt, indem das Motiv des Auf- bzw. Abstieg mehrfach genannt ist[116].

---

[115] Diese ontologische Differenz wird in Joh 8,23 zudem durch die Antithese ἐκ τούτου τοῦ κόσμου bzw. οὐκ ἐκ τοῦ κόσμου τούτου zugespitzt, die in Joh 15,18-25 _in extenso_ zur Sprache kommt (ausführlich hierzu s. u. § 14). Wie in Joh 3,11-15 korreliert die spatiale Rhetorik Joh 8,23 dem Menschensohn- bzw. Erhöhungsmotiv (Joh 8,28). Entsprechend erkennt U. SCHNELLE, Johannes, 73 eine Korrespondenz zu den Beschreibungen Jesu als eschatologischem Richter, Messias etc. (Joh 5,27; 8,28; 9,35; 12,23.34; 13,31f. etc.).

[116] Während in den Kontroversen der Lebensbrotrede insgesamt zehn spatiale Aussagen begegnen (vgl. neben Joh 6,51f.58.62 auch Joh 6,31-33.38.41f.), wird auch in der kurzen Aussage Jesu in Joh 20,17 das Motiv seines Aufstiegs zum Vater zweimal ange-

Die Mittlerstellung des Gottessohns zwischen der himmlischen und der irdischen Sphäre tritt besonders eindrücklich im Abschiedsgebet Jesu hervor. Obwohl Joh 17 kaum spezifisch spatiale Terminologie aufweist[117], basiert die Szenerie auf jenen spatialen Motiven, die im bisherigen Erzählverlauf ausgeführt wurden. Das Abschiedsgebet ist unmittelbar vor der Passionserzählung angeordnet und somit auf der textinternen Ebene noch der Phase der irdischen Präsenz Jesu zuzuordnen. Der betende Gottessohn betont jedoch, daß er bereits nicht mehr in der Welt sei und zu seinem Vater gehe (Joh 17,11a.c καὶ οὐκέτι εἰμὶ ἐν τῷ κόσμῳ ... κἀγὼ πρὸς σὲ ἔρχομαι). Der ‚vorösterliche' Jesus repräsentiert somit bereits den nachösterlichen himmlischen Fürsprecher, der bei seinem Vater für die Glaubenden eintritt[118].

Exkurs: Anmerkungen zum religionsgeschichtlichen Profil
der spatialen Motive johanneischer Christologie

Die spatialen Motive der johanneischen Christologie veranschaulichen eindrücklich den kreativ-innovativen Umgang des Verfassers des vierten Evangeliums mit traditionsgeschichtlichen Vorgaben. Bereits das Motiv der über dem Menschensohn auf- und absteigenden Engel (Joh 1,51) bezieht ein traditionell vorgegebenes Theophaniemotiv auf Jesus, der so als Ort der Begegnung der himmlischen und irdischen Sphäre bzw. des Zugangs zu Gott stilisiert wird[119]. Diese Rezeption von Gen 28,12 verfolgt jedoch keine

---

sprochen. Der Text benennt jedoch nicht explizit, warum Maria Jesus nicht berühren darf (U. SCHNELLE, Johannes, 303 zufolge soll betont werden, daß „Jesus ... sich in einem Zwischenzustand" befunden haben soll). Eine solche Vorstellung wird jedoch im sonstigen johanneischen Schrifttum nicht entfaltet. Zudem wird das für die spatiale Rhetorik eigentlich bedeutsame Motiv einer Himmelfahrt Jesu nicht in extenso geschildert, obwohl es z. B. neben Joh 20,17 auch in Joh 6,62 implizit vorausgesetzt ist. Zu erwägen wäre jedoch auch, inwieweit der Imperativ Μή μου ἅπτου nicht nur ein Berühren, sondern ein Festhalten Jesu umschreiben soll (vgl. hierzu F. BLASS/A. DEBRUNNER, Grammatik, § 336 2c; C. K. BARRETT, Evangelium, 542; K. WENGST, Johannesevangelium II, 286). In diesem Sinne könnte jene Mahnung einen subtilen Appell an die Adressaten implizieren: „Wenn unter allen Maria den Auftrag bekommt, die Gemeinde in eine neue Beziehung zum Auferstandenen hineinzurufen, eine Beziehung, in der er in der geschwisterlichen Liebe in der Gemeinde präsent ist, dann doch vielleicht auch, weil sie, der das Loslassen schwer fällt, verbürgt, daß in der neuen Beziehung die alte bewahrt bleibt." (so J. EBACH, Loslassen, 165; zustimmend aufgenommen von K. WENGST, Johannesevangelium II, 287 Anm. 50; tendentiell ähnlich R. BAUCKHAM, Women, 284).

[117] Eine Reminiszenz an die spatiale Rhetorik bietet eigentlich nur die einleitende Beschreibung der Gebetshaltung Jesu (Joh 17,1a ... καὶ ἐπάρας τοὺς ὀφθαλμοὺς αὐτοῦ εἰς τὸν οὐρανόν; ausführlich hierzu und zum Korrespondenzmotiv Joh 11,41 s. o. § 9/1).

[118] Vgl. J. P. HEIL, Jesus, 730; K. SCHOLTISSEK, Gebet Jesu, 218. Zum ‚zwischenweltlichen' bzw. ‚zwischenzeitlichen' Charakter des Abschiedsgebets vgl. ferner K. WENGST, Johannesevangelium II, 173f.; T. L. BRODIE, John, 506 bzw. s. u. § 9/1.

[119] Zum Verhältnis von Joh 1,51 und Gen 28,12 vgl. R. SCHNACKENBURG, Johannesevangelium I, 318; H. WINDISCH, Angelophanien, 233ff.. Während in Gen 28,12 MT

angelologische, sondern eine christologische Aussageintention. Während in Joh 1,51 die Engel als eine Vermittlungsinstanz zwischen der himmlischen und irdischen Sphäre fungieren[120], spielen sie im weiteren Erzählverlauf des vierten Evangeliums keine Rolle mehr[121]. Statt dessen wird diese Funktion nun direkt dem Menschensohn bzw. Jesus zugeordnet (s. o. die Ausführungen zu Joh 3,14f.31f.)[122].

Eine vergleichbare kreative Integration traditioneller Vorgaben in die johanneische Christologie zeigt sich in den spatialen Motiven der Lebensbrotrede. Daß Jesu Fleisch als Brot des Lebens verstanden werden soll, kann als eine johanneische Bewältigung der antidoketischen Streitigkeiten verstanden werden, die auch eine situationsbedingte Modifikation der synoptischen Abendmahlsworte zu implizieren scheint[123]. Diese Bezüge erläutern jedoch noch nicht den Motivaspekt, daß dieses Brot ‚vom Himmel herabgekommen' sein soll. Dieses spatiale Motiv erweist sich vielmehr als eine Modifikation der alttestamentlich – frühjüdischen Vorstellung, das Gott seinem Volk auf dessen Wüsten-

---

strittig bleibt, ob die Engel ‚auf der Leiter' bzw. auf Jakob hinabsteigen, bezieht Joh 1,51 dieses Motiv eindeutig auf Jesus und hebt somit die christologische Aussageintention eigens hervor (vgl. K. WENGST, Johannesevangelium I, 95f.). Die Besonderheit der johanneischen Rezeption zeigt sich umso eindrücklicher, wenn man berücksichtigt, daß diese personale Zuspitzung von den entsprechenden Septuaginta- bzw. Targumversionen nicht nahegelegt wird (vgl. C. ROWLAND, Joh 1,51, 488ff.).

[120] Vgl. J. KALMS, Sturz, 252; M. SASSE, Menschensohn, 150f. bzw. 154; J. P. MIRANDA, Vater, 64. Zu entsprechenden angelologischen Traditionen vgl. ferner J. F. MCGRATH, Legitimation, 116-118; W. A. MEEKS, Funktion, 245ff.; J. G. GAMMIE, Dualism, 356ff.; G. C. NICHOLSON, Ascent – Descent Schema, 60f.

[121] Der Verweis auf den vom Himmel herabkommenden ‚badenden' Engel in Joh 5,4 ist textkritisch eindeutig sekundär. Auch die in Joh 12,29b angesprochene Engelsstimme wird nur als unangemessene Einschätzung der umstehenden Menge thematisiert. Ansonsten wird Engeln nur noch in der Auferstehungserzählung eine Funktion zugestanden (Joh 20,12), worin jedoch primär eine Kontinuität zur synoptischen Tradition geschaffen wird.

[122] Für F. HAHN, Art, υἱός, 932 besteht die Kernaussage von Joh 1,51 darin, daß „die unablässige Verbindung Jesu zur himmlischen Welt und damit zum Vater ... glaubend geschaut werden" kann (ähnlich C. HAM, Title, 67f. bzw. 82-84). Diese Konzeption muß jedoch nicht auf mysterientheologische Einflüsse zurückgeführt werden (so u. a. C. SAAYMAN, John 3:12-14, 46ff.), sondern kann als Modifikation alttestamentlich-frühjüdischer Weisheitstraditionen verstanden werden (vgl. J. FREY, Mose, 205). Paradigmatisch für einen solchen Motivhintergrund ist z. B. Sap 9,16: „Nur mit Mühe enträtseln wir, was auf der Erde ist (... τὰ ἐπὶ γῆς ...), und was wir hier in Händen haben, finden wir nur unter Mühe. Wer sollte das, was im Himmel ist (... τὰ δὲ ἐν οὐρανοῖς ...), aufspüren?" (zur Übersetzung vgl. D. GEORGI, Weisheit, 436; tendentiell vgl. ferner Prov 30,4). Im Kontext der Sapientia Salomonis dient diese Frage dem Lob der himmlischen Weisheit. Ein Leser des vierten Evangeliums kann diese Konzeptionen aufnehmen und im Sinne der johanneischen Christologie präzisieren.

[123] Zum Verhältnis der antidoketischen Argumentationen der johanneischen Briefkorrespondenz und der Lebensbrotrede des vierten Evangeliums vgl. u. a. U. SCHNELLE, Christologie, 249ff. Zum Verhältnis von Joh 6,51c-58 zur synoptischen bzw. paulinischen Herrenmahlsparadosis vgl. u. a. R. SCHNACKENBURG, Johannesevangelium II, 83f.; U. WILCKENS, Johannes, 212; J. BECKER, Johannes II, 511; J. JEREMIAS, Joh 6,51c-58, 256f.; J. FREY, Bild, 357.

wanderung Manna vom Himmel herab zu Teil werden ließ (vgl. u. a. Ex 16,4.15; Ps 78,24; 105,40f.; Neh 9,15 etc.)[124].

Die johanneische Applikation des Motivs eines ,Himmelbrots' (לֶחֶם מִשָּׁמַיִם [vgl. Neh 9,15a]) bzw. ,Himmelskorns' (דְּגַן־שָׁמַיִם [vgl. Ps 78,24]) versucht nicht, jene Vorstellungshorizonte zu diskreditieren, sondern die Würde Jesu vor diesem Hintergrund zu erläutern[125]. Der Erzählstruktur des vierten Evangeliums entspricht es, daß die Motivbezüge ausgerechnet durch Worte der Kontrahenten Jesu evoziert werden (vgl. Joh 6,31 οἱ πατέρες ἡμῶν τὸ μάννα ἔφαγον ἐν τῇ ἐρήμῳ, καθώς ἐστιν γεγραμμένον· ἄρτον ἐκ τοῦ οὐρανοῦ ἔδωκεν αὐτοῖς φαγεῖν.)[126]. Die nachfolgenden Aussagen entfalten diese Vorgaben sukzessive und kulminieren in den Selbstprädikationen Jesu als das vom Himmel herabgekommene, lebensspendende Brot (Joh 6,50f.58).

Die heilsuniversale Komponente der Lebensbrotrede veranschaulicht wiederum die Differenz zu späteren gnostischen Erlösermythen, denenzufolge eine himmlische Erlösergestalt in eine *per se* feindlich-materielle Welt hinabsteigt, um die zur Rettung Prädestinierten zu befreien. Demgegenüber kommt Jesus dem Johannesevangelium zufolge in sein Eigentum bzw. seine Schöpfung (vgl. Joh 1,3.11) und gibt sich selbst als das vom Himmel herabgestiegene Brot, daß der Welt das Leben vermitteln soll (Joh 6,51). Diese positive Bewertung des κόσμος und die heilsuniversalen Züge unterscheiden die johanneische spatiale Rhetorik diametral von ihrer gnostischen Modifikation im ,Pronoia-Monolog' der Langfassung des Johannesapkyphons (vgl. AJ [NHC II,1] 30,23-31,31):

„Ich kam von denen, die dem Licht zugehören, welches ich bin, die Erinnerung der Vorsehung. Ich trat ein in die Mitte der Finsternis und das Innere der Unterwelt, um meinen Auftrag zu erfüllen. Da wurden die Grundfesten des Chaos erschüttert und waren daran, auf jene zu fallen, die im Chaos sind und sie zu zerstören. Ich rannte wieder hinauf zu meiner Lichtwurzel, damit sie nicht vor der Zeit zerstört würden."[127]

Eine solche Konzeption, die zugleich die Diskrepanz der Lichtmetaphorik und der Antithetik von Fleisch und Geist in der johanneischen Theologie und dem Johannesapokryphon veranschaulicht, ist jedoch sicherlich keine Vorlage, geschweige eine Interpretationsinstanz johanneischen Denkens[128]. Es handelt sich vielmehr um eine Modifikation, die entscheidende soteriologische Implikationen johanneischer Theologie ausblenden mußte, um sie einem gnostischen System inkorporieren zu können.

---

[124] Ausführlich hierzu vgl. u. a. A. OBERMANN, Erfüllung, 132-150; M. J. J. MENKEN, Bread, 47ff.; B. G. SUCHARD, Scripture, 34ff.; M. STARE, Leben, 142ff.

[125] So A. OBERMANN, Erfüllung, 133. Verschiedentlich wurde die in diesem Kontext vorgenommene Gegenüberstellung von Jesus und Mose als Antithese aufgefaßt (vgl. Joh 6,32 εἶπεν οὖν αὐτοῖς ὁ 'Ιησοῦς 'Αμὴν ἀμὴν λέγω ὑμῖν, οὐ Μωϋσῆς δέδωκεν ὑμῖν τὸν ἄρτον ἐκ τοῦ οὐρανοῦ, ἀλλ' ὁ πατήρ μου δίδωσιν ὑμῖν τὸν ἄρτον ἐκ τοῦ οὐρανοῦ τὸν ἀληθινόν). So resümiert z. B. J. BECKER, Johannes I, 246: „Daß Mose Brot vom Himmel gab, wird verneint. Daß Gott mit im Spiele war, gar nicht erst gesagt". Eine solche Einschätzung erweist sich im Gesamtzusammenhang der johanneischen Schrifthermeneutik jedoch als unangemessen.

[126] Auch wenn dieser Rekurs kein exaktes Schriftzitat ist, scheint eine Kenntnis entsprechender Traditionen offensichtlich bei den Adressaten vorausgesetzt zu sein. Nachdem sie in Joh 6,2.14f. implizit erahnbar wahren, werden sie in Joh 6,31f. explizit angesprochen (vgl. J. FREY, Bild, 347f.).

[127] So der Übersetzungsvorschlag von M. WALDSTEIN, Johannesapokrphon, 148.

[128] Gegen z. B. R. BULTMANN, Johannes, 105f (ausführlich s. o. § 4/4.3).

Es kann somit resümiert werden, daß die spatialen Motive ein integraler Bestandteil johanneischer Christologie sind, die erläutern, in welcher Weise Jesus „in seinem Wirken Himmel und Erde verbindet"[129].

Joh 3,12-15 entfaltet jedoch nicht nur zentrale Aspekte der spatialen Rhetorik des vierten Evangeliums, sondern präfiguriert zugleich die unmittelbar folgende Argumentationsentwicklung. Joh 3,15b spricht erstmals innerhalb der Nikodemusperikope von der ζωή, die dem Glaubenden zuteil wird[130]. Dieser zentrale Heilsbegriff johanneischer Soteriologie bzw. die Korrelation von ‚Glaube' und ‚Lebensteilhabe' prägt die Folgesequenz Joh 3,16-18. Während jedoch in Joh 3,15 nur die positive Konsequenz des Heilsgeschehens thematisiert wurde, wird nun die Antithetik von Glaube und Unglaube, Rettung und Gericht entfaltet[131].

2.4 Glaube und Unglaube, Rettung und Gericht (Joh 3,16-18)

Nachdem in Joh 3,14f. der Glauben an den vom Himmel herabgestiegenen und erhöhten Menschensohn als Ermöglichung der Lebensteilhabe benannt wurde, wird in Joh 3,16-18 die Antithetik von Glaube und Unglaube, Rettung und Gericht entfaltet. Dieses „miniature gospel"[132] ist nicht nur ein zentraler Text in der Begegnung von Jesus und Nikodemus, sondern auch im Gesamtaufbau des vierten Evangeliums. Bereits der Eröffnungsvers bietet eine Fundamentalaussage johanneischer Theologie:

V 16aα οὕτως γὰρ ἠγάπησεν ὁ θεὸς τὸν κόσμον,
   αβ ὥστε τὸν υἱὸν τὸν μονογενῆ ἔδωκεν,
   bα ἵνα πᾶς ὁ πιστεύων εἰς αὐτὸν μὴ ἀπόληται
   bβ ἀλλ' ἔχῃ ζωὴν αἰώνιον.

V 16 bietet ein viergliedriges Satzgefüge[133]. Zunächst wird die Liebe Gottes zur Welt konstatiert (V 16aα)[134]. Die Konsequenz dieser Liebe wird im

---

[129] So U. SCHNELLE, Johannes, 73.

[130] Zur Korrespondenz der Motive des lebensvermittelnden ‚Sehens Jesu' bzw. ‚Glaubens an Jesus' vgl. J. FREY, Mose, 183-185; C. HERGENRÖDER, Herrlichkeit, 1f. bzw. 45ff.; F. MUSSNER, ZΩH, 186f. etc.

[131] Vgl. J. FREY, Mose, 180; J. BECKER, Johannes, 166. V 15 bietet ὁ πιστεύων ἐν αὐτῷ ohne das antithetische Korrelat μὴ ἀπόληται ἀλλ' ... Die entsprechende Alternativlesart kann trotz starker Bezeugung ($\mathfrak{P}^{63}$ A Θ Ψ 063 *f*[13] 𝔐 lat sy[s.p.h] bo[ms]) textkritisch aus einem Zeilensprung zu V 16 erklärt werden (dies entspricht der markanten Gegenbezeugung durch $\mathfrak{P}^{36.66.75}$ א B L W[s] 083. 086. *f*[1] 33. 565 *l*. 2211[pt] *pc* a f[c] sy[c] co).

[132] So B. LINDARS, John, 81. Entsprechend R. SCHNACKENBURG, Johannesevangelium I, 423 etc.

[133] So in Anlehnung an E. G. HOFFMANN/H. V. SIEBENTHAL, Grammatik, § 266 b, denenzufolge jedoch V 16b lediglich als ein Nebensatz aufzufassen sei.

konsekutiven Nebensatz V 16aβ benannt, der durch das johanneische Hapaxlegomenon ὥστε eingeleitet ist[135]: Aufgrund der Liebe zur Welt gibt
Gott seinen ‚einziggeborenen‘ Sohn. Die These beinhaltet mehrere Inklu-
sionen zur vorhergehenden Sequenz Joh 3,13-15. Die Dahingabe des Sohnes findet ihren höchsten Ausdruck in der Kreuzigung, die unmittelbar
zuvor im Motiv der Erhöhung des Menschensohns angedeutet wurde (Joh
3,14b)[136].

Auch die bereits eingeführten Termini πιστεύειν und ζωή werden erneut aufgegriffen. Im Unterschied zu V 15b wird jedoch in V 16bα der
eschatologischen Errettung die negative Alternative kontrastiert: Wer an
den Sohn glaubt, wird nicht verloren gehen, sondern das ewige Leben besitzen. Diese Antithetik wird im Folgevers entfaltet:

V 17a   οὐ γὰρ ἀπέστειλεν ὁ θεὸς τὸν υἱὸν εἰς τὸν κόσμον
bα   ἵνα κρίνῃ   τὸν κόσμον,
bβ ἀλλ᾽ ἵνα σωθῇ   ὁ κόσμος δι᾽ αὐτοῦ.

Der in der Nikodemusperikope in V 16aα erstmals genannte κόσμος –
Begriff erfährt in V 17 besondere Beachtung, insofern er in allen drei Sti-
choi explizit angeführt wird. V 17a modifiziert das traditionelle Motiv der
Dahingabe des Sohnes im Zeichen der spezifisch johanneischen Sendungs-
aussagen[137]. Die Dahingabe bzw. Sendung des Sohnes dienen dem gleichen
Ziel. Der Sohn ist nicht zum Gericht, sondern zur Rettung gesandt[138]. Die

---

[134] In V 16aα wird der Aorist ἠγάπησεν als Erzähltempus verwendet (vgl. J. FREY,
Eschatologie II, 95; A. T. ROBERTSON, Grammar, 836). Er kennzeichnet nicht nur ein
einmaliges, vergangenes Verhalten Gottes (so tendenziell M. LATTKE, Einheit, 64; M.
SCHMIDL, Nikodemus, 285 Anm. 988), sondern seine bleibende Haltung zur Welt (so R.
BULTMANN, Johannes, 110 etc.). Dies entspricht der Beschreibung der ewigen Liebe
zwischen Gott und Jesus, die einerseits durch Aorist (Joh 17,24), andererseits durch
praesens aeternum (Joh 3,35; 5,20; 10,17) ausgedrückt werden kann (vgl. H.-C. KAMM-
LER, Christologie, 38).

[135] Vgl. E. G. HOFFMANN/H. V. SIEBENTHAL, Grammatik, § 259 i. Des weiteren fällt
auf, daß die insbesondere für das klassische Griechisch typische Verbindung von ὥστε
mit einem Indikativ (ἔδωκεν) ansonsten nur noch ein einziges Mal im neutestamentlichen
Kanon vorliegt (Gal 2,13; vgl. F. BLASS/A. DEBRUNNER, Grammatik, § 391, 2. 4). Zur
Bedeutung dieser Sachverhalte für die traditionsgeschichtliche Einordnung von Joh 3,16a
s. u. § 11/3.2.

[136] Treffend B. LINDARS, John, 106: „In the crucifixion ... the climax of God's love
in giving his Son is reached." Entsprechend kann ἔδωκεν als historischer Aorist zur
Kennzeichnung besonderer Taten Gottes verstanden werden (vgl. E. G. HOFFMANN/H. V.
SIEBENTHAL, Grammatik, § 199).

[137] Zum Verhältnis der Dahingabe- und Sendungsaussagen s. u. § 11/3.2.

[138] Treffend O. HOFIUS, Wiedergeburt, 67, der ἔδωκεν konkret auf die Kreuzigung
bezieht (op. cit., 65; vgl. ferner W. POPKES, Christus traditus, 211ff.). Entsprechend resümiert H. KOHLER, Kreuz, 260, daß der Verfasser des vierten Evangeliums „die Einheit

antithetische Satzstruktur hebt die bereits in Joh 3,16 angedeuteten Alternativen hervor (vgl. die Korrespondenz von κρίνειν [17bα] und ἀπόλλυμι [16bα] bzw. σῴζειν [17bβ] und ἔχειν ζωὴν αἰώνιον [16bα]). In beiden Fällen wird die Intention der Dahingabe bzw. der Sendung zunächst *via negationis* beschrieben (V 16bα bzw. 17bα). Die positiven Intentionen der Lebensteilhabe und der Rettung der Welt erfolgen jeweils am Ende der Aussageeinheit. Durch dieses Argumentationsgefälle wird der Heilswille Gottes hervorgehoben[139].

Während in V 17 in Rekurs auf V 16aα der Kosmos fokusiert wurde, thematisiert der Folgevers in Rekurs auf V 16bα den Glaubensbegriff:

V 18a   ὁ   πιστεύων   εἰς αὐτὸν οὐ κρίνεται
    bα ὁ δὲ μὴ πιστεύων   ἤδη κέκριται,
    bβ ὅτι   μὴ πεπίστευκεν εἰς τὸ ὄνομα τοῦ μονογενοῦς υἱοῦ τοῦ θεοῦ.

Der antithetische Parallelismus Joh 3,18a.bα entfaltet die zuvor eingeführten Termini πιστεύειν und κρίνειν. Der vorhergehende Argumentationsduktus wird in zweifacher Hinsicht modifiziert. Nachdem V 17 das Handeln Gottes bzw. des Gottessohnes thematisierte, spricht V 18 von der Reaktion der Menschen. Entsprechend fokussiert V 18 nicht mehr universal den Kosmos, sondern die individuelle Glaubensentscheidung. Die universalen Züge von Joh 3,16f. werden jedoch nicht relativiert[140], sondern „auf eine anthropologische Ebene transformiert"[141].

Des weiteren veranschaulicht V 18 eindrücklich die soteriologische Relevanz des Glaubensbegriffs, insofern der Antithetik ὁ πιστεύων bzw. ὁ μὴ πιστεύων alle weiteren johanneischen Kategorien des eschatologischen Heils bzw. der Verwerfung subsumiert werden können: Dem Glaubenden wird das ewige Leben zu Teil (Joh 3,36; 6,47), er ist aus dem Tod in das Leben hinübergetreten (Joh 5,24), er verläßt den Bereich der Fin-

---

von Sendung und Kreuz zu denken versucht." Demgegenüber thematisiert V 16 für R. BULTMANN, Theologie, 407 Joh 3,16 „nicht speziell die Hingabe in den Tod, sondern die Sendung Jesu."

[139] Ebenso wie in 1 Joh 2,21.29 etc. wird die Aussage durch einen Allquantor eröffnet und daraufhin spezifiziert (zu vergleichbaren Argumentationen wie z. B. Eph 4,29; 5,3.5; 2 Petr 1,20 etc. bzw. dem hebräischen Äquivalent לֹא ... כֹּל vgl. F. BLASS/A. DE-BRUNNER, Grammatik, § 302, 1.32).

[140] So u. a. C. K. BARRETT, Evangelium, 201f.; E. HAENCHEN, Johannesevangelium, 233.

[141] Treffend U. SCHNELLE, Johannes, 77. Ein entsprechendes Changieren einer universalen und individuellen Perspektive zeigt sich auch in Joh 6,33.40 etc. (vgl. M. STARE, Leben, 276f. bzw. 301ff., die hierin eine Erzähltechnik erkennt, durch welche der Verfasser des vierten Evangeliums mit seinen unterschiedlichen Adressatengruppen kommunizieren möchte).

sternis und wird zu einem ‚Kind des Lichts' (Joh 12,36.46) etc. Der Ungläubige steht jedoch auch weiterhin unter dem Zorn Gottes (Joh 3,36), er ist dem Kosmos verhaftet (Joh 8,23; 15,19 etc.) und verbleibt in der Sphäre des Todes bzw. der Finsternis (Joh 5,24; 9,4f.; 11,9f.; 12,46) etc.[142]. In diesem Sinne erweist sich Joh 3,18 als eine der komprimiertesten neutestamentlichen Reflexionen des Glaubensbegriffs[143].

Eine Exegese von Joh 3,18 bietet jedoch auch der unmittelbar folgende Argumentationsgang der Nikodemusperikope, insofern in Joh 3,19-21 sowohl das Gerichtsmotiv, als auch die Antithetik von Glaube und Unglaube lichtmetaphorisch paraphrasiert werden.

2.5 Die Licht - Finsternis - Metaphorik (Joh 3,19-21)

Die in Joh 3,18 exponierte Fundamentaldistinktion ‚Glaube' – ‚Unglaube' wird in Joh 3,19-21 anhand der Licht – Finsternis – Metaphorik reflektiert[144]. Die Aussageeinheit besteht aus drei Tristichoi[145]. Der Eröffnungsvers V 19 benennt zunächst das Leitthema: Das Gericht vollzieht sich durch das Kommen des Lichtes in die Welt. Dieses Motiv wird in den Folgeversen entfaltet, indem V 20 die Ablehnung des Lichtes, V 21 dessen Annahme thematisiert.

V 19a αὕτη δέ ἐστιν ἡ κρίσις ὅτι τὸ φῶς ἐλήλυθεν εἰς τὸν κόσμον

    ba καὶ ἠγάπησαν οἱ ἄνθρωποι μᾶλλον τὸ σκότος ἢ τὸ φῶς·

    bβ ἦν γὰρ αὐτῶν πονηρὰ τὰ ἔργα.

  20a πᾶς γὰρ ὁ φαῦλα πράσσων μισεῖ τὸ φῶς

    b καὶ οὐκ ἔρχεται πρὸς τὸ φῶς,

    c ἵνα μὴ ἐλεγχθῇ τὰ ἔργα αὐτοῦ·

  21a ὁ δὲ ποιῶν τὴν ἀλήθειαν ἔρχεται πρὸς τὸ φῶς,

    b ἵνα φανερωθῇ αὐτοῦ τὰ ἔργα

    c ὅτι ἐν θεῷ ἐστιν εἰργασμένα.

Joh 3,19a bildet die thematische Exposition des folgenden Gedankengangs. Die epexegetische Voranstellung αὕτη δέ ἐστιν ἡ κρίσις hebt das Thema ‚Gericht' rhetorisch hervor[146]. Indem das Licht in die Welt kam, vollzog sich die κρίσις über sie[147].

---

[142] Vgl. entsprechend R. SCHNACKENBURG, Johannesevangelium I, 426 bzw. 508ff.

[143] Treffend R. METZNER, Sünde, 22 im Kontrast zu A. STIMPFLE, Wort, 120ff.

[144] Joh 3,19-21 vertritt keinen von der vorhergehenden Argumentation „abweichenden theologischen Standpunkt" (gegen M. SCHMIDL, Nikodemus, 238 bzw. 319-322, demzufolge der Gesprächshöhepunkt bereits in V 18 erreicht sei). Entsprechend u. a. T. POPP, Grammatik, 162ff.

[145] Vgl. u. a. J. BECKER, Johannes I, 173f.; U. SCHNELLE, Johannes, 77.

[146] Vgl. E. G. HOFFMANN/H. V. SIEBENTHAL, Grammatik, § 263 e bzw. § 288 a. Ferner betonen F. BLASS/A. DEBRUNNER, Grammatik, § 394, 4.4, daß in den johanneischen

Auch wenn auf der textinternen Ebene der Begegnung von Jesus und Nikodemus V 19a das erste lichtmetaphorische Motiv bietet, kann der textexterne Leser eine Korrespondenz zu den lichtmetaphorischen Aussagen des Prologs erkennen[148]. Ebenso wie in Joh 1,4f.9f. changieren in Joh 3,19-21 die Zeitebenen. Während die epexegetische Einleitung Joh 3,19aα präsentisch gefaßt ist, bieten alle weiteren Verben des Eröffnungsverses Vergangenheitsformen. Die beiden Folgeverse fokussieren wiederum die präsentische Ebene[149]. Auch in diesem Kontext zeigt sich somit das Phänomen der hermeneutischen Horizontverschmelzung. Auf der textinternen Gesprächsebene steht Jesus noch am Anfang seiner ‚irdischen Tätigkeit'. Inhaltlich bieten diese Worte jedoch eine Interpretation seiner Tätigkeit aus einer nachösterlichen Perspektive. V 19 thematisiert das Gerichtsgeschehen, welches in der Erscheinung des Lichtes bzw. des Gottessohnes seinen historischen Ort fand. τὸ φῶς ἐλήλυθεν εἰς τὸν κόσμον kann somit als lichtmetaphorisches Äquivalent zum ‚Kommen des Logos in die Welt' bzw. zur Sendung des Gottessohnes verstanden werden[150]. Die präsentischen Formulierungen bringen zur Geltung, daß sich das Gerichtsgesche-

---

Schriften streng zwischen der Anbindung einer Epexegese mit ὅτι bzw. ἵνα, ἐάν, ὅταν unterschieden wird. Während die erste Variante sich auf Tatsachen beziehe, umschreibe die zweite lediglich Vermutungen bzw. Erwartungen.

[147] Vgl. O. SCHWANKL, Licht, 148ff.; T. ONUKI, Welt, 20. Im Gegensatz zur überwiegenden Mehrzahl von Diskussionsbeiträgen bezieht O. HOFIUS, Wiedergeburt, 69 αὕτη δέ ἐστιν ἡ κρίσις ὅτι direkt auf V 19bα καὶ ἠγάπησαν οἱ ἄνθρωποι μᾶλλον τὸ σκότος ἢ τὸ φῶς, insofern „eine logische Hypotaxe bei grammatischer Parataxe" vorliegen würde (vgl. H.-C. KAMMLER, Christologie, 49; tendenziell ähnlich T. POPP, Grammatik, 166; J. FREY, Eschatologie III, 295 Anm. 260). Im Sinne von E. W. BULLINGER, Figures, 565 sei demnach gemeint: „‚And this is the judgement': i.e., the cause of which judgement or condemnation was the effect: viz., ‚that light' ... ". Dieser Sachverhalt bringt eindrücklich die lichtmetaphorische Reflexion des Gerichtsgedankens zur Geltung.

[148] Zu den lichtmetaphorischen Motiven des Prologs (Joh 1,4f.9f.) und deren Verhältnis zum Corpus des Evangeliums s. u. § 11/3.1.

[149] Bereits die grammatikalische Zuordnung der Verben zeigt ein dramaturgisches Gefälle (vgl. J. FREY, Eschatologie III, 294f.). Zunächst impliziert das Perfekt ἐλήλυθεν das einmalige Kommen des Lichts in die Welt und dessen fortwährende Präsenz. Während die Ablehnung des Lichts mit einem effektiven Aorist ausgedrückt wird (V 19bα), operiert die Begründung dieses Verhaltens mit durativem Imperfekt (V 19bβ). Die Folgeverse fokussieren die Relevanz des Gerichtsgeschehens für die Gegenwart der johanneischen Gemeinde durch präsentische Verbformen. Das Partizip Perfekt Passiv V 21c (εἰργασμένα) betont jedoch abschließend, daß das Vollbringen guter Werke nur ἐν θεῷ möglich war (zur soteriologischen Quintessenz dieser Zuordnung s. u. Anm. 160).

[150] Entsprechend resümiert T. POPP, Grammatik, 167: „Das Kommen des Lichts ist in Rückanbindung an die Rede von der Sendung des Sohnes (vgl. Joh 3,16f.) eine christologische Variation, die präludiert durch den Prolog in dem Ich-bin-Wort 8,12 ... voll erklingt."

hen bis in die Gegenwart weiterhin vollzieht (dies entspricht der präsentischen Aussage Joh 1,5a καὶ τὸ φῶς ἐν τῇ σκοτίᾳ φαίνει)[151].

Nachdem in V 19a die Aktion des Lichtes thematisiert wurde, widmet sich V 19b der Reaktion der Menschen: Die Menschen liebten die Finsternis mehr als das Licht. Dieses Motiv kann als eine Antithese zur liebessemantischen Aussage Joh 3,16aα verstanden werden: Der Liebe Gottes zur Welt wird die Liebe der Menschen zur Finsternis kontrastiert (V 19bα)[152]. Dabei wird die ablehnende Haltung durch das einleitende καί-adversativum eigens hervorgehoben[153]. Die Aussageeinheit V 19 mündet schließlich in eine Begründung dieses Phänomens: Die Ablehnung des Lichtes ist eine Konsequenz der schlechten Werke der Menschen (V 19bβ)[154].

Auch die Folgeverse reflektieren die negativen bzw. positiven Reaktionen auf das Heilsgeschehen durch lichtmetaphorische Motive[155]. Beide Verse entfalten die in V 19aβ erkennbare Dynamik der Lichtmetaphorik. Als Pendant zum ‚Kommen des Lichtes' sprechen V 20aα.21a vom ‚Kommen' bzw. ‚Nichtkommen zum Licht'. Beide Lexeme werden zum individuellen Verhalten der Menschen in Beziehung gesetzt (vgl. die Kontrastierung von V 20a φαῦλα πράσσειν bzw. V 21a ποιεῖν τὴν ἀλήθειαν). V 18-21 bildet somit eine „Ringkomposition"[156], durch welche die unterschiedlichen Reaktionen der menschlichen Individuen auf das Heilsgeschehen komprimiert in Worte gefaßt werden. Die antithetische Zuordnung der drei zentralen Thesen kann folgendermaßen veranschaulicht werden:

---

[151] Vgl. J. FREY, Eschatologie II, 158. Entsprechend zu Joh 1,9f. vgl. M. THEOBALD, Fleischwerdung, 232.

[152] Ebenso wie in Joh 12,43 wird die mangelnde Liebe zu Gott anhand einer Komparativkonstruktion ausgedrückt (zu beiden Aussagen vgl. F. BLASS/A. DEBRUNNER, Grammatik, § 185, 2. 4 bzw. § 246, 2.4). Dies veranschaulicht die Korrespondenz der Begriffe Unglaube, Sünde und der mangelnden Liebe zu Gott (vgl. R. METZNER, Sünde, 230. 246. 355; R. BULTMANN, Johannes, 373; O. HOFIUS, Wiedergurt, 69 Anm 160).

[153] Vgl. E. A. ABBOTT, Grammar, 135 bzw. 158; entsprechend T. POPP, Grammatik, 166f.

[154] Zur Kontroverse um eine konsekutive bzw. begründende Interpretation von V 19bβ s. u. Anm. 160.

[155] V 20 bzw. V 21 sind zwar ähnlich, aber nicht strukturparallel gestaltet. Eine Korrespondenz besteht in den Motiven des ‚Kommens' bzw. ‚Nicht-Kommens zum Licht' (V 20a bzw. V 21a) und dem ‚Aufdecken' bzw. ‚Verbergen begangener Taten' (V 20c bzw. V 21b). Auch wenn das Motiv ‚Haß des Lichtes' (V 20aα) der zuvor angesprochenen ‚Liebe zur Finsternis' (V 19bα) korreliert, besitzt es kein Pendant in V 21. Demgegenüber hat V 21c kein Äquivalent in V 20. Insbesondere die durch V 21c geschaffene Differenz impliziert eine zentrale Aussageintention (s. u. Anm. 160).

[156] Vgl. J. FREY, Eschatologie III, 298.

V 18a ὁ πιστεύων εἰς αὐτὸν οὐ κρίνεται   V 18b ὁ δὲ μὴ πιστεύων ἤδη κέκριται

V 21a ὁ δὲ ποιῶν τὴν ἀλήθειαν   V 20b πᾶς γὰρ ὁ φαῦλα πράσσων μισεῖ τὸ
  ἔρχεται πρὸς τὸ φῶς   φῶς καὶ οὐκ ἔρχεται πρὸς τὸ φῶς

Die Antithese φαῦλα πράσσειν bzw. ποιεῖν τὴν ἀλήθειαν kennzeichnet jedoch nicht die Voraussetzung des Glaubens bzw. einer Befähigung zum Glauben[157], sondern die Konkretion des Glaubens und des ‚Kommens zum Licht' im individuellen Verhalten[158]. Die Schlußsentenz V 21c, die kein Äquivalent in V 20 besitzt, spitzt diesen Gedanken nochmals zu. Die guten Werke sind nicht nur „in Gemeinschaft mit Gott"[159] entstanden, sondern gehen letztlich ganz auf die Aktivität Gottes zurück: „Im Licht (Christi) wird nur offenbar, daß das Sein und Tun der Glaubenden von Anfang an ‚in' und ‚durch' Gott gewirkt und in seiner Liebe gegründet ist"[160].

In diesem Sinne rundet Joh 3,19-21 das Gespräch zwischen Jesus und Nikodemus ab und entfaltet zugleich zentrale Motive der Lichtmetaphorik des vierten Evangeliums (zum Verhältnis zu den weiteren lichtmetaphorischen Sequenzen Joh 1,4f.9f.; 5,35; 8,12; 9,4f.; 11,9f.; 12,35f.; 12,46 etc. s. u. § 11/3.1).

---

[157] Gegen G. RÖHSER, Prädestination, 195-208 bzw. 216, der anhand von Joh 3,19-21 der johanneischen Theologie jede prädestinatianische Grundausrichtung abzusprechen versucht. Die Aussagen über das ‚Kommen zum Licht' bzw. das ‚Tun der Wahrheit' würden dem Menschen eine Mitverantwortung zugestehen, sich ablehnend bzw. zustimmend zum Heilshandeln Gottes zu verhalten, so daß von einer „(sachlichen) Vorgängigkeit der ‚Werke' vor dem Glauben (bzw. Unglauben) und der daraus sich ergebenden notwendigen Abfolge von menschlicher Grundhaltung und entsprechender Glaubenshaltung" gesprochen werden könne (op. cit., 204., entsprechend zur Korrespondenz von ‚kommen' und ‚glauben' op. cit., 214). Ausführlich hierzu und zu den weiteren prädestinatianischen Zügen der johanneischen Theologie s. u. den Exkurs zu § 11/2.2.

[158] Treffend spricht J. FREY, Eschatologie III, 299 von einem „Ausdruck der sündigen Grundausrichtung" bzw. einer „Chiffre für den Glauben an Christus". Zur Korrespondenz von ἐργάζειν τὰ ἔργα θεοῦ (Joh 6,28) und ποιεῖν τὴν ἀλήθειαν (Joh 3,21a) ferner T. POPP, Grammatik, 169ff.; I. DE LA POTTERIE, Vérité II, 514ff.

[159] Vgl. R. BULTMANN, Johannes, 114 Anm. 7. Leicht modifiziert J. BECKER, Johannes I, 152: „... in (Übereinstimmung mit) Gott ...".

[160] Vgl. J. FREY, Eschatologie III, 300. Entsprechend kann bereits V 19bβ als Begründung der Ablehnung des Lichts verstanden werden (vgl. H. WEDER, Asymmetrie, 462 [speziell zur Sonderstellung von Joh 3,21c op., cit., 463 Anm. 71], ferner C. G. WILKE, Rhetorik, 248; T. POPP, Grammatik, 170). Im Gegensatz hierzu plädieren u. a. Y. IBUKI, Wahrheit, 341; J. BLANK, Krisis, 100ff.; O. SCHWANKL, Licht 168f. für ein konsekutives Verständnis von V 19bβ). Diese Frage korrespondiert den jeweiligen Beurteilungen der prädestinatianischen Züge johanneischen Denkens.

3. Joh 3,1-21 als Paradigma des Verhältnisses der dualistischen und liebessemantischen Motive im Johannesevangelium

Joh 3,1-21 ist nicht nur ein Kompendium dualistischer Motive im vierten Evangelium, sondern ein Paradigma des Verhältnisses der dualistischen und liebessemantischen Motive im Johannesevangelium. Die Nikodemusperikope bietet zwei zentrale Aspekte der johanneischen Liebessemantik, nämlich das Motiv der Liebe Gottes zur Welt und das Motiv der Liebe der Menschen zum Licht bzw. zur Finsternis (Joh 3,16a.19f.). Im folgenden soll die Bedeutung dieser Motive für das Gesamtverständnis des vierten Evangeliums demonstriert werden: Einerseits wird von Joh 3,16a.19f. ausgehend die christologische Konzentration der Lichtmetaphorik erläutert (3.1). Andererseits wird dargestellt, in welcher Weise das Motiv der Liebe Gottes zur Welt sich gerade vor dem Hintergrund der dualisierenden Argumentationsstruktur der Nikodemusperikope als Fundamentalaussage des Johannesevangeliums erweist (3.2).

3.1 Die christologische Konzentration der Lichtmetaphorik

Die Antithetik von Licht und Finsternis ist ein zentrales „metaphorisches Paradigma der johanneischen Schriften"[161]. Die reflektierteste Lichtmetaphorik aller neutestamentlichen Schriften bietet jedoch das Johannesevangelium[162]. Im Gegensatz zum ersten Johannesbrief ist die Lichtmetaphorik des vierten Evangeliums strikt christologisch konzentriert. Bereits wortstatistisch zeigt sich, daß φῶς und σκοτία keine gleichwertigen Opponenten sind, insofern das Wortfeld ‚Licht' quantitativ die Belege des Wortfelds ‚Finsternis' überwiegt[163]. Noch deutlicher zeigt sich dies jedoch in der Verhältnisbestimmung der beiden Bereiche: „In der lichtmetaphorischen Dramaturgie ... bündelt sich der dramatische Gesamtprozeß der Welt- und Heilsgeschichte wie der individuellen Lebensgeschichte. Er wird darin repräsentiert, konzentriert, vorangetrieben und prinzipiell entschieden"[164].

Die Intentionen der christologischen Konzentration der Lichtmetaphorik und der Verhältnisbestimmung von ‚Licht' und ‚Finsternis' zeigen sich bereits im Prolog (Joh 1,4f.9f.). Nachdem in Joh 1,1-3 primär der λόγος in

---

[161] Vgl. O. SCHWANKL, Licht, 6f. bzw. den Untertitel seiner Studie.

[162] 29 der 73 neutestamentlichen Belege von φῶς begegnen in den johanneischen Schriften (während die beiden kleinen Briefe keine lichtmetaphorische Motive aufweisen, bietet das Johannesevangelium 23, der erste Johannesbrief 6).

[163] Im Gegensatz zum vierten Evangelium sind die Wortfelder ‚Licht' und ‚Finsternis' im ersten Johannesbrief proportional ausgeglichen (vgl. die einleitende statistische Erfassung § 2/1.3 bzw. O. SCHWANKL, Licht, 352-354).

[164] O. SCHWANKL, Licht, 354. G. KLEIN, Licht, 324ff. erkennt in der Lichtmetaphorik des Johannesevangeliums eine Historisierung des Heilsgeschehens.

seinem Verhältnis zu Gott und der Schöpfung thematisiert wurde, wird nun dessen lebens- und lichtspendendes Wirken beschrieben[165]:

Joh 1,4a   ἐν αὐτῷ ζωὴ ἦν,
     b   καὶ ἡ ζωὴ ἦν τὸ φῶς τῶν ἀνθρώπων·
   5a   καὶ τὸ φῶς ἐν τῇ σκοτίᾳ φαίνει,
     b   καὶ ἡ σκοτία αὐτὸ οὐ κατέλαβεν.

   9a   ἦν τὸ φῶς τὸ ἀληθινόν,
     b   ὃ φωτίζει πάντα ἄνθρωπον ἐρχόμενον εἰς τὸν κόσμον.
  10a   ἐν τῷ κόσμῳ ἦν,
     b   καὶ ὁ κόσμος δι' αὐτοῦ ἐγένετο,
     c   καὶ ὁ κόσμος αὐτὸν οὐκ ἔγνω.

Zunächst wird im Sinne der johanneischen Immanenzsprache betont, daß der Logos das Leben in sich barg (V 4a). Im folgenden Stichos V 4b wird diese ζωή als das Licht der Menschen identifiziert. Auf diese Weise werden λόγος, ‚Leben' und ‚Licht' als Zentralbegriffe der johanneischen Christologie unmittelbar miteinander verschränkt: „Dieses Leben ist Licht der Menschen; als dieses Licht bewegt sich der Logos auf die Menschen zu, um ihr Dasein zu erhellen."[166]

Dieses Motiv wird im Folgevers zugespitzt, indem die Begriffe φῶς und σκοτία dynamisch zueinander ins Verhältnis gesetzt werden. Besonderes Augenmerk gilt dabei der Zuordnung der Zeitebenen. Nachdem V 4 das Wesen bzw. Verhalten der ζωή jeweils durch ein duratives Imperfekt beschrieb, thematisiert Joh 1,5a die „bleibende Präsenz des Lichtes, die von einem bestimmten Ereignis der Vergangenheit an datiert"[167]. Das endgültige Scheitern der Versuche der Finsternis, das Licht zu überwinden, wird hingegen durch einen effektiven Aorist gekennzeichnet (Joh 1,5b[168]). Das fortwährende Aufstrahlen des Lichtes umschreibt somit die sukzessive Ü-

---

[165] Ob ὃ γέγονεν den Abschluß von V 3 oder den Anfang von V 4 bildet, „wird sich wohl nie definitiv entscheiden lassen." (treffend K. WENGST, Johannesevangelium I, 48). Textkritisch betrachtet sind die Worte mit K. ALAND, Bedeutung, 390f.; O. HOFIUS, Logos-Hymnus, 4 bzw. 8; U. SCHNELLE, Johannes, 34 etc. eher zu V 3 zu zählen und somit nicht in die Diskussion der lichtmetaphorischen Sequenz Joh 1,4f. einzubeziehen (anders hingegen E. HAENCHEN, Probleme, 127ff.; R. SCHNACKENBURG, Johannesevangelium I, 215ff. etc.).

[166] Treffend H. WEDER, Asymmetrie, 411.

[167] Treffend M. THEOBALD, Fleischwerdung, 189. Die Zuordnung der Zeiten entspricht 1 Joh 2,8b: ἡ σκοτία παράγεται καὶ τὸ φῶς τὸ ἀληθινὸν ἤδη φαίνει. Entsprechend zur Verwendung des Präsens vgl. H. LAUSBERG, Prolog, 212.

[168] Das negative Verhalten der Finsternis wird durch ein καί-adversativum hervorgehoben (vgl. C. DEMKE, Logos-Hymnus, 56; M. THEOBALD, Fleischwerdung, 189).

berwindung der Finsternis. In diesem Sinne ist V 5 ein „klimaktischer Zielsatz der Satzreihe V. 1-5."[169]

Eine entsprechende Zuordnung der temporalen Ebenen bietet Joh 1,9f. Zunächst sprechen V 9a.10a in Korrespondenz zu V 4 durch ein duratives Imperfekt von der begrenzten irdischen Präsenz des Lichtes, daraufhin V 9b in Korrespondenz zu V 5a von dessen fortwährender Aktivität. Das Licht scheint auch gegenwärtig in der Finsternis und erleuchtet jeden Menschen (V 5a.9b)[170]. Ebenso wie die spätere Selbstprädikation Jesu als ‚das Licht der Welt' ist die Phrase φωτίζει πάντα ἄνθρωπον universal ausgerichtet und umschreibt sowohl ein „heilsschaffende(s) Erleuchten", als auch ein „kritische(s) Ins-Licht-Stellen"[171].

Nachdem Joh 1,10b in Rekurs auf V 3 nochmals die universale Schöpfungsmittlerschaft des Logos konstatierte, thematisiert Joh 1,10c das Verhalten des Kosmos zu seinem Schöpfungsursprung[172].

Die protologischen Implikationen von Joh 1,3.10 dienen ebenso wie Joh 6,38; 8,57f.; 17,5.24 etc. primär christologischen Reflexionen[173]. Weder der Johannesprolog noch weitere Sequenzen des vierten Evangeliums spekulieren über die Entstehung der Finsternis bzw. den negativen Zustand des κόσμος. Entsprechend werden Licht und Finsternis nicht auf unterschiedliche Schöpfungsprinzipien zurückgeführt[174]. Der Verfasser des vierten Evangeliums entwickelt für die Existenz der Finsternis „keine ‚Erklärung', schon

---

[169] Vgl. J. FREY, Eschatologie II, 158.

[170] Grammatikalisch und sachlich bleibt unklar, ob ἐρχόμενον εἰς τὸν κόσμον auf Jesus oder ‚alle Menschen' zu beziehen ist (zur Diskussion vgl. M. THEOBALD, Fleischwerdung, 191ff. bzw. 232ff.; O. HOFIUS, Logos-Hymnus, 8f.). Einerseits wird im Johannesevangelium ansonsten nur vom Kommen Jesu in die Welt gesprochen (Joh 6,14; 9,39; 11,27; 16,28; 18,37; in Joh 3,19; 12,46 sogar in einem lichtmetaphorischen Kontext; treffend K. WENGST, Johannesevangelium I, 56; W. BAUER, Johannesevangelium, 18). Andererseits entspricht ein Bezug von ἐρχόμενον εἰς τὸν κόσμον auf πάντα ἄνθρωπον den universalen Aussagen Joh 1,29; 3,16f.; 4,42; 8,12 etc.

[171] So M. THEOBALD, Fleischwerdung, 232, der den erstgenannten Aspekt zwar stärker betont sieht, Joh 1,9b jedoch prinzipiell als Indiz „des universalen Heilswillens des Lichts" versteht. Zur Korrespondenz zur Prädikation Jesu als τὸ φῶς τοῦ κόσμου (Joh 8,12) vgl. L. SCHENKE, Johannes, 167.

[172] Entsprechend formuliert H.-C. KAMMLER, Christologie, 179 Anm. 47: „In dem inkarnierten Gottessohn begegnet die gesamte Menschenwelt niemand anderem als ihrem *Schöpfer* und *Herrn.*" (Hervorhebung von Kammler).

[173] Vgl. S. L. DAVIES, Christology, 681f.; M. THEOBALD, Fleischwerdung, 371f. bzw. 375f.

[174] Dies unterschiedet die johanneische Theologie von späteren gnostischen Transformationen, in denen die Finsternis auf eine andere Schöpfungsursache zurückgeführt wird. So ist z. B. im Johanneskommentar des Herakleon nicht nur die Finsternis, sondern sogar der Kosmos der Schöpfungstätigkeit des Logos entzogen (vgl. A. WUCHERPFENNIG, Heracleon, 109ff. bzw. 158). Diese Relativierung ist jedoch mit der schöpfungstheologischen These Joh 1,10 nicht zu vereinen.

gar keine Rechtfertigung"[175]. Auch wenn die Finsternis nicht explizit als Schöpfung Gottes bezeichnet wird, scheint die johanneische Theologie im Zeichen ihrer strikt monotheistischen Grundtendenz der schöpfungstheologischen These Jes 45,7a zu entsprechen, derzufolge Gott nicht nur das Licht, sondern auch die Finsternis geschaffen hat (Jes 45,7a יוֹצֵר אוֹר וּבוֹרֵא חֹשֶׁךְ).

Auffälligerweise wird jedoch das Verhalten von σκοτία und κόσμος unterschiedlich beschrieben. Die Finsternis konnte das Licht nicht überwältigen, der Kosmos hat es jedoch nicht erkannt. καταλαμβάνειν ist in diesem Kontext negativ konnotiert, γιγνώσκειν hingegen positiv[176].

Dieser Sachverhalt wird in zwei weiteren Sequenzen des vierten Evangeliums nochmals angesprochen. Zum Abschluß seiner öffentlichen Tätigkeit mahnt Jesus, daß seine Zuhörer in seinem Lichte wandeln sollen, damit die Finsternis sie nicht überwältige (Joh 12,35b περιπατεῖτε ὡς τὸ φῶς ἔχετε, ἵνα μὴ σκοτία ὑμᾶς καταλάβῃ). Während jedoch die Finsternis entgültig daran gescheitert sei, Jesus als das Licht der Welt zu überwältigen, bleibt die Erkenntnis der Welt ein Ziel, auf das die Missionsarbeit der johanneischen Gemeinde ausgerichtet ist (vgl. Joh 14,31a ... ἀλλ᾽ ἵνα γνῷ ὁ κόσμος ... bzw. 17,23b ἵνα γινώσκῃ ὁ κόσμος ...)[177].

Eine entsprechende universale Ausrichtung zeigt sich neben Joh 1,9b auch in der Zwischensequenz über Johannes, den Täufer (Joh 1,6-8). Der Täufer soll von jenem Licht zeugen, durch welches ‚alle' zum Glauben kommen sollen (Joh 1,7). In dieser Gegenüberstellung von Johannes und Jesus tritt signifikant die christologische Konzentration der Lichtmetaphorik zutage. Die Betonung τὸ φῶς τὸ ἀληθινόν kann als Polemik gegen vermeintliche Licht- bzw. Heilsgestalten verstanden werden[178]. Der Täufer

---

[175] So R. METZNER, Sünde, 32. Metzner zufolge dürfte es im Sinne von Joh 1,4f. „die Finsternis gar nicht geben, da alle Menschen mit dem geschenkten Leben auch das Licht besaßen. Die Sünde kann daher kein Werk des Schöpfers sein. .... Sie ist das Unmögliche im Sinne des Nicht-Gewollten. Sie kann nur als Widerspruch und Empörung gegen den Lebensspender zur Geltung kommen." (ähnlich auch L. SCHENKE, Johannes, 26).

[176] Während καταλαμβάνειν sowohl positiv, als auch negativ konnotiert sein kann (vgl. Mk 9,18; 1 Thess 5,4 etc.), ist der einzige weitere Beleg im Johannesevangelium eindeutig negativ ausgerichtet (Joh 12,35; Joh 8,3f. ist textkritisch sekundär; vgl. H. BALZ/G. SCHNEIDER, Art. καταλαμβάνω, Sp. 643.). Eine positive Aufnahme wird hingegen im unmittelbaren Kontext mit παραλαμβάνειν bzw. λαμβάνειν beschrieben (vgl. Joh 1,11b.: ... οἱ ἴδιοι αὐτὸν οὐ παρέλαβον. [12a] ὅσοι δὲ ἔλαβον αὐτόν, ἔδωκεν αὐτοῖς ἐξουσίαν τέκνα θεοῦ γενέσθαι, ...).

[177] Zum Verhältnis von Joh 1,10c und Joh 14,31; 17,21.23 und deren Bedeutung für das missionarische Selbstverständnis der johanneischen Gemeinde s. u. § 15/2.2.2.

[178] Vgl. R. SCHNACKENBURG, Johannesevangelium I, 230. Auch wenn diese These vordergründig v. a. eine Quintessenz der Zwischenaussage Joh 1,6-8 ist, kann sie auch auf weitere vermeintliche ‚Lichtgestalten' bezogen werden. Des weiteren ist in bezug auf die Kompositionsstruktur des Prologs zu beachten, daß ohne die Täufersequenz V 6-8 die Abschnitte V 4f. bzw. V 9f. eine geschlossene lichtmetaphorische Sequenz bilden würden.

war nicht selbst das Licht, sondern dessen Zeuge (Joh 1,7f.). Entsprechend wird Johannes in Joh 5,35a als ὁ λύχνος ὁ καιόμενος καὶ φαίνων bezeichnet. Daß der Täufer nur eine kleine, brennende und scheinende Leuchte war, erweist sich im Gesamtzusammenhang der christologischen Konzentration der Lichtmetaphorik als ein ‚leuchtendes' Paradigma johanneischer Ironie. Der Täufer spendete Licht, ohne selbst das Licht zu sein[179].

Die im Prolog gebotenen lichtmetaphorischen Motive werden im weiteren Erzählverlauf des vierten Evangeliums entfaltet. Die zweite ausführliche Entfaltung der Lichtmetaphorik begegnet am Ende der Nikodemusperikope (Joh 3,19-21). Durch das Kommen des Lichtes in die Welt vollzieht sich das Gericht über die Welt (Joh 3,19a)[180]. Auf diese Weise kann die unmittelbar zuvor eingeführte Fundamentaldistinktion ‚Glaube – Unglaube' (V 18) anhand der Licht – Finsternis – Metaphorik und der Liebessemantik reflektiert werden: Der ‚Haß gegen das Licht' (Joh 3,20a) entspricht dem ‚Haß gegen Jesus' (Joh 7,7; 15,18ff.), das ‚Kommen zum Licht' dem Glauben an Jesus (Joh 3,21a). Lediglich in diesem Kontext wird das Licht als Objekt einer akzeptierenden Liebe bzw. eines ablehnenden Hasses bezeichnet. Im Zeichen der christologischen Konzentration der Lichtmetaphorik im Johannesevangelium ist dieses Licht jedoch niemand anders als Jesus selbst. Joh 3,20a.21a präfiguriert somit bereits das Motiv der Liebe zu Jesus, welches *in extenso* erst in den Abschiedsreden zur Geltung gebracht wird (Joh 14,15.21.23f.; 16.27 etc.; s. u. § 13/2)[181].

Joh 3,19-21 appliziert jedoch noch einen weiteren Aspekt der Metaphorik von Licht und Finsternis, der für die johanneische Hamartiologie von zentraler Bedeutung ist: Durch das Kommen bzw. Aufscheinen des Lichts in der Finsternis der Welt wird die Sündhaftigkeit menschlicher Verhaltensweisen erkennbar[182]. Wer schlechte Werke vollbringt, kommt nicht

---

[179] Treffend U. SCHNELLE, Johannes, 112, der dies als Kernaussage von Joh 5,35b (ὑμεῖς δὲ ἠθελήσατε ἀγαλλιαθῆναι πρὸς ὥραν ἐν τῷ φωτὶ αὐτοῦ) versteht.

[180] Wenn Joh 1,4f.9f.; 3,19 ein und denselben Sachverhalt kennzeichnen, würde dies gegen eine Differenzierung unterschiedlicher heilsgeschichtlicher Stadien im Johannesprolog sprechen. Eine solche Interpretation beruht jedoch auf einer strikt synchronen Lektüre des vierten Evangeliums, die auch den Prolog und das Corpus des Evangeliums auf einer Interpretationsebene verortet. Aus dieser Perspektive kann somit nicht entschieden werden, ob im Prolog auch ein Heilshandels Gottes bzw. Jesu vor der Inkarnation angesprochen ist (vgl. insbesondere zur Interpretation von Joh 1,11 εἰς τὰ ἴδια ἦλθεν καὶ οἱ ἴδιοι αὐτὸν οὐ παρέλαβον vgl. M. THEOBALD, Fleischwerdung, 233-238; K. SCHOLTISSEK, Sein, 235f.).

[181] Vgl. F. F. SEGOVIA, Hatred, 265f.; M. LATTKE, Einheit, 227; J. AUGENSTEIN, Liebesgebot, 64.

[182] So A. SCHENK-ZIEGLER, Correctio, 268, der die Funktion der Lichtmetaphorik in Joh 3,19-21 als „überführendes Aufdecken von Sünde" charakterisiert. Entsprechend betont auch Joh 15,22-24, daß erst durch die Gegenwart Jesu die Sündhaftigkeit mensch-

zum Licht, damit seine Taten verborgen bleiben (Joh 3,20). Die Glaubenden kommen hingegen zum Licht (Joh 3,21a). Auf diese Weise zeigt sich,
daß ihre guten Werke ἐν θεῷ vollbracht wurden (Joh 3,21b)[183].

Nachdem die lichtmetaphorischen Sequenzen des Prologs und der Nikodemusperikope bereits implizit die christologische Konzentration der
Lichtmetaphorik erkennen ließen, identifiziert sich Jesus in Joh 8,12 explizit als das Licht der Welt (vgl. Joh 8,12b). Aus der Selbstprädikation ἐγώ
εἰμι τὸ φῶς τοῦ κόσμου wird wiederum eine Heilszusage abgeleitet:
Wer Jesus nachfolgt, wird nicht in der Finsternis wandeln, sondern am
Licht des Lebens teilhaben (V 12c)[184].

Die Selbstprädikation Jesu als Licht der Welt eröffnet ein „Bildfeld, das
durch Begriffe wie Offenbarung, Leben, Sicherheit, Erleuchtung und Er-

---

licher Existenz identifiziert werden konnte. Dies korrespondiert paulinischen bzw. deuteropaulinischen Konzeptionen wie 2 Kor 4,4; Eph 5,10-14 etc., bes. Eph 5,13: τὰ πάντα
ἐλεγχόμενα ὑπὸ τοῦ φωτὸς φανεροῦται. Entsprechend resümiert R. METZNER, Sünde, 340: „Paulus und Johannes gehen davon aus, daß das in Christus offenbare ‚Licht' die
‚Finsternis' der Welt aufdeckt und sie so als das erkennbar macht, was sie ist, nämlich als
gottferne Welt" (weniger naheliegend ist hingegen ein Vergleich mit innergemeindlichen
Zurechtweisungen wie Mt 18,15; Hebr 12,5; Jud 25 (vgl. A. SCHENK-ZIEGLER, Correctio,
268). Vergleichbare lichtmetaphorische Umschreibungen der Identifikation von Gerechtigkeit und Ungerechtigkeit begegnen jedoch auch in alttestamentlich-frühjüdischen und
pagan-philosophischen Traditionsströmen (vgl. u. a. Xenop Mem I 4,19; Isoc Or 1,16; Hi
24,13-17, bes. eindrücklich sind u. a. die Ermahnung des Patriarch Naphthali an seine
Nachkommen, daß ‚Werke des Lichtes' nicht in der Finsternis vollbracht werden können
[TestXII.Naph 2,10: ... οὐδὲ ἐν σκότει δυνήσεσθε ποιῆσαι ἔργα φωτός] und die in
den PsSal vorliegende Beschreibung des Verhaltens eines Frevlers [Ps Sal 4,5: ... ἐν
νυκτὶ καὶ ἐν ἀποκρύψοις ἁμαρτάνει ὡς οὐχ ὁρώμενος] und des Gerichtshandelns
Gottes [PsSal 8,8: ἀνεκάλυψεν ὁ θεὸς τὰς ἁμαρτίας αὐτῶν ἐναντίον τοῦ ἡλίου,
ἔγνω πᾶσα ἡ γῆ τὰ κρίματα τοῦ θεοῦ τὰ δίκαια]). Speziell zur Funktion der Fre-
velmahnung in der siebten Rede Hiobs (Hi 23,1-24,25) vgl. F. HESSE, Hiob, 148f.; zu
entsprechenden paganen Korrespondenztexten vgl. U. SCHNELLE, Neuer Wettstein I/2,
168ff. bzw. bei Philo von Alexandrien vgl. Philo, Spec Leg 1,320-323; Leg Gai 103;
Spec Leg I, 54: σκότος αἱρούμενοι πρὸ αὐγοειδεστάτου φωτός. Als weitere Motivkorrespondenzen zu Joh 3,19ff. vgl. AssMos 7,1f. und zum Motiv ‚Tun der Gerechtigkeit' den Umkehraufruf Tob 13,6 (LXX I): ποιῆσαι ἐνώπιον αὐτοῦ ἀλήθειαν.

[183] Zur soteriologischen Quintessenz von V 21c s. o. Anm. 160 bzw. J. FREY, Eschatologie III, 300. Treffend resümiert U. SCHNELLE, Johannes, 78: „Demgegenüber vollzieht sich das Tun der Wahrheit und ihrer Werke ἐν θεῷ, der in Jesus Christus den Weg
der Liebe ging."

[184] Die These V 12ca ὁ ἀκολουθῶν ἐμοὶ οὐ μὴ περιπατήσῃ ἐν τῇ σκοτίᾳ entspricht zwar 1 Joh 1,6; 2,11b, verfolgt jedoch eine andere Aussageintention (zu Analogi-
en und Differenzen der Lichtmetaphorik des ersten Johannesbriefs und dem Johannesevangelium s. u. den Exkurs zu § 13/2.4).

kenntnis geprägt ist"[185]. Eine besondere thematische Relevanz besitzt dabei die Korrespondenz von Joh 8,12 zur johanneischen Schrifthermeneutik und den universalen Aussagen. Der Verfasser des vierten Evangeliums versucht seinen Adressaten in unterschiedlichen Kontexten Jesus als die Erfüllung der γραφαί bzw. jüdischer Heilserwartungen verständlich zu machen. Vor diesem Hintergrund kann Joh 8,12 als eine christologische Applikation der alttestamentlich-frühjüdischen Vorstellung verstanden werden, derzufolge die Worte Gottes eine lebens- und lichtspendende Kraft besitzen (vgl. z. B. Ps 118,105 LXX λύχνος τοῖς ποσίν μου ὁ λόγος σου καὶ φῶς ταῖς τρίβοις μου)[186]. Entsprechend korreliert der universale Akzent der Phrase ‚Licht *der Welt*‘ der Prädikation des Gottesknechtes als ‚Licht der Völker‘ (Jes 42,6c אֹור גֹּויִם bzw. φῶς ἐθνῶν [LXX]), der Recht und Rettung bis an die Weltenden bringen soll (Jes 42,1b.4b; 49,6; 52,13 LXX; 60,3 etc. etc.)[187].

Die Spezifikation ‚Licht *der Welt*‘ erweist sich jedoch nicht nur vor diesen Motivhintergründen als eine zentrale Aussageintention. Ebenso wie die lichtmetaphorischen Aussagen in Joh 1,9f.; 9,5; 11,9; 12,46 ist auch Joh 8,12 universal ausgerichtet. Dies entspricht sachlich den Bekenntnissen des Täufers Johannes und der Samaritaner (Joh 1,29; 4,42)[188]. In jenen Kontexten äußerten Personen, die zuvor auf der textinternen Ebene mit Jesus konfrontiert wurden, ihre Einschätzung der Person und des Werkes Jesu. Sie verstehen ihn als das ‚Lamm, das die Sünde *der Welt* trägt‘ bzw. ‚den Retter *der Welt*‘. In Joh 8,12 bezeichnet sich Jesus jedoch selbst als das ‚Licht *der Welt*‘. Diese Erzählstruktur hebt die universale Dimension des Wirkens Jesu eindrücklich hervor. Einerseits werden unterschiedliche Kategorien benutzt, um die Universalität des Heilsgeschehens zu kennzeichnen. Andererseits wird die textinterne Dramaturgie dadurch gesteigert, daß zunächst

---

[185] Treffend U. SCHNELLE, Johannes, 154f. Zum breiten Spektrum möglicher lichtmetaphorischer Korrespondenzmotive vgl. H. HÜBNER, Vetus Testamentum in Novo 1,2, 280-284; H. THYEN, Licht, 37ff.; R. SCHNACKENBURG, Johannesevangelium II, 59ff.

[186] Entsprechend Ps 118,49f. LXX: μνήσθητι τὸν λόγον σου τῷ δούλῳ σου ᾧ ἐπήλπισας με [50] αὕτη με παρεκάλεσεν ἐν τῇ ταπεινώσει μου ὅτι τὸ λόγιόν σου ἔζησέν με; vgl. ferner Ps. 118,25.149; Dtn 30,16-20; 32,47; Spr. 4,4; 19,16). Vgl. R. BAUCKHAM, Qumran, 267-279; M. THEOBALD, Herrenworte, 264f.; BIL III, 129-132.

[187] Vgl. u. a. J. FREY, Heiden, 256ff.; H. THYEN, Licht, 38; H. GESE, Johannesprolog, 192f.

[188] Diese Titel sind zwar in der Dramaturgie des vierten Evangeliums Bekenntnisse von Johannes, dem Täufer (Joh 1,29) und den Samaritanern (Joh 4,42). Die johanneische Briefkorrespondenz erweisen sie aber zugleich als Bekenntnisse der johanneischen Gemeinde (vgl. 1 Joh 2,2; 4,14). Für den hellenistischen Hintergrund des Ehrentitels σωτήρ ist zudem interessant, daß die Epiphanie des Retters gerade auch lichtmetaphorisch umschrieben werden konnte (vgl. F. JUNG, ΣΩΤΗΡ, 140ff.). Auch dies entspricht der johanneischen Christologie, in der Jesus als ‚Retter der Welt‘ und als ‚Licht der Welt‘ bezeichnet wird.

Bekenntnisse über Jesus geäußert werden, die daraufhin durch seine eigenen Worte sachlich bestätigt werden[189].

Darüber hinaus kann die Selbstprädikation Jesu als Licht der Welt eine weitere Motivassoziation bei jenen Lesern evozieren, die mit den Eigentümlichkeiten jüdischer Festriten vertraut sind. Sie wird nämlich erzählerisch ausgerechnet dort verortet, wo nach jüdischer Tradition während des Laubhüttenfestes eine nächtliche Lichtfeier abgehalten wurde[190].

Die in Joh 8,12 exponierten Motivaspekte werden in den Erzählungen der Blindenheilung und der Auferweckung des Lazarus narrativ entfaltet (Joh 9,4f.; 11,9)[191]. Beide Sequenzen verbinden die Licht – Finsternis – Metaphorik mit der Antithetik von Tag und Nacht und reflektieren auf diese Weise die Tätigkeit Jesu während seiner irdischen Präsenz. In diesen Kontexten wird v. a. die zeitlich begrenzte Präsenz Jesu als Licht der Welt betont (vgl. besonders Joh 9,5 ὅταν ἐν τῷ κόσμῳ ὦ, φῶς εἰμι τοῦ κόσμου). Dieser Sachverhalt wird in den letzten lichtmetaphorischen Aussagen des vierten Evangeliums bekräftigt. Nach der Ankündigung seiner bevorstehenden ‚Erhöhung ans Kreuz‘ wird Jesus mit der Erwartung konfrontiert, daß der verheißene Messias εἰς τὸν αἰῶνα bleiben werde (Joh 12,34; zum Motivhintergrund vgl. u. a. Ps 89,37f.; Ez 37,25 etc.)[192]. Jesus antwortet seinen textinternen Gesprächspartner jedoch nur indirekt. Er mahnt die ihn fragende Volksmenge, daß sie das Licht nicht mehr lange bei bzw. in sich haben (Joh 12,35a μικρὸν χρόνον τὸ φῶς ἐν ὑμῖν ἐστιν). Daraufhin wird durch Joh 12,36b wiederum das in Joh 11,10f. angesprochene Motiv des Licht- bzw. Finsterniswandels aufgenommen. Ab-

---

[189] K. BARTH, Johannes-Evangelium, 358 versteht Joh 8,12 sogar als die im bisherigen Erzählverlauf „stärkste, konzentrierteste und zugleich universalste Aussage Jesu über sich selbst." Entsprechend zur dramaturgischen Funktion dieser Selbstprädikation innerhalb der in Joh 7-8 stilisierten Streitgespräche vgl. L. SCHENKE, Johannes, 167.

[190] Eine bewußt intendierte Assoziation vermuten z. B. H. THYEN, Licht, 37f.; R. SCHNACKENBURG, Johannesevangelium II, 239f.; U. SCHNELLE, Johannes, 155; skeptischer hingegen K. WENGST, Johannesevangelium I, 312. Ein solcher Motivhintergrund spricht jedoch gegen die Annahme von J. BECKER, Johannes I, 339, daß Joh 8,12 „in der Komposition ... durch jedes andere Offenbarungswort" ersetzt werden könnte.

[191] Zur Funktion von Joh 9,4f.; 11,9f. in den narrativen Strukturen der Blindenheilungs- und Auferweckungserzählung vgl. M. LABAHN, Lebensspender, 305ff. bzw. 380ff.. Auch diesbezüglich bestehen Korrespondenzen zu Motivhintergründen wie Gen 1,3; Jes 42,6.9; 60,1-3, die bereits Joh 8,12 prägten (vgl. U. SCHNELLE, Johannes, 169).

[192] Zu entsprechenden Motivhintergründen vgl. K. WENGST, Johannesevangelium II, 69ff. Um so auffälliger ist, daß die Korrespondenztexte Joh 3,14f.; 12,33f. über die Erhöhung des Menschensohns einander korrelieren und dabei unterschiedliche alttestamentliche bzw. frühjüdische Motivhintergründe aufnehmen (vgl. u. a. J. FREY, Mose, 185; U. SCHNELLE, Johannes, 74; W. THÜSING, Erhöhung, 3f.).

schließend fordert Jesus seine Zuhörer auf, an ihn als das Licht der Welt zu glauben und so ‚Kinder des Lichtes' zu werden (Joh 12,36)[193].

Insofern Joh 12,36 der letzte Appell innerhalb der Beschreibung der öffentlichen Tätigkeit Jesu ist, endet dieselbe ausgerechnet mit einem lichtmetaphorischen Motiv. Gleichwohl resümiert die situativ enthobene Rede Joh 12,44-50 nochmals eine Grundintention der lichtmetaphorischen Reflexionen von Jesu Person und Werk[194]. Jesus sei als ein Licht in die Welt gekommen, damit der an ihn Glaubende nicht in der Finsternis bleibe (Joh 12,46: ἐγὼ φῶς εἰς τὸν κόσμον ἐλήλυθα, ἵνα πᾶς ὁ πιστεύων εἰς ἐμὲ ἐν τῇ σκοτίᾳ μὴ μείνῃ). Diese letzten lichtmetaphorischen Motive des Johannesevangeliums schaffen somit eine Inklusion zu den ersten[195]. Die Motive des Kommens des Lichtes in die Welt und des Wegganges Jesu zum Vater kennzeichnen die Phase der irdischen Präsenz Jesu. Als Konsequenz dieser Dramaturgie wird die Präsenz des Lichtes in der Welt erzählerisch auf die irdische Präsenz Jesu beschränkt (vgl. bes. Joh 9,5 ὅταν ἐν τῷ κόσμῳ ὦ φῶς εἰμι τοῦ κόσμου).

In Korrespondenz zu der christologischen Konzentration der Lichtmetaphorik bietet das Johannesevangelium keine anthopologischen Motive einer Licht-Immanenz, welche die menschliche Erkenntnisfähigkeit beschreibt (vgl. z. B. Lk 11,33-36/Mt 6,22f.), geschweige denn Motive rettender bzw. zu rettender Lichtfunken in den Jüngern, welche zu ihrem Ursprungsort zurückstreben. Dieses Fehlen ist um so auffällig, insofern das Johannesevangelium eine ausgeprägte Sprache der Immanenz besitzt[196]. Sowohl die Immanenzsprache, als auch die Lichtmetaphorik propagieren nicht die heilsschaffende Erkenntnis eines inneren Lichtes, sondern die Anerkennung Jesu als Licht der Welt. Hier zeigt sich eine deutliche Diskrepanz zu späteren frühgnostisch-gnostischen Traditionen, in denen das Motiv rettender bzw. zu rettender Lichtfunken in den Gnostikern zu einem soteriologischen Zentralmotiv avanciert (EvThom 24,3; 61,5; 83)[197].

---

[193] Obwohl das vierte Evangelium die Glaubenden als Kinder des Lichtes bezeichnet, wird keine Antithetik von ‚Kindern des Lichtes' und ‚Kindern der Finsternis' etc. konstruiert (vgl. z. B. Lk 16,8 υἱοὶ τοῦ αἰῶνος τούτου bzw. υἱοὶ τοῦ φωτός; ähnlich 1 Thess 5,5; Eph 5,8). Besonders deutlich ist jedoch die Diskrepanz zur Gegenüberstellung von ‚Kindern' bzw. ‚Männern des Lichtes' und ‚Kindern' bzw. ‚Männern des Finsternis', wie dies für das Selbstverständnis der Qumrangemeinschaft bedeutsam war (ausführlich zum diesbezüglichen Vergleich johanneischer und voressenischer, essenischer bzw. genuin-qumranischer Lichtmetaphorik und zur Frage historisch-genetischer Zusammenhänge dieser Konzeptionen s. o.).

[194] Zur kompositionellen Sonderstellung der situativ enthobenen Rede Jesu in Joh 12,44-50 vgl. R. KÜHSCHELM, Verstockung, 61; U. SCHNELLE, Johannes, 209.

[195] Vgl. J. FREY, Heiden, 256f.

[196] Vgl. K. SCHOLTISSEK, Sein, 1. 33f. 364 u. ö.

[197] Vgl. M. FIEGER, Thomasevangelium, 215 zu EvThom 50/61,5/77: „Die Erkenntnis des eigenen Lichtfunkens ermöglicht die wechselseitige Beziehung zwischen dem zum Gnostiker gewordenen Menschen und der Jesus genannten Fülle des Lichts". Ähnlich S. DAVIES, Christology, 665f. Zur Recht erkennt T. ZÖCKLER, Jesu Lehren, 127f. hierin einen diametralen Gegensatz zwischen Joh 8,14b; 13,33; 16,28 und EvThom

Vordergründig birgt dieser Sachverhalt eine sachliche Spannung: Einerseits sprechen Joh 9,5; 12,34f. von der zeitlich begrenzten Präsenz Jesu als Licht der Welt, andererseits postulieren Joh 1,5.9 die fortwährende Aktivität des Lichtes in der Finsternis. An dieser Dialektik, die eine Konsequenz der christologischen Konzentration der Lichtmetaphorik ist, kann erläutert werden, in welcher Weise Jesus bei der Gemeinde ist, auch wenn er selbst nicht mehr als das Licht in der Welt präsent ist: Durch das Kommen des Lichtes in die Welt vollzieht sich das Gericht (Joh 3,19). Die Finsternis konnte das Licht während dessen irdischer Präsenz nicht überwältigen (Joh 1,5b). Auch wenn die Gegenwart Jesu in der Welt begrenzt war (Joh 9,5), scheint sein Licht weiterhin in der Welt und überwindet sukzessive die Finsternis (Joh 1,5a; vgl. 1 Joh 2,8b)[198]. Die Sendung Jesu wird durch die Jünger in modifizierter Weise fortgeführt (Joh 17,18; 20,21). Durch die Verkündigung der Gemeinde ist „Jesus ... still the light of the world even when the world is blind"[199]. Die Jünger werden jedoch nicht als ‚Licht der Welt' bezeichnet (in dezidiertem Gegensatz zu Mt 5,14a ὑμεῖς ἐστε τὸ φῶς τοῦ κόσμου[200]). Sie verkündigen bzw. bezeugen lediglich Jesus als das Licht der Welt. Ein entscheidendes Kriterium ihrer Jüngerschaft ist jedoch ihre gegenseitige Liebe. An der Liebe und Einheit der Gemeinde sollen ‚alle' bzw. die Welt zu Glaube und Erkenntnis gelangen (Joh 13,35; 17,21.23)[201].

Diese Zuordnung setzt somit ein dualistisches und ein liebessemantisches Motiv zueinander in Beziehung: Die gegenseitige Liebe der Glaubenden repräsentiert Jesus als das Licht der Welt. Angesichts dessen erklärt sich auch das kompositionstechnische Phänomen, daß alle lichtmetaphorischen Motive des vierten Evangeliums in die Beschreibung der öf-

---

49/50. Interessanterweise werden die einzigen Sequenzen des Johannesevangeliums, die andeutungsweise von einer Lichtimmanenz sprechen (Joh 11,10; 12,35), in Teilen der syrischen und koptischen Übersetzungen (v. a. sy[s.p]; sa ac[2] pbo etc.) vermieden (hierzu und zur gnostischen Reformulierung der johanneischen Selbstprädikation Jesu als Licht der Welt in EvThom 77,1 [ἐγώ εἰμι τὸ φῶς bzw. ⲁⲛⲟⲕ ⲡⲉ ⲡⲟⲩⲟⲉⲓⲛ] vgl. E. E. POPKES, Licht, passim).

[198] Zum Verhältnis der temporalen Ebenen in Joh 1,4f.9f. (v. a. Joh 1,10c ὁ κόσμος αὐτὸν οὐκ ἔγνω und Joh 1,5a καὶ τὸ φῶς ἐν τῇ σκοτίᾳ φαίνει; ebenso 1 Joh 2,8b) vgl. M. THEOBALD, Fleischwerdung, 186-189 bzw. 232; J. FREY, Eschatologie II, 158-160.

[199] Treffend J. ASHTON, Fourth Gospel, 174.

[200] Angesichts dessen versteht O. SCHWANKL, Licht, 221 Joh 8,12 „als Fortschreibung synoptischer Vorgaben", die nicht auf ihre literarische Gestaltung, sondern auf ihren „inneren Zusammenhang" hin zu betrachten ist (op. cit., 200 Anm 46). Ausführlich zum Verhältnis von Joh 8,12 zu möglichen synoptischen Vorentwicklungen wie Mt 4,15f.17; 5,14-16 vgl. M. THEOBALD, Herrenworte, 272ff.

[201] Für X. LÉON-DUFOUR, Eucharist Bread, 82 bzw. 95 symbolisiert die Liebe der Gemeinde die Gegenwart Jesu in der Welt (ähnlich K.-M. BULL, Gemeinde, 237).

fentlichen Tätigkeit Jesu integriert sind. Während φῶς ein Schlüsselbegriff für Joh 1-12 ist, ist ἀγάπη κ.τ.λ. ein Schlüsselbegriff der johanneischen Abschiedsreden, in denen wiederum die Reflexion der nachösterlichen Situation der Glaubenden in den Vordergrund tritt[202].

Diese Aspekte veranschaulichen einen zentralen Sachverhalt der Verhältnisbestimmung der liebessemantischen und dualistischen Motive im vierten Evangelium: Obwohl die Licht – Finsternis – Metaphorik eines der markantesten dualistischen Motive der johanneischen Theologie ist, ist sie kein Indiz eines johanneischen Dualismus. Die christologische Konzentration der Lichtmetaphorik und das Verhältnis der Licht- und Liebessemantik veranschaulichen vielmehr dessen Durchbrechung: „Wo ein alles bestimmendes Zentrum ist, gibt es folglich keinen eigentlichen Dualismus mehr. Die christologische Zentrierung bändigt und bricht im Grunde das Gegeneinander der Kräfte; sie deformiert die dualistische Grundstruktur."[203]

3.2 Die Liebe Gottes zur Welt als Fundamentalaussage des Johannesevangeliums

Es ist ein weitgehender Konsens der Johannesforschung, daß Joh 3,16-18 als ein „miniature gospel" wesentliche Grundintentionen des vierten Evangelium komprimiert[204]. Strittig ist jedoch, in welcher Weise die einleitende These der ‚Liebe Gottes zur Welt' zu verstehen ist. Fällt sie im Gesamtzusammenhang des vierten Evangeliums derartig „sachlich aus dem Rahmen"[205], daß sie nicht als eigentliche Aussageintention betrachtet werden kann? Oder ist sie ein Grundsatz der Verkündigung des vierten Evangeliums, der im weiteren Erzählverlauf entfaltet wird? Diese Fragen betreffen die traditionsgeschichtliche Einordnung von Joh 3,16a. Handelt es sich

---

[202] Vgl. A. FEUILLET, Structure, 214-216. Zu einer kompositionstechnischen Analogie im ersten Johannesbrief s. u. § 7/3.2 bzw. O. SCHWANKL, Licht, 309.

[203] Treffend O. SCHWANKL, Licht, 360; entsprechend spricht J. GNILKA, Johannes, 10 von einem christologisch aufgebrochenen Dualismus (tendenziell ähnlich u. a. auch H. WEDER, Asymmetrie, 454; K. SCHOLTISSEK, Johannes auslegen II, 118; H. MERKLEIN, Welt, 280f.; T. ONUKI, Welt, 218; R. KÜHSCHELM, Verstockung, 280).

[204] Treffend B. LINDARS, John, 81; entsprechend R. SCHNACKENBURG, Johannesevangelium I, 423.

[205] So M. LATTKE, Einheit, 12. Entsprechend ist für E. KÄSEMANN, Wille, 124 Joh 3,16 nur eine beibehaltene Formel. Ebenso wie für alle weiteren heilsuniversalen Sequenzen gelte: „Jesus ist zwar nach Joh 3,17; 6,33; 12,47 gesandt, die Welt zu retten und ihr das Leben zu geben, und ist nach 9,5; 12,46 das Licht der Welt. Doch zeigt das Evangelium, daß solche Sendung in der Krisis der Welt endet." (op. cit., 125; zu sachlich vergleichbaren Einschätzungen wie z. B. von A. Stimpfle, L. Schottroff, W. Langbrandtner, M. Rese, F. F. Segovia etc. vgl. die entsprechenden forschungsgeschichtlichen Skizzen in § 3).

lediglich um eine aufgenommene Tradition, oder um eine innovative These des Verfassers des Johannesevangeliums?

Diesbezüglich ist zunächst festzustellen, daß οὕτως γὰρ ἠγάπησεν ὁ θεὸς τὸν κόσμον keine schriftlich manifestierten Äquivalente in vorjohanneischen Traditionsströmen besitzt[206]. Im Gegensatz hierzu steht der Autor des vierten Evangeliums hinsichtlich der in Joh 3,16f. vorliegenden Dahingabe- bzw. Sendungsaussagen „ ... Paulus christologisch nahe, gewissermaßen auf seinen Schultern."[207] Eine der deutlichsten traditionsgeschichtlichen Parallelen zu Joh 3,16 ist die paulinische Dahingabeformel Röm 8,32b:

Röm 8,32a   (...) ὅς γε τοῦ ἰδίου υἱοῦ οὐκ ἐφείσατο
      b   ἀλλὰ ὑπὲρ ἡμῶν πάντων παρέδωκεν αὐτόν, (...)

Joh 3,16aβ   (...) ὥστε τὸν υἱὸν τὸν μονογενῆ ἔδωκεν, (...)

Selbst die in Joh 3,16f. erkennbare Zuordnung der Dahingabe- und Sendungsaussagen läßt sich implizit schon bei Paulus erkennen, insofern „die Aussage von der Dahingabe des Sohnes Röm 8,32 am besten auf dem Hintergrund der Sendung des Sohnes in die Welt verständlich" wird[208].

Eine weitere themenspezifische Korrespondenz zwischen der paulinischen Theologie und Joh 3,16f. besteht darin, daß die Liebe Gottes als Grund des heilsstiftenden Todes Jesu verstanden wird (vgl. Röm 5,8: συνίστησιν δὲ τὴν ἑαυτοῦ ἀγάπην εἰς ἡμᾶς ὁ θεός, ὅτι ἔτι ἁμαρτωλῶν ὄντων ἡμῶν Χριστὸς ὑπὲρ ἡμῶν ἀπέθανεν)[209].

Auch wenn in diesem paulinischen Kontext die Liebe Gottes *expressis verbis* nur auf die Glaubenden bezogen wird, entspricht die universale Dimension von Joh 3,16a anderen Topoi paulinischer Theologie, die ihrer-

---

[206] Vgl. J. AUGENSTEIN, Liebesgebot, 62.

[207] Treffend M. HENGEL, Präexistenz, 289. Entsprechend u. a. H. WEDER, Asymmetrie, 444f.; K. WENGST, Johannes I, 136f.; DERS., Formeln, 55ff.; U. SCHNELLE, Johannes, 75f.; W. POPKES, Christus traditus, 280ff.; E. SCHWEIZER, Hintergrund, 91ff.; H.-J. KLAUCK, Johannesbrief, 249; J. ASHTON, Understanding, 318f. etc.

[208] So M. HENGEL, Präexistenz, 288, der zudem die erste Hälfte des Philipperhymnus als Ausdruck einer Hingabe aus Liebe versteht (op. cit., 289). Die Sendung des Sohnes kann Paulus wie Johannes sowohl mit ἀποστέλλειν (vgl. Gal 4,4a ὅτε δὲ ἦλθεν τὸ πλήρωμα τοῦ χρόνου ἐξαπέστειλεν ὁ θεὸς τὸν υἱὸν αὐτοῦ), als auch mit πέμπειν beschreiben (Röm 8,3b ὁ θεὸς τὸν ἑαυτοῦ υἱὸν πέμψας); zum diesbezüglichen Verhältnis der johanneischen und paulinischen Theologie vgl. ferner W. KRAMER, Christos-Kyrios-Gottessohn, 108ff.; E. SCHWEIZER, Hintergrund, 90ff. Entsprechend formuliert M. THEOBALD, Herrenworte, 592, daß gerade in Joh 3,17 im Vergleich mit weiteren Elementen der johanneischen Sendungschristologie am deutlichsten „gemein-christliche Sendungsphraseologie vorliegt".

[209] Vgl. K. WENGST, Formeln, 78ff.; DERS., Johannes I, 137.

seits den Sendungs- bzw. Dahingabeaussagen sachlich korrespondieren. Bereits in Röm 8,32 impliziert die Wendung ὑπὲρ ἡμῶν πάντων eine universale Tendenz. Explizit kommt diese im *locus classicus* des paulinischen Versöhnungsgedankens zum Tragen, demzufolge der κόσμος in die durch Jesus vollzogene Versöhnung einbezogen ist (vgl. 2 Kor 5,19a ὡς ὅτι θεός ἦν ἐν χριστῷ κόσμον καταλλάσσων ἑαυτῷ; entsprechend Röm 11,15; 11,26ff.32). Diese *Feststellung* der Universalität des Heilsgeschehens entspricht der *Hoffnung* auf eine umfassende Anerkennung des Hoheitsanspruchs Jesu, wie sie bereits im vorpaulinischen Philipperhymnus dokumentiert ist (Phil 2,10f.; zu weiteren universalen Heilsaussagen vgl. 1 Kor 15,21f.; Röm 5,18; 8,21)[210].

Des weiteren ist bei der traditionsgeschichtlichen Einordnung von Joh 3,16a zu berücksichtigen, daß der Autor des Johannesevangeliums seinen Adressaten Jesus als den ‚Exegeten Gottes‘ verständlich zu machen versucht (Joh 1,18), von dem die γραφαί (Joh 5,39) zeugen. Sie sollen verstehen, daß die Liebe Gottes zur Welt der Grund der Sendung und der Dahingabe des präexistenten Gottessohns war (Joh 3,16f.; entsprechend Joh 1,1f.18). Dieser Sachverhalt führt konsequent zu der Frage, inwieweit sich jene „christologische Inanspruchnahme der Schrift"[211] auch im Motiv der Liebe Gottes beobachten läßt.

Auch wenn zu Joh 3,16a keine schriftlich manifestierten sprachlich-begrifflichen Parallelen existieren, wäre es eine unangemessene Engführung, lediglich nach *begrifflich-sprachlichen Analogien* zu fragen. Die Aufgabe besteht vielmehr darin, alttestamentlich-frühjüdische Traditions-

---

[210] Die angesprochenen heilsuniversalen Züge der paulinischen Theologie werden in nahezu allen Schriften der Paulusschule tradiert und entfaltet (Kol 1,20; Eph 1,10; 1 Tim 2,4; 4,10; Tit 2,11). Vgl. H. HÜBNER, Epheser, 12. 62f.; skeptisch hingegen C. STETTLER, Kolosserhymnus, 283ff.293-298. Auch wenn καταλλαγή κ.τ.λ. in diesen Kontexten nicht *expressis verbis* vorliegt, können sie als konsequente Umsetzung von 2 Kor 5,19; Röm 5,18 bzw. des paulinischen Versöhnungsgedankens verstanden werden (vgl. J. ROLOFF, Timotheus, 122; T. KNÖPPLER, Sühne, 184-186). Speziell in der Theologie der Pastoralbriefe könnte der Gottestitel σωτήρ πάντων ἀνθρώπων (1 Tim 4,10b) zudem eine antignostische Aussageimplikation besitzen (vgl. N. BROX, Pastoralbriefe, 298). Lediglich im zweiten Thessalonicherbrief finden sich keine Reminiszenzen an die heilsuniversalen Züge paulinischer Theologie (vgl. E. E. POPKES, Bedeutung, 55ff.). Eine besondere terminologische Nähe zur johanneischen Theologie weisen dabei 1 Tim 4,10; Tit 1,3f.; 2,10.13; 3,4.6 auf, insofern Gott bzw. Jesus jeweils als σωτήρ bezeichnet werden. Die universale Dimension des Gottestitels 1 Tim 4,10b σωτήρ πάντων ἀνθρώπων entspricht dem christologischen Titel Joh 4,42 σωτήρ τοῦ κόσμου (vgl. Joh 3,17; 1 Joh 4,14; speziell zur universalen Dimension dieses Titels in der Theologie der Pastoralbriefe vgl. F. JUNG, ΣΩΤΗΡ, 321-332; zum vielschichtigen Spektrum weiterer neutestamentlichen Verwendung op. cit., 263ff.).

[211] So J. FREY, Mose, 204. Zur Schrifthermeneutik des vierten Evangeliums s. o. § 4/4.

komplexe zu eruieren, die als *inhaltlich-sachliche Hintergründe* von Joh 3,16a verstanden werden könnten. Es sollte nach Präfigurationen der einzelnen Motiv*aspekte* des Motiv*komplexes* Joh 3,16f. gefragt werden. Diese Fragestellung ergibt sich auch aus dem Sachverhalt, daß weitere heilsuniversale Aussagen des Johannesevangeliums eine kreativ-innovative Aufnahme alttestamentlicher Vorgaben erkennen lassen. Paradigmatisch hierfür ist die Selbstprädikation Jesu als ‚Licht *der Welt*‘ in Joh 8,12, die u. a. der Prädikation des Gottesknechtes als ‚Licht der Völker‘ (Jes 42,6c) korrespondiert[212].

Das Motiv der Liebe Gottes begegnet v. a. im Zusammenhang erwählungs- und bundestheologischer Konzeptionen, besonders eindrücklich z. B. im „locus classiscus"[213] alttestamentlicher Erwählungstheologie Dtn 7,6-8 bzw. in der Verheißung eines neuen Bundes in Jer 31,3.31-34[214].

Die Voraussetzungslosigkeit der Liebe Gottes und die Reziprozität der Liebe zwischen Gott und seinem Volk wird v. a. in jenen Traditionslinien zur Geltung gebracht, welche dieses Verhältnis anhand einer Ehe- bzw. Familienmetaphorik zu umschreiben versuchen (Hos 3,1.3; 9,15; 11,1.4; 14,4; Jer 2-3; Dtn 13)[215]. Ferner steht das Motiv der Liebe Gottes zu sei-

---

[212] Vgl. J. FREY, Heiden, 256ff.; H. THYEN, Licht, 38. Prinzipiell vergleichbar formuliert U. SCHNELLE, Johannes, 201f in bezug auf die christologische Applikation von Sach 9,9f. in Joh 12,15: „Der in Jerusalem einziehende Jesus ist der in Zion erwartete König Israels. Die Schrift fungiert als Deutehintergrund des Geschehens: Es entspricht dem Willen Gottes, daß Jesus Christus König Israels und Retter der Welt ist." Tendenziell ähnlich A. OBERMANN, Erfüllung, 203f.; M. J. J. MENKEN, Redaktion, 193 bzw. 209. Entsprechend versteht P. STUHLMACHER, Jes 53, 103 Joh 3,16 ebenso wie Joh 1,29.36; 10,11.15.17f.; 1 Joh 2,1f. als sachliches Korrelat zum vierten Gottesknechtslied.

[213] So H. HÜBNER, Art. Prädestination, 107 (vgl. ferner Dtn 4,37; 7,6-10; 10,14f.).

[214] Vgl. H. SEEBASS, Art. Liebe, 131. Besondere Aufmerksamkeit verdient dabei Jer 31,3b וְאַהֲבַת עוֹלָם אֲהַבְתִּיךְ עַל־כֵּן מְשַׁכְתִּיךְ חָסֶד; Jer 38,3b [LXX] ἀγάπησιν αἰωνίαν ἠγάπησά σε, διὰ τοῦτο εἵλκυσά σε εἰς οἰκτίρημα), insofern das hier ebenso wie in Joh 6,44.65 vorliegende Motiv des ‚Ziehens Gottes‘ als Synonym für seine Liebe verstanden werden kann (vgl. M. THEOBALD, Gottes Liebe, 323f.; zur Korrespondenz dieser Sequenzen vgl. ferner R. SCHNACKENBURG, Johannesevangelium II, 76f.; K. WENGST, Johannesevangelium I, 243f.).

[215] Zum terminologischen und sachlichen Verhältnis der Themenbereiche Ehebund und Bundestheologie vgl. R. ZIMMERMANN, Geschlechtermetaphorik, 123ff.; G. BAUMANN, Liebe, 66ff. Zum rechtshistorischen bzw. altorientalischen Hintergrund der Ehemetaphorik Hos 2,7.15; 5,11; 11,10; Jer 2,5 etc. vgl. E. OTTO, Verbot, 301-310; DERS., Deuteromomium, 52ff.; G. BAUMANN, Liebe, 76ff. Als besonders wirkungsmächtig erwiesen sich die Aussagen des Hoseabuches, in denen die Liebe Gottes zu seinem Volk nicht nur verschiedentlich angesprochen (Hos 9,15; 11,4; 14,4), sondern durch unterschiedliche Vergleiche entfaltet wird (z. B. die Motive der Liebe eines Vaters zu seinen Kindern vgl. Hos 11,1 oder zwischen Mann und Frau (Hos 3,1.3). Treffend E. HAAG, Ehebund, 32: „Die seit Hosea der Vorstellung vom Ehebund Jahwes zugrunde liegende Glaubensauffassung von Jahwes erwählender Liebe erwies sich als unüberwindlich stark

nem Volk in einer sachlichen Beziehung zu den Motivkomplexen der Reue, Güte, Barmherzigkeit und Gerechtigkeit Gottes (vgl. besonders Hos 11,1ff.9; ferner Ps 25,6; 40,12; 51,3; 69,14.17; 86,5; Jes 54,7f.; Jer 31,3 etc.)[216].

Derartige Aussagen über die Liebe Gottes wurden in frühjüdischen Konzeptionen vielfach rezipiert[217], wobei sich jedoch ausgesprochen konträre Interpretationsrichtungen beobachten lassen[218]. So wird z. B. insbesondere in genuin-qumranischen Dokumenten der Liebe Gottes auch sein Haß kontrastiert. Die Aussagen über den Haß Gottes hängen wiederum mit dem Selbstverständnis der Gemeinschaft zusammen, die sich kategorisch von allen Frevler distanziert. Der Haß Gottes soll sich in der Lebenshaltung der Gruppenmitglieder spiegeln. Sie sollen nur denjenigen Menschen und Dingen gegenüber positiv gesinnt sein, die auch Gott liebt. Was Gott hingegen haßt, soll auch von ihnen gehaßt werden. Ein eindrückliches

---

... " Zu weiteren ehemetaphorischen Konzeptionen prophetischer Theologie bzw. zur Wirkungsgeschichte der hoseanischen Texte vgl. G. BAUMANN, Liebe, 229ff.; JÖ. JEREMIAS, Einfluß, 128f. bzw. 134ff.; T. NAUMANN, Erben, 168ff. bzw. 177ff. Strittig ist v. a. die religionsgeschichtliche Beurteilung der Liebes- und Eheterminologie in Dtn 13. Während z. B. K. ZOBEL, Prophetie, 8ff. Rekurse auf vorexilische-prophetische Motive wie Jer 2 bzw. Hos 2 vermutet, betont E. OTTO, Deuteromomium, 52f. zudem die Relevanz altorientalischen Vertragsrechts: „In Dtn 13 wird dieses Motiv des neuassyrischen Vertragsrechts aufgenommen und durch hebräische privatrechtliche Terminologie der Ehe und durch Liebesbegrifflichkeit ausgedrückt" (vgl. ferner W. L. MORAN, Background, 77ff.). Entsprechend zu altorientalischen Hintergründen der vertragsrechtlichen Implikation des Gebots der Liebe zu Gott in Dtn 6,5 vgl. E. OTTO, Deuteromomium, 362f.; N. LOHFINK, Hauptgebot 78; M. WEINFELD, Covenantal Tradition, 181f.

[216] Vgl. u. a. M. MORGEN, Art. Liebe, 336; R. ZIMMERMANN, Geschlechtermetaphorik, 104ff.; H. SEEBASS, Art. Liebe, 131; JÖ. JEREMIAS, Reue, 52-59; H. SPIECKERMANN, Liebe, 162f.; R. RENDTORFF, Sünden, 145ff.; B. JANOWSKI, Richter, 76ff. Speziell zum Motiv des Willensumsturzes in Gott in Hos 11,7-11 vgl. JÖ. JEREMIAS, Hosea, 140: „Die Verse 8f. sind ... deutlich Dreh- und Angelpunkt des Gedankengangs, indem sie genau an der Stelle, an der V. 7 das endgültige Ende jeglicher Hoffnung auf Änderung im Gottesvolk festgestellt hat, das Bekenntnis Gottes offen legen, daß sein Erbarmen stärker ist als sein Zorn. Allein dieser Herzensumsturz in Gott (V. 8) führt dazu, daß auf die Revozierung der Heilsgeschichte und die bleibende Unansprechbarkeit und Umkehrunfähigkeit Israels nicht dessen Verwerfung folgt, sondern der Neubeginn der Heilsgeschichte."

[217] Vgl. u. a. Philo, de Abr. 50; Somn. I 69; TestXII.Naph 8,4; CD II,3.15; III,2-4; VII,14-17; VIII,15.17f.; XIX,1f.; 1QS III,26; 1 QH VI,10f.; 4Q369 Frg. 1 ii,11; 4Q416 Frg. 4,1; 4Q418 Frg. 81,8f.; 4Q418 Frg. 82; 4Q418 Frg. 122,3; 4Q419 Frg. 1,12; 4Q448 Frg. 1 i,2; 4Q448 Frg. 1 iii,1; 4Q462 Frg. 1,6; 4Q504 Frg. 2, iv, 4f.; 4Q509 Frg. 146,2; 4Q521, Frg. 1, ii,8f.; 4Q525 Frg. 8-9,5 etc. Speziell zum Motiv der Liebe Gottes bei Philo von Alexandrien vgl. A. NISSEN, Gott, 465ff.; zum Motiv der Liebe Gottes in qumranischen Schriften vgl. H.-J. FABRY, Liebe, 51ff. bzw. 61f. Zur Verbindung des Motivs der Liebe Gottes und der Erwählung in rabbinischen Traditionen vgl. P. KUHN, Selbsterniedrigung, 13-20; A. NISSEN, Gott, 118-126.

[218] Zur Skizze vgl. A. NISSEN, Gott, 52ff.

Textbeispiel, in dem sich eine solche Geisteshaltung niederschlägt, findet sich u. a. in 1 QH IV,24:

רשעה לה]תהלך בכול אשר אהבתה ולמאוס בכול אשר שנא[תה ולעשות]הטוב בעיניך

... (zu) wandeln in allem, was Du *liebst* und zu verwerfen alles, was [Du] *haßt,* [und zu tun,] was gut ist in deinen Augen[219].

Im deutlichem Kontrast hierzu wird z. B. in Sap 11,24f. betont, daß Gott ‚alles Seiende' liebt und nichts von dem haßt, was er geschaffen hat:

Sap 11,24a	ἐλεεῖς δὲ πάντας ὅτι πάντα δύνασαι
b	καὶ παρορᾷς ἁμαρτήματα ἀνθρώπων εἰς μετάνοιαν.
25a	ἀγαπᾷς γὰρ τὰ ὄντα πάντα
b	καὶ οὐδὲν βδελύσσῃ ὧν ἐποίησας
c	οὐδὲ γὰρ ἂν μισῶν τι κατεσκεύασας.

Sap 11,24a	Du erbarmst Dich aller, weil Du alles vermagst,
b	und die Sünden der Menschen übersiehst du mit dem Ziel der Reue;
25a	denn du *liebst* alles, was existiert,
b	und verabscheust nichts von dem, was du geschaffen.
c	Du *haßt* nämlich überhaupt nicht das, was du hergestellt hast[220].

Insofern im unmittelbaren Anschluß betont wird, daß auch das Gerichtshandeln Gottes nur im Zeichen jener Liebe zu seinen Geschöpfen angemessen zu verstehen ist (Sap 12,2f.), kann diese Sequenz auch als eine Reflexion der Gerechtigkeit und Barmherzigkeit Gottes verstanden werden[221].

Sap 11,24f. spricht somit wie Joh 3,16a von der Liebe Gottes zu seiner Schöpfung und von seinem universalen Heilswillen. Da in Sap 11,22a sogar explizit κόσμος als Korrespondenzbegriff zu τὰ ὄντα πάντα (Sap

---

[219] Vgl. J. MAIER, Qumran-Essener I, 51. Zur Bedeutung dieses Motivs für die theologische Grundintention der Hodajot vgl. A. NISSEN, Gott, 146f. Zu entsprechenden Aussagen siehe ferner 1 QH VI,10f. 25-27; VII,18f. etc.1 QS 1,3f.9f.; IX,15f. etc.

[220] So der Übersetzungsvorschlag von D. GEORGI, Weisheit Salomos, 443.

[221] So A. NISSEN, Gott, 204 Anm. 500. Auch wenn Sap 11,24f. pagan-philosophische und jüdisch-hellenistische Korrelate besitzt (vgl. Plat, Tim 29a; Philo, Cher 99; SpecLeg 3,36; Op. 21 etc.), kann dieses Motiv als eine Ausgestaltung schöpfungstheologischer Konzeptionen verstanden werden, wie sie sich z. B. in Ps 22,28f.; 130,4; 145,8f.; Jon 4,11; Nah 1,3; Ex 34,6 dokumentieren (vgl. T. SÖDING, Gott, 321; entsprechend Sap 12,2.12.19; Sir 18,13; zu neutestamentlichen Motivkorrespondenzen vgl. Röm 2,4; Hebr 12,17; Act 17,30; 2 Petr 3,9.15). Entsprechend zum Verhältnis schöpfungstheologischer und heilsuniversaler Konzeptionen vgl. H.-J. KRAUS, Psalmen, 331; A. NISSEN, Gott, 97; W. H. SCHMIDT, Glaube, 404.

11,25a) benannt ist, kann das Motiv der Liebe Gottes in Sap 11,24f. zumindest partiell als eine sachliche Parallele zu Joh 3,16a verstanden werden. Gleichwohl besitzt das Motiv der Liebe Gottes zur Welt in Joh 3,16 weit fundamentalere gesamttheologische Implikationen als in Sap 11,24f. Die johanneische Aussage spricht nicht „vom Schöpfer, sondern vom Versöhner. Seine Liebe zeigt sich nicht in milden Strafen als Erziehungsmittel, sondern in der Rettung aus dem Tode. Vor allem jedoch ist die Liebe Gottes keine allgemeine Einstellung, sondern konkreter, besser: eschatologischer Selbsterweis durch die Sendung Jesu."[222].

Auch wenn spekulativ bleibt, welche Bedeutung die Sapientia Salomonis für den Verfasser des vierten Evangeliums konkret gehabt hat, veranschaulichen die skizzierten Motive, in welch unterschiedlichen alttestamentlich-frühjüdischen Traditionsbildungen die *Liebe Gottes als Grund seines Handelns* verstanden werden konnte. Dennoch kann das Motiv der *Liebe Gottes zur Welt* nicht als eine übernommene Tradition erwiesen werden. Wahrscheinlicher ist hingegen, daß es sich um eine genuine Schöpfung des Verfassers des vierten Evangeliums handelt, welcher entsprechende Vorentwicklungen im Zeichen der johanneischen Liebessemantik sprachlich zu komprimieren versucht. Für diese Einschätzung spricht auch, daß weitere Teilaspekte des liebessemantischen Repertoires der johanneischen Schriften ebenfalls keine expliziten traditionsgeschichtlichen Vorgaben besitzen (vgl. u. a. die Verhältnisbestimmung von Gott und Liebe in 1 Joh 4,8b.16b, die Zuordnung der Immanenz- und Liebesaussagen, die Gestaltung des Liebesgebots in Joh 13,34f., das Motiv der Liebe zu Jesus etc.[223]).

Auch wenn die Dahingabe- bzw. Sendungsaussagen Joh 3,16aβ.17a aus vorpaulinischen bzw. paulinischen Traditionen übernommen sind, bildet das Motiv der Liebe Gottes zur Welt eine spezifisch johanneische Begründung des Heilshandelns Gottes[224]. Die Relevanz dieser Ausage kann somit nicht dadurch relativiert werden, daß man sie als eine lediglich übernom-

---

[222] Vgl. T. SÖDING, Gott 228 Anm. 139.

[223] Vgl. hierzu die jeweiligen Analyse in der vorliegenden Studie. Entsprechend erkennt T. SÖDING, Gott, 352f. besonders bei Paulus und Johannes eine Entfaltung der Liebesmotivik, deren Intensität alttestamentliche bzw. frühjüdische Traditionen übertrifft, aber den dort bereits erkennbaren Verbindungen heilsuniversaler Tendenzen mit dem Motiv der Liebe Gottes korrespondiert. Tendenziell ähnlich u. a. H. W. WOLFF, Hosea, 264; J. AUGENSTEIN, Liebesgebot, 50; O. BETZ, Jesu Lieblingspsalm, 253; E. HAAG, Ehebund, 32.

[224] Entsprechend K. WENGST, Johannesevangelium I, 136f. bzw. H. WEDER, Asymmetrie, 445: „Es gehört wohl einer weiteren – diesmal nur johanneischen – Reflexion an, daß die Sendung des Sohnes als Vollzug der Liebe Gottes verstanden wurde."

mene Tradition versteht[225]. Selbst das Motiv der Dahingabe Jesu wird nicht einfach nur rezipiert, sondern zum Motiv der Selbsthingabe Jesu ausgestaltet, welche seine göttliche Hoheit und seine Liebe zur Sprache bringt: „Der gesamte Erdenweg Jesu, der in der Passion gipfelt, ist für Joh eine Selbsthingabe. Jesus geht den Weg in die Erniedrigung, weil er weiß, daß das der göttliche Wille ist, und Gottes Wille ist auch der seine ... Das Motiv für die Selbsthingabe ist zuallererst also der göttliche Wille. Der Johannesevangelist bestimmt diesen Willen näher als Liebe; in seiner Selbsthingabe realisiert Jesus den göttlichen Liebeswillen 1 Joh 3,16 ... Das eigentliche Interesse liegt für Joh bei der Selbsthingabe Jesu; sie ist Offenbarung der göttlichen Liebe ...“[226].

Obwohl das Motiv der Liebe Gottes zur Welt im johanneischen Schrifttum singulär ist, kann seine Bedeutung für das Gesamtverständnis johanneischer Theologie kaum überschätzt werden. Es erweist sich als ein zentraler Teilaspekt der ‚dramaturgischen Christologie der Liebe Gottes‘ im Johannesevangelium, der durch die weiteren liebessemantischen Motive überhaupt erst zur Geltung gebracht wird. Die Sonderstellung dieser Aussage zeigt sich nicht zuletzt darin, daß sie textchronologisch betrachtet das erste liebessemantische Motiv bietet. Das im vorhergehenden und nachfolgenden Erzählverlauf des Johannesevangeliums beschriebene Heilsgeschehen steht unter diesem Vorzeichen der Liebe Gottes zur Welt.

Angesichts dessen ist zu resümieren, daß auch das Motiv der Liebe Gottes zur Welt als eine „christologische Konsequenz gesamt-biblischer Gottesrede im Horizont des Glaubens an Jesus Christus“ verstanden werden kann[227].

4. Zusammenfassung der Zwischenergebnisse

Die in Joh 3,1-21 erzählte Begegnung zwischen Jesus und Nikodemus veranschaulicht paradigmatisch das Verhältnis der dualistischen und liebessemantischen Motive im Johannesevangelium. Bereits die Erzählstruktur kontrastiert eindrücklich die Würde eines exponierten Vertreters des zeitgenössischen Judentums und die überirdische Würde des vom Himmel

---

[225] Treffend K. WENGST, Johannesevangelium I, 137; gegen u. a. M. LATTKE, Einheit, 12; E. KÄSEMANN, Wille, 124f.

[226] So W. POPKES, Christus traditus, 283f.

[227] So T. SÖDING, Gott, 357 in bezug auf das theologische Zentralmotiv ὁ θεὸς ἀγάπη ἐστίν (1 Joh 4,8b.16b). Auch für M. HENGEL, Reich Christi, 169 entspricht Joh 3,16 sachlich 1 Joh 4,8.16: „Jesus weiß sich in die Welt gesandt, die eine unteilbare Wahrheit Gottes zu bezeugen, daß Gott, der Vater, in ihm selbst, dem Sohn, seine Geschöpfe liebt und zum wahren Leben befreien will, ja daß eben darin des göttlichen Vaters innerstes Wesen, das Liebe ist, offenbar wird“.

herabgekommenen Gottessohns. Inmitten dieser Szenerie entfalten die Ausführungen Jesu ein Kompendium nahezu aller wesentlichen dualistischen Motive im Johannesevangelium, nämlich der Geburts- bzw. Zeugungsmetaphorik (Joh 3,3.5), der Fleisch – Geist – Antithetik (Joh 3,6-8), der spatialen Rhetorik (Joh 3,12-15), der Kontrastierung von Glaube und Unglaube, Rettung und Gericht (Joh 3,16-18) und der Licht – Finsternis – Metaphorik (Joh 3,19-21). Jede dieser Konzeptionen läßt erkennen, daß traditionsgeschichtliche Vorgaben nicht unreflektiert rezipiert werden, sondern zu Funktionen der johanneischen Christologie und Soteriologie modifiziert werden. Zentrale Aspekte dieses dualistischen Motivrepertoires sind jedoch als genuine Schöpfungen des Verfassers des Johannesevangeliums zu verstehen (v. a. die christologische Konzentration der Lichtmetaphorik und die Instrumentalisierung der Fleisch – Geist – Antithetik in den inkarnationstheologischen Ausführungen etc.).

Inmitten der durch die dualistischen Motive argumentativ aufgeladenen Erzählstruktur tritt das Motiv der Liebe Gottes zur Welt eindrücklich hervor. Auch wenn Teilaspekte des Aussagekomplexes Joh 3,16f. traditionsgeschichtliche Vorgaben besitzen (insbesondere die Dahingabe- und Sendungsaussagen), lassen sich für die Aussage οὕτως γὰρ ἠγάπησεν ὁ θεὸς τὸν κόσμον keine Korrespondenzmotive benennen, die schriftlich erhalten sind. Es erscheint jedoch plausibel zu sein, daß das Motiv der Liebe Gottes *zur Welt* in Joh 3,16a überhaupt erst durch den Verfasser des Johannesevangeliums entwickelt wurde, da ein Großteil der liebessemantischen Motive im Corpus Johanneum sich ebenfalls als innovative Kreationen der johanneischen Theologiebildung erweisen (z. B. das Motiv der ewigen Liebe zwischen Gott und Jesus, die Verhältnisbestimmung der Immanenz- und Liebesaussagen, das johanneische Liebesgebot Joh 13,34f., das Motiv der Liebe der Jünger zu Jesus etc.). Gleichwohl bündelt Joh 3,16a unterschiedliche alttestamentlich-frühjüdische und frühchristliche Vorentwicklungen im Zeichen der johanneischen Liebessemantik (insbesondere heilsuniversale und schöpfungstheologische Traditionslinien, das Motiv der voraussetzungslosen Liebe Gottes als Grund seines Handelns etc.).

Die heilsuniversale Grundtendenz dieser Konzeption wird durch die dualisierende Argumentationsentfaltung der Nikodemusperikope nicht etwa relativiert, sondern vielmehr verstärkt. Durch Joh 3,16a wird das textchronologisch erste liebessemantische Motiv des Johannesevangeliums eingeführt, welches durch die nachfolgenden liebessemantischen Motive entfaltet wird. Man kann das Motiv der Liebe Gottes zur Welt somit nur angemessen verstehen, wenn man es als Teilaspekt jener ‚dramaturgischen Christologie der Liebe Gottes' begreift.

Eine vergleichbare dynamische Zuordnung erfahren die liebessemantischen und dualistischen Motive auch in Joh 3,19-21. Diese Sequenz veranschaulicht einerseits die christologische Konzentration der Lichtmetaphorik, welche im weiteren Erzählverlauf des Evangeliums entfaltet wird und
in der Selbstprädikation Jesu als Licht der Welt ihren Höhepunkt findet.
Anderseits bildet das Motiv der hasserfüllten Ablehnung dieses Lichtes
bereits ein negatives Korrelat zu dem Motiv der Liebe zu Jesus, welches
erst in den Abschiedsreden zu einer *conditio sine qua non* johanneischer
Jüngerschaft erklärt wird (Joh 14,15.21.23f.; 16,27).

§ 12 Die Liebe Jesu als Existenzgrundlage der Gemeinde

Die Liebe Jesu zu seinen Jüngern ist eines der markantesten Motive der dramaturgischen Christologie der Liebe Gottes im Johannesevangelium. Um dessen fundamentale Bedeutung zu veranschaulichen, soll im folgenden zunächst erläutert werden, in welcher Weise die Liebe Jesu narrativ und argumentativ in den johanneischen Abschiedsreden sukzessive entfaltet wird (1). Daraufhin wird dargestellt, in welcher Weise die Gestaltung des Liebesgebots Joh 13,34f. Grundintentionen der johanneischen Christologie und der liebessemantischen Motive zu erkennen gibt (2).

1. Die Entfaltung des Motivs der Liebe Jesu zu seinen Jüngern in den Abschiedsreden

Um die kunstvolle Entfaltung des Motivs der Liebe Jesu zu seinen Jüngern zur Geltung zu bringen, wird im folgenden Arbeitsschritt zunächst dessen strukturelle und inhaltliche Relevanz für die Komposition der Abschiedsreden skizziert (1.1). Daraufhin wird erläutert, wieweit die Fußwaschungserzählung diese Liebe Jesu symbolisiert und das Liebesgebot präfiguriert (1.2). Zuletzt ist die kompositionstechnische Sonderstellung des Liebesgebots vor den eigentlichen Abschiedsreden zu erläutern (1.3).

1.1 Die strukturelle und inhaltliche Relevanz des Motivs der Liebe Jesu zu seinen Jüngern für die Abschiedsreden

In den johanneischen Abschiedsreden begegnen liebessemantische Motive in einer auffälligen Intensität[1]. Besonders auffällig ist jedoch, daß nur in diesem Zusammenhang *expressis verbis* die Liebe Jesu zu seinen Jüngern thematisiert wird. Im bisherigen Erzählverlauf des vierten Evangeliums

---

[1] Bereits wortstatistisch betrachtet erweisen sich ἀγαπᾶν κ.τ.λ. und φιλεῖν κ.τ.λ. als Schlüsselbegriffe der johanneischen Abschiedsreden, insofern in diesem Kontext 37 Belege begegnen, in Joh 1-12 bzw. in der Passions- bzw. Auferstehungserzählung hingegen nur 13 bzw. 3 (dafür bietet das Zusatzkapitel 9 Belege). Für A. FEUILLET, Structure, 214ff. tritt ἀγάπη κ.τ.λ. als Schlüsselbegriff für die Abschiedsreden an die Stelle von φῶς als Schlüsselbegriff für die öffentliche Tätigkeit Jesu.

wurde dieselbe nur implizit angesprochen[2]. Bereits der Eröffnungsvers der Abschiedsreden stellt jedoch die vorhergehende öffentliche Wirksamkeit Jesu und seine nachfolgenden Abschiedsworte unter das Vorzeichen seiner Liebe zu seinen Jüngern:

Joh 13,1b   (...) ἀγαπήσας τοὺς ἰδίους τοὺς ἐν τῷ κόσμῳ
εἰς τέλος ἠγάπησεν αὐτούς.

Bereits durch die Partizipialkonstruktion ἀγαπήσας τοὺς ἰδίους τοὺς ἐν τῷ κόσμῳ wird die unerschütterliche Liebe Jesu zu den Seinen zur Sprache gebracht. Dieser Sachverhalt wird jedoch zusätzlich hervorgehoben, indem die Liebe Jesu nochmals im Hauptverb des Teilverses angesprochen wird[3]. Die Angabe εἰς τέλος, die auffälligerweise zwischen den beiden Verbformen von ἀγαπᾶν steht, verweist bereits proleptisch auf die Kreuzigung Jesu, die als höchster Ausdruck seiner Liebe zu den Jüngern verstanden wird (Joh 15,13)[4].

Des weiteren fällt auf, daß die liebessemantischen Motive einen Spannungsbogen bilden, der die letzten Worte Jesu vor der Passionserzählung durchzieht. Dieser Spannungsbogen wird eröffnet durch die Feststellung der unerschütterlichen Liebe Jesu zu seinen Jüngern (Joh 13,1) und kulminiert im Motiv der Einwohnung der ewigen Liebe zwischen dem Sohn und dem Vater in den Glaubenden (Joh 17,26[5]). Alle weiteren liebessemantischen Teilaspekte entfalten dieses Grundmotiv (z. B. das Liebesgebot Joh 13,34f., die Liebe der Jünger zu Jesus Joh 14,15.21.23f.28; 16,27, die Gemeinde als Raum der Liebe Jesu Joh 15,9-17 etc.). Durch diese Konzeption werden auch die liebessemantischen Motive der Beschreibung der öffentli-

---

[2]   So z. B. in der Beziehung zwischen Jesus, Lazarus, Marta etc. (vgl. zu Joh 11,3.5.36 etc.; vgl. hierzu S. VAN TILBORG, Love, 241; J. G. VAN DER WATT, Family, 304-323 bzw. 360-369).

[3]   Die sprachlich-stilistischen Aporien von Joh 13,1b (vgl. R. SCHNACKENBURG, Johannesevangelium III, 10f.) nötigen nicht dazu, den Teilvers einer späteren Redaktion zuzuschreiben (gegen M. WINTER, Vermächtnis, 238; G. RICHTER, Fußwaschung, 53f.; J. BECKER, Johannes II, 420).

[4]   Treffend M. LANG, Johannes, 227: „Jesu Liebe εἰς τέλος (Joh 13,1) erschließt unter dem Kreuz neue Beziehungsgefüge für die ihm Anbefohlenen". Ähnlich J. NISSEN, Community, 201. Zu den temporalen und qualitativen Aussageaspekten von τέλος in Joh 13,1 vgl. C. HOEGEN-ROHLS, Johannes, 97. Der implizite Bezug auf das Kreuz unterscheidet Joh 13,1b von motivgeschichtlichen Parallelen (vgl. das von U. SCHNELLE [Hg.]), Neuer Wettstein, 632f. als Vergleichsgröße erwogene, Phokylides zugeschriebene und wesentlich ältere Epigramm Anth Graec X 117: ... οὕς τιμῶ, τούτους ἐξ ἀρχῆς μέχρι τέλους ἀγαπῶ]).

[5]   Zum Spannungsbogen zwischen Joh 13,1 und Joh 17,24-26 vgl. u. a. M. W. G. STIBBE, John, 175f., C. HOEGEN-ROHLS, Johannes, 97; M.-T. SPRECHER, Einheitsdenken, 20f.; K. HALDIMANN, Rekonstruktion, 180; R. A. CULPEPPER, Hypodeigma, 133.

chen Wirksamkeit Jesu in einen neuen Interpretationszusammenhang eingeordnet[6]. Die zuvor primär christologisch ausgerichteten Konzeptionen
werden ausdifferenziert und ekklesiologisch appliziert, indem die Liebe
Jesu zur Existenzgrundlage der Gemeinde erklärt wird. Dieses Fundament
aller weiteren liebessemantischen Motive wird bereits in der narrativen
Einleitung der Abschiedsreden gelegt, insofern die in Joh 13,2ff. stilisierte
Fußwaschung als ein Symbol der Liebe Jesu verstanden werden kann.

1.2 Die Fußwaschung als Symbol der Liebe Jesu

Die Gestaltung und narrative Einbettung der Fußwaschungserzählung veranschaulicht paradigmatisch die Argumentations- und Darstellungskunst
des Verfassers des Johannesevangeliums[7]. Im vorhergehenden Abschnitt
wurde dargestellt, in welcher Weise bereits Joh 13,1b die Liebe Jesu zu
seinen Jüngern als das argumentative Fundament aller weiteren liebessemantischen Motive der Abschiedsreden verstehen läßt. Die Liebe Jesu zu
seinen Jünger wird jedoch nicht nur durch diesen einleitenden Textkom-
mentar konstatiert, sondern durch die nachfolgende Fußwaschungserzählung visualisiert (Joh 13,2-5).

Die Tiefendimension dieser symbolischen Handlung wird durch zwei
sich wechselseitig interpretierende Deutungen herausgearbeitet (Joh 13,6-
11 bzw. 12-20)[8]. Beide Deutungen bringen die „kreuzestheologische Ausrichtung der Fußwaschung" zur Geltung[9]. Die einzelnen Motive, Charaktere und Erzählerkommentare bieten dem textexternen Leser sowohl für die
Abschiedsreden als auch für die Passionserzählung eine Leseanweisung.

Problematisch wäre es, in Joh 13,1-20 unterschiedliche Redaktionsschichten differenzieren zu wollen, die einander konkurrieren[10]. Vielmehr bildet der Text in seiner vorliegen-

---

[6] Es besteht somit kein Gegensatz zwischen den Grundintentionen der liebessean-
tischen Motive in der Schilderung der öffentlichen Tätigkeit Jesu und den johanneischen
Abschiedsreden (so zu Recht J. AUGENSTEIN, Liebesgebot, 66; anders hingegen F. F.
SEGOVIA, Love Relationships, 197-203). Statt dessen steht hinter beiden Hauptteilen die
„ur-johanneische Theologie der Liebe Gottes" (treffend T. SÖDING, Gott, 343).
[7] Entsprechend J. FREY, Eschatologie III, 109. K. HALDIMANN, Rekonstruktion,
180 versteht Joh 13,1 als Interpretationsinstanz der johanneischen Verwendung von ἀ-
γαπᾶν, insofern „sie einen unmittelbaren Bezug zur narrativen Darstellung des Evangeliums hat." Entsprechend J. NISSEN, Community, 201.
[8] Vgl. A. DETTWILER, Gegenwart, 70-74, der jedoch V 11 als Prolepse zur Judasse-
quenz Joh 13,21ff. versteht. Gleichwohl hat die durch V 11 ausgedrückte Unterscheidung
unter den Jüngern schon für Joh 13,6-10 eine wichtige Funktion.
[9] U. SCHNELLE, Johannesforschung, 35.
[10] Vgl. z. B. F. F. SEGOVIA, Footwashing, 31ff. Auch die u. a. von M. WINTER,
Vermächtnis, 238; G. RICHTER, Fußwaschung, 51-55 vertretene These, daß erst durch
eine sekundäre Einfügung von Joh 13,1b.6-10a die Fußwaschung als Akt der Liebe Jesu
interpretiert wird, beruht auf dem literarkritischen Postulat, daß alle Aussagen über die

den Form eine Verbindung zwischen der Darstellung der öffentlichen Tätigkeit Jesu und den Abschiedsreden[11]. Zugleich werden Assoziationen zu einem breiten Spektrum traditionsgeschichtlicher Vergleichsgrößen evoziert (Lk 7,36ff.; 1 Tim 5,10; JosAs 7,1; 20,1-5; Hom Od XIX 343-348 etc.[12]), welche im Kontext des vierten Evangeliums in die johanneische Christologie integriert werden[13]. Die christologische Pointe von Joh 13,2ff. liegt darin, daß die Fußwaschung nicht etwa die Liebe zu Jesus ausdrückt (so etwa Lk 7,36ff.), sondern die Liebe Jesu zu seinen Jüngern. Angesichts dessen kann resümiert werden: „The evangelist has used the various elements which form a narrative – plot, characters, and rhetoric – to tell a story of the footwashing and the gift of the morsel ... As an introduction to both the last discourse and the Passion of Jesus."[14].

Die erste Deutung der Fußwaschung in Joh 13,6-11 kann „als Ätiologie, als ,Entstehungsgeschichte' der joh Gemeinde und prägnanter Ausdruck ihres Selbstverständnisses"[15] verstanden werden, insofern die Liebe Jesu ihre Existenzgrundlage bildet. Dieser christologisch-soteriologische Akzent wird in der zweiten Deutung Joh 13,12-17 ekklesiologisch entfaltet. Die Quintessenz besteht darin, daß Jesu Verhalten als ὑπόδειγμα für das Leben der Gemeinde verstanden werden soll (V 15)[16].

Angesichts dessen kann man die Erzählung und Deutung der Fußwaschung Jesu in der Eröffnung der johanneischen Abschiedsreden geradezu als eine erzählerische Umsetzung jener These verstehen, mit welcher der ,lukanische Jesus' seine Jüngern beim letzten gemeinsamen Mahl konfron-

---

Liebe zwischen Jesus und seinen Jüngern einer späteren Redaktion zuzuordnen seien (Joh 13,24; 15,9.12f. als Pendant zu 1 Joh 3,16 etc.).

[11] Während z. B. für H. KOHLER, Kreuz, 198 gerade in diesem Motiv deutlich wird, was es bedeutet, daß Gottes Liebe Mensch wurde, so erkennt A. J. HULTGREN, Footwashing, 542ff. eine Korrespondenz zum Wohnungsmotiv Joh 14,2, durch welches die vollkommene Gemeinschaft von Gott, Jesus und den Jüngern umschrieben wird. Zu entsprechenden Bezügen zur Selbsthingabe Jesu in der Kreuzigung vgl. K. WENGST, Johannesevangelium II, 87.

[12] Vgl. C. NIEMAND, Liebesdienst, 126f.; R. B. HAYS, Vision, 144f.

[13] Vgl. R. B. HAYS, Vision, 144f.

[14] Treffend F. J. MOLONEY, Sacramental Reading, 248. Spekulativ bleibt jedoch, ob Joh 13,2ff. zugleich eine entsprechende gemeindeinterne Praxis reflektieren bzw. begründen und tauftheologische Implikationen aufweist (vgl. C. NIEMAND, Fußwaschungserzählung, 320ff. (zur Kritik vgl. J. Frey. Rez. von C. Niemand, 197f.).

[15] A. DETTWILER, Gegenwart, 71. M. KOTILA, Zeuge, 211f. erkennt zwar die motivliche und semantische Vernetzung von Joh 13,1-3; 12-18 und 34f., bringt jedoch die Bedeutung der Kontroverse zwischen Petrus und Jesus (V. 6-10) unzureichend zur Geltung.

[16] Joh 13,15 (ὑπόδειγμα γὰρ ἔδωκα ὑμῖν ἵνα καθὼς ἐγὼ ἐποίησα ὑμῖν καὶ ὑμεῖς ποιῆτε) ist die zentrale Aussage der zweiten Deutung. Zur Vorbildfunktion der Fußwaschung vgl. T. SÖDING, Gott, 356; J. NISSEN, Community, 201. Treffend resümiert R. A. CULPEPPER, Hypodeigma, 145: „The whole of John 13 turns on the relationship between knowing and doing." Gleichwohl entfalten das Johannesevangelium und die johanneischen Briefe nicht, welche konkreten ethischen Verhaltensweise diesem vorbildhaften Verhalten folgen sollen.

tierte: ἐγὼ δὲ ἐν μέσῳ ὑμῶν εἰμι ὡς ὁ διακονῶν (Lk 22,27b)[17]. Prägnanter kann das menschliche Antlitz von Jesu Handeln kaum zur Sprache gebracht werden[18].

1.3 Die exponierte Stellung des Liebesgebots vor der ersten Abschiedsrede

Ein wesentlicher Sachverhalt für die Interpretation des johanneischen Liebesgebots besteht darin, daß es kompositorisch und thematisch nicht in die erste bzw. zweite Abschiedsrede einzuordnen ist (Joh 14,1-31 bzw. Joh 15,1-16,33)[19]. Es bildet vielmehr einen Höhepunkt bzw. Abschluß der Einleitung der Abschiedsreden (Joh 13,1-38), der in den folgenden Worten Jesu mehrfach aufgenommen und ausdifferenziert wird.

Sachlich und argumentativ basiert das Liebesgebot Joh 13,34f. auf der vorhergehenden Fußwaschungserzählung und deren Deutungen (Joh 13,1-20). Die Jünger sollen einander lieben, weil und wie Jesus sie geliebt hat. Die exponierte Stellung des Liebesgebots wird zusätzlich durch die Kontrastierung von Judas, dem Lieblingsjünger und Petrus herausgearbeitet[20].

Diese narrative Einbettung kann folgendermaßen paraphrasiert werden: Jesus kündigt den bevorstehenden Verrat an (Joh 13,21). Aus der beunruhigten Jüngerschar tritt erstmals der Lieblingsjünger in der Vordergrund (Joh 13,22f.). Bereits in der ersten Erwähnung des Lieblingsjüngers wird dessen Nähe zu Jesus mit einem Motiv umschrieben, das in leicht modifizierter Gestalt bereits in der Schlußsentenz des Johannesprologs das Verhältnis zwischen dem Vater und dem Gottessohn kennzeichnete:

| Joh 1,18b | (...) ὁ ὢν | εἰς τὸν κόλπον τοῦ πατρὸς (...) |
| Joh 13,23a | (...) ἦν ἀνακείμενος (...) | ἐν τῷ κόλπῳ τοῦ Ἰησοῦ, (...) |

---

[17] Für U. WILCKENS, Johannes, 211 wurde der Verfasser des Johannesevangeliums durch Lk 22,20.27 zu der Ausgestaltung der Fußwaschungserzählung inspiriert; ähnlich u. a. T. KLEINKNECHT, Johannes 13, 375f. (generell zur diesbezüglichen Forschungsdiskussion vgl. M. SABBE, Footwashing, 279ff.; C. NIEMAND, Fußwaschungserzählung, 51ff.).

[18] Treffend P. N. ANDERSON, Christology, 267; T. SÖDING, Gott, 356; R. A. CULPEPPER, Hypodeigma, 133. Gegen u. a. E. KÄSEMANN, Wille, 136, demzufolge „der ... Jesus, der zu den Sündern und Zöllnern ging und das Gleichnis vom barmherzigen Samariter erzählte" durch die johanneische Theologie ausgeblendet sei.

[19] Anders hingegen u. a. A. DETTWILER, Gegenwart, 107ff. bzw. 111ff.; H.-U. WEIDEMANN, Tod Jesu, 75ff. In Anlehnung an M. WINTER, Vermächtnis, 260ff. kann Joh 13,1-38 als Eröffnungsszene vor den Abschiedsreden verstanden werden (Winter selbst rechnet jedoch Joh 13,34f. zu den sekundären Nachträgen der Vermächtnisreden Joh 15,1-16,33).

[20] Auf diese Weise werden zugleich Züge rechter und falscher Jüngerschaft kontrastiert (vgl. J. H. CHARLESWORTH, Disciple, 52f.; R. A. CULPEPPER, Hypodeigma, 146; J. AUGENSTEIN, Liebesgebot, 40).

Auch wenn unklar bleibt, ob eine derartig subtile Assoziation intendiert ist[21], avanciert der Lieblingsjünger durch seine ‚räumlich-geistige Nähe' zu Jesus zum Vermittler zwischen Petrus und Jesus und zur Personifikation der auf das Liebesgebot verpflichteten Gemeinde[22]. Entsprechend soll der ausdrückliche Rekurs auf dieses Motiv im Herausgeberkapitel (Joh 21,20) den Lieblingsjünger als einen verläßlichen Traditionsgaranten qualifizieren[23].

Das Gegenbild zum Lieblingsjünger bietet hingegen Judas, dessen Darstellung im Vergleich zur synoptischen Tradition dämonische Züge trägt[24]. Wurde er in Joh 6,70 selbst als διάβολος bezeichnet, so ist er nun ein Werkzeug des Satans (Joh 13,27)[25]. Während Judas nach dem Jüngerzerwürfnis bzw. Petrusbekenntnis noch explizit zum Zwölferkreis gezählt wurde, wird auch durch „Joh 13,2 ausdrücklich festgehalten, daß Judas bei der Fußwaschung anwesend ist"[26]. Er verläßt die Jüngerschaft jedoch unmittelbar vor der Übergabe des Liebesgebots und erfährt somit nicht mehr das neue Gebot Jesu. Dies impliziert eine erzählerische Quintessenz: Nur ein wahrhaftiger Jünger, der auch die letzten Worte Jesu erfuhr, kennt sein Gebot der gegenseitigen Liebe[27].

Doch auch der Selbstanspruch des Petrus wird zum Paradigma seines Scheiterns. In unmittelbarem Anschluß an das neue Gebot bekundet Petrus, daß er für Jesus sein Leben geben will (Joh 13,36f.). Jesus konfrontiert ihn

---

[21] Die beiden weiteren Motive in Joh 13,26; 21,10 reden sachlich angemessener nicht vom κόλπος, sondern vom στῆθος Jesu. Während die erste Aussage eine besondere Nähe bzw. ehrenhafte Position zu bezeichnen scheint, könnte die zweite schlicht die Zuordnung der Personen beim Essen umschreiben (vgl. J. FREY, Art. Lieblingsjünger, 366f.).

[22] Treffend S. VAN TILBORG, Imaginative Love, 89: „The beloved disciple has a relation to Jesus similar to the relation between Jesus and his father: in the bosom of Jesus (13,23), in the bosom of the father (1,18); Jesus loves his friend (13,23), the father loves Jesus (3,35; 10,17). The beloved disciple is the only one who is allowed to enter into intimacy with Jesus."

[23] So J. BLANK, Johannes, 120ff.; L. SIMON, Petrus, 253.

[24] Vgl. J. H. CHARLESWORTH, Disciple, 52f.; H.-J. KLAUCK, Judas, 80ff. bzw. 87; W. KLASSEN, Judas, 137ff.; J. FREY, Eschatologie III, 373.

[25] Die Formulierung τότε εἰσῆλθεν εἰς ἐκεῖνον ὁ Σατανᾶς (Joh 13,27) erklärt den Satan zum eigentlichen Agitator des Verrats.

[26] Vgl. M. LANG, Johannes, 337.

[27] Treffend resümiert T. POPP, Grammatik, 433: „Der effektvolle Abschluß korrespondiert mit dem Abgang des Judas in die Nacht in Joh 13,30. Dieses Geschehen fungiert als dunkle Folie für das sich anschließende erhellende Wort von der Verherrlichung Jesu (vgl. 13,31-33) und dem neuen Gebot der Liebe". Entsprechend u. a. H. J. KLAUCK, Judas, 86; R. SCHNACKENBURG, Johannesevangelium III, 38.

jedoch mit seiner bevorstehenden Verleumdung (V 38)[28]. Dies unterstreicht die Exklusivität der Selbsthingabe Jesu, welche der höchste Ausdruck seiner Liebe zu den Jüngern ist (Joh 15,13)[29]. Inmitten dieser Szenerie erfolgt die Übergabe des Liebesgebots. Durch die rahmenden Motive
des Wegganges des Judas ‚in die Nacht' und der Ankündigung der Petrus-
verleugnung steht das Liebesgebot inmitten einer Situation von Unverständnis und bevorstehendem Verrat[30]. Dennoch zeigt sich bereits in der
Gestaltung des Liebesgebots, „wie die Jünger und damit die Gemeinde mit
Jesus verbunden bleiben können."[31]
Die durch die narrative Rahmenhandlung aufgebaute Spannung wird durch
die einleitenden Worte Jesu Joh 13,31-33 nochmals verstärkt: Unmittelbar
nachdem Judas die Gemeinschaft der Jünger verlassen hat und – tief sym-
bolisch – in die Nacht hinausgegangen ist, thematisiert Jesus die Verherrlichung des Menschensohns, die sich in den bevorstehenden Ereignissen
vollzieht (V 31b.32). Auf diese Weise eröffnet sich eine „temporale Doppelperspektive, die das Ganze der Abschiedsreden kennzeichnet"[32]. Jesu
Worte stehen zwischen den Zeiten, die vor- und nachösterliche Perspektive
verschmelzen. Im Irdischen spricht zugleich der Verherrlichte, in den textinternen Jüngern spiegelt sich die nachösterliche Gemeinde. In dieser
Dramaturgie bewegt sich auch die Zuordnung der ‚erzählten' Zeit und ‚der
Zeit der Erzählung' auf ihren Höhepunkt zu. Nachdem im vorhergehenden

---

[28] Zum Verhältnis der Ankündigung der Verleumdung Joh 13,38 und der entsprechenden Erzählung Joh 18,25-27 vgl. S. VAN TILBORG, Imaginative Love, 154f.; C. R.
KOESTER, Symbolism, 116.
[29] Treffend J. FREY, Eschatologie III, 128: „Daß das Ansinnen des Petrus, nicht nur
mit Jesus (so Lk 22,33), sondern sogar *für* ihn zu sterben, ganz und gar absurd ist, wird
durch die wörtlich wiederholende, doch chiastische Pronomina von V. 37b umkehren-
de Gegenfrage Jesu V. 38a und die folgende Ankündigung V. 38b in feiner Ironie herausgestellt. Durch dieses zweite, noch hervorgehobene Mißverständnis des Petrus soll
verdeutlicht werden, daß Jesu *stellvertretendes Sterben für die Seinen* die Trennung zwischen ihm und seinen Jüngern notwendig macht." Entsprechend impliziert für H. MEI-
SINGER, Liebesgebot, 175f. diese Kritik am Selbstanspruch des Petrus eine Mahnung, daß
das Liebesgebot nicht als eine unangemessene Überforderung verstanden werden dürfe.
[30] Vgl. K. HALDIMANN, Rekonstruktion, 218; F. MOLONEY, Glory, 64.
[31] Vgl. U. SCHNELLE, Abschiedsreden, 66; ähnlich C. HOEGEN-ROHLS, Johannes,
97; M. FIGURA, Botschaft, 409f. Diese narrative Einbettung des Liebesgebots spricht
gegen die These, daß Joh 13,34f. thematisch aus dem Rahmen falle und einer späteren
Redaktion zuzuordnen sei (vgl. u. a. F. F. SEGOVIA, Hatred, 260; DERS., Footwashing, 41;
J. BECKER, Abschiedsreden, 220; G. RICHTER, Deutung, 30; DERS., Fußwaschung, 311;
H. THYEN, Johannes 13, 354; R. SCHNACKENBURG, Johannesevangelium III, 59; M.
WINTER, Vermächtnis, 242f. bzw. 263; H.-U. WEIDEMANN, Tod Jesu, 95).
[32] Vgl. J. FREY, Eschatologie III, 124 zur Verschränkung der Zeitebenen des effektiven Aorists Joh 13,31b (νῦν ἐδοξάσθη ὁ υἱὸς τοῦ ἀνθρώπου καὶ ὁ θεὸς ἐδοξάσθη
ἐν αὐτῷ) und des Futurs Joh 13,32 (εἰ ὁ θεὸς ἐδοξάσθη ἐν αὐτῷ, καὶ ὁ θεὸς δοξάσει αὐτὸν ἐν αὐτῷ, καὶ εὐθὺς δοξάσει αὐτόν).

Erzählverlauf die Zeitspanne der beschriebenen Ereignisse und Diskussionen sukzessiv komprimiert wurde, nähert sich die Dramaturgie nun endgültig dem „climatic day."[33]

Die exklusive Stellung der Jünger in diesem Geschehen wird in Joh 13,33 herausgearbeitet. Die Anrede τεκνία kennzeichnet einen argumentativer Neueinsatz: Jesus kündigt seinen ‚Kindern' den bevorstehenden Weggang zum Vater an[34]. Wie bereits in Joh 7,35 wird festgehalten, daß niemand Jesus dorthin folgen kann, wohin er geht. Im Kontext der Abschiedsrede wird nun jedoch die ekklesiologische Relevanz dieser Ankündigung zur Sprache gebracht. Auch wenn Joh 7,34a; 13,33b partiell analog strukturiert sind, weisen sie eine entscheidende Differenz auf:

Joh 7,34 ζητήσετέ με καὶ οὐχ εὑρήσετέ με καὶ ὅπου εἰμὶ ἐγὼ ὑμεῖς οὐ δύνασθε ἐλθεῖν

Joh 13,33 ζητήσετέ με (...) ὅπου ἐγὼ ὑπάγω ὑμεῖς οὐ δύνασθε ἐλθεῖν

In beiden Kontexten wird betont, daß die Gesprächspartner Jesus nach seinem Weggang suchen werden. Lediglich Joh 7,34 spricht jedoch davon, daß Jesus nicht mehr gefunden werden könne. Diese Warnung besitzt kein Äquivalent in Joh 13,33. Im Gegensatz zu jenen Personen auf dem Laubhüttenfest sollen die Jünger die nachösterliche Gegenwart Jesu erfahren. Dies ist darin begründet, daß ausschließlich den Jüngern die nachfolgenden Worte Jesu bekannt sind. Das Liebesgebot und die nachfolgenden Abschiedsreden erläutern, in welcher Weise Jesus nach seiner Rückkehr zum Vater bei der Gemeinde gegenwärtig ist[35].

---

[33] So R. A. CULPEPPER, Anatomy, 72. Joh 2-4 umfaßt die Spanne eines Jahres, Joh 5-10 ca. vier Monate, Joh 11-12 ca. zwei Wochen, Joh 13-19 hingegen ca. vierundzwanzig Stunden (vgl. M. W. G. STIBBE, John, 89). Und in diesen Abschiedsworten, die der ‚johanneische Jesus' in den letzten Stunden zu seinen Jünger spricht, wird das geistige Fundament der nachösterlichen Gemeinde skizziert.

[34] Zur überleitenden Funktion von Joh 13,33 vgl. R. F. COLLINS, Commandment, 225; J. AUGENSTEIN, Liebesgebot, 22 Anm. 1. τεκνία ist ein Hapaxlegomenon im vierten Evangelium. Interessanterweise spricht jedoch auf diese Weise der Verfasser des ersten Johannesbriefs oft seine Adressaten an (1 Joh 2,1.12.28; 3,7.18; 4,4; 5,21 etc.; vgl. M. WINTER, Vermächtnis, 263). Dies sollte jedoch nicht als Indiz einer redaktionellen Überarbeitung gewertet werden, sondern für die sachliche Entsprechung der jeweils thematisierten Konfliktpotentiale (zur Bedeutung dieses Sachverhalts für die chronologische Verhältnisbestimmung der johanneischen Schriften s. u. den Exkurs zu § 13/2.4). Ferner kann diese Anrede als ein Element der Familienmetaphorik im Johannesevangelium verstanden werden (treffend H.-U. WEIDEMANN, Tod Jesu, 131: „Mit der Anrede formuliert der Evangelist die Relation zwischen Jesus und den Seinen als *Kindschaft*.").

[35] Bereits die Stellung zu Beginn der Abschiedsreden „verdeutlicht, daß im Gebot der Bruderliebe der Erhöhte gegenwärtig ist" (so U. SCHNELLE, Ekklesiologie, 45). Entsprechend erkennt M. FIGURA, Botschaft, 409f. Motivbezüge zu Joh 6,63 bzw. den Parakletsprüchen. Diese christologische Zuspitzung unterscheidet Joh 7,34; 13,33 von der

In dieser narrativ und argumentativ höchst reflektieren Szenerie verortet der Verfasser des vierten Evangeliums die Übergabe des Liebesgebots (Joh 13,34f.).

2. Das Liebesgebot (Joh 13,34f.)

Im folgenden soll die fundamentale Bedeutung des johanneischen Liebesgebots für das Verständnis des vierten Evangeliums veranschaulicht werden. Zu diesem Zwecke wird zunächst die Text- und Argumentationsstruktur von Joh 13,34f. skizziert (2.1), um anschließend das Profil des Liebesgebots erläutern zu können (2.2).

2.1 Die Text- und Argumentationsstruktur von Joh 13,34f.

Die Formulierung des Liebesgebots in Joh 13,34f. bietet eine knappe, aber überaus komprimierte und gehaltvolle Text- und Argumentationsstruktur. Die Leitthematik Joh 13,34aα wird in jeweils drei Teilversen entfaltet:

V 34aα ἐντολὴν καινὴν δίδωμι ὑμῖν,
   aβ   ἵνα ἀγαπᾶτε ἀλλήλους,
   ba καθὼς ἠγάπησα ὑμᾶς,
   bβ   ἵνα καὶ ὑμεῖς ἀγαπᾶτε ἀλλήλους.
35a ἐν τούτῳ γνώσονται πάντες ὅτι ἐμοὶ μαθηταί ἐστε,
   b   ἐὰν ἀγάπην ἔχητε ἐν ἀλλήλοις.

Bereits der erste Teilvers V 34aα impliziert eine christologische Begründung des Liebesgebots: Kein anderer als Jesus selbst gibt seinen Jünger sein neues Gebot, daß sie einander lieben sollen (V 34aβ)[36]. Diese christo-

---

Motivparallele EvThom 24/92,1/94 etc. (zur Korrespondenz der Sequenzen vgl. u. a. H. W. ATTRIDGE, „Seeking" and „Asking", 296ff.; R. E. BROWN, Gospel of Thomas, 166; J. H. CHARLESWORTH/C. A. EVANS, Agrapha, 495 bzw. 498; S. J. PATTERSON, Gospel of Thomas, 87). Im Sinne des vierten Evangeliums ist Jesus nach seiner Rückkehr zum Vater zwar nicht mehr für die Jünger sichtbar, aber im Geistparakleten bei der Gemeinde. Demgegenüber entfaltet EvThom 24/77 eine Omnipräsenz Jesu, derzufolge die Jünger Jesus überall bzw. in ihrem inneren Licht finden können (ausführlich hierzu und den theologischen Unterschieden beider Konzeptionen vgl. E. E. POPKES, Licht, passim).

[36] Joh 13,34aβ ist als indirekter Imperativ strukturiert (vgl. B. M. FANNING, Verbal Aspect, 383; entsprechend zu der für die Koine untypischen, aber in der Septuaginta und im Neuen Testament häufig zu beobachtenden Verwendung von ἵνα als Imperativ für die zweite und dritte Person vgl. A. T. ROBERTSON, Grammar, 933 bzw. 993; J. H. MOULTON/N. TURNER, Grammar IV, 73 vermuten einen semitischen Kausativ als sprachgeschichtlichen Hintergrund). ἵνα kann jedoch in Korrespondenz zu Joh 15,12.17 sowohl

logische Akzentsetzung wird in den folgenden Teilversen eindrücklich herausgearbeitet: Zunächst betont V 34ba, daß die gegenseitige Liebe der Jünger der Liebe Jesu entsprechen soll[37]. Die Konjunktion καθώς kann sowohl einer komparativen, als auch einer konditionalen Aussageintention dienen („die Jünger sollen einander lieben, *wie* oder *weil* Jesus sie geliebt hat'[38]). Die johanneischen Schriften bieten für beide Interpretationen syntaktische und thematische Korrespondenztexte (Joh 12,25f.; 13,15.34; 15,12; 1 Joh 3,16; 4,11.19.21 etc.). Angesichts dessen ist zu vermuten, daß diese Doppeldeutigkeit bewußt intendiert ist. Beide Aspekte bringen die christologische Begründung des Liebesgebots zur Geltung. Die Vorbild-funktion bringt das menschliche Antlitz der Liebe Jesu zur Geltung, ein kausales Verständnis hingegen den Gebotscharakter seiner Worte[39].

V 34bβ rundet die Aussageeinheit ab, indem die Aufforderung zur ge-genseitigen Liebe wiederholt wird[40]. Durch die Worte καὶ ὑμεῖς werden die Jünger noch deutlicher als in Joh 13,34aβ ins Aussagezentrum ge-

---

explikativ, als auch final verstanden werden (zur Diskussion vgl. u. a. R. E. BROWN, John II, 684; B. LINDARS, John, 492; F. BLASS/A. DEBRUNNER, Grammatik, § 392, 5).

[37]   Der Aorist V 34ba καθὼς ἠγάπησα ὑμᾶς umfaßt auch die bleibende Liebe Jesu zu seinen Jüngern (vgl. A. T. ROBERTSON, Grammar, 845; J. FREY, Eschatologie II, 247f. bzw. 251; dies entspricht den Aussagen über die Liebe zwischen dem Vater und dem Sohn, die einerseits mit einem Aorist als Erzähltempo [Joh 17,24], andererseits durch *praesens aeternum* [Joh 3,35; 5,20; 10,17] beschrieben wird; treffend H.-C. KAMMLER, Christologie, 38).

[38]   Grammatikalisch kann καθώς beide Funktionen erfüllen (vgl. u. a. O. DE DINE-CHIN, Similitude, 195-236; E. G. HOFFMANN/H. V. SIEBENTHAL, Grammatik, § 277a bzw. 278a; K. HALDIMANN, Rekonstruktion, 199-201). Diese Doppeldeutigkeit könnte auch die textkritisch eindeutig sekundären Ergänzungen in Joh 13,34ba provoziert haben, insofern z. B. ἐγώ vor ἠγάπησα den Vergleich mit Jesus betont ($\mathfrak{P}^{66}$ *pc* lat), κἀγώ (D) hingegen den Gebotscharakter.

[39]   Eine bewußt beabsichtigte Doppeldeutigkeit vermuten u. a. A. LINDEMANN, Ge-meinde, 148; in Ansätzen auch J. AUGENSTEIN, Liebesgebot, 23. M. WINTER, Vermächt-nis, 273 Anm. 31 betont, daß die Konjunktion καθώς die Vorbildfunktion ermöglicht, zugleich aber eine Einschränkung auf diese Bedeutung verhindert. Demgegenüber er-kennt K. HALDIMANN, Rekonstruktion, 200 in der Vorbildlichkeit der Liebe Jesu eine zentrale Aussageintention: „Die Konjunktion καθώς begründet die Aufforderung nicht durch den Rückgang auf die normative Kraft eines Faktums, sondern durch den prospek-tiven Vorschlag, in Entsprechung zu einem Faktum zu handeln. Damit wird die Antwort auf die erste Teilfrage in die zweite Teilfrage integriert. Die Begründung erfolgt nicht deduktiv, sondern ‚paradigmatisch' ... " (ähnlich u. a. R. F. COLLINS, Commandment, 246). Insofern jedoch in Aussagen wie z. B. Joh 15,12 (αὕτη ἐστὶν ἡ ἐντολὴ ἡ ἐμή ἵνα ἀγαπᾶτε ἀλλήλους) der Gebotscharakter betont wird, lehnt z. B. R. BULTMANN, Johannes, 403 einen Vergleichs- bzw. Imitationscharakter von Joh 13,34 ab. Diesbezüg-lich betont jedoch J. AUGENSTEIN, Liebesgebot, 23 Anm. 3, daß den unterschiedlichen Strukturen und Kontexten von Joh 13,34 und 15,12.17 Rechnung getragen werden muß.

[40]   Treffend K. BEYER, Syntax I/1, 76f.

stellt[41]. Nachdem Joh 13,34 lediglich die gemeindeinterne Liebe thematisierte, entfaltet der Folgevers deren gemeindeexterne Relevanz: An der Liebe der Gemeinde sollen ‚alle' die Jünger Jesu erkennen (Joh 13,35a)[42].

2.2 Das Profil des Liebesgebots in Joh 13,34f.

Joh 13,34f. unterscheidet sich deutlich von weiteren alttestamentlichen, frühjüdischen und frühchristlichen Gestaltungen eines Liebesgebots. Eine markante Eigentümlichkeit von Joh 13,34f. ist unzweifelhaft die äußerst reflektierte christologische Begründung des Liebesgebots (2.2.1). Strittig ist jedoch, ob es sich hierbei um eine unabhängige Traditionsbildung oder um eine Rezeption und Transformation anderer Konzeptionen eines Liebesgebots handelt. Diese Frage birgt wiederum zwei Aporien, die für das Gesamtverständnis johanneischer Theologie von grundlegender Relevanz sind: Welche gemeindeübergreifende Bedeutung besitzt das Gebot der gegenseitigen Liebe der Jünger (2.2.2)? Bietet Joh 13,34f. eine Interpretation der synoptischen Abendmahlsparadosis, in der das neue Gebot eine bundestheologische Komponente impliziert (2.2.3)? Diese Sachverhalte sollen nun geklärt werden:

2.2.1 Die christologische Begründung des Liebesgebots

Die christologische Begründung des Liebesgebots ist ein Zentralmotiv des vierten Evangeliums. Die Eigentümlichkeit dieses Entwurfs zeigt sich v. a. im Kontrast zu traditionsgeschichtlichen Vergleichsgrößen, insbesondere zu den synoptischen Korrespondenztexten Mk 12,28-31/Lk 10,25-28/Mt 22,34-40. Da verschiedene Motivkomplexe des vierten Evangelium eine reflektierte Rezeption und Transformation synoptischer Traditionen vorauszusetzen scheinen[43], stellt sich auch in bezug auf Joh 13,34f. die Frage, ob es sich hierbei um eine unabhängige Konzeption des Verfassers des Johannesevangeliums handelt oder ob zumindest Teilaspekte des synoptischen Liebesgebots die johanneische Konzeption inspirierten. Auch wenn die synoptischen Gestaltungen des Liebesgebots eigenständige Profile aufweisen, besitzen sie vergleichbare Grundstrukturen[44]. Die deutlichsten Unterschiede zu Joh 13,34f. bestehen in der situativen Verortung, der Be-

---

[41] Die singuläre Variante ἀγάπην ἔχητε ἐν ἀλλήλοις korrespondiert der johanneischen Immanenzsprache (vgl. K. SCHOLTISSEK, Sein, 212. 214f. 219 Anm. 434).

[42] Auffälligerweise wird die Phrase ἐὰν ἀγάπην ἔχητε ἐν ἀλλήλοις (V 35b), die sachlich eigentlich vor V 35a zu erwarten gewesen wäre, nachgestellt. Auf diese Weise endet die Aussageeinheit Joh 13,34f. mit jenem Motiv, mit dem es auch begann, nämlich der gegenseitige Liebe der Jünger.

[43] Vgl. hierzu die Ausführungen zur religionsgeschichtlichen Einordnung der johanneischen Schriften in § 4/4.

[44] Zu Gemeinsamkeiten und Unterschieden der synoptischen Gestaltungen des Liebesgebots vgl. G. THEISSEN, Jesus, 341; U. LUZ, Matthäus III, 269f.

gründungsstruktur und der ethischen Applikation des Liebesgebots. Diese Aspekte implizieren wesentliche Aussageintentionen: Die christologische Begründung des Liebesgebots zeigt sich nämlich gerade darin, daß Jesus als souverän Gebietender geschildert wird (2.2.1.1). Er läßt sich nicht in ein öffentliches Streitgespräch verwickeln, sondern übergibt das Liebesgebot ausschließlich seinen Jüngern (2.2.1.2). Er rekurriert nicht explizit auf die Schrift, sondern verkündet sein eigenes neues Gebot (2.2.1.3). Und der Maßstab dieses neuen Gebots ist seine Liebe, die er selbst den Jüngern erwiesen hat (2.2.1.4). Diese vier Teilaspekte der christologischen Begründung des Liebesgebots sind nun *en détail* zu analysieren:

2.2.1.1 Die Souveränität Jesu

Die synoptische Tradition verortet das Liebesgebot in einem öffentlichen Streitgespräch, welches durch die Anfragen Außenstehender initiiert wird. Mk 12,28-31; Mt 22,34-40 folgen jeweils auf die Sadduzäeranfrage und sind somit im Gesamtkontext von Streitgesprächen angeordnet. Auf diese Weise bildet das „Doppelgebot der Liebe ... den Abschluß, das Ziel und den Höhepunkt der Auseinandersetzungen und Gespräche Jesu ... über das Gesetz."[45]. Zwar folgt Lk 10,25ff. kompositorisch auf die Seligpreisung der Jünger (Lk 10,23f.), doch auch in diesem Kontext will ein νομικός die Autorität Jesu in Frage stellen (vgl. Lk 10,25a)[46]. In Joh 13,34f. agiert Jesus jedoch ohne fremde Veranlassung. Er wird nicht zu einer Stellungnahme über die unterschiedliche Bedeutung einzelner Toragebote genötigt, sondern er gibt souverän sein eigenes, neues Gebot. Dieses erzählerische Detail hebt die Souveränität und Autorität Jesu eindrücklich hervor.

2.2.1.2 Die exklusive Belehrung der Jünger

Des weiteren fällt auf, daß in der johanneischen Fassung des Liebesgebots auf der textinternen Ebene ausschließlich die Jünger die Adressanten sind. Im Gegensatz zur synoptischen Tradition erfahren keine Außenstehenden von dem Gebot der gegenseitigen Liebe. Diese nahezu esoterischen Züge der Jüngerbelehrung wurden verschiedentlich als Indizien einer Sektenmentalität der johanneischen Gemeinde gewertet[47]. Eine derartige Einschätzung verkennt jedoch die Gesamtintention der johanneischen Theologie und der johanneischen Liebesaussagen. Die Gestaltung des Liebesgebots in Joh 13,34f. ist vielmehr eine Konsequenz der johanneischen Christologie und eine Form der Verarbeitung des Gemeindeschismas. Das vier-

---

[45]   So U. SCHNELLE, Einleitung, 220 speziell zu Mk 12,28ff.

[46]   Die Aussage καὶ ἰδοὺ νομικός τις ἀνέστη ἐκπειράζων αὐτὸν λέγων ... besitzt in diesem Kontext eine pejorative Konnotation.

[47]   So u. a. E. KÄSEMANN, Wille, 125; M. LATTKE, Einheit, 22.24-26. F. F. SEGOVIA, Love Relationships, 76, DERS., HATRED, 272.

te Evangelium verortet die Fußwaschungserzählung Joh 13,2ff. und das Liebesgebot in einem Erzählzusammenhang, in dem die synoptische Tradition die Herrenmahlsparadosis bietet. Die thematischen Analogien zur Abendmahlsthematik bietet das Johannesevangelium jedoch bereits in den eucharistischen Interpretationen der Lebensbrotrede (Joh 6,51-58)[48]. An dieser Thematik entzündet sich das in Joh 6,61ff. geschilderte Schisma unter den Jüngern. Während Judas zu diesem Zeitpunkt noch unter den Jüngern weilt, verläßt er ihre Gemeinschaft unmittelbar vor der Übergabe des Liebesgebots. Er war zwar noch ein Zeuge des Petrusbekenntnisses (Joh 6,66f.), das erst nach dem Zerbruch unter den Jüngern erfolgte – die Bedeutung der gegenseitigen Liebe erfährt er jedoch nicht mehr.

Angesichts dieser erzählerischen Dramaturgie kann die Gestaltung des Liebesgebots ebenso wie die Gestaltung der Lebensbrotrede als eine Bewältigung zentraler Probleme des johanneischen Gemeindeschismas verstanden werden. Nachdem Joh 6,51 bereits antidoketische Konfliktpotentiale reflektierte, widmet sich Joh 13,34f. der mangelnden Praxis gemeindlicher Solidarität. Die Quintessenz lautet: Wer im Gegensatz zu Judas zum wahren Jüngerkreis gehört, weiß um das Gebot Jesu, daß er selbst durch seine Fußwaschung paradigmatisch veranschaulicht hat. Die intime, der Öffentlichkeit entzogene Situation von Joh 13,34f. muß somit nicht als Indiz gewertet werden, daß das vierte Evangelium ein „,sectarian' document and the Johannine community a ‚sectarian' group" sei[49]. Die erzählerische Gestaltung impliziert vielmehr eine Ermahnung, jenem Gebot gerecht zu werden, daß Jesus allein seinen treu bleibenden Begleitern anvertraut hat[50].

2.2.1.3 Das Liebesgebot als Gebot Jesu

Die Begründung des Liebesgebots bietet den gravierendsten Unterschied zur synoptischen Tradition. Mk 12,28 bzw. Mt 22,36 thematisieren die Frage nach dem ersten bzw. höchsten Gebot, Lk 10,25 hingegen die Frage nach der Bedingung des ewigen Lebens. In zum Teil unterschiedlicher Form folgt in der synoptischen Tradition jeweils die Verschränkung der Gebote der Gottes- und Nächstenliebe (Dtn 6,5; Lev 19,17f.)[51]. Statt dessen wird weder in Joh 13,34f. noch in einem anderen Kontext des Johan-

---

48   Zu diesen Bezügen s. u. Anm. 85.
49   So z. B. F. F. SEGOVIA, Hatred, 272 (tendenziell ähnlich J. L. HOULDEN, Ethics, 36; W. SCHRAGE, Ethik, 299f.; J. T. SANDERS, Ethics, 100 etc.).
50   Entsprechend erkennt J. FREY, Eschatologie III, 130 in der christologischen Begründung des Liebesgebots eine *differentia specifica* johanneischen Denkens, welche sich im Zerbrechen der Gemeinde als entscheidendes Erkennungsmerkmal rechter Jüngerschaft herauskristallisierte.
51   Zur den traditionsgeschichtlichen Hintergründen des Doppelgebots und dem Verhältnis zu 1 Joh 4,21 s. o. § 7/3.3.

nesevangeliums das Liebesgebots durch einen expliziten Schriftbezug begründet. Das Liebesgebot ist vielmehr als das neue Gebot Jesu „das Gesetz
der eschatologischen Gemeinde"[52].

Dieser Sachverhalt kann als eine Konsequenz der johanneischen
Schrifthermeneutik verstanden werden: Die γραφαί zeugen von Jesus (Joh
5,39), der den in ihnen erkennbaren Willen Gottes auslegt (Joh 1,17).
Nicht die Autorität der Schrift, sondern die Autorität Jesu legitimiert das
Liebesgebot als „die göttliche Weisung schlechthin"[53]. Während jedoch
Joh 13,34f. keinen Rekurs auf Dtn 6,4f. bietet, läßt sich Lev 19,17f. als
Reflexionshintergrund erkennen[54].

2.2.1.4 Die Liebe Jesu als Maßstab der gegenseitigen Liebe der Jünger

Eine weitere Differenz in der Gestaltung des synoptischen und johanneischen Liebesgebots zeigt sich in dem Maßstab, der für das ethische Verhalten benannt wird. Sowohl in Lev 19,17f. als auch in neutestamentlichen
Rezeptionen wie Mk 12,28ff. parr.; Gal 5,14; Röm 13,9 wird die Selbstliebe der Adressaten zum Maßstab der Nächstenliebe erhoben[55]. Nach Joh

---

[52] So R. BULTMANN, Johannes, 405.

[53] Vgl. hierzu A. OBERMANN, Erfüllung, 428f.; P. STUHLMACHER, Theologie II, 258.
Joh 13,34f. ist somit eine Konsequenz der „christologischen Inanspruchnahme der
Schrift" (vgl. J. FREY, Mose, 153 zu Joh 3,14f.; 5,39.46f.; DERS., Eschatologie III, 130;
A. DETTWILER, Gegenwart, 76f.).

[54] J. AUGENSTEIN, Liebesgebot, 93 versteht Joh 13,34f. als „Teil einer geschlossenen theologischen Konzeption von Liebe, die sich stark an die alttestamentlichen Aussagen von der erwählenden Liebe Gottes und von der Liebe zu Gott im Sinne des deuteronomistischen Grundbekenntnisses (Dtn 6,4f.) anlehnt". Lev 19,17f. würde v. a. als Haß-
verzicht interpretiert, und zwar einerseits angesichts des Synagogenausschlusses (so v. a.
im Johannesevangelium), andererseits angesichts des Zerbrechens der Gemeinde (so v. a.
im ersten Johannesbrief; vgl. op. cit., 183); vgl. ferner P. STUHLMACHER, Theologie II,
258. Dieser Motivhintergrund veranschaulicht zugleich, daß die Gestaltung von Joh
13,34f. nicht als Abgrenzung zu Gesetzestraditionen wie z. B. Ex 23,4f.; Dtn 22,1-4; Lev
19,17f. verstanden werden muß (so tendenziell C. DIETZFELBINGER, Abschied, 20; R.
BULTMANN, Johannes, 405).

[55] Ein noch deutlicherer Unterschied besteht zu EvThom 25 (NHC II,2 38,10-12),
wo die Liebe des eigenen Augapfels zum Maßstab der Bruderliebe erhoben wird. Dies
kann als Ausdruck der Liebe des Seelenkerns verstanden werden, die eine Abwertung der
Körperlichkeit impliziert (vgl. M. FIEGER, Thomasevangelium, 104f.). Auch wenn die
Gestaltung des Liebesgebots als Bruderliebe eine vordergründige Verwandtschaft zur
johanneischen Briefkorrespondenz birgt, sind die theologischen Konsequenzen derselben
deutlich unterschieden (hierzu s. o. § 4/4.3; entsprechend erkennt O. HOFIUS, Jesusworte,
174 hierin ein sekundär erweitertes Jesuslogion, das in keiner traditionsgeschichtlichen
Relation zur johanneischen Theologie steht; gegen u. a. H. KÖSTER, GNOMAI DI-
APHOROI, 130f.; T. ZÖCKLER, Thomasevangelium, 81, die hinter dem Thomasevangelium eine von der synoptischen Tradition unabhängige weisheitliche Gestaltung des Liebesgebots vermuten). Zum Motivhintergrund vgl. ferner Jub 36,4; TestXII.Gad 6,1 etc.

13,34bα ist jedoch die Liebe Jesu der Maßstab der gegenseitige Liebe. Die Jünger sollen sich untereinander lieben, wie Jesus sie geliebt hat. Nicht ein menschliches Verhalten ist maßgebend, sondern die Liebe Jesu, die in der Lebenshingabe am Kreuz ihren höchsten Ausdruck fand (vgl. die Korrespondenz von Joh 15,13; 1 Joh 3,16).

Die Begründungsstruktur des Liebesgebots im vierten Evangelium verbindet somit den Motivhintergrund Lev 19,17f. mit einer Imitationsethik, die sich am Leben Jesu orientiert. Innerhalb der johanneischen Schriften korrespondiert dies 1 Joh 4,11f., wo die gegenseitige Liebe der Gemeindemitglieder als das der Liebe Gottes entsprechende Verhalten verstanden wird. Joh 13,34f. orientiert sich jedoch nicht an der Liebe Gottes, sondern an der Liebe Jesu. Die Konzeption des vierten Evangeliums entspricht jedoch 1 Joh 4,11f., insofern die Liebe Gottes ja in der Sendung des Sohns offenbar wurde. Auch das Liebesgebot bringt somit die für das Johannesevangelium typische „Identität von Gabe und Geber" zur Geltung[56]: Jesus gebietet die Liebe, die er selbst vorlebte. In diesem Sinne ist die „Grundlage der Ethik des Johannesevangeliums ... die im Sohn manifestierte ἀγάπη θεοῦ."[57]

Exkurs: Zum Vergleich der paulinischen und johanneischen Aussagen über die vorbildhafte Liebe Jesu

Die skizzierten Eigentümlichkeiten von Joh 13,34f. entsprechen unterschiedlichen Aspekten der paulinischen bzw. deuteropaulinischen Ethik. So ermahnt z. B. Paulus in 1 Kor 11,1 seine Adressaten dazu, sein Verhalten nachzuahmen, wie er selbst das Verhalten Jesu nachahmt (1 Kor 11,1: μιμηταί μου γίνεσθε καθὼς κἀγὼ Χριστοῦ)[58]. Entsprechend fordert der Verfasser des Epheserbriefs, daß die Glaubenden Nachahmer Gottes werden sollen und Liebe praktizieren sollen, wie sie selbst die Liebe Jesu erfahren haben (Eph 5,1f.)[59]. Auch das in Joh 17,17.19 angesprochene Motiv einer Heiligung der Glaubenden entspricht einer solchen „fortgesetzten Angleichung an Gottes Art und Wesen."[60] Ferner besitzt Joh 13,34f. eine Affinität zu 1 Thess 4,9. In diesem Zusammenhang

---

[56]   K. SCHOLTISSEK, Gebet Jesu, 216.

[57]   Treffend G. STRECKER, Theologie, 538. B. GERHARDSSON, Imitation, 281 versteht die Orientierung am Verhalten Jesu als den Versuch, eine legalistische Ethisierung zu verhindern.

[58]   Entsprechend 1 Thess 1,6. Dabei fällt auf, daß bereits in diesen paulinischen Ermahnungen von der Nachahmung *Christi* die Rede ist (vgl. W. SCHRAGE, Ethik, 199).

[59]   Entsprechende Ansätze bieten ferner 1 Thess 1,6f.; 2 Thess 3,9; Phil 3,17 etc. (vgl. H. D. BETZ, Nachahmung, 137ff.). Zum Verhältnis einer *imitatio dei* und *imitatio christi* formuliert J. PIPER, Love, 62: „In the New Testament paraenesis the imitation of Christ overshadows the imitation of God (cf. Rom 15,3.7; 1 Cor 11,1; Phil 2,5ff. 1 Thess 1,6; 1 Petr 2,21). But the imitation of God does come to expression in Eph 4,32-5,2, where forgiveness is commanded. In all of the places where Christ is the example, loving, self-giving behaviour is exhorted."

[60]   Vgl. J. BLANK, Johannes II, 273. Zu entsprechenden Tendenzen der synoptischen Tradition formuliert G. THEISSEN, Jesus, 348: „Im Lichte der ... zeitgenössischen Paral-

teilt Paulus seinen Adressaten mit, daß er sie nicht zur Geschwisterliebe ermahnen müsse, da sie von Gott selbst darüber unterrichtet worden sind, einander zu lieben (1 Thess 4,9: περί δὲ τῆς φιλαδελφίας οὐ χρείαν ἔχετε γράφειν ὑμῖν, αὐτοὶ γὰρ ὑμεῖς θεοδίδακτοί ἐστε εἰς τὸ ἀγαπᾶν ἀλλήλους). Die johanneischen Jünger werden von Jesus über die Bedeutung der gegenseitigen Liebe unterrichtet (Joh 13,34f. und 1 Thess 4,9 bietet dabei jeweils ἀγαπᾶν ἀλλήλους). Wenn man jedoch berücksichtigt, daß das Motiv der „vollkommenen Handlungseinheit zwischen Vater und Sohn"[61] ein Grundelement der Christologie des Johannevangeliums ist, so entsprechen die Worte Jesu in Joh 13,34f. den Worten Gottes. Vor diesem Hintergrund wirkt Joh 13,34f. wie eine erzählerische Umsetzung jener paulinischen These. Auch wenn das historisch-genetische Verhältnis dieser paulinischen und johanneischen Aussagen unklar bleibt, so sind die christologischen Akzente dieser Konzeptionen sachlich vergleichbar.

2.2.2 Die inner- und außergemeindliche Relevanz des Liebesgebots

Die Gestaltung des Liebesgebots im vierten Evangelium impliziert eine Frage, die für das Gesamtverständnis johanneischer Theologie von zentraler Bedeutung ist: Wem gilt diese Liebe? Im Gegensatz zu Lev 19,17f. und den neutestamentlichen Rezeptionen Mk 12,28ff. parr.; Gal 5,14; Röm 13,9 etc. spricht Joh 13,34f. nicht explizit von einer ‚Nächstenliebe', sondern konzentriert sich auf die gegenseitige Liebe der Jünger. Ebenso wenig wie die johanneische Briefkorrespondenz thematisiert das vierte Evangelium explizit, inwieweit sich das Liebesgebot auch auf Außenstehende und Minderprivilegierte bezieht. Hierin besteht ein markanter Unterschied zur synoptischen Tradition, in der sich eine „charakteristische Zuspitzung des Liebesgebots zur Liebe der Feinde, der Fremden und der Deklassierten"[62]

---

lelen zeigt sich das Proprium der Jesusüberlieferung darin, daß die üblicherweise von Königen und Mächtigen abverlangte Nachahmung Gottes in Großmut und Gewaltverzicht denen zugemutet wird, die sich als Machtlose, Verfolgte und Gedemütigte vorfinden". Zum Spektrum traditionsgeschichtlicher Vergleichsgrößen wie Seneca, Ben IV, 26,1; Ira II, 33,2; TestXII.B 3,1; 4,1; 4 Makk 9,23; 13,9; Ps.-Phocylides 77; Arist 188.210.280f.; Philo, Vit Mos I, 158; Spec Leg IV, 173.182 etc. vgl. H. D. BETZ, Nachahmung, 48ff.; A. NISSEN, Gott, 69ff. bzw. 439f.; R. SCHNACKENBURG, Epheser, 216; B. LINDARS, Imitation, 394-402; G. THEISSEN, Jesus, 347ff.; zur Rezeptionsgeschichte vgl. u. a. Ign Eph 1,1; Ign Tral 1,2; Diog 10,3f.).

[61] Vgl. H.-C. KAMMLER, Christologie, 37; entsprechend J. AUGENSTEIN, Liebesgebot, 65f. Treffend resümiert W. POPKES, Art. δίδωμι, 775: „Der Vater gibt dem Sohn ‚alles' ...; der Sohn bringt der Welt die göttliche Wirklichkeit nahe ... "

[62] So G. THEISSEN, Jesus, 340 bezüglich der Gestaltung des Liebesgebots in der matthäischen Theologie, welche die in der markinischen Theologie angelegten Konzeptionen konsequent umsetze. Entsprechend U. SCHNELLE, Einleitung, 249; H. WEDER, Rede, 143. In der lukanischen Konzeption ist das Feindesliebegebots strukturell mit den Seligpreisungen und den Weherufen vernetzt. Auf diese Weise sind sogar die im unmittelbaren Kontext kritisierten Personen in das Liebesgebot eingeschlossen (so D. LÜHRMANN, Feinde, 437 zum Verhältnisses von Lk 6,20-26 und Lk 6,27-36). Zu den Funktionen von Mt 5,38/Lk 6,27-38 in der jeweiligen theologischen Gesamtkonzeption und de-

beobachten läßt. Auch die paulinische Ethik überschreitet die Grenzen der Gemeinde und läßt eine Affinität zum Feindesliebegebot erkennen[63]. Auf Grund dieser Unterschiede wurde Joh 13,34f. oftmals als Indiz einer strikten Sektenmentalität der johanneischen Gemeinde gewertet. Demnach sei das „Objekt christlicher Liebe ... allein, was zur Gemeinde unter dem Wort gehört oder dazu erwählt ist, also die christliche Bruderschaft."[64]. Joh 13,34f. setze keine weiteren neutestamentlichen Fassungen des Liebesgebots geschweige denn das Feindesliebegebot stillschweigend voraussetzen, sondern grenze das Liebesgebot bewußt auf den Kreis der Gemeinde ein[65]. Die Aussage repräsentiere so eine „partikularistische Konventikelethik"[66], welche den „Geist Jesu von Nazareth aus den Mauern der johanneischen Schule vertrieben"[67] habe.

Eine derartige Einschätzung verkennt jedoch die Intention und den Gesamtzusammenhang des vierten Evangeliums, denn Joh 13,34f. kann nur als Teilaspekt der miteinander vernetzten Liebessausagen und entsprechend der Christologie und Ekklesiologie angemessen zur Geltung gebracht werden. Die Frage der Reichweite des Liebesgebots impliziert die Frage, welchen Weltbezug bzw. welches missionarische Selbstverständnis

---

ren sozialgeschichtlichen Implikationen vgl. M. EBNER, Feindesliebe, 119ff.; G. THEISSEN, Gewaltverzicht, 176ff. bzw. 180ff.; L. SCHOTTROFF, Feindesliebe, 197ff.

[63] Treffend T. SÖDING, Liebesgebot, 241-250; DERS., Gott, 355 in Rekurs auf Röm 12,9-21; 13,8-11; 1 Kor 4,12f.; 1 Thess 5,15 etc. (vgl. ferner J. SAUER, Feindesliebe, 17ff.).

[64] Paradigmatisch E. KÄSEMANN, Wille, 136; M. LATTKE, Einheit, 22-26; ähnlich J. L. HOULDEN, Ethics, 36; M. RESE, Bruderliebe, 57f.; E. STAUFFER, Botschaft, 47, W. SCHRAGE, Ethik, 300f.; J. T. SANDERS, Ethics, 100; C. R. BOWEN, Love, 45 bzw. 42-48; M. DIBELIUS, Joh 15,13, 213f.; G. STÄHLIN, Art. φιλεῖν, 128. Auch F. F. SEGOVIA, Love Relationships, 76 versteht in Rekurs auf F. Bogart, Perfectionism, 123-141 Joh 13,34f. strikt gruppenintern ausgerichtet. Es handle sich aber überhaupt nur um einen späteren redaktionellen Zusatz, der durch die im ersten Johannesbrief erkennbaren Streitigkeiten provoziert wurde (op. cit., 197-203).

[65] E. KÄSEMANN, Wille, 124 zufolge spricht nichts dafür, daß „die Bruderliebe exemplarisch die Nächstenliebe umfaßt, wie sie sonst im Neuen Testament gefordert wird." Vermittelnder urteilt P. STUHLMACHER, Theologie II, 259, daß „die Konzentration auf die Bruderliebe" zwar historisch aus der Notsituation der Gemeinde zu erklären sei, daß dies „aber nichts an dem (in der Sache befremdlichen) Gegensatz zur Lehre Jesu von der Feindesliebe" ändere.

[66] Vgl. W. SCHRAGE, Ethik, 300. Entsprechend versteht F. F. SEGOVIA, Hatred, 272 das Johannesevangelium als ein „„sectarian' document and the Johannine community a ‚sectarian' group." (vgl. ferner J. L. HOULDEN, Ethics, 36; J. T. SANDERS, Ethics, 100).

[67] Vgl. E. STAUFFER, Botschaft, 47. Für W. MARXSEN, Ethik, 263 wird im Johannesevangelium ebenso wie in den johanneischen Briefen die Bruderliebe „mit einer Lieblosigkeit erkauft ... , die innerhalb der neutestamentlichen Schriften beispiellos" sei. Ähnlich v. a. in bezug auf die Briefe M. RESE, Bruderliebe, 57, demzufolge „das Gebot der Nächstenliebe nicht nur eingeschränkt, sondern schlicht außer Kraft gesetzt" sei.

das Johannesevangelium dokumentiert. Diese thematische Korrespondenz ist bereits in Joh 13,34f. angelegt. V 35 zufolge sollen ‚alle' die Jünger Jesu an der gegenseitigen Liebe erkennen (vgl. v. a. Joh 13,35aα γνώσονται πάντες ὅτι ἐμοὶ μαθηταί ἐστε). Dieses Motiv umschreibt nicht nur eine Identifikationsmöglichkeit, durch welche die strikte Grenze zwischen der Gemeinde und dem sie hassenden Kosmos gekennzeichnet und vertieft werden soll[68]. Statt dessen impliziert γιγνώσκειν wie im gesamten vierten Evangelium eine persönliche Akzeptanz des Erkannten (noch deutlicher Joh 14,31; 17,21.23)[69]. In diesem Sinne besteht für die außerjohanneische Welt „ständig die Möglichkeit, in den Kreis des ἀλλήλους ἀγαπᾶν einbezogen zu werden."[70] Zwischen einer johanneischen Außen- und Binnenmoral kann somit nicht unterschieden werden[71]. Die Liebe der Gemeinde ist vielmehr ein bleibendes „Zeichen für die Welt"[72].

Durch diese Konzeption erfährt das Liebesgebot gegenüber der synoptischen Tradition sogar eine Aufwertung, indem es zum integralen Bestandteil des Missionsverständnisses avanciert[73]: Wie der Vater den Sohn in den Kosmos sandte, so sendet Jesus die Gemeinde in die Welt (Joh 17,18; 20,21). Wie die Jünger in der Sendung und im Handeln Jesu die Liebe Gottes erkennen konnten (Joh 15,9f.; 1 Joh 4,10f.14 etc.), so verkörpert die Liebe der Gemeinde die bleibende Gegenwart dieser Liebe in der Welt. Die Korrespondenz von Joh 13,34f. und Joh 17,18.21.23 demonstriert so-

---

[68] So M. LATTKE, Einheit, 26, demzufolge durch die Betonung der gegenseitigen Liebe von Gott, Jesus und den Jüngern „einerseits der Ring geschlossen wird zwischen dem Sendenden, dem Gesandten und den Erwählten und anderseits der Ausschluß des Kosmos noch gravierender, literarisch gesprochen, 3,16 noch isolierter erscheint."

[69] Vgl. C. HOEGEN-ROHLS, Johannes, 246.

[70] Vgl. R. BULTMANN, Theologie, 435; ähnlich F. VOUGA, Johannesbriefe, 36; J. G. VAN DER WATT, Family, 315.

[71] So J. AUGENSTEIN, Liebesgebot, 90 bzw. 184; H. MEISINGER, Liebesgebot, 182. Für G. STRECKER, Theologie, 541 ist auch die „Nächsten- und Feindesliebe ... im Agape-Gebot impliziert". Nach R. BULTMANN, Johannesbriefe, 35 ist auch mit der in der johanneischen Briefkorrespondenz thematisierten Bruderliebe „nicht speziell der christliche Glaubensgenosse gemeint, sondern der Mitmensch, der ‚Nächste'". Dies entspricht der frühen Rezeption EpApo 18f., in welcher Joh 13,34f. in Verbindung mit dem Gebot der Feindesliebe und der negativen Fassung der goldenen Regel reformuliert wurde (vgl. T. NAGEL, Rezeption, 136 bzw. 152, wobei diese Variante jedoch nur in der äthiopischen Textfassung tradiert ist).

[72] So treffend K.-M. BULL, Gemeinde, 237; ähnlich X. LÉON-DUFOUR, Eucharist Bread, 82 bzw. 95.

[73] So in Konsequenz der Ansätze von M. HENGEL, Reich Gottes, 183f.; J. NISSEN, Community, 203; P. N. ANDERSON, Christology, 266; J. AUGENSTEIN, Liebesgebot, 90 bzw. 184; G. STRECKER, Theologie 540 (ausführlich hierzu § 15/3).

mit den missionarischen, weltoffenen Charakter einer Gemeinschaft, deren entscheidendes Identifikationsmerkmal die gegenseitige Liebe ist[74].

Auch diesbezüglich zeigt sich die Diskrepanz der Gestaltung des Liebesgebots in der qumranischen und johanneischen Theologie. Eine gruppeninterne Liebe gilt z. B. in der Gemeindeordnung der Qumrangemeinschaft als Identifikationskriterium. Hier ist das Liebesgebot jedoch explizit auf die Gemeinschaft begrenzt (vgl. besonders 1 QS I,3f.9ff.; IX,16.21). Die Gemeindeglieder sind verpflichtet, die Söhne des Lichts zu lieben (1 QS I,9b: ‏ולאהוב כול בני אור‎), die Söhne der Finsternis aber zu hassen (1 QS I,10b: ‏כול בני חושך‎ ‏ולשנוא‎)[75]. Demgegenüber wird in den johanneischen Schriften die gemeindeinterne Liebe nirgends mit der Forderung des Hasses gegen Außenstehende verbunden. Eine gemeindeübergreifende Liebe bzw. diakonische Tätigkeit wird weder explizit gefordert, noch abgelehnt.

Eine größere Affinität besitzt die Gestaltung des Liebesgebots im Johannesevangelium hingegen zum Nächsten- und Gottesliebegebot in den Testamenten der Zwölf Patriarchen, welche wesentliche Präfigurationen neutestamentlicher Fassungen des Liebesgebots repräsentieren[76]. Auch hier steht die Paränese zur gruppeninternen Liebe im Vordergrund (TestXII.Seb 8,5-9,2; TestXII.Naph 5,1-8, 2; TestXII.Jos 17,1ff. etc.). Es begegnen jedoch auch Universalisierungen des Liebesgebots (paradigmatisch TestXII.Is

---

[74] Entsprechend M. HENGEL, Reich Gottes, 183f. zum Zusammenhang von Joh 3,16f.; 4,42; Joh 17,21.23 etc. Ausführlich zum Verhältnis der missionstheologischen und liebessemantischen Züge des Johannesevangeliums s. u. § 16.

[75] Dieser Haß konkretisiert sich v. a. im Abbruch jeglichen Kontaktes mit vermeintlichen Frevlern (vgl. T. SÖDING, Feindeshaß, 615f.; J. BEUTLER, Johannesbriefe, 115; H.-J. FABRY, Liebe, 61; E. F. SUTCLIFFE, Hatred, 351 bzw. 355f.; K. STENDAHL, Hate, 343ff.; H.-P. MATHYS, Liebe, 120f.). Vordergründig scheint eine derartige Tendenz auch in 2 Joh 10ff. dokumentiert zu sein, wonach Irrlehrer nicht gegrüßt, geschweige denn gastfreundlich aufgenommen werden dürften. Diese Sequenz reagiert jedoch auf eine konkrete Situation des Gemeindeschismas und repräsentiert nicht die Gesamtintention des johanneischen Liebesgebots (s. o. § 7/2.2.4; gegen E. KÄSEMANN, Wille, 128; E. STAUFFER, Botschaft, 47 etc., die einen Einfluß qumranischer Theologie auf die johanneische Ethik postulieren. Auch H. M. TEEPLE, Qumran, 12f. erkennt „parallels in general ideas"). Zur Bedeutung von 1 QS I,3f.9ff. etc. für das Selbstverständnis der Qumrangemeinschaft vgl. J. C. VANDERKAM, Qumranforschung, 79; H.-J. FABRY, Liebe, 51ff. Zum Spektrum genuin qumranischer, essenischer bzw. protoessenischer Gestaltungen des Liebesgebots vgl. ferner 1QS III,26; V,23-VI,3; 1Q28 IX,16; 4Q256 Frg. 8 I,5; 4Q258 Frg. 2 III,1; 4Q258 Frg. 2 III,6 (4Q 266,16f.); CD VI, 20f.; IX,2.7f.; XVI,16f.

[76] M. KONRADT, Menschen- oder Bruderliebe, 296-298 bzw. 310. Demgegenüber differenziert J. BECKER, Testamente, 28 bzw. 105f. zwischen einer streng innerisraelitisch ausgerichteten Grundschrift der Patriarchentestamente und späteren, u. a. christlichen Überarbeitungen. Auch die universalen Ausweitungen des Liebesgebots könnten während solcher Fortschreibungen integriert worden sein. Eine solche literarkritische Differenzierung der Patriarchentestamente ist jedoch ausgesprochen umstritten. Gerade in bezug auf das Gottes- und Nächstenliebegebot resümiert M. DE JONGE, Commandments, 390: „All along ... it is very difficult (if not impossible) to distinguish between (Hellenistic-)Jewish and Christian elements in the Testaments, but also ... such a distinction does not render full justice to the Testaments in their present form."

7,6: „Den Herrn liebte ich, und ebenso jeden Menschen mit aller meiner Kraft"[77]; tendenziell ähnlich TestXII.Seb 5,1; TestXII.Naph 8,3 etc.[78]). Im Gegensatz zu 1 QS I,3f.9ff.; IX,16.21 wird zudem vor der negativen Macht des Hasses gewarnt, der eine Sünde gegen Gott sei und der geforderten Nächstenliebe widerspreche (TestXII.Gad 3,1f; 4,1ff.; 6,1 etc.). Auch wenn wie bei den qumranischen Texten das konkrete traditionsgeschichtliche Verhältnis zur johanneischen Theologie unklar bleibt, entspricht die in den Testamenten der Zwölf Patriarchen erkennbare Zuordnung von gruppeninterner und gruppenexterner Ethik der johanneischen Theologie eher als die genannten qumranischen Vergleichstexte.

2.2.3 Das neue Gebot als neuer Bund – Zu den bundestheologischen Implikationen des johanneischen Liebesgebots

Das Johannesevangelium integriert die Fußwaschungserzählung und das Liebesgebot in einen Erzählzusammenhang, in welchem die synoptische Tradition die Abendmahlsparadosis bietet. Dieser Sachverhalt birgt mehrere Aporien. Einerseits ist strittig, ob Joh 13,34f. als Interpretation bzw. Modifikation von Mk 14,22ff. parr. konzipiert ist[79]. Andererseits stellt sich die Frage, inwieweit die καινὴ ἐντολή als καινὴ διαθήκη (vgl. Jer 38,31 LXX; 1 Kor 11,25; Lk 22,20) bzw. als Aspekt einer johanneischen Bundestheologie zu verstehen ist[80].

Zunächst muß festgehalten werden, daß derartige Diskussionen auf einem *argumentum e silentio* basieren. Die johanneischen Schriften bieten weder den Begriff διαθήκη, noch explizite Bezüge auf bundestheologische Motive alttestamentlicher, synoptischer oder paulinischer Provenienz[81]. Dennoch sprechen eine Reihe von Indizien dafür, daß auch derartige Motivhintergründe die johanneische Gestaltung des Liebesgebots beeinflußt haben: „Obwohl keine Bundestheologie im engsten Sinne des Wortes in

---

[77] So im Übersetzungsvorschlag von J. BECKER, Testamente, 84; speziell zur paräentischen Funktion von TestXII.Seb 8,5ff. vgl. H.-P. MATHYS, Liebe, 133.

[78] Vgl. T. SÖDING, Liebesgebot, 59f.

[79] Eine Interpretation vermuten u. a. R. E. BROWN, John, 612; R. A. HARRISVILLE, Newness, 79; P. J. GRÄBE, Bund, 145f.; U. WILCKENS, Johannes, 212.

[80] Derartige Hintergründe vermuten u. a. T. ONUKI, Abschiedsreden, 361ff., besonders 382; A. DALBESIO, La communione fraterna, 24; J. PRYOR, Covenant People, 159f.; J. BEUTLER, Angst, 61f. bzw. 112; A. GARCIA-MORENO, 'Αγάπη, 373-377; D. MUÑOZ-LEÓN, La novedad, 230f.; P. J. GRÄBE, Bund, 139-146.

[81] Aus diesem Grund resümiert M. WINTER, Vermächtnis, 313f. Anm. 2: „ ... der Bundesgedanke spielt in Joh 13-17 ebenso wenig eine Rolle wie im übrigen Evangelium"; tendenziell ähnlich M. VOGEL, Heil, 26. Entsprechend verweisen u. a. auch C. DIETZFELBINGER, Abschied, 20; R. BULTMANN, Johannes, 405 auf die Diskrepanz der johanneischen Gestaltung des Liebesgebots gegenüber alttestamentlichen Korrelaten wie z. B. Ex 23,4f; Dtn 22,1-4; Lev 19,17f. etc.

den johanneischen Schriften besteht ..., kann ... von einem *Reflex des Ge-dankens vom neuen Bund* gesprochen werden"[82].

Die johanneische Auslassung der Abendmahlsparadosis in Joh 13 ist nicht als Indiz einer antisakramentalen Tendenz zu verstehen[83]. Das johanneische Pendant zur synoptischen Herrenmahlsparadosis begegnet bereits in der eucharistischen Interpretation der Lebensbrotrede. Diese Umstellung kann als Konsequenz der antidoketischen Reflexionen und der johanneischen Chronologie der Passionsereignisse verstanden werden[84]. Sowohl die inhaltliche Konzeption, als auch die erzählerischen Details sprechen für eine Kenntnis dieser Traditionen beim Verfasser und bei den Adressaten des vierten Evangeliums[85].

In Joh 6 wird die Selbsthingabe Jesu noch nicht explizit als Zeichen seiner Liebe zu den Jüngern thematisiert. Die johanneischen Abschiedsreden stellen jedoch die gesamte irdische Tätigkeit Jesu unter dieses Vorzeichen. Die Liebe Jesu findet ihren höchsten Ausdruck in der Lebenshingabe am Kreuz (Joh 13,1; 15,13). Im Gesamtzusammenhang der johanneischen Liebessemantik ist somit auch die Gabe des Fleisches und Blutes Jesu eine Konsequenz seiner Liebe. Auf diese Weise wird ein Motiv ausgearbeitet, welches in der paulinischen und synoptischen Herrenmahlsparadosis bereits implizit angelegt ist: Die Liebe Jesu ist die Voraussetzung dessen, was dort als das Bundesverhältnis der Teilhabe am Herrenmahl beschrieben wird. Die Leser von Joh 13,1ff., die den synoptischen Passionsbericht und dessen Einsetzungsworte kennen, können einen „Bezug ... auf das eucharistische Mahl in seiner doppelten Bedeutung als Teilhabe an Jesus und entsprechend als ‚diakonische' Gemeinschaft der Mahlgenossen unterein-

---

[82] Treffend P. J. GRÄBE, Bund, 146 (Hervorhebung von Gräbe). Wenn bereits die Gestaltung von Joh 13,34f. (und noch deutlicher 1 Joh 4,19-21) zeigt, daß stärker als in der synoptischen Tradition der genuine Kontext von Lev 19,17f. berücksichtigt wird (vgl. J. AUGENSTEIN, Gesetz, 169f.), kann nicht generell bestritten werden, daß Assoziationen zu bundestheologischen Motiven beabsichtigt sind.

[83] Treffend U. WILCKENS, Johannes, 212.

[84] U. WILCKENS, Johannes, 212; U. SCHNELLE, Johannes, 130ff.

[85] Während ἡ σάρξ μού ἐστιν ὑπέρ ... wie eine frühe Variante der Herrenmahlspa-radosis wirkt, die σάρξ anstelle von σῶμα bietet (vgl. J. JEREMIAS, Joh 6,51c-58, 256f.; entsprechend J. FREY, Bild, 357 Anm. 79; R. SCHNACKENBURG, Johannesevangelium II, 83f.), scheint Joh 6,51c auf das Kelchwort anzuspielen (so U. WILCKENS, Johannes, 212). Hinsichtlich der Vorkenntnisse der Adressaten vermutet J. FREY, Bild, 348, daß Motiv-aspekte wie die Austeilung des Brotes, das absolut verwendete εὐχαριστεῖν etc. gerade vor dem Hintergrund der synoptischen Abendmahls- bzw. Speisungswundertraditionen ihr theologisches Potential entfalten. Auch J. BECKER, Johannes II, 511 versteht Joh 6,51-58 als Paraphrase der Herrenmahlstradition, die jedoch erst der von ihm postulierten kirchlichen Redaktion zuzuordnen sei.

ander" assoziieren[86]. Entsprechend steht auch die Betonung der Neuheit des Liebesgebot in „einem reichen Bezugsfeld endzeitlicher Heilserwartung"[87] (z. B. καινὴ διαθήκη [Jer 38,31 LXX; 1 Kor 11,25], καινὴ κτίσις [2 Kor 5,17; Gal 6,15], καινὸς ἄνθρωπος [Eph 2,15], ὁ οὐρανὸς καινὸς καὶ ἡ γῆ καινή [Jes 66,22 LXX; Apc 21,1]).

Darüber hinaus bietet die Entfaltung von Joh 13,34f. in den johanneischen Abschiedsreden bundestheologische Motivhintergründe, die in der paulinischen und synoptischen Tradition nicht begegnen. Jesus übergibt das neue Gebot der Liebe wie eine Testamentsverfügung[88]. Die gegenseitige Liebe der Jünger soll die Konsequenz der Liebe Jesu zu ihnen sein (Joh 15,16 etc.). Der Imperativ des Liebesgebots basiert somit auf dem Indikativ der Liebe Gottes und Jesu zu den Jüngern. Dieser Aspekt entspricht dem in unterschiedlichen alttestamentlich-frühjüdischen Konzeptionen präfigurierten Motiv einer voraussetzungslosen Ermöglichung des Bundesverhältnisses durch Gott[89].

Weitere bundestheologische Assoziationen evozieren die reziproke Zuordnung der Immanenz- bzw. Liebesaussagen und das Motiv der Gebotsobservanz als Kriterium der angemessenen Liebe zu Gott bzw. Jesus: Die Jünger sind aufgefordert, in der Liebe Jesu zu bleiben. Entsprechend wird die Liebe Gottes bzw. Jesu in ihnen bleiben (Joh 15,9-11). Auch diese reziproken Immanenzaussagen beschreiben die innergemeindliche Liebe als eine „energia interiore nella linea delle profezie di Ger 31,33-34 e di Ez 36,26-27"[90]. Die Liebe zu Jesus manifestiert sich wiederum in der Observanz

---

[86] So U. WILCKENS, Johannes, 212. Entsprechend R. E. BROWN, John, 614: „The newness of the commandment of love is really at the Last Supper – and the 'new commandment' of John xiii 34 is the basic stipulation of the 'new covenant' of Luke xxii 20. Both expressions reflect the early Christian understanding that in Jesus and his followers was fulfilled the dream of Jeremiah (xxxi 31-34) ... ". Zustimmend aufgenommen von P. J. GRÄBE, Bund, 140. Dem entspricht, daß von einer Neuheit des Bundes nicht in der matthäischen und markinischen, sondern nur in der lukanischen Fassung die Rede ist (Lk 22,20). Im Gegensatz hierzu besitzt für J. BECKER, Johannes II, 511 Joh 13 keine Bezüge zur Herrenmahlsparadosis.

[87] Vgl. P. J. GRÄBE, Bund, 140.

[88] R. SCHNACKENBURG, Johannesevangelium III, 59.

[89] Angesichts dessen versteht T. ONUKI, Abschiedsreden, 382 καινὴ ἐντολή schlicht als Paraphrasierung von καινὴ διαθήκη (Jer 38,31 LXX; 1 Kor 11,25). Entsprechend J. NISSEN, Community, 202f.: „The new commandment rests on a new reality: the new imperative is based on a new indicative, the love of God in Christ and the love of Christ in his own." (ähnlich bereits A. VERHEY, Reversal, 143; V. P. FURNISH, Love Command, 138).

[90] Treffend A. DALBESIO, La communione fraterna, 24 in Rekurs auf A. GARCIA-MORENO, Ἀγάπη, 373-377; D. MUÑOZ-LEÓN, La novedad, 230f.; ähnlich P. STUHLMACHER, Theologie II, 258; J. W. PRYOR, Covenant People, 159f.; J. BEUTLER, Angst, 112 etc. Zur Relation der Immanenzaussagen und der Bundestheologie vgl. K. SCHOLTISSEK, Sein, IX bzw. 126.

seiner Gebote (Joh 14,15.21.23f.). Entsprechend wird auch in unterschiedlichen alttestamentlichen und frühjüdischen Konzeptionen die Liebe zum Gesetzgeber und die Observanz seiner Gebote als Kriterium des Bundesverhältnisses verstanden[91].

Joh 13,34f. nimmt im Gesamtzusammenhang der johanneischen Liebessemantik Funktionen wahr, die in anderen neutestamentlichen Traditionsströmen mittels bundestheologischer Konzeptionen reflektiert wurden: „Johannes interpretiert ... das Wesen des neuen Bundes"[92] und vertieft ihn durch den Liebesbegriff.

3. Zusammenfassung der Zwischenergebnisse

Das Motiv der Liebe Jesu zu seinen Jüngern veranschaulicht eindrücklich die argumentative und erzählerische Meisterschaft des Verfassers des Johannesevangeliums. Während in der johanneischen Darstellung der öffentlichen Tätigkeit Jesu die Liebe Jesu zu seinen Jüngern nicht explizit thematisiert wurde, wird bereits durch den Eröffnungsvers der Abschiedsreden das gesamte Wirken und der Tod Jesu unter das Vorzeichen seiner Liebe zu seinen Jüngern gestellt (Joh 13,1). Dieses Motiv wird auf unterschiedlichen Aussageebenen sukzessive entfaltet: Die Erzählung von der Fußwaschung in Joh 13,2ff. symbolisiert die Liebe Jesu und ist eine sachliche Grundlage der christologische Begründung des Liebesgebots. Jesus selbst gab seinen Jüngern ein Vorbild, in welcher Weise sie für einander eintreten sollen (Joh 13,15). Was durch diese narrative Illustration vorbe-

---

[91] Vgl. J. BEUTLER, Angst, 15. 51. 61 etc., der gerade „die Bundestheologie des Dtn (und damit das ‚Gesetz') als die tragende Schicht" von Joh 14,15.21.23f. versteht (op. cit., 112; vgl. ähnlich J. AUGENSTEIN, Liebesgebot, 52 bzw. 65f.). Entsprechend E. MALATESTA, Covenant, 23f. zur Korrelation der Liebe zu Gott und der Observanz seiner Gebote in 1 Joh 3,24; 4,13.15f. „Our study attemps to show how in his Letter John uses the interiority expressions as an especially apt manner of describing the interior nature of New Covenant communion. Indeed we believe that these expressions when in personal, reciprocal form, serve as the Johannine equivalent of the Covenant formula: 'I will be your God, and you shall be my people' has become 'God is love, and he who remains in love remains in God, and God remains in him'" (zustimmend aufgenommen durch P. J. GRÄBE, Bund, 142f.; skeptisch hingegen H.-J. KLAUCK, Johannesbrief, 266.). Für A. LACOMARA, Deuteronomy, 83 versucht der Verfasser des Johannesevangeliums Jesus als ‚neuen Mose' zu stilisieren und übernehme deshalb aus dem Deuteronomium „the Basic elements of traditional covenant-form". Daß das Johannesevangelium nicht die Liebe zu Gott und die Observanz seiner Gebote thematisiert, sondern die Liebe zu Jesus und die Observanz seiner Gebote, impliziert keinen Gegensatz zu entsprechenden alttestamentlichen und frühjüdischen Konzeptionen, sondern eine johanneische Interpretation (gegen M. WINTER, Vermächtnis, 313).

[92] So P. J. GRÄBE, Bund, 143.

reitet wurde, wird in Joh 13,34f. *expressis verbis* benannt. Inmitten einer Situation, die durch bevorstehenden Verrat und Verleugnung geprägt ist (vgl. die Stilisierung von Judas und Petrus), gibt Jesus sein neues Gebot: Seine Jünger sollen sich gegenseitig lieben, wie und weil er sie geliebt hat. Diese Gestaltung des Liebesgebots kann als eine Konsequenz der johanneischen Christologie verstanden werden, durch welche zugleich das Gemeindeschisma verarbeitet wird. Im Gegensatz zur synoptischen Tradition wird der johanneische Jesus nicht in einem öffentlichen Streitgespräch zu einer Stellungnahme über die unterschiedliche Bedeutung vorgegebener Gesetzestraditionen genötigt. Er verkündet vielmehr als der Exeget Gottes (Joh 1,18), von dem die Schrift zeugt (Joh 5,39), sein neues Gebot, demzufolge seine Liebe der Maßstab der gegenseitigen Liebe der Glaubenden sein soll. Gleichwohl impliziert die Betonung der Neuheit dieses Gebots keine Diskreditierung alttestamentlicher Gesetzestraditionen. Einerseits kann man z. B. Lev 19,17f. als Reflexionshintergrund des johanneischen Liebesgebots erkennen, andererseits besitzt Joh 13,34f. eine bundestheologische Komponente.

Des weiteren fällt auf, daß in der textinternen Erzähldramaturgie des vierten Evangeliums nur jenen Jüngern dieses Gebot mitgeteilt wird, die bis zur letzten Mahlgemeinschaft Jesus treu geblieben sind. Dieser esoterische Zug des Liebesgebots ist kein Indiz einer Konventikelethik, sondern eine Verarbeitung der Konflikte des Gemeindeschismas, angesichts dessen der Verfasser auch das Liebesgebot reformuliert und neu begründet. Aus diesem Grund erfahren auf der textinternen Erzählebene des Johannesevangeliums nur die treugebliebenen, wahrhaft glaubenden Jünger das Gebot der Liebe. Obwohl die Frage der Reichweite des Liebesgebots für das Johannesevangelium keine primäre Fragestellung bildet, kommt dem Liebesgebot sowohl eine (primäre) gemeindeinterne, als auch eine (sekundäre) gemeindeexterne Bedeutung zu. Auf diese Weise wird bereits zu Beginn der Abschiedsreden die spezifisch johanneische Gestaltung des Missionsbefehls vorgezeichnet, die *in extenso* erst im Abschiedsgebet Jesu zur Sprache kommt (Joh 17,18.20-23). Die liebende Einheit der Glaubenden wird nämlich nicht nur zu einem Identitätsmerkmal der Gemeinde erklärt, sondern auch zu einer Voraussetzung des Glaubens und der Erkenntnis des Kosmos (Joh 13,35; 17,21.23).

§ 13 Die Liebe zwischen Jesus, Gott und den Jüngern

Die Analyse von Joh 13,1ff.34f. zeigte, daß das Liebesgebot kompositionstechnisch nicht zur ersten Abschiedsrede zu zählen ist, sondern den Abschluß bzw. Höhepunkt der Einleitung der Abschiedsreden in Joh 13,1-38
bildet (vgl. § 12/1.3). Die in diesem Zusammenhang angeführten Motive
werden jedoch in der ersten und zweiten Abschiedsrede reflektiert und
ausdifferenziert. Die themenspezifisch relevanten Textsequenzen können
terminologisch und strukturell als konsistente Aussageeinheit abgrenzt
werden (Joh 14,15.21.23f.28; 15,9-17; 16,27). Gleichwohl können sie nicht
als eigenständige Motivkomplexe, sondern nur im Gesamtzusammenhang
der johanneischen Abschiedsreden angemessen zur Geltung gebracht werden. Angesichts der Komplexität von Joh 14,1-16,33 sollen zunächst die
Text- und Argumentationsstrukturen der Sequenzen Joh 14,15.21.23f.28;
15,9-17; 16,27 herausgearbeitet werden (1.)[1]. Vor diesem Hintergrund
können die christologischen und ekklesiologischen Implikationen der liebessemantischen Motive der ersten und zweiten Abschiedsrede dargestellt
werden (2. bzw. 3).

---

[1]   Die thematische und inhaltliche Komplexität von Joh 14,1-16,33 dokumentiert
sich auch in der Vielzahl von Strukturierungsvorschlägen. Übersichten bieten A. DETT-
WILER, Gegenwart, 53ff.; C. HOEGEN-ROHLS, Johannes, 82-91; speziell zu Joh 14,1-
14,31 vgl. ferner J. FREY, Eschatologie III, 122; J. BEUTLER, Angst, 13-15; H.-U. WEI-
DEMANN, Tod Jesu, passim; speziell zu Joh 15,1-16,33 vgl. ferner K. HALDIMANN, Rekonstruktion, 94ff. bzw. T. ONUKI, Welt, 117ff. M. WINTER, Vermächtnis, 260ff. versteht
den Gesamtkomplex gattungsgeschichtlich als Vermächtnisrede, wobei Joh 13,31-14,31
als die erste Vermächtnisrede zu verstehen sei, die durch die drei Nachträge Joh 15,1-17;
15,18-16,4a; 16,4b-33 ergänzt bzw. ausdifferenziert würde (op. cit., 273ff.). A. DETTWI-
LER, Gegenwart, 107ff. bzw. 111ff. versteht Joh 15,1-17 als Relecture von Joh 13,1-17,
Joh 16,4-33 hingegen als Relecture von Joh 13,31-14,31 (dies marginalisiert jedoch die
sachliche Korrespondenz von Joh 15,18-16,4a und Joh 15,1-17, insofern in diesen Sequenzen die Liebe der Gemeinde und der Haß der Welt eindrücklich kontrastiert werden;
s. u. § 15/1).

1. Die Text- und Argumentationsstrukturen der liebessemantischen Motive in den Abschiedsreden

1.1 Die liebessemantischen Motive in der ersten
Abschiedsrede (Joh 14,15.21.23f.28)

Die liebessemantischen Motive der ersten Abschiedsrede (Joh 14,15.21.23f.28) thematisieren primär die Liebe der Jünger zu Jesus und deren Implikationen. Auffälligerweise sind diese Verse syntaktisch nicht unmittelbar miteinander verschränkt, insofern drei Zwischenpassagen die Argumentationsentwicklung unterbrechen[2]. Dennoch läßt sich eine thematische Aussageeinheit erkennen, welche „die meisterliche Kompositions- und vertiefende Fort- und Umschreibungskunst der joh Abschiedsreden"[3] dokumentiert. Der Leit*begriff* ἀγαπᾶν und die Phrasen τηρεῖν τὰς ἐντολάς bzw. τηρεῖν τοὺς λόγους bilden ein terminologisch und sachlich geschlossenes Wortfeld[4]. Das Leit*motiv* wird durch das konditionale Satzgefüge Joh 14,15 exponiert:

V 15a ἐὰν ἀγαπᾶτέ με,
   b τὰς ἐντολὰς τὰς ἐμὰς τηρήσετε.

Die Liebe zu Jesus und die Observanz seiner Gebote werden untrennbar miteinander verschränkt: Wer für sich in Anspruch nimmt; Jesus zu lieben, wird auch dessen Gebote praktizieren. Die Autorität dieser Worte Jesu wird durch die Betonung τὰς ἐντολὰς τὰς ἐμάς eigens hervorgehoben.

Joh 14,21.23f. nennen weitere Manifestationen und Konsequenzen der Liebe zu Jesus. V 21a bildet eine syntaktisch und argumentativ modifizierte Inclusion zu V 15: Anstelle einer direkten Anrede erscheint nun eine allgemeingültige Aussage[5], anstelle eines Konditionalsatzes zwei Partizi-

---

[2]   Diese Zwischenaussagen sind auch für das Verständnis der liebessemantischen Motive von Relevanz. Während Joh 14,16-20 bzw. Joh 14,25-27 den ersten und zweiten Parakletspruch bieten und somit in der Verhältnisbestimmung der Liebessemantik und der Pneumatologie zu beachten sind, bietet Joh 14,22 die Frage eines Jüngers, die wiederum für das Weltverhältnis der johanneische Gemeinde von Bedeutung ist (ausführlich s. u. § 15/2.1).

[3]   So K. SCHOLTISSEK, Sein, 214.

[4]   J. BEUTLER, Angst, 14 bzw. 51.

[5]   Bereits das konditionale Satzgefüge in Joh 14,15 implizierte eine ermahnende Aussageintention (so A. T. ROBERTSON, Grammar, 1019). Die Bedeutung dieser Worte wird in Joh 14,21 nochmals hervorgehoben, indem „durch den Wechsel in die 3. Person Singular ... *grundsätzliche* und *allgemeingültige* Aussagen" formuliert werden (so treffend H.-U. WEIDEMANN, Tod Jesu, 181; Kursivierung durch Weidemann).

pialsätze (V 21a bzw. V 21b). Die Teilaspekte sind konzentrisch um die Zentralaussage V 21bα gruppiert[6]:

V 21aα ὁ ἔχων τὰς ἐντολάς μου καὶ τηρῶν αὐτὰς
αβ   ἐκεῖνός ἐστιν ὁ ἀγαπῶν με.
bα   ὁ δὲ ἀγαπῶν με ἀγαπηθήσεται ὑπὸ τοῦ πατρός μου,
bβ   κἀγὼ ἀγαπήσω αὐτὸν
bγ καὶ ἐμφανίσω αὐτῷ ἐμαυτόν.

V 21aα verändert den argumentativen Duktus von Joh 14,15, insofern nun zunächst die Observanz der Gebote Jesu angesprochen wird[7]. Erst der folgende Teilvers kennzeichnet dies als die Manifestation der Liebe zu Jesu (V 21aα)[8]. Daraufhin bietet V 21b drei Teilaussagen, die mit V 21a eine Gesamtstruktur ergeben. Dabei wird die Reziprozität der Liebe zwischen Jesus und den Jünger zur Geltung gebracht, indem die direkt aufeinander bezogenen V 21aβ und V 21bβ die jeweiligen Subjekte hervorheben (ἐ-κεῖνός ἐστιν bzw. κἀγὼ ἀγαπήσω): Wer Jesus liebt, wird auch von ihm geliebt.

Die syntaktische und sachliche Zentralaussage dieser Verskonstruktion bietet V 21bα: Wer Jesus liebt, der wird auch von seinem Vater geliebt werden[9]. Der abschließende Stichos V 21bγ ergänzt eine weitere Verhei-

---

[6] So in Anschluß an die Strukturbeschreibung von C. HOEGEN-ROHLS, Johannes, 112, die den ersten Partizipialsatz V 21a als Inklusion zu V 15 versteht, während V 21b.c als „dreistufige Verheißung ... den relationalen Charakter der Liebe betont."

[7] Für J. H. MOULTON/N. TURNER, Grammar IV, 66.68; K. BEYER, Syntax I/1, 208f. 212, ders., Syntax I/2, 209 weist ἔχειν τὰς ἐντολάς einen stärkeren semitischen Spracheinfluß auf als τηρεῖν τὰς ἐντολάς. Die Analyse der traditionsgeschichtlichen Hintergründe des Motivs der Liebe zu Jesus kann diese Einschätzung jedoch nicht bestätigen. Der Wechsel von ἔχειν und τηρεῖν sollte somit interpretatorisch nicht überbewertet werden.

[8] Trotz der Modifikation der grammatikalischen Struktur gegenüber V 15 bleibt der konditionale Akzent gewahrt (vgl. hierzu J. AUGENSTEIN, Liebesgebot, 53). Durch die Stellung von V 21aβ ὁ ἀγαπῶν με zum Abschluß des Teilverses V 21a wird die Liebe zu Jesus syntaktisch hervorgehoben (vgl. A. T. ROBERTSON, Grammar, 708). Zu der mit Joh 1,1.18; 3,26.32; 5,11.19.36.37.38; 6,39.46: 7,18; 8,26; 10,1.25; 12,48f.; 14,12f.16; 15,2.5; 17,2.24; 18,8 vergleichbaren Funktion eines Casus Pendens vgl. J. H. MOULTON, Grammar II, 424.

[9] In diesem Kontext wird die Liebe Gottes zu den Jüngern als Konsequenz ihrer Liebe zu Jesus verstanden (vgl. die Zuordnung der Zeitebenen ὁ δὲ ἀγαπῶν με – ἀ-γαπηθήσεται ὑπὸ τοῦ πατρός μου). Diese Aussage kann jedoch nur angemessen verstanden werden, wenn sie in den Gesamtzusammenhang der johanneischen Liebessemantik und Erwählungsvorstellung eingeordnet wird. Zur Dialektik der Voraussetzungslosigkeit der Liebe Gottes (Joh 3,16; 1 Joh 4,10 etc.) und der in Joh 14,21.23f. thematisierten Konditionierung s. u. § 13/2.3.

ßung. Jesus wird sich demjenigen offenbaren, den er liebt (V 21bβ) bzw. der ihn liebt (V 21bα)[10].

Die skizzierten Aussagen über die Liebe zu Jesus und deren Implikationen werden in Joh 14,23f. paraphrasiert und ausdifferenziert. Allerdings wird nun nicht mehr von der Observanz der Gebote Jesu, sondern von der Observanz seiner Worte gesprochen[11]. Auch die Argumentationsstruktur erfährt eine Variation:

V 23a   ἀπεκρίθη Ἰησοῦς καὶ εἶπεν αὐτῷ
   b   ἐάν τις ἀγαπᾷ με τὸν λόγον μου τηρήσει,
   cα   καὶ ὁ πατήρ μου ἀγαπήσει αὐτόν
   cβ   καὶ πρὸς αὐτὸν ἐλευσόμεθα
   cγ   καὶ μονὴν παρ' αὐτῷ ποιησόμεθα.
V 24a   ὁ μὴ ἀγαπῶν με τοὺς λόγους μου οὐ τηρεῖ
   bα   καὶ ὁ λόγος ὃν ἀκούετε οὐκ ἔστιν ἐμὸς
   bβ   ἀλλὰ τοῦ πέμψαντός με πατρός.

Aufgrund der Zwischenfrage Joh 14,22 bietet Joh 14,23a eine erneute Einleitung der Worte Jesu. Dies verstärkt zugleich den Reflexionscharakter von Joh 14,23f. gegenüber Joh 14,15.21. Die einzelnen Versteile sind syntaktisch und inhaltlich vielschichtig aufeinander bezogen:

Ebenso wie Joh 14,15 bietet V 23b zunächst ein konditionales Satzgefüge. Dieses ist jedoch nicht wie in V 15 als eine direkte Aufforderung an die Jünger formuliert, sondern wie in V 21 als eine allgemeingültige Aussage[12]. V 23c nennt drei Konsequenzen der Liebe zu Jesus und der Observanz seiner λόγοι. Zunächst stellt V 23b in Korrespondenz zu V 21a fest, daß sich die Liebe zu Jesus im Bewahren seiner Worte manifestiert. Ebenso wie in V 21bα wird in dann V 23cα die Liebe Gottes zu den Jüngern als Konsequenz ihrer Liebe zu Jesus bezeichnet[13]. V 23cβ bzw. V 23cγ ergänzen die in V 21bβ bzw. V 21bγ genannten Verheißungen.

Syntaktisch betrachtet wirkt die Komplexität dieses Bezugssystem unübersichtlich. Sie besitzt jedoch eine memorierende und reflektierende Funktion, da die wesentlichen Aussagegehalte den Lesern in unterschiedlichen syntaktischen Einbindung präsentiert werden. In diesem Sinne bildet Joh

---

[10] Das Immanenzmotiv V 21bγ wird als Abschluß der Aussageeinheit eigens hervorgehoben, indem ἐμαυτόν als „direkt complement of the verb" ἐμφανίσω fungiert (vgl. J. H. MOULTON/N. TURNER, Grammar III, 41).

[11] In Joh 14,23f. tritt τηρεῖν τοὺς λόγους an die Position von τηρεῖν τὰς ἐντολάς (Joh 14,15.21). Zum semantischen und sachlichen Verhältnis beider Begriffe s. u. Anm. 68.

[12] Entsprechend zur Kompilation der syntaktischen und argumentativen Strukturen von Joh 14,15.21 in Joh 14,23f. vgl. C. HOEGEN-ROHLS, Johannes, 112.

[13] Zur konsekutiven Funktion von καί in V 23c vgl. K. BEYER, Syntax I/1, 95.

14,23 die „inhaltliche, theologische Klimax"[14], auf welche die Argumentationsentwicklung seit Joh 14,15.21 zulief: Der Vater und der Sohn werden bei denjenigen ‚Wohnung nehmen', die Jesus lieben und seine Worte bewahren[15].

V 24a rundet die Gedankenentfaltung ab. In Korrespondenz zu V 23b rekapituliert der ebenso schlichte wie eindrückliche Aussagesatz *via negationis* den in Joh 14,15 begonnenen Grundgedanken: Wer Jesus nicht liebt, hält seine Worte nicht[16]. Abschließend hebt V 24b die Autorität der Botschaft Jesu hervor, deren Urheber der ihn sendende Vater ist[17]. Der argumentative Duktus wird somit von V 15 über V 21 bis zu V 23f. sukzessive intensiviert, indem die Liebe zu Jesus und die Observanz seiner Gebote (V 15) zur Grundlage der nachösterlichen Selbstoffenbarung Jesu (V 21bγ), der Liebe Gottes zu den Jüngern (V 21) und der reziproken Immanenz von Vater, Sohn und Jüngern erklärt wird (V 23).

Zum Abschluß der ersten Abschiedsrede wird ein weiterer Aspekt der Liebe zu Jesus ergänzt:

V 28a ἠκούσατε ὅτι ἐγὼ εἶπον ὑμῖν· ὑπάγω καὶ ἔρχομαι πρὸς ὑμᾶς.

bα εἰ ἠγαπᾶτέ με

bβ ἐχάρητε ἄν

cα ὅτι πορεύομαι πρὸς τὸν πατέρα,

cβ ὅτι ὁ πατὴρ μείζων μού ἐστιν.

Joh 14,28a spricht durch einen abbreviativen Rekurs auf die Einleitung der ersten Abschiedsrede Joh 14,2f. von der Rückkehr Jesu zu seinem Vater. Diese Ankündigung wird nun variiert, indem ein Zusammenhang zu der zuvor angesprochenen Liebe der Jünger zu Jesus hergestellt wird[18]. Wenn

---

[14] Vgl. A. DETTWILER, Gegenwart, 181.

[15] In V 23cγ ist ποιησόμεθα mit 𝔓[66.75] ℵ B L W 060 *f*[13] 1.33.565.579 al; Did als ursprüngliche Lesart zu bevorzugen. Für weitere neutestamentliche Verbindungen von medialem ποιέω und Objektsangabe wie z. B. Act 8,2; 23,13 vgl. A. T. ROBERTSON, Grammar, 802. Die spätere Alternativlesart ποιήσομαι (D e sy[s] ac[2]) schränkt die Immanenz auf Jesus und die Jünger ein. Demgegenüber dokumentiert die Ersetzung des Mediums ποιησόμεθα durch das aktive ποιήσομεν (A Θ Ψ 0250 𝔐) eine sprachgeschichtliche Modifikation (vgl. J. H. MOULTON/N. TURNER, Grammar III, 56).

[16] Die negierte Partizipialkonstruktion V 24a ὁ μὴ ἀγαπῶν betont die Antithetik zur vorhergehende positiven Aussage (J. H. MOULTON/N. TURNER, Grammar IV, 77; K. BEYER, Syntax I/1, 207f.).

[17] Zwischen dem Plural λόγοι (V 24a) und dem Singular λόγος (V 24bα) besteht kein sachlicher Unterschied (vgl. C. HOEGEN-ROHLS, Johannes, 113; R. BULTMANN, Johannes, 483 Anm 4).

[18] Joh 14,28 setzt somit Joh 14,2f.15.21-24 voraus. Die Korrelation dieser Sequenzen spricht gegen eine Differenzierung unterschiedlicher Redaktionsebenen (so z. B. F. F. SEGOVIA, Hatred, 265f.).

die Jünger Jesus lieben würden, könnten sie sich sogar über seine Rückkehr zum Vater freuen. Die Entfaltung des Motivs der Liebe zu Jesus endet
somit in der ersten Abschiedsrede in einer geradezu paradoxen Forderung.
Der Grund der Angst der Jünger – die Rückkehr Jesu zum Vater – soll ein
Grund ihrer Freude sein.

1.2 Die liebessemantischen Motive in der zweiten
Abschiedsrede (Joh 15,9-17; 16,27)

Die liebessemantischen Motive der zweiten Abschiedsrede entfalten die
christologischen und ekklesiologischen Implikationen des Liebesgebots
und der Liebe Jesu. Durch die Vernetzung unterschiedlicher Motivkomplexe wird „der Leser ... darauf eingestellt, verschiedene Äußerungsweisen
von Liebe miteinander in Beziehung zu setzen.“[19]

Die konzentrierteste Ansammlung liebessemantischer Motive in der
zweiten Abschiedsrede bietet Joh 15,9-17. Diese Sequenz besteht aus zwei
Argumentationszusammenhängen, die ihrerseits in zwei bzw. drei Untersektionen differenziert sind:

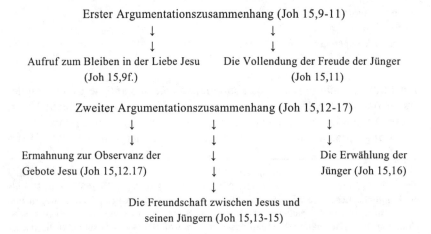

Erster Argumentationszusammenhang (Joh 15,9-11)

Aufruf zum Bleiben in der Liebe Jesu   Die Vollendung der Freude der Jünger
(Joh 15,9f.)   (Joh 15,11)

Zweiter Argumentationszusammenhang (Joh 15,12-17)

Ermahnung zur Observanz der   Die Erwählung der
Gebote Jesu (Joh 15,12.17)   Jünger (Joh 15,16)

Die Freundschaft zwischen Jesus und
seinen Jüngern (Joh 15,13-15)

Im einzelnen besitzen diese Untersektionen folgende Text- und Argumentationsstrukturen: Die erste liebessemantische Aussage der zweiten Abschiedsrede schafft eine Inklusion zu Joh 14,15.21, insofern zur Observanz
der Gebote Jesu bzw. zum Verbleiben in seiner Liebe aufgerufen wird[20].

---

19 Treffend K. HALDIMANN, Rekonstruktion, 194.
20 Zur chiastischen Grundstruktur vgl. R. SCHNACKENBURG, Johannesevangelium
III, 116f. Neben der Analepse zu Joh 14,15.21 bildet Joh 15,10 zugleich eine Prolepse zu
Joh 15,14 (vgl. U. C. V. WAHLDE, Commandments, 228).

V 9aα καθὼς ἠγάπησέν με ὁ πατήρ,
  aβ   κἀγὼ ὑμᾶς ἠγάπησα.
  b   μείνατε ἐν τῇ ἀγάπῃ τῇ ἐμῇ.
10aα   ἐὰν τὰς ἐντολάς μου τηρήσητε.
  aβ   μενεῖτε ἐν τῇ ἀγάπῃ μου,
  bα   καθὼς ἐγὼ τὰς ἐντολὰς τοῦ πατρός μου τετήρηκα
  bβ καὶ μένω αὐτοῦ ἐν τῇ ἀγάπῃ.

Joh 15,9f. weist eine konzentrische Argumentationsstruktur auf. Die Sequenz beginnt (V 9aα) und endet (V 10bβ) mit dem Motiv der Liebe zwischen dem Vater und dem Sohn. Innerhalb dieses thematischen Rahmens wird die Liebe der Gemeindeglieder reflektiert. Ebenso wie der Vater den Sohn liebte, so liebte dieser die Jünger[21]. Diesem Indikativ korrespondiert der Imperativ, daß die Jünger in der Liebe Jesu bleiben sollen (V 9aβ bzw. V 10aβ). Die syntaktische Modifikation zwischen den Teilversen V 9aβ bzw. V10aβ bringt zwei unterschiedlichen Perspektiven zur Geltung und betont so die Eindringlichkeit der Forderung[22].

Nachdem bereits Joh 14,15.21.23f. die Liebe zu Jesus und die Gebotsobservanz zueinander in Beziehung setzte, ergänzt Joh 15,9f. das Motiv des ‚Bleibens in der Liebe Jesu‘. Das Verhalten der Jünger ist somit strikt am Verhalten Jesu orientiert, der seinerseits die Gebote seines Vaters hält und in dessen Liebe bleibt[23]. Eine zentrale Intention dieser Aufforderung wird im Folgevers komprimiert:

V 11a Ταῦτα λελάληκα ὑμῖν
  bα   ἵνα ἡ χαρὰ ἡ ἐμὴ ἐν ὑμῖν ᾖ
  bβ   καὶ ἡ χαρὰ ὑμῶν πληρωθῇ.

Die Freude Jesu soll in den Glaubenden sein (V 11bα) und deren Freude vollenden (11bα). Diese *breviloquence* schließt die Aussageeinheit Joh 15,9-11 ab[24].

---

[21] Der Aorist ἠγάπησεν impliziert wie in Joh 3,16; 13,34; 17,24 die fortwährende Liebe Gottes bzw. Jesu (vgl. A. T. ROBERTSON, Grammar, 856, demzufolge dieser Sachverhalt auch durch das Motiv des Bleibens in V 9b.10aβ.bβ zugespitzt wird).

[22] Dies zeigt sich auch in der Zuordnung der unterschiedlichen Zeitstufen der Korrespondenzaussagen V 9b (μείνατε ἐν τῇ ἀγάπῃ τῇ ἐμῇ) bzw. V 10aβ (μενεῖτε ἐν τῇ ἀγάπῃ μου (vgl. K. BEYER, Syntax I/1, 265; B. M. FANNING, Verbal Aspects, 370 „Thus, it seems that the constative aorist is used in some general precepts in the NT in order to heighten the urgency of the command.").

[23] Entsprechend K. HALDIMANN, Rekonstruktion 178; R. SCHNACKENBURG, Johannesevangelium III, 117.

[24] Treffend A. T. ROBERTSON, Grammar, 1204. Ähnlich J. AUGENSTEIN, Liebesgebot, 67, demzufolge Joh 15,1-11 primär die Beziehung zwischen dem Vater, dem Sohn

Mit Joh 15,12-17 beginnt ein neuer Argumentationsgang, in welchem das Liebesgebot Joh 13,34f. aufgenommen und entfaltet wird. Die Rahmenverse V 12.17 exponieren „feierlich deklatorisch"[25] das Leitthema der Texteinheit Joh 15,12-17:

V 12 αὕτη ἐστὶν ἡ ἐντολὴ ἡ ἐμή, ἵνα ἀγαπᾶτε ἀλλήλους καθὼς ἠγάπησα ὑμᾶς.

V 17 ταῦτα   ἐντέλλομαι ὑμῖν, ἵνα ἀγαπᾶτε ἀλλήλους.

Die Einleitung V 12 schafft eine Inklusion zum Liebesgebot. Der Spannungsbogen zwischen Joh 13,34f. und Joh 15,12-17 „wird kompositionstechnisch gestützt durch die Linie 14,15.21.31; 15,10, in der das spezielle Thema der Beauftragung mit dem Liebesgebot ergänzt wird durch den übergeordneten Zusammenhang, der sowohl zwischen der Liebe Jesu zum Vater und der Erfüllung des Sendungsauftrages besteht als auch zwischen der Liebe der Jünger zu Jesus und dem Halten seiner Gebote"[26]. Zugleich implizieren die Betonung ἡ ἐντολὴ ἡ ἐμή und die Phrase καθὼς ἠγάπησα ὑμᾶς einen Rekurs auf die christologische Begründung des Liebesgebots bzw. die Autorität Jesu als Geber dieses Gebots[27].

Zwischen die wechselseitig aufeinander bezogenen Verse V 12 und V 17 sind die Motive der Freundschaft zwischen Jesu und seinen Jüngern (VV 13-15) und der Erwählung (V 16) eingebettet. Beide Aspekte reflektieren somit die Liebe Jesu zu seinen Jüngern und das Gebot der gegenseitigen Liebe[28].

Die syntaktische Struktur der ersten Aussageeinheit VV 13-15 kann folgendermaßen graphisch veranschaulicht werden:

---

und den Jüngern thematisiert, Joh 15,12-17 hingegen die Beziehung der Jünger untereinander (op. cit., 71).

[25] So K. SCHOLTISSEK, Sein, 302. Zur Inklusion zwischen V 12 und V 17 vgl. J. AUGENSTEIN, Liebesgebot, 67. R. BULTMANN, Johannes, 417 versteht Joh 15,12 als „Definitionssatz", der die Aussageintention von Joh 15,9-17 komprimiert. Das Spektrum weiterer formgeschichtlicher Einschätzungen referiert K. HALDIMANN, Rekonstruktion, 198 Anm. 48.

[26] Treffend C. HOEGEN-ROHLS, Johannes, 94.

[27] Wie Joh 13,34 ist Joh 15,12 als indirekter Befehl strukturiert (vgl. B. M. FANNING, Verbal Aspect, 383). Joh 15,12 trägt jedoch zugleich eine epexegetische Funktion (vgl. A. T. ROBERTSON, Grammar, 992).

[28] Vgl. J. AUGENSTEIN, Liebesgebot, 71f.; K. HALDIMANN, Rekonstruktion, 192. 196. 200f. F. F. SEGOVIA, Farewell, 154 versteht V 12-17 als ein konzentrischchiastisches Aussagengefüge, dessen Zentrum die Freundschaftsmotivik Joh 15,14f. bildet. Die Rahmenverse bilden die Überleitung zu den vorhergehenden und nachfolgenden Argumentationen. Diese Strukturbeschreibung marginalisiert jedoch die thematische Relevanz von V 15 bzw. V 16, die mit der Freundschaftsmotivik V 14f. unmittelbar verschränkt sind.

V 13a μείζονα ταύτης ἀγάπην οὐδεὶς ἔχει,
  b ἵνα τις τὴν ψυχὴν αὐτοῦ θῇ ὑπὲρ τῶν φίλων αὐτοῦ.
V 14a ὑμεῖς φίλοι μού ἐστε
  b ἐὰν ποιῆτε ἃ ἐγὼ ἐντέλλομαι ὑμῖν.
V 15aα οὐκέτι λέγω ὑμᾶς δούλους,
  aβ   ὅτι ὁ δοῦλος οὐκ οἶδεν τί ποιεῖ αὐτοῦ ὁ κύριος.
  bα ὑμᾶς δὲ εἴρηκα φίλους,
  bβ   ὅτι πάντα ἃ ἤκουσα παρὰ τοῦ πατρός μου ἐγνώρισα ὑμῖν.

Zunächst formuliert der asyndetische Vers V 13, daß die Aufopferung des eigenen Lebens der höchste Erweis der Liebe zu seinen Freunden sei[29]. Diese allgemeingültig gestaltete These wird im folgenden konditionalen Satzgefüge erläutert, welches Konsequenzen dieser Freundschaft für das Verhalten der Glaubenden haben sollte: Die Jünger erweisen sich als die Freunde Jesu (V 14a), wenn sie seine Gebote bewahren (V 14b).

V 15 reflektiert die Implikationen dieser Zusage, indem nun ‚Freundschaft' und ‚Knechtschaft' kontrastiert werden. Die Argumentation erfährt eine weitere Konkretion: Während Joh 15,12-14 „beinahe zeitlos-definitorisch"[30] wirkten, grenzen die Zeitebenen in V 15 die alte und neue ontologische Grundverfassung der Glaubenden voneinander ab: Die Jünger sind nicht mehr δοῦλοι, sondern φίλοι Jesu (vgl. besonders die Antithetik von οὐκέτι [V 15aα] und δέ [V 15bα])[31]. Knechte haben keine Kenntnis von den Absichten bzw. dem Wissen ihres Herrn (V 15aβ). Jesus offenbarte den Jüngern jedoch alles, was er selbst von seinem Vater erfahren hat (V 15bβ). Der Folgevers betont, daß diese Freundschaft aus einer Initiative Jesu resultiert:

V 16aα οὐχ ὑμεῖς με ἐξελέξασθε,
  aβ ἀλλ' ἐγὼ ἐξελεξάμην ὑμᾶς
  bα καὶ ἔθηκα ὑμᾶς ἵνα ὑμεῖς ὑπάγητε καὶ καρπὸν φέρητε
  bβ καὶ ὁ καρπὸς ὑμῶν μένῃ,
  bγ ἵνα ὅ τι ἂν αἰτήσητε τὸν πατέρα ἐν τῷ ὀνόματί μου δῷ ὑμῖν.

Auch wenn ἀγαπᾶν κ.τ.λ. und φιλεῖν κ.τ.λ. in Joh 15,16 nicht explizit genannt sind, steht das Erwählungsmotiv durch den Gesamtkontext Joh

---

[29] Zur asyndetischen Struktur von Joh 15,13 vgl. J. H. MOULTON, Grammar I, 249; F. BLASS/A. DEBRUNNER, Grammatik, § 394, 3.3; A. T. ROBERTSON, Grammar, 429.

[30] Treffend K. HALDIMANN, Rekonstruktion, 211.

[31] Vgl. J. AUGENSTEIN, Liebesgebot, 76. Nach A. T. ROBERTSON, Grammar, 480 hebt der doppelte Akkusativ in V 15aα οὐκέτι λέγω ὑμᾶς δούλους die Prägnanz der Aussage hervor.

15,12-17 unter dem Vorzeichen der Liebe Jesu zu seinen Jüngern[32]. Die antithetische Struktur von V 16a bringt die Voraussetzungslosigkeit dieses Geschehens zur Geltung: Nicht die Jünger haben Jesus erwählt haben (V 16aα), sondern er sie (V 16aβ)[33]. Die Konsequenz dieser Erwählung wird in den folgenden Teilversen durch einen Rekurs auf die Weinstockrede Joh 15,1-8 entfaltet[34]. Jesus hat die Jüngern dazu bestimmt, Frucht zu tragen (V 16bα). Auf diesen Anspruch folgt ein zweifacher Zuspruch. Die Früchte, um die sich die Jünger bemühen, werden Bestand haben (V 16bβ). Die Glaubenden werden vom Vater gewährt bekommen, was sie im Namen Jesu bitten (V 16bγ). Nach dieser tröstenden Zusage wird die gesamte Aussageeinheit Joh 15,12-17 durch die Rekapitulation des Liebesgebots abgerundet (V 17)[35].

Das letzte liebessemantische Motiv der zweiten Abschiedsrede hebt nochmals die Bedeutung der Liebe zu Jesus hervor. Terminologisch und argumentativ lassen sich jedoch markante Unterschiede erkennen:

V 27aα αὐτὸς γὰρ ὁ πατὴρ   φιλεῖ ὑμᾶς,

   bα   ὅτι ὑμεῖς ἐμὲ πεφιλήκατε

   bβ   καὶ   πεπιστεύκατε ὅτι ἐγὼ παρὰ τοῦ θεοῦ ἐξῆλθον.

In Joh 14,15.21.23f. wurde die Observanz der Gebote Jesu als Manifestation der Liebe zu ihm erläutert. Dieser Aspekt wird in Joh 16,27 nicht angesprochen. Statt dessen konzentriert sich Joh 16,27 auf die Korrelation der Liebe zu Jesus und der Liebe zu Gott und parallelisiert dies mit dem Glaubensbegriff. Terminologisch läßt sich eine Reminiszenz zur Freundschaftsmotivik Joh 15,13-15 erkennen, insofern anstelle von ἀγαπᾶν (Joh 14,15.21.23f.) nun φιλεῖν verwendet wird[36]. V. a. jedoch divergieren die temporalen Perspektiven. Die Liebe Gottes zu den Jüngern wird nicht als Verheißung, sondern als Faktum thematisiert (statt Joh 14,21bα ὁ δὲ ἀγαπῶν με ἀγαπηθήσεται ὑπὸ τοῦ πατρός μου bzw. Joh 14,23cα ὁ

---

[32] So u. a. K. SCHOLTISSEK, Sein, 308; J. AUGENSTEIN, Liebesgebot, 40 bzw. 66.

[33] Zur grammatikalischen Hervorhebung und der Zuordnung der Zeitebenen vgl. M. ZERWICK, Graecitas, § 198; F. BLASS/A. DEBRUNNER, Grammatik, § 277,2.

[34] Zur Inklusion zwischen Joh 15,16 und Joh 15,1-8 vgl. u. a. J. BECKER, Johannes II, 582; J. AUGENSTEIN, Liebesgebot, 67; C. HOEGEN-ROHLS, Johannes, 222.

[35] Angesichts der Strukturparallelität von 15,11 und 15,17 (ταῦτα – ἵνα) kann auch Joh 15,17 als *breviloquence* verstanden werden, welche die vorhergehende Aussageeinheit abrundet (vgl. A. T. ROBERTSON, Grammar, 1204).

[36] Dies spricht für eine semantische Entsprechung beider Termini (vgl. J. AUGENSTEIN, Liebesgebot, 78f., leicht divergierende Aussageintentionen vermutet hingegen K. HALDIMANN, Rekonstruktion, 385f.). Bedeutungsunterschiede können jedoch höchstens durch traditionsgeschichtliche Bezugsgrößen und nicht durch die johanneischen Texte selbst voneinander abgehoben werden.

πατήρ μου ἀγαπήσει αὐτόν nun Joh 16,27a ὁ πατὴρ φιλεῖ ὑμᾶς). Die kausale bzw. zeitliche Zuordnung der Liebe Gottes zu den Jüngern und der Liebe der Jünger zu Jesus bleibt jedoch gewahrt. Die Begründung V 27b kennzeichnet die Liebe des Vaters zu den Jüngern wie in Joh 14,21.23 als eine Konsequenz der Liebe zu Jesus (vgl. die Zuordnung V 27a ὁ πατὴρ ... φιλεῖ ὑμᾶς [Präsens] und V 27ba ὑμεῖς ἐμὲ πεφιλήκατε [Perfekt]). Abschließend parallelisiert Joh 16,27b die Liebe zu Jesus mit der glaubenden Akzeptanz seines Sendungsanspruches (V 27bβ bietet wie V27ba Perfekt)[37]. Die strukturelle Parallelität der Teilverse V 27bβ und V 27ba unterstreicht die Korrelation des Glaubens an und der Liebe zu Jesus[38].

2. Das Motiv der Liebe zu Jesus als die christologische Klimax der johanneischen Liebessemantik

Die Liebe der Jünger zu Jesus ist ein zentrales Motiv des vierten Evangeliums, dessen Bedeutung für das Verständnis johanneischer Christologie bisher nur in Ansätzen zur Geltung gebracht wurde. Um diesen Sachverhalt zu veranschaulichen, soll im folgenden zunächst das traditionsgeschichtliche Profil des Motivs der Liebe zu Jesus dargestellt werden (2.1). Daraufhin wird herausgearbeitet, in welcher Weise die thematisch relevanten Textsequenzen in den Erzählduktus des vierten Evangeliums eingebettet sind (2.2) und in welcher Weise die Liebe zu Jesus zu einer *conditio sine qua non* johanneischer Jüngerschaft erhoben wird (2.3). Vor diesem Hintergrund zeigt sich, warum diese Konzeption die christologische Klimax der johanneischen Liebessemantik bildet: Das Motiv der Liebe der Jünger zu Jesus kann nämlich als die johanneische Interpretation des Gottesliebegebots Dtn 6,4f. verstanden werden. Im Zeichen der Wesenseinheit des Vaters und des Sohnes wird die ‚Liebe zu Gott‘ als ‚Liebe zu Jesus‘ präzisiert bzw. modifiziert (2.4).

2.1 Zum traditionsgeschichtlichen Profil des johanneischen Motivs der Liebe zu Jesus

Das johanneische Motiv der Liebe zu Jesus weist eine kompositorische und thematische Komplexität auf, die keine Analogie in der übrigen neutesta-

---

[37] Joh 16,27b παρὰ τοῦ θεοῦ ἐξῆλθον impliziert in Korrespondenz zu Joh 1,1; 8,42; 10,30; 16,30 etc. die These der Wesenseinheit von Vater und Sohn und den Sendungsanspruch Jesu (vgl. A. T. ROBERTSON, Grammar, 578f.).

[38] Vgl. C. H. DODD, Interpretation, 73; A. DALBESIO, La communione fraterna, 20; H. RITT, Weinstock-Metapher, 137; J. I. H. McDONALD, Interpretation, 111; V. P. FURNISH, Love Commandment, 143-148. Gleichwohl sind beide Begriffe nicht synonym (so etwa M.-T. SPRECHER, Einheitsdenken, 180).

mentlichen bzw. frühchristlichen Literatur besitzt. Lediglich einzelne Teilaspekte besitzen traditionsgeschichtliche Vergleichsgrößen: Vordergründig scheint Lk 7,47 ein indirektes thematisches Korrelat zu sein, insofern die lukanische Erzählung von der Salbung Jesu im Gegensatz zu den markinischen bzw. matthäischen Textfassungen das Verhalten der ihn salbenden Frau explizit als einen Ausdruck ihrer Liebe zu Jesus bezeichnet. Eine genauere Betrachtung zeigt jedoch, daß diese Tradition nicht als Hintergrund der johanneischen Gestaltung des Motivs der Liebe zu Jesus verstanden werden kann. Einerseits entspricht die johanneische Erzählung von der Salbung in Betanien (Joh 12,1-8) eher der markinischen bzw. matthäischen Traditionsgestaltung und bezeichnet diese Handlung nicht explizit als Erweis der Liebe zu Jesus. Andererseits thematisiert Lk 7,35ff. lediglich eine spezielle Ehrerbietung einer einzelnen Person, die nicht zu einer für die Jünger verbindlichen Verhaltensweise erklärt wird[39].

Ein deutlicheres thematisches Korrelat zu Joh 14,15.21.23f.28; 16,27 findet sich in der Logienquelle. Q 14,26 zufolge impliziert die Jüngerschaft Jesu den Haß gegen die eigene Familie[40]. In der matthäischen Tradition wird diese Forderung dahingehend verändert, daß die Jünger Jesus mehr lieben sollen als ihre Familienangehörigen (Mt 10,37). Beide Aussagen stellen jedoch primär den Ernst der Nachfolge heraus, indem – hierin dem Oxymoron Mt 8,21f. vergleichbar – die Stellung zu Jesus anhand der Stellung zu den bisherigen sozialen Einbettungen reflektiert wird. Demgegenüber wird jedoch die Liebe zu Jesus in keiner weiteren Sequenz der Spruchquelle Q bzw. der synoptischen Tradition thematisiert.

Auch in den paulinischen bzw. deuteropaulinischen Schriften wird nicht derartig programmatisch von einer Liebe zu Jesus gesprochen: So mahnt z. B. Paulus in der „Ausschlussformel"[41] 1 Kor 16,22, daß jeder zu anathematisieren sei, der den Herrn nicht liebe (εἴ τις οὐ φιλεῖ τὸν κύριον ἤτω ἀνάθεμα). Insofern Jesus im Folgevers V 23a direkt als κύριος genannt ist, kann 1 Kor 16,22 als eine Aufforderung zur Liebe Jesu verstanden werden[42]. Diesen Worten des Paulus entspricht die deuteropaulinische Mahnung 2 Tim 4,8. In diesem Kontext wird denjenigen, welche die ἐπιφάνεια des Herrn lieben, die ‚Krone der Gerechtigkeit' verheißen. Doch

---

[39] Zur lukanischen Gestaltung und Aussageintention vgl. R. BAUCKHAM, Women, 190f.; O. HOFIUS, Fußwaschung, 154ff.

[40] Vgl. den Rekonstruktionsvorschlag von J. M. ROBINSON/P. HOFFMANN/J. S. KLOPPENBORG, Critical Edition of Q, 452-454 zu Q 14,26f.: ὃς οὐ μισεῖ τὸν πατέρα καὶ τὴν μητέρα οὐ δύναται εἶναί μου μαθητής. καὶ ὃς οὐ μισεῖ τὸν υἱὸν καὶ τὴν θυγατέρα οὐ δύναται εἶναί μου μαθητής. (27) ὃς οὐ λαμβάνει τὸν σταυρὸν αὐτοῦ καὶ ἀκολουθεῖ ὀπίσω μου οὐ δύναται εἶναί μου μαθητής). Demnach hätte die lukanischen Variante Lk 14,26f. die ursprünglichere Fassung der Spruchquelle bewahrt.

[41] So H.-J. KLAUCK, Briefliteratur, 232.

[42] Vgl. T. SÖDING, Wortfeld, 328.

obwohl diese paulinischen bzw. deuteropaulinischen Aussagen von einer Liebe zu Jesus sprechen, handelt es sich lediglich um vereinzelte Reminiszenzen zu einer derartigen Vorstellung. Ein ausgeführtes Motiv der Liebe zu Jesus liegt nicht vor.

Die deutlichste neutestamentliche Korrespondenz zum johanneischen Motiv der Liebe zu Jesus findet sich im ersten Petrusbrief. 1 Petr 1,8 spricht nicht nur von der Liebe der Adressaten zu Jesus, sondern ermutigt in sachlicher Korrespondenz zu Joh 20,29 zugleich zu einem Glauben, der nicht davon abhängig ist, Jesus selbst zu sehen[43]. Daß der pseudepigraphe Briefverfasser ausgerechnet Petrus über die Liebe zu Jesus sprechen läßt, ist v. a. auf Grund der sachlichen Korrespondenz zu Joh 21,15-17 interessant. Die Autoren des Zusatzkapitels des Johannesevangeliums reflektieren das Verhältnis des Petrus zu Jesus nämlich gerade anhand dieses Motivs (Joh 21,15-17)[44]. Petrus wird der Weideauftrag gegeben, nachdem er dreimal auf die Frage antworten mußte, ob er Jesus liebt. Freilich besitzt das Motiv der Liebe zu Jesus im ersten Petrusbrief nicht ansatzweise jene Bedeutung, die ihm im vierten Evangelium zukommt.

Eine noch deutlichere Parallele zu Joh 14,15.21.23f. begegnet nur außerhalb des neutestamentlichen Kanons, nämlich im ersten Clemensbrief. 1 Clem 49,1-50,7 wird zumeist als ein thematisches und formales Korrelat zum paulinischen ‚Hohenlied der Liebe' verstanden (1 Kor 13)[45]. Es lassen sich jedoch nicht nur Affinitäten zur paulinischen, sondern auch zur johanneischen Paränese beobachten. Die Eröffnungsthese dieser Sequenz erscheint als eine Analogie zu Joh 14,15, insofern die Liebe zu Jesus mit der Observanz seiner Botschaft verbunden wird (vgl. 1 Clem 49,1: ὁ ἔχων ἀγάπην ἐν Χριστῷ ποιησάτω τὰ τοῦ Χριστοῦ παραγγέλματα). Gleichwohl läßt sich eine historisch-genetische Verbindung dieser Texte wohl ausschließen.

Eine wesentliche jüngere Nachwirkung des johanneischen Motivs bietet EpAp 26 (ähnlich EpAp 37). Diese Sequenz, die das Gerichtshandeln des Gottessohns thematisiert, bietet nicht nur eine Verschränkung der Liebe zu Jesus und der Observanz seiner Gebote, sondern auch ein Korrespondenzmotiv zu der in Joh 14,23 angesprochenen *vita communis* von Jesus, Gott und den Glaubenden: „Und denjenigen ... , die mich geliebt haben und mich lieben und welche meine Gebote getan haben, werde ich Ruhe im Leben verleihen im Reiche meines himmlischen Vaters."[46]

---

43 Vgl. J. BEUTLER, Angst, 60.

44 Vgl. P. N. ANDERSON, Christology, 231.235.237-240; J. BEUTLER, Angst, 61.

45 Vgl. O. M. BAKKE, Concord, 265; L. SANDERS, Saint Clément, 94f.; D. A. HAGNER, Use, 200f.; H. E. LONA, Rhetorik, 94-103; DERS., Clemensbrief, 519-530.

46 Vgl. T. NAGEL, Rezeption, 152.

Gleichwohl ist festzustellen, daß auch in den nicht-kanonisierten Schriften des frühen Christentums eine Liebe zu Jesus relativ selten thematisiert wird. Die erwähnten Parallelen haben für das Verständnis des johanneischen Motivs der Liebe zu Jesus eine relativ geringe Bedeutung. Auch wenn z. B. traditionsgeschichtliche Bezüge zu 1 Kor 16,22; Lk 7,47; Q 14,26 möglich sind, wird in jenen Dokumenten die Liebe zu Jesus lediglich *en passant* angesprochen und nicht zu einer zentralen theologischen Reflexionskategorie erhoben, wie dies im vierten Evangelium der Fall ist. Die Genese, Funktion und Intention des Motivs der Liebe zu Jesus im Johannesevangelium kann somit nicht von vorjohanneischen Traditionsströmen her erklärt werden. Die entscheidende Interpretationsinstanz sind hingegen die johanneischen Schriften selbst.

2.2 Die Einbettung des Motivs in der Erzählstruktur des Johannesevangeliums

Auch wenn das Motiv der Liebe zu Jesus *in extenso* lediglich in den Abschiedsreden zur Sprache kommt (Joh 14,15.21.23f.28; 16,27), wird es *in nuce* in der Schilderung der öffentlichen Tätigkeit Jesu präfiguriert. Bereits der Abschluß der Nikodemusperikope reflektiert die Stellung zu Jesus anhand eines liebessemantischen Motivs. Die in Joh 3,18 genannte Antithetik von Glaube und Unglaube wird in Joh 3,19-21 lichtmetaphorisch paraphrasiert: Das in die Welt gekommene Licht zieht den Haß der Menschen auf sich[47]. Im Zeichen der christologischen Konzentration der Lichtmetaphorik im vierten Evangelium ist dieses Licht jedoch niemand anderes als Jesus selbst. Die mangelnde Liebe zum Licht entspricht sachlich der mangelnden Liebe zu Jesus. Joh 3,19-21 deutet somit implizit an, was in Joh 16,27 explizit herausgearbeitet wird: Der Glaube an Jesus bzw. die Liebe zu ihm entsprechen einander[48].

Auch Joh 5,42; Joh 8,42; 12,43 umschreiben die falsche Haltung zu Jesus bzw. Gott anhand liebessemantischer Motive. Im Zuge der sich sukzessive zuspitzenden Auseinandersetzungen mit ‚den Juden' wirft Jesus seinen Kontrahenten vor, daß sie nicht die Liebe Gottes in sich tragen würden (Joh 5,42: ... ἔγνωκα ὑμᾶς ὅτι τὴν ἀγάπην τοῦ θεοῦ οὐκ ἔχετε ἐν ἑαυτοῖς).

---

[47]   Zur lichtmetaphorischen Interpretation von Joh 3,16-18 in Joh 3,19-21 s. u. § 11/2.5.

[48]   Treffend C. H. DODD, Interpretation, 73: „To love Him and to have faith in Him is of the essence of that knowledge of God which is eternal life." Ähnlich u. a. F. F. SEGOVIA, Hatred, 265; M. LATTKE, Einheit, 227. Auch wenn im Sinne von Joh 13,35; 1 Joh 4,7ff. die praktizierte Bruderliebe als Ausdruck des Glaubens zu verstehen ist (so treffend A. DALBESIO, La communione fraterna, 20), muß im Sinne von Joh 16,27 die Liebe zu Jesus hinzugerechnet werden, die sich ihrerseits in der Observanz des Liebesgebots manifestiert.

Strittig bleibt, in welcher Weise die syntaktische Funktion von τὴν ἀγάπην τοῦ θεοῦ (Joh 5,42) zu bestimmen ist. Grammatikalisch am naheliegendsten ist ein Verständnis von τοῦ θεοῦ als *genetivus objektivus*[49]. Daß diese Aussage *die Liebe der Menschen zu Gott* thematisiert, scheint sich auch dadurch zu bestätigen, daß der Kontext Joh 5,41-44 als ein nicht explizit gekennzeichneter Rekurs auf das deuteronomistische Hauptgebot Dtn 6,4f. verstanden werden kann[50]. Philologisch möglich ist jedoch auch ein Verständnis als *genetivus subjektivus*, welches die johanneischen Immanenzvorstellungen zur Geltung bringen würde. Dies entspräche dem unmittelbar zuvor erhobenen Vorwurf, daß das Wort Gottes in den Kontrahenten Jesu keine bleibende Wohnstätte findet (5,38a ... τὸν λόγον αὐτοῦ οὐκ ἔχετε ἐν ὑμῖν μένοντα ...). Würde Joh 5,42 von der Immanenz der Liebe Gottes in den Glaubenden sprechen, läge ein negatives Korrelat zu den entsprechenden Thesen der Abschiedsreden vor, denenzufolge die ewige Liebe zwischen dem Vater und dem Sohn in den Glaubenden einwohnen soll (Joh 17,24.26) und durch die Liebe zu Jesus die Liebe Gottes in ihnen bleibt (Joh 14,21.23f.)[51]. Eine derartige Raummetaphorik liegt auch dem Folgevers Joh 5,43 zu Grunde, in welchem den Kontrahenten Jesu vorgeworfen wird, daß sie ihn nicht ‚aufnehmen‘ würden. Angesichts dieser vielschichtigen syntaktischen und semantischen Bezüge kann vermutet werden, daß in der Gestaltung von Joh 5,42 eine Doppeldeutigkeit bewußt intendiert ist.

Eine weitere Präfiguration von Joh 14,15.21.23f.28; 16,27 begegnet in der Auseinandersetzung um die Abrahams- bzw. Teufelskindschaft der Kontrahenten Jesu (Joh 8,37-47). In diesem Kontext avanciert die Liebe zu Jesus zum Indikator einer ontologischen Grundverfassung: Wenn die textinternen Gesprächspartner Jesu Kinder Gottes wären, würden sie ihn lieben (Joh 8,42b[52]).

Die skizzierten Reminiszenzen werden zum Abschluß der Schilderung der öffentlichen Tätigkeit Jesu nochmals aufgenommen, indem nun davon die Rede ist, daß die Ablehnung Jesu eine mangelnde Liebe zu Gott erkennen läßt[53]. Auffälligerweise ist dabei Joh 12,43 analog zu Joh 3,19 strukturiert:

Joh 3,19b ἠγάπησαν οἱ ἄνθρωποι   μᾶλλον τὸ σκότος ἢ τὸ φῶς ...

Joh 12,43 ἠγάπησαν γὰρ τὴν δόξαν τῶν ἀνθρώπων μᾶλλον ἤπερ τὴν δόξαν τοῦ θεοῦ.

---

49 Treffend u. a. H.-J. KAMMLER, Christologie, 100 Anm. 105; R. BULTMANN, Johannes, 202 Anm. 5; R. E. BROWN, John I, 226 bzw. A. T. ROBERTSON, Grammar, 500 in Anlehnung an Lk 11,42; 2 Thess 2,10; 3,5; 1 Joh 2,5 etc.

50 Vgl. u. a. J. BEUTLER, Hauptgebot, 226ff.; J. AUGENSTEIN, Liebesgebot, 60f.; U. SCHNELLE, Johannes, 112.

51 Treffend K. SCHOLTISSEK, Sein, 332-334.

52 Das als Irrealis der Gegenwart gestaltete konditionale Satzgefüge εἰ ὁ θεὸς πατὴρ ὑμῶν ἦν ἠγαπᾶτε ἂν ἐμέ stellt die Selbsteinschätzung der textinternen Gesprächspartner Jesu in Frage.

53 Vgl. F. F. SEGOVIA, Hatred, 260.

Die beiden Aussagen korrespondieren sich nicht nur syntaktisch, sondern auch sachlich[54]. Nikodemus wird als ein führender Vertreter jüdischen Glaubens bzw. als ein Lehrer Israels bezeichnet, der weitere Sympathisanten Jesu repräsentiert (vgl. Joh 3,1.10). Entsprechend spricht Joh 12,42f. davon, daß Jesus auch in der jüdisch-religiösen ‚Aristokratie' Befürworter gewonnen hätte, welche aus Angst vor einem Synagogenausschluß ihren Glauben nicht bekennen wollten. In beiden Kontexten wird somit die positive und negative Haltung zu Jesus liebessemantisch reflektiert. In diesem Sinne schließt sich in Joh 12,42f. ein Spannungsbogen, der bereits in der Begegnung zwischen Jesus und Nikodemus eröffnet wurde[55].

Die Aussagen über die Liebe zu Jesus in der öffentlichen Tätigkeit Jesu und in den Abschiedsreden weisen jedoch einen markanten Unterschied auf. In Joh 3,19; 5,42; 8,42; 12,43 wird die falsche Haltung zu Jesus reflektiert, ohne das die Liebe zu Jesus explizit gefordert wird. Erst nachdem Jesus sich der Öffentlichkeit entzogen hat, werden die textinternen Jünger direkt mit diesem christologischen Anspruch konfrontiert (Joh 14,15.21.23f.; 16,27). Dies kann als eine Konsequenz der Erzählstruktur des Johannesevangeliums verstanden werden, die sich auch in der Gestaltung des Liebesgebots zeigt. Die Quintessenz besteht darin, daß nur die Jünger, die Jesus bis zum letzten Mahl bzw. seinen Abschiedsworten nachfolgten, die Bedeutung der gegenseitigen Liebe und der Liebe zu Jesus erfahren. Auch Judas erfährt beides nicht mehr, denn er verläßt die Gemeinschaft unmittelbar vor den Abschiedsreden. Auch wenn die skizzierten Motivreminiszenzen in der Darstellung der öffentlichen Tätigkeit das Motiv der Liebe zu Jesus präfigurieren, wird dessen zentrale Bedeutung explizit erst in den Abschiedsreden thematisiert[56]. Erst in diesem Kontext wird erkennbar, inwieweit die Liebe zu Jesus eine *conditio sine qua non* johanneischer Jüngerschaft bildet.

---

[54]   Vgl. J. AUGENSTEIN, Liebesgebot, 64.; A. T. ROBERTSON, Grammar, 1150; F. BLASS/A. DEBRUNNER, Grammatik, § 185, 2. 4 bzw. § 246, 2. 4.

[55]   Treffend F. F. SEGOVIA, Hatred, 267f.

[56]   Neben Joh 3,19-21; 5,42; 8,42; 12,42f. bilden auch die Beschreibungen der Beziehung zwischen Jesus, Lazarus, Marta, dem Lieblingsjünger, Petrus etc. einen Teilaspekt des Motivs der Liebe zu Jesus, wobei jedoch stärker die Liebe Jesu zu seinen Jüngern betont wird (vgl. S. VAN TILBORG, Love, 241; J. G. VAN DER WATT, Family, 304-323 bzw. 360-369). J. ZUMSTEIN, Ostererzählung, 15 konstatiert eine weitere thematische Reminiszenz in der Ostererzählung, insofern „die literarische Person Maria von Magdala denselben Weg zurücklegt wie die liebende Frau im Hohenlied." Lediglich indirekte Reminiszenzen implizieren demgegenüber das Motiv vom ‚Freund des Bräutigams' (Joh 3,29) und der Vorwurf Joh 19,12, wonach Pilatus sich als ‚Freund des Kaisers' und damit eben nicht als Freund Gottes bzw. Jesu erweisen solle.

2.3 Die Liebe zu Jesus als Zeichen johanneischer Jüngerschaft

Der Verfasser des Johannesevangeliums bringt die Bedeutung der Liebe zu Jesus zur Geltung, indem er sie mit sechs zentralen Aspekten johanneischer Theologie in Beziehung setzt, nämlich der Lichtmetaphorik (Joh 3,19-21), der Gotteskindschaft (Joh 8,42), der Immanenzvorstellung (Joh 14,15.21.23f.), der Liebe Gottes zu den Jüngern (Joh 14,21.23; 16,27), der Gebotsobservanz (Joh 14,21.23f.; 15,9f.) und dem Glauben an Jesus (Joh 16,27).

Auch wenn die Liebe zu Jesus nicht als Gebot eingeführt wird, avanciert sie zu einer *conditio sine qua non johanneischer* Jüngerschaft: Die Liebe der Glaubenden zu Jesus manifestiert sich in der Observanz seiner Gebote bzw. Worte und ist das Fundament der reziproken Immanenz von Gott, Jesus und den Jüngern. Dieses in Joh 14,23c implizierte Motiv einer „vita communis von Vater, Sohn und Glaubenden"[57] rekurriert auf die Wohnungsmetaphorik, welche bereits in der Einleitung der ersten Abschiedsrede exponiert wurde (Joh 14,2f.)[58]. Während sich jedoch die vollkommene Gemeinschaft von Vater, Sohn und den Glaubenden erst durch die Parusie Jesu realisieren wird und somit ein Aspekt der futurisch-eschatologischen Erwartungen ist, soll die nachösterliche Gemeinde bereits präsentisch-eschatologisch ihrer reziproken Immanenz mit Gott und Jesus gewiß sein[59]. Joh 14,23 bezieht sich jedoch nicht nur analeptisch auf den Beginn der Abschiedsreden, sondern auch proleptisch auf deren Abschluß in der

---

57 Treffend K. SCHOLTISSEK, Sein, 215f.

58 A. DETTWILER, Gegenwart, 117. Zur Distinktion der Aussageebenen vgl. K. SCHOLTISSEK, Sein, 222-247, besonders 230-234. Gerade die Forderung der praktizierten Liebe unterscheidet die johanneische Motivgestaltung von mysterientheologischen bzw. mystischen Vergleichsgrößen (vgl. hierzu J. J. KANAGARAJ, Mysticism, 266 bzw. 272-275; R. SCHNACKENBURG, Johannesevangelium I, 162, M. P. JOHN, Mysticism, 15-21; J. MCPOLIN, Mysticism, 27).

59 Vgl. J. FREY, Eschatologie III, 134ff. bzw. 172ff. Dieser futurisch-eschatologische Akzent wird auch durch den Gesamtzusammenhang der ersten Abschiedsrede nicht relativiert (gegen z. B. J. BECKER, Abschiedsreden, 228 etc.; in Ansätzen auch A. DETTWILER, Gegenwart, 201f.). H.-C. KAMMLER, Christologie, 234 versteht Joh 14,2f. ebenso wie Joh 14,18-24; 16,16-26 als eine präsentisch-eschatologische Zusage für die nachösterliche Gemeinde, die sich überall dort realisiert, wo der Erhöhte im Geistparakleten der Gemeinde begegnet. Dies verkennt jedoch, daß die in Joh 15,18-25; 16,16ff.33 etc. angesprochene Notsituation im Zeichen der hermeneutischen Horizontverschmelzung ja die Situation der nachösterlichen Gemeinden spiegelt. Die nachösterliche Notsituation der Gemeinde muß als ein Anlaß zur Abfassung des vierten Evangeliums zur Geltung gebracht werden. Die präsentisch-eschatologisch geltende Zusage der reziproken Immanenz von Vater, Sohn und Glaubenden soll die Gemeinde trösten und die Hoffnung auf die Vollendung der Gemeinschaft bestärken (Joh 14,2f. etc.; ausführlich hierzu s. u. den Exkurs zu § 7/1.2; zur Auseinandersetzung mit dem Ansatz von H.-C. Kammler vgl. E. E. POPKES, Rez. Kammler, 285ff.).

‚eschatologischen Schlußbitte Jesu' (Joh 17,24-26). In diesem Kontext wird nämlich die reziproke Immanenz von Vater, Sohn und Glaubenden als sachliche Voraussetzung ihrer Einheit zur Geltung gebracht[60]. Die reziproken Immanenzaussagen und die reziproken Agape-Aussagen sind somit in ein wechselseitiges Interpretationsverhältnis gesetzt[61].

Diese Konzeption birgt eine Dialektik von Zuspruch und Anspruch, Heilsindikativ und Heilsimperativ, die nur im Gesamtzusammenhang des vierten Evangeliums und der Vermittlung der unterschiedlichen Zeitebenen angemessen zur Geltung gebracht werden kann: Joh 14,21.23f.; 16,27 erklären die Liebe zu Jesus und die Observanz seiner Gebote bzw. Worte zu Kriterien der Liebe Gottes zu den Jüngern und der reziproken Immanenz von Vater, Sohn und Glaubenden[62]. Dabei werden zwei unterschiedliche temporale Perspektiven herausgearbeitet. Im Kontext von Joh 14,21.23 wird die Liebe Gottes zu den Jüngern als eine sich zukünftig vollziehende Konsequenz ihres Verhaltens thematisiert, in Joh 16,27 hingegen als ein bestehendes Faktum:

Futurische Perspektive (Joh 14,21b.23)

Die Liebe der Jünger zu Jesus	Die Liebe Gottes zu den Jüngern
(...) ὁ δὲ ἀγαπῶν με	ἀγαπηθήσεται ὑπὸ τοῦ πατρός μου, κἀγὼ ἀγαπήσω αὐτὸν καὶ ἐμφανίσω αὐτῷ ἐμαυτόν.
(...) ἐάν τις ἀγαπᾷ με	τὸν λόγον μου τηρήσει, καὶ ὁ πατήρ μου ἀγαπήσει αὐτόν καὶ πρὸς αὐτὸν ἐλευσόμεθα καὶ μονὴν παρ' αὐτῷ ποιησόμεθα.

---

[60] Zum Verhältnis des Einheitsmotivs und der Immanenzaussagen vgl. K. SCHOLTISSEK, Sein, 11; R. SCHNACKENBURG, Johannesevangelium III, 217. Ferner erweist die Korrespondenz des Einheitsmotivs und des Sendungsauftrags Joh 17,18; 20,21 die Jüngergemeinde als eine „living and moving unity", welche dem Kosmos Glaube und Erkenntnis ermöglichen soll (vgl. V. P. FURNISH, Love Command, 145; entsprechend spricht B. GERHARDSSON, Imitation, 281 von einer „pulsating unity"; ausführlich hierzu s. u. § 15/3).

[61] Vgl. K. SCHOLTISSEK, Sein, 215. Zwar führen die Immanenz – Aussagen „als leitende Sprach- und Denkfiguren ... in die Mitte der johanneischen Theologie" (op. cit., 363) und finden „ihren tiefsten Ausdruck ... in der gegenseitigen Liebe" (op. cit., 18). Ihre christologische Klimax finden sie jedoch erst im Motiv der Liebe zu Jesus (ausführlich hierzu s. u. den Exkurs ‚Überlegungen zur Verhältnisbestimmung der johanneischen Schriften anhand des Motivs der Liebe zu Jesus').

[62] Vgl. R. SCHNACKENBURG, Johannesevangelium III, 83.

Präsentische Perspektive (Joh 16,27)

Die Liebe Gottes zu den Jüngern	Die Liebe der Jünger zu Jesus
αὐτὸς γὰρ ὁ πατὴρ φιλεῖ ὑμᾶς,	ὅτι ὑμεῖς ἐμὲ πεφιλήκατε
	καὶ πεπιστεύκατε
	ὅτι ἐγὼ παρὰ τοῦ θεοῦ ἐξῆλθον.

In beiden Texten wird die Liebe des Vaters zu den Jüngern als eine Konsequenz ihrer Liebe zu Jesus zur Sprache gebracht. Das Changieren zwischen einer futurischen und präsentischen Perspektive entspricht der hermeneutischen Horizontverschmelzung, die den literarischen Charakter des gesamten Johannesevangeliums und der Abschiedsreden prägt. Die auf der Textebene angesprochene Jüngerschar ist dem Anspruch Jesu ausgesetzt, die textexterne, nachösterliche Gemeinde einem tröstenden Zuspruch. Bezeichnenderweise ist jedoch die fordernde, futurische Perspektive unpersönlich formuliert, die tröstende, präsentische Perspektive hingegen als direkte Anrede[63].

In den skizzierten Zusammenhängen wird jeweils der Anspruch der Liebe zu Jesus zugespitzt und die Liebe Gottes und Jesus als deren Konsequenz beschrieben. Diese Argumentationslinie muß in Beziehung gesetzt werden zu einer zweiten, welche die Liebe Gottes und Jesu zur Voraussetzung und zum Fundament des gesamten Heilsgeschehens erklärt. Bereits die auf der textchronologischen Ebene erste Liebesaussage des Johannesevangeliums erklärt die Liebe Gottes zur Welt zum Grund der Dahingabe bzw. Sendung des Gottessohnes (Joh 3,16f.). Die Liebe Gottes offenbarte sich im Handeln Jesus, dessen vorbildhafte und voraussetzungslose Liebe als ὑπόδειγμα dargestellt wird (Joh 13,1.15). Auch das Liebesgebot basiert auf der Liebe Jesu[64].

Die skizzierten Argumentationslinien bringen die Liebe Gottes somit sowohl als Voraussetzung, als auch als Konsequenz der von den Jüngern praktizierten Liebe zu Sprache. Diese Dialektik impliziert zwei unterschiedliche Aussageintentionen, welche in der johanneischen Christologie

---

63   Treffend C. HOEGEN-ROHLS, Johannes, 53: „Grundlegende Erfahrung der Jünger in der nachösterlichen Zeit wird es sein, von Jesus und dem Vater geliebt zu werden (Joh 13,34b; 14,21b.23c; 15,12b; 16,27a)". Eine vergleichbare Korrelation von Zuspruch und Anspruch erkennt M. WINTER, Vermächtnis, 269f. innerhalb der ersten Abschiedsrede in der chiastischen Zuordnung von ‚Ermutigungsworten‘ (Joh 14,1a.27b) und ‚Heilsworten‘ (Joh 14,27 bzw. 14,2-26).

64   Noch deutlicher erscheint die Spannung zur nachdrücklichen Betonung der Voraussetzungslosigkeit der Liebe Gottes in 1 Joh 4,10: ἐν τούτῳ ἐστὶν ἡ ἀγάπη, οὐχ ὅτι ἡμεῖς ἠγαπήκαμεν τὸν θεόν ἀλλ ὅτι αὐτὸς ἠγάπησεν ἡμᾶς καὶ ἀπέστειλεν τὸν υἱὸν αὐτοῦ ἱλασμὸν περὶ τῶν ἁμαρτιῶν ἡμῶν.

konvergieren. Die in Joh 14,15.21 geforderte Observanz der Gebote Jesu betrifft v. a. das Liebesgebot[65]. Auf diese Weise wird eine horizontale und vertikale Achse der liebessemantischen Motive miteinander verschränkt: In Joh 13,34f. ist „die Verschränkung von Vertikale (Liebe Jesu zu seinen Jüngern) und Horizontale (ἀγαπᾶν ἀλλήλους) dominierend, in 14,15.21-24 die vertikale Beziehung Jünger – Jesus – Gott."[66] Beide Aspekte konvergieren im Appell Joh 15,9f.[67]: Wie Gott Jesus liebte, so liebte Jesus die Jünger. Diese sollen in seiner Liebe bleiben. Das μένειν ἐν τῇ ἀγάπῃ impliziert sowohl die gegenseitige Liebe der Jünger, als auch die Liebe der Jünger zu Jesu. Zuspruch und Anspruch basieren somit auf der in der Liebe Jesu erkennbaren Liebe Gottes.

Doch obwohl die skizzierten Züge die Liebe zu Jesus zu einer *conditio sine qua non* johanneischer Jüngerschaft erklären, birgt die Motivgestaltung eine Aporie: Die Liebe zu Jesus soll sich in der Observanz seiner Gebote bzw. Worte manifestieren (Joh 14,15.21.23f.). Während die λογοί die gesamte Botschaft bzw. Lehre Jesu umfassen, sind die ἐντολαί lediglich ein Teilaspekt derselben[68]. Doch welche Gebote sind hiermit bezeichnet? Das zentrale Gebot ist die καινὴ ἐντολή der gegenseitigen Liebe (Joh 13,34f.)[69]. Doch obwohl die Wendung τηρεῖν τὰς ἐντολάς wortstatistisch als johanneisches Vorzugsvokabular zu verstehen ist, werden keine

---

[65]   So u. a. M. KOTILA, Zeuge, 201 bzw. 211f.; G. STRECKER, Theologie, 539 Anm. 143; anders J. AUGENSTEIN, Liebesgebot, 42; H.-C. KAMMLER, Christologie, 214; DERS., Geistparaklet, 95f. (ausführlich hierzu s. u. § 13/3.1).

[66]   Vgl. A. DETTWILER, Gegenwart, 117; entsprechend K. SCHOLTISSEK, Sein, 170f.

[67]   Die Mittlerfunktion Jesu wird in Joh 15,9f. noch deutlicher herausgearbeitet als in Joh 14,21.23f. (vgl. K. HALDIMANN, Rekonstruktion, 178).

[68]   R. SCHNACKENBURG, Johannesevangelium III, 84 versteht in Rekurs auf Joh 8,28.31.43.51f.; 12,48ff.; 15,20; 17,6 die ‚Gebote‘ bzw. ‚Worte Jesu‘ (Joh 14,15.21.24f.) als Umschreibung seiner gesamten Offenbarungstätigkeit. Entsprechend zum Verhältnis von λόγοι und λόγος vgl. C. HOEGEN-ROHLS, Johannes, 113; R. BULTMANN, Johannes, 483 Anm. 4. Die von S. PANCARO, Law, 406f. bzw. 423f. vermuteten inhaltlichen Unterschiede zwischen ἐντολαί und λόγοι bleiben spekulativ.

[69]   So etwa G. STRECKER, Theologie, 539 Anm. 143: „Die ἐντολαί reflektieren die eine ἐντολή."; ähnlich M. WINTER, Vermächtnis, 294; M. KOTILA, Zeuge, 201 bzw. 211f.; zur Verhältnisbestimmung der singularischen und pluralischen Verwendung vgl. den themenspezifischen Exkurs von J. AUGENSTEIN, Liebesgebot, 42-53, der seinerseits keinen Bezug zwischen Joh 13,34 und Joh 14,15 erkennt (op. cit., 42). Ähnlich H.-C. KAMMLER, Christologie, 214: „In 14,15.21a ... bezeichnet der Ausdruck αἱ ἐντολαὶ αἱ ἐμαί bzw. αἱ ἐντολαί μου nicht die ethischen Weisungen Jesu, deren Inbegriff das Gebot der Bruderliebe ist, sondern – wie die Parallelformulierungen zu V. 15 und V. 21a in V. 23b sowie in dem dazu antithetischen Satz V. 24a zeigen – die sich im Medium des Wortes ereignende Selbstoffenbarung Jesu" (entsprechend bereits H.-C. KAMMLER, Geistparaklet, 95f.).

weiteren Gebote thematisiert[70]. Alle inhaltlichen Bestimmungsversuche bleiben spekulativ[71]. Ebenso aporetisch ist es, anhand der Gesetzesterminologie unterschiedliche Stadien einer johanneischen Gemeinde- und Theologiegeschichte zu rekonstruieren[72]. Auffälligerweise jedoch begegnet der Plural ‚Gebote' nahezu ausschließlich in der Phrase τηρεῖν τὰς ἐντολάς[73]. Doch welche Funktion verfolgt eine Aussage, deren Inhalt nicht exakt benannt wird?

Die skizzierten Aporien lösen sich jedoch, wenn man zu eruieren versucht, welche traditionsgeschichtlichen Assoziationen die mit dem Motiv der Liebe zu Jesus verschränkte Phrase τηρεῖν τὰς ἐντολάς bei den Adressaten evoziert haben könnte. Eine solche Zugangsperspektive läßt relativ deutlich erkennen, daß das Motiv der Liebe zu Jesus als eine johanneische Interpretation des Gottesliebegebots Dtn 6,4f. verstanden werden kann. Diese Konzeption wird im folgenden Abschnitt erläutert.

---

[70] Zum wortstatistischen Befund vgl. J. FREY, Erwägungen, 354f. Auch die johanneische Briefkorrespondenz bietet keinerlei Präzisierung (vgl. die Zusammenstellung der Belege durch K. BERGER, Theologiegeschichte, 244). S. PANCARO, Law, 446ff. vermutet, daß der Verfasser des Johannesevangeliums zwar konkrete Gebote vor Augen hätte, welche über das Liebesgebot hinausgehend den Lebensvollzug strukturieren sollen. Sie würden jedoch nicht schriftlich fixiert, damit sie nicht in einer kasuistischen Gesetzlichkeit erstarren. Dies bleibt jedoch wie jeder weitere Rekonstruktionsversuch spekulativ (vgl. J. AUGENSTEIN, Liebesgebot, 51f.).

[71] J. AUGENSTEIN, Gesetz, 172 konstatiert gar, daß im Gegensatz zur paulinischen oder synoptischen Theologie die Frage nach der Gültigkeit des Gesetzes und der Gebote für die johanneische Theologie keine zentrale Bedeutung habe; ähnlich H. THYEN, Art. Johannesevangelium, 203. U. SCHNELLE, Christologie, 43 zufolge ist das Verhältnis von ‚Gesetz' und ‚Gnade' grundsätzlich gelöst (vgl. ferner zum Verhältnis von νόμος und γραφή in der johanneischen Theologie U. LUZ, Gesetz, 120; J. AUGENSTEIN, Gesetz, 163f.; A. OBERMANN, Erfüllung, 37-63). Auch der von M. FIGURA, Botschaft, 412; A. PELLETIER, Le vocabulaire du commandement, 519ff. vermutete weisheitliche Hintergrund der Gebotsterminologie bleibt spekulativ.

[72] So versteht z. B. U. C. v. WAHLDE, Commandments, 260ff. das Verständnis der Gebotsobservanz als einen wesentlichen Konfliktpunkt der innergemeindlichen Streitigkeiten. Entsprechend postuliert M. KOTILA, Zeuge, 211f. eine sich sukzessive verstärkende „Lex-Christi Konzeption". Die Liebes- und Gebotsterminologie sei erst in einem relativ späten Redaktionsstadium zueinander in Beziehung gesetzt worden, da sich ἀγάπη v. a. im ersten Johannesbrief zu einem Zentralbegriff entwickle (op. cit., 30, 144, 159 Anm. 66, 173, 193 etc.). Auch die Ausführungen in Joh 13,34f.; 15,12-17 könnten diesem letzten Stadium der redaktionellen Überarbeitung des vierten Evangeliums zugeordnet werden (op. cit., 181-200 bzw. 211f.; ähnlich F. F. SEGOVIA, Love Relationships, 197-203.). Ein Verdienst der Studien von Pancaro und Kotila ist jedoch, die Bedeutung alttestamentlicher und frühjüdischer Traditionen für das Gesetzesverständnis der johanneischen Schriften zu betonen (vgl. J. AUGENSTEIN, Gesetz, 161).

[73] Vgl. Joh 14,15.21; 15,9-12. Joh 11,57 hat hingegen keine themenspezifische Relevanz.

2.4 Das Motiv der Liebe zu Jesus als johanneische Interpretation des Gottesliebegebots Dtn 6,4f.

Das vierte Evangelium thematisiert explizit weder das Gottesliebegebot Dtn 6,5, noch eine Verschränkung von Gottes- und Nächstenliebe (Mk 12,29-31 parr.). Dennoch sprechen verschiedene Indizien dafür, daß das Motiv der Liebe zu Gott zum Motiv der Liebe zu Jesus transformiert wurde:

Die Liebe der Jünger bzw. Menschen zu Gott wird im Johannesevangelium nur dort thematisiert, wo deren Stellung zu Jesus reflektiert wird (vgl. Joh 5,42; 12,42). Ungleich häufiger wird hingegen die menschliche Relation zu Gott anhand der Liebe zu Jesus reflektiert (Joh 8,42; 14,15.21.23f.; 16,27 etc.). Als Manifestation der Liebe zu Jesus wird die Observanz seiner Gebote bzw. Worte verstanden (τηρεῖν τὰς ἐντολάς bzw. τηρεῖν τοὺς λόγους). Die Gebotsobservanz gilt v. a. in deuteronomistischen und weiteren alttestamentlichen und frühjüdischen Traditionsströmen als Konkretion der Liebe zu Gott[74]. Die Kriterien der Liebe zu Gott werden somit auf die Liebe zu Jesus übertragen[75]. Auf diese Weise werden zwei Aspekte des Hauptgebots Dtn 6,4f. in die Christologie des vierten Evangeliums integriert[76]: Wenn der Vater und der Sohn wesensgleich sind (Joh 10,30), muß die Liebe zu Gott auch den Gottessohn einschließen. In diesem Sinne

---

[74] So bereits in unterschiedlichen Entwicklungsstadien des Deuteronomiums bzw. des deuteronomistischen Geschichtswerks (vgl. u. a. Dtn 6,4-6; 7,9; 11,1; 30,16 etc.; s. hierzu A. NISSEN, Gott, 227 bzw. 231; E. MALATESTA, Covenant, 23f.; J. BEUTLER, Angst, 56ff.; N. LOHFINK, Hauptgebot, 65). Zu entsprechenden Traditionen in den Qumranschriften bzw. der Patriarchenliteratur vgl. u. a. 1 QH VI,26; VII,9f.; XVI,13; 4Q369 Frg. 1 ii,11; 4Q385 Frg. 2,2; 4Q418 Frg. 81,8f. 4Q418 Frg. 82; 4Q418 Frg. 122,3; 4Q419 Frg. 1,12; 4Q504 Frg. 1 ii,8f.; 11Q05 XIX, 11; 11Q05XXII, 1,2 (s. hierzu u. a. R. SCHNACKENBURG, Johannesevangelium, 431f.; J. BEUTLER, Angst, 55-62) bzw. TestXII.Naph 8,10; TestXII.Jos 11,1; TestXII.Jud 10,2; TestXII.Ben 3,1; TestXII.Dan 5,3 (s. hierzu J. BEUTLER, Angst, 55-62; J. AUGENSTEIN, Liebesgebot, 168). Entsprechend wird in einigen frühjüdischen Weisheitstraditionen die Liebe zur σοφία mit der Observanz ihrer Gebote in Beziehung gesetzt (paradigmatisch Sap 6,18-20: ἀγάπη δὲ τήρησις νόμων αὐτῆς).

[75] Treffend K. WENGST, Johannes II, 125 Anm 118: „Auch ... Dtn 6,4f. verbindet die nach dem Bekenntnis zur Einzigkeit Gottes geforderte Liebe zu Gott im Folgenden mit dem Tun des von Gott Gebotenen." Bereits in Joh 5,41-44 wird der Motivhintergrund Dtn 6,4f. zur Funktion der Christologie (vgl. J. BEUTLER, Hauptgebot, 226ff.). Man kann somit keinen Gegensatz zwischen der Liebe zu Gott im ersten Teil und der Liebe zu Jesus in den Abschiedsreden postulieren (so zu Recht J. AUGENSTEIN, Liebesgebot, 66).

[76] Eingehend zuletzt T. SÖDING, Vater, 196ff.; G. GERHARDSSON, Shema, 315 konstatiert eine „sophisticated interpretation" von Dtn 6,4f. Entsprechend resümiert J. BEUTLER, Angst, 60, daß „sich die Stellen, wo von der Liebe zu Gott oder Jesus die Rede ist, am leichtesten vom Hauptgebot her" erklären. Tendenziell ähnlich ferner P. N. ANDERSON, Christology, 266f.

tritt neben „das Grundbekenntnis Israels, die Liebe zu Gott, ... die Liebe zu Jesus als Bekenntnis zum Sohn"[77].

Dieser Sachverhalt zeigt sich auch in der Korrelation der Begriffe ‚Glaube' und ‚Liebe'. Einerseits entsprechen sich der Glaube an und die Liebe zu Jesus (Joh 16,27), andererseits der Glaube an Gott und der Glaube an Jesus (Joh 14,1b: πιστεύετε εἰς τὸν θεόν καὶ εἰς ἐμὲ πιστεύετε). Die Korrespondenz beider Aussagen schafft einen Spannungsbogen zwischen der Eröffnung der ersten und dem Abschluß der zweiten Abschiedsrede. Der Glaube und die Liebe der Jünger beziehen sich somit auf Gott und Jesus.

Daß das johanneische Motiv der Liebe zu Jesus als eine Modifikation des Gottesliebegebots verstanden werden kann gewinnt einen noch höheren Grad an Plausibilität, wenn man neben dem vierten Evangelium auch die johanneische Briefkorrespondenz in die Diskussion einbezieht. In 1 Joh 3,23; 5,2f.; 2 Joh 6 etc. wird emphatisch betont, daß sich die Liebe zu Gott in der Bewahrung seiner Gebote manifestieren soll[78]. Ein Vergleich der relevanten Textsequenzen veranschaulicht somit, daß „die Liebe zu Gott (im Sinne von Dtn 6,4) und die Liebe zu Jesus nach johanneischem Verständnis deckungsgleich sind."[79]

Dennoch drängt sich eine Frage auf, die für das Gesamtverständnis johanneischer Theologie von fundamentaler Bedeutung ist: Trotz der zentralen Bedeutung der Liebe zu Jesus im Johannesevangelium wird dieselbe in der gesamten Briefkorrespondenz weder erwähnt, geschweige denn gefordert[80]. Statt dessen ist für den ersten Johannesbrief das richtige Verständnis der Gottesliebe bzw. das Verhältnis von Gottesliebe und Geschwisterliebe ein zentrales Anliegen (vgl. 1 Joh 3,1; 4,10.19.21 etc.). Die in 1 Joh 4,21 konstatierte Feststellung, daß die Gemeinde von Jesus das Gebot habe, daß derjenige, der Gott liebt, auch seinen Bruder lieben soll, kann sogar als Reformulierung der synoptischen Verschränkung von Gottes- und Men-

---

[77] Vgl. J. AUGENSTEIN, 183; entsprechend J. BEUTLER, Angst, 112; L. HURTADO, Lord, 390f. Im Sinne der johanneischen Theologie fordert Dtn 6,4f. „nicht eine Reduktion, auch nicht eine Relativierung, sondern eine theozentrische Radikalisierung der Christologie" (so T. SÖDING, Vater, 199).

[78] Der deuteronomistische Hintergrund tritt hier noch deutlicher zutage als im Johannesevangelium (vgl. E. MALATESTA, Covenant, 23f.; A. NISSEN, Gott, 227 bzw. 231; J. BEUTLER, Angst, 55).

[79] So P. STUHLMACHER, Theologie II, 258 in Rekurs auf 1 Joh 5,3; Joh 14,15; 15,9-10 etc.

[80] Treffend G. STRECKER, Theologie, 538, der jedoch nicht zur Geltung bringt, daß das Johannesevangelium seinerseits die Liebe zu Jesus in den Vordergrund stellt. J. AUGENSTEIN, Liebesgebot, 53 bemerkt zwar beiläufig, daß im Johannesevangelium nie von der Liebe der Jünger zum Vater gesprochen wird, fragt jedoch nicht nach den Anlässen dieses Phänomens.

schenliebe im Zeichen des johanneischen Gemeindeschismas verstanden werden[81]. Das vierte Evangelium bietet derartige Reminiszenzen jedoch nicht.

Dies führt konsequent zu einer Frage, die in der bisherigen Forschungsdiskussion kaum behandelt wurde: Was veranlaßte den Verfasser des Johannesevangeliums dazu, der Liebe zu Jesus eine derartig zentrale Stellung einzuräumen? Angesichts dessen soll nun in einem Exkurs skizziert werden, welche Analogien und Differenzen sich zwischen den liebessemantischen Motiven der johanneischen Briefkorrespondenz und dem vierten Evangelium beobachten lassen und welche Bedeutung dieselben für die relative Chronologie und Verfasserschaft der johanneischen Schriften haben könnten:

Exkurs: Überlegungen zum chronologischen Verhältnis der johanneischen Schriften anhand der liebessemantischen Motive

Sowohl der erste Johannesbrief als auch das vierte Evangelium arbeiten mit einer äußerst reflektierten Liebessemantik. Auch wenn zentrale Motivkomplexe und Argumentationen nahezu analog strukturiert sind, können beide Konzeptionen als in sich geschlossene, eigenständige Entwürfe verstanden werden. Dennoch begegnen frappierende Unterschiede. Dieser Sachverhalt führt zu der Frage, was diese Differenzen provoziert haben könnte bzw. welche Bedeutung die Liebessemantik für die Bestimmung der relativen Chronologie und Verfasserschaft der johanneischen Schriften hat. Auch wenn diese Frage kein primäres Anliegen der vorliegenden Studie ist (s. o. die methodischen Prämissen § 4/1), soll im folgenden angedeutet werden, welche Impulse die themenspezifischen Beobachtungen den entsprechenden Forschungsdiskursen vermitteln können.

Sowohl im Verhältnis der einzelnen liebessemantischen Aussagen zueinander, als auch im Verhältnis der dualistischen und liebessemantischen Motive läßt sich eine Grunddifferenz zwischen dem ersten Johannesbrief und dem Johannesevangelium beobachten. Die Konzeptionen des ersten Johannesbriefs sind primär *theologisch* ausgerichtet, die des vierten Evangeliums hingegen *christologisch*. Dieser Hauptunterschied läßt sich in zwei Unteraspekte differenzieren. Einerseits begegnen Argumentationslinien, die sich zwar in der Grundstruktur entsprechen, die jedoch im Johannesevangelium christologisch zugespitzt sind. Andererseits lassen sich inhaltlich-sachliche Gegensätze erkennen.

Akzentverschiebungen begegnen v. a. in den Aussagen über das Verhältnis von Gott und Jesus und über die reziproke Immanenz von Gott, Jesus und den Glaubenden. Im Gegensatz zum Johannesevangelium wird in der Christologie des ersten Johannesbriefs nicht eigenständig die Beziehung zwischen dem (Gott-)Vater und dem (Gottes-)Sohn reflektiert. Insbesondere das für das Johannesevangelium fundamentale Motiv der ewigen Liebe zwischen Gott und Jesus (Joh 3,35; 5,20; 10,17; 17,24) hat keinerlei Analogien in der Briefkorrespondenz. Wie in Joh 3,17 wird die Sendung Jesu als Ausdruck der Liebe Gottes verstanden (vgl. 1 Joh 4,9f.[82]). Die innergemeindliche Liebe soll die Reaktion auf

---

[81]   Zur Interpretation von 1 Joh 4,21 s. u. § 7/3.3.

[82]   Demgegenüber verbindet lediglich Joh 3,16f. die Motive der Sendung und Dahingabe des Sohnes. Dieser Sachverhalt ist von Relevanz für die Bestimmung des traditionellen Charakters von Joh 3,16 (s. o. § 11/3.2).

diese Liebe Gottes sein (1 Joh 4,7.11f.19 etc.[83]). Demgegenüber wird in Joh 13,34f. betont, daß die paradigmatische Liebe Jesu als Grundlage und Vorbild der gegenseitigen Liebe der Jünger zu verstehen ist. Eine entsprechende christologische Zuspitzung zeigt sich in der Sprache der Immanenz. Die johanneischen Immanenzmotive besitzen eine Vielzahl religionsgeschichtlicher Vergleichsgrößen[84]. Eine Besonderheit der johanneischen Konzeption besteht jedoch darin, daß die Aussagen über die Liebe und die Immanenz miteinander verschränkt werden. Der erste Johannesbrief erklärt die innergemeindliche Liebe zur *conditio sine qua non* der reziproken Immanenz von Gott und Mensch (1 Joh 3,24a; 4,13-16 etc.). Demgegenüber versteht das Johannesevangelium die Immanenz des Sohnes und des Vaters in den Jüngern als Folge ihrer Liebe zu Jesus (Joh 14,21.23f.; 15,10f.; 17,24.26).

Die skizzierten Akzentunterschiede korrespondieren wiederum mit den *inhaltlich-sachlichen Gegensätzen*: 1 Joh 1,5 zufolge hat Jesus seinen Jüngern mitgeteilt, daß Gott Licht ist. Im Johannesevangelium bezeichnet sich Jesus jedoch selbst als das Licht der Welt (Joh 8,12; 9,4f. etc.). Entsprechend wird die Lichtmetaphorik des Johannesevangeliums ausschließlich christologisch verwendet[85]. Ebenso ist die Antithetik von Gotteskindern und Teufelskindern in 1 Joh 3,7-10 ekklesiologisch ausgerichtet, in Joh 8,42-47 hingegen christologisch. Während 1 Joh 3,1f.; 4,12a; 4,20 ebenso wie Joh 1,18 von der Unsichtbarkeit Gottes sprechen, wird in Joh 14,8-10 emphatisch betont, daß derjenige, der den Sohn sieht, den Vater sieht. Diese hochchristologische Aussage besitzt hingegen keine Analogie in der johanneischen Briefkorrespondenz.

Eine besonders deutliche Differenz zeigt sich in den Motiven der Liebe zu Gott bzw. Jesus: In 1 Joh 4,19-21 versucht der Verfasser des ersten Johannesbriefs seinen Adressaten zu erklären, daß ihre Liebe zu Gott sich in ihrem Verhalten zu den Mitchristen konkretisieren soll. Die Liebe zu Gott bzw. eine Verschränkung von Gottes- und Geschwisterliebe wird jedoch im Johannesevangelium nicht thematisiert. Statt dessen avanciert die Liebe zu Jesus zu einem Zentralmotiv angemessener Jüngerschaft. Sie wird zu einer Bedingung der bleibenden reziproken Immanenz von Vater, Sohn und Jüngern (Joh 14,21.23f. etc.) und zu einem Kennzeichen der Gotteskindschaft (Joh 8,42 etc.) erklärt. Das Motiv der Liebe zu Jesus besitzt wiederum in der johanneischen Briefkorrespondenz keine Analogie. Entsprechend wird in der Briefkorrespondenz die Observanz der Gebote Gottes zu einem Kriterium der Liebe zu Gott erklärt (1 Joh 3,23f.; 5,2f.; 2 Joh 6), im vierten Evangelium hingegen die Observanz der Gebote Jesu als Kennzeichen der Liebe zu Jesus (Joh 14,15.21; modifiziert Joh 14,23f.; 15,10 etc.). Dieser Grundtendenz entsprechend haben die für die Argumentationen von 1 Joh 4,7-10 zentralen Aussagen über das Wesen Gottes und das Wesen der Liebe im Johannesevangelium keine expliziten Entsprechungen.

Nachdem nun die Analogien und Differenzen der liebessemantischen Motive des Johannesevangeliums und der johanneischen Briefe skizziert wurden, soll im folgenden angedeutet werden, was diese Beobachtungen für die chronologische Zuordnung der

---

[83] Die paradigmatische Liebe Jesu wird explizit lediglich in 1 Joh 3,16 angesprochen. Die dabei thematisierte Bereitschaft zur Lebenshingabe der Gemeindeglieder füreinander wird jedoch im Johannesevangelium nicht entfaltet, sondern nur indirekt kritisiert (Joh 13,36-38; 15,13).

[84] Vgl. § 7/2.1.2.

[85] Der textexterne Leser konnte bereits durch die Lichtmetaphorik des Prologs die christologische Konzentration der Lichtmetaphorik im Johannesevangelium erkennen (vgl. Joh 1,4f.9f.; ausführlich s. o § 11/3.2).

Schriften austragen. Sie sprechen deutlich für *die chronologische Priorität der Briefe.* Die liebessemantischen Motive des Johannesevangeliums können nämlich als eine fortgeschrittene Reflexion jener strittigen Themen verstanden werden, welche die entsprechenden Ausführungen in den johanneischen Briefe provozierten[86]:

Das Bekenntnis zur Gottessohnschaft Jesu ist ein Zentralmotiv der johanneischen Briefkorrespondenz (1 Joh 1,3.7; 2,22-24; 3,8.23; 4,9f.14f.; 5,5.9-13.20; 2 Joh 3.9). In Ausgestaltung traditioneller Vorgaben wird der Gottessohn selbst als wahrhaftiger Gott und als das ewige Leben verstanden (1 Joh 5,20)[87]. Das Johannesevangelium führt diese Motiventwicklung fort, indem es das Verhältnis von Vater und Sohn anhand der Liebessemantik entfaltet: Schon vor der Weltschöpfung habe der Vater den Sohn geliebt und ihm seine δόξα zu Teil werden lassen (Joh 17,24). Diese Liebe begründet die „wesenhafte Einheit von Vater und Sohn" und die hieraus resultierende „Handlungs- und Offenbarungseinheit"[88] (vgl. Joh 3,35; 5,20; 10,17.30; 17,24 etc.).

Auf dieser Argumentationsgrundlage werden theologische Motive des ersten Johannesbriefs im Johannesevangelium konsequent christologisch ausgearbeitet. Das vierte Evangelium bietet nicht nur „eine Christusdarstellung, die dem Zeugnis der Briefe entspricht"[89], sondern sie vollendet die dort gelegten Fundamente. Dieser Reflexionsfortschritt tritt in fünf Themenkomplexen zutage, nämlich a) in der ‚Aufhebung' des Motivs der Liebe zu Gott in das Motiv der Liebe zu Jesus, b) in der christologischen Begründung des Liebesgebots, c) in der christologischen Zuspitzung der Immanenzsprache, d) in der christologischen Konzentration der Lichtmetaphorik und e) im Motiv der Sichtbarkeit des Vaters im Sohn.

---

[86] Diese Beobachtungen zur johanneischen Liebessemantik bekräftigen die in der Forschungsdiskussion bereits vorgebrachten Überlegungen, welche die inkarnationstheologischen bzw. antidoketischen Züge der Lebensbrotrede (Joh 6,51ff.) und die Erzählung von dem Schisma unter den Jüngern (Joh 6,60ff.) als eine fortgeschrittene Reflexion der antidoketischen Streitigkeiten bzw. des Gemeindeschisma verstehen, welche in der johanneischen Briefkorrespondenz dokumentiert sind (zu diesen Entwürfen vgl. U. SCHNELLE, Christologie, 249ff.; DERS., Einleitung, 452). Entsprechend formuliert J. FREY, Eschatologie III, 58: „Das stärkste Argument für die Priorität der Briefe ergibt sich ... aus der Beobachtung, daß die im ersten Brief bearbeitete Krise im johanneischen Kreis, die Abspaltung der ‚Sezessionisten', auch in einigen Passagen des Evangeliums seine Spuren hinterlassen zu haben scheint."

[87] Zu den traditionsgeschichtlichen Hintergründen der johanneischen ‚Sohnes'- bzw. ‚Gottessohnesvorstellung' s. o. § 10/2.1.1.

[88] Vgl. H.-C. KAMMLER, Christologie, 231.

[89] Treffend P. STUHLMACHER, Theologie II, 223. Die Christologie der Briefe wird jedoch zumeist als Rezeption des vierten Evangeliums verstanden. Paradigmatisch T. SÖDING, Gott, 351: „Anders als im Johannesevangelium wird das Verhältnis zwischen dem Vater und dem Sohn, das ihre protologische, geschichtliche und eschatologische Einheit stiftet, nicht explizit reflektiert. Wohl aber scheinen diese Gedankengänge vorausgesetzt." Ähnlich F. VOUGA, Johannesbriefe, 60-62; R. SCHNACKENBURG, Johannesbriefe, 240f. Nach J. BEUTLER, Johannesbriefe, 115 kennt der Autor der Briefe „dort, wo er nicht (wie bei den Sendungsformeln, vgl. VV 9f.15) von der Tradition abhängig ist, keine begrifflich klare personale Abgrenzung von Vater und Sohn ... ". Der erste Johannesbrief sei ein Dokument der Spätphase der johanneischen Theologie (op. cit., 18f. bzw. 30f.), dessen Verfasser vom Verfasser des Grundbestandes des Johannesevangeliums zu unterscheiden sei.

a) Das richtige Verständnis der Gottesliebe ist ein Hauptkonfliktpunkt des ersten Johannesbriefs (vgl. besonders 1 Joh 4,19-21). Der Autor betont emphatisch, daß sich die Liebe zu Gott im ethischen Verhalten konkretisieren muß. Wer Gott liebt, bewahrt seine Gebote (1 Joh 3,23) und liebt seine Geschwister (1 Joh 4,20f.). Wer dies nicht tut, erweist sich als Lügner. Die 1 Joh 4,21 zugrunde liegende Modifikation der synoptischen Verschränkung von Gottesliebe und Nächstenliebe wird im Johannesevangelium konsequent christologisch zugespitzt: Auch wenn das Johannesevangelium das Gottesliebegebot Dtn 6,5 nicht explizit nennt, überträgt es traditionelle Kennzeichen der Gottesliebe auf Jesus. Ist dem ersten Johannesbrief zufolge die Observanz der Gebote Gottes ein Indiz der Liebe zu Gott, so ist dem Johannesevangelium zufolge die Observanz der Gebote Jesu ein Indiz der Liebe zu Jesus. Auch die in Dtn 6,4f. vorgegebene Verschränkung des Bekenntnisses der Einheit Gottes und der Liebe zu ihm wird christologisch ausdifferenziert. Wenn Vater und Sohn eins sind (Joh 10,30), muß derjenige, der Gott liebt, auch Jesus lieben (vgl. Joh 8,42). Das Motiv der Liebe zu Jesus ist somit die christologische Klimax der johanneischen Liebesaussagen.

b) Das Motiv der Liebe zu Jesus korrespondiert der christologischen Begründung des Liebesgebots. Versucht der erste Johannesbrief zur gegenseitigen Liebe zu ermutigen, indem er die im Christusgeschehen offenbarte Liebe Gottes reflektiert, rückt das Johannesevangelium die Gestalt Jesu ins argumentative Zentrum. Ist für den ersten Johannesbrief das ἀγαπᾶν ἀλλήλους ein Gebot Gottes (1 Joh 3,23f.), so ist es im Johannesevangelium das neue Gebot Jesu (Joh 13,34f.)[90]. Während die Quintessenz von 1 Joh 4,7-21 lautet, daß die Glaubenden einander lieben sollen, wie bzw. weil Gott sie geliebt hat, so gebietet der johanneische Jesus seinen Jüngern, daß sie einander lieben sollen, wie bzw. weil er sie geliebt hat (Joh 13,34f.) Und diese Liebe Jesu wird durch die vorhergehende Fußwaschungserzählung bzw. die gesamte irdische Tätigkeit Jesu narrativ hervorgehoben. In diesem Sinne müssen die Begründungen des Liebesgebots im ersten Johannesbrief nicht als situationsbedingte Modifikation oder Relecture der entsprechende Sequenzen des vierten Evangeliums verstanden werden, sondern als die Voraussetzung bzw. Keimzelle von Joh 13,34f.; 14,15.21.23f. etc.[91]. Die christologische Begründung des Liebesgebots ist wiederum mit der Immanenzmotivik verschränkt:

---

[90] Die Unterscheidung eines ‚neuen' und ‚alten' Gebots ist somit kein zwingendes Indiz für die chronologische Priorität des Johannesevangeliums (zu derartigen Zuordnungen vgl. u. a. J. ZUMSTEIN, Dieu, 104f.; R. F. COLLINS, Commandment, 236 bzw. 242, der für die Briefliteratur eine weit umstrittenere Situation voraussetzt).

[91] Diese Differenzen wurden oftmals festgestellt, ohne daß gefragt wurde, wodurch sie hervorgerufen wurden. Die Priorität von Joh 13,34f. postuliert vehement z. B. R. F. COLLINS, Commandment, 244: „It is clear that the author of 1 Jn knew the logion of Jn 13:34; most probably his readers knew the logion as well." Entsprechend J. ZUMSTEIN, Dieu, 104: „La première épître de Jean a vraisemblablement été écrite après l' évangile dont elle reprend et poursuit la réflexion théologique. En ce sens, elle se présente comme un acte de relecture. Ses développements consacrés à l' amour n'échappent pas à cette règle. Si 1 Jn 2,7-11, puis 3,11-17 (voir aussi 3,23) reprennent le commandement de l' amour mutuel (Jn 13,34), l' 'hymne à l' amour' qui apparaît en 1 Jn 4,7-21 constitue l' aboutissement de la réflexion johannique en cette matière." Tendenziell ähnlich u. a. J. PAINTER, Christology, 239; H.-J. KLAUCK, Johannesbrief, 252; T. KELLY, God, 35f. bzw. 55f. Entsprechend versteht P. STUHLMACHER, Theologie II, 224 1 Joh 4,9f. als Abbreviatur der Sendungs- und Dahingabeformeln aus Joh 3,16f. bzw. H.-J. KLAUCK, Johannes-

c) Die johanneischen Immanenzmotive besitzen eine Vielzahl religionsgeschichtlicher Vergleichsgrößen. Die Besonderheit der johanneischen Schriften liegt in der Verschränkung der Immanenz- und Liebessemantik[92]. Der erste Johannesbrief erklärt die innergemeindliche Liebe zur *conditio sine qua non* der reziproken Immanenz von Gott und Mensch (1 Joh 3,24a; 4,13-16 etc.). Das Johannesevangelium bietet auch hier eine christologische Zuspitzung. Die Immanenz des Vaters *und* des Sohnes in den Jüngern ist die Konsequenz ihrer Liebe zu Jesus (Joh 14,21.23f.; 15,10f.; 17,24.26). Die Liebe zu Jesus zeigt sich in der Observanz seiner Gebote. Das zentrale Gebot ist das der gegenseitigen Liebe (Joh 13,34f.). In diesem Sinne ist auch im Johannesevangelium die gegenseitige Liebe ein Kriterium der Immanenz Gottes. Insofern jedoch das Johannesevangelium die Liebe zu Jesus und die Immanenz Jesu in den Glaubenden in diese Argumentation einarbeitet, kann die Immanenzsprache des vierten Evangeliums als Ausdifferenzierung der im ersten Johannesbrief gelegten argumentativen Grundlagen verstanden werden. Auch diesbezüglich bietet das Johannesevangelium eine christologische Ausdifferenzierung der Immanenzmotivik des ersten Johannesbriefs, welche die bereits implizit erkennbare Verhältnisbestimmung von Gott und Sohn überhaupt erst *in extenso* reflektiert bzw. schriftlich manifestiert[93].

d) Dem skizzierten Argumentationsduktus entspricht auch die christologische Konzentration der Lichtmetaphorik im Johannesevangelium. Ebenso wie das Verhältnis von Gottes- und Geschwisterliebe ist auch das Verhältnis von ‚Lichtwandel' und Geschwi-

---

brief, 250 das im Johannesevangelium *in extenso* dargestellte „Zur – Welt Kommen Gottes in Jesus Christus" als argumentativen „Angelpunkt, um den sich alles dreht."

[92]   K. SCHOLTISSEK, Sein, 1. 33f. 364.

[93]   Dies wäre eine konsequente Ausdifferenzierung der Ansätze von U. SCHNELLE, Christologie, 249ff. 1 Joh 4,16 wäre im Zusammenhang johanneischen Denkens somit nicht „die höchste Aussage über die gegenseitige Immanenz von Gott und Mensch" (gegen M. FIGURA, Botschaft, 414 bzw. 414 (vgl. ferner op. cit., 418). Die Mittlerfunktion Jesu wird in Joh 14,21.23f. stärker betont als in 1 Joh 4,11f.16 (so zu Recht F. VOUGA, Johannesbriefe, 68, der jedoch zu einer anderen chronologischen Zuordnung tendiert). Dies entspräche auch den Begründungen der Erkennungsmöglichkeit der reziproken Immanenz von Gott und Mensch. 1 Joh 4,13 zufolge erkennen die Jünger ihre reziproke Immanenz mit Gott, weil dieser ihnen Anteil an seinem Geist gegeben hat (vgl. 1 Joh 3,24; sachlich ähnlich 1 Joh 4,2.6; 5,6). Auch wenn die „Pneumatologie ... eine Tiefenschicht johanneischer Theologie" ist (treffend U. SCHNELLE, Geisttheologe, 30), wird im Johannesevangelium deutlicher als in der Briefkorrespondenz die Vermittlungstätigkeit Jesu zur Geltung gebracht, der nach seinem Weggang den Vater zur Sendung des Parakleten bewegt (Joh 14,16). Während in den beiden ersten Parakletsprüchen (Joh 14,16f.) die Sendung durch Gott angesprochen wird, betonen die beiden weiteren die Aktivität des Erhöhten (Joh 15,26; 16,7). Dies entspricht wiederum dem Motiv des χρῖσμα 1 Joh 2,20.27 (vgl. H.-C. KAMMLER, Geistparaklet, 97; J. BECKER, Gemeindeverständnis, 229). Joh 20,22 visualisiert narrativ die Vermittlung des Heiligen Geist an die Jünger durch Modifikation von Motiven wie Gen 2,7; 1 Kön 17,21; Ez 37,9; Weish 15,11 (vgl. R. SCHNACKENBURG, Johannesevangeliums III, 385f.; U. SCHNELLE, Johannes, 304). In diesem Sinne könnte das Geist- bzw. Parakletverständnis der Abschiedsreden und das Motiv der Übermittlung des πνεῦμα ἅγιον durch Jesus (Joh 20,22) als eine fortgeschrittene christologische Zuspitzung bzw. narrative Inszenierung der pneumatologischen Aspekte von 1 Joh 3,24; 4,13 verstanden werden (tendenziell ähnlich bereits U. SCHNELLE, Christologie, 70f. bzw. 253).

sterliebe ein konkret benanntes Konfliktpotential der innergemeindlichen Streitigkeiten. Die Lichtmetaphorik des ersten Johannesbriefs ist eine Funktion der ethischen Paränese. 1 Joh 1,5 zufolge lehrt Jesus, daß Gott Licht sei und keine Finsternis in sich trägt. Wer in der Finsternis wandelt, habe keine Gottesgemeinschaft, sondern erweise sich als Lügner und tue nicht die Wahrheit. Wer im Licht wandelt, habe Gemeinschaft mit Gott (1 Joh 1,7). Das Erkennungszeichen des ‚Seins – im – Licht‘ ist jedoch die praktizierte Bruderliebe (1 Joh 2,7-11). Wer für sich in Anspruch nimmt, im Licht zu sein, soll auch seine Geschwister lieben (1 Joh 2,10). Wer dies nicht tut, ist noch immer der Finsternis verhaftet (1 Joh 2,9.11).

Die Verhältnisbestimmung der theologischen Lichtmetaphorik des ersten Johannesbriefs und der strikt christologisch konzentrierten Lichtmetaphorik des vierten Evangeliums erschwert deutlich die zeitliche Nachordnung des Briefes. Das entscheidende Problem bringt Otto Schwankl präzise auf den Punkt: „Wie kommt der Autor [sc. der Autor des ersten Johannesbriefs] dazu, einen solchen Satz [sc. 1 Joh 1,5] anzuführen und ihn als Summarium der Verkündigung Jesu zu apostrophieren? Bedeutet er nicht gegenüber der Lichtmetaphorik des Evangeliums einen Rückschritt, nämlich vom spezifisch Christlichen ins Religiöse?"[94] Dieses Problem löst sich, wenn man die Lichtmetaphorik des Johannesevangelium als die konsequente Ausgestaltung der Lichtmetaphorik des ersten Johannesbriefs zu verstehen versucht. Wesentliche Argumente und Motive des ersten Johannesbriefs werden nämlich in die Christologie des vierten Evangeliums integriert:

---

[94] So O. SCHWANKL, Licht, 292f. Gleichwohl setzt Schwankl den ersten Johannesbrief zeitlich nach dem Johannesevangelium an. Die Differenzen seien eine Reaktion auf die christologischen Streitigkeiten des johanneischen Schismas, insofern sich auch die Schismatiker auf das Johannesevangelium berufen haben könnten (op. cit., 285). Generell könne jedoch festgehalten werden: „Die christologische Lichtmetaphorik des Evangeliums setzt die theologische unausgesprochen voraus, präzisiert und konkretisiert sie. Licht ist Jesus gerade deshalb, weil er von Gott kommt und Gott offenbart." (op. cit., 293). Das Johannesevangelium und der erste Johannesbrief würden aber unterschiedliche Aspekte der Christologie entfalten: „Dem Evangelisten liegt alles daran, die transzendente, überirdische Dimension des Wesens Jesu hervorzuheben" (op. cit., 286). In diesem Stadium sei das Verständnis der Menschlichkeit Jesu kein Problem gewesen, es wurde aber zu einem im Verlauf des johanneischen Schismas. Angesichts dessen versuche der Autor des ersten Johannesbriefs „die Ablösung des Christusglaubens vom irdischen Jesus zu verhindern und die Christologie aufs Neue zu erden." (op. cit., Licht, 287). Eine derartige Zuordnung wird jedoch nicht der Verschränkung von Lichtwandel und Geschwisterliebe (1 Joh 2,7-11) und dem johanneischen Liebesgebot gerecht. Schwankl realisiert nicht, daß die von ihm erwogene christologische Aufbrechung des johanneischen Dualismus demnach nur für das Johannesevangelium gilt. Ferner reflektiert er nicht, wie sich seine Interpretation der Christologie des ersten Johannesbriefs zum zweiten Hauptstreitpunkt im johanneischen Schisma verhält, nämlich der Ethik. Wenn dem Verfasser des ersten Johannesbriefs tatsächlich primär die Herausarbeitung der Menschlichkeit Jesu am Herzen liegt, warum rezipiert er nicht die christologische Legitimation des Liebesgebots, die im Johannesevangelium ja gerade am menschlichen Verhalten Jesu orientiert ist (vgl. Joh 13,5ff.34f. etc.)? Eine entsprechende Anfrage kann auch an G. KLEIN, Licht, 324-326 gerichtet werden, demzufolge die Lichtmetaphorik des ersten Johannesbriefs die im vierten Evangelium erkennbare Historisierung des Heilsgeschehens entfaltet. Bietet nicht gerade das Johannesevangelium durch die christologischen und ethischen Implikationen eine Historisierung der Lichtmetaphorik des ersten Johannesbriefs?

Die religionsgeschichtlich vielfach belegte Identifikation von Licht und Gott wird christologisch zugespitzt, die dem alle lichtmetaphorischen Aussagen strikt auf Jesus konzentriert werden. Jesus ist das Licht der Welt (Joh 8,12; vgl. u. a. Joh 9,4f.; 11,9f.). Er ist als das Licht in die Welt gekommen, damit der an ihn Glaubende nicht in der Finsternis bleibt (Joh 1,4f.9f.; 12,46). Das Kommen des Lichtes ist das Gericht. Wer zu diesem Licht kommt, tut die Wahrheit (vgl. Joh 3,19 und 1 Joh 1,6) und wird ein ‚Kind des Lichtes' werden (Joh 12,36). In diesem Sinne bietet das vierte Evangelium die fortgeschrittene Reflexion der strittigen lichtmetaphorischen Motive des ersten Johannesbriefs, welche die theologische Aussage 1 Joh 1,5 christologisch zuspitzt und die Verschränkung von Lichtwandel, Gottesgemeinschaft und Geschwisterliebe in die christologische Begründung des Liebesgebots integriert.

e) Eine letzte Zuspitzung findet die Liebessemantik des vierten Evangeliums im Motiv der Sichtbarkeit des Vaters im Sohn. In 1 Joh 3,1f.; 4,12.20 betont der Verfasser des ersten Johannesbriefs nachdrücklich, daß Gott auch für die Glaubenden noch unsichtbar ist. Eine unmittelbare Gottesschau würden die Gotteskinder erst in der Vollendung des eschatologischen Heils, in der Gleichgestaltung mit Gott bzw. Jesus erfahren (1 Joh 3,2). Das Johannesevangelium hält zwar an der Unsichtbarkeit Gottes fest[95], bietet jedoch im Zeichen der Aussagen über das Verhältnis von (Gott-)Vater und dem Gottessohn eine Zuspitzung: Gott habe keiner je gesehen, doch der Sohn ‚exegesiere' den Vater (Joh 1,18). Wer Jesus sieht, sieht den, der ihn gesandt hat (Joh 12,45). Wer den Sohn sieht, sieht den Vater (Joh 14,9)[96].

Das Motiv der Sichtbarkeit des Vaters im Sohn kann auch als Funktion der christologischen Begründung des Liebesgebots zur Geltung gebracht werden[97]: Der Verfasser des ersten Johannesbriefs verweist in 1 Joh 4,12.20 auf die Unsichtbarkeit Gottes, um seine Adressaten zur gegenseitigen Liebe zu ermahnen. Wer den unsichtbaren Gott liebt, soll die Mitchristen – also die sichtbaren Gotteskinder – lieben (1 Joh 4,20; 5,1f.). Entsprechend wird 1 Joh 4,10.14.16 betont, daß die Gemeinde die Sendung des Sohnes ‚gesehen' und darin die Liebe als Wesenszug Gottes erkannt habe. Die ‚dramaturgische Christologie der Liebe Gottes' im Johannesevangelium ist somit eine erzählerische Umsetzung der theologischen Spitzenaussage ὁ θεὸς ἀγάπη ἐστίν (1 Joh 4,8b.16): Gott, der Vater, ist

---

[95]   Die terminologischen Differenzen zwischen ὁράω und θεάομαι in 1 Joh 3,2; 4,12a.20; Joh 1,14.18; 12,45; 14,8-10 implizieren keine inhaltlichen Differenzen (zu den jeweiligen Wortfelder vgl. C. HERGENRÖDER, Herrlichkeit, 66ff. bzw. 106ff. etc.)

[96]   Joh 14,8-10 hebt nicht das Motiv der Unsichtbarkeit Gottes (Joh 1,18a; 1 Joh 4,12a.20) auf, sondern präzisiert es im Sinne der Hochchristologie des vierten Evangeliums (so T. KORTEWEG, Invisible, 100-102 zum Verhältnis von Joh 1,18 zu 14,8-10).

[97]   Fraglich bleibt, ob die tadelnde Reaktion Jesu (Joh 14,9) auf die Philippusanfrage ein für die narrative Dramaturgie des vierten Evangeliums typisches Jüngermißverständnis ist, hinter dem sich ein Konfliktpotential des johanneischen Gemeindeschismas verbergen könnte (vgl. v. a. die vorwurfsvollen Konnotationen Joh 14,9a bzw. c: λέγει αὐτῷ ὁ Ἰησοῦς· τοσούτῳ χρόνῳ μεθ' ὑμῶν εἰμι καὶ οὐκ ἔγνωκάς με, Φίλιππε; bzw. πῶς σὺ λέγεις· Δεῖξον ἡμῖν τὸν πατέρα;). Eine Aussageintention des Verfassers scheint zu sein, daß derjenige, der Philippus Jesus während seines irdischen Weges begleitet hat, die Antwort kennen müßte: Wer Jesus sehen würde, sehe den Vater (Joh 14,9b: ὁ ἑωρακὼς ἐμὲ ἑώρακεν τὸν πατέρα). Als Begründung fungiert das Motiv der reziproken Immanenz von Vater und Sohn (Joh 14,10; vgl. Joh 12,45). Der textexterne Leser kann diese These bereits aus der Korrespondenz von Joh 1,18 und 12,45 deduzieren (vgl. K. SCHOLTISSEK, Sein, 192f. bzw. 365).

selbst unsichtbar (Joh 1,18a), wird aber in seinem Sohn, dem μονογενὴς θεός (Joh 1,18b), sichtbar (Joh 12,45; 14,9). Da der Sohn den Vater ‚exegesiert‘ (Joh 1,18c), wird in seinem Leben die Liebe als entscheidender Wesenszug Gottes sichtbar (Joh 15,13-15 etc.). Und an diesem paradigmatischen Handeln Jesu wird das Liebesgebots ausgerichtet (Joh 13,1.5ff.34f.). Die Glaubenden sollen einander lieben, weil und wie Jesus als „Gottes menschgewordene Liebe"[98] sie geliebt hat.

Die Entfaltungen der skizzierten fünf Motive können als eine Bewältigung der ethischen Streitigkeiten verstanden werden, die in den johanneischen Briefen dokumentiert sind. Argumentationslinien, die im ersten Johannesbrief noch unverbunden nebeneinander verliefen, konvergieren in der Christologie des vierten Evangeliums[99]. Die in 1 Joh 4,7-5,4 erkennbare ‚Theologie der Liebe Gottes‘ wird im Johannesevangelium als zu einer ‚dramaturgischen Christologie der Liebe Gottes‘ ausdifferenziert[100].

Diese Einschätzung wird ferner dadurch bestätigt, daß ausgerechnet im Zusatzkapitel Joh 21 ein Dialog zwischen Jesus und Petrus erzählt wird, in welchem Petrus mit der

---

[98] Treffend H.-J. KLAUCK, Johannesbrief, 253f. Was würde es hingegen bedeuten, wenn man den ersten Johannesbrief der Wirkungsgeschichte des Johannesevangeliums zuordnen würde? 1 Joh 4,12a.20 könnte als eine Rekapitulation von Joh 1,18a; 5,37; 6,46; 1 Joh 3,2 verstanden werden, die nun ekklesiologisch appliziert bzw. modifiziert wird (so u. a. F. F. SEGOVIA, Love Relationships, 66; H.-J. KLAUCK, Johannesbrief, 253f. bzw. 275. A. D. DECONICK, Mystics, 131 konstatiert, daß angesichts des johanneischen Schismas „the eschatological interpretation of the vision of God is developed in the later Johannine writing, 1 John." Entsprechend versteht H.-C. KAMMLER, Christologie, 112 1 Joh 5,20 als Reminiszenz zu Joh 12,45; 14,6-10). Zwar korrespondieren Joh 1,1-18; 1 Joh 1,1-4 in der Ephiphaniesprache (so zu Recht C. HERGENRÖDER, Herrlichkeit, 365f.), der Akzent von 1 Joh 1,1-4 liegt jedoch im Vorgriff auf die Gegnerpolemik 1 Joh 2,22f.; 4,1-3 auf der Betonung der „Anschaulichkeit und Realität des Heilsgeschehens" (vgl. U. SCHNELLE, Christologie, 66). Und diese wird gerade in Joh 12,45; 14,8-10 radikalisiert. Da der Autor des ersten Johannesbriefs die christologische Pointe Joh 14,8-10 jedoch in keinem weiteren Argumentationszusammenhang verarbeitet (auch nicht in 1 Joh 1,1-4), wird ein entscheidender Zug der Hochchristologie des Johannesevangeliums ausgeblendet bzw. relativiert.

[99] Demgegenüber ist die chronologische Nachordnung des ersten Johannesbriefs einem grundsätzlichen Problem ausgesetzt. Der Autor des ersten Johannesbriefs würde in seinen Bemühungen gegen eine doketische Christologie und für die Geschwisterliebe entscheidende christologische und ethische Argumentationsstrategien des Johannesevangeliums schlicht ausblenden. Er würde nicht etwa „als ein Schüler des vierten Evangelisten ... dessen theologisches Erbe in einer veränderten Situation aufs Neue zur Geltung" bringen (so H.-C. KAMMLER, Christologie, 8), sondern dieses Erbe schlicht verspielen.

[100] Zum Begriff s. o. § 9/2.2. Demgegenüber versteht T. SÖDING, Gott, 357 1 Joh 4,8b.16b als „christologische Konsequenz gesamt-biblischer Gottesrede im Horizont des Glaubens an Jesus Christus". Der Weg hierzu sei „in Joh 3,16 (vermittelt über 1 Joh 3,16) angelegt, ohne daß die Formulierung des Ersten Johannesbriefs in die des Evangeliums zurückprojiziert werden dürfte." (op. cit., 340). Entsprechend versteht J. ZUMSTEIN, Dieu, 104f. 1 Joh 4,8b.16b als Relecture bzw. Komprimierung der Liebessemantik des vierten Evangeliums (tendenziell ähnlich A. FEUILLET, Structure, 203 bzw. 215f., T. KELLY, God, 35f. bzw. 55f.).

Frage konfrontiert wird, ob er Jesus lieben würde (Joh 21,15-17)[101]. Erst nach der positiven Beantwortung dieser Frage wird Petrus der Weideauftrag zugestanden. Die Herausgeber des Johannesevangeliums erkennen somit die Bedeutung, die der Autor des Johannesevangeliums der Liebe zu Jesus zugestanden hat, indem sie das Verhältnis des Petrus zu Jesus bzw. den ‚petrinischen Gemeinden'[102] zu der ihren mit genau diesem Motiv reflektieren (Joh 21,15-17). Dabei kann die dreimalige Frage als Anspielung auf die dreimalige Verleugnung Petri verstanden werden (Joh 18,17.25-27)[103].

Was würde es hingegen bedeuten, wenn der erste Johannesbrief nach dem Johannesevangelium verfaßt worden wäre? Demnach würde in der johanneischen Schule eine Strömung die Bedeutung des Motivs der Liebe zu Jesus anerkennen, die andere würde es

---

[101] Das Zusatzkapitel Joh 21 nimmt in der Frage der relativen Chronologie und Verfasserschaft der johanneischen Schriften ohnehin eine Sonderstellung ein. Auch wenn textgeschichtlich die kommunikative Wirksamkeit von Joh 1-20 stets das Zusatzkapitel Joh 21 einschloß (vgl. J. FREY, Eschatologie I, 455), bietet es nach der abschließenden hermeneutischen Lektüreanweisung Joh 20,30f. einen thematischen Neueinsatz (zur Diskussion vgl. F. NEIRYNCK, John 21, 321ff.; U. SCHNELLE, Johannes, 314f.; eine gleichwertige Einbeziehung von Joh 21 in die Interpretation von Joh 1-20 [so u. a. H. THYEN, Brüder, 536; DERS., Johannes 21, 154ff.; P. S. MINEAR, Function, passim; F. OVERBECK, Johannesevangelium, 434ff.; K. BERGER, Anfang, 21ff. etc.] wird jedoch wesentlichen Aspekten von Joh 21 nicht gerecht.). Die Autoren des Zusatzkapitels identifizieren den Lieblingsjünger als Verfasser von Joh 1-20 und betonen dessen Vertrauenswürdigkeit (Joh 21,24). Zugleich wird eine Annäherung der ‚petrinischen' und johanneischen Gemeinden stilisiert (vgl. U. SCHNELLE, Johannes, 318f.; R. BAUCKHAM, Audience, 110f.). In bezug auf die Verfasserschaft und relative Chronologie der johanneischen Schriften stellt sich v. a. die Frage, ob Joh 21,20-25 indirekt den Tod des Lieblingsjünger thematisiert (so u. a. M. HENGEL, Frage, 212f.; J. FREY, Eschatologie III, 14ff.; R. SCHNACKENBURG, Johannesevangelium III, 440; kritisch z. B. C. WELCK, Zeichen, 329; H. THYEN, Johannes 21, 168). Wenn diese Episode tatsächlich den Tod der angesprochenen Person reflektiert, so sind die Verfasser von Joh 21 die Herausgeber eines Werkes, dessen Autor bereits gestorben ist und dessen Tod sich in der johanneischen Gemeinde zu einem theologischen Problem entwickelte. Wenn jedoch der Autor von Joh 1-20 angesichts der skizzierten sprachlichen Kohärenz der johanneischen Schriften auch als Verfasser der johanneischen Briefe zu verstehen wäre (s. o. § 4/1 bzw. 3.), spräche dies für die chronologische Priorität der Briefe. Diese konnte ihr Autor noch zu seinen Lebzeiten herausgeben, das Johannesevangelium jedoch nicht mehr. Treffend J. FREY, Eschatologie III, 58 unter der Prämisse einer gemeinsamen Verfasserschaft der johanneischen Briefe und des vierten Evangeliums: „Denn der in Joh 21,24 von den Herausgebern kenntlich gemachte Autor des Evangeliums muß ja – wenn man Joh 21,22f. ernst nimmt – vor Abschluß seines Werkes gestorben sein, so daß er die Briefe nur vor dem Abschluß und der Herausgabe des Evangeliums verfaßt haben kann."

[102] Vgl. P. N. ANDERSON, Christology, 231.235.237-240; J. BEUTLER, Angst, 61. Auch wenn das Nachtragskapitel Joh 21 stärker ekklesiologisch als christologisch ausgerichtet ist (vgl. J. ZUMSTEIN, Ostererzählung, 16), so wird die ekklesiologische Stellung des Petrus ja gerade mit jenem ein christologisch ausgerichteten liebessemantischen Motiv reflektiert (unangemessen hingegen J. KÜGLER, Jünger, 486f., für den Joh 21,15-17 in keiner direkten Verbindung zur johanneischen Gemeinde bzw. Theologie steht).

[103] Der Wechsel zwischen ἀγαπᾶν und φιλεῖν als kann als Reminiszenz an die unterschiedliche Terminologie in Joh 14,15.21.23f. bzw. Joh 16,27 verstanden werden.

schlicht übersehen bzw. relativieren. Ein plausibleres Bild entsteht hingegen, wenn man angesichts der sprachlich-stilistischen Einheitlichkeit der johanneischen Schriften das Johannesevangelium und die Briefe einem gemeinsamen Verfasser zuordnet. In diesem Sinne erweist sich auch das Motiv der Liebe zu Jesus als eine Reflexionskategorie, welche der Verfasser im Zuge der christologischen und ethischen Streitigkeiten des Gemeindeschismas herausarbeitete. Seine Schüler dokumentieren durch den Dialog Joh 21,15-17, daß sie dieses hochchristologische Erbe bewahren wollen[104].

3. Ekklesiologische Implikationen der liebessemantischen Motive in den johanneischen Abschiedsreden

Die ekklesiologischen Implikationen der liebessemantischen Motive der johanneischen Abschiedsreden können drei Themenkomplexen zugeordnet werden: Zunächst soll dargestellt werden, inwieweit sich in der Korrespondenz der liebessemantischen und erwählungstheologischen Züge johanneischen Denkens der Ansatz aller ethischen Erwägungen im vierten Evangelium erkennen läßt (3.1). Diese Konzeption korrespondiert wiederum dem Motiv der Freundschaft zwischen Jesus und seinen Jüngern (3.2) und der Charakterisierung der Gemeinschaft der Glaubenden als Raum der Liebe und der Freude Jesu (3.3).

3.1 ,Erwählung aus Liebe' – ,Erwählung zur Liebe' – Zur Begründung der Ethik im vierten Evangelium

Das Motiv der Erwählung der Glaubenden ist ein integraler Bestandteil der ,dramaturgischen Christologie der Liebe Gottes' im Johannesevangelium. Dieser Sachverhalt zeigt sich eindrücklich darin, daß Joh 15,16 als ein *locus classicus* der johanneischen Erwählungsvorstellung gerade in jenen Argumentationskontext integriert ist, in welchem die ekklesiologischen Implikationen der johanneischen Liebessemantik herausgearbeitet werden (Joh 15,9-17). Auch wenn in Joh 15,16 weder ἀγαπᾶν κ.τ.λ. noch φιλεῖν κ.τ.λ. belegt sind, spricht diese kontextuelle Einbettung dafür, daß die Erwählung der Jünger als eine ,Erwählung aus Liebe' verstanden werden soll[105]. Auch wenn dieses Motiv in Kontinuität zu alttestamentlich-frühjüdischen Erwählungsvorstellungen steht[106], wird im Geiste der jo-

---

[104] In diesem Sinne spricht auch das Motiv der Liebe zu Jesus für die Einschätzung von M. HENGEL, Frage, 6, daß das Johannesevangelium als das „christologische Vermächtnis" des Verfassers der johanneischen Briefe verstanden werden kann.

[105] So u. a. J. AUGENSTEIN, Liebesgebot, 40 bzw. 66; K. SCHOLTISSEK, Sein, 308.

[106] Vgl. u. a. Dtn 7,7f.; 10,15; Hos 11,1; CD VII,14-17; XIX,1f.; 4Q504 Frg. 2, iv, 4f.; 4Q521, Frg. 2 1,8; speziell zu der auch für Joh 15,16 zentralen Korrespondenz von Liebe, Erwählung und Gebetserhörung 11Q05 XIX,6. Auffälligerweise kontrastiert jedoch Joh 15,16 nicht eine ,Erwählung aus Liebe' und eine ,Verwerfung aus Haß' (so

hanneischen Christologie nicht Gott, sondern Jesus als Subjekt der Erwählung genannt[107].

Ferner kulminiert in Joh 15,16 eine Beschreibung der „Dynamik der Jüngerexistenz"[108], welche durch die Freundschaftsmetaphorik (Joh 15,13-15) und die Weinstockrede (Joh 15,1-8) eröffnet wurde. Diese Konzeption kann folgendermaßen paraphrasiert werden: Die Glaubenden dürfen sich als die Freunde Jesu verstehen, für welche er sein Leben gab und denen er sein göttliches Wissen mitteilte. Sie sollen sich jedoch dieser Freundschaft gemäß verhalten und seine Worte bewahren. Diese Dialektik von Zuspruch und Anspruch wird in Joh 15,16 erwählungstheologisch reflektiert. Zunächst wird emphatisch betont, daß die Initiative der Erwählung nicht von den Jüngern, sondern von Jesus ausging (V 16a)[109]. Im Geiste einer „responsorische(n) Ethik"[110] wird aus diesem Indikativ ein Imperativ abgeleitet: Es ist die Bestimmung der Jünger, ‚Frucht zu tragen'– und wenn ihre Frucht Bestand hat, werden ihre Bitten erhört (16b).

Das Motiv des ‚Fruchttragens' eröffnet eine „Motivlinie"[111] zur Weinstockrede Joh 15,1-8, welche die ersten Aussageeinheit der zweiten Abschiedsrede bietet. Aufgrund der Korrelation beider Sequenzen sind auch

---

etwa CD II,15; 1QH IV,24; VI,10.21; 1QS 1,3.9f. etc.). Entsprechend zu alttestamentlich-frühjüdischen Hintergründen der johanneischen Erwählungsvorstellung vgl. J. AUGENSTEIN, Liebesgebot, 79; J. BEUTLER, Angst, 15. 51. 61; E. MALATESTA, Covenant, 23f.; skeptischer hingegen R. SCHNACKENBURG, Johannesevangelium III, 126f.

[107] Treffend J. AUGENSTEIN, Liebesgebot, 79. Dies ist geradezu eine christologische Zuspitzung des deuteropaulinischen Erwählungsmotiv Eph 1,4 (Eph 1,4: καθὼς ἐξελέξατο ἡμᾶς ἐν αὐτῷ πρὸ καταβολῆς κόσμου εἶναι ἡμᾶς ἁγίους καὶ ἀμώμους κατενώπιον αὐτοῦ ἐν ἀγάπῃ, ...). Trotz der Affinitäten der paulinisch-deuteropaulinischen und der johanneischen Erwählungsvorstellung ist jedoch festzuhalten, daß lediglich Eph 1,4 explizit eine Erwählung der Glaubenden vor der Weltschöpfung thematisiert (H. HÜBNER, Art. Prädestination, 108 erkennt hierin eine Ausdifferenzierung des paulinischen Erwählungs- und Prädestinationsgedankens: „Ist für Paulus ‚in Christus' eine geschichtlich-ekklesiologische Formel, so für Deuteropaulus eine protologisch-prädestinatianische."; entsprechend spricht H. SCHLIER, Epheser, 48ff. gar von einer ‚Präexistenz der Kirche'). Demgegenüber wird in der johanneischen Konzeption betont, daß die Jünger von Jesus aus dem Kosmos erwählt wurden, dem sie zuvor verhaftet waren (so T. ONUKI, Welt, 133 zu Joh 15,19b ἐγὼ ἐξελεξάμην ὑμᾶς ἐκ τοῦ κόσμου).

[108] Treffend A. DETTWILER, Gegenwart, 99.

[109] Vgl. T. ONUKI, Welt, 133.

[110] Zum Begriff vgl. K. SCHOLTISSEK, Liebe, 437. Ähnlich J. BECKER, Johannes II, 582 „Erwählung ist zuvorkommende Gnade, der sofort die Verpflichtung folgt, denn Erwählung ist Erwählung, um Frucht zu bringen."

[111] Vgl. C. HOEGEN-ROHLS, Johannes, 222 (tendenziell ähnlich J. BECKER, Johannes II, 582; J. AUGENSTEIN, Liebesgebot, 67). Entsprechend zur Verschränkung von Joh 15,16 und Joh 15,9-17 vgl. u. a. K. SCHOLTISSEK, Sein, 302; C. DIETZFELBINGER, Abschied, 107-111.

die paränetischen Aspekte der Weinstockrede im Zeichen des Erwählungsmotivs Joh 15,16 zu lesen. Dennoch bergen beide Texte eine Aporie:
Weder in Joh 15,1-8 noch in Joh 15,16 wird explizit erläutert, was unter
καρπὸν φέρειν konkret zu verstehen ist[112]. Dieser Sachverhalt ist jedoch
keineswegs ein Indiz „einer gewaltigen Reduktion ethischer Fragen und
Aussagen" in der johanneischen Theologie[113]. Vielmehr zeigt sich gerade
an diesem Phänomen die eigentliche Aussageintention des Verfassers des
vierten Evangeliums.

Aufgrund der Korrelation von Joh 15,1-8.16 und Joh 15,9-15.17 können
jene καρποί als ‚Früchte der Liebe' verstanden werden[114]. Ferner sprechen
die traditionsgeschichtlichen Hintergründe der Begriffe καρπὸν φέρειν,
ἐντολαί etc. dafür, daß eine Kenntnis hiermit zu assoziierender ethischer
Implikationen bei den Adressaten vorausgesetzt wird[115]. Der Autor des

---

[112] Lediglich Joh 4,36; 12,24 sprechen von der ‚Frucht des ewigen Lebens' bzw. von
dem Korn, daß sterben muß, damit es viel Frucht bringt. Diese Sequenzen haben jedoch
keinen unmittelbaren Bezug zu Joh 15,16.

[113] So H.-D. WENDLAND, Ethik, 109. Dies zeige, daß im johanneischen Denken Liebe „etwas anderes als ein Gefühl bezeichnet und sogar den Bereich ethischer Entscheidungen transzendiert" (vgl. E. KÄSEMANN, Wille, 128). Entsprechende Einschätzungen
finden sich in Beiträgen zur johanneischen Ethik wie z. B. J. L. HOULDEN, Ethics, 36:
„Even when he speaks of the command to love and of doing what Jesus commands,
John's real concern is not primarily ethical at all. His concern is with the new condition
of life conferred on the believers through Christ". Entsprechend A. STIMPFLE, Blinde,
183 zum Verhältnis von Liebe und Einheit: „Jegliche Konnotation affektiver und ethischer Art bleibt unberücksichtigt". Ähnlich E. STAUFFER, Botschaft, 47; J. T. SANDERS,
Ethics, 100 etc.

[114] Vgl. K. HALDIMANN, Rekonstruktion, 177f.; W. SCHRAGE, Ethik, 283f. Entsprechend versteht J. AUGENSTEIN, Liebesgebot, 87f. die Weinstockmetaphorik als eine bild-
liche Konkretion des johanneischen Verständnisses von Liebe. Die Konzentration auf die
‚Frucht der Liebe' entspricht tendenziell der paulinischen ‚Fruchtmetaphorik'. Gal 5,22a
benennt sieben Früchte des Geistes, welche die Existenz der Gemeinde prägen sollen
(vgl. Gal 5,22a: ὁ δὲ καρπὸς τοῦ πνεύματός ἐστιν ἀγάπη χαρά εἰρήνη μακρο-
θυμία χρηστότης ἀγαθωσύνη πίστις). Auch wenn in diesem Kontext weit mehr
‚Früchte' konkret benannt sind, ist sowohl in Gal 5,22a als auch in Joh 15,1-8.16 der
ἀγάπη eine besondere Bedeutung zugesprochen (vgl. T. SÖDING, Liebesgebot, 211ff.).
Zudem kennzeichnen Röm 7,4; Phil 1,11 ebenso wie die johanneische Weinstockrede die
‚Wachstumsfähigkeit' der Gemeinde als Werk Jesu (vgl. besonders Phil 1,11
πεπληρωμένοι καρπὸν δικαιοσύνης τὸν διὰ Ἰησοῦ Χριστοῦ εἰς δόξαν καὶ
ἔπαινον θεοῦ). Der unmittelbare Kontext verbindet dieses Motiv seinerseits mit der
Aufforderung zur gegenseitigen Liebe der Adressaten (vgl. Phil 1,9f.). Zu weiteren
fruchtmetaphorischen Motiven in der paulinischen bzw. deuteropaulinischen Theologie
vgl. Röm 7,4f. (besonders V 4b ... ἵνα καρποφορήσωμεν τῷ θεῷ); Eph 5,9; Kol
1,16.20). Zu fruchtmetaphorischen Motiven der synoptischen Tradition vgl. u. a. Mk
4,20.28; Mt 3,8.10; 7,16-20; 13,23; Lk 3,8f.; 8,15 etc.).

[115] Vgl. G. STRECKER, Theologie, 538f.; K. HALDIMANN, Rekonstruktion, 202. Zu
Recht betont K. SCHOLTISSEK, Sein, 1 Anm. 2, daß auch die entsprechenden Sequenzen

vierten Evangeliums bemüht sich jedoch nicht primär um eine Formulierung konkreter ,johanneischer Verhaltenskodices', sondern um eine christologische Reflexion des Ansatzes einer Ethik[116]. Im Zentrum derselben
steht das Liebesgebot, welches als „amare per amore di Cristo"[117] begründet wird. Der ,Erwählung aus Liebe' entspricht somit die ,Erwählung zur
Liebe'. In diesem Sinne können auch die Weinstockmetaphorik und das
Erwählungsmotiv Joh 15,1-8 bzw. Joh 15,16 als Reflexionen des johanneischen Liebesgebots verstanden werden[118].

3.2 Die Jünger als Freunde Jesu

Joh 15,13-15 bietet eine neutestamentlich analogielose Rezeption antiker
Freundschaftsethik[119]. Diese Konzeption erweist sich als eine genuine Leistung des Verfassers des vierten Evangeliums, insofern unterschiedliche
Motivlinien durch eine „komplexe Organisation ... in logisch-semantischer
und kommunikativer Hinsicht"[120] der johanneischen Theologie dienstbar
gemacht werden.

In vielen klassisch-griechischen bzw. hellenistischen Traditionsströmen
wird die Aufopferung des eigenen Lebens als höchster Ausdruck der Liebe

---

der johanneischen Briefkorrespondenz einzubeziehen sind (gegen A. DETTWILER, Ethik,
182 Anm. 24). Für R. SCHNACKENBURG, Johannesevangelium III, 117, Anm. 38 bildet
gerade der „nüchterne, auf das sittliche Handeln gerichtete Zug der ἀγάπη" eine Differenz gegenüber gnostischen Vergleichsgrößen. Spekulativ bleibt jedoch die Vermutung
von J. J. KANAGARAJ, Ethics, 58ff., daß die johanneische Konzentration auf das Liebesgebot eine Neuinterpretation des Dekalogs intendiert.

[116] Vgl. B. GERHARDSSON, Imitation, 280.

[117] Treffend A. DALBESIO, La communione fraterna, 24; ähnlich W. SCHRAGE, Ethik,
298ff. Entsprechend attestiert M. THEOBALD, Herrenworte, 133 zur Betonung der Vorbildhaftigkeit des Handelns Jesu in Joh 13,15.34: „Jesu Tun ist nicht nur Vorbild, es ist
zum Handeln befreiendes Urbild, Handeln *an den Jüngern* ..., auf das auch sie ... entsprechend handeln."

[118] Vgl. u. a. V. P. FURNISH, Love Commandment, 139f.; U. SCHNELLE, Johannes,
242; J. AUGENSTEIN, Liebesgebot, 71; J. NEUGEBAUER, Abschiedsreden, 88. Für H. RITT,
Weinstock-Metapher, 137, zeigt diese Relation zudem, daß Glaube und Liebe zwei sich
wechselseitig interpretierende, nicht voneinander zu differenzierende Termini sind (ähnlich J. I. H. MCDONALD, Interpretation, 111; A. DALBESIO, La communione fraterna, 20).

[119] So S. VAN TILBORG, Love, 150-153; K. SCHOLTISSEK, Liebe, 437f.; K. HALDI-
MANN, Rekonstruktion, 203 bzw. 216; gegen M. DIBELIUS, Joh 15,13, 206-208, ähnlich
E. KÄSEMANN, Wille, 122-131; M. LATTKE, Einheit, 177-179.

[120] Treffend K. HALDIMANN, Rekonstruktion, 206. Entsprechend attestiert J. AUGEN-
STEIN, Liebesgebot, 72, daß es „in der griechisch-hellenistischen Ethik auffallende, dem
Johannesevangelium bis in den Wortlaut hinein gleichende Parallelen" gibt. Aufgrund
dieser Korrespondenzen verortet R. SCHNACKENBURG, Johannesevangeliums III, 125 Joh
15,13ff. nicht im Kontext genuiner Jesuslogien.

zu Freunden verstanden[121]. Im vierten Evangelium wird dieses Motiv modifiziert und in die Deutung des Todes Jesu integriert[122]. Die johanneische Deutung des Todes Jesu verwendet unterschiedliche traditionelle Vorgaben, die wechselseitig zueinander in Beziehung gesetzt werden[123]. Joh 15,13 ist sowohl ein integraler Bestandteil der Liebessemantik, als auch der johanneischen Sühnevorstellung[124].

Inmitten der direkten, sehr persönlich gestalteten Kommunikation zwischen Jesus und seinen Jüngern bietet Joh 15,13 (μείζονα ταύτης ἀγάπην οὐδεὶς ἔχει ἵνα τις τὴν ψυχὴν αὐτοῦ θῇ ὑπὲρ τῶν φίλων αὐτοῦ) eine allgemeingültige These, die eine „formgeschichtliche Prägung als Gnome"[125] erkennen läßt. Im Gesamtzusammenhang des vierten Evangeliums initiiert sie jedoch eine Relecture vorhergehender Aussagen über Jesu Sterben. Der Tod Jesu kann nicht nur als Erweis seiner Liebe zu den Jüngern verstanden werden[126], sondern zugleich als Sühnegeschehen und Lebensstiftung[127].

Dieser Sachverhalt tritt gerade im Motiv der Dahingabe Jesu signifikant zutage: Aus Liebe zum Kosmos gab Gott seinen Sohn, um so den Glau-

---

[121] Als Beispiele eines facettenreichen Spektrums aus Philosophie und Dichtung vgl. u. a. Plat, Menex 237a-b; Plat, Sym 179b.e-180a, 207a-b; 208 d; Aristot, Eth Nic IX 8, 1169a18-1169b2; Demetrios Lakon, Vita Philonides (P. Herc 1044); Diod S X 4,3-6; Epict Diss II 7,2-3; Epict Ench 32,3; Luc Tox 6.36f.; Philostr Vit Ap VII 14; Diog L VII 130; X 121.148; Jambl Vit Pyth 235f.; Sen Ep 9,10; Val Max IV,7 ext 1; vgl. U. SCHNELLE [Hg.], Neuer Wettstein I,2, 715-724). Weitere Beispiele bieten u. a. K. SCHOLTISSEK, Liebe, 415ff.; K. TREU, Art. Freundschaft, 418-424; G. STÄHLIN, Art. φίλος κ.τ.λ., 151; J. SCHRÖTER, Freunde, 263ff. In frühjüdisch-weisheitlichen Traditionen wurde dieses Motiv jedoch nur partiell rezipiert bzw. sogar problematisiert (vgl. u. a. Sir 6,4-16; Philo Spec Leg III 155 in Rekurs auf Dtn 24,16 etc.; vgl. u. a. G. SAUER, Jesus Sirach, 518f.; U. SCHNELLE [Hg.], Neuer Wettstein I,2, 665; J. SCHRÖTER, Freunde, 284f.; J. AUGENSTEIN, Liebesgebot, 73).

[122] Treffend J. SCHRÖTER, Freunde, 275: „Die Pointe des Johannes besteht darin, diesen Topos aufzugreifen und aus jüdisch-hellenistischer Perspektive für die Deutung des Todes Jesu fruchtbar zu machen." Tendenziell ähnlich S. VAN TILBORG, Love, 150-153. R. SCHNACKENBURG, Johannesevangelium III, 125 erkennt hierin „die Aufnahme hellenistischen Denkens und Fühlens im joh. Christentum" (gegen z. B. W. GRUNDMANN, Wort, 67).

[123] Vgl. J. FREY, Deutung, 353ff.; T. KNÖPPLER, Sühne, 221ff.; anders hingegen u. a. R. BULTMANN, Theologie, 406f.; J. SCHRÖTER, Freunde, 286.

[124] Gegen M. DIBELIUS, Joh 15,13, 206ff. bzw. 213f., demzufolge Joh 15,13 dem Verfasser vorgegeben sei und nicht seiner eigenen Intention entspreche (dieses Postulat muß jedoch weitere zentrale Topoi wie Joh 3,16f.; 10,17 etc. marginalisieren; treffend G. STRECKER, Theologie, 539f. Anm. 145).

[125] K. HALDIMANN, Rekonstruktion, 203; sachlich entsprechend J. BECKER, Johannes II, 286; H. VON LIPS, Traditionen, 259ff.; K. E. DEWEY, Paroimiai, 96.

[126] So J. SCHRÖTER, Freunde, 286; R. SCHNACKENBURG, Johannesevangelium III, 125.

[127] J. AUGENSTEIN, Liebesgebot, 73f.

benden die ζωή zu teil werden zu lassen (Joh 3,16). Der Vater liebt den Sohn, weil dieser als der gute Hirte seine ψυχή für die ‚Schafe' gibt (Joh 10,17). Was die Hirtenmetaphorik bereits impliziert, wird in Joh 15,13 explizit zur Geltung gebracht. Jesus gibt sein Leben für die Jünger, weil er sie liebt[128]. In der Dramaturgie der Abschiedsreden ist dies zugleich das Vorzeichen der nachfolgenden Passionserzählung[129].

Doch auch wenn das johanneische Liebesgebot dazu auffordert, der vorbildlichen Liebe Jesu zu entsprechen (Joh 13,15; 13,34 etc.), wird weder in Joh 15,13 noch an einer anderen Sequenz des Johannesevangeliums von den Jüngern die Bereitschaft zur Lebenshingabe gefordert. Statt dessen bringt der unmittelbar auf das Liebesgebot folgende Dialog zwischen Jesus und Petrus die Exklusivität der Lebenshingabe Jesu zur Geltung. Nur sein Tod besitzt sühnende Kraft[130]. Joh 15,13 bedient sich somit traditioneller Vorgaben, um sie im Zeichen der johanneischen Christologie zu überbieten.

Eine vergleichbare Transformation läßt sich auch im Motiv der Freundschaft zwischen Jesus und den Jüngern beobachten. Das Motiv der Befreiung der Jünger aus einem Sklavenstand (Joh 15,15a) korrespondiert Joh 8,31-36, wo ebenfalls eine Antithetik von Freiheit und Knechtschaft thematisiert wird[131]. Schon während seiner öffentlichen Tätigkeit betont Jesus, daß das ‚Bleiben' in seinem Wort die *conditio sine qua non* angemessener Jüngerschaft ist. Auf diese Weise kann die freimachende Wahrheit erkannt werden. Wer hingegen sündigt, bleibt ein Knecht der Sünde. Nur der Gottessohn kann aus der Knechtschaft der Sünde befreien (Joh 8,36). Was in Joh 8,32 als Verheißung formuliert ist, wird den Jüngern in Joh 15,14f. konkret zugesprochen. Die Jünger dürfen sich als die Freunde Jesu verste-

---

[128] Joh 10,11.15.17f.; 15,13 entsprechen sich im Wortbestand τὴν ψυχὴν αὐτοῦ (bzw. μου) τιθέναι (vgl. ferner Joh 3,16; 12,24f. etc.). Vgl. A. DETTWILER, Gegenwart, 107-109; ferner R. SCHNACKENBURG, Johannesevangelium III, 125; L. NEREPERAMPIL, New Commandment, 108. J. SCHRÖTER, Freunde, 272ff. bzw. 278-285, der auch eine Korrespondenz zwischen Joh 15,13-13 und Joh 11,47-53 vermutet, wo Lazarus bereits als Freund Jesu beschrieben wird (op. cit., 275).

[129] So bereits H. THYEN, Liebe, 476; L. NEREPERAMPIL, New Commandment, 108 versteht zu Recht die ganze Darstellung Jesu im Johannesevangelium als eine Illustration der liebenden Lebenshingabe.

[130] Treffend J. FREY, Eschatologie III, 128; J. AUGENSTEIN, Liebesgebot, 73f. (die sachliche Differenz von Joh 13,34f. und Joh 15,13 marginalisiert hingegen P. N. ANDERSON, Christology, 175).

[131] Vgl. R. SCHNACKENBURG, Johannesevangelium III, 126; J. AUGENSTEIN, Liebesgebot, 77. J. FREY, Eschatologie III, 413 bzw. 426 erkennt zudem einen Rekurs von Joh 15,13-15 auf die Motive der Freundschaft Joh 11,3.5 und der Lebenshingabe Joh 13,1.

hen, wenn sie die Worte bzw. Gebote Jesu bewahren[132]. Die Jünger sind keine Knecht mehr, weil Jesus ihnen alles offenbart hat, was er von Gott erfahren hat[133]. Die Betonung des Gnadencharakter dieses Geschehens wird durch die „Gestaltung der Erzählung seit Joh 13,1ff. ... geschickt vorbereitet: die Jünger erscheinen seither als Verräter (Judas [13,21-30]), als Verleugner in spe (Petrus [13,36-38]) oder als Fragende (14,5.8.22)"[134].

Eine weitere Grundfrage der Interpretation von Joh 15,16 ist, welche traditionsgeschichtlichen Impulse dieses Motiv der Freundschaft zwischen Jesus und seinen Freunden inspiriert haben könnte[135]. Besondere Aufmerksamkeit zog die Frage nach möglichen Einflüssen pagan-hellenistischer Freundschaftsethik auf sich:

Die in Joh 15,13-15 thematisierte ‚Jesusfreundschaft' kann als eine johanneische Modifikation des Motivs einer Gottesfreundschaft verstanden werden. Folgende Aspekte sprechen für diese Einschätzung: Ein signifikantes Beispiel für ein pagan-hellenistisches Verständnis von ‚Gottesfreundschaft' findet sich in der Schlußsentenz der Diotima-Rede des platonischen Symposion, welche Plato Sokrates referieren läßt. Plato, Sym, 212a 6-8 zufolge erlangt derjenige Gottesfreundschaft und Unsterblichkeit, der die zuvor beschriebene ‚platonische Stufenleiter der Liebe' (Plat, Sym 210a 6ff.) hinaufgestiegen ist und wahre Tugend praktiziert bzw. anderen dazu verhilft (Plato, Sym, 212a 6-8: τεκόντι δὲ ἀρετὴν ἀληθῆ καὶ θρεψαμένῳ ὑπάρχει θεοφιλεῖ γενέσθαι καὶ εἴπέρ τῳ ἄλλῳ ἀνθρώπων ἀθανάτῳ καὶ ἐκείνῳ;). Diese Konzeption Platos prägte auch die Freundschaftsethik seines bedeutendsten Schülers. Auch wenn von Aristoteles keine Reflexionen über den ἔρως - Begriff tradiert sind[136], erweist er sich gerade diesbezüglich bei aller

---

[132] Der Eventualis Joh 15,14 ὑμεῖς φίλοι μού ἐστε ἐὰν ποιῆτε ἃ ἐγὼ ἐντέλλομαι ὑμῖν betont die Bedeutung der Gebotsobservanz und rekapituliert so die Aufforderung Joh 14,15.21.23f. (... τηρεῖν τοὺς λόγους bzw. ... τηρεῖν τὰς ἐντολάς).

[133] Entsprechend Joh 17,5. Die Antithese δοῦλος - φίλος reflektiert somit auch den johanneischen Freiheitsbegriffs (zu entsprechenden Korrespondenzmotiven vgl. Philo, Migr Abr 45; Sobr 55; Jos Ant XVI 289f.; Cic Fam XVI 22,1; weitere Bespiele bietet U. SCHNELLE [Hg.], Neuer Wettstein I,2, 731f.).

[134] Vgl. K. HALDIMANN, Rekonstruktion, 218; ähnlich F. MOLONEY, Glory, 64; J. H. CHARLESWORTH, Disciple, 52f.; R. A. CULPEPPER, Hypodeigma, 146; J. AUGENSTEIN, Liebesgebot, 40.

[135] Zum Diskussionsspektrum vgl. J. SCHRÖTER, Freunde, 263ff.; R. SCHNACKENBURG, Johannesevangelium III, 124f. bzw. G. THEISSEN, Jesus, 348, für den Joh 15,14f. u. a. auch durch das Motiv der Milde des Herrschers zu seinen Untergebenen inspiriert wurde.

[136] Unterschiedliche Indizien sprechen jedoch dafür, daß sich Aristoteles in nicht tradierten Abhandlungen intensiv mit der ἔρως-Konzeption seines Lehrers auseinandergesetzt hat (vgl. O. GIGON, Nikomachische Ethik, 19 bzw. 47; DERS., Aristoteles Opera III, 277-283). Treffend A. W. PRICE, Erotic Love, 236: „It is difficult enough to try to infer from the fragmentary evidence we do possess what Aristotle took love to be; yet it seems worth while to attempt a kind of archaeological reconstruction." Die Grundtendenz seiner Interpretation scheint jedoch zu sein: „The moral end of love is to transcend itself in friendship" (op. cit., 249).

Freiheit und Selbstständigkeit ganz als Schüler Platos[137]. Auch für Aristoteles verdient derjenige, der die von ihm skizzierte Konzeption des guten Lebens praktiziert, das Prädikat eines θεοφιλέστατος (vgl. Aristot, Eth Nic, X,9 1179 a 30ff.). Die Entfaltung einer auf Tugendhaftigkeit ausgerichteten φιλία ist somit das einigende Band zwischen Gott und Mensch und ermöglicht die angestrebte Glückseligkeit[138].

Derartige platonische und aristotelische Konzeptionen inspirierten u. a. hellenistisch-jüdische bzw. weisheitliche Motive der Gottesfreundschaft. Auch wenn entsprechende Motive bereits in älteren alttestamentlichen Traditionsschichten angelegt sind, wurden sie besonders unter hellenistischem Einfluß entfaltet (paradigmatisch hierfür sind v. a. die Stilisierungen von Abraham und Mose als Freunde Gottes)[139].

Für Leser, die derartige pagan-hellenistische bzw. jüdisch-hellenistische Motivhintergründe kennen, erweist sich Joh 15,13-15 als eine johanneische Transformation antiker Freundschaftsethik. Ein signifikanter Unterschied besteht jedoch darin, daß in der johanneischen Konzeption die Freundschaft zwischen Jesus und seinen Jüngern nicht auf Tugend-, Gleichheits- oder Tapferkeitsidealen, sondern auf der vorbildlichen Liebe und dem Gebot Jesu basiert[140]. Die Jünger werden nicht nur zu Freunden Gottes, son-

---

[137] So I. DÜRING, Aristoteles, 211, Anm. 174 zum φιλία - Begriff der Nikomachischen Ethik bzw. U. V. WILAMOWITZ-MOELLENDORF, Platon, 313, Anm. 1; A. NYGREN, Eros, 123f. zur berühmten These κινεῖ δὲ ὡς ἐρώμενον (Aristot, Met 1072 b 3).

[138] Vgl. R. WEIL, Aristoteles, 234. Nach Diogenes Laertius (Diog L VI 37) soll Diogenes von Sinope gesagt haben, daß die Weisen die Freunde der Götter sind (φίλοι δὲ σοφοὶ τοῖς θεοῖς) und somit Anteil an deren Gütern und Fähigkeiten haben. K. SCHOLTISSEK, Sein, 35f. erkennt zudem in den Aufforderungen zum ‚Bleiben in der Liebe‘ eine Affinität platonischer und aristotelischer Aussagen zur johanneischen Immanenzsprache (Plat., Leg 850 e; Aristot., Eth Nic., IX 6,3).

[139] So z. B. in den Modifikationen von Gen 18,17f.; Ex 33,11, 1 Sam 18,1-4; Jes 41, 8; 2 Chr 20,7 etc. in der Septuaginta oder durch Philo von Alexandrien (Philo, sobr. 56; Mos. I, 156; sacr. 130 u. ö.; s. hierzu J. AUGENSTEIN, Liebesgebot, 77). Zu entsprechenden Motiven von Abraham bzw. Mose als den Freunden Gottes vgl. Jub 19,9; 30,20f.; CD 3,2-4; ApkAbr 9,6; 10,6; TestAbr 13,6. Zu rabbinischen Korrespondenzmotiven vgl. BIL II, 564f.; III, 682. Besondere Dominanz gewinnt das Motiv der Gottesfreundschaft v. a. in der Sapientia Salomonis und bei Philo von Alexandrien (Sap 7,27b.28 καὶ κατὰ γενεὰς εἰς ψυχὰς ὁσίας μεταβαίνουσα φίλους θεοῦ καὶ προφήτας κατασκευά-ζει· οὐθὲν γὰρ ἀγαπᾷ ὁ θεὸς εἰ μὴ τὸν σοφίᾳ συνοικοῦντα). Zu entsprechenden philonischen Motiven vgl. u. a. Philo, Leg All III 1.71; Omn Prob, Lib 42; Abr 50; Rer Div Her 21; Vit Mos I 156; sobr. 55; migr 45; Vit cont 90 etc.; zu diesen Belegen vgl. U. SCHNELLE, Neuer Wettstein I/2, 726ff.; K. SCHOLTISSEK, Liebe, 415ff.

[140] Treffend spricht K. SCHOLTISSEK, Liebe, 436 von einer „Asymmetrie der Zuwendung Jesu". Ferner betont S. V. TILBORG, Love, 153: „The main difference between the Johannine text and all other texts is the fact that the Johannine text deals with a narratively ‚real‘ event ..., i. e. Jesus does what the philosophical ethic demands". Gleichwohl erkennt van Tillborg hierin den Versuch einer Vermittlung jüdischer und pagan-hellenistischer Traditionen (ähnlich P. PERKINS, Love Commands, 110; K. HALDIMANN, Rekonstruktion, 197f.). Entsprechend erkennt H.-J. KLAUCK, Johannesbrief, 279 bzw. 285f. im Changieren der gemeindeinternen Kommunikation zwischen ἀδελφοί und φίλοι

dern zu Freunden Jesu. Der Grund hierfür liegt nicht etwa in ihrer Weisheit bzw. ethischen Vorbildhaftigkeit, sondern in der voraussetzungslosen Erwählung Jesu (Joh 15,16).

3.3 Die Gemeinde als Raum der Liebe und der Freude Jesu

Durch Joh 15,9-17 wird die nachösterliche Gemeinschaft der Glaubenden als ein ‚Raum der Liebe und Freude Jesu' charakterisiert[141]. Die ekklesiologische Quintessenz dieser Konzeption kann jedoch nur im Gesamtzusammenhang der johanneischen Abschiedsreden zur Geltung gebracht werden: Die Eröffnung der ersten Abschiedsrede betont, daß Jesus zum seinem Vater zurückkehrt und die μοναί der Glaubenden bei seinem Vater bereitet (Joh 14,2f.). Diese Form der Gemeinschaft zwischen dem Vater, dem Sohn und den Glaubenden wird jedoch erst durch die Parusie Jesu ihre Vollendung finden. Gleichwohl darf sich bereits die nachösterliche Gemeinde ihrer reziproken Immanenz mit Gott und Jesus gewiß sein, insofern sie in die ewige Liebe von Vater und Sohn einbezogen ist (Joh 17,24.26)[142]. Diese Liebe bildet sowohl die Existenzgrundlage, als auch den Lebensraum der Gemeinde: „Nur als Geliebte bleiben die Liebenden in der Erfahrung der Liebe Jesu und können so selbst lieben"[143].

Auch wenn die skizzierte Konzeption sich zunächst auf die *gemeindeinterne* Situation konzentriert, korrespondiert sie der Reflexion der *gemeindeexternen* Erfahrungen der nachösterlichen Gemeinde. In diesem Zusammenhang dienen jene ermutigenden Zusagen auch der Bewältigung einer negativen Welterfahrung. Eine Hauptintention der johanneischen Abschiedsreden ist der Trost für eine Gemeinschaft, die sich nach dem Weggang Jesu in einer ihr feindselig gegenüberstehenden Welt heimatlos und verloren fühlt (Joh 14,1.27; 15,18-25; 16,16ff.33 etc.). Die textexternen, nachösterlichen Adressaten können ihre eigene Notsituation mit der im Text skizzierten Situation identifizieren. Sie sollen jedoch verstehen, daß der κόσμος sie haßt, weil sie die Jünger Jesu sind (Joh 15,18f.). Trotz ihrer Angst in bzw. vor dem κόσμος dürfen sie getrost sein, daß Jesus die Welt bereits überwunden hat (Joh 16,33). Wenn die Glaubenden in jenem Raum seiner Liebe bleiben, wird auch die Freude Jesu in ihnen Raum gewinnen.

Wechselwirkungen frühjüdischer und hellenistischer Familien- bzw. Freundschaftsethik (vgl. 4Makk 13,19-14,1, TestXII.Rub 6,9; TestXII.Sim 4,4.6f.; TestXII.Seb 8,5; TestXII.Jos 17,2.5; vgl. ferner M. KONRADT, Bruderliebe, 308-310). H.-J. KLAUCK, Der zweite und dritte Johannesbrief, 126f. vermutet, daß dieser Freundschaftstitel gar die Selbstbezeichnung der johanneischen Gemeinde sein könnte.
[141] So in Anschluß an K. HALDIMANN, Rekonstruktion, 183, der speziell in Joh 15,9f. die Liebe als den „Raum des Bleibens" beschrieben sieht.
[142] Zum Verhältnis der futurisch-eschatologischen und präsentisch-eschatologischen Aspekte dieser Motive s. o. § 10/2.2.
[143] So W. SCHRAGE, Ethik, 284.

Die Vollendung der Freude Jesu wird ihre Angst überwinden (Joh 15,11)[144].

Gleichwohl versetzt diese Beschreibung der nachösterlichen Gemeinde als Raum der Liebe und Freude Jesu die Adressaten des Johannesevangeliums in eine paradoxe Situation[145]. Die Paradoxie besteht darin, daß ein wesentlicher Grund der Angst – die Abwesendheit Jesu – zum Grund des Trostes erklärt wird. Die nachösterliche Gemeinde soll sich nicht nur freuen, *obwohl*, sondern *weil* Jesus zum Vater zurückkehrte: Bereits zum Abschluß der ersten Abschiedsrede konfrontiert Jesus seine Jünger mit einer überraschenden Feststellung: Wer ihn liebt, würde sich über seine Rückkehr zum Vater freuen (Joh 14,28b). Diese These veranschaulicht die Korrelation der liebessemantischen und pneumatologischen Konzeptionen im vierten Evangelium[146]. Sie basiert nämlich auf der Vorstellung, daß Jesu Abschied seine Rückkehr im Geistparakleten ermöglicht. Der παράκλητος wird die Jünger an alles erinnern, was Jesus ihnen vor seiner Rückkehr zum Vater mitteilte (vgl. u. a. Joh 14,26). Er wird sie somit auch verstehen lassen, welche Bedeutung die Liebe und der Tod Jesu für ihre nachösterliche Existenz haben.

4. Zusammenfassung der Zwischenergebnisse

In den johanneischen Abschiedsreden werden die christologischen und ekklesiologischen Implikationen des Motivs der Liebe Jesu zu seinen Jüngern und des Liebesgebots Joh 13,34f. ausdifferenziert.

In der ersten Abschiedsrede wird v. a. die Liebe der Jünger zu Jesus reflektiert und zu einer *conditio sine qua non* johanneischer Jüngerschaft erklärt. Wer Jesus liebt, bewahrt seine Gebote und Worte. Der Vater liebt die Jünger, weil sie Jesus lieben (Joh 14,21b.23a). Die Liebe zu Jesus ist

---

[144] Die Bedeutung dieser Aussage wird darin erkennbar, daß sie im Abschiedsgebet Jesu wieder aufgenommen bzw. einer Relecture unterzogen wird. In diesem Kontext nimmt der johanneische Jesus für sich in Anspruch, seinen Jüngern jene tröstenden Worte mitgeteilt zu haben, damit seine Freude auch nach seinem Weggang in ihnen zur Vollendung kommt (vgl. Joh 17,13: νῦν δὲ πρὸς σὲ ἔρχομαι καὶ ταῦτα λαλῶ ἐν τῷ κόσμῳ ἵνα ἔχωσιν τὴν χαρὰν τὴν ἐμὴν πεπληρωμένην ἐν ἑαυτοῖς).

[145] Entsprechend U. SCHNELLE, Johannes, 257 zu Joh 17,13.

[146] U. SCHNELLE, Johannes, 230. Diese pneumatologische Komponente ist für J. BEUTLER, Angst, 112 bereits in den traditionsgeschichtlichen Korrespondenztexten Jer 31,31-34; Ez 36,26-27 präfiguriert. Des weiteren fällt auf, daß die Parakletsprüche (Joh 14,16-20.26) der ersten Abschiedsrede zwischen jenen Sequenzen angeordnet sind, die das Motiv der Liebe Jesu sukzessive entfalten (Joh 14,15.21-24.28). Eine entsprechende thematische Zuordnung läßt sich auch in der zweiten Abschiedsrede erkennen, die jedoch die Liebessemantik und die Parakletsprüche nicht textstrukturell verschränkt.

das Kriterium der reziproken Immanenz von Vater, Sohn und Jüngern (Joh 14,23b). Auch wenn diese Konzeption keine unmittelbaren traditionsgeschichtlichen Vorlagen besitzt, kann sie als die johanneische Interpretation des Gottesliebegebots Dtn 6,4f. verstanden werden, welche die vorhergehenden Aussagen über das Verhältnis von Gott und Jesus konsequent umsetzt: Wenn der Vater und der Sohn bereits vor der Schöpfung der Welt in liebender Zuneigung vereint waren und in ihrem Handeln fortwährend wesensgleich verbunden sind (Joh 1,18; 5,20; 10,17; 10,30; 17,24 etc.), so muß die Liebe zu Gott auch den Gottessohn einschließen. In diesem Sinne kann das Motiv der Liebe der Jünger zu Jesus als die christologische Klimax der johanneischen Liebessemantik verstanden werden. Auch wenn die Klärung der relativen Chronologie der johanneischen Schriften kein primäres Anliegen der vorliegenden Studie ist, so spricht gerade die Gestaltung des Motivs der Liebe zu Jesus dafür, die liebessemantischen Konzeptionen des Johannesevangeliums als fortgeschrittene Reflexionen jener christologischen und ethischen Konfliktpotentiale zu verstehen, die in den johanneischen Briefen dokumentiert sind.

Die ekklesiologischen Implikationen der liebessemantischen Motive werden v. a. in der zweiten Abschiedsrede zur Geltung gebracht (Joh 15,9-17). Dabei wird die johanneische Gemeinde als ein Raum der Liebe und der Freude Jesu bzw. als Gemeinschaft der Freunde Jesu charakterisiert. Jesus habe aufgrund seiner voraussetzungslosen Liebe die Jünger erwählt und dazu bestimmt, die Früchte seiner Liebe hervorzubringen. Auch wenn einzelne Motiv*aspekte* dieser Konzeptionen bereits traditionsgeschichtlich vorgezeichnet sind (z. B. die Immanenzaussagen, die Fruchtmetaphorik, die Freundschaftsethik, die Erwählungsvorstellung etc.), so werden sie im Sinne der johanneischen Christologie und Liebessemantik modifiziert und zu einem konsistenten Motiv*komplex* kompiliert.

Zugleich lassen die ekklesiologische Implikationen der liebessemantischen Motive in den johanneischen Abschiedsreden die primären Aussageintentionen des Verfassers erkennen. Es geht ihm nicht darum, konkrete ethische Verhaltenskodizes zu formulieren, sondern er möchte angesichts der innerjohanneischen Streitigkeiten die Grundlage der Gemeindeethik reflektieren. Gleichwohl versetzt seine Argumentationsstrategie seine Adressaten in eine paradoxe Situation, da ein wesentlicher Grund ihrer Notlage – der Weggang Jesu zum Vater – zu einer Voraussetzung ihres Trostes erklärt wird.

§ 14 Die Liebe der Gemeinde – Der Haß der Welt

Die Kontrastierung der Gemeinschaft der Glaubenden gegenüber der Welt, die sie umgibt, ist eines der markantesten Elemente des dualistischen Motivrepertoires der johanneischen Schriften. Um die Funktionen bzw. Aussageintentionen dieses Motivkomplexes zur Geltung zu bringen, soll im folgenden zunächst die Stellung und Funktion der Textsequenz Joh 15,18-25 dargestellt werden, in welcher jene Kontrastierung besonders eindrücklich zutage tritt und welche die sachliche Grundlage der weiteren themenspezifischen Reminiszenzen bildet (1). Nach der Analyse der Text- und Argumentationsstruktur von Joh 15,18-25 (2), können die thematischen Leitmotive im Gesamtzusammenhang des Johannesevangeliums erläutert werden (3).

1. Zur Stellung und Funktion von Joh 15,18-25 in den johanneischen Abschiedsreden

In zwei Texten der johanneischen Abschiedsreden wird das Verhältnis der johanneischen Gemeinde zu dem sie umgebenden Kosmos in besonderer Eindringlichkeit thematisiert, nämlich einerseits innerhalb der zweiten Abschiedsrede (Joh 15,18-25), andererseits im Abschiedsgebot Jesu (Joh 17,9-19). Dabei lassen sich jedoch unterschiedliche narrative Einbettungen erkennen. Im Erzählzusammenhang von Joh 15,18ff. spricht Jesus direkt mit seinen Jüngern, in Joh 17,9-19 hingegen mit seinem Vater. Joh 17,9-19 ist somit im Zeichen der literarischen Sonderstellung des Abschiedsgebets Jesu zu interpretieren. Auch wenn nicht explizit erläutert wird, in welcher Weise die textinternen Jünger diesem Gebet beiwohnen, kann der textexterne Leser Joh 17,9-19 als eine Réécriture von Joh 15,18-25 erkennen[1].

Eine Systematisierung der johanneischen Aussagen über die nachösterliche Situation der Glaubenden in der Welt muß versuchen, die jeweilige Besonderheit und die Analogie dieser beiden Perspektiven zur Geltung zu bringen. Als Ausgangspunkt der Darstellung wird im folgenden jedoch Joh

---

[1] Zur Stellung und Funktion des Abschiedsgebets Jesu in der Gesamtkomposition des Johannesevangeliums s. o. § 9/2.1.

15,18-25 gewählt, weil in diesem Kontext die argumentativen Grundlagen der späteren Erwägungen exponiert werden. V. a. jedoch operiert lediglich Joh 15,18-25 mit der für die vorliegende Studie instruktiven Kontrastierung der Liebe der Gemeinde und des Hasses der Welt.

Der Eröffnungsvers grenzt die „sachliche und formale Einheit"[2] Joh 15,18-25 von den vorhergehenden Ausführungen ab, in denen die ekklesiologische Relevanz der Liebe Jesu bzw. Gottes und der gegenseitigen Liebe der Glaubenden entfaltet wurde. Während in Joh 15,9-17 das Wortfeld ἀγαπᾶν κ.τ.λ. bzw. φιλεῖν κ.τ.λ. dominierte, tritt nun μισεῖν in den Vordergrund[3]. Nachdem zuvor die Liebe der Gemeinde zur Sprache kam, wird nun der Haß des Kosmos fokussiert[4]. Auffälligerweise wird jedoch nur thematisiert, wie sich der Kosmos gegenüber der Jüngergemeinde verhält. Das Verhalten der Jüngergemeinde gegenüber dem Kosmos kommt hingegen erst im Rahmen des Sendungs- bzw. Missionsauftrags zur Geltung. Und dieser wird zum ersten Mal *expressis verbis* inmitten jener zweiten Kontrastierung der Gemeinde und der Welt thematisiert (Joh 17,18)[5].

Ferner ist das Verhältnis von Joh 15,18-25 und Joh 16,1-4a zu klären. Verschiedentlich wurde versucht, den in Joh 16,1f. ebenso wie in Joh 9,22; 12,42f. angesprochenen Ausschluß johanneischer Christen aus der synagogalen Gemeinschaft als die konkrete inhaltliche Bestimmung von Joh 15,18-25 zu verstehen, wo zunächst nur allgemein vom Haß der Welt die Rede ist[6].

Gewichtige Indizien sprechen jedoch dafür, daß die „Auseinandersetzung mit den Juden ... längst nicht mehr das Hauptthema des Werkes" ist[7]. Der Autor des Johannesevangeliums bietet seinen Adressaten zuweilen thematische Erläuterungen, die ein jüdisch sozialisierter bzw. gebildeter Leserkreis nicht nötig hätte (Joh 1,41; 2,6; 4,25; 11,55; 18,20.28b; 19,40). Sequenzen wie Joh 7,35; 10,16; 11,52; 12,20ff. scheinen die Präsenz ‚judenchristlicher' und ‚heidenchristlicher' Gruppierungen in der johanneischen Gemeinde vorauszusetzen bzw. zu reflektieren und sprechen für eine primär heidenchristlich

---

2 So T. ONUKI, Welt, 131.

3 Vgl. R. METZNER, Sünde, 211, Anm. 34. Joh 15,18-25 bietet 7 der insgesamt 12 Belege von μισεῖν im vierten Evangelium.

4 Treffend R. SCHNACKENBURG, Johannesevangelium III, 129; entsprechend K. WENGST, Johannesevangelium II, 147.

5 Zur Funktion von Joh 17,18 in der Argumentationseinheit Joh 17,9-19 und innerhalb der missionstheologischen Konzeption des Johannesevangelium s. u. § 15/2.2.2.1.

6 So erkennt z. B. K. WENGST, Johannes I, 21 in den in Joh 9,22; 12,42; 16,2 beschriebenen Trennungsprozessen aus dem Synagogenverband nicht „ein für die Gemeinde längst vergangenes Problem", sondern die „bedrängende Erfahrung ihrer Gegenwart" (op. cit., 23). Speziell zu Joh 16,2 vgl. ferner DERS., Johannesevangelium II, 147f. bzw. 152f.

7 So M. HENGEL, Frage, 300; ähnlich J. FREY, Eschatologie II, 259; U. SCHNELLE, Einleitung, 488ff. etc.

ausgerichtete Missionsarbeit[8]. Spezifisch judenchristliche Themen spielen in den johanneischen Schriften keine besondere Rolle. Obwohl z. B. „... dem Gesetz bzw. der Schrift eine solch zentrale Rolle als Zeugnis für Jesus zukommt, bleibt doch die aus der Paulus- und Synoptikerexegese geläufige Frage nach der Gültigkeit des Gesetzes und der Gebote ... unberücksichtigt"[9]. Bereits diese Aspekte sprechen dafür, daß der Autor des Johannesevangeliums einen primär heidenchristlichen Adressatenkreis vor Augen hatte, dem er die jüdischen Wurzeln bzw. Konfliktpotentiale seiner Botschaft überhaupt erst erläutern muß.

Des weiteren fällt auf, daß die Auseinandersetzung mit ‚den Juden' gerade in jenen Textsequenzen in den Hintergrund tritt, in denen die nachösterliche Situation der johanneischen Christen besonders eindrücklich thematisiert wird – nämlich in den johanneischen Abschiedsreden. In Joh 13,1-17,26 steht vielmehr die Situation der nachösterlichen Gemeinde in der ihr haßerfüllt gegenüber stehenden Welt im Vordergrund (Joh 14,1.27; 15,18-25; 16,33; 17,14 etc.). Gerade die Abschiedsreden veranschaulichen die Korrespondenz der Begriffe 'Ιουδαῖοι und κόσμος: „Die Funktion der 'Ιουδαῖοι auf der textinternen Ebene der vita Jesu übernimmt nun der Kosmos für die textexterne Hörer- und Lesergemeinde. Was Jesus in positiver und negativer Weise von ‚den Juden' widerfuhr, erfährt in der Gegenwart wiederum in positiver und negativer Weise die Gemeinde von ‚der Welt'"[10]. Der in Joh 16,2 angesprochene ἀποσυνάγωγος sollte somit lediglich als ein Teilaspekt jener negativen Welterfahrung der johanneischen Christen verstanden werden, die in Joh 15,18-25 zur Sprache kommt.

2. Die Text- und Argumentationsstruktur von Joh 15,18-25

Die Sequenz Joh 15,18-25 verfügt über eine außerordentlich komplexe Argumentationsstruktur, die durch einen „*dynamisch zirkulierenden Gedankengang*"[11] geprägt ist. Zunächst exponiert V 18 das Leitthema, nämlich den Haß des Kosmos, der sich gegen die Gemeinde und Jesus richtet[12].

---

[8]   Vgl. J. FREY, Heiden, 231ff., 253 bzw. 263; U. SCHNELLE, Johannes, 147; M. HENGEL, Frage, 301. Zur Bedeutung von Joh 10,16; 11,52; 12,20ff. für das missionstheologische Selbstverständnis der johanneischen Gemeinde s. u. § 15/1.1.

[9]   Treffend J. AUGENSTEIN, Gesetz, 170 bzw. 172. Entsprechend U. SCHNELLE, Christologie, 43: „Das für Paulus so wichtige Problem ‚Gesetz – Gnade' ist für den Evangelisten längst gelöst ... ". Zum Vergleich mit judenchristlichen Zügen der Logienquelle vgl. C. M. TUCKETT, Q, 281ff. bzw. 289. Ferner zum Verhältnis von νόμος und γραφή in der johanneischen Theologie vgl. U. LUZ, Gesetz, 120; J. AUGENSTEIN, Gesetz, 163f.; A. OBERMANN, Erfüllung, 37-63.

[10]   So U. SCHNELLE, Johannes, 165f. Diese Korrelation zeigt sich partiell bereits in der johanneischen Erzählung des öffentlichen Lebens Jesu, insofern z. B. in Joh 7,7 „unvermittelt ... der κόσμος an die Stelle der Juden" tritt (vgl. op. cit., 142). Gleichwohl sind die Begriffe nicht völlig deckungsgleich. R. E. BROWN, Community, 63-66 versteht κόσμος als Kollektivbegriff, dem die 'Ιουδαῖοι zu subsumieren sind (tendenziell ähnlich J. L. MARTYN, Glimpses, 120f.; R. BULTMANN, Johannes, 222; J. BLANK, Krisis; 231ff.; E. GRÄSSER, Polemik; 150f.; G. BAUMBACH, Gemeinde, 123f.).

[11]   Vgl. T. ONUKI, Welt, 133 (kursiv von T. Onuki).

[12]   So u. a. C. HOEGEN-ROHLS, Johannes, 167; R. METZNER, Sünde, 211 bzw. 245.

Dieses Phänomen wird in zwei einander korrespondierenden Argumentationsgängen reflektiert: Während die Sequenz V 19-21 primär die Ursachen dieses Hasses ergründet, thematisieren die Verse V 22-24 dessen Bedeutung für die Sünde bzw. Sündenerkenntnis des Kosmos. Der sich sukzessive entfaltende Argumentationsduktus kulminiert schließlich in einem Schriftzitat (Joh 15,25), durch welches das Geschick Jesu reflektiert wird. Die drei Teilsequenzen basieren auf analogen Argumentationsfiguren: Es lassen sich drei als Irrealis gestaltete konditionale Satzgefüge erkennen (V 19ab. 20c-f. 22ab. 24ab), die jeweils durch eine Antithese zugespitzt werden (V 19e.21a.22c.23.24c), welche wiederum in eine abschließende Begründung münden (V 19cd.21b.25)[13].

In dieser komplexen Textstruktur ist die Reflexion der nachösterlichen Situation der johanneischen Gemeinde eingebettet. Bereits V 18 exponiert das Leitmotiv der gesamten Sequenz:

V 18a εἰ ὁ κόσμος ὑμᾶς μισεῖ,

b γινώσκετε ὅτι ἐμὲ πρῶτον ὑμῶν μεμίσηκεν.

In der Zuordnung der Zeitebenen läßt sich eine hermeneutische Horizontverschmelzung erkennen: Obwohl diese Worte auf der textinternen Ebene noch vor der Passionserzählung angeordnet sind, thematisieren sie jene hasserfüllte Ablehnung, welche die nachösterlichen Adressaten des Johannesevangeliums in ihrer gegenwärtigen Situation erleben (V 18a). Diese Ablehnung hat Jesus bereits während seiner irdischen Präsenz erfahren (V 18b)[14]. Das resultative Perfekt μεμίσηκεν bringt jedoch zugleich zur Geltung, daß der Kosmos nach wie vor Jesus gegenüber feindlich gesinnt ist. Diese Aussagen implizieren die zentrale Aussageintention der gesamten Sequenz Joh 15,18-25: Der Haß, den die Gemeinde erfährt, ist die Konsequenz ihrer Jüngerschaft.

Das Verhältnis zwischen dem Leiden Jesu und den leidvollen Erfahrungen seiner Anhänger wird in der unmittelbar folgenden Aussageeinheit Joh 15,19-21 begründet und reflektiert. Auch diese Verse zeichnen sich durch eine inhaltlich komplexe, aber sprachlich klare und einprägsame Gedankenführung aus.

---

13 Treffend T. ONUKI, Welt, 131, der diese Reflexionsstruktur als die ursprüngliche Anlage des Textes versteht (gegen u. a. R. BULTMANN, Johannes, 422f.; J. BECKER, Abschiedsreden, 236, die dieselbe erst auf eine sekundäre Überarbeitung zurückführen; demgegenüber verstand bereits M. DIBELIUS, Joh 15,13, 206 die Sequenz V 19-25 formal als eine midraschartige Paraphrase des Leitthemas Joh 15,18).

14 Dies wird durch die Zuordnung von Präsens in V 18a (... μισεῖ ...) und resultativem Perfekt in V 18b (... μεμίσηκεν ...) betont.

Der argumentative Duktus der Texteinheit Joh 15,19-21 kann folgendermaßen nachgezeichnet werden:

V 19aα εἰ ἐκ τοῦ κόσμου ἦτε,
  aβ ὁ κόσμος ἂν τὸ ἴδιον ἐφίλει.
  aγ ὅτι δὲ ἐκ τοῦ κόσμου οὐκ ἐστέ,
  ba ἀλλ' ἐγὼ ἐξελεξάμην ὑμᾶς ἐκ τοῦ κόσμου,
  bβ διὰ τοῦτο μισεῖ ὑμᾶς ὁ κόσμος.
20aα μνημονεύετε τοῦ λόγου οὗ ἐγὼ εἶπον ὑμῖν·
  aβ Οὐκ ἔστιν δοῦλος μείζων τοῦ κυρίου αὐτοῦ.
  b εἰ ἐμὲ ἐδίωξαν, καὶ ὑμᾶς διώξουσιν.
  ca εἰ τὸν λόγον μου ἐτήρησαν,
  cβ καὶ τὸν ὑμέτερον τηρήσουσιν.
21a ἀλλὰ ταῦτα πάντα ποιήσουσιν εἰς ὑμᾶς διὰ τὸ ὄνομά μου,
  b ὅτι οὐκ οἴδασιν τὸν πέμψαντά με.

Bereits V 19 weist eine komplexe Argumentationsstruktur auf: Die beiden ersten Stichoi (V 19aα.aβ) bietet ein als Irrealis der Gegenwart gestaltetes konditionales Satzgefüge, welches durch den Kausalsatz V 19aγ sachlich begründet wird. Dieser Aussage wird wiederum eine nachfolgende Antithese kontrastiert (V 19b)[15]. Durch diese Argumentationsstrategie wird die ontologische Grundverfassung der Gemeinde pointiert zur Sprache gebracht: Wäre die Gemeinde noch immer wesensmäßig dem Kosmos verhaftet, so würde der Kosmos sie lieben. Weil sie jedoch von Jesus aus der Welt erwählt worden sind, erleiden sie jene hasserfüllte Ablehnung. Dieses Argument rekurriert auf das Erwählungsmotiv, daß zuvor in Joh 15,16 exponiert wurde. Während jedoch Joh 15,16 tröstend-paränetisch ausgerichtet war, werden die Adressaten nun mit den Konsequenzen jener Erwählung konfrontiert.

Der Folgevers betont, daß die Jünger sich dieser Konsequenz nicht entziehen dürfen. Zu diesem Zwecke wird explizit auf die Aussage aus der Einleitung der Abschiedsreden verwiesen, derzufolge ein Knecht nicht größer als sein Herr ist (V 20aα in Rekurs auf Joh 13,16)[16]. Die Jünger sollen sich jener Verfolgung somit ebenso stellen wie Jesus (V 20b)[17]. Der Abschluß dieser Aussageeinheit bringt die repräsentative Existenz der Jün-

---

15 Vgl. T. ONUKI, Welt, 133f.
16 Vgl. den expliziten textinternen Rückbezug μνημονεύετε τοῦ λόγου οὗ ἐγὼ εἶπον ὑμῖν. Auch in Joh 13,16.20 ist bereits *in nuce* die Parallelisierung der Stellung Jesu und der Gemeinde in der Welt erkennbar (zu Analyse s. u. § 15/1.1).
17 Die Kontrastierung ἐμὲ ... καὶ ὑμᾶς akzentuiert die Analogie des Geschicks Jesus und der Jünger (vgl. E. G. HOFFMANN/H. V. SIEBENTHAL, Grammatik, § 139b). Im Gegensatz zu V 18 wird die Verfolgung der Jünger nun jedoch als ein sich erst in der Zukunft vollziehendes Geschehen angesprochen.

ger zur Geltung: Die Jünger erleiden wegen ihrer Zugehörigkeit zu Jesus die Verfolgungen des Kosmos (V 21a). Die Welt lehnt jedoch den Gottessohn ab, weil sie den ihn sendenden Vater nicht kennt (V 21b). Der folgende Argumentationsgang thematisiert die Sünde des Kosmos bzw. dessen Fähigkeit zur Sündenerkenntnis:

V 22aα εἰ μὴ ἦλθον καὶ ἐλάλησα αὐτοῖς,

    aβ ἁμαρτίαν οὐκ εἴχοσαν·

    b νῦν δὲ πρόφασιν οὐκ ἔχουσιν περὶ τῆς ἁμαρτίας αὐτῶν.

23 ὁ ἐμὲ μισῶν καὶ τὸν πατέρα μου μισεῖ.

24aα εἰ τὰ ἔργα μὴ ἐποίησα ἐν αὐτοῖς ἃ οὐδεὶς ἄλλος ἐποίησεν,

    aβ ἁμαρτίαν οὐκ εἴχοσαν·

    bα νῦν δὲ καὶ ἑωράκασιν

    bβ καὶ μεμισήκασιν καὶ ἐμὲ καὶ τὸν πατέρα μου.

Wie in V 19 benennt ein konditionales Satzgefüge das Leitthema, daß nun jedoch als ein Irrealis der Vergangenheit gestaltet ist[18]. Wenn Jesus nicht in die Welt gekommen wäre und die Botschaft seines Vaters offenbart hätte, hätte ihre Sündhaftigkeit nicht erkannt werden können[19]. Dieser Vorwand ist nun jedoch hinfällig (V 22b). Die Fähigkeit zur Sündenerkenntnis wurde somit überhaupt erst durch die irdische Präsenz des Gottessohnes ermöglicht.

Die skizzierte hamartologische Aussage wird in V 23f. anhand einer Antithese zur johanneischen Liebessemantik zugespitzt: Wer Jesus haßt, haßt den Vater (V 23). Diese These basiert auf dem Motiv der Einheit von Sendendem und Gesandten und hebt die Dignität Jesu hervor[20]. V. a. jedoch fungiert sie als ein negatives Korrelat zu den vorhergehenden Aussagen, daß die Liebe zu Gott bzw. die Gotteskindschaft sich in der Liebe zum Sohn konkretisiert (Joh 8,42a; 14,21.23f.)[21].

Vor diesem Hintergrund wird erneut die Sünde bzw. die Sündenerkenntnis des Kosmos thematisiert. V 24a ist syntaktisch analog zu V 22a strukturiert und thematisiert die von Jesus vollbrachten ἔργα. Trotz jener Taten bzw. Werke, die kein anderer als der Gottessohn hätte vollbringen

---

[18] Vgl. E. G. HOFFMANN/H. V. SIEBENTHAL, Grammatik, § 284 d bzw. T. ONUKI, Welt, 135.

[19] Die Aussage V 24a impliziert freilich nicht, daß der Kosmos vor Jesu Kommen sündlos war, sondern nur, daß erst durch Jesu Offenbarungstätigkeit ihre Sündhaftigkeit erkannt werden konnte (vgl. R. METZNER, Sünde, 211 bzw. 245; A. SCHENK-ZIEGLER, Correctio, 268f.; K. WENGST, Johannesevangelium II, 150; ferner s. u. Anm. 29).

[20] Vgl. J.-A. BÜHNER, Gesandte, 209ff.

[21] Entsprechend zur Korrespondenz der Wortfelder ‚Liebe' – ‚Glaube' bzw. ‚Haß' – ‚Unglaube' in der johanneischen Theologie vgl. R. BULTMANN, Johannes, 373; W. THÜSING, Erhöhung, 228ff. bzw. 246; T. ONUKI, Welt, 216; R. METZNER, Sünde, 287-289.

können, wird Jesus bzw. der in ihm wirkende Vater abgelehnt. Diesem Argument zufolge ist somit „die entscheidende Sünde ... , Jesu Reden und Handeln nicht als das Reden und Handeln Gottes anzuerkennen"[22].

Die Argumentationseinheit Joh 15,18-25 mündet schließlich in das Erfüllungs- bzw. Reflexionszitat V 25:

V 25a ἀλλ' ἵνα πληρωθῇ ὁ λόγος ὁ ἐν τῷ νόμῳ αὐτῶν γεγραμμένος
    b ὅτι 'Εμίσησάν με δωρεάν.

Durch diesen Rekurs auf Schriftworte wie Ps 35,19 bzw. 69,5 spricht der johanneische Jesus „als der leidende Gerechte, dem unverschuldet Unrecht widerfährt, dem aber Gott Recht verschaffen wird."[23] Gleichwohl scheint diese These nicht negativ-abgrenzend konnotiert zu sein, sondern lediglich die Schuldlosigkeit Jesu hervorheben zu wollen[24].

3. Die thematischen Leitmotive im Gesamtzusammenhang des Johannesevangeliums

Die Funktion der skizzierten Kontrastierung der Gemeinschaft der Glaubenden kann an zwei thematischen Leitmotiven erläutert werden, nämlich einerseits an der Verhältnisbestimmung der vorösterlichen Situation Jesu und der nachösterlichen Situation der Gemeinde (3.1), andererseits an der Gegenüberstellung des Hasses der Welt und der Liebe der Gemeinde (3.2).

3.1 Die Situation Jesu und die Situation der Gemeinde in der Welt

In Joh 15,18-25 wird zum ersten Mal im Erzählverlauf des vierten Evangelium explizit die nachösterliche Situation der johanneischen Gemeinde thematisiert, die zuvor lediglich implizit angedeutet wurde (z. B. Joh 3,11; 14,16-20.22 etc.)[25]. Die johanneischen Christen erfuhren eine schroffe Ablehnung ihrer Umwelt, die u. a. auch als eine Konsequenz ihrer missionarischen Aktivitäten verstanden kann[26]. Auf Grund ihres Bekenntnisse zu

---

[22] So K. WENGST, Johannesevangelium II, 150.

[23] So K. WENGST, Johannesevangelium II, 151. Zur Kontroverse um den konkreten schrifthermeneutischen Bezugspunkt vgl. M. J. J. MENKEN, Reason, 139ff.

[24] Anders J. BECKER, Johannes II, 589.

[25] Treffend konstatiert T. ONUKI, Welt, 133, daß ab Joh 15,18-25 die Kontrastierung der Welt und der Gemeinde erzählerisch zugespitzt wird (entsprechend u. a. R. SCHNACKENBURG, Johannesevangelium III, 129f.; S. SCHULZ, Johannes, 201).

[26] Vgl. R. BULTMANN, Johannes, 425. Auch wenn in Joh 15,18-25 nicht *expressis verbis* die missionarische Aktivität der johanneischen Gemeinde angesprochen ist, ist sie in V 20c und v. a. im Motiv der Verfolgung um Jesu Namen willen (V 21a) impliziert (vgl. R. SCHNACKENBURG, Johannesevangelium III, 131f.; anders hingegen J. BECKER,

Jesus erleiden sie Haß und Verfolgung, die im extremen Fall sogar zum Martyrium führen konnte (Joh 16,2b)[27]. Die Bewältigung dieser Notsituation ist ein zentrales Anliegen der Abschiedsreden.

Auch wenn viele frühchristliche Zeugnisse nachösterliche Notsituationen der Glaubenden dokumentieren bzw. reflektieren (Mk 13,11-13/Mt 10,22; 24,9/Lk 21,16f.; 1 Thess 2,14-16; 2 Kor 11,23-33 etc.), bietet das Johannesevangelium eine Bewältigungsstrategie, die in einer analogielosen Weise von der Christologie her entwickelt ist[28]. Dabei verfolgt Joh 15,18-25 eine zweifache Aussageintention: Einerseits wird den Adressaten die Ursache dieser Situation erläutert, andererseits werden sie zu einer angemessenen Reaktion herausgefordert.

Bereits die Einleitung der Textsequenz betont, daß die nachösterlichen Erfahrungen der Gemeinde dem Geschick Jesu während seiner irdischen Präsenz entsprechen (Joh 15,18). Während der Haß der Welt gegen die Gemeinde ausschließlich in Joh 15,18-25 zur Sprache kommt, wird der Hass gegen Jesus bereits in der Beschreibung seiner öffentlichen Tätigkeit angesprochen. Die erste implizite Motivpräfiguration ist in die Schlußsequenz der Nikodemusperikope integriert: Joh 3,20 zufolge wird das in die Welt gekommene Licht von den Menschen gehaßt bzw. abgelehnt, weil es deren Inferiorität zutage treten läßt. Im Zeichen der christologischen Konzentration der Lichtmetaphorik im vierten Evangelium entspricht das Mo-

---

Johannes II, 587). Dabei entspricht es der subtilen Erzählstrategie des Johannesevangeliums, daß der eigentliche Missionsauftrag auf der textinternen Kommunikationsebene zwischen Jesus und seinen Jüngern erst später eingeführt wird (Joh 17,18; 20,21). Zur Komplexität der missionstheologischen Konzeption des vierten Evangeliums s. u. § 15.

[27] Auf welche konkreten Geschehnisse sich diese Aussagen beziehen, bleibt spekulativ (zur Diskussion vgl. J. FREY, Bild, 48f.). Treffend konstatiert W. BAUER, Johannesevangelium, 194, daß die eigentlichen Adressanten des Johannesevangeliums am ehesten nachvollziehen konnten, was mit der Umschreibung ‚dies alles werden sie euch antun' (V 21a) gemeint ist.

[28] Vgl. besonders die mit Joh 15,18 sachlich korrespondierende synoptische Tradition Mk 13,13/Mt 10,22/Lk 21,17: καὶ ἔσεσθε μισούμενοι ὑπὸ πάντων διὰ τὸ ὄνομά μου (Mt 24,9b bietet gar den universalisierenden Zusatz μισούμενοι ὑπὸ πάντων τῶν ἐθνῶν). In den jeweiligen synoptischen Kontexten begegnen weitere Aussagen, die eine Affinität zu Joh 15,18-25 bzw. zur generellen Beschreibung der nachösterlichen Situation der Glaubenden im Johannesevangelium aufzuweisen scheinen (z. B. das Motiv der Verfolgung um Jesu Namen willen bzw. der Zusage des Beistandes des heiligen Geistes [vgl. Mk 13,11c/Mt 10,20], die Möglichkeit eines Martyriums [Mk 13,12a/Mt 10,21a; 24,9a/Lk 21,16b] etc.). Angesichts dessen ist zu fragen, inwieweit die Gestaltung von Joh 15,18-25 *nicht nur* von der Erfahrung der Trennung von der synagogalen Gemeinschaft her verstanden werden muß, *sondern auch* als eine situationsbedingte Applikation dieser synoptischen Motive verstanden werden kann. Die christologische Bewältigungsstrategie in Joh 15,18-25 korrespondiert wiederum mit paulinischen Aussagen, denenzufolge das Leiden des Apostels bzw. seiner Gemeinden als Mitleiden mit Christus zu verstehen sei (vgl. U. SCHNELLE, Johannes, 244 zu 1 Thess 2,14-16; 2 Kor 11,23-33 etc.).

tiv ‚Haß gegen das Licht' dem ‚Haß gegen Jesus'. Auch die erste explizite diesbezügliche Aussage wird dem johanneischen Jesus selbst in den Mund gelegt: Im Vorfeld seines Besuchs auf dem Laubhüttenfest wird Jesus von seinen Brüdern aufgefordert, sich vor der Welt zu offenbaren (Joh 7,5). Jesus konfrontiert sie jedoch relativ unvermittelt mit der These, daß sie von der Welt nicht gehaßt werden könnten. Er selbst ziehe jedoch den Haß der Welt auf sich, da er die Schlechtigkeit ihrer Werke aufdecke. Wie in Joh 3,20 und Joh 15,22-24 sind somit auch in Joh 7,7b der Haß gegen Jesus und dessen sündenaufdeckende Tätigkeit miteinander verschränkt[29].

Diese hamartologische Konzeption hat im Kontext von Joh 15,18-25 eine zweifache Funktion: Einerseits wird der Hass, den die Glaubenden bzw. Jesus von der Welt erfahren, als Sünde qualifiziert[30]. Andererseits zeigt sich, daß die sündenaufdeckende Tätigkeit Jesu in der Verkündigung seiner Worte durch die johanneische Gemeinde fortgeführt wird[31]. Auf diese Weise wird den Adressaten vermittelt, daß in jener Ablehnung „nicht primär sie, sondern ihr Meister ... gemeint ist"[32]. Sie müssen somit nicht beunruhigt sein, daß jene Notsituation ein Indiz einer falschen Entwicklung ist. Sie entspricht vielmehr dem göttlichen Heilsplan[33].

Die Reflexion der Ursache des Hasses der Welt mündet in eine Aufforderung, wie die Gemeinde sich diesem Phänomen gegenüber angemessen zu verhalten habe: Was Jesus als dem Herrn widerfährt, das widerfährt auch seinen Knechten, den Jüngern (Joh 15,20a). Innerhalb des Erzählverlaufs des Johannesevangeliums rekurriert diese These explizit auf die Einleitung der Abschiedsreden (Joh 13,16). Sie revidiert jedoch nicht die unmittelbar vorhergehende Zusage, daß sich die Jünger nicht mehr als Knechte, sondern als Freunde Jesu verstehen dürfen (Joh 15,14f.). Die Jünger werden vielmehr dazu ermutigt, ihrer Berufung gerecht zu werden.

---

[29] Vgl. A. SCHENK-ZIEGLER, Correctio, 268f. In der Auslegungsgeschichte von Joh 15,24a wurde verschiedentlich diskutiert, ob die These Joh 15,24a (εἰ τὰ ἔργα μὴ ἐποίησα ἐν αὐτοῖς ἃ οὐδεὶς ἄλλος ἐποίησεν ἁμαρτίαν οὐκ εἴχοσαν) dahingehend verstanden werden kann, daß der Kosmos vor Jesu Kommen sündlos war. Eine solche Vermutung ist jedoch im Gesamtzusammenhang der johanneischen Hamartologie unangemessen. Auch wenn die Schlechtigkeit der menschlichen ἔργα nicht in Joh 15,22-24, sondern in Joh 3,20; 7,7 angesprochen wird, veranschaulicht die Korrespondenz dieser Sequenzen, daß Joh 15,24a zur Sprache bringen soll, daß die Sündhaftigkeit des Kosmos alleine durch die Offenbarungstätigkeit Jesu identifiziert werden konnte. Entsprechend setzen auch Aussagen wie Joh 1,29; 3,16f. etc. sachlich voraus, daß der Kosmos aufgrund seiner Sünden verlorenzugehen drohte.

[30] Treffend R. METZNER, Sünde, 211 bzw. 245, der hierin eine Affinität zur paulinischen Theologie erkennt (vgl. op. cit., 22f.; H. HÜBNER, Theologie III, 181; gegen z. B. A. STIMPFLE, Wort, 118ff.; E. HAENCHEN, Johannesevangelium, 493f.).

[31] Vgl. T. ONUKI, Welt, 135.

[32] Treffend J. BECKER, Johannes II, 587.

[33] Vgl. J. BECKER, Johannes II, 585.

Die Korrespondenz von Joh 13,16; 15,15; 15,20 betont vielmehr die Dramaturgie der Antithetik von Knechtschaft und Freundschaft: Zunächst erläutert Joh 13,16 die Bedeutung der paradigmatischen Liebe Jesu, die dazu auffordert, ebenso wie er gegenseitige Liebe zu praktizieren. Joh 15,14f. zufolge dürfen sich die Jünger als Freunde Jesu verstehen, wenn sie seine Gebote befolgen – also u. a. auch die Aufforderung zur gegenseitigen Liebe und zur Verkündigung (Joh 13,34f.; 17,18; 20,21). Vor diesem Hintergrund werden die Adressaten durch Joh 15,20 dazu aufgefordert, sich jener Bedrohung der Welt zu stellen. Auch wenn sie sich nicht mehr als Knechte, sondern als Freunde Jesu verstehen dürfen, sollen sie in Solidarität mit ihm die Herausforderung des Sendungsauftrages auf sich nehmen. Würde sie sich dieser Konfrontation entziehen, so würden sie sich über Jesus stellen[34].

3.2 Zur Intention der Kontrastierung von Gemeinde und Welt

Die Sequenz Joh 15,18-25 veranschaulicht eindrücklich die johanneische Instrumentalisierung liebessemantischer und dualistischer Motive. Nachdem in Joh 15,9-17 erläutert wurde, in welcher Weise sich die Liebe Jesu bzw. Gottes im Leben der Gemeinde konkretisieren soll, reflektiert Joh 15,18-25 die Situation der Gemeinde inmitten der ihr hasserfüllt gegenüberstehenden Welt[35]. Die antithetischen Korrelate ‚Liebe' und ‚Haß' avancieren somit zu zentralen ekklesiologischen Reflexionskategorien. Durch die textstrukturelle Zuordnung der beiden Sequenzen stehen sich die „in sich abgeschlossene, feindliche Welt einerseits und die aus ihr entweltlichte Gemeinde andererseits ... einander gegenüber"[36].

Auch wenn dem Kosmos eine Fähigkeit zur Liebe prinzipiell zugestanden wird, ist er Joh 15,19aβ zufolge lediglich imstande, das ihm Wesengleiche zu lieben[37]. Dieser Sachverhalt bildet wiederum eine Antithese zu

---

[34] Vgl. T. ONUKI, Welt, 134. Entsprechend K. HALDIMANN, Rekonstruktion, 244f. zum Verhältnis von Joh 13,16 und 15,20: „ ... ging es dort ... um das aktive Handeln der Jünger, so hier um ihr passives Erleiden, ihr Ausgesetztsein an die Handlungen der Welt."

[35] S. VAN TILBORG, Imaginative Love, 140. Treffend konstatiert R. SCHNACKENBURG, Johannesevangelium III, 129 „Die Aufeinanderfolge ist absichtlich so angeordnet, daß die Gemeinschaft der Liebenden mit einer Welt des Hasses konfrontiert wird" (tendenziell ähnlich K. WENGST, Johannesevangelium II, 147). Die reziproke Interpretation dieser Sequenzen problematisiert Versuche, Joh 15,18-16,4a lediglich als einen redaktionellen Nachtrag zu Joh 15,1-17 zu verstehen (so u. a. M. WINTER, Vermächtnis, 277ff.; J. BECKER, Johannes II, 588).

[36] Treffend T. ONUKI, Welt, 133.

[37] Vgl. R. METZNER, Sünde, 246. Zu unpräzise hingegen C. K. BARRETT, Johannes, 466: „Es ist so wahrhaftig die Natur der Welt, zu hassen, wie es die Natur der Christen ist, zu lieben." Daß in diesem Kontext die Liebe des Kosmos durch φιλεῖν ausgedrückt wird, impliziert keine subtile Diskreditierung dieses Begriff (vgl. J. AUGENSTEIN, Lie-

der voraussetzungslosen Liebe Jesu und der sich hierin gründenden Liebe der Jünger. Insofern eine solche Einschränkung der Liebe eindeutig negativ qualifiziert ist, bietet Joh 15,19 ein weiteres Indiz, daß „die johanneische Ethik keine Konventikelethik darstellt, sondern Außenmoral und Binnenmoral übereinstimmen."[38] Der Folgevers Joh 15,19b betont nämlich prompt, daß auch die Jünger dieser Welt nicht *per se* ontologisch enthoben sind, sondern ihr zuvor ebenfalls angehört haben[39]. Ihre Gotteskindschaft resultiert alleine aus jener voraussetzungslosen Erwählung Jesu. Doch auch wenn die Glaubenden nicht mehr *von* dieser Welt sind, leben sie nach wie vor *in* dieser Welt (Joh 15,19; 17,11.14.16). Sie dürfen jedoch getrost sein, daß der Haß des Kosmos nicht ihr eschatologisches Heil gefährden kann. Jesus habe vielmehr die Welt überwunden (Joh 16,33) und sei der Garant ihrer Heilsperseveranz (Joh 6,39f.; 10,27-29).

Ein für das Verständnis der dualistischen Motive des vierten Evangeliums zentraler Sachverhalt besteht darin, daß die skizzierte Kontrastierung von Gemeinde und Welt keine starre, unüberwindliche Antithetik, sondern eine dynamische Zuordnung aufweist[40]. Gerade diese Konzeption, in der in besonderem Maße negative Erfahrungen der johanneischen Gemeinde versprachlicht bzw. reflektiert werden, mündet nicht in ein Appell zu einer prinzipiellen Weltflucht bzw. Weltverneinung. Sie bildet vielmehr die Grundlage der johanneischen Neufassung des missionstheologischen Selbstverständnisses. Die Adressaten werden vielmehr ermutigt, gerade angesichts ihrer negativen Welterfahrungen die gegenseitige Liebe als

---

besgebot, 64 bzw. 78; M. PAESLACK, Bedeutungsgeschichte, 64f.; anders hingegen K. HALDIMANN, Rekonstruktion, 385f.).

[38] So H. MEISINGER, Liebesgebot, 182.

[39] Vgl. T. ONUKI, Welt, 133; entsprechend O. HOFIUS, Wiedergeburt, 66f. Dies ist ein markanter Kontrast zu gnostischen Erwählungsvorstellungen, denenzufolge die zur Rettung bestimmten Individuen ontologisch dem Kosmos nie verbunden waren (vgl. z. B. EvThom 49/50; vgl. M. FIEGER, Thomasevangelium, 158f.; zur frühgnostischen Johannesinterpretation von Herakleon, in welcher in das vierte Evangelium eine anthropologische Unterscheidung von Pneumatikern, Psychiker und Choikern eingetragen wird, vgl. A. WUCHERPFENNIG, Heracleon, 247ff. bzw. 332ff.; zum Spektrum gnostischer Erwählungs- und Erlösungskonzeptionen vgl. K. RUDOLPH, Gnosis, 132ff.). Ferner nimmt der johanneische Jesus die Angst seiner Jünger durchaus ernst und wertet sie nicht als ein Indiz einer choischen Weltverhaftung (zu einem derartigen gnostischen Verständnis vgl. das entsprechende Referat durch Iren, Ad. Haer. I, 5,4).

[40] Treffend T. ONUKI, Welt, 138; gegen u. a. L. SCHOTTROFF, Welt, 287f., F. F. SEGOVIA, Hatred, 271ff. denenzufolge durch diese Kontrastierung die Fronten gerade verhärtet werden sollen. Tendenziell ähnlich J. BECKER, Johannes I, 219f., der Joh 15,18-16,4 der von ihm postulierten kirchlichen Redaktion zuschreibt, welche eine strikte Abgrenzung der johanneischen Gemeinde von der Welt bzw. vom Judentum propagierte wolle und jede missionarische Bestrebung diskreditiere: „Der Welt die Botschaft auszurichten, ist von vornherein umsonst" (DERS., Johannes II, 587; entsprechend Joh 10,1ff.; 16,33; 1 Joh 5,19 etc.).

Grundlage ihrer Identitätsbildung neu zu begreifen[41]. Die Gemeinde bildet als Raum der Liebe und Freude Jesu geradezu eine ‚Gegenwelt' inmitten der ihr hasserfüllt gegenüberstehenden Welt. Dem Haß der Welt wird die Liebe Jesu kontrastiert, der Angst der Jünger die Freude Jesu[42].

Durch den skizzierten Argumentationsduktus wird die Lesergemeinde also zunächst „*aus der Verkündigungssituation in der ungläubigen Welt herausgerufen und zur Rückbesinnung angeleitet. Hier versichert sie sich erneut der Identität ihrer eigenen Verkündigungsaufgabe. So gefestigt wird sie erneut in die Welt gesandt – zur weiteren Verkündigung. Resignation vor der Welt war ausgeschlossen.*"[43]. Dieser Sachverhalt kommt in Joh 17,9-19 noch deutlicher zum Tragen als in Joh 15,18-25, insofern in dieser Reflexion über die Stellung der nachösterlichen Gemeinde in der Welt zum ersten Mal die genuin johanneische Gestaltung eines Missionsauftrags erkennbar wird: Ebenso wie Jesus von seinem Vater *in die Welt* gesendet wurde, so sendet er seine Jünger *in die Welt* (Joh 17,18). Diese Zuordnung der Kontrastierung der Gemeinde von der Welt und ihrer Sendung in die Welt ist in dem nun folgenden § 15 zu entfalten, in welchem die Bedeutung der dualistischen und liebesemantischen Motive für die missionstheologische Konzeption des Johannesevangeliums dargestellt wird.

4. Zusammenfassung der Zwischenergebnisse

Die Antithetik ‚Gemeinde' – ‚Welt' veranschaulicht paradigmatisch die Bedeutung der liebessemantischen und dualistischen Motive für die theo-

---

[41] Für K. WENGST, Johannesevangelium II, 147 wird die Erfahrung der hassenden Ablehnung der Gemeinde durch die Welt in die Ermutigung zur innergemeindlichen Liebe integriert, insofern auf diese Weise „die innergemeindliche Solidarität umso notwendiger erscheinen" müsse.

[42] Diese entspricht der Einschätzung von W. REBELL, Gegenwelt, 211, demzufolge „sich die Textwelt des Joh-Ev als ein Weltentwurf verstehen läßt, als eine symbolische Sinnwelt. Der Text des Evangeliums erzeugt eine Wirklichkeit sui generis, die ihre eigenen Wahrheitskriterien hat und deren Elemente strukturell aufeinander bezogen sind. Demjenigen Leser, der das Joh-Ev aus der Distanz heraus verstehen will, bleibt es grundsätzlich verschlossen. Nur demjenigen Leser wird es seine symbolische Sinnwelt evident, der sich von der Bewegung des Textes mit-bewegen läßt, der sich in die textimmanente Wirklichkeit hineinziehen läßt."

[43] Vgl. T. ONUKI, Welt, 218 (Kursivierung durch Onuki). Treffend ferner J. P. MIRANDA, Vater, 395: „Obgleich die Festigung des Glaubens an Jesus Christus das Hauptziel des Johannesevangeliums ist (Joh 20,31), und das Festhalten am Bekenntnis (1 Joh 2,23; 4,2f.; 2 Joh 7) und an der Gemeinschaft mit dem engeren joh Kreis hervorgehoben wird (1 Joh 1,3), bleibt die johanneische Gemeinde doch offen für die Sendung in die Welt." Tendenziell ähnlich R. KÜHSCHELM, Verstockung, 157f. bzw. 270; U. SCHNELLE, Johannesforschung, 35; J. FREY, Eschatologie I, 342.

logische Gedankenführung des vierten Evangeliums. Der Verfasser versucht seinen Adressaten einerseits die Ursache ihrer negativen Welterfahrungen zu erläutern, andererseits möchte er ihnen ein erneuertes Weltverhältnis vermitteln und sie zu einer angemessenen Reaktion ermutigen.

Die Gemeinde soll wissen, daß ihre Erfahrungen dem Geschick Jesu während seiner irdischen Präsenz entsprechen. Der Kosmos haßt die Gemeinde, weil er Jesus haßt und weil Jesus sie aus dem Kosmos erwählt hat. Ihre nachösterliche Notsituation ist somit eine Konsequenz ihrer Jüngerschaft. Ferner sei die Ablehnung darauf zurückzuführen, daß durch die Verkündigung der Gemeinde die sündenaufdeckende Kraft der Worte Jesu fortgeführt werde. In diesem Sinne vollzieht sich durch die Wirksamkeit der Gemeinde das, was bereits im Prolog des Evangeliums lichtmetaphorisch umschrieben wurde: Das Licht scheint nach wie vor in der Finsternis (Joh 1,5).

Diese tröstenden und ermutigenden Reflexionen münden in eine Aufforderung, wie sich die Gemeinde dem Haß der Welt gegenüber angemessen zu verhalten hat. Die Glaubenden sollen sich jener Bedrohung und Verfolgung durch die Welt ebenso stellen wie Jesus. Ebenso wie Jesus vom Vater in die Welt gesandt wurde, so sendet Jesus seine Jünger in die Welt. Durch die unmittelbare Kontrastierung der Sequenzen Joh 15,9-17 und Joh 15,18-25 avancieren die antithetischen Korrelate ‚Liebe‘ und ‚Haß‘ zu zentralen ekklesiologischen Reflexionskategorien. Die Gemeinde wird als ein Raum der Liebe Jesu beschrieben, der inmitten einer sie hasserfüllt ablehnenden Welt existiert. Auf diese Weise wird sowohl die Bedeutung der gegenseitigen Liebe der Glaubenden hervorgehoben, als auch die erneute Stärkung des missionstheologischen Selbstverständnisses vorbereitet.

§ 15 Die missionstheologischen Implikationen der liebessemantischen und dualistischen Motive

Auch an der missionstheologischen Konzeption des Johannesevangeliums zeigt sich eindrücklich die Funktion der liebessemantischen und dualistischen Motive des Johannesevangeliums. Um diesen Sachverhalt demonstrieren zu können, sollen zunächst die Grundzüge der missionstheologischen Konzeption des vierten Evangeliums (1.) und deren universale Ausrichtung dargestellt werden (2.). Vor diesem Hintergrund kann erläutert werden, warum die Liebe und Einheit der johanneischen Gemeinde als ein missionstheologisches Zentralmotiv und als ein integraler Bestandteil der ‚dramaturgischen Christologie der Liebe Gottes' verstanden werden muß (3.).

1. Die missionstheologische Konzeption des vierten Evangeliums

Das Johannesevangelium bietet eine Vielzahl von Texten, welche missionarische Aktivitäten der johanneischen Gemeinde vorauszusetzen bzw. deren missionstheologisches Selbstverständnis zu reflektieren scheinen. Insofern die Komplexität dieser thematischen Reminiszenzen eine divergente Forschungsdiskussion inspirierte, soll im folgenden zunächst das Verhältnis der einzelnen Aussagen zueinander besprochen werden (1.1). Daraufhin kann die sachliche Basis der missionstheologischen Konzeption des Johannesevangeliums erläutert werden (1.2).

1.1 Die Komplexität der missionstheologischen Reminiszenzen

Die missionstheologischen Züge des vierten Evangeliums bergen eine Aporie, die eine kontroverse Forschungsdiskussion nach sich zog. Während Texte wie z. B. Joh 3,11; 4,35-39 implizit *missionarische Aktivitäten* der johanneischen Gemeinde dokumentieren, scheinen Aussagen wie Joh 10,16; 11,52; 13,16-20 etc. ein reflektiertes *missionstheologisches Selbstverständnis* vorauszusetzen. Ein dezidierter *Missionsauftrag* wird hingegen lediglich im Kontext des Abschiedsgebets Jesu bzw. der Begegnung der

Jünger mit dem Auferstandenen thematisiert (Joh 17,18; 20,21). Die Disparität der einzelnen Aussagen wurde zuweilen als ein Indiz redaktioneller Überarbeitungen gewertet, welche die Wandlungen des missionstheologischen Selbstverständnisses der johanneischen Gemeinde widerspiegeln[1]. Eine derartige Einschätzung wird jedoch der Grundintention der johanneischen Schriften nicht gerecht. Die Vielschichtigkeit der missionstheologischen Aussagen ist vielmehr eine Konsequenz des Anliegens und der Erzählstruktur des Johannesevangeliums.

Zunächst ist festzuhalten, daß eine Interpretation der johanneischen Missionstheologie nicht von der johanneischen Gemeindekrise abstrahieren darf. Der Autor des vierten Evangelium verfasste keine situationsunabhängige Missionsschrift[2], sondern musste im Zeichen einer konkreten Notlage u. a. auch das Verhältnis seiner Gemeinschaft zum Kosmos bedenken. Die missionstheologischen Sequenzen des vierten Evangeliums bieten daher keine Initialzündung missionarischer Aktivitäten, sondern reflektieren aufgrund negativer Erfahrung neu die Begründung der Mission[3]. Wenn

---

[1]   So gibt es z. B. für J. BECKER, Johannes I, 217 nur „ ... wenige Themen joh Theologie, bei denen sich so augenfällig allein eine schichtenspezifische Behandlung des Themas nahelegt, wie das Thema Mission." So könne man z. B. hinter Aussagen wie Joh 13,15f.20; 20,21-23 wandermissionarische Aktivität vermuten (op. cit., 218). Auch universale Motive wie Joh 4,42; 6,35; 7,37f.; 8,12; 14,7 etc. implizieren missionarische Konnotationen. Derartige Tendenzen seien jedoch einer frühen Phase der johanneischen Gemeinde- und Theologiegeschichte zuzuordnen, die in der von Becker postulierten zweiten und vierten Phase durch deterministische und dualistische Tendenzen relativiert worden sind. Nur der Evangelist, welcher in der Becker'schen Rekonstruktion der dritten Phase der johanneischen Theologie- und Gemeindegeschichte zuzuordnen sei, habe diese missionarischen Bestrebungen der frühen Gemeindegeschichte revitalisieren wollen (vgl. u. a. Joh 1,7.12; 3,16; 4,31-39; 12,32 etc.). Ausführlich zu Beckers Rekonstruktion einer johanneischen Theologie- und Gemeindegeschichte und der Problematik ihrer methodischen Prämissen vgl. J. FREY, Eschatologie I, 278ff. bzw. s. o. § 3/2.2.
[2]   Vgl. R. METZNER, Sünde, 276. Würde man hingegen einzelne thematische Reminiszenzen in der Vordergrund stellen, so könnte man unterschiedliche Ausrichtungen der missionarischen Aktivitäten postulieren. Während z. B. E. D. FREED, Samaritan Converts, 255f. die Sequenz Joh 4,35ff. als Indiz einer primär auf Samaritaner ausgerichteten Missionsbestrebung wertet, verstehen W. C. VAN UNNIK, Purpose, 382ff.; J. A. T. ROBINSON, Destination, 177ff. in Rekurs auf Joh 7,35; 12,20ff. etc. das Johannesevangelium als ein Dokument, welches einem hellenistischen Diasporajudentum die Messianität Jesu zu erläutern versuche. Demgegenüber verstand K. BORNHÄUSER, Missionsschrift, passim das vierte Evangelium als Missionsschrift an jüdische Leser. Es sei „vor 70 n. Chr. von dem Apostel Johannes als Missionsschrift für Israel verfaßt" worden (op. cit., 163; zur Kritik vgl. J. M. SCHRÖDER, Israel, 3ff.). Zur Skizze der Forschungsdiskussion vgl. ferner J. NISSEN, Mission, 77ff.; M. ERDMANN, Mission, 207ff.; B. OLSSON, Structure, 241-248. Abwegig wäre es hingegen, der johanneischen Theologie jede missionstheologische Implikation abzusprechen.
[3]   Vgl. T. ONUKI, Welt, 218; DERS., Analyse, 186; C. K. BARRETT, Judentum, 23ff. Entsprechend formuliert R. SCHNACKENBURG, Missionsgedanke, 62: „Die johanneische

man vor diesem Hintergrund versucht, die unterschiedlichen Aussagen auf eine innere Korrespondenz hin zu befragen, läßt sich eine konsistente missionstheologische Konzeption erkennen, die sowohl Affinitäten, als auch Divergenzen zu weiteren frühchristlichen Traditionslinien aufweist.

Die textinterne Anordnung der missionstheologischen Reminiszenzen scheint eine sukzessive Entfaltung des Themas zu intendieren. Auch wenn die Basis des johanneischen Missionsverständnis erst in Joh 17,18; 20,21 expliziert wird, begegnen bereits in der Beschreibung der öffentlichen Tätigkeit Jesu Aussagen, die missionarische Aktivitäten bzw. ein missionstheologisches Selbstverständnis der johanneischen Gemeinde dokumentieren. Paradigmatisch zeigt sich dieser Sachverhalt in der Gestaltung der Nikodemusperikope: Im Zeichen der hermeneutischen Horizontverschmelzung stehen sich hier nämlich nicht nur Jesus und Nikodemus, sondern auch die nachösterliche Gemeinde und die Adressaten ihrer Verkündigung gegenüber. Insbesondere die Formulierungen καὶ ὃ ἑωράκαμεν μαρτυροῦμεν bzw. καὶ τὴν μαρτυρίαν ἡμῶν οὐ λαμβάνετε (Joh 3,11) lassen sich terminologisch und sachlich der nachösterlichen Verkündigungstätigkeit der johanneischen Gemeinde zuordnen[4]. In dieser Konzeption ist die nachösterliche missionarische Tätigkeit der johanneischen Christen unmittelbar mit dem Wirken Jesus verschränkt, insofern letztlich durch „den Mund der Gemeinde ... Jesus Christus" selbst spricht[5].

Eine vergleichbare nachösterliche Perspektive setzt auch Joh 4,35-38 voraus[6]. Während bereits das Bild der zur Ernte reifen Felder (V 35) missionstheologische Implikationen erkennen läßt[7], werden im Schlussvers dieser Sequenz missionarische Tätigkeiten der johanneischen Gemeinde *expressis verbis* thematisiert: Der johanneische Jesus konfrontiert seine textinternen Jünger mit einer Aussage, welche eine Erfahrung der textexternen Adressaten zu versprachlichen scheint. Zunächst korrespondiert die These V 38a (ἐγὼ ἀπέστειλα ὑμᾶς θερίζειν ὃ οὐχ ὑμεῖς κεκοπιάκατε) dem Sendungsauftrag Joh 17,18; 20,21, der in der textinternen Erzählung erst wesentlich später erfolgt. V. a. jedoch scheint die unmittelbar

---

Gemeinde lebt schon gleichsam in ‚nachmissionarischer' Zeit und reflektiert über die Begründung ihrer Existenz." Dieser Sachverhalt könnte auch erläutern, warum die johanneischen Schriften relativ selten konkrete Missionspraktiken thematisieren. Gleichwohl ist zu beachten, daß auch die johanneische Briefe indirekt missionarische Aktivitäten bezeugen (vgl. 1 Joh 4,1b; 2 Joh 7a und v. a. vgl. 3 Joh 3.5-8.12; vgl. hierzu J. P. MIRANDA, Vater, 395f.; F. HAHN, Mission, 144; M. R. RUIZ, Missionsgedanke, 73-162; U. SCHNELLE, Ekklesiologie, 41 [ausführlich zu den missionstheologischen Reminiszenzen der johanneischen Briefe s. u. § 7/3.4.3]).

[4] Vgl. J. BEUTLER, Martyria, 307-313; C. HOEGEN-ROHLS, Johannes, 276f.
[5] Treffend T. ONUKI, Welt, 83.
[6] Vgl. u. a. K. WENGST, Johannesevangelium I, 173; J. BECKER, Johannes I, 214.
[7] So J. BECKER, Johannes I, 212.

folgende Aussage V 38b vorauszusetzen, daß die johanneische Gemeinde in Samaria auf eine bereits aktive frühchristliche Missionstätigkeit traf, die mit den eigenen Bestrebungen koordiniert werden mußten (... ἄλλοι κεκοπιάκασιν καὶ ὑμεῖς εἰς τὸν κόπον αὐτῶν εἰσεληλύθατε)[8]. In den johanneischen Schriften werden jedoch keine weiteren Andeutungen gegeben, die auf einen primären Bezug der johanneischen Gemeinde zu Samaritanern schließen lassen[9].

Joh 4,35ff. unterscheidet sich markant von der matthäischen Entfaltung der Sendung der Jünger. Auch wenn die Schlußsequenz des ersten Evangeliums einen universalen Missionsbefehl bietet, der als „der *theologische* und *hermeneutische* Schlüssel zu einem sachgemäßen Verstehen des Gesamtwerks"[10] verstanden werden muß, werden in der Aussendungsrede Mt 10 die Jünger nur zu den ‚verlorenen Kindern Israels' und ausdrücklich nicht zu den Samaritanern gesendet (Mt 10,5f.). Im Johannesevangelium ist es jedoch bereits der ‚vorösterliche' Jesus selbst, der mit einer samaritanischen Frau ins Gespräch kommt und auf diese Weise die spätere Missionstätigkeit johanneischer Christen unter Samaritanern bzw. ein heilsuniversales Missionsverständnis propagiert[11]. Für das vierte Evangelium gibt es somit keine Differenzierung einer vor- und nachösterlichen Aussendung der Jünger, sondern „nur eine einzige bleibende Sendung Jesu, an der die Jünger nach der Auferweckung Jesu beteiligt werden"[12].

Eine besondere Relevanz für das missionstheologische und ekklesiologische Selbstverständnis der johanneischen Gemeinde besitzen Joh 10,16; 11,51f.; 12,20ff. Inmitten der sogenannten Hirtenrede betont der johanneische Jesus, daß er noch ‚andere Schafe' habe, die nicht aus ‚diesem Stall' wären. Sie sollen jedoch unter *einem Hirten* zu *einer Herde* vereinigt werden (Joh 10,16). Diese Metaphorik scheint die Präsenz ‚judenchristlicher' bzw. ‚heidenchristlicher' Gruppierungen innerhalb der johanneischen Ge-

---

[8]   Ausführlich hierzu vgl. T. OKURE, Mission, 159f. J. BECKER, Johannes I, 214 betont, daß die ‚anderen Arbeiter' keine johanneischen Missionare sein können und vermutet eine Korrespondenz zu den in Act 8,1.4ff. angesprochenen Gruppierungen, die im Zuge der Jerusalemer Verfolgungen nach Samaria flohen: „Die joh Gemeinde hatte (wohl in ihrer Frühzeit) einige Erfolge in Samaria, doch wußte sie, daß die Hellenisten schon vor ihr dort missioniert hatten." Dies korreliere weiteren positiven lukanischen Aussagen über die Samaritaner (vgl. u. a. Lk 9,51-56; 10,30-37; 17,11-19 etc.). Vgl. ferner O. CULLMANN, Samaria, 183ff.; DERS. Kreis, 51.

[9]   Es bleibt somit spekulativ, ob Joh 4,35f.. eine v. a. auf Samaritaner ausgerichtete missionarische Aktivität der johanneischen Gemeinde dokumentiert (so etwa E. D. FREED, Samaritan Converts, 255f.).

[10]   Vgl. U. SCHNELLE, Einleitung, 246 (Kursivierung durch Schnelle; entsprechend P. STUHLMACHER, Theologie I, 215f.; U. LUZ, Jews, 63ff.; G. BORNKAMM, Auferstandene, 309f.).

[11]   Zu dem universalisierenden Argumentationsgefälle zwischen den Thesen Joh 4,22 (... die Rettung kommt von den Juden ...) und Joh 4,42 (... Jesus der Retter der Welt ...) vgl. M. HENGEL, Frage, 301; J.-M. SCHRÖDER, Israel, 148.

[12]   Treffend R. SCHNACKENBURG, Missionsgedanke, 61.

meinde vorauszusetzen bzw. zu reflektieren[13]. Dies entspricht sachlich der These Joh 11,51f., derzufolge Jesu Tod nicht nur eine Heilsbedeutung für das erwählte Volk, sondern auch für die verstreuten Gotteskinder besitzt[14]. Die in Joh 10,16; 11,51f. implizierte Verhältnisbestimmung judenchristlicher und heidenchristlicher Gruppierungen korrespondiert wiederum der Erzählsequenz Joh 12,20-26: In Joh 12,20 wird erzählt, daß ‚Griechen‘ zum Passahfest gekommen seien, die u. a. auch Jesus sehen wollten. Sie wenden sich mit ihrer Bitte jedoch nicht direkt an Jesus, sondern an Philippus, der zusammen mit Andreas jenes Anliegen Jesus mitteilt. Es kommt somit nicht zu einer direkten Begegnung zwischen jenen Griechen und Jesus. Trotz der indirekten ‚Informationsübermittlung‘ weiß Jesus jedoch prompt, daß nun ‚seine Stunde‘ gekommen sei.

Die Aussageintention dieser Erzählsequenz liegt sicherlich nicht in der Feststellung, daß „das Heidentum gleichsam in einem Vortrupp von sich aus und ohne besonderen Anlaß zu Jesus hindrängt, während zur gleichen Zeit die Juden den Mord des Gottgesandten planen."[15] Die subtile Entfaltung der Argumentation scheint vielmehr zu implizieren, daß gerade unter den „Hörer(n) und Leser(n) des Evangeliums ... die von Jesus selbst belehrten "Ελληνες"[16] zu finden sind, die überhaupt erst durch das Erhöhungsgeschehen und die missionarische Aktivität der ersten Christen in die johanneische Bewegung einbezogen wurden[17]. Die erzählerische Quintes-

---

[13] Joh 10,16 impliziert somit noch die Hoffung, daß ‚Juden‘ und ‚Heiden‘ in einer Kirche bleiben (so K. WENGST, Johannesevangelium I, 385 in kritischer Abgrenzung zu R. SCHNACKENBURG, Johannesevangelium II, 377, demzufolge „die von Jesus gesammelten Gotteskinder ... an die Stelle des erwählten Gottesvolkes" treten).

[14] Treffend K. WENGST, Johannesevangelium II, 41 zum Verhältnis von Joh 11,51f. und Jes 11,12: „Das Motiv der endzeitlichen Sammlung des Gottesvolkes Israels ist hier variiert aufgenommen, insofern in der durch Jesu Tod und Auferstehung heraufgeführten Endzeit die ‚Gotteskinder‘ außerhalb des jüdischen Volkes herbeigebracht werden ... ".

[15] So E. KÄSEMANN, Johannes 12,20-26, 254. Unzutreffend ist auch die Einschätzung von C. K. BARRETT, Johannes, 415: „Jesus hat nun keinen Platz mehr im Judentum, das für sich selbst seinen Platz in den Plänen Gottes verworfen hat." Zur Kritik vgl. K. WENGST, Johannesevangelium II, 60.

[16] U. SCHNELLE, Johannes, 147. Entsprechend erkennt J. FREY, Heiden, 263 „subtile Hinweise auf die durch Jesu Tod begründete spätere Heidenmission und die Heilsteilhabe der Heidenchristen."

[17] Vgl. J. FREY, Heiden, 253. Daß Joh 12,20ff. auf nichtjüdische Mitglieder innerhalb der johanneischen Gemeinde schließen läßt, wird auch von K. WENGST, Johannesevangelium II, 61f. zugestanden, der das vierte Evangelium eigentlich primär als Dokument einer innerjüdische bzw. judenchristlichen Kontroverse zu verstehen versucht. Strittig ist lediglich, welche Dominanz diese Gruppierung in der späteren Entwicklungsgeschichte der johanneischen Bewegung gewann. Unangemessen ist es hingegen, dem Johannesevangelium ‚heidenmissionarische‘ Aktivitäten prinzipiell abzusprechen (so z. B. A. WIND, Destination, 77). Demgegenüber verstehen W. C. VAN UNNIK, Purpose, 382ff.; J. A. T. ROBINSON, Destination, 177ff. 12,20ff. neben Joh 7,35 etc. als Indiz, daß das

senz besteht darin, daß bereits der ‚vorösterliche Jesus' die nachösterliche Einbeziehung von Heidenchristen anspricht[18].

Auch die auf den ersten Blick relativ unscheinbare Erzählsequenz Joh 12,20-23 basiert demnach auf einem ausgesprochen reflektierten missionstheologischen Selbstverständnis und entfaltet die These, daß ‚das Heil von den Juden kommt' (Joh 4,22b).

Diese Sequenz komprimiert somit jene Dynamik der Universalisierung des göttlichen Heilshandelns, die in unterschiedlichen Kontexten des Johannesevangeliums zu erkennen ist[19]. Strittig bleibt jedoch, inwieweit diese universale Komponente auch in Joh 12,19 impliziert ist. Unmittelbar vor den Erzählung von den zum Passah kommenden Griechen wird den pharisäischen Kontrahenten Jesu die These in den Mund gelegt, daß die Welt Jesus nachgefolgt sei (Joh 12,19b ἴδε ὁ κόσμος ὀπίσω αὐτοῦ ἀπῆλθεν). Es wird somit nicht nur von einer Volksmenge gesprochen, wie dies in den Korrespondenztexten Mt 21,8f.; Mk 11,8; Lk 19,37.39; Joh 12,12 der Fall ist[20]. In diesem Sinne kann man Joh 12,20-23 als die erzählerische Umsetzung von Joh 12,19 verstehen[21]. Der Aorist ἀπῆλθεν scheint jedoch auf die zuvor beschriebene Situation zurückzublicken und somit lediglich auf die dabei angesprochene jüdische Volksmenge zu verweisen[22]. Gleichwohl bietet der terminologische Wechsel von ὄχλος (Joh 12,12) zu κόσμος (Joh 12,12) eine textinterne Steigerung, die sicherlich nicht zufällig erfolgte.

Noch deutlicher als in den skizzierten Passagen der öffentlichen Tätigkeit Jesu kommt die missionstheologische Konzeption des Johannesevangeliums in den Abschiedsreden zur Geltung. Eine erste These über die Sendung der Jünger begegnet bereits in der zweiten Deutung der Fußwaschung Jesu (Joh 13,12-20), in der v. a. die christologisch-soteriologischen Akzente der ersten Deutung Joh 13,6-11 ekklesiologisch appliziert werden[23]. Nachdem V 15 das Verhalten Jesu als das ὑπόδειγμα für das Leben der

---

Johannesevangelium u. a. Adressaten aus einem hellenistischen Diasporajudentum ansprechen möchte.

[18] Entsprechend erkennt M. HENGEL, Frage, 301 auch im Verhältnis von Joh 4,22 und Joh 4,42 einen Verweis auf das universale, primär heidenchristlich ausgerichtete missionstheologische Selbstverständnis der johanneische Gemeinde

[19] Entsprechend zum Verhältnis von Joh 4,22 und Joh 4,42 vgl. J. M. SCHRÖDER, Israel, 148; M. HENGEL, Frage, 301; J. NISSEN, Mission, 89ff. Auch die universalen Aussagen und Appelle in Joh 4,42; 6,35; 7,37f.; 8,12; 14,7 etc. tragen missionstheologische Konnotationen (vgl. J. BECKER, Johannes I, 218).

[20] Auch die diesbezüglichen synoptischen Angaben divergieren. Während z. B. Mt 21,8 von ὁ πλεῖστος ὄχλος und der Folgevers gar von mehreren ὄχλοι spricht, nennt Mk 11,8 lediglich πολλοί. Demgegenüber geht die Huldigung Lk 19,37.39 zufolge primär von den Jüngern aus (τὸ πλῆθος τῶν μαθητῶν; die Eliminierung von τῶν μαθητῶν ist textkritisch eindeutig sekundär [vgl. z. B. 063 it sy^c]).

[21] So z. B. C. K. BARRETT, Johannes, 415.

[22] Vgl. K. WENGST, Johannesevangelium II, 57.

[23] Vgl. A. DETTWILER, Gegenwart, 70-74; U. WILCKENS, Johannes, 211. Ausführlich zu den beiden Deutungen der Fußwaschung Jesu (Joh 13,1-5) in Joh 13,6-11 bzw. Joh 13,12-20 s. o. § 12/1.2).

Gemeinde bezeichnete, bieten Joh 13,16.20 zwei allgemeingültige Aussagen, in welchen die Jünger implizit als die Gesandten Jesu angesprochen werden:

Joh 13,16a ἀμὴν ἀμὴν λέγω ὑμῖν,
  bα οὐκ ἔστιν δοῦλος   μείζων τοῦ κυρίου   αὐτοῦ
  bβ οὐδὲ   ἀπόστολος μείζων τοῦ πέμψαντος αὐτόν.

Joh 13,20a ἀμὴν ἀμὴν λέγω ὑμῖν,
  bα ὁ   λαμβάνων ἄν τινα πέμψω ἐμὲ λαμβάνει,
  bβ ὁ δὲ ἐμὲ λαμβάνων   λαμβάνει τὸν πέμψαντά με.

Die Bedeutung dieser Worte Jesu wird eigens betont, indem sie jeweils durch die „feierliche Einleitungsformel" ἀμὴν ἀμὴν λέγω ὑμῖν eröffnet werden[24]. Zunächst thematisiert Joh 13,16b durch zwei syntaktisch parallel konstruierte Vergleiche das Verhältnis zwischen einem Knecht und seinem Herrn bzw. einem Gesandten und seinem Auftraggeber[25]. Beide Vergleiche appellieren an die Bereitschaft der Jünger, sich jenen Herausforderungen zu stellen, denen auch Jesus ausgesetzt war[26].

Darüber hinaus thematisiert der zweite Vergleich V 16bβ implizit die Sendung der Jünger und bildet die argumentative Grundlage für V 20. In diesem Kontext werden die Sendung der Jünger und die Sendung Jesu erstmals explizit zueinander in Beziehung gesetzt: Wer einen Gesandten Jesu aufnimmt, nimmt Jesus auf, und wer Jesus aufnimmt, nimmt Gott auf. Die Verse Joh 13,16.20 entfalten somit einen wesentlichen Aspekt der johanneischen Sendungsaussagen. Beide Aussagen basieren auf der Vorstellung, daß der Gesandte die Würde des Sendenden repräsentiert und betonen, daß der Gesandte auch das Geschick des Sendenden zu ertragen hat[27].

---

[24] Treffend H.-C. KAMMLER, Christologie, 31. Zu entsprechenden Aussagen vgl. Joh 1,51; 3,3.5.11; 5,19.24.25; 6,26.32.47.53; 8,34.51.58; 10,1.17; 12,24; 13,16.20.21.38; 14,12; 16,20.23; 21,18.

[25] Zur syntaktischen Struktur vgl. G. HOFFMANN/H. V. SIEBENTHAL, Grammatik, § 138 a.

[26] Vgl. P. BORGEN, God's Agent, 137.

[27] Vgl. P. BORGEN, God's Agent, 137ff.; J. BECKER, Johannes II, 509. Auch wenn Joh 13,16.20 mehr oder weniger deutliche Affinitäten zu Mk 9,37 parr.; Mt 10,40; 18,5; Lk 10,5-11.16 besitzen (vgl. R. SCHNACKENBURG, Johannesevangelium III, 31f.; U. WILCKENS, Johannes, 210), weist ihre Gestaltung stilistisch und thematisch spezifisch johanneische Charakteristika auf (vgl. M. THEOBALD, Herrenworte, 130ff.). Gleichwohl sollten sie nicht nur auf unabhängige mündliche Traditionen zurückgeführt bzw. als freie Stilisierung des Verfassers des vierten Evangeliums verstanden werden (vgl. B. NOACK, Tradition, 96f.; C. H. DODD, Tradition, 335ff. bzw. R. F. FORTNA, Gospels, 156).

Letzteres wird in Joh 15,20 nochmals hervorgehoben. Inmitten der Reflexion über den Haß der Welt, welchem die nachösterliche Gemeinde ausgesetzt ist (Joh 15,18-25), wird Joh 13,16 wieder aufgenommen[28]. Die Jünger sollen nicht nur bereit sein, so wie Jesus gegenseitige Liebe zu praktizieren, sie sollen auch bereit sein, sich ihrem Sendungsauftrag mit all seinen Konsequenzen zu stellen und auch einer Verfolgungssituation nicht auszuweichen (vgl. Joh 15,20b εἰ ἐμὲ ἐδίωξαν καὶ ὑμᾶς διώξουσιν).

Die skizzierten Aussagen implizieren einen Sachverhalt, der eine Eigentümlichkeit der Erzählstruktur des Johannesevangeliums signifikant zutage treten läßt: Joh 13,16.20 reflektiert bereits die Sendung der Jünger, obwohl dieselben im bisherigen Erzählverlauf hierzu noch nicht beauftragt wurden. Ein dezidierter Missionsauftrag wird hingegen erst im Abschiedsgebet Jesu und der Begegnung der Jünger mit dem Auferstanden thematisiert (Joh 17,18; 20,21). Durch diese textchronologische Anordnung wird der Leser zu einer Relecture der vorhergehenden missionstheologischen Thesen herausgefordert, welche nun in einen Interpretationsrahmen eingeordnet werden können. Die zuvor betrachteten Aussagen wie Joh 3,11; 4,35-38; 10,16; 11,51f.; 12,20ff.; 13,16.20 bieten mehr oder weniger deutliche Reminiszenzen zu missionarischen Aktivitäten bzw. zu einem missionstheologischen Selbstverständnis der johanneischen Gemeinde, die in unterschiedlichen Erzählzusammenhängen verortet sind. Das sachliche Fundament dieser Aussagen ist jedoch, daß die Sendung Jesu in der Sendung der Jünger ihre Fortsetzung finden soll (Joh 17,18; 20,21). Diese Konzeption soll im folgenden Arbeitsschritt zur Darstellung kommen:

1.2 Die Sendung der Jünger als Konsequenz der Sendung Jesu (Joh 17,18; 20,21)

Joh 17,18; 20,21 bilden das sachliche Fundament aller missionstheologischen Aussagen des vierten Evangeliums: So wie Jesus von seinem Vater gesendet wurde, so sendet er seine Jünger[29].

---

[28] Auch wenn Joh 15,20 primär auf Joh 13,16ba rekurriert, evoziert der Kontext auch eine Assoziation zur Aussage über den Gesandten und den Sendenden in Joh 13,20 (vgl. K. HALDIMANN, Rekonstruktion, 244f.).

[29] Der johanneische Missionsauftrag wird somit aus dem Motiv der Sendung Jesu abgeleitet, welches einen wesentlichen Teilaspekt der johanneischen Christologie bildet (zum Verhältnis der christologischen und ekklesiologischen Funktionen der johanneischen Sendungsaussagen vgl. J. P. MIRANDA, Vater, 389ff. bzw. 396f.). Die überwiegende Mehrzahl der Belege von ἀποστέλλειν bzw. πέμπειν dienen der Sendungschristologie des vierten Evangeliums (mit ἀποστέλλειν operieren z. B. Joh 3,17; 3,34; 5,36.38; 6,29.57; 7,29; 8,42; 10,36; 11,42; 17,3.8.18.21.23.25; 20,21; mit πέμπειν hingegen u. a. 4,34; 5,23f.30.37; 6,38f.44; 7,16.18.28.33; 8,16.18.26.29; 9,4; 12,44f.49; 13,16.20; 14,24; 15,21; 16,5). Von einer Sendung der Jünger wird hingegen nur in Joh 4,38; 13,16.20; 17,18; 20,21 gesprochen. Auch diesbezüglich werden beide Termini verwen-

Die beiden Aussagen weisen jedoch einen markanten Unterschied auf: Obwohl sie eine analoge missionstheologische Konzeption beinhalten, ist lediglich Joh 20,21 ein expliziter Missionsauftrag. Joh 17,18 ist in das Abschiedsgebet Jesu integriert. In diesem Kontext spricht der johanneische Jesus auf der textinternen Gesprächsebene nicht direkt mit seinen Jüngern, sondern mit seinem Vater über die Situation der Jünger nach seinem Weggang. Dabei wird aus einer unzweifelhaft nachösterlichen Perspektive ein bereits ergangener Missionsauftrag reflektiert (vgl. den effektiven Aorist ἀπέστειλα αὐτούς ...)[30]. Joh 17,18 setzt somit proleptisch den expliziten Missionsauftrag sachlich voraus, mit dem die textinternen Jünger erst in der Begegnung mit dem Auferstanden konfrontiert werden (Joh 20,19ff.)[31]. Der textexterne Leser des Johannesevangeliums kann jedoch bereits Joh 17,18 als die sachliche Grundlage aller weiteren missionstheologischen Aussagen verstehen.

Bemerkenswert ist, daß Joh 17,18; 20,21 trotz ihrer unterschiedlichen kontextuellen Einbettung nahezu analog strukturiert sind:

| Joh 17,18a καθὼς | ἐμὲ | ἀπέστειλας | εἰς τὸν κόσμον, |
| b κἀγὼ | | ἀπέστειλα | αὐτοὺς εἰς τὸν κόσμον. |

| Joh 20,21c καθὼς | | ἀπέσταλκέν | με ὁ πατήρ, |
| c κἀγὼ | | πέμπω | ὑμᾶς. |

Die Satzstruktur betont die Dynamik des Sendungsgeschehens, welches im Johannesevangelium beschrieben wird: Die Sendung Jesu findet in der

---

det. Während Joh 17,18 mit ἀποστέλλειν operiert, bietet Joh 13,20 πέμπειν (das Substantiv ἀπόστολος in Joh 13,16bβ ist hingegen ein johanneisches Hapaxlegomenon; zum Verhältnis der beiden Wortfelder vgl. J. P. MIRANDA, Vater, 8ff. bzw. 27ff.). Joh 20,21 verwendet jedoch beide Termini synonym. Doch trotz dieses unproportionalen statistischen Verhältnisses veranschaulicht die Verschränkung beider Aspekte in Joh 17,18; 20,21 die Bedeutung des Missionsauftrages für das vierte Evangelium (treffend R. SCHNACKENBURG, Missionsgedanke, 60f.).

[30] Vgl. C. HOEGEN-ROHLS, Johannes, 244f. Es ist somit nicht exakt, wenn man Joh 17,18.20-23 als erste direkte Nennung eines Missionsauftrags bezeichnet (so R. METZNER, Sünde, 276).

[31] Treffend J. ZUMSTEIN, Ostergeschichte, 15: „Die Sendung der Jünger durch Jesus, die die Sendung Jesu durch den Vater redupliziert, wird in Joh 17,18 angekündigt und in Joh 20,21 vollzogen." Entsprechend bietet Joh 17,18 eine „interne Analepse" zur Eröffnung der Abschiedsreden Joh 13.16.20 (so J. FREY, Eschatologie II, 165, der Joh 17,18 ebenso wie Joh 4,38; 6,71; 9,22; 11,57 als „kontemplative Verweise" versteht. Diese füllen „Lücken in der Erzählung aus und tragen zur Konzentration und Ökonomie der Darstellung bei.").

Sendung der Jünger ihre Fortführung[32]. Dabei kann die einleitende Konjunktion καθώς sowohl komparativ, als auch konditional verstanden werden[33]. Ebenso wie in Joh 13,34f. scheint diese Doppeldeutigkeit bewußt herausgearbeitet zu sein: Joh 13,34 zufolge sollen die Jünger einander lieben, *weil* und *wie* Jesus sie geliebt hat. Joh 17,18; 20,21 zufolge werden die Jünger von Jesus in den Kosmos gesandt, *weil* und *wie* Gott ihn gesandt hat[34]. Die Aufforderungen zur Liebe und zur Verkündigung entsprechen somit den Taten und Worten Jesu, die in der Christusdarstellung des vierten Evangeliums zusammengehalten werden[35]. Dies veranschaulicht zugleich den qualitativen Unterschied der Sendung Jesu und der Sendung der Jünger. Die Sendung der Jünger ist selbst nicht heilsstiftend. Die Jünger verkündigen lediglich jenes Heilsgeschehen, welches sich in der Dahingabe und Sendung Jesu vollzog[36].

Joh 20,21f. veranschaulicht zudem die Korrespondenz der pneumatologischen und missionstheologischen Konzeptionen. Unmittelbar nach dem Missionsauftrag erfolgt nämlich die Vermittlung des heiligen Geistes, welche das Fundament der nachösterlichen Aktivitäten der Gemeinde bildet. Die Präsenz Jesu im Geistparakleten gewährleistet überhaupt erst, daß „die Gemeinschaft der Jüngerinnen und Jünger ... in dieses Geschehen von Bezeugung und Verkündigung einbezogen wird ...“[37].

---

[32] Eindrücklich z. B. die syntaktische Zuordnung der Subjekte und Objekte der Sendung (ἐμέ – ἀπέστειλας – κἀγώ – ἀπέστειλα – αὐτούς).

[33] Vgl. R. SCHNACKENBURG, Missionsgedanke, 61. Zu den grammatikalischen Funktionen von καθώς vgl. u. a. G. HOFFMANN/H. V. SIEBENTHAL, Grammatik, § 277a bzw. 278a; O. DE DINECHIN, Similitude, 195-236; K. HALDIMANN, Rekonstruktion, 199-201 (ausführlich zum Verständnis von καθώς in Joh 13,34f. s. o. § 12/2.1).

[34] Die Sendung der Glaubenden wird im Johannesevangelium somit unmittelbar an der Sendung Jesu orientiert. Demgegenüber sind z. B. in der markinischen Erzählstrategie auch die textinternen Jünger Vorbilder der nachösterlichen Mission. Treffend konstatiert U. SCHNELLE, Einleitung, 220 hinsichtlich der missionstheologischen Züge des markinischen Jüngerbildes: „Die Jünger fungieren als Paradigma; so wie sie Jesus nachfolgten und von ihm gesandt wurden (Mk 6,6b-13), soll nun die markinische Gemeinde zur Sendung in Wort und Tat bereit sein. Von den Erfahrungen dieser Mission sind z. B. Mk 4,1-9.10-12.13-20 geprägt.“

[35] Vgl. R. SCHNACKENBURG, Missionsgedanke, 70f.

[36] Treffend J. NISSEN, Mission, 217 zur Korrelation von Joh 3,16f.; 17,18; 20,21: „What is specific to John is that the Father's sending of the Son serves both as the *ground* and the *model* for the Son's sending of the disciples.“

[37] So J. RAHNER, Erinnerung, 89f. zu der bereits in den Abschiedsreden reflektierten Notwendigkeit der Vergegenwärtigung der Worte Jesu durch den Parakleten (ähnlich K.-M. BULL, Gemeinde, 19 zur Funktion von Joh 15,26f.). Für W. REINBOLD, Mission, 274 spricht alles „dafür, daß die kleine, von der Gesandtenchristologie geprägte Szene vom vierten Evangelisten selbst gebildet worden ist“. Gleichwohl scheinen die missionstheologischen Implikationen in Joh 20,19-23 auf unterschiedliche alttestamentliche und frühchristliche Motive zu rekurrieren. Zunächst evoziert das Motiv der Anhauchung mit dem

Gleichwohl weisen Joh 17,18 und Joh 20,21 einen Unterschied auf, der für die vorliegende Studie von besonderem Interesse ist: Lediglich Joh 17,18 spricht explizit von der Sendung der Jünger *in die Welt*. Die Universalität dieses Geschehens wird sogar eigens betont, indem in beiden Stichoi ... εἰς τὸν κόσμον jeweils explizit genannt wird. Dies entspricht wiederum der universalen Komponente im Fundamentaldiktum über die Liebe Gottes zur Welt (Joh 3,16f.), welches eine sachliche Voraussetzung der Sendung der Jünger ist[38].

Angesichts dieser Differenz zwischen Joh 17,18 und Joh 20,21 ist nun zu eruieren, inwieweit gerade die Frage der Reichweite des Missionsauftrages die nachösterliche Identitätsfindung der johanneischen Gemeinde beschäftigt haben könnte.

Geist (Joh 20,22) eine Assoziation zum Schöpfungsmotiv Gen 2,7 (vgl. U. SCHNELLE, Johannes, 304; H.-U. WEIDEMANN, Tod Jesu, 474 zur Korrespondenz von ἐνεφύσησεν zu Gen 2,7 LXX und zu Joh 1,33; 3,3.5; 7,39). Darüber hinaus läßt sich eine Korrespondenz zum lukanischen Geistverständnis erkennen (vgl. J. BEUTLER, Synoptic Jesus Tradition, 171). Auch in der Erscheinungserzählung Lk 24,36-49 begrüßt Jesus seine Jünger wie in Joh 20,19.21 mit dem Friedensgruß εἰρήνη ὑμῖν. Am Ende der Begegnung kündigt er ihnen die Mitteilung des Geistes an, was jedoch erst in Act 2,1-4 erzählerisch umgesetzt wird. Bereits in der Eröffnung der Apostelgeschichte wird jedoch betont, daß die Geistesgabe das Fundament der universalen missionarischen Tätigkeiten bildet (Act 1,8). Auch in der lukanischen Konzeption sind somit die Geistgabe und die universale Ausrichtung der Mission miteinander verschränkt (zur Skizze der Analogien und Divergenzen von Joh 20,19-23 und Lk 24,36-42 vgl. WENGST, Johannesevangeliums II, 289). Ferner folgt im Johannesevangelium auf die Geistgabe (Joh 20,22) ein Motiv, das wiederum eine verblüffende Affinität zum matthäischen Sondergut Mt 16,19; 18,18 aufweist, nämlich die Vollmacht der Jünger zur Vergebung und Behaltung von Sünden (vgl. M. THEOBALD, Herrenworte, 174ff. bzw. R. SCHNACKENBURG, Missionsgedanke, 61, der einen implizierten Bezug zum matthäischen Missionsauftrag Mt 28,16-20 vermutet). Im Gegensatz zur matthäischen Motivgestaltung sind jedoch in Joh 20,21-23 Aussendung, Geistgabe und Sündenvergebungsgewalt unmittelbarer miteinander verschränkt. Eine Besonderheit der johanneischen Motivgestaltung scheint darin zuliegen, daß zunächst von der Vergebung der Sünden geredet wird: „Intendiert ist das Vergeben; das Behalten ist das Ergebnis verweigerter Versöhnung. Als versöhnte Gemeinschaft wirken Jesu Schüler in ihrer Sendung als ein Ferment der Versöhnung und des Friedens" (so WENGST, Johannesevangeliums II, 294).

[38] J. NISSEN, Mission, 217. Unangemessen ist hingegen die Einschätzung von R. SCHNACKENBURG, Missionsgedanke, 61f., der Joh 17,18 als einen redaktionellen Zusatz versteht, der durch die im Abschiedsgebet Jesu vorgenommene Reflexion der nachösterlichen Situation der Jünger inspiriert sei: „Bedenkt man diesen näheren Kontext und den in ihm hervortretenden ‚Welt' - Begriff, so verbietet es sich, die Aussendung in die ‚Welt' im gleichen Sinn zu verstehen wie den matthäischen Missionsauftrag, zu ‚allen' Völkern zu gehen. Die Welt ist nicht, wenigstens nicht vordringlich, universalistisch zu verstehen, sondern qualitativ, als Gott fernstehender Bereich ... " (op. cit., 62).

2. Die universale Ausrichtung des johanneischen Missionsverständnisses

Die missionstheologische Konzeption des Johannesevangeliums weist eine markante heilsuniversale Grundtendenz auf. Um diesen Sachverhalt erläutern zu können, soll zunächst analysiert werden, inwieweit die Jüngerfrage Joh 14,22, warum sich Jesus nur den Glaubenden und nicht der Welt offenbaren wolle, die literarische Stilisierung einer akuten Fragestellung der nachösterlichen Gemeinde zu sein scheint (2.1). Daraufhin wird erläutert, in welchem Verhältnis die heilsuniversalen und missionstheologischen Aussagen des Johannesevangeliums zueinander stehen (2.2).

2.1 Das Verhältnis zum Kosmos als Grundfrage johanneischer Theologie –
Zur erzählerischen Funktion der Zwischenfrage Joh 14,22

Die Zwischenfrage Joh 14,22 hat eine zentrale Bedeutung für die missionstheologische Konzeption des Johannesevangeliums, insofern sie in der Argumentationsentwicklung der Abschiedsreden erstmals explizit die Haltung Jesu bzw. der Jünger zum Kosmos in der nachösterlichen Zeit thematisiert[39]. Zuvor wurde lediglich erläutert, worin sich die Gemeinde von der Welt unterscheidet: Während der Kosmos den Geist der Wahrheit nicht sehen und erkennen kann (Joh 14,17a), werden die Jünger durch ihn die Gegenwart Jesu erfahren (Joh 14,19b). Jesus wird sich denen offenbaren, die ihn lieben und seine Gebote bewahren (Joh 14,21c). Die letztgenannte These provoziert auf der textinternen Gesprächsebene die Zwischenfrage eines Jüngers:

Joh 14,22a   Λέγει αὐτῷ Ἰούδας οὐχ ὁ Ἰσκαριώτης·

ba   Κύριε, καὶ τί γέγονεν ὅτι ἡμῖν μέλλεις ἐμφανίζειν σεαυτὸν

bβ   καὶ οὐχὶ τῷ κόσμῳ;

In Joh 14,22 wird die vorhergehende Aussage Jesu (V 21bγ) aufgenommen. Ein nicht näher identifizierter Judas[40] möchte wissen, warum sich Jesus den Jüngern offenbaren wolle, aber nicht dem Kosmos[41]. Diese Frage

---

[39] Eine erste implizite universale Aussage findet sich in den Abschiedsreden hingegen bereits im johanneischen Liebesgebot (Joh 13,35: ἐν τούτῳ γνώσονται πάντες ὅτι ἐμοὶ μαθηταί ἐστε, ἐὰν ἀγάπην ἔχητε ἐν ἀλλήλοις). In diesem Kontext weist πάντες ebenso wie in Joh 12,32 über die konkrete Gemeinschaft der Glaubenden hinaus (ausführlich s. u. § 15/2.2.1).

[40] Dieser Jünger wird nicht genauer identifiziert. Es wird lediglich konstatiert, daß es sich nicht um Judas Iskariot handelt.

[41] Joh 14,22 korrespondiert einer Sequenz in der Darstellung der öffentlichen Wirksamkeit Jesu. Im Vorfeld des Laubhüttenfestes wird Jesus von seinen Brüder aufgefor-

impliziert, daß die Ankündigung der Selbstoffenbarung Jesu V 21bα ausschließlich auf die Jünger bzw. die nachösterliche Gemeinde bezogen wird. Die Ausgrenzung des κόσμος wird durch ein deiktisches Jota eigens hervorgehoben (V 22bβ ... καὶ οὐχὶ τῷ κόσμῳ)[42]. Diese Zwischenfrage paraphrasiert somit ein partikularistisches Verständnis von Joh 14,21. Um so auffälliger ist, daß diese Frage des Jüngers keine direkte Antwort erfährt. Statt dessen wird die Aussage wiederholt, die eigentlich der Anlaß jener Frage war. Dabei wird nun jedoch nicht von der Observanz der Gebote, sondern der Worte Jesu gesprochen.

Diese Inszenierung scheint eine subtile Aussageintention zu verfolgen: Wenn man berücksichtigt, daß der Verfasser des vierten Evangeliums in unterschiedlichen Kontexten gerade durch literarisch stilisierte Mißverständnisse der Gesprächspartner Jesu eine Lenkung des Lese- und Verstehensprozesses seiner Adressaten zu inspirieren versucht[43], so ist auch in bezug auf Joh 14,22 zu erwägen, ob ein bei den Adressaten vorhandenes partikularistisches Selbstverständnis literarisch versprachlicht und reflektiert werden soll. Der textexterne Leser ist offensichtlich dazu herausgefordert zu erkennen, inwieweit Joh 14,23f. eine Antwort auf jene Frage impliziert.

Eine solche Antwort könnte folgendermaßen ausfallen: Die Reformulierung von Joh 14,21 in Joh 14,23 ermahnt zur Observanz der Worte Jesu. Demnach scheinen die Worte Jesu eine Antwort auf die Zwischenfrage Joh 14,22 zu beinhalten. Im Sinne der johanneischen Pneumatologie ermög-

---

dert, sich vor der Welt zu offenbaren (Joh 7,4b). Wer nach öffentlicher Kenntnisnahme seiner Handlung strebe, dürfe diese nicht im Verborgen vollbringen (Joh 7,4a). Demgegenüber nimmt der ‚johanneische Jesus‘ in Joh 18,20 für sich in Anspruch, öffentlich bzw. freimütig vor aller Welt gesprochen zu haben (Joh 18,20a ἐγὼ παρρησίᾳ λελάληκα τῷ κόσμῳ ...). In diesem Zusammenhang ist noch primär an die öffentliche Tätigkeit Jesu in jüdischen Gemeinschaftskontexten gedacht (vgl. Joh 18,20b ἐγὼ πάντοτε ἐδίδαξα ἐν συναγωγῇ καὶ ἐν τῷ ἱερῷ ... ; K. WENGST, Johannesevangelium I, 270f.). Joh 14,22 greift jedoch bereits über diese Bereiche hinaus, insofern in den Abschiedsreden die nachösterliche Stellung der Jünger zu einer Umwelt diskutiert wird, welche nicht mehr primär jüdisch geprägt ist.

[42] Vgl. F. BLASS/A. DEBRUNNER, Grammatik, § 432.2.

[43] Vgl. J. RAHNER, Mißverständnisse, 212ff.; D. A. CARSON, Understanding, 60-67; J. FREY, Eschatologie I, 457; U. SCHNELLE, Johannesforschung, 26 (ausführlich zu den einzelnen Erzählstrategien s. o. § 4/2). Treffend konstatiert J. AUGENSTEIN, Liebesgebot, 59, daß die Antwort Jesu nur vordergründig mit der Frage des Jüngers nichts zu tun hat. Interessanterweise wird auch die thematisch vergleichbare Forderung in Joh 7,4b im weiteren Erzählverlauf des Laubhüttenfestes nicht reflektiert. Sie wird lediglich als Ausdruck des Unglaubens der Brüder Jesu gekennzeichnet (Joh 7,5). Die Aufarbeitung eines Mißverständnisses vermuten ferner u. a. auch R. BULTMANN/D. LÜHRMANN, Art. φαίνω κ.τ.λ., 8; H.-U. WEIDEMANN, Tod Jesu, 184, denenzufolge jedoch v. a. das Verhältnis der nachösterlichen Erscheinung Jesu vor den Jüngern und der Unsichtbarkeit Jesu für den Kosmos im Vordergrund des argumentativen Interesses steht.

licht überhaupt erst der Paraklet die nachösterliche Anamnese und angemessene Auslegung der Worte Jesu. Der textexterne Leser findet demnach im Gesamtzusammenhang der im vierten Evangelium vorliegenden und interpretierten Worte Jesu die Antwort, ob sich Jesus in der nachösterlichen Zeit nur der Gemeinde oder auch dem Kosmos offenbaren will. Und vor diesem Hintergrund erweist sich jene partikularistische Interpretation der Ankündigung der nachösterlichen Selbstoffenbarung Jesu in Joh 14,21 als ein typisch johanneisches Jüngermißverständnis[44].

Dieser Sachverhalt tritt eindrücklich zutage, wenn man das Verhältnis der heilsuniversalen Prädikationen Jesu als ‚Retter *der Welt*‘ (Joh 4,42), als ‚Licht *der Welt*‘ (Joh 8,12) oder als das ‚Lamm, das die Sünde *der Welt*‘ trägt (Joh 1,29) zu den missionstheologischen Aussagen des vierten Evangeliums analysiert. Vor diesem Hintergrund wird erkennbar, daß die Aussagen über nachösterliche Sendung der Jünger als missionstheologische Korrelate zu der heilsuniversalen Fundamentalthese Joh 3,16f. verstanden werden können, derzufolge Gott aus Liebe zur Welt seinen Sohn gab bzw. sandte. Durch Aussagen Joh 12,32; 13,35; 14,31; 17,21.23 wird erläutert, in welcher Weise sich das Erlösungswerk Jesu im Leben der Gemeinde fortsetzt. Diese Korrelation der missionstheologischen und heilsuniversalen Aussagen gilt es nun zu erfassen:

2.2 Das Verhältnis der heilsuniversalen und missionstheologischen Aussagen

Im Johannesevangelium sind die heilsuniversalen Prädikationen Jesu in einer ausgesprochen reflektierten Weise mit den missionstheologischen Aussagen verschränkt. Um diesen zentralen Sachverhalt zur Geltung zu bringen, soll im folgenden zunächst dargelegt werden, inwieweit die These, daß Jesus nach seiner Erhöhung ‚alle‘ zu sich ziehen werde (Joh 12,31f.), als sachliches Fundament und Vorzeichen der nachösterlichen missionarischen Aktivitäten der johanneischen Gemeinde verstanden werden kann (2.2.1). Daraufhin ist zu erläutern, in welcher Weise die heilsuniversalen Implikationen dieses Motivs in den johanneischen Abschiedsreden, insbesondere in Joh 14,31; 17,21.23, entfaltet werden (2.2.2).

2.2.1 Der Sturz des Satans und die Erhöhung Jesu – Die Bedeutung von Joh 12,31f. für die missionstheologische Konzeption des vierten Evangeliums

Das Motiv des Satanssturzes und die Erhöhungsaussage Joh 12,31f. haben eine zentrale Funktion in der Zuordnung des vor- und nachösterlichen

---

44 In dieses literarisch stilisierte Mißverständnis reihen sich jene Interpretationsansätze ein, die der johanneischen Theologie eine strikt heilspartikularistische Ausrichtung zuschreiben.

Wirkens Jesu und der missionarischen Aktivitäten der johanneischen Gemeinde. Diese Verse bilden einen Höhepunkt der johanneischen Erzählung der öffentlichen Tätigkeit und basieren auf einer komplexen dramaturgischen Einbettung:

Die erzählerische Vorbereitung von Joh 12,31f. beginnt bereits in der ‚Hellenenrede' Joh 12,20ff., die einen „abschließende(n) Höhepunkt der Offenbarung Jesu vor der Welt"[45] bildet: Jesus erfährt, daß einige Griechen zum Passahfest nach Jerusalem gekommen sind und ihn sehen möchten. Daraufhin verkündigt Jesus öffentlich, daß die Stunde der Verherrlichung des Menschensohns gekommen sei (V 23)[46]. Er fordert von seinen Nachfolgern die Bereitschaft zur äußersten Selbsthingabe (V 25f.). Auch er selbst werde den bevorstehenden Ereignissen nicht ausweichen, sondern sich dieser letzten Konsequenz seines Sendungsauftrages stellen. Auf diese Aussage folgt die öffentliche Bestätigung seiner Gottessohnschaft durch eine göttliche Stimme aus dem Himmel. Dabei wird jedoch eigens betont, daß die Bestätigung der Gottessohnschaft Jesu nicht für ihn selbst, sondern nur für seine textinternen Gegenüber vonnöten gewesen sei (Joh 12,30 οὐ δι' ἐμὲ ἡ φωνὴ αὕτη γέγονεν ἀλλὰ δι' ὑμᾶς). Auf diese Weise wird herausgearbeitet, was bereits in Joh 8,16; 11,42 angedeutet wurde: Jesus ist „nicht allein, sondern mit ihm ist der Vater und erhört ihn alle Zeit"[47].

In diesem erzählerischen Rahmen konfrontiert der johanneische Jesus seine textinternen Zuhörer mit einer These, die für das johanneische Missionsverständnis von fundamentaler Bedeutung ist:

Joh 12,31a   νῦν κρίσις ἐστὶν τοῦ κόσμου τούτου,

     b   νῦν ὁ ἄρχων τοῦ κόσμου τούτου ἐκβληθήσεται ἔξω.

    32   κἀγὼ ἐὰν ὑψωθῶ ἐκ τῆς γῆς, πάντας ἑλκύσω πρὸς ἐμαυτόν.

Joh 12,31a-32 bietet drei unterschiedliche Aussageebenen. Zunächst wird durch V 31a die Erhöhung des Menschensohns mit dem Gericht über die Welt verschränkt, welches wiederum mit der Überwindung des ἄρχων τοῦ κόσμου τούτου einhergeht (V 31b)[48]. Die Erhöhung Jesu entspricht somit

---

[45]   So J. KALMS, Sturz, 245.

[46]   Zur Bedeutung dieser subtile Argumentationsentfaltung für das Verhältnis judenchristlicher und heidenchristlicher Gruppierungen in der johanneischen Gemeinde s. u. § 14/1.

[47]   Treffend L. SCHENKE, Johannes, 243f. (zur Funktion dieses Motiv in der spatialen Rhetorik des vierten Evangeliums s. u. § 11/2.3).

[48]   Diese Korrelation wird durch die symmetrische Vorstellung von νῦν eigens betont. Eine entsprechende Zuordnung der Motive des Gerichts und der Entmachtung des Teufels bietet auch Joh 16,11 περὶ δὲ κρίσεως ὅτι ὁ ἄρχων τοῦ κόσμου τούτου κέκριται (vgl. A. DETTWILER, Gegenwart, 211). Das in den synoptischen Exorzismus-Traditionen Mk 3,22; Mt 10,25; 12,24.27; Lk 11,15.18f. implizierte Motiv eines Kampf zwischen Jesus und Dämonen ist somit nicht völlig ausgeblendet, sondern auf eine noch grundsätzlichere Ebene gehoben: „In contrast to the synoptic focusing of Jesus' battle with the Satan in the exorcisms, for the FE [sc. the Fourth Gospel] the whole of Jesus' ministry is a battle with Satan that climaxes in the cross" (so G. H. TWELFTREE, Exor-

einer Erniedrigung des Teufels, der „hinausgeworfen" wird[49]. Der Text gibt jedoch keine explizite Angabe, von wo dieser „Weltherrscher" herausbefördert wird. Vor dem Hintergrund traditionsgeschichtlicher Vergleichsgrößen und dem weiteren Erzählverlauf des Johannesevangeliums ist jedoch relativ eindeutig, daß der Sturz des Teufels aus der himmlischen Sphäre umschrieben sein soll[50]. Dies entspricht den spatialen Motiven der johanneischen Christologie, denenzufolge der Gottessohn wieder dorthin hinaufsteigt, von wo er gekommen ist (Joh 6,62; 17,13; 20,17) und so für die Seinen beim Vater fürbittend eintritt (1 Joh 2,1f.; Joh 17,9.11.15 etc)[51].

Die nachösterliche Existenz der Glaubenden steht somit unter einem zweifachen Vorzeichen: Die Welt ist nach wie vor der Herrschaftsbereich des ἄρχων τοῦ κόσμου τούτου bzw. des πονηρός (Joh 14,30; 16,11; 17,15; 1 Joh 5,18)[52]. Jesus steht jedoch dafür ein, daß diese Teufelsgestalt nicht das eschatologische Heil der Glaubenden gefährden kann (Joh 6,39f.; 10,27-29). Diese Zuordnung der Herrschaftsbereiche Jesu und des Teufels tritt eindrücklich in Joh 17,15 zutage:

Joh 17,15a   οὐκ ἐρωτῶ ἵνα ἄρῃς αὐτοὺς ἐκ τοῦ κόσμου,

b   ἀλλ' ἵνα τηρήσῃς αὐτοὺς ἐκ τοῦ πονηροῦ.

Die Jünger werden jedoch nicht nur ermutigt, inmitten einer ihnen hasserfüllt entgegentretenden Welt auf die Zusagen Jesu zu vertrauen, sondern sie werden zugleich herausgefordert, ihrer Sendung gerecht zu werden: Jesus habe sie ebenso in die Welt gesandt, wie er selbst vom Vater gesandt wurde (Joh 17,18; 20,21). Die missionarischen Aktivitäten der Gemeinde basieren wiederum auf der Verheißung Jesu, daß er nach seiner Erhöhung

---

cisms, 142). Entsprechend zu den Indizien, daß der Verfasser des Johannesevangeliums Traditionen über eine exorzistische Tätigkeit Jesu kannte vgl. R. A. PIPER, Satan, 255ff.; E. K. BROADHEAD, Echoes, 111ff.; D. E. AUNE, Magic, 1529.

[49] Zum Spektrum unterschiedlicher Einschätzungen vgl. J. KALMS, Sturz, 252f.; E. PERCY, Ursprung, 141-143.

[50] J. KALMS, Sturz, 252f., anders hingegen C. K. BARRETT, Johannes 421, der kein räumliches Verständnis annimmt, sondern lediglich eine Degradierung der Macht des Teufels. Eine solche Einschätzung verkennt jedoch die Bedeutung der spatialen Rhetorik für die Christologie des Johannesevangeliums.

[51] Zu diesen spatialen Bewegungen s. o. § 11/2.3.

[52] Vgl. J. KALMS, Sturz, 267-271. Diesem Motiv entspricht es, wenn Jesus am Ende der ersten Abschiedsrede seinen Jüngern mitteilt, daß der „Herrscher dieser Welt" kommen werde. Auch wenn auf der textinternen Erzählebene hiermit vordergründig die Verhaftungskohorte bezeichnet ist, zeigt die Korrelation zu Joh 12,31, daß diese Vertreter der weltlichen Machthaber den Willen des Gegners Jesu ausführen (zu Korrelation von Joh 12,31; 14,30 vgl. A. DETTWILER, Gegenwart, 211; K. WENGST, Johannesevangelium II, 134f.; M. WINTER, Vermächtnis, 316).

‚alle' (πάντες) zu sich ziehen werde[53]. Das ‚Gezogen-Werden' von Gott bzw. Jesus ist die Voraussetzung dessen, daß Menschen überhaupt zum Glauben an den Gottessohn gelangen können (vgl. Joh 6,44.65)[54]. Die missionarischen Aktivitäten der johanneischen Gemeinde stehen somit unter dem Vorzeichen dieser Zusage Jesu. So wie in der irdischen Tätigkeit Jesu nur derjenige zu Jesus kommen konnte, der vom Vater gezogen wird, so kann nur derjenige positiv auf die nachösterliche Verkündigungstätigkeit der johanneischen Gemeinde reagieren, der von Jesus gezogen wird[55]. Der Erhöhte gewährt somit überhaupt erst die Möglichkeit erfolgreicher missionarischer Aktivitäten der von ihm Gesandten.

Dieses Motiv bereitet zugleich jene universalen Aussagen der Abschiedsreden vor, denenzufolge der Kosmos zu Glaube und Erkenntnis gelangen soll (Joh 14,31a; 17,21b.23b)[56]. Das Verhältnis dieser Motive zueinander wird im folgenden Arbeitsschritt dargestellt.

---

[53] Textkritisch ist in V 32b die Lesart πάντας vorzuziehen (vgl. B. M. METZGER, Textual Commentary, 238; M. METZNER, Sünde, 229 Anm. 113). Für die Interpretation von Joh 12,32 ist dieser Sachverhalt jedoch nur von sekundärer Relevanz, insofern auch die relativ gut belegte Alternativlesart πάντα (vgl. u. a. $\mathfrak{P}^{66}$ ℵ D VL Vg sy sa bo *pc* latt) keine sinnverändernde Bedeutung besitzt und die universale Implikation bewahrt (so R. SCHNACKENBURG, Johannesevangelium II, 493, Anm. 2).

[54] Vgl. J. KALMS, Sturz, 256: „Diese Verheißung hat zum Inhalt, daß die Menschen der Herrschaft des Satans, des Herrschers dieser Welt, entzogen werden hin in den göttlichen Bereich, aus dem der Satan ausgestoßen wurde." Daß in Joh 6,44.65 Gott, in Joh 12,32 hingegen Jesus als das Subjekt des Ziehens benannt ist, bringt die Handlungseinheit von Vater und Sohn zur Geltung.

[55] Diese zeitliche Komponente des speziell prospektiven Eventualis Joh 12,32 wird eigens hervorgehoben, indem die These ἐὰν ὑψωθῶ ἐκ τῆς γῆς zwischen κἀγὼ ... und πάντας ἑλκύσω πρὸς ἐμαυτόν plaziert ist (vgl. E. G. HOFFMANN/H. V. SIEBENTHAL, Grammatik, § 282 c).

[56] J. G. VAN DER WATT, Family, 315; W. THÜSING, Bitten, 287; V. P. FURNISH, Love Command, 145; U. SCHNELLE, Johannes, 257. πάντες trägt in Joh 12,32 eine eindeutig universale Konnotation (vgl. R. SCHNACKENBURG, Johannesevangelium II, 488 bzw. 493; C. DIETZFELBINGER, Abschied, 20). Demgegenüber beziehen O. HOFIUS, Wiedergeburt, 66.68; H.-C. KAMMLER, Christologie, 148; E. HAENCHEN, Johannesevangelium, 447 πάντες allein auf die zum Glauben prädestinierten Personen, die durch die missionarischen Aktivitäten der johanneischen Gemeinde erreicht werden. Eine solche Einschränkung besitzt jedoch am Text selbst keinen Anhalt und wird von einer strikt prädestinatianischen Interpretation der johanneischen Theologie her auf Joh 12,32 projiziert. Unangemessen wäre es zudem, Joh 12,32 lediglich als eine entschränkende These zu verstehen, die verhindern soll, daß das nachösterliche Heilswirken Christi alleine auf jüdische Adressaten bezogen wird (so C. K. BARRETT, Johannes, 421). Eine solche Entschränkung ist schon in Joh 10,16; 12,20ff. angedeutet und wird durch Joh 12,32 in einen heilsuniversalen Gesamtzusammenhang eingeordnet.

2.2.2 Glaube und Erkenntnis der Welt (Joh 14,31a; 17,21b.23b)

Sowohl im Abschluß der ersten Abschiedsrede, als auch im Abschiedsgebet Jesu wird konstatiert, daß der Kosmos zu Glaube und Erkenntnis gelangen soll (Joh 14,31a; 17,21b.23b). Um die Bedeutung dieser Thesen zu eruieren, wird in diesem Arbeitsschritt zunächst deren unterschiedliche narrative und argumentative Einbettung analysiert (2.2.2.1). Daraufhin kann die Bedeutung von Joh 14,31; 17,21.23 für die missionstheologische Konzeption des vierten Evangeliums erläutert werden (2.2.2.2).

2.2.2.1 Die narrative und argumentative Einbettung von Joh 14,31a; 17,21b.23b

Joh 14,31a; 17,21b.23b sind in ausgesprochen unterschiedlichen Kontexten verortet. Die erste These begegnet im Abschluß der ersten Abschiedsrede (Joh 14,30f.): Jesus kündigt seinen Jüngern an, daß er ihnen nicht mehr viel sagen würde. Der ‚Herrscher der Welt‘ sei bereits auf dem Wege, doch er habe keine Macht über ihn. Relativ unvermittelt folgt die These, daß der Kosmos erkennen soll, daß Jesus seinen Vater liebt und dessen Auftrag ausführt. Diese *en passant* geäußerte These wird jedoch im Kontext der ersten und zweiten Abschiedsrede nicht weitergehend entfaltet[57].

Anders verhält es sich hingegen mit den beiden Korrespondenzaussagen Joh 17,21b.23b, welche in die vierte Bitte des Abschiedsgebets Jesu integriert sind. In diesen universalen Thesen kulminiert „eine Bewegung der Öffnung"[58], welche den argumentativen Duktus des Abschiedsgebets prägt. Nachdem die Fürbitte Jesu sich in Joh 17,9-19 auf die Gemeinde konzentriert, schließt Joh 17,20-23 jene ein, die durch die missionarische Tätigkeit der Gemeinde zu Glaube und Erkenntnis gelangen werden. Die sachliche Korrespondenz dieser Aussagen tritt noch eindrücklicher zu Tage, wenn man sie direkt einander gegenüber stellt:

---

[57] Innerhalb der erste Abschiedsrede besteht lediglich eine indirekte Korrespondenz zu der in Joh 14,22 stilisierten Jüngerfrage, warum sich Jesus lediglich den Jüngern und nicht der Welt offenbaren wolle (vgl. J. AUGENSTEIN, Liebesgebot, 41).

[58] So U. SCHNELLE, Johannes, 255; ähnlich K. WENGST, Johannesevangelium II, 189f. Unzutreffend ist es hingegen, aufgrund von Joh 17,9a dem Abschiedsgebet Jesu im speziellen bzw. der johanneischen Theologie im Generellen eine partikularistische Tendenz zu attestieren (so z. B. O. HOFIUS, Wiedergeburt, 66; E. KÄSEMANN, Wille, 131) oder Joh 17,20-23 lediglich für einen späteren, korrigierenden Zusatz zu halten (zur redaktionsgeschichtlichen Diskussion vgl. J. BECKER, Johannes II, 617 bzw. 628; R. SCHNACKENBURG, Johannesevangelium III, 211f.; R. BULTMANN, Johannesevangelium, 390). Aufgrund der gemeindespezifischen Perspektive vermutet C. DIETZFELBINGER, Abschied, 356, daß dieses „Gebet ... seinen Ort im Gebet der Gemeinde" hatte (zur Diskussion dieser Überlegungen vgl. die Ausführungen in § 9/1).

Joh 17,9a ἐγὼ περὶ αὐτῶν ἐρωτῶ, οὐ περὶ τοῦ κόσμου ἐρωτῶ

b ἀλλὰ περὶ ὧν δέδωκάς μοι, ὅτι σοί εἰσιν, ...

Joh 17,20a οὐ περὶ τούτων δὲ ἐρωτῶ μόνον,

b ἀλλὰ καὶ περὶ τῶν πιστευόντων διὰ τοῦ λόγου αὐτῶν εἰς ἐμέ.

Die Verschränkung von V 9-19 und V 20-23 ist bereits in Joh 17,18 angelegt, indem die Gemeinde von Jesus in die Welt gesandt wird[59]. Joh 17,20-23 erweist sich somit als ein integraler Bestandteil der missionstheologischen Konzeptionen des vierten Evangeliums[60]. Die Gemeinschaft derjenigen, die Jesus vom Vater anvertraut wurden und diejenigen, die durch sie zum Glauben kommen, sollen in die Einheit mit dem Vater und den Sohn einbezogen werden (Joh 17,21a.23a). Dieses Motiv basiert auf den reziproken Immanenzaussagen, die bereits im vorhergehenden Erzählverlauf sukzessive entfaltet wurden[61], und reformuliert jene Ankündigung der Hirtenrede, derzufolge die unterschiedlichen ‚Schafe Jesu‘ zu einer Herde vereinigt werden sollen (Joh 10,16)[62].

Das Motiv der Einheit der Glaubenden bildet jedoch noch nicht die Klimax der Argumentationsentfaltung. Diese erfolgt erst in der missionstheologischen Fundamentalaussage, daß der Kosmos zu Glaube und Er-

---

[59] Vgl. J. NISSEN, Mission, 79f.; J. RANDALL, Unity, 390; R. SCHNACKENBURG, Johannesevangelium III, 211f bzw. 216.

[60] Vgl. R. METZNER, Sünde, 276; R. SCHNACKENBURG, Johannesevangelium III, 218.

[61] Vgl. besonders Joh 17,21a ἵνα πάντες ἓν ὦσιν, καθὼς σύ, πάτερ, ἐν ἐμοὶ κἀγὼ ἐν σοί, ἵνα καὶ αὐτοὶ ἐν ἡμῖν ὦσιν; entsprechend Joh 17,23a ἐγὼ ἐν αὐτοῖς καὶ σὺ ἐν ἐμοί, ἵνα ὦσιν τετελειωμένοι εἰς ἕν. Treffend K. SCHOLTISSEK, Gebet Jesu, 207: „Sprechen 10,30.38 von der Einheit bzw. reziproken Immanenz von Vater und Sohn, so setzt das Gebet Jesu in 17,11.20-23 diese Einheit und Immanenz voraus und verwendet diese als Norm und Urbild für die Einheit der Ekklesia und die Integration der Glaubenden in die Vater-Sohn-Immanenz" (tendenziell ähnlich J. AUGENSTEIN, Liebesgebot, 89). Die in Joh 17,22 angesprochene Vermittlung der göttlichen δόξα (Joh 17,22a κἀγὼ τὴν δόξαν ἣν δέδωκάς μοι δέδωκα αὐτοῖς) korrespondiert ferner der Geistgabe, die auch in Joh 20,21f. mit der Sendung verbunden ist. Treffend W. THÜSING, Bitten, 285: „Gemeint ist ... der Glanz und die Kraft der Liebeseinheit Jesu mit dem Vater bzw. – sachlich gleichbedeutend – das Pneuma, das Jesus aufgrund seiner Erhöhung (also als der verherrlichte Gekreuzigte) spenden kann." (vgl. ferner DERS., Herrlichkeit, 34ff. bzw. 99ff.).

[62] K. SCHOLTISSEK, Gebet Jesu, 213 versteht Joh 17,20.23 gar als Entfaltung von Joh 11,52, wo „die jüdische Erwartung einer eschatologischen Restitution des Zwölf-Stämme-Volkes Israel" im Hintergrund stünde. „Im Sinne des Evangelisten ist die Gotteskindschaft freilich nicht mehr an die natürliche Verwandtschaft, sondern an die ‚Aufnahme‘ Jesu im Glauben (vgl. 1.11-13) gebunden."

kenntnis gelangen soll (Joh 17,21b.23b)[63]. Auf diese Weise wird eine Inklusion zu der zuvor skizzierten These Joh 14,31a geschaffen. Während
jene These erzählerisch noch relativ unvermittelt wirkte, wird sie im Kontext des Abschiedsgebets Jesu einer Relecture unterzogen.

2.2.2.2 Die Bedeutung von Joh 14,31b; 17,21b.23b für die missionstheologische Konzeption des Johannesevangeliums

Die vorhergehende Analyse zeigte, daß Joh 14,31a bzw. Joh 17,21.23 in
ausgesprochen unterschiedlichen erzählerischen und argumentativen Kontexten eingebettet sind. Um so eindrücklicher tritt hervor, daß diese Thesen
syntaktisch nahezu analog strukturiert sind und sich wechselseitig interpretieren:

Joh 14,31b (...) ἀλλ' ἵνα γνῷ ὁ κόσμος
          ὅτι ἀγαπῶ τὸν πατέρα,
          καὶ καθὼς ἐνετείλατο μοι ὁ πατήρ οὕτως ποιῶ.

Joh 17,21ba (...) ἵνα ὁ κόσμος πιστεύῃ
    bβ ὅτι σύ με ἀπέστειλας.

Joh 17,23ba (...) ἵνα γινώσκῃ ὁ κόσμος
    bβ ὅτι σύ με ἀπέστειλας
    bγ καὶ ἠγάπησας αὐτοὺς καθὼς ἐμὲ ἠγάπησας.

Alle drei Aussagen bilden als ἵνα-Konstruktionen den Schlusspunkt einer
Argumentationsentfaltung[64]. Lediglich Joh 14,31a ist durch ἀλλ' von der
vorhergehenden Aussage V 30b abgegrenzt, derzufolge der ἄρχων κόσμου
keine Macht über Jesus besitzt. Diese Antithese scheint zu implizieren, daß
der Herrscher dieser Welt nicht verhindern können wird, daß das durch
Jesu Kommen initiierte universale Heilswerk seine Vollendung findet[65].
Demgegenüber folgen die Finalaussagen Joh 17,21ba.23ba jeweils auf das
Motiv der Einheit von Gott, Jesus und den Glaubenden. Diese Einheit ist
somit eine Voraussetzung der Erkenntnis und des Glaubens der Welt. Auch
die inhaltlichen Bestimmungen jener ‚Glaubenserkenntnis' entsprechen
einander: In Joh 14,31b wird zunächst konstatiert, daß der Kosmos erken-

---

[63] So u. a. M. FIGURA, Botschaft, 418; M.-T. SPRECHER, Einheitsdenken, 185; U.
SCHNELLE, Johannes, 257; V. P. FURNISH, Love Command, 145; W. THÜSING, Bitten,
287. Entsprechend attestiert R. M. MOODY, Judaism, 91, daß sich nirgends deutlicher als
im Abschiedsgebet Jesu die „collision between the quasi - metaphysical dualism and its
basic theological - ethical affirmation" zeige.

[64] Vgl. J. AUGENSTEIN, Liebesgebot, 90f.; R. BULTMANN, Johannes, 394.

[65] Vgl. J. KALMS, Sturz, 266; F. BLASS/A. DEBRUNNER, Grammatik, § 448.7.

nen soll, daß Jesu Taten dem Auftrag seines Vaters entsprechen[66]. In innerer Korrespondenz hierzu wird in Joh 17,21b.23b die ‚glaubende Erkenntnis' des Sendungsanspruchs Jesu thematisiert[67].

Ferner bietet Joh 17,23 eine These, welche dem liebessemantischen Motiv in Joh 14,31 korreliert: Während Joh 14,31 betont, daß der Kosmos die
Liebe des Vaters zu Jesus als seinem Gottessohn erkennen soll, soll Joh
17,23b zufolge der Kosmos die Dynamik der Liebe zwischen Gott, Jesus
und den Jünger erkennen. Diese reziprok aufeinander bezogenen liebessemantischen Motive sind integrale Bestandteile der ‚dramaturgischen Christologie der Liebe Gottes' im vierten Evangelium. An ihnen kann erläutert
werden, in welcher Weise die liebende Einheit der Gemeinde zu einem
missionstheologischen Zentralmotiv avanciert:

3. Die Liebe und Einheit der Gemeinde als missionstheologisches Zentralmotiv

Die Analyse von Joh 13,35; 17,21.23 zeigte, in welcher Weise im vierten
Evangelium die gegenseitige Liebe und Einheit der Glaubenden zu einem
Kriterium ihrer Jüngerschaft erklärt wird. Auch wenn der Missionsbefehl
Joh 17,18; 20,21 kaum spezielle Inhalte einer missionarischen Tätigkeit
expliziert, tritt insbesondere das Liebesgebot in das Zentrum ekklesiologischer und missionstheologischer Selbstreflexionen[68].

Die Dynamik dieser theologische Linienführung kann folgendermaßen
paraphrasiert werden: Aufgrund seiner Liebe zur Welt gab bzw. sandte
Gott seinen Sohn (Joh 3,16f.). Im Gegensatz zu den Jüngern erkannte die
Welt nicht den Sendungsanspruch Jesu. Seine Sendung findet jedoch ihre
Fortsetzung im Leben und Wirken der Gemeinde: So wie Gott Jesus in den
Kosmos sandte, so sendet Jesus die Gemeinde (Joh 17,18; Joh 20,21).
Auch wenn die Welt die Gemeinde ebenso haßt wie zuvor Jesus (Joh
15,18f.), soll sich die Gemeinschaft der Glaubenden als Wohnstätte der

---

[66] Ebenso wie unmittelbar zuvor in Joh 14,15.21 sind die Themen ‚Liebe' und
‚Gebotsobservanz' miteinander verschränkt (vgl. K. WENGST, Johannesevangelium II,
135; C. K. BARRETT, Johannes, 457).

[67] Joh 17,21 spricht vom Glauben der Welt, Joh 17,23 hingegen von ihrer Erkenntnis. Die inhaltliche Bestimmung des Glaubens bzw. der Erkenntnis ist jedoch analog (V
21bβ bzw. V 23bβ bieten jeweils ὅτι σύ με ἀπέστειλας). Angesichts dessen resümiert
F. MUSSNER, Sehweise, 30: „Im ‚Erkennen' spricht sich nach Johannes das gläubige Sehen und das sehende Glauben aus." Entsprechend zum gegenseitigen Interpretationsverhältnis von πιστεύειν und γινώσκειν vgl. V. HASLER, Glauben, 279ff.

[68] Angesichts dessen greift folgende Einschätzung von Joh 17,18; 20,21 durch W.
REINBOLD, Mission, 274 zu kurz: „In typisch johanneischer Weise wird der Inhalt dieser
Sendung nicht näher bestimmt. Ein missionarischer Akzent fehlt."

ewigen Liebe des Vaters und des Sohnes verstehen. Sie soll ebenso wie Jesus auf den Haß der Welt nicht ihrerseits hassend reagieren, sondern zum „Werkzeug für die universale Liebe Gottes"[69] werden. In der Verkündigung der Gemeinde „sprechen nicht einfach Menschen, sondern durch ihren Mund spricht der Geist selbst."[70]

Das Verhalten der Glaubenden ist ein wesentliches Kriterium ihrer missionarischen Tätigkeit. Bereits in der Eröffnung der Abschiedsreden Jesu wurde betont, daß die gegenseitige Liebe der Glaubenden ein Erkenntniskriterium ihrer Jüngerschaft ist. Dieses Motiv wird in Joh 17,21.23 vertiefend reformuliert. Während bereits in Joh 13,35 πάντες eine universale Konnotation besaß, wird diese in Joh 17,21.23 nochmals zur Geltung gebracht: Die Einheit der Gemeinde soll dem Kosmos Glaube und Erkenntnis ermöglichen. Und diese Einheit der Glaubenden kann letztlich als eine Auswirkung ihrer gegenseitigen Liebe verstanden werden[71].

Die skizzierte Korrespondenz von Joh 13,35; 17,21.23 veranschaulicht somit, in welcher Weise die Liebe der Gemeinde zu einem missionstheologischen Zentralmotiv avanciert: So wie die Jünger in der Sendung und Dahingabe Jesu die Liebe des Vaters zu ihnen und zur Welt erkannten, so sollen ‚alle' bzw. der Kosmos an der liebenden Einheit der Gemeinde zur rettenden Erkenntnis des Sendungsanspruches Jesu gelangen (Joh 13,35; 14,31; 17,20-23). Insofern die Liebe Gottes bzw. Jesu in der liebenden Einheit der Gemeinde eine Gestalt gewinnen soll, kann Joh 17,21.23 als die missionstheologische Quintessenz der ‚dramaturgischen Christologie

---

69   Treffend W. THÜSING, Bitten, 287.

70   So T. ONUKI, Welt, 137 zum Verhältnis der Parakletverheißungen und dem Sendungsauftrag. Die Verschränkung der vor- und nachösterlichen Zeit fundiert als eine „eschatologische Wirklichkeit das Leben der Gemeinde" (vgl. J. FREY, Eschatologie III, 80). Auch im Schlußvers des Abschiedsgebets verortet die Kontrastierung von καὶ ἐγνώρισα αὐτοῖς τὸ ὄνομά σου (Joh 17,26a [Aorist]) und καὶ γνωρίσω (Joh 17,26a [Futur]) die Worte Jesu ‚zwischen den Zeiten' und verbindet so die vorösterliche und nachösterliche Verkündigungstätigkeit (vgl. T. SÖDING, Gott, 345; F. MUSSNER, Sehweise, 30; G. L. BORCHERT, Narrative Framework, 17f.).

71   Zur diesbezüglichen Korrespondenz von Joh 17,21.23f.26 und Joh 13,35 und deren Bedeutung für die johanneische Ethik und Mission vgl. V. P. FURNISH, Love Command, 145; M. L. APPOLD, Oneness Motif, 262ff. bzw. 272ff.; G. STRECKER, Theologie, 538. Tendenziell ähnlich U. SCHNELLE, Johannes, 259: „Der Weg der Gemeinde in die Zukunft ist der Weg der Liebe. Die Liebe erwächst aus der Einheit, und nur wer in der Liebe wandelt, verbleibt in der Liebe." Vor diesem Hintergrund versteht M. FIGURA, Botschaft, 415 auch das in 3 Joh 3.5f.8 dokumentierte Verhalten gegenüber missionierenden Christen als praktiziertes Liebesgebot, während G. KLEIN, Licht, 325 hierin gar eine „Eschatologisierung der Geschichte" erkennt, in welcher die Liebe der Gemeinde zum Kennzeichen der heilsgeschichtlichen Entfaltung erklärt wird.

der Liebe Gottes' im Johannesevangelium verstanden werden[72]. Um so eindrücklicher tritt zutage, daß im argumentativen Duktus des Abschiedsgebetes Jesu auf jenen herausfordernden Anspruch prompt ein ermutigender Zuspruch folgt. Durch Joh 17,24.26 wird nämlich erkennbar, daß nur die *inhabitatio* der göttlichen Liebe jene liebende Einheit der Glaubenden konstituieren kann[73].

Die skizzierten Sachverhalte lassen erkennen, inwieweit die Erzählstrategie des vierten Evangelisten die textexternen Leser in jene Dynamik der Liebe Gottes involviert. Auch wenn Joh 17,24.26 auf der textinternen Ebene die Entfaltung der liebessemantischen Motive vollendet, ist der Leser auf deren Exposition zurückverwiesen. Und diese Exposition erfolgte im Fundamentaldiktum der Liebe Gottes zum Kosmos, welche der Grund für die Dahingabe und Sendung des Sohnes war (Joh 3,16f.). Nur durch die Liebe Gottes ist der Glaubende überhaupt erst befähigt, die Liebe Gottes in der Welt zu repräsentieren[74].

Der Abschluß des Abschiedsgebets bringt somit zur Geltung, daß der universale Rettungswille Gottes nicht an der Ablehnung der Welt gescheitert ist[75], sondern durch die Gemeinschaft der Glaubenden und deren missionarische Aktivitäten fortgeführt wird. In diesem Sinne kulminiert im Abschiedsgebet Jesu die Entfaltung der Theologie der Liebe Gottes, die in seiner Begegnung mit Nikodemus zum ersten Mal angesprochen wurde: „Dieselbe Liebe, mit der Gott Jesus von Uranfang geliebt hat (Joh 17,23f.;

---

[72] Auch wenn das Motiv der ewigen Liebe zwischen dem Vater und dem Sohn in Joh 17,24c für sich genommen keinen ethischen Akzent trägt (so zu Recht H.-C. KAMMLER, Christologie, 36 in Rekurs auf M. DIBELIUS, Joh 15,13, 209.), birgt jene ekklesiologische Applikation in Joh 17,21.23.26 auch somit ethische Konsequenzen. Entsprechend konstatiert U. SCHNELLE, Johannes, 258: „Die Gemeinde soll ein Abbild der Einheit von Vater und Sohn sein und darin dem Urbild entsprechen" (ausführlich zum Motiv der Einwohnung der ewigen Liebe zwischen Gott und Jesus in der Gemeinschaft der Glaubenden s. o. § 10/2.2).

[73] J.-A. BÜHNER, Gesandte, 224 erkennt in dieser Zuordnung des Einheits- und Immanenzmotiv gar einen Höhepunkt johanneischer Theologiebildung. Entsprechend resümiert K. SCHOLTISSEK, Gebet Jesu, 217: „Die joh Einheits- und Immanenzaussagen versprachlichen und reflektieren die nachösterliche neue, *geistvermittelte* Gemeinschaft zwischen dem Vater, dem auferweckten und erhöhten Sohn und den Glaubenden." Zum Verhältnis der präsentisch-eschatologischen und futurisch-eschatologischen Implikationen dieses Motivs s. o. § 10/2.2.

[74] R. SCHNACKENBURG, Johannesevangelium III, 222. Diese Zuordnung von Zuspruch und Anspruch der göttlichen Liebe entspricht auch 1 Joh 4,8.16 (so W. THÜSING, Bitten, 285f.).

[75] Gegen E. KÄSEMANN, Wille, 124, für den Joh 3,16 nur noch eine beibehaltene Tradition bietet, die im Zeichen der negativen Erfahrung der johanneischen Gemeinde obsolet geworden sei: „Jesus ist zwar nach Joh 3,17; 6,33; 12,47 gesandt, die Welt zu retten und ihr das Leben zu geben, und ist nach 9,5; 12,46 das Licht der Welt. Doch zeigt das Evangelium, daß solche Sendung in der Krisis der Welt endet." (op. cit., 125).

10,17; 15,9), wird an den Glaubenden wirken und auf diese Weise wird Jesus in ihnen sein. ... Es ist die Gemeinde, auf die sich die Liebe Gottes richtet, und über die Gemeinde erreicht sie die ganze Welt (Joh 17,21.23)"[76].

Der heilsuniversale Akzent von Joh 17,21.23 kann nicht dadurch relativiert werden, daß man den κόσμος-Begriff unterschiedlichen semantischen Ebenen zuordnet. Auch wenn κόσμος kontextabhängig positiv, neutral oder negativ konnotiert ist[77], gibt es keine Indizien dafür, daß der Begriff als solcher äquivok ist. Die Dialektik heilsuniversaler und prädestinatianischer Aussagen kann somit nicht dadurch gelöst werden, daß man Aussagen wie Joh 1,29; 3,16f.; 4,42; 8,12 etc. lediglich als ‚Qualitätsaussagen' versteht, die keinerlei heilsuniversale Aussageintention besitzen[78]. Eine solche Differenzierung kann nicht aus den johanneischen Texten abgeleitet, sondern nur in diese eingetragen werden.

---

[76] So treffend C. DIETZFELBINGER, Abschied, 329; tendenziell ähnlich M. L. AP-POLD, Oneness Motif, 262ff. bzw. 272ff.; J. P. MIRANDA, Vater, 395; U. SCHNELLE, Johannes, 257; M. FIGURA, Botschaft, 418. M.-T. SPRECHER, Einheitsdenken, 185 zufolge ist diese Liebe „ständig in Bewegung, kreisend, vom Vater zum Sohn, zur Welt." Eine entsprechende missionstheologische Komponente erkennt J. G. VAN DER WATT, Family, 315 auch in der Familienmetaphorik des Johannesevangeliums: „As soon as one becomes a believer one finds oneself within the circle of familial love."

[77] Positive Konnotationen beinhalten Joh 1,29; 3,16f.; 4,42; 6,14.51.63; 9,5; 10,36; 11,27; 12,47; 14,31; 17,15.18.21.23; 18,37; 1 Joh 2,2; 3,17; 4,9.14, negative hingegen Joh 1,10; 7,7; 8,23; 9,39; 12,25.31; 14,17.22.27.30; 15,18.19; 16,8.11.20.33; 17,6.11.13f.16; 18,36; 1 Joh 2,15-17; 3,1.13; 5,19. Strittig bzw. wertneutral sind hingegen die Bewertungen des Kosmosbegriffs in Joh 1,10; 9,5a; 14,19; 16,28; 17,5; 1 Joh 4,1.3-5.17; 5,4f.; 2 Joh 7 (zu entsprechenden Kategorisierungen vgl. R. E. BROWN, John I, 508-510; R. B. EDWARDS, Johannine Epistles, 114f.; U. SCHNELLE, Johannes, 76f.; C. K. BARRETT, Johannes, 201f.; T. ONUKI, Welt, 181. Zu ungenau ist die von N. H. CASSEM, Inventory, 81ff. bzw. 90f. aufgeworfene Erwägung, daß im ersten Teil des Johannesevangeliums eine überwiegend positive Färbung des Begriffs zu erkennen ist, während insbesondere in den Abschiedsreden die negativen Konnotationen zunehmen [vgl. ferner zum johanneischen Weltbegriff s. o. § 7/3.4]).

[78] Eine solche Differenzierung erwägt v. a. O. HOFIUS, Wiedergeburt, 66 in bezug auf positive Aussagen über den κόσμος wie z. B. Joh 1,29; 3,16f.; 4,42; 6,33.51; 8,12; 9,5; 12,47; 17,21.23: „Spricht der Evangelist von dem κόσμος, so ist das nicht eine quantitative Bestimmung (= alle Menschen im numerischen Sinn), sondern eine qualitative Bestimmung (= die gottfeindliche, der Sünde und dem Tod verfallene Menschheit); und macht er eine *positive* Aussage über den κόσμος, so sind die Erwählten gemeint, die in sich selbst nicht weniger gottlos und verloren sind als die Nicht-Erwählten. Das heißt: Der vierte Evangelist redet in diesen Fällen synekdochisch – nämlich im Sinne einer ‚Totum pro parte' - Metonymie – von der ‚Welt'. Obwohl die Formulierung von Joh 3,16 ohne Frage universalistisch klingt, ist die Aussage gleichwohl *keine* universalistische (Gott hat *alle* ohne Ausnahme geliebt), sondern eine solche, die auf die Qualität der Erlösten abhebt" (alle Hervorhebungen von Hofius; zum Interpretationsansatz von Hofius vgl. ferner den Forschungsbericht in § 3/2.1.2). Die universale Aussageintention von Joh 3,16f. wird ferner in Frage gestellt von z. B. A. STIMPFLE, Blinde, 277f.; H.-C. KAMM-LER, Christologie, 148f.; E. KÄSEMANN, Wille, 124ff.; E. HAENCHEN, Johannesevangelium, 225 bzw. 233; L. SCHOTTROFF, Welt, 275; W. BAUER, Johannesevangelium, 57 etc.

Sie wird v. a. nicht einem Text gerecht, der als historisch nächstliegende Interpretations-
hilfe zum Johannesevangelium verstanden werden kann, nämlich dem ersten Johannesbrief. Hier wird nämlich entschieden betont, daß das Heilswerk Christi nicht nur der
Gemeinde gelte, sondern der *ganzen* Welt (vgl. 1 Joh 2,2bβ περὶ ὅλου τοῦ κόσμου)[79].
Eine Quintessenz der Argumentationsentwicklung von 1 Joh 2,1f. besteht gerade darin,
eine Einschränkung dieser Universalität zu vermeiden (vgl. entsprechend das Verhältnis
von 1 Joh 4,10 und 1 Joh 4,14)[80]. Doch auch wenn diese Konzeptionen des ersten Johannesbriefs nicht in das Johannesevangelium eingetragen werden dürfen, veranschaulichen
sie die Dialektik des johanneischen κόσμος-Begriffs. Trotz der kontextbedingten Divergenzen wird die Welt im johanneischen Denken somit nicht nur als Schauplatz, sondern
als Objekt der Liebe Gottes verstanden[81].

4. Zusammenfassung der Zwischenergebnisse

Auch die missionstheologische Konzeption des vierten Evangeliums erweist sich als ein integraler Bestandteil der ‚dramaturgischen Christologie
der Liebe Gottes‘. Auch in diesem Themenhorizont zeigt sich, daß die dualistischen Motive keine partikularisierende, sondern eine universalisieren-
de Aussageintention verfolgen.

Das Proprium der johanneischen Missionstheologie kann nicht unabhängig von der konkreten johanneischen Gemeindekrise erfaßt werden.
Der Autor des vierten Evangeliums versucht im Zeichen dieser konkreten
Notlage u. a. auch das Verhältnis seiner Adressaten zum Kosmos zu reflektieren. Dabei scheint er negative Erfahrungen seiner Adressaten zu
versprachlichen, um ihnen ein erneuertes missionstheologisches Selbstverständnis vermitteln zu können. Gerade die Frage der Reichweite des Missionsauftrages scheint strittig gewesen zu sein (vgl. v. a. die erzählerische
Funktion der Jüngerfrage Joh 14,22, warum sich Jesus nur den Glaubenden
und nicht der Welt offenbaren wolle).

Die missionstheologische Konzeption des vierten Evangeliums ist ausgesprochen komplex: Auch wenn in unterschiedlichen Erzählkontexten
missionarische Aktivitäten bzw. ein missionstheologisches Selbstverständnis der johanneischen Gemeinde dokumentiert sind (Joh 3,11; 4,35-38;
10,16; 11,51f.; 12,20ff.; 13,16.20 etc.), wird erst im Abschiedsgebet Jesu
und in der Begegnung der Jünger mit dem Auferstandenen der spezifisch
johanneische Missionsauftrag zur Geltung gebracht (Joh 17,18; 20,21),
durch welchen alle vorhergehenden thematischen Reminiszenzen in einen
umfassenden Interpretationsrahmen gestellt werden. Vor diesem Hintergrund läßt sich eine konsistente missionstheologische Konzeption erken-

---

[79] Zur Analyse von 1 Joh 2,1f. s. o. § 7/3.4.2.
[80] Vgl. hierzu J. BEUTLER, Johannesbriefe, 110; H.-J. KLAUCK, Johannesbrief, 249f.
[81] Treffend U. SCHNELLE, Johannes, 75f.

nen, die partiell auch andere frühchristliche Traditionen aufnimmt und im Sinne der johanneischen Theologie modifiziert. Dabei treten die Motive der Liebe Gottes bzw. Jesu und die gegenseitige Liebe der Jünger in das Zentrum der ekklesiologischen und missionstheologischen Reflexionsprozesse.

Diese spezifische johanneische Konzeption kann folgendermaßen thetisch skizziert werden: Das Fundament des johanneischen Missionsverständnisses wird bereits in Joh 3,16f. gelegt. Aus Liebe zur Welt gab bzw. sandte (Gott)vater seinen Sohn in die Welt. So wie Gott Jesus in den Kosmos sandte, so sendet Jesus die Gemeinde (Joh 17,18; 20,21). Die Welt haßt die Gemeinde ebenso wie sie zuvor bereits Jesus gehaßt hat (Joh 15,18f.). Die Gemeinde, welche sich als die Wohnstätte der ewigen Liebe des Vaters und des Sohnes verstehen darf (Joh 17,24.26), soll auf jene haßerfüllte Ablehnung der Welt ebenso wenig hassend reagieren, wie dies auch Jesus tat. Das Verhalten der Glaubenden ist vielmehr ein wesentlicher Aspekt ihrer missionarischen Aktivitäten. So wie die Jünger in der Sendung und Dahingabe Jesu die Liebe des Vaters zu ihnen und zur Welt erkannten, so sollen ‚alle' bzw. der Kosmos an der liebenden Einheit der Gemeinde zur rettenden Erkenntnis des Sendungsanspruchs Jesu gelangen (Joh 13,35; 14,31; 17,20-23). Und diese liebende Einheit wurde überhaupt erst durch die Einwohnung der ewigen Liebe Gottes bzw. Jesu in der Gemeinschaft der Glauben begründet und ermöglicht (Joh 17,24.26). Diese missionstheologische Konzeption kann somit als ein Zielpunkt der ‚dramaturgischen Christologie der Liebe Gottes' im Johannesevangelium verstanden werden.

§ 16 Zusammenfassung der Arbeitsergebnisse zum Johannesevangelium

Die liebessemantischen Motive haben eine Schlüsselfunktion für das Verständnis des vierten Evangeliums. Sie stehen in einem wechselseitigen Bezugssystem, durch welches die theologische Gedankenführung des vierten Evangeliums eindrücklich zutage tritt. Diese Konzeption kann als ‚dramaturgische Christologie der Liebe Gottes‘ bezeichnet werden, da die Worte und Taten Jesu die menschgewordene Liebe Gottes verkörpern. Das Netzwerk der Liebesaussagen ermöglicht die erzählerische Umsetzung der in 1 Joh 4,9f. formulierten johanneischen Glaubenserkenntnis, derzufolge in der Sendung Jesu die Liebe Gottes offenbar wurde.

Die einzelnen Motivaspekte bilden einen konsistenten Motivkomplex, der auf einem genuin johanneischen Gliederungsprinzip basiert. Die hermeneutische Rahmenbestimmung dieser Konzeption läßt sich anhand der ‚eschatologischen Schlußbitte‘ des Abschiedsgebets Jesu verstehen. Joh 17 bietet ein Kompendium der johanneischen Offenbarungstheologie, da in dem intimen Gespräch zwischen dem Gottessohn und seinem Vater Motive und Argumentationen der vorhergehenden Erzählung zusammengeführt, komprimiert und ausdifferenziert werden. Dies gilt in besonderem Maße für die liebessemantischen Motive des Johannesevangeliums. Textchronologisch betrachtet bietet die eschatologische Schlußbitte Jesu (Joh 17,24-26) die letzten der Liebesaussagen. Sie geben jedoch zu erkennen, in welcher Weise alle weiteren Motive des vierten Evangeliums zueinander in Beziehung stehen: Der Vater liebte den Sohn schon vor der Schöpfung der Welt (Joh 17,24). Diese ewige Liebe zwischen dem Vater und dem Sohn soll in der Gemeinschaft der Glaubenden eine Wohnstätte finden (Joh 17,26). Die Immanenz der ewigen Liebe zwischen dem Vater und dem Sohn in der Gemeinde begründet ihre Einheit (Joh 17,21.23). Und an dieser liebenden Einheit soll der Kosmos zu Glauben und Erkenntnis des Sendungsanspruchs Jesu bzw. der gegenseitige Liebe von Gott, Jesus und den Glaubenden gelangen (Joh 17,21.23 in Inklusion zu Joh 13,35; 14,31).

Diese Aussagen bilden einen Spannungsbogen zwischen Protologie und Eschatologie, in welchen alle weiteren Teilaspekte des liebessemantischen Repertoires eingeordnet werden können. Zugleich implizieren sie eine Leseanweisung für das vierte Evangelium: Einerseits steht die nachfolgende

Passionserzählung unter dem Vorzeichen dieser ewigen Liebe zwischen Jesus und Gott, welche in den Glaubenden Raum gewinnen soll. Andererseits wird der Leser herausgefordert, erneut mit der Lektüre zu beginnen, um nun die unterschiedlichen Facetten der Aussagen über die Liebe in ihrer Korrespondenz verstehen zu können.

Das textchronologisch betrachtet erste liebessemantische Motiv wird in der Begegnung zwischen Jesus und Nikodemus angeführt: Weil Gott den Kosmos liebt, gab bzw. sandte er seinen Sohn zur Rettung der Welt (Joh 3,16f.). Das gesamte Heilsgeschehen steht somit unter diesem universalen Vorzeichen. Weil Gott die Welt liebt, ist Jesus als der dahingegebene und gesandte Gottessohn das Lamm, das die Sünde der Welt trägt (Joh 1,29) bzw. der Retter der Welt (Joh 4,42). Ebenso wie die Dahingabe bzw. Sendung wird auch die Stellung des Gottessohnes in der Welt anhand liebessemantischer Motive reflektiert. Einerseits wird die Vollmacht Jesu durch das Motiv der Liebe des Vaters zum Sohn begründet (Joh 3,35; 5,20; 10,17; jeweils in Korrespondenz zum Motiv der göttlichen Herrlichkeit Jesu Joh 17,5.24). Andererseits wird die Ablehnung Jesu durch den Kosmos bzw. ‚die Juden' auf die mangelnde Liebe zu ihm bzw. Gott zurückgeführt (Joh 3,19-21; 5,42; 8,42; 12,42f.).

Diese in der Beschreibung der öffentlichen Wirksamkeit Jesu primär christologisch ausgerichteten Aspekte werden in den Abschiedsreden im Bezug auf die Zeit nach dem Weggang Jesu ausdifferenziert und ekklesiologisch appliziert. Die Eröffnung der Abschiedsreden stellt die vorhergehende öffentliche Wirksamkeit Jesu und die nachfolgenden Abschiedsreden unter das Vorzeichen der Liebe Jesu zu seinen Jüngern (Joh 13,1). Die Fußwaschungserzählung Joh 13,2ff. veranschaulicht die Vorbildhaftigkeit dieser Liebe (Joh 13,15) und bereitet narrativ die christologische Begründung des Liebesgebots in Joh 13,34f. vor.

Die christologische Begründung des Liebesgebots zeigt sich an mehreren Sachverhalten: Jesus gibt souverän sein neues Gebot. Da die Schrift ihrerseits auf Jesus, den Exegeten Gottes, verweist (Joh 1,18; 5,39), kann dieses neue Gebot als Jesu Gebot bezeichnet werden. Seine Liebe ist der Maßstab des ethischen Anspruchs. Die Jünger sollen ihren Nächsten nicht etwa so lieben, wie sie sich selbst lieben, sondern so, wie Jesus sie geliebt hat. Auch kompositionstechnisch ist das Liebesgebot vom Hauptcorpus der Abschiedsreden abgehoben. Es steht inmitten einer Szenerie von Verrat und Verleumdung. Während Judas bei der Fußwaschung Jesu noch in der Gemeinschaft der Jünger weilte, verläßt er sie unmittelbar vor der Übermittlung des Liebesgebots. In unmittelbarem Anschluß betont Petrus, daß er bereit sei, für Jesus sein Leben zu geben (Joh 13,36-38). Jesus konfrontiert ihn jedoch mit seiner bevorstehenden Verleumdung (vgl. die Korrespondenz zu Joh 18,25-27). Diese erzählerische Rahmung hebt das Liebes-

gebot eindruckvoll hervor und unterstreicht die Exklusivität der Selbsthingabe Jesu, welche der höchste Ausdruck seiner Liebe zu den Jüngern ist
(Joh 15,13).

Daß das Liebesgebot im Johannesevangelium nicht in einem öffentlichen Streitgespräch, sondern nur im Kreis der treugebliebenen Jünger ü-
bermittelt wird, ist kein Indiz einer partikularistischen Konventikelethik.
Diese Gestaltung ist vielmehr auf die Bewältigung des johanneischen Gemeindeschismas zurückzuführen. Dabei fällt auf, daß das Liebesgebot in
einem Erzählzusammenhang verortet ist, in dem in der synoptischen Tradition die Herrenmahlsparadosis begegnet. Diese wurde jedoch bereits in den
inkarnationstheologischen und antidoketischen Ausführungen der Lebensbrotrede verarbeitet, in deren Zusammenhang ebenfalls das Gemeindeschisma reflektiert wird (vgl. besonders die Erzählung von dem Zerwürfnis
unter den Jüngern Joh 6,60ff.). Die johanneische Gestaltung der Lebensbrotrede und des Liebesgebots dient somit auch der Bewältigung des Gemeindeschismas.

In der ersten und zweiten Abschiedsrede werden die christologischen
und ekklesiologischen Implikationen des Motivs der Liebe Jesu zu seinen
Jüngern und des Liebesgebots Joh 13,34f. ausdifferenziert, indem sie zu
weiteren johanneischen Themenkomplexen in Beziehung gesetzt werden
(z. B. zu den Aussagen über die reziproke Immanenz von Gott und den
Glaubenden [Joh 14,23], über die Freude Jesu bzw. der Jünger [Joh 15,11],
die Freundschaftsmotivik [Joh 15,13-15], den Erwählungsgedanken [Joh
15,16], dem Glaubensverständnis [Joh 16,27] etc.). Dabei fällt auf, daß das
Liebesgebot inhaltlich nicht näher bestimmt wird. Ob z. B. die Erzählung
von der Fußwaschung Jesu in Joh 13,2ff. eine innergemeindliche Praxis
reflektieren bzw. initiieren soll, kann von den johanneischen Schriften her
nicht geklärt werden. Ebenso werden die Früchte, zu denen die Jünger erwählt bzw. bestimmt sind (Joh 15,1-8.16), nicht konkret erläutert. Es geht
dem Verfasser offensichtlich nicht darum, konkrete Verhaltenskodizes zu
benennen, sondern die Liebe Jesu zur Grundlage und zum Vorbild der gegenseitigen Liebe der Glaubenden zu erklären. Jesus ist der Weinstock,
durch welchen die Glaubenden überhaupt erst in der Lage sind, Früchte
hervorzubringen.

Neben der Liebe Jesu zu den Jüngern tritt in den Abschiedsreden auch
die Liebe der Jünger zu Jesus in den Vordergrund (Joh 14,15.21.23f.;
16,27). Auch wenn die Liebe zu Jesus nicht explizit geboten wird, avanciert sie implizit zu einer *conditio sine qua non* der Jüngerschaft: Wer Jesus liebt, bewahrt seine Gebote und Worte. Der Vater liebt die Jünger, weil
sie Jesus lieben (Joh 14,21b.23a; 16,27). Die Liebe zu Jesus ist ein Kriterium der reziproken Immanenz von Vater, Sohn und Jüngern (Joh 14,23b).
Diese Konzeption erweist sich als die johanneische Interpretation des Got-

tesliebegebots Dtn 6,4f. Das Motiv der Liebe zu Gott wird in das Motiv der Liebe zu Jesus ‚aufgehoben'. Aus diesem Grunde kann das Motiv der Liebe der Jünger zu Jesus als die christologische Klimax der johanneischen Liebessemantik und als eine konsequente Umsetzung der johanneischen Christologie verstanden werden: Wenn Gott und Jesus bereits vor der Schöpfung der Welt in liebender Gemeinschaft vereinigt waren (17,24; entsprechend Joh 1,18) und im Sohne der Vater sichtbar wird (Joh 14,8-10), so ist es nur konsequent, daß die Liebe zum (Gott-)Vater sich in der Liebe zum Gottessohn konkretisiert. Wenn der Vater und der Sohn eins sind (Joh 1,1f.; 10,30), so muß die Liebe zu Gott auch die Liebe zu Jesus umfassen. Die Gestaltung des Motivs der Liebe zu Jesus spricht dafür, daß das Johannesevangelium zeitlich eher nach den johanneischen Briefen fertiggestellt wurde. Es bietet eine fortgeschrittene Bewältigungsstrategie der Konflikte um die Bedeutung der Liebe zu Gott und der Liebe zu den Mitchristen, die in den johanneischen Briefen dokumentiert sind (vgl. den diesbezüglichen Exkurs).

Die skizzierte ‚dramaturgische Christologie der Liebe Gottes' zielt jedoch nicht nur auf die Gemeinde, sondern über die Gemeinde hinaus auf die Welt. Auch das nachösterliche Geschick der Gemeinde wird an dem vorösterlichen Geschick Jesu in der Welt orientiert. Während der irdischen Tätigkeit Jesu richtet sich der Haß der Welt nicht gegen die Jünger, sondern gegen Jesus (Joh 7,7). Nach dessen Weggang mündet der Haß gegen Jesus in den Haß gegen die Gemeinde (Joh 15,18-25). Die Gemeinde soll jedoch ebenso wenig wie Jesus auf diese Ablehnung hassend reagieren, sondern die Mission des Gottessohnes fortsetzen. Wie der Vater den Sohn in die Welt sandte, so sendet Jesus seine Jünger die Welt (Joh 17,18; 20,21). Das durch Jesu Leiden und Tod begründete Heilsgeschehens findet in der Verkündigung der Gemeinde seine Entfaltung. An der Liebe und Einheit der Glaubenden, welche die Liebe Jesu spiegelt, sollen alle bzw. die Welt zur rettenden Erkenntnis des Sendungsanspruchs Jesu gelangen (Joh 13,35; 14,31; 17,21-23). Der universale Rettungswillen Gottes scheitert nicht an der Ablehnung Jesu, sondern wird durch die Gemeinde fortgeführt.

Die heilsuniversale Ausrichtung dieser Konzeption wird durch die dualistischen Motive des Johannesevangeliums nicht relativiert, sondern hervorgehoben. Paradigmatisch hier für ist die in Joh 3,1-21 erzählte Begegnung von Jesus und Nikodemus. In diesem Gespräch werden fünf wesentliche dualistische Motive des Johannesevangeliums wechselseitig miteinander in Beziehung gesetzt[1]. Die dualistischen Motive sind in diesem Zu-

---

[1]   Dabei handelt es sich um die Geburts- bzw. Zeugungsmetaphorik (Joh 3,3.5), die Antithetik von ‚Fleisch' und ‚Geist' (Joh 3,5-8), die spatiale Rhetorik (Joh 3,3.12-15), die

sammenhang primär Funktionen der johanneischen Christologie und Soteriologie und lassen das Fundamentaldiktum der Liebe Gottes zur Welt eindrücklich hervortreten (Joh 3,16). Die Welt reagiert auf die Liebestat Gottes jedoch mit haßerfüllter Ablehnung. Sie liebt die Finsternis mehr als das Licht, welches Jesus ist (vgl. Joh 3,19-21; 7,7). Gotteskinder können hingegen an ihrer Liebe zu Jesus erkannt werden (Joh 8,42; 14,15.21.23f.; 16,27).

Des weiteren fällt auf, daß die in die Nikodemusperikope integrierten dualistischen Motive im Gesamtzusammenhang des Johannesevangeliums ihrerseits eine heilsuniversale Akzentsetzung besitzen. Während z. B. die Kontrastierung von Fleisch und Geist zunächst die Begrenztheit menschlicher Erkenntnisfähigkeit und die Unverfügbarkeit des eschatologischen Heils zur Sprache bringt, erfährt der σάρξ-Begriff im Kontext der inkarnationstheologischen Ausführungen eine positive Aufwertung. Jesus, das Wort Gottes, wurde Fleisch (Joh 1,14). Sein Fleisch ist das lebensspendende Brot, welches er für das Leben des Kosmos gibt (Joh 6,51). Eine vergleichbare heilsuniversale Dynamik umschreiben auch die lichtmetaphorischen und spatialen Motive: Jesus ist das Licht, daß in die Finsternis kam und von der Finsternis nicht überwunden wurde. Er ist vielmehr nach wie vor das Licht der Welt. Jesus ist der vom Himmel herabgestiegene Gottessohn, der nach seiner Erhöhung ans Kreuz bzw. seiner Rückkehr zu seinem Vater ,alle' zu sich ziehen wird (Joh 12,31f.). Alle sind dazu aufgerufen, zum Licht zu kommen und Kinder des Lichts zu werden (Joh 12,36).

Besonders eindrücklich läßt sich die Intention der dualistischen Motive an der Kontrastierung der Gemeinschaft der Glaubenden und des Kosmos erkennen (v. a. in Joh 15,18-25). Die dabei aufgebaute Antithetik möchte nicht zu einer definitiven Abkehr von der Welt aufrufen, sondern sie will die bei den Adressaten vorhandenen negativen Welterfahrungen versprachlichen, reflektieren *und* überwinden. Der Haß der Welt führt zur Ablehnung und Verfolgung der Gemeinde, die im extremen Fall sogar zum Martyrium führen kann (Joh 15,20f.; 16,1f. etc.). Auf welche konkreten historischen Ereignisse sich diese Aussagen beziehen, bleibt unklar. Auch die in Joh 9,22; 12,42f.; 16,2 angesprochene Trennung der johanneischen Christen von der synagogalen Gemeinschaft kann lediglich als ein Teilaspekt jener negativen Erfahrungen verstanden werden, welche vermutlich schon nicht mehr die Gegenwart der Leser zur Zeit der Abfassung des vierten Evangeliums prägte. Die primäre Aussageintention dieser Ausführungen besteht jedoch darin, die Adressaten zu einer angemessenen Reaktion auf diese Geschehnisse zu ermutigen. Die negativen Erfahrungen sollen nicht als Indizien einer falschen Entwicklung verstanden werden, sondern als

---

Kontrastierung von Glaube und Unglaube, Rettung und Gericht (Joh 3,16-18) und die Licht – Finsternis – Metaphorik (Joh 3,19-21).

Konsequenzen der Jüngerschaft und Erwählung Jesu. Die Glaubenden werden dazu herausgefordert, nicht in dieser negativen Welthaltung zu verharren, sondern sich ebenso wie Jesus der Herausforderung ihrer Sendung zu stellen. Die Verhältnisbestimmung von Gemeinde und Welt ist somit ein Teilaspekt der johanneischen Reformulierung und Neubegründung des missionstheologischen Selbstverständnisses.

Diese paränetische Grundintention zeigt sich auch am Prädestinations- und Perseveranzgedanken des Johannesevangeliums. Die nachösterliche Gemeinde darf getrost sein, daß Jesus die Welt überwunden hat (Joh 16,33) und im Geistparakleten bei ihnen ist (Joh 14,16-20; 14,26; 15,26f.; 16,4bff.). Nicht die Jünger haben Jesus erwählt, sondern er sie (Joh 15,16). Sie sind die Schafe, die die Stimme des guten Hirten verstehen können. Niemand kann sie aus seiner Hand reißen (Joh 10,27-29). Auch wenn die theologische Grundintention des Johannesevangeliums universal ausgerichtet ist, wird die Ablehnung der irdischen Tätigkeit Jesu, der Synagogenausschluß und das Gemeindeschisma prädestinatianisch begründet. Nur wer vom Vater gezogen wird, kann zu Jesus kommen (Joh 6,44f.64f.). Jesu Stimme konnte nur von den Gotteskindern gehört werden (Joh 8,46f.). Jesus ist zwar nicht in die Welt gekommen, um sie zu richten, sondern um sie zu retten (Joh 3,17). Durch sein Kommen vollzieht sich aber das Gericht (Joh 3,19), weil Sehende sich als nicht Sehende erweisen und Blinde ihn erkennen (Joh 9,39). Die Klimax dieser prädestinatianischen Aussagen begegnet im Erzählerkommentar Joh 12,37-41, der zusammen mit der situationsenthobenen Rede Jesu Joh 12,44-50 zwischen die Schilderung der öffentlichen Tätigkeit Jesu und die Abschiedsreden integriert ist. Die Motive des ‚Nicht-Hören-Könnens‘ und des ‚Nicht-Sehen-Könnens‘ konvergieren in der johanneischen Modifikation des jesajanischen Verstokkungsmotiv (Joh 12,37-41). Die Herzen und Ohren der Nichtglauben waren verstockt. Die nachösterliche Verkündigung der Gemeinde steht jedoch unter dem universalen Vorzeichen, daß Jesus nach seiner Erhöhung ans Kreuz ‚alle‘ zu sich ziehen will (Joh 12,32).

Die traditionsgeschichtlichen Analysen der liebessemantischen und dualistischen Motive lassen den souveränen Umgang des Verfassers des Johannesevangeliums mit den ihm zur Verfügungen stehenden Vorgaben erkennen. Vorgegebene Sprachmuster und Motive werden nicht unreflektiert übernommen, sondern im Sinne der theologischen Grundintention des Verfassers modifiziert. Dabei werden Begriffe und Motive, die unterschiedlichen Kontexten entnommen sind, zu einem konsistenten Gesamtentwurf gefügt[2]. Zugleich werden jedoch Elemente, die der johanneischen

---

2   Paradigmatisch zeigt sich dies etwa im Kontext der spatialen Rhetorik, wo so unterschiedliche Motive wie das Himmelsbrot (Joh 6,50f.58), der Vergleich der Erhöhung der bronzenen Schlange durch Mose und die Erhöhung Jesu (Joh 3,14f.), das Motiv der

Christologie nicht dienlich sind, umgestaltet bzw. gänzlich ausgespart (z.
B. der Vorwurf einer dämonischen Besessenheit Jesu [Joh 7,20; 8,48b.52a;
10,20], die Exorzismen etc.).

Eindrücklich zeigt sich dieser kreativ-innovative Aneignungsprozeß in
der christologischen Konzentration der Lichtmetaphorik, in der unterschiedliche Vorgaben alttestamentlich-frühjüdischer Lichtmetaphorik rezipiert und konsequent auf Jesus übertragen werden (vgl. z. B. die Rede vom
Gottesknecht als Licht der Völker bzw. von der Tora als Licht und Leben
als Hintergründe der Selbstprädikation Jesu als Licht der Welt in Joh 8,12).
Da die heilsuniversalen Akzente dieser Motivgestaltungen nicht als übernommene Traditionen erwiesen werden können, scheint gerade hierin eine
besondere Aussageintention der Verfassers zu liegen, insbesondere im Motiv der Liebe Gottes zur Welt (Joh 3,16).

Besondere Aufmerksamkeit verdient schließlich die traditionsgeschichtliche Einordnung der liebessemantischen Motive. Während sich zu nahezu
allen dualistischen Motiven des Johannesevangeliums traditionsgeschichtliche Vergleichsgrößen benennen lassen, besitzen lediglich Teilaspekte
des liebessemantischen Repertoires alttestamentlich-frühjüdische bzw.
frühchristliche Vorgaben (z. B. das Motiv der Liebe Gottes als Grund seines Handelns, die Freundschaftsmotivik, das Motiv der Liebe zwischen Gott
und Jesus, die Lebenshingabe Jesu als Ausdruck seiner Liebe etc.). Andere
Teilaspekte haben hingegen keine traditionsgeschichtlichen Korrelate (das
Motiv der Liebe Gottes zur Welt, die Liebe der Jünger zu Jesus, das Liebesgebot Joh 13,34f., das Motiv der Liebe zwischen Gott und Jesus vor der
Schöpfung der Welt, die Zuordnung der Immanenz- und Liebesaussagen
etc.). Während somit bereits Teilaspekte des liebessemantischen Repertoires eine ausgesprochene innovativ-kreative Gestaltungsfähigkeit erkennen lassen, so ist jenes Gesamtarrangement der ,dramaturgischen Christologie der Liebe Gottes im Johannesevangelium' um so mehr eine eigenständige Errungenschaft des Verfassers des vierten Evangeliums.

In diesem Sinne kann man resümieren, daß die ,dramaturgische Christologie der Liebe Gottes im Johannesevangelium' einen Höhepunkt urchristlicher Theologiebildung verkörpert. Sie reflektiert und versprachlicht in
einer analogielosen Weise, warum das Leben und der Tod Jesu als ein Geschehen der Liebe Gottes verstanden werden können.

Engel als Vermittler zwischen der himmlischen und irdischen Sphäre (Joh 1,51) oder das
Motiv des Satanssturzes (Joh 12,31f.) rezipiert und im Sinne der johanneischen Christologie gestaltet werden.

Literaturverzeichnis

1. Quellen

1.1 Bibel

Biblia Hebraica, ed. R. Kittel, Stuttgart 1937.

Biblia Hebraica Stuttgartensia, ... ed. K. Ellinger; W. Rudolph, 4. Aufl. ed. H. P. Rüger, Stuttgart 1990.

Biblia Sacra, iuxta vulgatam versionem, adiuvantibus B. Fischer etc. rec. ... R. Weber, 3. Aufl., Stuttgart 1983.

Die Bibel ... nach der Übersetzung Martin Luthers in der revidierten Fassung von 1984, Stuttgart 1985.

The Greek New Testament, ed. K. Aland et al., Stuttgart 1983[3].

Novum Testamentum Graece, post E. Nestle et E. Nestle... ed. K. Aland etc., 26. neu bearb. Aufl., Stuttgart 1979 (Nachdruck 1986).

Novum Testamentum Graece, post E. Nestle et E. Nestle... ed. B. et K. Aland, 27. rev. Aufl., Stuttgart 1993.

Novum Testamentum Graece. Ad antiquissimos testes denuo recensuit... C. Tischendorf. Ed. octava critica maior I-II, Lipsiae 1869/72, Nachdr. Graz 1965.

Novum Testamentum Graece et Latine, ed. H. J. Vogels, Freiburg 1955[4].

Novum Testamentum Graece et Latine. Textus Graecus, cum. App. critico-exegetico, Vulgata Clementina et Neovulgata, ed. G. Nolli, Vatikan 1981.

Origenis Hexaplarum Quae Supersunt; sive Veterum Interpretum Graecorum in totum Vetus Testamentum Fragmenta, ed. F. Field (2 Bände), Oxford 1875.

Septuaginta. Id est Vetus Testamentarum graece iuxta LXX interpretes, ed. A. Rahlfs, 2 Bde., Stuttgart 1935. Nachdr. in 1 Bd., Stuttgart 1979.

Vetus Testamentum Graecum, Auctoritate Academiae Scientiarum Gottingensis editum, Göttingen 1931ff.

HORNER G., (ed.), The Coptic Version of the New Testament in the Southern Dialect, Oxford 1911ff.

—, The Coptic Version of the New Testament in the Northern Dialect, Oxford 1898ff.

SODEN, H. v., Die *Schriften* des Neuen Testaments in ihrer ältesten erreichbaren Textgestalt hergestellt auf Grund ihrer Textgeschichte, I/1-3: Untersuchungen, II: Text und Apparat, Göttingen 1902-1913.

WETTSTEIN, J. J., Novum Testamentum Graecum I-II, Nachdr. der Ausg. 1752, Graz 1962.

THIELE, W., Epistulae Catholicae, VL 26/1, Freiburg 1956-1969.

1.2 Literatur des antiken Judentums

1.2.1 Apokryphen, Pseudepigraphen u.ä.

ANDERSEN, F. I., 2 (Slavonic Apocalypse of) Enoch with Appendix: 2 Enoch in Merilo Pravednoe (OTP I), 91-221.

ANDERSON, H., 4 Maccabees (OTP II), 531-564.

BECKER, J., Die Testamente der zwölf Patriarchen (JSHRZ III/1), Gütersloh 1974.

BENSLY, R.L. (ed.), The Fourth Book of Ezra. The Latin Version ed. from the MSS, TaS III/2, Cambridge 1895 (Nachdruck Nendeln/LIC 1967).

BERGER, K., Das Buch der Jubiläen (JSHRZ II/3), Gütersloh 1981, 271-575.

BLACK, M. (ed.), Apokalypsis Henochi Graece, in: PVTG III, Leiden 1970, 5-44.

—, The Book of Enoch or I Enoch. A New English Edition with Commentary and Textual Notes (SVTP 7), Leiden 1985.

BONWETSCH, G. N. (Hg.), Die Bücher der Geheimnisse Henochs. Das sogenannte slavische Henochbuch (TU 44/2), Leipzig 1922.

BÖTTRICH, CH., Das slavische Henochbuch (JSHRZ V/7), Gütersloh 1995, 779-1040.

BRANDENBURGER, E., Himmelfahrt Moses (JSHRZ V/2), Gütersloh 1976, 57.84.

BROCK, S. P., Testamentum Iobi (PVTG 2), Leiden 1964, 1-59.

BURCHARD, CH., Joseph and Aseneth (OTP II), 177-248.

—, Joseph und Aseneth (JSHRZ II/4), Gütersloh 1983, 575-735.

—, Ein vorläufiger griechischer Text von Joseph und Aseneth, in: DBAT 14 (1979), 2-53.

CHARLES, R.H., The Apocrypha and Pseudepigrapha of the Old Testament I-II, Oxford 1913.

—, The Ascension of Isaiah, trans. From the Ethiopic Version ..., London 1900.

—, Translation of a Late Hebrew Testament of Naphtali ..., in: ders., The Apocrypha and Pseudepigrapha of the Old Testament II: Pseudepigrapha, Oxford 1913, 361-363.

CHARLESWORTH, J. H. (ed.), The Old Testament Pseudepigrapha, I: Apocalyptic Literature and Testaments; II: Expansions of the ‚Old Testament' and Legends, Wisdom and Philosophical Literature, Prayers, Psalms, and Odes, Fragments of Lost Judeo-Hellenistic Works, Garden City 1983/85.

COLLINS, J. J., Sibylline Oracles, OTP I, 317-472.

DE JONGE, M., The Testaments of the Twelve Patriarchs. A Critical Edition of the Greek Text (PVTG I, 2), Leiden 1978.

DENIS, A.M., Fragmenta Pseudepigraphorum quae supersunt Graeca, coll. A. M. Denis, in: Pseudepigrapha Veteris Testamenti Graece III: M. Black, Henochi Graece; A. M. Denis, Fragmenta Pseudepigraphorum Graeca, Leiden 1970.

DIETZFELBINGER, CH., Pseudo-Philo: Antiquitates Biblicae (Liber Antiquitatum Biblicarum), JSHRZ II/2, Gütersloh 1979, 89-271.

FABRICIUS, J. A., Codex Pseudepigraphus Veteris Testamenti ..., Hamburg/Leipzig 1713; Codicis Pseudepigraphi Veteris Testamenti, Volumen alterum ..., Hamburg 1723.

GAUGER, J.-D. (Hg.), Sibyllinische Weissagungen (Griechisch-Deutsch; auf der Grundlage der Ausg. von A. Kurfeß neu übers. und hrsg. von J.-D. Gauger), Darmstadt 1998.

GEFFCKEN, J., Die Oracula Sibyllina (GCS 8), Leipzig 1902.

GEORGI, D., Weisheit Salomos (JSHRZ III/4), Gütersloh 1980, 391-478.

HABICHT, CH., 2. Makkabäerbuch (JSHRZ I/3), Gütersloh 1976, 163-285.

ISAAC, E., 1 (Ethiopic Apocalypse of) Enoch, OTP I, 5-90.

JAGIC, V., Slavische Beiträge zu den biblischen Apokryphen I: Die altkirchenslavischen Texte zum Adambuch, Denkschriften der Kaiserlichen Akademie der Wissenschaften Wien 42 (1893), 1-104.

JANSSEN, E., Testament Abrahams (JSHRZ III/2), Gütersloh 1975, 193-256.

JOHNSON, M. D., The Life of Adam and Eve (OTP II), 249-295.

KAUTZSCH, E., Die Apokryphen und Pseudepigraphen des Alten Testaments ... übers. u. hg. V. E. Kautzsch, I-II, Tübingen 1900, Nachdruck Darmstadt 1975.

KEE, H. C., Testaments of the Twelve Patriarchs (OTP I), 775-828.

KLAUCK, H.-J., 4. Makkabäerbuch (JSHRZ III/6), Gütersloh 1989, 643-763.

KLIJN, A. F. J. (Hg.), Der lateinische Text der Apokalypse des Esra, mit e. Index Grammaticus v. G. Mussies (TU 131), Berlin 1983.

—, Die syrische Baruch-Apokalypse (JSHRZ V/2), Gütersloh 1976, 103-191.

—, 2 (Syriac Apocalypse of) Baruch (OTP I), 615-652.

KNIBB, M. A., (ed.), The Ethiopic Book of Enoch I-II, Oxford 1978.

KRAFT, R. A./PURINTUN, A.-E., Paraleipomena Jeremiou, Texts and Translations 1, Pseudepigrapha Series 1, Missoula 1972.

LICHTENBERGER, H. (Hg.), Jüdische Schriften aus hellenistisch-römischer Zeit, begr. v. W. G. Kümmel ..., Gütersloh 1973ff.

METZGER, B. M., The Fourth Book of Ezra (OTP I), 517-560.

MILIK, J. T./BLACK, M., The Books of Henoch. Aramaic Fragments of Qumrân Cave 4, Oxford 1976.

MÜLLER, U. B., Die griechische Esra-Apokalypse (JSHRZ V/2), Gütersloh 1976, 85-102.

MÜLLER, C. D. G., Die Himmelfahrt des Jesaja, NTApo[5] II, 547-562.

PICARD, J.-C. (ed.), Apokalypsis Baruchi Graece, PVTG 2, Leiden 1967, 61-96.

RAHLFS, A., Septuaginta I, 1099-1138.

—, Septuaginta I, 1157-1184.

ROBINSON, S. E., 4 Baruch (OTP II), 413-425.

RÖNSCH, H., Das Buch der Jubiläen oder die kleine Genesis, Leipzig 1874, Nachdr. Amsterdam 1970.

RUBINKIEWICZ, R., Apokalypse of Abraham (OTP I), 681-706.

SCHALLER, B., Das Testament Hiobs (JSHRZ III/3), Gütersloh 1979, 299-387.

SCHERMANN, T., Prophetarum vitae fabulosae ..., Leipzig 1907.

SCHMIDT, F., Le Testament grec d'Abraham (TSAJ 11), Tübingen 1986.

SCHRAGE, W., Die Elia-Apokalypse (JSHRZ V/3), Gütersloh 1980.

SCHREINER, J., Das 4. Buch Esra (JSHRZ V/4), Gütersloh 1981, 287-412.

SCHWEMER, A. M., Vitae Prophetarum (JSHRZ I/7), Gütersloh 1997.

SPITTLER, R. P., Testament of Job (OTP I), 829-868.

STEINDORFF, G., Die Apokalypse des Elias, eine unbekannte Apokalypse und Bruchstücke der Sophonias-Apokalypse, TU 17/3a, Leipzig 1899.

STINESPRING, W. F., Testament of the Three Patriarchs (OTP I), 869-918 (903-911).

TISCHENDORF, K. V., Apocalypses apocryphae, Leipzig 1866, 24-33.

TISSERANT, E. (ed.), Ascension d'Isaie. Trad. de la version éthiopeenne. Documents pour l'étude de la Bible, Paris 1909.

TROMP, J., The Assumption of Moses (SVTP 10), Leiden etc, 1993.

UHLIG, S., Das äthiopische Henochbuch (JSHRZ V/6), Gütersloh 1984, 461-780.

VAN DER HORST, P. W., Pseudo-Phocylides (OTP II), 565-582.

VIOLET, B. (ed.), Die Esra-Apokalypse (IV Esra). I. Teil: Die Überlieferung (GCS 18), Leipzig 1910.

WALTER, N., Pseudepigraphische jüdisch-hellenistische Dichtung: Pseudo-Phokylides, Pseudo-Orpheus, gefälschte Verse auf Namen griechischer Dichter (JSHRZ IV/3), Gütersloh 1983, 173-278: 182-216.

—, Pseudepigraphische jüdisch-hellenistische Dichtung: Pseudo-Phokylides, Pseudo-Orpheus, Gefälschte Verse auf Namen griechischer Dichter (JSHRZ IV/3), Gütersloh 1983, 173-278.

WINTERMUTE, O. S., Apocalypse of Zephaniah (OTP I), 497-516.

—, Jubilees (OTP II), 35-142.

1.2.2 Schriften vom Toten Meer

ALLEGRO, J. M. (ed.), Qumrân Cave 4, I (4Q158 – 4Q186), (DJD 5), Oxford 1968.

ATTRIDGE, H. u. a. (ed.), Qumran Cave 4, VIII, Parabiblical Texts, Part 1 (DJD 13), Oxford 1994.

BAILLET, M./J. T. MILIK/R. DE VAUX (ed.), Les 'Petites Grottes' de Qumrân (DJD 3), Oxford 1962.

BAILLET , M. (ed.), Qumran Grotte 4, III (4Q482 – 4Q520), (DJD 7), Oxford 1982.

BARTHELEMY, D./J. T. MILIK (ED.), Qumran Cave I (DJD 1), Oxford 1955.

BAUMGARTEN, J. u. a., (ed.), Qumran Cave 4. 25. Halakhic Texts. (DJD 35), Oxford Press 1999.

BEYER, K., Die aramäischen Texte vom Toten Meer..., Göttingen 1984; Ergänzungsband: Göttingen 1994.

BROOKE, G. u. a. (ed.), Qumran Cave 4, XVII, Parabiblical Texts, Part 3 (DJD 22), Oxford 1996.

BROSHI, M. u. a. (ed.), Qumran Cave 4, XIV, Parabiblical Texts, Part 2 (DJD 19) Oxford 1995.

CHAZON, E. (ed.), Qumran Cave 4. 20: Poetical and Liturgical texts. P. 2 (DJD 29). Oxford 1999.

DIMANT, D., (ed.), Qumran Cave 4. 21: Parabiblical texts. Pt. 4 (DJD 30), Oxford 2001.

DUPONT-SOMMER, A., Les *Écrits* esséniens découverts près de la mer morte, Paris 1959.

ESHEL, E., u. a. (ed.), Qumran Cave 4, VI, Poetical and Liturgical Texts, Part 1 (DJD 11), Oxford 1998.

GARCÍA MARTÍNEZ, F./TIGCHELAAR, E. J. C., The Dead Sea Scrolls Study Edition, Vol. 1-2, Leiden etc. 1997/98.

GARCÍA MARTÍNEZ, F., The Dead Sea Scrolls Translated. The Qumran Texts in English, Leiden – New York – Köln 1994.

LOHSE, E., Die Texte aus Qumran. Hebräisch und Deutsch, hg. v. E. Lohse, Darmstadt 1971.

MAIER, J., Die Qumran-Essener. Die Texte vom Toten Meer I-III, München – Basel 1995/96.

MILIK, J. T., The Books of Enoch. Aramaic Fragments of Qumrân Cave 4, Oxford 1976.

NEWSOM, C., *Songs* of the Sabbath Sacrifice. A Critical Edition, HSS 27, Atlanta 1985.

PUECH, É., Une apocalypse messianique (4Q521), in: RdQ 15 (1992), 475-522.

—, (ed.), Qumrân Grotte 4, XVIII, Textes Hébreux (4Q521-4Q528, 4Q576-4Q579), (DJD 25), Oxford 1998.

QIMRON, E./J. STRUGNELL (ed.), Qumran Cave 4, V: Miqsat Ma'aśe ha-Torah (DJD 10), Oxford 1994.

SANDERS, J. A. (ed.), The Psalms Scroll of Qumrân Cave 11(11Qps^a), (DJD 4), Oxford 1965.

STRUGNELL, J./D. J. HARRINGTON/T. ELGVIN (Hg.,) Qumran Cave 4. 24. Sapiential texts - P. 2 /with a re-red. of 1Q26 by John Strugnell and Daniel J. Harrington and an ed. of 4Q23 by Torleif Elgvin (DJD 34), Oxford 1999.

ULRICH, E. u. a. (ed.), Qumran Cave 4. 11. Psalms to Chronicles (DJD 16), Oxford 2000.

1.2.3. Jüdisch-hellenistische Schriftsteller

COLSON, F. H./G. H. WHITAKER (ed.), Philo..., with an English Translation by F. H. Colson and G. H. Whitaker, 10 Vol. (and 2 Suppl. Vol.), LCL, London 1929-1953.

COHN, L./P. WENDLAND (ed.), Philonis Alexandrini opera quae supersunt, Bd. I-VI, Berlin 1896-1915; VII/1-2: Indices ad Philonis Alexandrini opera, comp. H. Leisegang, Berlin 1926/30.

COHN, L.,/I. HEINEMANN/M. ADLER/W. THEILER (Hg.), Philo von Alexandrien. Die Werke in deutscher Übersetzung, 7 Bde., Berlin 1962/1964².

MICHEL, O./O. BAUERNFEIND (Hg.), Flavius Josephus, De bello Judaico. Der Jüdische Krieg, Griechisch und Deutsch, Bd. I-III, Darmstadt 1959ff.

NIESE, B., (ed.), Flavii Josephi Opera (Bd. I-VII), Berlin 1887-1895.

THACKERAY, H. S. J. (ed.), Josephus I. The Life. Against Apion, with an English transl. by H. S. J. Thackeray (LCL), London 1926.

—, (ed.), Josephus IV-X. Jewish Antiquities, with an English transl. by H. S. J. Thackeray etc., (LCL), London 1930-1965.

1.2.4 Rabbinische Literatur

ALBECK, CH./YALON, CH., Shisha Sidre Mishna, I-VI, Jerusalem 1952-1958.

BIETENHARD, H., Der tannaitische Midrasch ‚Sifre Deuteronomium' (mit e. Beitr. v. H. Ljungman), Bern 1984.

DIEZ MACHO, A., Targum Palestinense in Pentateuchum. Additur Targum Pseudojonatan ejusque hispanica versio, I.2: Exodus, I.3: Leviticus, I.4: Numeri, I.5: Deuteronomium, 1977-1980.

GOLDSCHMIDT, L., Talmud Babli. Der babylonische Talmud, mit Einschluß der vollständigen Mischnah, I-IX, Haag 1933-1935.

—, Der Babylonische Talmud, nach der ersten zensurfreien Ausgabe unter Berücksichtigung der neueren Ausgaben und handschriftlichen Materials neu übertragen durch L. Goldschmidt, 12 Bde., Berlin 1929-1936.

HENGEL, M./SCHÄFER, P./BECKER, H.-J./HÜTTENMEISTER, F. G., Übersetzung des Talmud Yerushalmi, Tübingen 1975ff.

HOFFMANN, D. etc., Mishnajot. Die sechs Ordnungen der Mischna. Hebräischer Text mit Punktation, deutsche Übersetzung und Erklärung, 6 Bde., Berlin 1887ff. (Nachdruck Basel 1968).

HOROVITZ, H. S./J. A. RABIN, Mechilta d'Rabbi Ismael, Frankfurt 1931 (Nachdr. Jerusalem 1970)

KLEIN, M. L., The Fragment-Targum of the Pentateuch, 2 Bde., AnBib 76, Rom 1980.

MANDELBAUM, B. (ed.), Pesiqta de-Rav Kahana, I-II, New York 1962.

NEUSNER, J., The Mishna. A New Translation, New Haven 1988.

ODEBERG, H., 3 Enoch or The Hebrew Book of Enoch, Cambridge 1928.

STAERK, W., Altjüdische liturgische Gebete (KIT 58), Bonn 1910.

STRACK, H.L./BILLERBECK, P., Kommentar zum Neuen Testament aus Talmud und Midrasch, Bd. I-VI, München 1926ff..

ZUCKERMANDEL, M. S., Tosefta I-II, Halberstadt 1881.

1.3 Literatur des frühen Christentums (Neutestamentliche Apokryphen, Apostolische Väter; Kirchenschriftsteller etc.)

BROOKE, A. E. (ed.) The Fragments of Heracleon. Newly ed. from the manuscripts with introd. and notes, TaS 1, Cambridge 1891.

BROX, N., Irenäus von Lyon, Epideixis. Darlegung der apostolischen Verkündigung; Adversus Haereses. Gegen die Häresien I, übers. u. eingel. v. N. Brox, FC 8/1, Freiburg i. Br. 1993; Irenäus von Lyon, Adversus Haereses. Gegen die Häresien II, übers. u. eingel. v. N. Brox, FC 8/2, Freiburg i. Br. 1993. Gegen die Häresien III, übers. u. eingel. v. N. Brox, FC 8/3, Freiburg i. Br. 1995.

CHARLESWORTH, J. H., The Odes of Solomon. Syriac texts, ed. with translation and notes, SBLTT 13, Missoula/Montana 1977.

Evangelia Apocrypha, ...coll. C. v. Tischendorf, Leipzig 1876[2].

FISCHER, J. A. (Hg.), Schriften des Urchristentums I: Die Apostolischen Väter, ..., Darmstadt 1981[2]; II: Didache (Apostellehre), Barnabasbrief, zweiter Klemensbrief, Schrift an Diognet, ... hg. v. K. Wengst, Darmstadt 1984.

GOODSPEED, E. J. (ed.), Die ältesten Apologeten. Texte mit kurzen Einleitungen, Göttingen 1914 (Nachdr. 1984).

HARNACK, A. V., Die Acta Archelai und das Diatessaron Tatians (TU 1,3), Berlin 1883.

KELLNER, K. H. V., Tertullians sämtliche Schriften (übers. v. K. A. H. Kellner), Köln 1882.

KÖRTNER, U. H., Papiasfragmente. In: Schriften des Urchristentums Bd. 3, Darmstadt 1998, 3-103.

KOPP, S./A. ZUMKELLER, Schriften gegen die *Semipelagianer*. Gnade und freier Wille. Zurechtweisung und Gnade (übertragen und erläutert von S. Kopp); Die Vorherbestimmung der Heiligen. Die Gabe der Beharrlichkeit (übertragen und erläutert von A. Zumkeller), in: Sankt Augustinus, der Lehrer der Gnade: deutsche Gesamtausgabe seiner antipelagianischen Schriften, im Auftrag der deutschen Provinz der Augustiner-Eremiten hrsg. von A. Kunzelmann u. A. Zumkeller, Bd. 7, Würzburg 1987[2].

LATTKE, M., Die Oden Salomos in ihrer Bedeutung für Neues Testament und Gnosis, Bd. 1/1a/2/3, OBO 25/1-3, Freiburg/Schweiz/Göttingen 1979-1986.

LIGHTFOOT, J. B./HARMER, J. R. (ed.), The Apostolic Fathers, London 1926.

LINDEMANN, A./PAULSEN, H. (hg.), Die Apostolischen Väter. Griechisch-deutsche Parallelausgabe..., neu übers. v. A. Lindemann; H. Paulsen, Tübingen 1992.

WHITTAKER, M. (Hg.), Der Hirt des Hermas, 2., überarb. Aufl. (GCS 48), Berlin 1967.

LIPSIUS, R. A./BONNET, M. (Hg.), Acta Apostolorum Apocrypha, ..., Vol. I-II/1-2, Leipzig 1891-1903, Nachdr. Darmstadt 1959.

POTT, A., (Hg.), Tatians Diatessaron. Aus dem Arabischen übers. v. E. Preuschen, Heidelberg 1926.

PREUSCHEN, E. (Hg.), Origenes Werke Bd. 4, Der Johanneskommentar (GCS 10), Origenes IV, Leipzig 1903.

RESCH, A. (Hg.), *Agrapha*. Aussercanonische Schriftfragmente, Leipzig 1906[2].

ROUSSEAU, A./L. DOUTRELEAU, Irénée de Lyon, Contre les Hérésies, Livre I. Édition critique par A. Rousseau et L. Doutreleau, 2 Bde., SC 263/264 Paris 1979; Livre II. Édition critique par A. Rousseau et L. Doutreleau, 2 Bde., SC 193/294, Paris 1982; Livre III. Édition critique par A. Rousseau et L. Doutreleau, 2 Bde., SC 210/211, Paris 1974; Livre IV. Édition critique d'apres les versions Arménienne et Latine sous la direction de A. Rousseau avec la collaboration de B. Hemmerdinger, L. Doutreleau, Ch. Mercier, 2 Bde., SC 100, Paris 1965; Livre V. Édition critique d'après les versions Arménienne et Latine par A. Rousseau, L. Doutreleau et. Ch. Mercier, 2 Bde., SC 152/153, Paris 1969.

SCHNEEMELCHER, W. (Hg.), Neutestamentliche Apokryphen in deutscher Übersetzung, 6. Aufl. der von E. Hennecke begründeten Sammlung, I: Evangelien, Tübingen 1999; II: Apostolisches, Apokalypsen und Verwandtes, Tübingen 1999. *(NTApo)*

STÄHLIN, O., Des Clemens von Alexandreia ausgewählte Schriften aus dem Griechischen übersetzt von O. Stählin, 5 Bde., BKV Clemens von Alexandreia I-V (II/7,8,17,19,20), München 1934-1938.

TISCHENDORF, K. v., Apokalypses Apocryphae ... additis Evangeliorum et actuum Apocryphorum supplementis, Leipzig 1866 (Nachdr. Hildesheim 1966).

1.4 Gnostische Literatur *(Nag Hammadi Codices; Corpus Hermeticum; mandäische bzw. manichäische Texte etc.)*

BÖHLIG, A./P. LABIB, Koptisch-gnostische Apokalypsen aus Codex V von Nag Hammadi im Koptischen Museum zu Alt-Kairo, Halle – Wittenberg 1963.

COLPE, C./J. HOLZHAUSEN (Hg.), Das Corpus Hermeticum Deutsch. Übersetzung, Darstellung und Kommentierung in drei Teilen. Im Auftrag der Heidelberger Akademie der Wissenschaften bearb. und hrsg. v. Carsten Colpe und Jens Holzhausen: Teil 1: Die griechischen Traktate und der lateinische 'Asclepius', übers. u. eingel. v. Jens Holzhausen (Clavis Pansophiae 7,1), Stuttgart-Bad Cannstatt 1997. Teil 2: Exzerpte, Nag-Hammadi-Texte, Testimonien, übers. u. eingel. v. Jens Holzhausen (Clavis Pansophiae 7,2), Stuttgart-Bad Cannstatt 1997.

FOERSTER, W.,/BÖHLIG, A., Die Gnosis. Band I: Zeugnisse der Kirchenväter, Zürich – München ²1979; Band II (hg. v. W. Foerster): Koptische und manichäische Quellen, Zürich – München 1971; Band III (hg. v. A. Böhlig): Der Manichäismus, Zürich – München 1980.

GIVERSEN, S., Apocryphon Johannis. The Coptic Text of the Apocryphon in the Nag Hammadi Codex II with Translation, Introduction and Commentary, AthD 5, Kopenhagen 1963.

LIDZBARSKI, M., *Ginza*. Der Schatz oder das große Buch der Mandäer (QRG 13), Göttingen 1925.

—, Das Johannesbuch der Mandäer I: Text; II: Übersetzung, Gießen 1905/1915.

KIRCHNER, D. (Hg.), Epistula Jacobi Apocrypha. Die zweite Schrift aus Nag-Hammadi-Codex I, TU 136, Berlin 1989.

KOENEN, L./C. RÖMER (Hg.), Der Kölner Mani-Kodex. Über das Werden seines Leibes, PapyCol 14, Opladen 1988.

KRAUSE, M./LABIB, P. (Hg.), Die drei Versionen des Apokryphon des Johannes im Koptischen Museum zu Alt-Kairo, ADAI.K 1, Glückstadt 1962.

LAYTON, B., The *Gnostic Scriptures*. A New Translation with Annotations and Introductions, London 1987.

—, (ed.), Nag Hammadi Codex II,2-7 together with XIII,2*, Brit. Lib. Or. 4926 (1) and P. Oxy. 1, 654, 655 (NHS 20), Leiden etc. 1989.

NOCK A. D./A.-J. FESTUGIERE, Tome I: Traités I-XII, Texte établi par A. D. Nock et traduit par A.-J. Festugière, CUFr, Paris 1983⁶; Tome II: Traités XIII-XVIII. Asclepius, Texte établi par A. D. Nock et traduit par A.-J. Festugière, CUFr, Paris 1983⁶; Tome III: Fragments extraits de Stobée I-XXII, Texte établi et traduit par A.-J. Festugière, CUFr, Paris 1983³; Tome IV: Fragments extraits de Stobée XXIII-XXIX, Texte établi et traduit par A.-J. Festugière, Fragments divers texte établi par A. D. Nock et traduit par A.-J. Festugière, CUFr, Paris 1954.

ROBINSON, J. M. (ed.), The Nag Hammadi Library in English, Leiden etc. 1977.

SCHENKE, H.-M., Das Thomas-Buch (Nag-Hammadi-Codex II;7), TU 138, Berlin 1989.

—, Nag Hammadi Deutsch (hrsg. durch die Berlin-Brandenburgische Akademie der Wissenschaften, eingeleitet und übersetzt von Mitgliedern des Berliner Arbeitskreises für Koptisch-Gnostische Schriften; hrsg. von H.-M. Schenke/H.-G. Bethge/U. U. Kaiser) Koptische-gnostische Schriften 2: NHC I,1-V,1 (GCS N. F. 8) Berlin/New York 2001.

—, Nag Hammadi Deutsch (hrsg. durch die Berlin-Brandenburgische Akademie der Wissenschaften, eingeleitet und übersetzt von Mitgliedern des Berliner Arbeitskreises für Koptisch-Gnostische Schriften; hrsg. von H.-M. Schenke/H.-G. Bethge/U. U. Kaiser) Koptische-gnostische Schriften 3: NHC V,1-XIII,1 (GCS N. F. 12) Berlin/ New York 2003.

SCOTT, W., Hermetica. The Ancient Greek and Latin Writings Which Contain Religious or Philosophic Teachings ascribed to Hermes Trismegistus, ed. with English translation and Notes by, I-IV, Oxford 1924-1926.

VÖLKER, W., Quellen zur Geschichte der christlichen Gnosis (SQS.NS 5), Tübingen 1932.

WALDSTEIN, M./F. WISSE (Hg.), Nag Hammadi Codices II,1/III,1/IV,1 with Papyrus Berolinensis 8502 (The Apocryphon of John), Leiden 1995/96.

1.5 Pagane antike Literatur

ARNIM, J. V. (Hg.), Dionis Prusaensis quem vocant Chrysostomum quae exstant omnia (2 Bd.), Berlin 1893/96.

BABBITT F. C. u. a. (Hg.), Plutarch's Moralia Vol. I-XVI, LCL, London 1927ff.

BECKER, I. (Hg.), Aristoteles Opera, ed. Academia Regia Borussica, Vol. 1.-5., Berlin 1831ff.

BURNET, J. (Hg.), Platonis Opera, recognovit brevique adnotatione critica instruxit J. Burnet, 2nd ed., Oxford 1905-1908.

DIELS, H., Fragmente der Vorsokratiker, 7. Aufl., hg. W. Kranz, I-II, Berlin 1954-1956.

EIGLER G., (Hg.), Platon. Werke in acht Bänden. Griechisch und Deutsch, Darmstadt 1972.

GIGON, O., Aristoteles: Die Nikomachische Ethik; übersetzt und mit einer Erläuterung und Einführungen versehen von Olaf Gigon, München 1995^2.

—, (Hg.), Aristoteles Opera, Volumen tertium; Librorum Deperditorum Fragmenta; collegit et annotationibus instruxit Olof Gigon; Berlin, New York 1987.

HICKS, R. D. (ed.), Diogenes Laertius, Lives of Eminent Philosophers (with an English translation by R. D. Hicks), Vol. 1-2, LCL, Cambridge, Mass. – London 1925.

KASSEL, R. (Hg.), Aristoteles, De Arte Poetica, recognovit bevique adnotatione instruxit R. Kassel, SCBO, Oxford 1965.

NACHSTÄDT W., u. a. (Hg.), Plutarchi Moralia Vol. II, rec. et emend. W. Nachstädt et al., Bibliotheca Teubneriana, Leipzig 1971.

NICKEL, R., Epiktet - Teles Cynicus - Gaius Musonius Rufus: Ausgewählte Schriften (griechisch - deutsch; hrsg. und übers. von R. Nickel), Sammlung Tusculum, München 1994.

ROSENBACH, M. (Hg.), Lucius Annaeus Seneca: Philosophische Schriften (Lat. Text von A. Bourgery/F. Préchac/R. Waltz), Darmstadt 1995.

2. Philologische und bibliographische Hilfsmittel

ABBOTT, E. A., Johannine *Grammar*, London 1906 (Nachdr. Farnborough 1968).

—, Johannine *Vocabulary*, London 1905.

ALAND, K. (Hg.), Vollständige Konkordanz zum Neuen Testament, I/1 - I/2, Berlin, New York 1983; II: Spezialübersichten, Berlin, New York 1978.

BAUER, W., Griechisch-deutsches Wörterbuch zu den Schriften des Neuen Testaments und der übrigen urchristlichen Literatur, 6., völlig neu bearb. Aufl., hrsg. v. K. u. B. Aland, Berlin, New York 1988.

BAUMGARTNER, W., Hebräisches und aramäisches Lexikon zum Alten Testament, 3. Aufl. bearb. v. W. Baumgartner, Lfg. I-IV, Leiden 1967-1990.

BELLE, G. VAN, Johannine Bibliography 1966-1985. A Cumultative Bibliography on the Fourth Gospel (BETL 82), Leuven 1988.

BLASS, F./DEBRUNNER, A., Grammatik des neutestamentlichen Griechisch (bearb. v. Rehkopf, F.), Göttingen 1984[16].

BEYER, K., Semitische *Syntax* im Neuen Testament (Bd. I/1: Satzlehre) 2. verb. Aufl. (StUNT 1), Göttingen 1968.

BRUDER, C. B., *Concordantiae* omnium vocum Novi Testamenti Graeci, Leipzig 1888[4].

BULLINGER, E. W., *Figures* of Speech used in the New Testament, London 1898 (Nachdruck: Grand Rapids, Michigan 1968 = 1982[9]).

COLWELL, E. C., The *Greek* of the Fourth Gospel: a study of its aramaisms in the light of Hellenistic Greek, Chicago 1931.

DENIS, A.-M. (ed.), Concordance grecque des pseudépigraphes d'Ancien Testament, Louvain-la-Neuve 1987.

—, (ed.), Concordance grecque des pseudépigraphes d'Ancien Testament. Thesaurus Patrum Latinorum . Supplementum, Louvain-la-Neuve 1993.

GESENIUS, W., Hebräisches und aramäisches Handwörterbuch über das Alte Tetament (bearb. von F. Buhl; Nachdr. d. 17. Aufl. 1915), Berlin etc. 1962.

—, /E. KAUTZSCH/E. BERGSTRÄSSER, Hebräische Grammatik, Hildesheim etc. 1985.

FANNING, B. M., *Verbal Aspect* in New Testament Greek (OTM), Oxford 1990.

HATCH, E./H. A. REDPATH, A Concordance to the Septuagint I – III, Oxford 1897-1906, repr. Grand Rapids 1987.

HOFFMANN, E.G./VON SIEBENTHAL, H., Griechische Grammatik zum Neuen Testament, Riehen 1990[2].

KÖHLER, L./BAUMGARTNER, W., Lexicon in Veteris Testamenti Libros, Leiden 1953.

Konkordanz zum Novum Testamentum Graece von Nestle-Aland, 26. Aufl., und zum Greek New Testament, 3rd ed., hrsg. v. Inst. für Neutestamentl. Textforschung u. v. Rechenzentrum d. Univ. Münster (unter bes. Mitw. v. H. Bachmann u. W. A. Slaby), Berlin, New York 1978.

LOUW, J. P./E. A. NIDA, Greek-English Lexicon of the New Testament based on semantic domains (Vol. 1: Introduction & domains/Vol. 2 Indices), New York 1989[3].

MOULE, C. F. D., An *Idiom Book* of New Testament Greek, Cambridge 1953.

Konkordanz zum Novum Testamentum Graece ..., hg. vom Institut für neutestamntliche Textforschung und vom Rechenzentrum der Univ. Münster, Berlin – New York 1987[3].

KÜHNER, R./B. GERTH, Ausführliche *Grammatik* der griechischen Sprache. Zweiter Teil: Satzlehre, I-II, Nachdr. d. 3. Aufl. 1898, Darmstadt 1963.

KUHN, K.-G. (Hg.), *Konkordanz* zu den Qumrantexten, Göttingen 1960.

—, Nachträge zur Konkordanz zu den Qumrantexten, in: RdQ 4 (1963/64), 163-234.

LAUSBERG, H., *Handbuch* der literarischen Rhetorik. Eine Grundlegung der Literaturwissenschaft, 3. Aufl. (in einem Band), Stuttgart 1989.

LECHNER-SCHMIDT, W., *Wortindex* der lateinisch erhaltenen Pseudepigraphen zum Alten Testament (TANZ 3), Tübingen 1990.

LEVY, J., Wörterbuch über die Talmudim und Midraschim I-IV, Nachdruck Darmstadt 1963 (*Levy*).

—, *Chaldäisches Wörterbuch* über die Targumim I-II, Nachdruck Köln 1959.

LIDDELL, H. G./SCOTT, R., A Greek-English *Lexicon*. New ed. by H. S. Jones, Oxford 1940, Repr. 1961.

LISOWSKY, G./ROST, L., Konkordanz zum hebräischen Alten Testament, Stuttgart 1958.

METZGER, B. M., A *Textual Commentary* on the Greek New Testament. A Companion Volume to the United Bible Societies' Greek New Testament, Stuttgart 1994[2].

MORGENTHALER, R., Statistik des Neutestamentlichen Wortschatzes, Zürich – Frankfurt a. M. 1958.

—, Statistik des Neutestamentlichen Wortschatzes. *Beiheft* zur 3. Aufl., Zürich 1982.

MOULTON, J. H., *Einleitung* in die Sprache des Neuen Testaments, Heidelberg 1911.

—, A *Grammar* of New Testament Greek, I: Prolegomena, Edinburgh [3]1908.

—, /N. TURNER, A *Grammar* of New Testament Greek, III: Syntax, Edinburgh 1963.

PASSOW, F., Handwörterbuch der griechischen Sprache, (Neu bearbeitet und zeitgemäß umgearbeitet von V. Chr. Rost, F. Palm u. a.) Bd. II, 2; Darmstadt 1970

RENGSTORF, K. H. (ed.), A Complete Concordance to Flavius Josephus, I-IV, Leiden 1972-1984.

ROBERTSON, A., *Grammar* of the Greek New Testament in the Light of Historical Research, Nashville 1934.

SCHÄFER, P. (Hg.), Konkordanz zur Hekhalot-Literatur I-II (TSAJ 12/13), Tübingen 1986/1988.

STEPHAN, H./C. B. HAASE/W. U. L. DINDORF (Hg.), Thesaurus Graece Linguae (Vol. I-VIII), Paris 1865ff.

THACKERAY, H. ST. J., A *Grammar* of the Old Testament in Greek According to the Septuagint, I: Introduction, Orthography and Accidence, Cambridge 1909, Nachdr. Hildesheim – New York 1978.

WILKE, Ch. G., Die neutestamentliche *Rhetorik*, ein Seitenstück zur Grammatik des neutestamentlichen Sprachidioms, Dresden – Leipzig 1843.

WINER, G. B., *Grammatik* des neutestamentlichen Sprachidioms als sichere Grundlage der neutestamentlichen Exegese, Leipzig 1867[7].

—, *Grammatik* des neutestamentlichen Sprachidioms, 8. Aufl., neu bearb. von P. W. Schmiedel, I. Theil: Einleitung und Formenlehre, Göttingen 1894.

3. Kommentare zu den johanneischen Schriften

3.1 Kommentare zum Johannesevangelium

BARRETT, C.K., The Gospel According to John, London 1978[2].

—, Das *Evangelium* nach Johannes, übers. v. H. Balz (KEK-Sonderbd.), Göttingen 1990.

BARTH, K., Erklärung des Johannes-Evangeliums (Kapitel 1-8), hg. W. Fürst, Karl Barth Gesamtausgabe II/4, Zürich 1976.

BAUER, W., Das Johannesevangelium (HNT II/2), Tübingen 1912 (Neubearb. HNT VI, Tübingen 1925[2]; 1933[3]).

BEASLEY - MURRAY, G. R., John (Word Biblical Commentary 36), Waco 1987.

BECKER, J., Das Evangelium nach Johannes (ÖTBK 4/1-2), 3., überarb. Aufl., Gütersloh 1991.

BENGEL, J. A., Gnomon Novi Testamenti. .. editio secunda, Ulmae 1763.

BERNHARD, J. H., A Critical and Exegetical Commentary on the Gospel According to St. John I-II (ICC), Edinburgh 1928.

BLANK, J., Das Evangelium nach Johannes (Geistliche Schriftlesung IV/1a.b.2.3), Düsseldorf 1977-1981.

BOISMARD, M. É./LAMOUILLE, A., Synopse des quatre évangiles en français, III: L'Évangile de Jean, Paris 1977.

BRODIE, T. L., The Gospel According to John. A Literary and Theological Commentary, New York 1993.

BROWN, R. E., The Gospel According to John (AncB 29/29A), New York, Bd. I: 1966; Bd. II: 1970.

BRUCE, F. F., The Gospel of John, Grand Rapids 1983.

BÜCHSEL, F., Das Evangelium nach Johannes (NTD 4), Göttingen 1937.

BULTMANN, R., Das Evangelium des Johannes (KEK II), Göttingen 1986[21].

CALLOUD, J./GENUYT, F., L'Évangile de Jean (I). Lecture sémiotique des chapîtres 1 à 6, Lyon 1989.

—, L'Évangile de Jean (II). Lecture sémiotique des chapîtres 7 á 12, Lyon 1987.

—, Le discours d'adieu, Jean 13-17. Analyse sémiotique, Lyon 1985.

CALVIN, J., Commentarius in Evangelium Ioannis, in: CR LXXV (= Calvini opera XLVII), Braunschweig 1892, 1-458.

CARSON, D. A., The *Gospel* According to John, Grand Rapids 1991.

CULPEPPER, R. A., The Gospel and Letters of John (Interpreting Biblical Texts), Nashville 1998.

ELLIS, P. F., The Genius of John. A Composition-Critical Commentary on the Fourth Gospel, Collegeville 1984.

GNILKA, J., Johannesevangelium (NEB. NT 4), Würzburg 1989[3].

GRAYSTON, K., The Gospel of John, Philadelphia 1990.

HAENCHEN, E., Das Johannesevangelium: Ein Kommentar (aus den nachgel. Manuskripten hrsg. v. U. Busse; m. e. Vorw. v. J. M. Robinson), Tübingen 1980.

HEITMÜLLER, W., Das Johannes-Evangelium, in: SNT IV, 3. Aufl., Göttingen 1918, 9-184.

HOLTZMANN, H.-J., Johanneisches Evangelium (HC IV/1), Freiburg i. B. 1890.

HOSKYNS, E. C., The Fourth Gospel (ed. F. N. Davey), London 1947[2], repr. 1950.

KIEFFER, R., Johannesevangeliet I: 1-10; II: 11-21, Kommentar till Nya Testamentet 4A-4B, Uppsala 1987/88.

LAGRANGE, M.-J., Évangile selon Saint Jean (EtB 16), Paris 1925[2].

LEON-DUFOUR, X., Lecture de l'évangile selon Jean, t. I (ch. 1-4), Paris 1988, t. II (ch. 5-12), Paris 1990; t. III: Les adieux du Seigneur, Paris 1993; t. IV: L'heure de la glorification (ch. 18-21), Paris 1996.

LIGHTFOOT, R. H., St. John's Gospel. A Commentary (ed. C. F. Evans), Oxford 1956.

LINDARS, B., The Gospel of John, NCB, London 1972.

LOISY, A., Le quatrième évangile, Paris 1903[1]; 1921[2].

MALINA, B. J./ROHRBAUGH, R. L., Social Science Commentary on the Gospel of John, Minneapolis 1998.

MATEOS, J./BARRETO, J., El evangelio de Juan. Analisis lingüistico y commentario exegetico, LNT (M) 4, Madrid 1982[2].

MOLLA, C. F., Le quatrième évangile, Genève 1977.

MOLLAT, D., L'Évangile selon Saint Jean, in: D. Mollat/F.-M. Braun, L'évangile et les épîtres de Saint Jean, La Sainte Bible (= Bible de Jérusalem), Paris 1953.

MOLONEY, F. J., Belief in the Word. Reading John 1-4, Minneapolis 1993.

—, Glory not Dishonor. Reading John 13-20 (21), Minneapolis 1998.

—, The Gospel of John (Sacra Pagina series 4), Collegeville 1998.

—, Signs and Shadows, Reading John 5-12, Minneapolis 1996.

MORRIS, L., The Gospel according to John (NIC), Grand Rapids, Mich., 1971.

O'DAY, G. R., The Gospel of John (The New Interpreter's Bible 9), Nashville 1995.

ODEBERG, H., The Fourth Gospel: Interpreted in Its Relation to Contemporaeous Religious Currents in Palestine and the Hellenistic-Oriental World, Part I: The Discourse of John 1,19-12, Uppsala 1929.

PRETE, B., Vangelo di Giovanni, in: Il Messaggio della Salvezza, VIII, 4. ed., Torino 1978, 797-870.

PORSCH, F., Johannes-Evangelium (SKK.NT 4), Stuttgart 1988.

SANDERS, J. N., A Commentary on the Gospel according to St. John, ed. and compl. by B. A. Mastin, London – New York 1968.

SCHENKE, L., Johannes. Kommentar (Kommentare zu den Evangelien), Düsseldorf 1998.

SCHICK, E., Das Evangelium nach Johannes (EB 4), Würzburg 1956.

SCHLATTER, A., Erläuterungen zum Neuen Testament, Gesamtausgabe, Stuttgart 1922[3], Bd. III: Das Evangelium nach Johannes.

—, Der Evangelist Johannes. Wie er spricht, denkt und glaubt, Stuttgart 1930, Nachdr. 1948.

SCHNACKENBURG, R., Das Johannesevangelium, HThK IV/1-4, Freiburg, Basel, Wien, I: 1972[3]; II: 1972; III: 1982[4]; IV: Ergänzende Auslegungen u. Exkurse, 1984.

SCHNEIDER, J., Das Evangelium nach Johannes (ThHK Sonderbd., hrsg. v. E. Fascher), Berlin 1988[4].

SCHNELLE, U., Das Evangelium nach Johannes (ThHK 4), Leipzig 1998.

SCHULZ, S., Das Evangelium nach Johannes (NTD 4), Göttingen 1972[12].

SEGALLA, G., Giovanni, Versione, Introduzione, Note. Roma 1976.

STIBBE, M. W. G., John. A Readings Commentary, Sheffield 1993.

STRATHMANN, H., Das Evangelium nach Johannes (NTD 4), Göttingen 1951.

TALBERT, CH. H., Reading John. A Literary and Theological Commentary on the Fourth Gospel and the Johannine Epistles, New York 1992.

THOLUCK, F. A. G., Commentar zum Evangelium Johannis, Gotha 1857[7].

WEISS, B., Kritisch exegetisches Handbuch über das Evangelium des Johannes von H. A. W. Meyer, Göttingen 1886[7].

WELLHAUSEN, J., Das *Evangelium* Johannis, Berlin 1908 (nachdr. in: J. Wellhausen, Evangelienkommentare, mit einer Einleitung von M. Hengel), Berlin/New York 1987.

WENGST, K., Johannesevangelium; Bd. 1/2 (Theologischer Kommentar zum Neuen Testament 4), Stuttgart 2000/2001.

WIKENHAUSER, A., Das Evangelium nach Johannes (RNT 4), Regensburg 1948.

WILCKENS, U., Das Evangelium nach Johannes (NTD 4), Göttingen 1998[17(=1)].

WITHERINGTON, Ben, III., John's Wisdom. A Commentary on the Fourth Gospel, Louisville 1995.

ZAHN, T., Das Evangelium des Johannes, Leipzig etc. 1921[6] (Nachdr. Wuppertal 1983).

3.2 Kommentare zu den Johannesbriefen

ALEXANDER, N., The Epistles of John (TBC), London 1962.

BALZ, H., Die Johannesbriefe, in: W. Schrage/H. Balz, Die katholischen Briefe (NTD 10), Göttingen 1993[14], 156-222.

BAUER, W., Die katholischen Briefe des Neuen Testaments (RV I,20), Göttingen 1910.

BAUMGARTEN, O., Die Briefe des Johannes, in: SNT IV, Göttingen 1920[3], 185-228.

BAUR, W., 1., 2. und 3. Johannesbrief (SKK.NT 17). Stuttgart 1991.

BEUTLER, J., Die Johannesbriefe (RNT), Regensburg 2000.

BONNARD, P., Les Épîtres johanniques (CNT[N] 13c), Neuchâtel 1983.

BROOKE, A. E., A Critical and Exegetical Commentary on the Johannine Epistles (ICC), Edinburgh 1912.

BONSIRVEN, J., Épîtres de Saint Jean (VSal 9), Paris 1954[2].

BROWN, R. E., The Epistles of John (AncB 30), New York 1982.

BRUCE, F. F., The Epistles of John. Introduction, Exposition and Notes, Grand Rapids 1992.

BULTMANN, R., Die drei Johannesbriefe (KEK XIV), Göttingen 1967[7].

CULPEPPER, R. A., 1 John, 2 John, 3 John. Knox Preaching Guides, Atlanta 1985.

DODD, C. D., The Johannine Epistles, London 1953[3].

EDWARDS, R. B., The Johannine Epistles (New Testament Guides), Sheffield 1996.

GRAYSTON, K., The Johannine Epistles (The New Century Bible Commentary), Grand Rapids 1984.

HAUCK, F., Der erste/zweite/dritte Brief des Johannes, in: DERS., Die *Kirchenbriefe* (NTD 10), Göttingen 1949[5], 113-150.

HUBER, J. E., Die drei Briefe des Johannes (KEK XIV), Göttingen 1880[4].

KLAUCK, H.-J., Der erste Johannesbrief (EKK XXIII/1), Zürich etc. 1991.

—, Der zweite und dritte Johannesbrief, EKK XXIII/2, Zürich etc. 1992.

MARSHALL, I. H., The Epistles of John (NIC), Grand Rapids 1978 (Repr. 1982).

PAINTER, J., 1, 2, and 3 John (Sacra pagina Series 18), Collegeville 2002.

PLUMMER, A., The Epistles of St. John (CBSC), Cambridge 1886 (Repr. Grand Rapids 1980; Thornapple Commentaries).

RENSBERGER, D., 1 John, 2 John, 3 John (Abingdon New Testament Commentaries), Nashville 1997.

ROTHE, R., Der erste Brief Johannes praktisch erklärt (hrsg. v. K. Mühlhäußer), Wittenberg 1878.

RUCKSTUHL, E., 1.-3. Johannesbrief, in: ders., Jakobusbrief. 1.-3. Johannesbrief (NEB.NT 17.19), Würzburg 1988[2].

SCHLATTER, A., Der zweite/dritte Brief des Johannes, in: DERS.: Die Briefe und die Offenbarung des Johannes (Erläuterungen zum Neuen Testament), Stuttgart 1987, 114-128.

SCHNACKENBURG, R., Die Johannesbriefe (HThK 13/3), Freiburg 1984[7].

SCHNEIDER, J., Die Briefe des Jakobus, Petrus, Judas und Johannes, in: Die katholischen Briefe (NTD 10), Göttingen 1967[10].

SCHUNACK, G., Die Briefe des Johannes (ZBK.NT 17), Zürich 1982.

SMALLEY, S. S., 1,2,3 John (Word Biblical Commentary 51), Waco 1984.

STRECKER, G., Die Johannesbriefe (KEK XIV), Göttingen 1989.

THÜSING, W., Die Johannesbriefe (GSL.NT 22), Düsseldorf 1970.

VOGLER, W., Die Briefe des Johannes (ThHK 17), Berlin 1993.

VOUGA, F., Die Johannesbriefe (HNT 15/3), Tübingen 1990.

WEIß, B., Die drei Briefe des Apostels Johannes (KEK XIV), Göttingen 1899[2].

WENDT, H. H., Die Johannesbriefe und das johanneische Christentum, Halle 1925.

WENGST, K., Der erste, zweite und dritte Brief des Johannes (ÖTBK 16), Gütersloh 1990².

WILLIAMS, R. R., Three *Letters* of John, in: DERS., The Letters of John and James (CNEB), Cambridge 1965, 3-27.

WINDISCH, H., Die katholischen Briefe, HNT 15 (3. Aufl. von H. Preisker), Tübingen 1951, 106-144 bzw. 164-172.

4. Sonstige Kommentare, Monographien, Aufsätze, Artikel etc.

AHN, G., *Grenzgängerkonzepte* in der Religionsgeschichte. Von Engeln, Dämonen, Götterboten und anderen Mittlerwesen, in: G. Ahn/M. Dietrich (Hg.), Engel und Dämonen. Theologische, anthropologische und religionsgeschichtliche Aspekte des Guten und Bösen. Akten des gemeinsamen Symposiums der Theologischen Fakultät der Universität Tartu und der Deutschen Religionsgeschichtlichen Studiengesellschaft am 7. und 8. April 1995 zu Tartu (FARG 29), Münster 1997, 1-48.

ALAND, K., Über die *Bedeutung* eines Punktes. Eine Untersuchung zu Joh. 1,3.4, in: ders., Neutestamentliche Entwürfe (TB - Neues Testament 63), München 1979, 351-391.

ALT, K., *Weltflucht* und Weltbejahung. Zur Frage des Dualismus bei Plutarch, Numenios, Plotin, in: Akademie der Wissenschaften und der Literatur/Mainz (Abhandlungen der Geistes- und Sozialwissenschaftlichen Klasse; Jahrgang 1993/8), Stuttgart 1993.

ANDERSON, P. N., The *Christology* of the Fourth Gospel: Its Unity and its Disunity in the Light of John 6 (WUNT II/78), Tübingen 1996.

APPOLD, M. L., The *Oneness Motif* in the Fourth Gospel: Motif Analysis and Exegetical Probe into the Theology of John (WUNT II/1), Tübingen 1976.

ARMSTRONG, A. H., *Dualism* Platonic, Gnostic, and Christian, in: D. T. Runia (ed.), Plotinus amid Gnostics and Christians. Papers Presented at the Plotinus Symposium held at the Free University (Amsterdam on 25 January 1984), Amsterdam 1984, 29-52.

ARNETH, M., „*Sonne* der Gerechtigkeit". Studien zur Solarisierung der Jahwe-Religion im Lichte von Psalm 72 (BZAR 1), Wiesbaden 2000.

ASSMANN, J., *Ägypten*. Eine Sinngeschichte, Darmstadt 1996.

ASHTON, J., Understanding the *Fourth Gospel*, Oxford 1991.

ATTRIDGE, H. W., „*Seeking*" and „Asking" in Q, Thomas, and John, in: FS J. M. Robinson (ed. by J. M. Asgeirsson, K. de Troyer, M. W. Meyer), Leuven 2000, 295-302.

AUGENSTEIN, J., Das *Liebesgebot* im Johannesevangelium und in den Johannesbriefen (BWANT 134), Stuttgart/Berlin/Köln 1993.

—, Jesus und das *Gesetz* im Johannesevangelium, in: KuI 14 (1999), 161-179.

AUNE, D. E., *Dualism* in the Fourth Gospel and the Dead Sea scrolls: A Reassessment of the Problem, in: D. E. Aune/T. Seland/J. H. Torrey (ed.), Neotestamentica et Philonica. FS P. Borgen (NT.S 106), Leiden u. a. 2003, 281-303.

—, *Magic* in Early Christianity, in: ANRW II.23.2 (1980), 1507-1557.

—, *Revelation* 1-5 (Word biblical commentary 52A), Dallas 1997.

—, *Revelation* 6 - 16 (Word biblical commentary 52B), Dallas 1998.

—, *Revelation* 17 - 22 (Word biblical commentary 52C), Waco 1998.

AURELIUS, E., *Heilsgegenwart* im Wort. Dtn 30,11-14, in: R. G. Kratz/H. Spiekermann (Hg.), Liebe und Gebot: Studien zum Deuteronomium, FS L. Perlitt (FRLANT 190), Göttingen 2000, 13-29.

AVEMARIE, F., Art. *Liebe* (VIII. Judentum), in: RGG⁴ 5, Tübingen 2002, 348f.

BACKHAUS, K., „Lösepreis für viele" (Mk 10,45). Zur *Heilsbedeutung* des Todes Jesu bei Markus, in: T. Söding (Hg.), Der Evangelist als Theologe. Studien zum Markusevangelium (SBS 163), Stuttgart 1995, 91-118.

BAKKE, O. M., „*Concord* and Peace": A Rhetorical Analysis of the First Letter of Clement with an Emphasis on the Language of Unity and Sedition (WUNT II/143), Tübingen 2001.

BAKOTIN, H., *De notione lucis* et tenebrarum in Evangelio S. Joannis, Dubrovnik 1943.

BALLA, P., The *Child-Parent Relationship* in the New Testament and Its Environment (WUNT 155), Tübingen 2003.

BALZ, H., Art. κόσμος, in: EWNT II², 765-773.

—, Art. ψεύστης, in: EWNT III², 1994f.

—, Art. παρρησία/παρρησιάζομαι, in: EWNT III², 105-112.

—, /G. SCHNEIDER, Art. καταλαμβάνω, EWNT II², 643.

BARRETT, C. K., Das Johannesevangelium und das *Judentum* (FDV 1967), Stuttgart 1970.

BARTH, K., Kirchliche Dogmatik II/2, Zürich 1985⁷.

BARTH, M., Die *Juden* im Johannes-Evangelium. Wiedererwägungen zum Sitz im Leben, Datum und angeblichen Antijudaismus des Johannes-Evangeliums, in: D. Neuhaus (Hg.), Teufelskinder oder Heilsbringer – die Juden im Johannesevangelium (ArTe 64), Frankfurt a. M. 1990, 39-94.

BAUCKHAM, R., *Nicodemus* and the Gurion Family, in: JThS 47 (1996), 1-37.

—, *Qumran* and the Fourth Gospel: Is there a Connection?, in: S. E. Porter/C. A. Evans (Ed.), The Scrolls and the Scripture. Qumran Fifty Years after (JSPE.S 26), London 1997, 267-279.

—, The Qumran Community and the Gospel of *John*, in: L. H. Schiffman/E. Tov/J. C. VanderKam (ed.), The Dead Sea Scrolls (Fifty Years after Their Discovery. Proceedings of the Jerusalem Congress, July 20-25, 1997), Jerusalem 2000, 105-115.

—, John for Readers of *Mark*, in: ders. (ed.), The Gospels for All Christians. Rethinking the Gospel Audiences, Edinburgh 1998, 147-171.

—, Gospel *Women*: Studies of the Named Women in the Gospels, London 2002.

—, The *Audience* of the fourth gospel, in: R. T. Fortna/T. Thatcher (ed.), Jesus in Johannine tradition, Louisville 2001, 101 - 111.

BAUMANN, G., Liebe und Gewalt. Die Ehe als Metapher für das Verhältnis JHWH-Israel in den Prophetenbüchern (SBS 185), Stuttgart 2000.

BAUMBACH, G., *Gemeinde* und Welt im Johannesevangelium, in: Kairos 14 (1972), 121-136.

—, *Qumran* und das Johannesevangelium. Eine vergleichende Untersuchung der dualistischen Aussagen der Ordensregel von Qumran und des Johannes-Evangeliums mit Berücksichtigung der spätjüdischen Apokalypsen (AVTRW 6), Berlin 1958.

BAUR, F. C., Kritische *Untersuchungen* über die kanonischen Evangelien, ihr Verhältniß zueinander, ihren Charakter und Ursprung, Tübingen 1847.

BECKER, E.-M., Was ist ‚Kohärenz'? Ein Beitrag zur Präzisierung eines exegetischen Leitkriteriums, in: ZNW 94 (2003), 97-121.

BECKER, H., Die *Reden* des Johannesevangeliums und der Stil der gnostischen Offenbarungsrede, hrsg. von R. Bultmann (FRLANT 68), Göttingen 1956.

BECKER, J., Die *Abschiedsreden* Jesu im Johannesevangelium, in: ZNW 61 (1970), 215-246.

—, Aufbau, Schichtung und theologiegeschichtliche Stellung des Gebets in *Johannes 17*, in: ZNW 60 (1969), 56-83.

—, *Feindesliebe* - Nächstenliebe - Bruderliebe. Exegetische Beobachtungen als Anfrage an ein ethisches Problem, in: ZEE 25 (1981), 5-18.

—, J 3,1-21 als Reflex johanneischer *Schuldiskussion*, in: U. Mell (Hg.), Jürgen Becker: Annäherungen. Zur urchristlichen Theologiegeschichte und zum Umgang mit ihren Quellen. Ausgewählte Aufsätze zum 60. Geburtstag mit einer Bibliographie des Verfassers (BZNW 76), Berlin/New York 1995, 127-137.

—, *Wunder* und Christologie, in: NTS 16 (1969/70), 130-148.

—, Das vierte Evangelium und die Frage nach seinen externen und internen *Quellen*, in: I. Dunderberg/C. Tuckett/K. Syreeni (ed.), Fair Play. Diversity and Conflicts in Early Christianity, FS H. Räisänen (NT.S 103), Leiden etc. 2001, 203-241.

—, *Paulus*, der Apostel der Völker (UTB 2014), Tübingen 1998[3].

—, Das Gcist- und *Gemeindeverständnis* des vierten Evangelisten, in: ZNW 89 (1998), 217 – 234.

—, Die *Herde* des Hirten und die Reben am Weinstock. Ein Versuch zu Joh 10,1-18 und 15,1-17, in: U. Mell (Hg.), Die Gleichnisreden Jesu 1899-1999. Beiträge zum Gespräch mit Adolf Jülicher (BZNW 103), Berlin 1999, 149-178.

—, Aus der *Literatur* zum Johannesevangelium (1978-1980), in: U. Mell (Hg.), Jürgen Becker: Annäherungen. Zur urchristlichen Theologiegeschichte und zum Umgang mit ihren Quellen. Ausgewählte Aufsätze zum 60. Geburtstag mit einer Bibliographie des Verfassers (BZNW 76). Berlin/NewYork 1995, 138-203.

—, Das Johannesevangelium im *Streit* der Methoden (1980-1984), in: U. Mell (Hg.), Jürgen Becker: Annäherungen. Zur urchristlichen Theologiegeschichte und zum Umgang mit ihren Quellen. Ausgewählte Aufsätze zum 60. Geburtstag mit einer Bibliographie des Verfassers (BZNW 76), Berlin/New York 1995, 204-281.

BECKER, M., *4Q521* und die Gesalbten, in: RdQ (1997), 73-96.

—, Wunder und Wundertäter im frührabbinischen Judentum: Studien zum Phänomen und seiner Überlieferung im Horizont von Magie und Dämonismus (WUNT II/144), 2002.

BEJICK, U., *Basileia*. Vorstellungen vom Königtum Gottes im Umfeld des Neuen Testaments von der Makkabäerzeit bis zur frühen Kirche (TANZ 13), Tübingen/Basel 1994.

BELLE, G. VAN, The *Signs Source* in the Fourth Gospel. Historical Survey and Critical Evaluation (BEThL 116), Leuven 1994.

BERGER, K., Die *Amen - Worte* Jesu. Eine Untersuchung zum Problem der Legitimation in apokalyptischer Rede (BZNW 39), Berlin 1970.

—, *Formgeschichte* des Neuen Testaments, Heidelberg 1984.

—, Historische *Psychologie* des Neuen Testaments, Stuttgart 1991.

—, *Theologiegeschichte* des Urchristentums. Theologie des Neuen Testaments (UTB für Wissenschaft. Große Reihe), Tübingen/Basel 1994.

—, Im *Anfang* war Johannes. Datierung und Theologie des vierten Evangeliums, Stuttgart 1997.

—, /COLPE, C., Religionsgeschichtliches *Textbuch* zum Neuen Testament (TNT 1), Göttingen/Zürich 1987.

BERGER, P., The Sociological Study of *Sectarianism*, in: Social Research 21 (1954), 467-485.

—, Zur *Dialektik* von Religion und Gesellschaft: Elemente einer soziologischen Theorie, (übers. von. M. Plessner), Frankfurt a. M. 1973.

BERGMEIER, R., *Glaube* als Gabe nach Johannes: religions- und theologiegeschichtliche Studien zum prädestinatianischen Dualismus im vierten Evangelium (BWANT 112), Stuttgart/Berlin/Köln 1980.

—, Zum *Verfasserproblem* des II. und III. Johannesbrief, in: ZNW 57 (1966), 93-100.

BERLEJUNG, A., Die Liebenden sind den Göttern gleich. *Liebe* und Eros im Kulturraum des Vorderen Orients, in: Welt und Umwelt der Bibel 21 (2001) 3-7.

BETZ, H.-D., Nachfolge und *Nachahmung* Jesu Christi im Neuen Testament (BHTh 37), Tübingen 1967.

—, *De fraterno amore*, in: DERS., (Hg.), Plutarch's Ethical Writings and Early Christian Literature, Leiden 1978 (SCHNT 4), 231-263.

BETZ, O., Jesu Lieblingspsalm. Die Bedeutung von Psalm 103 für das Werk Jesu, in: ThBeitr 15 (1984), 253-269.

BEUTLER, J., Frauen und Männer als *Jünger Jesu* im Johannesevangelium, in: ders., Studien zu den johanneischen Schriften (SBAB 25), Stuttgart 1998, 285-293.

—, Der *Gebrauch* von „Schrift" im Johannesevangelium, in: ders., Studien zu den johanneischen Schriften (SBAB 25), Stuttgart 1998, 295- 315.

—, Die *Stunde Jesu* im Johannesevangelium, in: ders., Studien zu den johanneischen Schriften (SBAB 25), Stuttgart 1998, 317-322.

—, *Gesetz* und Gebot in Evangelium und Briefen des Johannes, in: EPITOAUTO, FS P. Pokorný, Prag 1998, 9-22.

—, Art. ἄνωθεν, EWNT I², 269f.

—, Habt keine *Angst*. Die erste johanneische Abschiedsrede: Joh 14 (SBS 116), Stuttgart 1984.

—, *Methoden* und Probleme heutiger Johannesforschung, in: ders., Studien zu den johanneischen Schriften. (SBAB 25), Stuttgart 1998, 191-214.

—, So sehr hat Gott die *Welt* geliebt (Joh 3,16). Zum *Heilsuniversalismus* im Johannesevangelium, in: ders., Studien zu den johanneischen Schriften (SBAB 25), Stuttgart 1998, 263-274.

—, *Synoptic Jesus Tradition* in the Johannine Farewell Discourse, in: R. T. Fortna/T. Thatcher (ed.), Jesus in Johannine Tradition, Louisville 2001, 165-173.

—, *Martyria*: traditionsgeschichtliche Untersuchungen zum Zeugnisthema bei Johannes (FTS 19), Frankfurt a. M. 1972.

—, Kirche als *Sekte*? Zum Kirchenbild der johanneischen Abschiedsreden, in: ders., Studien zu den johanneischen Schriften (SBAB 25), Stuttgart 1998, 21-32.

—, Die „*Juden*" und der Tod Jesu im Johannesevangelium, in: ders., Studien zu den johanneischen Schriften (SBAB 25), Stuttgart 1998, 59-76.

—, Das *Hauptgebot* im Johannesevangelium, in: ders., Studien zu den johanneischen Schriften (SBAB 25), Stuttgart 1998, 107-120.

—, Art. marturevw/diamarturevomai/marturevomai, in: EWNT II², 958-968.

BIANCHI, U., *Il dualismo* come categoria storica-religiosa, in: ders., Selected Essays on Gnosticism, Dualism and Mysteriography (StHR 38), Leiden 1978, 49-62.

—, Le dualisme en *histoire des religions*, in: ders., Selected Essays on Gnosticism, Dualism and Mysteriography (StHR 38), Leiden 1978, 3-48.

—, Plutarch und der *Dualismus*, in: ANRW II.36.1 (1987), 350-365.

—, Omogeneita della Luce e *Dualismo Radicale* Nel Manicheismo, in: M. Görg (Hg.), Religion im Erbe Ägyptens. FS A. Böhlig (Ägypten und Altes Testament 14), Wiesbaden 1988, 54-64.

—, Der demiurgische *Trickser* und die Religionsethnologie, in: ders., Selected Essays on Gnosticism, Dualism and Mysteriography (StHR 38), Leiden 1978, 65-74.

—, Alcuni aspetti abnormi del *Dualismo persiano*, in: ders., Selected Essays on Gnosticism, Dualism and Mysteriography (StHR 38), Leiden 1978, 390-405.

BIERINGER, R./D. POLLEFEYT/F. VANDECASTEELE-VANNEUVILLE, Wrestling with Johannine *Anti-Judaism*: A Hermeneutical Framework for the Analysis of the Current Debate, in: DIES., Anti-Judaism and the Fourth Gospel, Louisville 2001, 3-37.

BITTNER, W. J., Jesu Zeichen im Johannesevangelium. Die Messias-Erkenntnis im Johannesevangelium vor ihrem jüdischen Hintergrund (WUNT II/26), Tübingen 1987.

BJERKELUND, C. J., Tauta Egeneto. Die Präzisierungssätze im Johannesevangelium (WUNT 40), Tübingen 1987.

BLACK, D. A., The Text of *John 3,13*, in: GTJ 6 (1985), 49-66.

BLACK, M., Die *Muttersprache* Jesu. Das Aramäische der Evangelien und der Apostelgeschichte (BWANT 115), Stuttgart u. a. 1982.

BLANK, J., *Krisis*. Untersuchung zur johanneischen Christologie und Eschatologie, Freiburg 1964.

—, Der *Mensch* vor der radikalen Alternative. Versuch zum Grundsatz der „johanneischen Anthropologie", in: Kairos (1980), 146-156.

BLASKOVIC, G., Die Erzählung vom reichen *Fischfang* (Lk 5,1-11; Joh 21,1-14). Wie Johannes eine Erzählung aus dem Lukasevangelium für seine Zwecke umschreibt, in: S. Schreiber/A. Stimpfle (Hg.), Johannes aenigmaticus. Studien zum Johannesevangelium für H. Leroy (BU 29), Regensburg 2000, 103-120.

BLEEK, F., *Einleitung* in die Heilige Schrift (Bd. 2: *Einleitung* in das Neue Testament; hrsg. von J. F. Bleek), Berlin 1866[2].

BLINZLER, J., Johannes und die *Synoptiker*: ein Forschungsbericht (SBS 5), Stuttgart 1965.

BÖCHER, O., Der johanneische *Dualismus* im Zusammenhang des nachbiblischen Judentums, Gütersloh 1965.

—, *Johanneisches* in der Apokalypse des Johannes, in: NTS 27 (1981), 310-321.

—, Die *Johannesapokalypse* (EdF 41), Darmstadt 1980[2].

—, Das Verhältnis der *Apokalypse* des Johannes zum Evangelium des Johannes, in: J. Lambrecht (Hg.), L´Apocalypse johannique et l´ Ápokalyptique dans le Nouveau Testament (BEThL 53), Gembloux/Leuven 1980, 289-310.

BOERS, H., *AGAPÄ* and CHARIS in Paul's Thought, in: CBQ 59 (1997) 693-713.

BOGART, J., Orthodox an Heretical *Perfectionism* in the Johannine Community as Evident in the First Epistle of John (SBL.DS), Missoula 1977.

BOISMARD, M.-E., The First Epistle of John and the Writings of *Qumran*, in: J. H. Charlesworth (ed.), John and the Dead Sea Scrolls (The Crossroad Christian Origins Library), New York 1991, 156-165.

—, *Le lavement* des pieds, in: RB 71 (1964), 5-24.

BORCHERT, G. L., The Prayer of John 17 in the *Narrative Framework* of the Johannine Gospel, in: E. Brandt u. a. (Hg.), Gemeinschaft am Evangelium (FS W. Popkes), Leipzig 1996, 11-18.

BORGEN, P., *Bread* From Heaven. An Exegetical Study of the Concept of Manna in the Gospel of John and the Writings of Philo (NT.S 10), Leiden 1965.

—, The Use of *Tradition* in John 12,44-50, in: NTS 26 (1979/80), 18-35.

—, John and the *Synoptics* in the Passion Narrative, in: NTS 5 (1958/59), 246-259.

—, God's *Agent* in the Fourth Gospel, in: J. Neusner (Hg.), Religions in Antiquity, FS R. E. Goodenough (SHR 14), Leiden 1968, 137-148.

BORIG, R., Der wahre *Weinstock*: Untersuchungen zu John 15,1-10 (StANT 16), München 1967.

BORNHÄUSER, K., Das Johannesevangelium. Eine *Missionsschrift* für Israel, Gütersloh 1928.

BORNKAMM, G., Das *Doppelgebot* der Liebe, in: ders., Geschichte und Glaube I, Gesammelte Aufsätze III (BEvTh 48), München 1968, 37-45.

—, Zur Interpretation des Johannesevangeliums. Eine *Auseinandersetzung* mit Ernst Käsemanns Schrift Jesu letzter Wille nach Joh 17, in: ders., Geschichte und Glaube I, Gesammelte Aufsätze III (BEvTh 48), München 1968, 104-121.

—, Der *Lohngedanke* im Neuen Testament, in: ders., Studien zum Neuen Testament, München 1985, 72-95.

—, Der *Auferstandene* und der Irdische. Mt 18,16-20, in: ders./G. Barth/G. Held, Überlieferung und Auslegung im Matthäusevangelium (WMANT 1), Neunkirchen 1975⁷, 289-310.

BOS, A. P., ,Aristotelian' and ,Platonic' *Dualism* in Hellenistic and Early Christian Philosophy and in Gnosticism, in: VigChr 56 (2002), 273-291.

BOUSSETT, W., Die *Offenbarung* Johannis (KEK 16), Göttingen 1906⁶.

—, Die *Religion* des Judentums im späthellenistischen Zeitalter, 3., verb. Neuaufl. hrsg. v. H. Gressmann (HNT 21), Tübingen 1926.

—, Jüdisch-Christlicher *Schulbetrieb* in Alexandria und Rom: Literarische Untersuchungen zu Philo und Clemens von Alexandria, Justin und Irenäus (FRLANT 6), Göttingen 1915.

BOUTTIER, M., *La notion* de frères chez saint Jean, in: RHPhR 44 (1964), 179-190.

BOWE, B. E., The *Rhetoric* of Love in Corinth. From Paul to Clement of Rome, in: J. H. Hills (ed.), Common Life in the Early Church (FS G. F. Snyder), Harrisburg, 244-257.

BOYCE, M., A History of *Zoroastrianism*. Volume One. The Early Period (HO Abt.1./Bd.8./Abschn.1./Lfg.2./Heft.2A; 2. impr. with corr.), Leiden 1989.

—, A History of *Zoroastrianism*. Volume Two. Under the Achaemenians. (= Abt.1./Bd.8./Abschn.1./Lfg.2./Heft.2A), Leiden 1982.

—, /F. GRENET, A History of *Zoroastrianism*. Volume Three. Zoroastrianism under Macedonian and Roman Rule. (HO Abt. 1./Bd.8./Abschn. 1./Lfg. 2/Heft. 2), Leiden 1991.

BRÄNDLE, R., Die Ethik der „*Schrift an Diognet*". Eine Wiederaufnahme paulinischer und johanneischer Theologie am Ausgang des zweiten Jahrhunderts (AThANT 64), Zürich 1975.

BRAUN, H., *Qumran* und das Neue Testament, Bd. I/II, Tübingen 1966.

—, Analyse und theologische *Schichtung* im 1. Johannesbrief, in: ZThK 48 (1951), 262-292.

BROADHEAD, E. K., Echoes of an Exorcism in the Fourth Gospel?, in: ZNW 86 (1995), 111-119.

BRODIE, T. L., The Gospel According to *John*. A Literary and Theological Commentary, Oxford u. a. 1993.

—, The *Quest* for the Origin of John's Gospel. A Source-Oriented Approach, New York u. a. 1993.

Broer, I., Die *Juden* im Johannesevangelium. Ein folgenreicher Konflikt, in: Diak. 14 (1983) 332-341.

BROWN, R. E., The *Community* of the Beloved Disciple. The Life, Loves und Hates of an Individual Church in New Testament Times, London 1979 (Deutsch: Ringen um die *Gemeinde*. Der Weg der *Kirche* nach den johanneischen Schriften, Salzburg 1982).

—, The *Gospel of Thomas* and St. John's Gospel, in: NTS 9 (1962/63), 155-177.

BROX, N., Die *Pastoralbriefe*: 1 Timotheus, 2 Timotheus, Titus (RNT), Regensburg 1989[5].

BROSHI, M., *Predestination* in the Bible and the Dead Sea Scrolls, in: ders., Bread, Wine, Walls and Scrolls (JSPE.S 36), Sheffield 2001, 238-251.

BRUMLIK, M., Johannes: Das judenfeindliche Evangelium, in: D. Neuhaus (Hg.), Teufelskinder oder Heilsbringer - die Juden im Johannes-Evangelium (ArTe 64), Frankfurt a. M 1993, 6-21.

BRUNNER-TRAUT, E., *Frühformen* des Erkennens. Am Beispiel Altägyptens, Darmstadt 1992[2].

BÜCHLI, F., Der *Poimandres*. Ein paganisiertes Evangelium. Sprachliche und begriffliche Untersuchungen zum 1. Traktat des Corpus Hermeticum (WUNT II/2), Tübingen 1977.

BÜCHSEL, F./HERRMANN, J., Art.: ἱλάσκομαι/ἱλασμός κ.τ.λ., in: ThWNT III, 300-324.

BÜHNER, J. A., Der *Gesandte* und sein Weg im 4. Evangelium: die kultur- und religionsgeschichtlichen Grundlagen der johanneischen Sendungschristologie sowie ihre traditionsgeschichtliche Entwicklung (WUNT II/2), Tübingen 1977.

—, *Denkstrukturen* im Johannesevangelium (ThBeitr 13), 224-231.

BULL, K.-M., *Gemeinde* zwischen Integration und Abgrenzung: ein Beitrag zur Frage nach dem Ort der johanneischen Gemeinde(n) in der Geschichte des Urchristentums (BET 24), Frankfurt a. M. etc. 1992.

BULTMANN, C., Der *Fremde* im antiken Juda: eine Untersuchung zum sozialen Typenbegriff ‚ger' und seinem Bedeutungswandel in der alttestamentlichen Gesetzgebung (FRLANT 153), Göttingen 1992.

BULTMANN, R., Die *Eschatologie* des Johannes - Evangeliums, in: ders., Glaube und Verstehen, Ges. Aufs., Bd. I., Tübingen 1965, 134-152.

—, *Theologie* des Neuen Testaments, Tübingen 1984[9].

—, Die kirchliche *Redaktion* des ersten Johannesbriefes, in: ders., Exegetica. Aufsätze zur Erforschung des Neuen Testaments (hrsg. v. E. Dinkler), Tübingen 1969, 381-393.

—, Der religionsgeschichtliche *Hintergrund* des Prologs zum Johannesevangelium (1923), in: ders., Exegetica. Aufsätze zur Erforschung des NT (hrsg. v. E. Dinkler), Tübingen 1967, 10-35.

—, Die Bedeutung der neuerschlossenen mandäischen und manichäischen *Quellen* für das Verständnis des Johannesevangeliums (1925), in: ders., Exegetica. Aufsätze zur Erforschung des Neuen Testaments (hrsg. v. E. Dinkler), Tübingen 1967, 55-104.

—, *Analyse* des ersten Johannesbriefes (1927), in: ders., Exegetica. Aufsätze zur Erforschung des Neuen Testaments (hrsg. v. E. Dinkler), Tübingen 1967, 105-123.

—, /D. LÜHRMANN, Art. φαίνω κ.τ.λ., in: ThWNT IX, 1-11.

—, Zur Geschichte der *Lichtsymbolik* im Altertum, in: ders., Exegetica. Aufsätze zur Erforschung des Neuen Testaments (hrsg. v. E. Dinkler), Tübingen 1967, 323-355.

BURCHARD, C., Das doppelte *Liebesgebot* in der frühen christlichen Überlieferung, in: D. Sänger (Hg.), Christoph Burchard: Studien zur Theologie, Sprache und Umwelt des Neuen Testaments (WUNT 107), Tübingen 1998, 3-26.

BURGMANN, H., Theorie und Wirklichkeit in der Qumrangemeinde: Determinismus – Monismus – Dualismus – Prädestination, in: Burgmann, H., Die essenischen Gemeinden von Qumrân und Damaskus in der Zeit der Hasmonäer und Herodier (130 ante - 68 post), (ANTJ 8), Frankfurt 1988, 13-37.

BURNEY, C. F., The Aramaic *Origin* of the Fourth Gospel, Oxford 1922 (Repr. Ann Arbor 1979).

BUSSE, U., Johannes und Lukas: Die *Lazarusperikope*, Frucht eines Kommunikations-prozesses, in: A. Denaux (ed.), John and the Synoptics (BETL 101), Leuven 1992, 281-306.

BUSSMANN, B., Der *Begriff* des Lichts beim Heiligen Johannes, Münster 1957.

CAMPENHAUSEN, H. v., *Polykarp von Smyrna* und die Pastoralbriefe, in: ders., Aus der Frühzeit des Christentums: Studien zur Kirchengeschichte des ersten und zweiten Jahrhunderts, Tübingen 1963, 197-252.

CARSON, D. A., God's Love and God's Sovereignty, in: BS 156 (1999), 259-271.

—, God's Love and God's Wrath, in: BS 156 (1999), 387-398.

CASSEM, N. H., A Grammatical and Contextual *Inventory* of the Use of κόσμος in the Johannine Corpus with Some Implications for a Johannine Cosmic Theology, in: NTS 19 (1972/73), 81-91.

CHARLESWORTH, J. H., The *Beloved Disciple*: Whose Witness Validates the Gospel of John?, Valley Forge 1995.

—, The Gospel of John: *Exclusivism* Caused by a Social Setting Different from That of Jesus (John 11:54 and 14:6), in: R. Bieringer/D. Pollefeyt/F. Vandecasteele-Vanneuville (ed.), Anti-Judaism and the Fourth Gospel. Papers of the Leuven Colloquium 2000 (Jewish and Christian heritage series 1), Assen 2001, 479-513.

—, A Critical *Comparison* of the Dualism in 1QS 3:13-4:26 and the "Dualism" Contained in the Gospel of John, in: ders./R. E. Brown u. a. (ed.), John and the Dead Sea scrolls (The Crossroad Christian Origins Library), New York 1991, 76-106.

—, The *Dead Sea Scrolls* and the Gospel According to John, in: R. A. Culpepper/C. C. Black (ed.), Exploring the Gospel of John, FS D. M. Smith, Louisville 1996, 65-97.

—, The *Odes* of Solomon and the Gospel of John, in: ders., Critical reflections on the Odes of Solomon. Vol. 1: Literary Setting, Textual Studies, Gnosticism, the Dead Sea Scrolls and the Gospel of John (JSPE.S 22), Sheffield 1998, 232-260.

—, /C. A. EVANS, *Jesus* in the Agrapha and the Apocryphal Gospels, in: B. CHILTON/C. A. EVANS (Ed.), Studying the Historical Jesus. Evaluations of the State of Current Research (NTTS 19), Leiden/New York/Köln 1994, 479-533.

—, /M. HENGEL/D. MENDELS, The *Polemical Charakter* of „On Kingship" in the Temple Scroll: An Attempt at Dating 11QTemple, in: JJS 37 (1986), 28-38.

—, /CULPEPPER, R. A., The *Odes of Solomon* and the Gospel of John, in: CBQ 35 (1973), 298-322.

CHILTON, B. D., John 12,34 and the *Targum Isaiah 52,13*, in: NT 22 (1980), 176-178.

—, The *Isaiah Targum*. Introduction, Translation, Apparatus and Notes (The Aramaic Bible 11), Edinburgh 1987.

CLINES, D. J. A., *Predestination* in the Old Testament, in: ders., On the Way to the Postmodern. Old Testament Essays, 1967-1998. Vol. II. (JSOT.S 293), Sheffield 1998, 524-541.

COLLINS, J. J., *Daniel*. A Commentary on the Book of Daniel (Hermeneia), Minneapolis 1993.

—, The *Sibylline Oracles* of Egyptian Judaism (SBL.DS 13), Missoula 1974.

—, *Apocalypticism* in the Dead Sea Scrolls (The literature of the Dead Sea scrolls), London/New York 1997.

COLLINS, R. F., „*A New Commandment* I Give to You, That You Love One Another..." (John 13:34), in: ders., These Things Have Been Written: Studies on the Fourth Gospel (Theological and Pastoral Monographs 2), Louvain 1990, 217-256.

COLPE, C., *Vorschläge* des Messina-Kongresses von 1966 zur Gnosisforschung (BZNW 37), Berlin 1969.

CONZELMANN, H., Art. ψεῦδος κτλ., in: ThWNT IX, 590-599.

COPPENS, J., *Àgapè* et Àgapân dans les lettres johanniques, in: EthL 45 (1969), 125-127.

CROSS, F. M. Jr., *The Ancient Library* of Qumran and Modern Biblical Studies (rev. ed.), Garden City/New York/London 1961.

CROSSAN, J. D., It Is Written. A Structuralist *Analysis* of John 6, in: Semeia 26 (1983), 3-21.

CULIANU, I. P., Les anges des peuples et la question des origines du *dualisme gnostique*, in: J. Ries (ed.), Gnosticisme et monde hellénistique. Actes du Colloque de Louvain-la-Neuve; 11-14 mars 1980 (PIOL 27), Louvain-la-Neuve 1982, 131-145.

CULLMANN, O., Der johanneische *Kreis*: sein Platz im Spätjudentum, in der Jüngerschaft Jesu und im Urchristentum; zum Ursprung des Johannesevangeliums, Tübingen 1975.

—, Samaria and the Origin of the Christian Mission, in: A. J. B. Higgins (ed.), The Early Church, London 1956, 183-192.

—, Der johanneische *Gebrauch* doppeldeutiger Ausdrücke als Schlüssel zum Verständnis des 4. Evangeliums, in: ThZ (1948), 360-372.

CULPEPPER, R. A., *Anatomy* of the Fourth Gospel. A Study in Literary Design (Foundations and Facets: New Testament 20), Philadelphia 1983.

—, The Johannine *Hypodeigma*: A Reading of John 13, in: Semeia 53 (1991), 133-152.

—, The Johannine *School*. An Evaluation of the Johannine - School Hypothesis based on an Investigation of the Nature of Ancient Schools (SBL.DS 26), Missoula 1975.

DAHL, N. A., Der *Erstgeborene* Satans und der Vater des Teufels (Polyk. 7,1 und Joh 8,44), in: W. Eltester/F. H. Kettler, (Hg.), Apophoreta, FS E. Haenchen (BZNW 30), Berlin 1964, 70-84.

—, The *Atonement* – An Adequate Reward for the Akeda? (Röm 8,32), in: E. E. Ellis (ed.), Neotestamentica et Semitica, FS M. Black, Edinburgh 1969, 15-29.

DALBESIO, A., La *comunione fraterna*, Dimensione essenziale della vita christiana secondo il IV Vangelo e la prima lettera di Giovanni, in: Laur. 36 (1995), 19-33.

DANA, H. E., The *Ephesian Tradition*. An Oral Source of the Fourth Gospel, Kansas City 1940.

DAUER, A., Die *Passionsgeschichte* im Johannesevangelium: eine traditions-geschichtliche und theologische Untersuchung zu Joh 18,1-19,30 (StANT 30), München 1972.

—, Johannes und *Lukas*: Untersuchungen zu den johanneisch-lukanischen Parallelperikopen Joh 4,46-54/Lk 7,1-10 - Joh 12,1-8/Lk 7,36-50; 10,38-42 - Joh 20,19-29/Lk 24,36-49 (fzb 50), Würzburg 1984.

DAUTZENBERG, G., Der Gott Israels in Röm 9-11, in: U. Busse (Hg.), Der Gott Israels im Zeugnis des Neuen Testaments (QD 201), Freiburg i. Br. 2003, 102-129.

DAVIES, M., *Rhetoric* and Reference in the Fourth Gospel (JSNT.S 69), Sheffield 1992.

DAVIES, S. L., The *Christology* and Protology of the Gospel of Thomas, in: JBL 111 (1992), 663-682.

—, The *Gospel of Thomas* and Christian Wisdom, New York 1983.

DECONICK, A. D., Seek to See Him: Ascent and *Vision Mysticism* in the Gospel of Thomas (SVigChr 33), Leiden 1996.

—, Voices of the Mystics. Early Christian Discourse in the Gospel of John and Thomas and Other Ancient Christian Literature (JSNT.S 157), Sheffield 2001.

DEINES, R., Die Abwehr der Fremden in den Texten aus Qumran. Zum Verständnis der Fremdenfeindlichkeit in der Qumrangemeinde, in: R. Feldmeier/U. Heckel (Hg.), Die Heiden. Juden, Christen und das Problem des Fremden (WUNT 70) Tübingen 1994, 59-91.

DE JONGE, M., The Two Great *Commandments* in the Testaments of the Twelve Patriarchs, in: NT 44 (2002) 371-392.

DELEBECQUE, E., Sur l'emploi particulier l'un démonstratif chez *Jean*, in: REG 100 (1987), 256-267.

DEMKE, C., Der sogenannte *Logos-Hymnus* im johanneischen Prolog, in: ZNW 58 (1967), 45-68.

DE OLIVEIRA, A., *Christozentrik* im Kolosserbrief, in: K. Scholtissek (Hg.), Christologie in der Paulus-Schule. Zur Rezeptionsgeschichte des paulinischen Evangeliums (SBS 181), Stuttgart 1999, 72-103.

DESELAERS, P., Liebesgeschichten. *Liebe* und Eros in der Anthropologie der Bibel, in: Welt und Umwelt der Bibel 21 (2001) 65-67.

DESTRO, A/M. PESCE, The Gospel of John and the *Community Rule* of Qumran: A comparison of systems, in: J. Neusner/A. J. Avery-Peck (Hg.), Judaism in late antiquity. Part 5: The Judaism of Qumran: A systemic reading of the Dead Sea scrolls. Vol. 2: World view, comparing judaisms (Handbuch der Orientalistik I, 57), Leiden/Boston/Köln 2001, 201-229.

DETTWILLER, A., Die *Gegenwart* des Erhöhten. Eine exegetische Studie zu den johanneischen Abschiedsreden (Joh 13,31 - 16,33), unter besonderer Berücksichtigung ihres Relecture - Charakters (FRLANT 169), Göttingen 1995.

DE VOGEL, C. J., *Selbstliebe* bei Aristoteles und Plato, in: J. Wiesner (Hg.), Aristoteles, Werk und Wirkung (FS P. Moraux), Bd. 1: Aristoteles und seine Schule, Berlin/New York 1985, 393-426.

—, *Greek Cosmic Love* and the Christian Love of God. Boethius, Dionysius the Areopagite and the Author of the Fourth Gospel, in: VigChr 35 (1981) 57-81.

DE WAAL DRYDEN, J., The Sense of *Sperma* in 1 John 3:9 in Light of Lexical Evidence, in: FNT 11/21-22 (1998), 85-100.

DEWEY, K. E., *Paroimiai* in the Gospel of John, in: Semeia 17 (1980) 81-99.

DIBELIUS, M., *Joh 15,13*. Eine Studie zum Traditionsproblem des Johannesevangeliums, in: FS A. Deismannn, Tübingen 1927, 168-186.

DIEBOLD-SCHEUERMANN, C., Jesus vor Pilatus. Eine exegetische Untersuchung zum Verhör Jesu durch Pilatus (Joh 18,28 - 19,16), SBB 32, Stuttgart 1996.

DIEFENBACH, M., Der *Konflikt* Jesu mit den „Juden". Ein Versuch zur Lösung der johanneischen Antijudaismus-Diskussion mit Hilfe des antiken Handlungsverständnisses (NTA 41). Münster 2002.

DIETZFELBINGER, C., Der *Abschied* des Kommenden. Eine Auslegung der johanneischen Abschiedsreden (WUNT 95), Tübingen 1997.

DE DINECHIN, O., Kathôs: La *Similitude* dans l'Évangile selon Saint Jean, in: RevSR 58 (1970), 195-236.

DODD, C. H., The First Epistle of *John* and the Fourth Gospel, in: BJRL 21 (1937), 129-156.

—, The *Interpretation* of the Fourth Gospel, Cambridge 1953.

—, Historical *Tradition* in the Fourth Gospel, Cambridge 1963.

DÖLGER, F. J., Der *Heiland*, in: AuC 6 (1950), 241-272.

DÖRRIE, H., Art. *Dualismus*, in: RAC IV (1959), 336-342.

DORNSEIFF, F., Σωτήρ, in: PRE II,5, 1211 - 1221.

DSCHULNIGG, P., Jesus begegnen. *Personen* und ihre Bedeutung im Johannesevangelium (Theologie 30), Münster 2000.

DUCHESNE-GUILLEMIN, J., *Gnosticisme* et dualisme, in: J. Ries (ed.), Gnosticisme et monde hellénistique. Actes du Colloque de Louvain-la-Neuve; 11-14 mars 1980 (PIOL 27), Louvain-la-Neuve 1982, 89-101.

DÜRING, I., Aristoteles: Darstellung und Interpretation seines Denkens (BKAW N.F. Bd. 2), Heidelberg 1966.

DUHAIME, J., The *War Scroll* from Qumran and the Greco-Roman Tactical Treatises, in: RdQ 13 (1988), 133-151.

—, *Dualistic Reworking* in the Scrolls from Qumran, in: CBQ 49 (1987), 32-56.

DUNDERBERG, I., Johannes und die Synoptiker. Studien zu Joh 1-9 (AASF.DHL 69), Helsinki 1994.

—, John and Thomas in *Conflict?*, in: J. D. Turner/A. McGuire (ed.), The Nag Hammadi Library after Fifty Years: Proceedings of the 1995 Society of Biblical Literature Commemoration (NHMS XLIV), Leiden/New York/Köln 1997, 361-380.

DUNN, J. D. G., Let *John* Be John – A Gospel for Its Time, in: P. Stuhlmacher (Hg.), Das Evangelium und die Evangelien: Vorträge vom Tübinger Symposion 1982 (WUNT 28), Tübingen 1983, 309-339.

—, John and the *Oral Gospel Tradition*, in: H. Wansbrough (ed.), Jesus and the Oral Gospel Tradition (JSNT.S 64), Sheffield 1991, 351-379.

EBACH, J., Loslassen und Bleiben, in: ders., Theologische Reden mit denen man keinen Staat machen kann (... außer der Reihe 4), Bochum 1989, 161-167.

EGO, B., *Abraham* als Urbild der Toratreue Israels. Traditionsgeschichtliche Überlegungen zu einem Aspekt des biblischen Abrahambildes, in: F. Avemarie/H. Lichtenberger (Hg.), Bund und Tora. Zur theologischen Begriffsgeschichte in alttestamentlicher, frühjüdischer und urchristlicher Tradition (WUNT 92), Tübingen 1996, 25-40.

EBERSOHN, M., Das *Nächstenliebegebot* in der synoptischen Tradition (MThSt 37), Marburg 1993.

—, Nächstenliebe und Tradition-Traditionen der Nächstenliebe, in: S. Maser/E. Schlarb (Hg.), Text und Geschichte, FS D. Lührmann (MThSt 50), Marburg 1999, 24-36.

EBNER, M., Feindesliebe - ein Ratschlag zum Überleben? Sozial- und religionsgeschichtliche Überlegungen zu Mt 5,38-47 par Lk 6,27-35, in: J. M. Asgeirsson/K. de Troyer/M. W. Meyer (Hg.), From Quest to Q. FS J. M. Robinson (BEThL 146), Leuven 2000, 119-142.

EICHHOLZ, G., *Glaube* und Liebe im 1. Johannesbrief, in: EvTh (1937), 411-437.

ELIADE, M./I. P. CULIANU, Handbuch der *Religionen*, Zürich u. a. 1991.

ELLIGER, K., Das Buch der zwölf Kleinen *Propheten* II (ATD 25), Göttingen 1956[3].

ENSLIN, M. S., The *Perfect Tense* in the Fourth Gospel, in: JBL 55 (1936), 121-131.

ERDMANN, M., *Mission* in John's Gospel and Letters, in: W. J. Larkin Jr./J. F. Williams (ed.), Mission in the New Testament. An Evangelical Approach (ASMS 27), Maryknoll 2001, 207-226.

ESKOLA, T., *Theodicy* and Predestination in Pauline Soteriology (WUNT II/100), Tübingen 1998.

EVANS, G. R., Art. *Prädestination* (IV: Alte Kirche und Mittelalter), in: TRE 27, Berlin/New York 1997, 110-118.

FABRY, H.-J., „*Liebe*" in den Handschriften von Qumran, in: M. Gielen/J. Kügler (Hg.), Liebe, Macht und Religion. Interdisziplinäre Studien zu Grunddimensionen menschlicher Existenz (FS H. Merklein), Stuttgart 2003, 43-61.

FALLON, F. T./CAMERON, R., The *Gospel of Thomas*. A Forschungsbericht and Analysis, in: ANRW II.25.6 (1988), 4195-4251.

FAULHABER, D., Das Johannes-Evangelium und die *Kirche*, Kassel 1938.

FENEBERG, W., Art.: φιλέω, in: EWNT III[2], 1017f.

FENSHAM, F.C., *Love* in the Writings of Qumran and John, in: Neotest. 6 (1972), 67-77.

FEUILLET, A., Le *mystère* de l'amour divin dans la théologie johannique (EtB), Paris 1972.

—, La *participation* actuelle à la vie divine d'après le quatrième évangile, in: ders., Études Johanniques (ML.B 4), Paris 1962, 175-190.

—, The *Structure* of the First John: Comparison with the Gospel of John, in: BTB 3 (1973), 194-216.

FIEGER, M., Das *Thomasevangelium*. Einleitung, Kommentar und Systematik (NTA 22), Münster 1991.

FIGURA, M., Die johanneische *Botschaft* von der Liebe, in: IKaZ 23 (1994), 409-418.

FISCHER, G., Die himmlischen *Wohnungen*: Untersuchungen zu Joh 14,2f. (EHS.T 38), Bern/Frankfurt a. M. 1975.

FITZMYER, J. A., The *Targum of Leviticus* from Qumran Cave 4, in: Maarav 1,1 (1978) 5-23.

—, *4Q246*: The ‚Son of God‘ Document of Qumran, in: Biblica 73 (1992), 153-174.

FLUSSER, D., Grenzpfeiler der jüdischen *Weltanschauung*. Liebe im Alten Testament, in: Entschluß 40,1 (1985) 36-38.

FOHRER, G., *Einleitung* in das Alte Testament (begr. von E. Sellin; neubearb. von G. Fohrer) Heidelberg 1979[12].

FONTINOY, C., Le dualisme dans la communauté de Qumràn, in: Ries, J. (ed.), Gnosticisme et monde hellénistique. Actes du Colloque de Louvain-la-Neuve (11-14 mars 1980), (PIOL 27), Lovain-la-Neuve 1982, 311-318.

FORTNA, R. T., The *Fourth Gospel* and Its Predecessor. From Narrative Source to Present Gospel, Edinburgh 1989.

—, The Gospel of *Signs*: a Reconstruction of the Narrative Source underlying the Fourth Gospel (MSSNTS 11), Cambridge 1970.

FREED, E. D., Did John Write his Gospel Partly to Win *Samaritan Converts*?, in: NT 12 (1970), 241-256.

FREY, J., Die alte und die neue διαθήκη nach dem Hebräerbrief, in: F. Avemarie/H. Lichtenberger (Hg.), Bund und Tora. Zur theologischen Begriffsgeschichte in alttestamentlicher, frühjüdischer und urchristlicher Tradition (WUNT 92), Tübingen 1996, 263-310.

—, Das vierte Evangelium auf dem Hintergrund der älteren *Evangelientradition*. Zum Problem: Johannes und die Synoptiker, in: T. Söding (Hg.), Das Johannesevangelium - Mitte oder Rand des Kanons? Neue Standortbestimmungen (QD 203), Freiburg i. Br. 2003, 60 - 118

—, Das Bild ‚der *Juden*‘ im Johannesevangelium und die Geschichte der johanneischen Gemeinde, in: M. Labahn/K. Scholtissek/A. Strotmann (Hg.), Israel und seine Heilstraditionen im Johannesevangelium, FS J. Beutler, Paderborn/München/Wien/Zürich 2004, 33-53.

—, Auf der Suche nach dem *Kontext* des vierten Evangeliums. Eine forschungsgeschichtliche Einführung, in: ders./U. Schnelle (Hg.), Kontexte des Johannesevangeliums. Das vierte Evangelium in religions- und traditionsgeschichtlicher Perspektive; unter Mitarbeit von J. Schlegel (WUNT 175), Tübingen 2004, 3-45.

—, Die „*theologia crucifixi*" des Johannesevangeliums, in: A. Dettwiler/J. Zumstein (Hg.), Kreuzestheologie im Neuen Testament (WUNT 151), Tübingen 2002, 169-238.

—, Art. *Lieblingsjünger*, in: RGG[4] 5, Tübingen 2002, 366f.

—, Different *Patterns* of Dualism in Qumran Library, in: M. J. Bernstein/F. Garcia Martinez/J. Kampen (ed.), Legal Texts and Legal Issues. Proceedings of the Second

Meeting of the International Organization of Qumran Studies, Cambridge 1995, FS. J. M. Baumgarten (StTDJ 25), Leiden 1997, 275-335.

—, Licht aus den Höhlen? Der johanneische ‚Dualismus' und die Texte von Qumran, in: ders./U. Schnelle (Hg.), Kontexte des Johannesevangeliums. Das vierte Evangelium in religions- und traditionsgeschichtlicher Perspektive; unter Mitarbeit von J. Schlegel (WUNT 175), Tübingen 2004, 117-203.

—, *Erwägungen* zum Verhältnis der Johannesapokalypse zu den übrigen Schriften des Corpus Johanneum, in: M. Hengel, Die johanneische Frage. Ein Lösungsversuch, mit einem Beitrag zur Apokalypse von J. Frey (WUNT 67), Tübingen 1993, 326-429.

—, *Heiden* – Griechen – Gotteskinder. Zu Gestalt und Funktion der Rede von den Heiden im 4. Evangelium, in: R. Feldmeier/U. Heckel (Hg.), Die Heiden. Juden, Christen und das Problem des Fremden (WUNT 70), Tübingen 1994, 228-268.

—, Der implizite *Leser* und die biblischen Texte, ThBeitr 23 (1992), 266-290.

—, Die johanneische *Eschatologie*, Bd. I: Ihre Probleme im Spiegel der Forschung seit Reimarus (WUNT 96), Tübingen 1997.

—, Die johanneische *Eschatologie*, Bd. II: Das johanneische Zeitverständnis (WUNT 110), Tübingen 1998.

—, Die johanneische *Eschatologie*, Bd. III: Die eschatologische Verkündigung in den johanneischen Texten (WUNT 117), Tübingen 2000.

—, Rez.: C. Niemand, Die Fußwaschungserzählung des Johannesevangeliums, in: ThPQ 144 (1996), 196-198.

—, Rez.: G. Röhser, Prädestination und Verstockung, in: TLZ 122 (1997), 147-149.

—, Das vierte Evangelium in neuer *Perspektive*, in: ThBeitr 31 (2000), 41-47.

—, „Wie *Mose* die Schlange in der Wüste erhöht hat … " Zur frühjüdischen Deutung der ‚ehernen Schlange' und ihrer christologischen Rezeption in Johannes 3,14f., in: Martin Hengel/Hermut Löhr (Hg.), Schriftauslegung im antiken Judentum und im Urchristentum (WUNT 73), Tübingen 1994, 153-205.

—, Zur johanneischen *Deutung* des Todes Jesu, in: ThBeitr 32 (2001), 345-361.

—, Das *Bild* als Wirkungspotenzial. Ein rezeptionsästhetischer Versuch zur Funktion der Brot-Metapher in Johannes 6, in: R. Zimmermann (Hg.), Bildersprache verstehen. Zur Hermeneutik der Metapher und anderer bildlicher Sprachformen. Mit einem Geleitwort von H.-G. Gadamer (Übergänge 38), München 2000, 331-361.

—, Die *Bedeutung* der Qumranfunde für das Verständnis des Neuen Testaments, in: M. Fieger/K. Schmid/P. Schwagmeier (Hg.), Qumran – Die Schriftrollen vom Toten Meer. Vorträge des St. Galler Qumran-Symposiums vom 2./3. Juli 1999 (NTOA 47), Freiburg (Schweiz)/Göttingen 2001, 129-208.

—, Leidenskampf und *Himmelsreise*. Das unbekannte Berliner Evangelium (Papyrus Berolinensis 22220) und die Gethsemane-Tradition, in: BZ 43 (2002), 71-96.

FRÜHWALD-KÖNIG, J., Die „größere Schuld". *Antijudaismus* in der Auslegung des Johannesevangeliums?, in: ders./F. R. Prostmeier/R. Zwick (Hg.), Steht nicht geschrieben? Studien zur Bibel und ihrer Wirkungsgeschichte, FS G. Schmuttermayr, Regensburg 2001, 153-172.

FULLER, R. H., Das *Doppelgebot* der Liebe. Ein Testfall für die Echtheitskriterien der Worte Jesu, in: G. Strecker (Hg.), Jesus Christus in Historie und Theologie, FS H. Conzelmann, Tübingen 1975, 317-329.

FURNISH, V. P., The *Love Command* in the New Testament, Nashville 1972.

GADAMER, H.-G., *Wahrheit* und Methode. Grundzüge einer philosophischen Hermeneutik, Tübingen 1975⁴.

GAMMIE, J. G., Spatial and Ethical *Dualism* in Jewish Wisdom and Apocalyptical Literature, in: JBL 93 (1974), 356-359.

GANGLOFF, F., Is the Old Testament *God* a Loving God?, in: ThRev 20,1 (1999) 12-36.

GARCÍA MARTÍNEZ, F., Qumran and *Apocalyptic*: Studies on the Aramaic Texts from Qumran (StTDJ 9), Leiden 1992.

GARCIA-MORENO, A., 'Αγάπη en los escritos joánicos, in: EstB 51 (1993), 287-321.

GAUBE, H., *Zoroastrismus* (Die Religion des Zarathustra), in: E. Brunner-Traut (Hg.), Die großen Religionen des Alten Orients und der Antike, Stuttgart/Berlin/Köln 1992, 95-121.

GARDNER-SMITH, P., *Saint John* and the Synoptic Gospels, Cambridge 1938.

GOODENOUGH, E. R., John a Primitive Gospel, in: JBL 64 (1945), 145-182.

GAWLICK, M., *Mose* im Johannesevangelium, in: BN 84 (1996), 29-35.

GEMÜNDEN, P. VON, *Vegetationsmetaphorik* im Neuen Testament und seiner Umwelt. Eine Bildfelduntersuchung (NTOA 18), Freiburg 1993.

GESE, H., *Erwägungen* zur Einheit biblischer Theologie, in: ders., Vom Sinai zum Zion (BEvTh 64), München 1974, 11-30.

—, Der *Johannesprolog*, in: ders., Zur biblischen Theologie (BEvTh 78), München 1977, 152-201.

—, Die *Überwindung* des Todes. Der Weg des Alten Testaments, in: W. Böhme (Hg.), Auferstehung - Wirklichkeit oder Illusion? (HeTe 34), Karlsruhe 1981, 32-52.

GERHARDSSON, B., 1 Kor 13. Zur Frage von Paulus' rabbinischem *Hintergrund*, in: ders., The Shema in the New Testament. Deut 6:4-5 in Significant Passages, Lund 1996, 247-271.

—, Agape und *Imitation* of Christ, in: ders., The Shema in the New Testament. Deut 6:4-5 in Significant Passages, Lund 1996, 272-285.

—, The *Shema* in Early Christianity, in: ders., The Shema in the New Testament. Deut 6:4-5 in Significant Passages, Lund 1996, 300-318.

GERLITZ, P., Art. *Prädestination* (I: Religionsgeschichtlich), in: TRE 27, Berlin/New York 1997, 98-102.

GHIBERTI, G., *,Vecchio' e ,nuovo'* in Giovanni. Per una rilettura di Giovanni (Vangelo e Lettere), in: RiBib 43 (1995) 225-251.

GIESSEN, H., Art. ψεῦδος, in: EWNT III², 1991-193.

—, Art., ὥρα, EWNT III², 1211-1214.

—, Gemeinde als *Liebesgemeinschaft* dank göttlicher Neuzeugung. Zu 1 Petr 1,22-2,3, in: SNTU A 24 (1999) 135-166.

GIVERSEN, S., *Apocryphon Johannis*, The Coptic Text of the Apocryphon Johannis in the Nag-Hammadi-Codex II with Translation, Introduction and Commentary (AthD 5), Kopenhagen 1963.

GNILKA, J., Das Evangelium nach *Markus* I-II (EKK II/1-2), Zürich/Neukirchen-Vluyn 1978 bzw. 1979.

—, Die *Verstockung* Israels. Isaias 6,9-10 in der Theologie der Synoptiker (StANT III), München 1961.

GÖRG, M., Vom Wehen des *Pneuma*, in: BN 66 (1993), 5-9.

GOLLINGER, H., Das „Große Zeichen" von Apokalypse 12 (SBM 11), Stuttgart 1971.

GRÄBE, P. J., Der neue *Bund* in der frühchristlichen Literatur: unter Berücksichtigung der alttestamentlich-jüdischen Voraussetzungen (fzb 96), Würzburg 2001.

GRÄBER, E., Die Juden als *Teufelssöhne* in Johannes 8,37-47, in: W. P. Eckert/N. P. Levinson/M. Stöhr (Hg.), Antijudaismus im Neuen Testament? Exegetische und systematische Beiträge (ACJD 2), München 1967, 157-170.

GRETHER, O./FICHTNER, J., Art., ὀργή. C: Der Zorn Gottes in der Septuaginta, ThWNT V, 410-413.

GRUNDMANN, W., Das *Wort* von Jesu Freunden (Joh. XV,13-16) und das Herrenmahl, in: NT 3 (1959) 62-69.

—, Die *Frage* der Gottessohnschaft des Messias im Lichte von Qumran, in: S. Wagner (Hg.), Bibel und Qumran: Beiträge zur Erforschung der Beziehung zwischen Bibel- und Qumranwissenschaft (FS H. Bardtke), Berlin 1968, 86-111.

GUARDINI, R., Johanneische *Botschaft*: Meditationen über Worte aus den Abschiedsreden und dem ersten Johannesbrief, Freiburg 1966[2].

GUNDRY VOLF, J. M., Paul and *Perseverance*: Staying In and Falling Away (WUNT II/37), Tübingen 1990.

HAACKER, K., Die *Stiftung* des Heils. Untersuchung zur Struktur der johanneischen Theologie (AzTh 47), Stuttgart 1972.

HAAG, E., Der *Ehebund* Jahwes mit Israel in Hosea 2, in: R. Kampling/T. Söding (Hg.), Ekklesiologie des Neuen Testaments (FS K. Kertelge), Freiburg i. B./Basel/Wien 1996, 9-35.

HABERMANN, J., *Präexistenzaussagen* im Neuen Testament (EHS.T 362), Frankfurt a. M. u. a. 1990.

HAENCHEN, E., Aus der *Literatur* zum Johannesevangelium 1929-1956, in: ThR 23 (1955), 295-335.

HAGER, F. P., *Gott* und das Böse im antiken Platonismus (Elementa 46), Amsterdam 1987.

—, *Monismus* und das Problem des Dualismus in der metaphysischen Deutung des Bösen bei Platon und Plutarch, in: Perspektiven der Philosophie. Neues Jahrbuch 13, Amsterdam 1987, 59-110.

HAGNER, D. A., The *Use* of the Old and the New Testament in Clement of Rome (NT.S 34), Leiden 1973.

—, The *Vision* of God in Philo and John: A Comparative Study, in: JETS 26 (1973), 81-93.

HAHN, F., Art. υἱός, EWNT III[2], Sp. 912-937.

—, Die *Sendschreiben* der Johannesapokalypse. Ein Beitrag zur Bestimmung prophetischer Redeform, in: G. Jeremias u. a. (Hg.), Tradition und Glaube. Das frühe Christentum in seiner Umwelt (FS K. G. Kuhn), Göttingen 1971, 357-394.

—, *Sehen* und Glauben im Johannesevangelium, in: H. Baltensweiler/B. Reicke (Hg.), Neues Testament und Geschichte (FS O. Cullmann), Zürich/Tübingen 1972, 125-141.

—, Die *Worte* von Gottes Herrschaft und Reich in Joh 3,3.5. Eine Miszelle, in: S. Schreiber/A. Stimpfle (Hg.), Johannes aenigmaticus. Studien zum Johannes-evangelium für H. Leroy (BU 29), Regensburg 2000, 87-89.

—, Das Verständnis der *Mission* im Neuen Testament (WMANT 13), Neukirchen-Vluyn 1963.

—, *Theologie* des Neuen Testaments (Bd. 1: Die Vielfalt des Neuen Testaments. Theologiegeschichte des Urchristentums/Bd. 2. Die Einheit des Neuen Testaments. Thematische Darstellung), Tübingen 2003.

—, Christologische *Hoheitstitel*. Ihre Geschichte im frühen Christentum (FRLANT 83), Göttingen 1966[3].

—, „Die *Juden*" im Johannesevangelium, in: C. Breytenbach unter Mitw. v. S. Stemm (Hg.), Ferdinand Hahn: Die Verwurzelung des Christentums im Judentum. Exegetische Beiträge zum christlich-jüdischen Gespräch, Neukirchen-Vluyn 1996, 119-129.

—, „Das *Heil* kommt von den Juden". Erwägungen zu Joh 4,22b, in: C. Breytenbach unter Mitw. v. S. Stemm (Hg.), Ferdinand Hahn: Die Verwurzelung des Christentums im Judentum. Exegetische Beiträge zum christlich-jüdischen Gespräch, Neukirchen-Vluyn 1996, 99-118.

HAINZ, J., „Zur *Krisis* kam ich in die Welt" (Joh 9,39). Zur Eschatologie des Johannesevangeliums, in: H.-J. Klauck (Hg.), Weltgericht und Weltvollendung. Zukunftsbilder im Neuen Testament (QD 150), Freiburg i. Br. 1994, 149-163.

HALDIMANN, K., *Rekonstruktion* und Entfaltung: Exegetische Untersuchungen zu Joh 15 und 16 (BZNW 104), Berlin – New York 1999.

—, /H. WEDER, Aus der *Literatur* zum Johannesevangelium 1985-1994. Erster Teil: Historische Situierung und diachrone Analysen (I), in: ThR 67 (2002) 328-348.

—, /H. WEDER, Aus der *Literatur* zum Johannesevangelium 1985-1994. Erster Teil: Historische Situierung und diachrone Analysen (II), in: ThR 67 (2002) 425-456.

HAM, C., The *Title* „Son of Man" in the Gospel of John, in: Stone Campbell Journal 1 (1998), 67-84.

HARRINGTON, D. J., Wisdom at Qumran, in: E. Ulrich/J. Vanderkam (ed.), The Community of the Renewed Covenant. The Notre Dame Symposium on the Dead Sea Scrolls (CJAn 10), Notre Dame 1994, 137-152.

HARRISVILLE, R. A., The Concept of *Newness* in the New Testament, in: JBL 74 (1955), 69-79.

HARTINGSFELD, L. V., Die *Eschatologie* im Johannesevangelium. Eine Auseinandersetzung mit Rudolf Bultmann (GTB 36), Assen 1962.

HARTOG, P., *Polycarp* and the New Testament: The Occasion, Rhetoric, Theme, and Unity of the Epistle to the Philippians and its Allusions to the New Testament Literature (WUNT II/134), Tübingen 2002.

HARTMANN, L., The *Eschatology* of 2 Thessalonians as Included in a Communication, in: R. F. Collins (ed.), The Thessalonians Correspondence (BEThL 87), Leuven 1990, 470-485.

HASENFRATZ, H.-P., Iran: *Antagonismus* als Universalprinzip, in: Saec. 34 (1983) 235-247.

HASITSCHKA, M., Befreiung von *Sünde* nach dem Johannesevangelium: eine bibeltheologische Untersuchung (IThS 27), Innsbruck 1989.

HASLER, V., *Glauben* und Erkennen im Johannesevangelium. Strukturale und hermeneutische Überlegungen, in: EvTh 50 (1990), 279-296.

HAUCK, F., Art. καταβολή, in: ThWNT III, 623.

—, μένω κ. τ. λ., in: ThWNT IV, 578-593.

HAYS, R. B., The Moral *Vision* of the New Testament: a Contemporary Introduction to the New Testament Ethics, Edinburgh 1997.

HECKEL, T. K., Vom *Evangelium* des Markus zum viergestaltigen Evangelium (WUNT 120), Tübingen 1999.

HEIL, J. P., *Jesus* the Unique High Priest in the Gospel of John, in: CBQ 57 (1995), 729-745.

HEINZE, A., *Johannesapokalypse* und johanneische Schriften. Forschungs- und traditionsgeschichtliche Untersuchungen (BWMANT 142), Stuttgart u. a. 1998.

—, *Dogmatik* oder Exegese: die Frage nach der Stellung der Apokalypse zu den johanneischen Schriften, in: E. Brandt/P. Fiddes/J. Molthagen (Hg.), Gemeinschaft am Evangelium (FS W. Popkes), Leipzig 1996, 55-75.

HENGEL, M., Zum Thema: „Die *Religionsgeschichte* und das Urchristentum", in: ders., Judaica et Hellenistica. Kleine Schriften I (WUNT 90), Tübingen 1996, 131-150.

—, Die *Begegnung* von Judentum und Hellenismus im Palästina der vorchristlichen Zeit, in: ders., Judaica et Hellenistica. Kleine Schriften II (WUNT 90), Tübingen 1996, 151-170.

—, Anonymität, *Pseudepigraphie* und „literarische Fälschung" in der jüdisch-hellenistischen Literatur, in: ders., Judaica et Hellenistica. Kleine Schriften III (WUNT 90), Tübingen 1996, 151-170.

—, *Paulus* und die frühchristliche Apokalyptik, in: ders., Kleine Schriften 3: Paulus und Jakobus (WUNT 141), Tübingen 2002, 302-417.

—, *Präexistenz* bei Paulus?, in: ders., Paulus und Jakobus. Kleine Schriften III (WUNT 141), Tübingen 2002, 262-301.

—, *Qumran* und der Hellenismus, in: ders., Judaica et Hellenistica. Kleine Schriften I (WUNT 90), Tübingen 1996, 258-294.

—, Zum Problem der *„Hellenisierung"* Judäas im 1. Jahrhundert nach Christus, in: Judaica et Hellenistica. Kleine Schriften I (WUNT 90), Tübingen 1996, 1-90.

—, Messianische *Hoffnung* und politischer „Radikalismus" in der „jüdisch-hellenistischen Diaspora", in: Judaica et Hellenistica I (WUNT 90), Tübingen 1996, 314-343.

—, Zur matthäischen *Bergpredigt* und ihrem jüdischen Hintergrund, in: ders., Judaica, Hellenistica et Christiana. Kleine Schriften II (WUNT 109), Tübingen 1999, 219-292.

—, *Christologie* und neutestamentliche Chronologie. Zu einer Aporie in der Geschichte des Urchristentums, in: H. Baltensweiler/B. Reicke (Hg.), Neues Testament und Geschichte (FS O. Cullmann), Zürich/Tübingen 1972, 43-67.

—, Die johanneische *Frage*. Ein Lösungsversuch. Mit einem Beitrag zur Apokalypse von J. Frey (WUNT 67), Tübingen 1993.

—, Die auserwählte *Herrin*, die ‚Braut', die ‚Mutter' und die Gottesstadt, in: ders./S. Mittmann/A. M. Schwemer La Cité de Dieu. Die Stadt Gottes. 3. Symposion Straßbourg/Uppsala/Tübingen, 19.-23. September 1998, (WUNT 129), Tübingen 2000, 245-285.

—, *Judentum* und Hellenismus. Studien zu ihrer Begegnung unter besonderer Berücksichtigung Paläestinas bis zur Mitte des zweiten Jahrhunderts v. Chr. (3. durchgesehene Auflage), Tübingen 1988.

—, *Reich* Christi, Reich Gottes und das Weltreich im 4. Evangelium, in: ders./A. Schwemer (Hg.), *Königsherrschaft* Gottes und himmlischer Kult im Judentum, Urchristentum und in der hellenistischen Welt (WUNT 56), Tübingen 1991, 163-184.

—, Die *Schriftauslegung* des 4. Evangeliums auf dem Hintergrund der urchristlichen Exegese, in: JBTh 4 (1989), 249-288.

—, Die Ursprünge der *Gnosis* und das Urchristentum, in: J. Ådna/S. J. Hafemann/O. Hofius (Hg.), Evangelium - Schriftauslegung - Kirche, FS P. Stuhlmacher, Göttingen 1997, 190-223.

—, *Paulus* und die Frage einer vorchristlichen Gnosis, in: ders., Kleine Schriften 3: Paulus und Jakobus (WUNT 141), Tübingen 2002, 473-510.

—, The *Four Gospels* and the One Gospel of Jesus Christ, London 2000.

—, Zur *Wirkungsgeschichte* von Jes 53 in vorchristlicher Zeit, in: B. Janowski/P. Stuhlmacher (Hg.), Der leidende Gottesknecht. Jesaja 53 und seine Wirkungsgeschichte (mit einer Bibliographie zu Jes 53), (FAT 14), Tübingen 1996, 49-91.

HENTSCHEL, G., „Weil der *Herr* euch liebt ... " (Dan 7,8). Die Liebe im ersten Testament, in: IKaZ 23 (1994), 400-408.

HERGENRÖDER, C., Wir schauten seine *Herrlichkeit*. Das johanneische Sprechen vom Sehen im Horizont Selbsterschließung Jesu und Antwort des Menschen (fzb 80), Würzburg 1996.

HERMISSON, H.-J., *Deuterojesaja* (BK AT XI,2), Neukirchen-Vluyn 2003.

HESSE, F., *Hiob* (ZBK/AT 14), Zürich 1978.

HILGENFELD, A., *Einleitung* in das Neue Testament, Leipzig 1875.

HINRICHS, B., „Ich bin". Die Konsistenz des Johannesevangeliums in der Konzentration auf das Wort Jesu (SBS 133), Stuttgart 1988.

HIMMELFARB, M., *Ascent* to Heaven in Jewish and Christian Apocalypses, New York 1993.

HIRSCH, E., *Stilkritik* und Literaturanalyse im vierten Evangelium, in: ZNW 43 (1950/51), 128-143.

HITCHCOCK, F. R. M., Is the Fourth Gospel a *Drama*?, Theology 7 (1923), 307-317 (abgedruckt in M. W. G. Stibbe [ed.], The Gospel of John as Literature. An anthology of twentieth-century perspectives [NTTS 17], Leiden/New York/Köln 1993, 15-24).

HOEGEN-ROHLS, C., Der nachösterliche *Johannes*. Die Abschiedsreden als hermeneutischer Schlüssel zum vierten Evangelium (WUNT II/84), Tübingen 1996.

HOFFMANN, E., Aristoteles' Philosophie der *Freundschaft*, in: F.-P. Hager (Hg.), Ethik und Praktische Philosophie bei Aristoteles (WdF CCVIII), Darmstadt 1972, 149-182.

HOFFMANN, P., Tradition und Situation. Zur „Verbindlichkeit" des Gebots der *Feindesliebe* in der synoptischen Überlieferung und in der gegenwärtigen Friedensdiskussion, in: Ethik im Neuen Testament (QD 102), Freiburg, Basel, Wien 1984, 50-118.

HOFIUS, O., *Erwählung* und Bewahrung. Zur Auslegung von Joh 6,37, in: O. Hofius/H.-C. Kammler, Johannesstudien: Untersuchungen zur Theologie des vierten Evangeliums (WUNT 88), Tübingen 1996, 81-86.

—, „Er gibt den *Geist* ohne Maß" Joh 3,34b, in: ZNW 90 (1999), 131-134.

—, Die *Sammlung* der Heiden zur Herde Israels (Joh 10,16; 11,51f.), in: ZNW 58 (1967), 288-291.

—, *Fußwaschung* als Erweis der Liebe. Sprachliche und sachliche Anmerkungen zu Lk 7,44b, in: ders., Neutestamentliche Studien (WUNT 132), Tübingen 2000, 154-160.

—, Das Wunder der *Wiedergeburt*. Jesu Gespräch mit Nikodemus Joh 3,1-21, in: DERS./H.-C. KAMMLER, Johannesstudien: Untersuchungen zur Theologie des vierten Evangeliums (WUNT 88), Tübingen 1996, 33-80.

—, „Erwählt vor *Grundlegung* der Welt (Eph 1,4)", in: ders., Paulusstudien II (WUNT 143), Tübingen 2002, 234-246.

—, „Der in des Vaters *Schoß* ist" Joh 1,18, in: ders./H.-C. Kammler, Johannesstudien: Untersuchungen zur Theologie des vierten Evangeliums (WUNT 88), Tübingen 1996, 24 - 32.

—, Das Evangelium und Israel. *Erwägungen* zu Römer 9-11, in: ders., Paulusstudien (WUNT 51), Tübingen 1994², 175-202.

—, Struktur und Gedankengang des Logos-Hymnus in Joh 1,1-18, in: ders./H.-C. Kammler: Johannesstudien: Untersuchungen zur Theologie des vierten Evangeliums. (WUNT 88), Tübingen 1996, 1-23.

—, „Einer ist Gott - einer ist Herr". Erwägungen zu Struktur und Aussage des Bekenntnisses 1Kor 8,6, ders., Paulusstudien II (WUNT 143), Tübingen 2002, 167-180.

—, „Erstgeborener vor aller Schöpfung" - „Erstgeborener aus den Toten". Erwägungen zu Struktur und Aussage des Christushymnus Kol 1,15-20, in: ders., Paulusstudien II (WUNT 143), Tübingen 2002, 215-233.

—, Die *Unabänderlichkeit* des göttlichen Heilsratschlusses. Erwägungen zur Herkunft eines neutestamentlichen Theologumenon, in: ZNW 64 (1973), 135-145.

HOFRICHTER, P. L., Modell und Vorlage der Synoptiker - Das vorredaktionelle *Johannesevangelium*, Darmstadt 1997.

—, Zur *Komposition* des Markusevangeliums auf der Grundlage des Hellenistenbuches, in: ders. (Hg.), Für und wider die Priorität des Johannesevangeliums (Theologische Texte und Studien 9), Hildesheim 2002, 161-181.

HOLTZMANN, H.-J., Lehrbuch der Neutestamentlichen *Theologie* (2 Bd.; neubearb. Aufl., hrsg. v. A. Jülicher/W. Bauer), Tübingen 1911.

HOLZHAUSEN, J., Gnostizismus, Gnosis, Gnostiker. Ein Beitrag zur antiken *Terminologie*, in: JbAC 44 (2001), 58-74.

HORNSCHUH, M., Studien zur *Epistula Apostulorum* (PTS 5), Berlin 1965.

HOULDEN, J. L., *Ethics* and the New Testament, Harmondsworth 1973.

HÜBNER, H., Art. ἀλήθεια κτλ., in: EWNT I², 138-145.

—, An Philemon, an die Kolosser, an die *Epheser* (HNT 12), Tübingen 1997.

—, Die *Weisheit Salomons*. Liber sapientiae Salomonis (ATD/Apokryphen 4), Göttingen 1999.

—, Biblische *Theologie* des Neuen Testaments (Bd. 1: Prologomena; Bd. 2: Die Theologie des Paulus und ihre neutestamentliche Wirkungsgeschichte; Bd. 3: Hebräerbrief, Evangelien und Offenbarung, Epilegomena), Göttingen 1990; 1993; 1995.

—, *Vetus testamentum in novo*. 1,2. Evangelium secundum Iohannem, Göttingen 2003.

—, Art. *Prädestination* (III: Neues Testament), in: TRE 27, Berlin/New York 1997, 102-108.

—, Gottes Ich und *Israel*. Zum Schriftgebrauch des Paulus in Röm 9-11 (FRLANT 136), Göttingen 1984.

HULTGREN, A. J., The Johannine *Footwashing* (13.1-11) as Symbol of Eschatological Hospitality, in: NTS 28 (1982), 539-546.

HURTADO, L. W., *Lord* Jesus Christ. Devotion to Jesus in Earliest Christianity, Grand Rapids 2003.

IBUKI, Y., ΚΑΙ ΤΗΝ ΦΩΝΗΝ ΑΥΤΟΥ ΑΚΟΥΕΙΣ - *Gedankenaufbau* und Hintergrund des 3. Kapitels des Johannesevangeliums, in: BSU 14 (1978), 9-33 .

—, Die *Wahrheit* im Johannesevangelium (BBB 39), Bonn 1972.

JANOWSKI, B., „Ich will in eurer *Mitte* wohnen". Struktur und Genese der exilischen Schekina-Theologie, in: ders., Gottes Gegenwart in Israel: Beiträge zur Theologie des Alten Testaments, Neukirchen 1993, 119-147.

—, JHWH der Richter – ein rettender *Gott*. Ps 7 und das Motiv des Gottesgerichts, in: JBTh 9 (1994), 53-86.

—, *Rettungsgewißheit* und Epiphanie des Heils. Das Motiv der Hilfe Gottes „am Morgen" im Alten Orient und im Alten Testament. Band I: Alter Orient (WMANT 59), Neukirchen-Vluyn 1989.

—, JHWH und der *Sonnengott*: Aspekte der Solarisierung JHWHs in vorexilischer Zeit, in: J. Mehlhausen (Hg.), Pluralismus und Identität (Veröffentlichungen der Wissenschaftlichen Gesellschaft für Theologie 8), Gütersloh 1995, 214-241.

—, Art. *Licht und Finsternis* (II. Biblisch), in: RGG⁴ 5, Tübingen 2002, 330f.

—, Er trug unsere *Sünden*. Jes 53 und die Dramatik der Stellvertretung, in: ders. (Hg.), Der leidende Gottesknecht. Jesaja 53 und seine Wirkungsgeschichte (FAT 14), Tübingen 1996, 27-48.

—, *Stellvertretung*. Alttestamentliche Studien zu einem theologischen Grundbegriff (SBS 165). Stuttgart 1997.

—, Der barmherzige *Richter*. Zur Einheit von Gerechtigkeit und Barmherzigkeit im Gottesbild des Alten Orients und des Alten Testaments, in: R. Scoralick (Hg.), Das Drama der Barmherzigkeit Gottes. Studien zur biblischen Gottesrede und ihrer Wirkungsgeschichte in Judentum und Christentum (SBS 183), Stuttgart 2000, 33-91.

—, *Konfliktgespräche* mit Gott. Eine Anthropologie der Psalmen, Neukirchen 2003.

JANOWSKI, J. C., *Allerlösung*: Annäherungen an eine entdualisierte Eschatologie (NBST 23), Neukirchen-Vluyn 2000.

JENNI, E., Art. אהב, in: THAT 1 (1978), 60-73.

JEREMIAS, JO., Die *Gleichnisse* Jesu, Göttingen 1977[10].

—, Zum *Logos-Problem*, in: ZNW 59 (1968), 82-85.

—, *Joh 6,51c-58* – redaktionell?, in: ZNW 44 (1952/53), 256f.

—, Neutestamentliche *Theologie* (Bd. 1: Die Verkündigung Jesu), Gütersloh 1973[2].

JEREMIAS, JÖ., Die *Reue* Gottes: Aspekte alttestamentlicher Gottesvorstellungen (BSt 65), Neukirchen-Vluyn 1975.

—, Hosea/Hoseabuch, in: TRE 15, Berlin/New York 1986, 586-598.

—, Hoseas *Einfluß* auf das Jeremiabuch – ein traditionsgeschichtliches Problem, in: ders., Hosea und Amos. Studien zu den Anfängen des Dodekapropheton (FAT 13), Tübingen 1996, 122-141.

JERVELL, J., Ingen har større kjærlighet: Fra Johannesevangeliets *Jesusbilde*, Oslo 1978.

JOHN, M. P., „Johannine *Mysticism*', in: IJT 5 (1956), 15-21.

JOHNSTEN, G., The *Spirit-Paraklet* in the Gospel of John (SNTS.MS 12), Cambridge 1970.

JÜLICHER, A., Einleitung in das Neue Testament; 7. Aufl, neuberab. in Verb. mit E. Fascher, Tübingen 1931.

JÜNGEL, E., *Gott* als Geheimnis der Welt: zur Begründung der Theologie des Gekreuzigten im Streit zwischen Theismus und Atheismus, Tübingen 1992[6].

—, *Paulus* und Jesus: eine Untersuchung zur Präzisierung der Frage nach dem Ursprung der Christologie (HUTh 2), Tübingen 1986[6].

JUNG, F., *ΣΩΤΗΡ*. Studien zur Rezeption eines hellenistischen Ehrentitels im Neuen Testament (NTA 39), Münster 2002.

KÄSEMANN, E., Jesu letzter *Wille* nach Johannes 17 (4., photomech. gedr. Aufl.), Tübingen 1980[4].

—, *Ketzer* und Zeuge. Zum johanneischen Verfasserproblem, in: ders., Exegetische Versuche und Besinnungen I, Göttingen 1970[6], 168-187.

—, Zur *Johannes-Interpretation* in England, in: ders., Exegetische Versuche und Besinnungen II, Göttingen 1970[6], 131-155.

—, Begründet der neutestamentliche *Kanon* die Einheit der Kirche, in: ders., Exegetische Versuche und Besinnungen I, Göttingen 1970[6], 214-223.

KALMS, J., Der *Sturz* des Gottesfeindes. Traditionsgeschichtliche Studien zu Apokalypse 12. (WMANT 93), Neukirchen-Vluyn 2001.

KAMMLER, H.-C., *Christologie* und Eschatologie. Joh 5,17-30 als Schlüsseltext johanneischer Theologie (WUNT 126), Tübingen 2000.

—, Jesus Christus und der *Geistparaklet*. Eine Studie zur johanneischen Verhältnisbestimmung von Pneumatologie und Christologie, in: O. Hofius/H.-C. Kammler, Johannesstudien: Untersuchungen zur Theologie des vierten Evangeliums (WUNT 88), Tübingen 1996, 87-190.

KANAGARAJ, J. J., „*Mysticism*' in the Gospel of John: an Inquiry into Its Background (JSNT.S 158), Sheffield 1998.

—, The Implied *Ethics* of the Fourth Gospel: A Reinterpretation of the Decalogue, in: TynB 52 (2001), 33-60.

KATO, Z., Die *Völkermission* im Markusevangelium (EHS.T 252), Frankfurt 1986.

KAYATZ, C., Studien zu *Proverbien* 1-9. Eine form- und motivgeschichtliche Untersuchung unter Einbeziehung ägyptischen Vergleichsmaterials (WMANT 22), Neukirchen-Vluyn 1966.

KEEL, O., Zwei Arten von *Liebe*. Biblische Liebeslyrik zwischen Mesopotamien und Ägypten, in: Welt und Umwelt der Bibel 21 (2001) 27-33.

KELLY, T., "*God* Is Love". A Theological-moral Reading of 1 John, in: StMor 37,1 (1999) 35-71.

KERTELGE, K., Das *Doppelgebot* der Liebe im Markusevangelium, in: TThZ 103 (1994) 38-55.

KIEFFER, R., Different Levels in Johannine *Imagery*, in: L. Hartmann/B. Olsson (ed.), Aspects on the Johannine Literature (CB.NT 18), Uppsala 1987, 74-84.

—, *Le monde* symbolique de Saint Jean (LeDiv 137), Paris 1989.

—, The Implied *Reader* in John's Gospel, in: J. Nissen/S. Pedersen (ed.), New Readings in John. Literary and Theological Perspectives. Essays from the Scandinavian Conference on the Fourth Gospel, Århus 1997 (JSNT.S 182), Sheffield 1999, 47-65.

KILIAN, R., Der *Verstockungsauftrag* Jesajas, in: H.-J. Fabry (Hg.), Bausteine biblischer Theologie, FS G. J. Botterweck (BBB 50), Köln/Bonn 1977, 209-225.

KILPATRICK, G. D., The Religious *Background* of the Fourth Gospel, in: F. L. Cross (ed.), Studies in the Fourth Gospel, London 1957, 36-44.

—, Two Johannine *Idioms* in the Johannine Epistles, in: JThS 13 (1961), 272-273.

KIPPENBERG, H. G./K. V. STUCKRAD, Einführung in die *Religionswissenschaft*. Gegenstände und Begriffe (C. H. Beck Studium), München 2003.

KLASSEN, W., Art. Love (NT and Early Jewish), in: Anchor Bible Dictionary 4 1992, 381-396.

—, *Judas*. Betrayer or Friend of Jesus? Minneapolis 1996.

KLAUCK, H.-J., Die antike *Briefliteratur* und das Neue Testament (UTB 2022), Paderborn etc. 1998.

—, *Brotherly Love* in Plutarch and in 4 Maccabees, in: Greeks, Romans, and Christians (FS A. J. Malherbe), Philadelphia 1990, 144-156.

—, Die *Johannesbriefe*, 2., um einen Literaturnachtrag erweiterte Auflage (EdF 276), Darmstadt 1995.

—, *Judas*, ein Jünger des Herrn (QD 111), Freiburg i. Br. 1987.

—, Die religiöse *Umwelt* des Urchristentums I/II (KStTh 9), Stuttgart/Berlin/New York 1995 bzw. 1996.

—, Das Sendschreiben nach Pergamon und der *Kaiserkult*, in: Bib. 73 (1992), 153-182.

—, Der *Weggang* Jesu, in: BZ. N. F. 40 (1996), 236-250.

—, Der zweite *Korintherbrief* (NEB.NT. 2) 1988².

—, Die Liebe ist konkret - oder *Grenzen* des Liebesgebots, in: BiKi 53 (1998) 176-182.

—, Zur rhetorischen *Analyse* der Johannesbriefe, in: ZNW 81 (1990) 205-224.

KLEIN, G., „Das wahre *Licht* leuchtet schon". Beobachtungen zur Zeit- und Geschichtserfahrung einer urchristlichen Schule, in: ZThK 68 (1971), 261-326.

KLEINKNECHT, K. T., *Johannes 13*, die Synoptiker und die ‚Methode' der johanneischen Evangelienüberlieferung, in: ZThK 82 (1985), 361-388.

KNÖPPLER, T., Die *theologia crucis* des Johannesevangelium (WMANT 69), Neukirchen-Vluyn 1994.

—, *Sühne* im Neuen Testament: Studien zum urchristlichen Verständnis der Heilsbedeutung des Todes Jesu (WMANT 88), Neukirchen-Vluyn 2001.

KOCH, K., Zur Geschichte der Erwählungsvorstellung in Israel, in: ZAW 67 (1955), 205-226.

KOESTER, C. R., *Symbolism* in the Fourth Gospel: Meaning, Ministry, Community, Minneapolis 1995.

KOESTER, H., *Ancient Christian Gospels*: Their History and Development, London 1990.

—, Ein Jesus und vier ursprüngliche *Evangeliengattungen*, in: ders./J. M. ROBINSON, Entwicklungslinien durch die Welt des frühen Christentums, Tübingen 1971, 147-190.

—, *Introduction* to the New Testament (Vol. 1.: History, Culture, and Religion of the Hellenistic Age), New York u. a. 1995².

—, *Introduction* to the New Testament (Vol. 2: History and Literature of Early Christianity), New York u. a., 2000².

KOHLER, H., *Kreuz* und Menschwerdung im Johannesevangelium. Ein exegetisch-hermeneutischer Versuch zur johanneischen Kreuzestheologie (AThANT 72), Zürich 1987.

KONRADT, M., Menschen- oder *Bruderliebe*. Beobachtungen zum Liebesgebot in den Testamenten der Zwölf Patriarchen, in: ZNW 88 (1997), 296-310.

KORTEWEG, T., The Realitiy of the *Invisible*. Some Remarks on St John XIV 8 and Greek Philosophic Tradition, in: M. J. Vermaseren (ed.), Studies in Hellenistic Religions (EPRO 78), Leiden 1979, 50-102.

KORTING, G., Die esoterische *Struktur* des Johannesevangeliums (BU N.F. 25/1-2), Regensburg 1994.

KOSCHORKE, K., Die *Polemik* der Gnostiker gegen das kirchliche Christentum: unter besonderer Berücksichtigung der Nag-Hammadi-Traktate „Apokalypse des Petrus" [NHC VII,3] und „Testimonium Veritatis" [NHC IX,3], NHS XII, Leiden 1978.

KOTILA, M., Umstrittener *Zeuge*. Studien zur Stellung des Gesetzes in der johanneischen Theologiegeschichte (AASF.DHL 48), Helsinki 1988.

KRAFT, H., Die Offenbarung des Johannes (HNT 16a), Tübingen 1974.

KRAMER, W., *Christos-Kyrios-Gottessohn*. Untersuchungen zu Gebrauch und Bedeutung der christologischen Bezeichnungen bei Paulus und den vorpaulinischen Gemeinden (AThANT 44), Zürich 1963.

KRAUS, H.-J., Psalmen I-II (BK AT XV/1-2), Neukirchen-Vluyn 1978⁵.

—, Theologie der Psalmen (BK AT XV/3), Neukirchen-Vluyn 1979.

KRETZER, A., Art. γεννάω, in: EWNT I², 584-586.

KÜGLER, J., Der andere *König*. Religionsgeschichtliche Perspektiven auf die Christologie des Johannesevangeliums (SBS 178), Stuttgart 1999.

—, Der *Jünger*, den Jesus liebte. Literarische, theologische und historische Untersuchungen zu einer Schlüsselgestalt johanneischer Theologie und Geschichte. Mit einem Exkurs über die Brotrede in Joh 6 (SBB 16), Stuttgart 1988.

—, Das Johannesevangelium und seine Gemeinde - kein Thema für *Science Fiction*, in: BN 23 (1984), 48-62.

—, Der *Sohn* im Schoß des Vaters. Eine motivgeschichtliche Notiz zu Joh 1,18, in: BN 89 (1997) 76-87.

—, Die *Liebe* des Sohnes und das Bleiben des Jüngers. Der Geliebte *Jünger* im Johannesevangelium und die Begründung kirchlicher Macht im johanneischen Christentum, in: M. Gielen/J. Kügler (Hg.), Liebe, Macht und Religion. Interdisziplinäre Studien zu Grunddimensionen menschlicher Existenz (FS H. Merklein), Stuttgart 2003, 217-236.

KÜHSCHELM, R., *Verstockung*, Gericht und Heil. Exegetische und bibeltheologische Untersuchungen zum sogenannten „Dualismus" und „Determinismus" in Joh 12,35-50 (BBB 76), Frankfurt a. M. 1990.

KÜMMEL, W. G., Die *Theologie* des Neue Testament nach seinen Hauptzeugen Jesus, Paulus, Johannes (2. durchgeseh. Aufl.), Göttingen 1972.

—, *Einleitung* in das Neue Testament, Heidelberg 1983[21].

KUHN, H.-W., *Enderwartung* und gegenwärtiges Heil. Untersuchungen zu den Gemeindeliedern von Qumran (StUNT 4), Göttingen 1966.

—, Das *Liebesgebot* Jesu als Tora und als Evangelium. Zur Feindesliebe und zur christlichen und jüdischen Auslegung der Bergpredigt, in: H. Frankemölle (Hg.), Vom Urchristentum zu Jesus, FS J. Gnilka, Freiburg 1989, 194-230.

KUHN, K. G., Die Sektenschrift und die iranische *Religion*, in: ZThK 49 (1952), 296-316.

—, Das Problem der *Mission* in der Urchristenheit, in: EMZ 11 (1954), 161-168.

KUHN, P., Gottes *Selbsterniedrigung* in der Theologie der Rabbinen (StANT 17), München 1968.

KURZ, W. S., *Farewell* Addresses in the New Testament (Zacchaeus Studies/New Testament), Collegeville 1990.

KUTSCH, E., Sein *Leiden* und Tod - unser Heil. Eine Auslegung von Jesaja 52,13-53,12, in: L. Schmidt (Hg.), Kleine Schriften zum Alten Testament, FS E. Kutsch (BZNW 168), Berlin/New York 1986, 169-196.

KYSAR, R. A., *The Fourth Evangelist* and His Gospel: An Examination of Contemporary Scholarship, Minneapolis, 1975.

LABAHN, M., Jesus als *Lebensspender*, Untersuchungen zu einer Geschichte der johanneischen Tradition anhand ihrer Wundergeschichten (BZNW 98), Berlin – New York 1999.

—, *Offenbarung* in Zeichen und Wort: Untersuchungen zur Vorgeschichte von Joh 6,1-25a und seiner Rezeption in der Brotrede (WUNT II/117), Tübingen 2000.

—, ‚Heiland' der Welt'. Der gesandte Gottessohn und der römische Kaiser – ein Thema johanneischer Christologie?, in: ders./J. Zangenberg (Hg.), Zwischen den Reichen: Neues Testament und Römische Herrschaft. Vorträge auf der Ersten Konferenz der European Association for Biblical Studies (TANZ 36), Tübingen/Basel 2002, 147-173.

LACOMARA, A., *Deuteronomy* and the Farewell Discourse (Jn 13:31-16:33), in: CBQ 36 (1974), 65-84.

LALLEMANN, P. J., The *Acts of John*: a Two-Stage Initiation into Johannine Gnosticism (Studies on the Apocryphal Acts of the Apostles 4), Leuven 1998.

LAMBRECHT, J., The Most Eminent *Way*: A Study of 1 Corinthians 13, in: ders., Pauline Studies. Collected Essays (BEThL 115), Leuven 1994, 79-107.

—, *Loving God* and Steadfastly Awaiting Christ. A Note on 2 Thessalonians 3,5, in: ders., Collected Studies on Pauline Literature and on the Book of Revelation (AnBib 147), Rom 2000/2001, 309-317.

LAMPE, P., Art. ἵνα, in: EWNT II[2], 460-466.

LANCZKOWSKI, G., Art. *Dualismus*, 200, in: TRE 9, Berlin/New York 1982, 199-202.

LANG, F., Die Briefe an die *Korinther* (NTD 7[17]; 2. Auflage dieser neuen Bearbeitung), Göttingen 1994.

LANG, M., Johannes und die *Synoptiker*. Eine redaktionsgeschichtliche Analyse von Joh 18-20 vor dem markinischen und lukanischen Hintergrund (FRLANT 182), Göttingen 1999.

LANGBRANDTNER, W., Weltferner *Gott* oder Gott der Liebe. Der Ketzerstreit in der johanneischen Kirche. Eine exegetisch-religionsgeschichtliche Untersuchung mit Berücksichtigung der koptisch-gnostischen Texte aus Nag-Hammadi (BET 6), Frankfurt a. M. 1977.

LANGE, A., *Weisheit* und Prädestination. Weisheitliche Urordnung und Prädestination in den Textfunden von Qumran (StTDJ 18), Leiden etc. 1995.

—, /LICHTENBERGER, H., Art. *Qumran*, in: TRE 28, Berlin/New York 1997, 45-79.

LANGER, B., Gott als *Licht* in Israel und Mesopotamien: eine Studie zu Jes 60,1-3.19f. (ÖBS 7), 1989.

LATTKE, M., *Einheit* im Wort. Die spezifische Bedeutung von ἀγάπη, ἀγαπᾶν und φιλεῖν im Johannesevangelium (StANT 41), München 1975.

—, Zur Bildersprache der Oden Salomos, in: ders., Die Oden Salomos in ihrer Bedeutung für Neues Testament und Gnosis, Bd. IV (OBO 25/4), Göttingen 1998, 17-36.

—, Die Bedeutung der apokryphen Salomo-Oden für die neutestamentliche Wissenschaft, in: ders., Die Oden Salomos in ihrer Bedeutung für Neues Testament und Gnosis, Bd. IV (OBO 25/4), Göttingen 1998, 49-66.

LAUSBERG, H., Der *Johannesprolog* (NAWG.PH 5/1984), Göttingen 1984.

LAW, R., The *Tests* of Life: A Study of the First Epistle of St. John, Edinburgh 1909[2].

LAYTON, B., Prolegomena to the Study of *Gnosticism*, in: L. M. WHITE/L. YARBROUGH (ed.), The Social World of the First Christians (FS W. A. Meeks), Minneapolis 1995, 334-350.

LEE, D., The Symbolic *Narratives* of the Fourth Gospel: the Interplay of Form and Meaning (JSNT.S 95), Sheffield 1994.

LEHNERT, V. A., Die *Provokation* Israels. Die paradoxe Funktion von Jes 6,9-10 bei Markus und Lukas. Ein textpragmatischer Versuch im Kontext gegenwärtiger Rezeptionsästhetik und Lesetheorie (NTDH 25), Neukirchen-Vluyn 1999.

LEIDIG, E., Jesu *Gespräch* mit der Samaritanerin und weitere Gespräche Jesu im Johannesevanglium (ThDiss 15), Basel 1979.

LÉON-DUFOUR, X., Sharing the *Eucharist Bread*: The Witness of the New Testament (translat. by M. J. O'Connell), New York 1987.

LEONHARDT, J., *Jewish Worship* in Philo of Alexandria (TSAJ 84), Tübingen 2001.

LEROY, H., *Rätsel* und Mißverständnis: ein Beitrag zur Formgeschichte des Johannesevangeliums (BBB 30), Bonn 1968.

LETOURNEAU, P., *Jésus, fils de l'homme et fils de Dieu*. Jean 2,23-3,36 et la double christologie johannique (RTFP 27), Paris – Montreal 1992.

LICHTENBERGER, H., Art. πῦρ, in: EWNT III[2], 477-484.

—, Studien zum *Menschenbild* in den Texten der Qumrangemeinde (StUNT 15), Göttingen 1980.

—, Überlegungen zum Verständnis der Johannesapokalypse, in: ders./C. Landmesser/H.-J. Eckstein (Hg.), Jesus Christus als die Mitte der Schrift: Studien zur Hermeneutik des Evangeliums, FS O. Hofius (BZNW 68), Berlin/New York 1997, 603-618.

LIETAERT PEERBOLTE, L. J., The Antecedents of *Antichrist*: A Traditio-Historical Study of the Earliest Chrisitian Views on Eschatological Opponents (JSJ 49), Leiden u. a. 1996.

LIEU, J. M., The Theology of the *Johannine Epistles* (New Testament Theology), Cambridge 1991.

—, *Blindness* in the Johannine Tradition, in: NTS 34 (1988), 83 - 95.

LINDARS, B., John and the *Synoptic Gospels*: A Test Case, in: NTS 27 (1980/81), 287-294.

—, Behind the Fourth Gospel, London 1971 (SCC 3), London 1971.

—, Traditions Behind the Fourth Gospel, in: ders., Essays on John; ed. by C. M. Tuckett (SNTA 17), Leuven 1992, 87-104.

—, *Imitation* of God and Imitation of Christ, in: Theol. 76 (1973), 394-402.

—, /R. B. EDWARDS/J. M. COURT, The Johannine Literature, Sheffield 2000.

LINDEMANN, A., Die *Clemensbriefe*, HNT 17 (Die Apostolischen Väter I), Tübingen 1992.

—, *Gemeinde* und Welt im Johannesevangelium, in: D. Lührmann/G. Strecker (Hg.), Kirche (FS G. Bornkamm), Tübingen 1980, 133-161.

LINK, C., Art. *Prädestination* (II: Dogmengeschichtlich), in: RGG⁴ 6, Tübingen 2003, 1526-1530.

LINSSEN, H., ΘΕΟΣ ΣΩΤΗΡ. Entwicklung und Verbreitung einer Wortgruppe, in: JLW (1928), 1-75.

LIPS, H. V., Weisheitliche *Traditionen* im Neuen Testament im Neuen Testament (WMANT 64), Neukirchen-Vluyn 1990.

LOADER, W. R. G., The Central *Structure* of Johannine Christology, in: NTS 30 (1984), 188-216.

—, The *Christology* of the Fourth Gospel. Structure and Issues (BET 23), Frankfurt a. M. etc. 1989.

LÖHR, W. A., *Basilides* und seine Schule: eine Studie zur Theologie- und Kirchengeschichte des zweiten Jahrhunderts (WUNT 83), Tübingen 1996.

V. LOEWENICH, W., Johanneisches *Denken*. Ein Beitrag zur Erkenntnis der johanneischen Eigenart, in: ThBl 15 (1936), 260-275.

LOGAN, A. H. B., John and the Gnostics: The Significance of the *Apocryphon of John* for the Debate about the Origins of Johannine Literature, in: S. E. Porter/C. A. Evans (ed.), The Johannine Writings (BiSe 32), Sheffield 1995, 109-137.

LOHFINK, N., Das *Hauptgebot*: eine Untersuchung literarischer Einleitungsfragen zu Dtn 5-11, (AnBib 20), Rom 1963.

LONA, H. E., Der erste *Clemensbrief* (KAV 2), Göttingen 1998.

—, *Rhetorik* und Botschaft in I Clem 49, in: ZNW 86 (1995), 94-103.

—, *Abraham* in Johannes 8: ein Beitrag zur Methodenfrage (EHS.T 65), Bern u. a. 1976.

LORETZ, O., Ein kanaanäisch-biblisches *Liebeslied* in Hosea 2,7. Zum altorientalisch-biblischen Thema „politische" und „erotische" Liebe, in: UF 25 (1993) 311-318.

LOUW, J. P., *Verbal Aspects* in the First Letter of John, in: Neotest. 9 (1975), 101f.

LÜDEMANN, G., Art., ὑψόω, EWNT III², 981f.

LÜHRMANN, D., Liebet eure *Feinde* (Lk 6,27-36/Mt 5,39-48), in: ZThK 69 (1972), 412-438.

LUZ, U., Art. βασιλεία, EWNT I², 481-491.

—, *Überlegungen* zum Verhältnis zwischen Liebe zu Gott und Liebe zum Nächsten (Mt 22,34-30), in: T. Söding (Hg.), Der lebendige Gott: Studien zur Theologie des Neuen Testaments, FS W. Thüsing (NTA 31), Münster 1996, 135-148.

—, /W. DIETRICH, *Universalität* und Partikularität im Horizont des biblischen Monotheismus. Eine Skizze, in: C. Bultmann/W. Dietrich/C. Levin (Hg.), Vergegenwärtigung des Alten Testaments. Beiträge zur biblischen Hermeneutik, FS R. Smend, Göttingen 2002, 369-411.

—, Das Evangelium nach *Matthäus* (EKK I,1-4), Zürich u. a. 2002²/1990/1997/2002.

—, /R. SMEND, *Gesetz* (KTB 1015), Stuttgart u. a. 1981.

MACGRATH, J. F., Going Up and Down in *Johannine Legitimation*, in: Neotest. 31 (1997), 107-118.

MACDONALD, J. I. H., Biblical Interpretation and *Christian Ethics*, Cambridge 1993

MacLachlan Wilson, R., Art. *Gnosis/Gnostizismus* II: Neues Testament, Judentum, Alte Kirche, in: TRE 13, Berlin/New York 1984, 535-550.

MacPolin, J., „Johannine *Mysticism*', in: Way 1 (1978), 25-35.

—, *Mission* in the Fourth Gospel, in: IThQ 36 (1969), 113-122.

Mahlmann, T., Art. *Prädestination* (V: Reformation und Neuzeit), in: TRE 27, Berlin/New York 1997, 118-156.

Malatesta, E. S. J., Interiority and *Covenant*. A Study of εἶναι ἐν and μένειν ἐν in the First Letter of Saint John (AnBib 69), Rom 1978.

—, TÄN AGAPÄN HÄN ECHEI HO THEOS EN HÄMIN: A *Note* on 1 John 4:16a, in: Weinrich, W. C. (ed.), The New Testament Age. Volume II (FS Reicke/Vol. II), Macon 1984, 301-311.

Malmede, H. H., Die *Lichtsymbolik* im Neuen Testament (StOr 15), Wiesbaden 1986.

Manzi, F., *Il peccato*, la sua universalità e le sue origini negli scritti qumranici, in: ScC 126 (1998), 371-405.

Mannucci, V., Giovanni il Vangelo narrante. Introduzione all arte narrativa del quarto Vangelo (Epifania della parola N.S. 1). Bologna, 1993.

Markovich, M., *Textual Criticism* on the Gospel of Thomas, in: JTS 20 (1969), 53-74.

Markschies, C., *Valentinus Gnosticus*? Untersuchungen zur valentinianischen Gnosis mit einem Kommentar zu den Fragmenten Valentins (WUNT 65), Tübingen 1992.

—, Die *Gnosis* (C. H. Beck Wissen in der Beck'schen Reihe 2173), München 2001.

—, Christliche *Religionsphilosophie* oder vorchristliche antike Religion: Was ist Gnosis?, in: A. Franz (Hg.), Glaube – Erkenntnis – Freiheit: Herausforderungen der Gnosis in Geschichte und Gegenwart, Paderborn/München/Wien/Zürich 1999, 47-71.

Martyn, J. L., *History* and Theology in the Fourth Gospel, New York – Evanston 1968 (veränderte Neuauflage Nashville 1979²).

—, *Glimpses* in the History of the Johannine Christianity, in: ders., The Gospel of John in Christian History, New York/Ramsey/Toronto 1979, 90-121.

Marxsen, W., „Christliche" und christliche Ethik im Neuen Testament, Gütersloh 1989.

Mathys, H.-P., *Liebe* deinen Nächsten wie dich selbst: Untersuchungen zum alttestamentlichen Gebot der Nächstenliebe (Lev 19,18), OBO 71, Fribourg 1986.

—, /R. Heiligenthal, Art. Goldene Regel I-II, in: TRE 13, Berlin/New York 1984, 570-575.

Matsunga, K., The „Theos" Christology as the Ultimate *Confession* of the Fourth Gospel, in: AJBI 7 (1981), 124-145.

Meeks, W., The *Prophet-King*. Moses-Traditions and the Johannine Christology (NT.S 14), Leiden 1967.

—, Die *Funktion* des vom Himmel herabgestiegenen Offenbarers für das Selbstverständnis der johanneischen Gemeinde, in: ders., (Hg.), Zur Soziologie des Urchristentums (ThB 62), München 1979, 245-283 (dt. Übersetzung von: The Man from Heaven in Johannine Sectarianism, JBL 91 [1972], 44-72).

Meier, J. P., A Marginal *Jew*. Rethinking the Historical Jesus, Vol. 1: The Roots of the Problem and the Person (The Anchor Bible Reference Library). New York u. a. 1991.

—, A Marginal *Jew*. Rethinking the Historical Jesus, Vol. 2: Mentor, Message, and Miracles (The Anchor Bible Reference Library), New York u. a. 1994.

—, A Marginal *Jew*. Rethinking the Historical Jesus. Vol. 3: Companions and Competitors (The Anchor Bible Reference Library), New York u. a. 2001.

Meisinger, H., *Liebesgebot* und Altruismusforschung: ein exegetischer Beitrag zum Dialog zwischen Theologie und Naturwissenschaft (NTOA 33), Freiburg (Schweiz)/Göttingen 1996.

MELL, U., Die *Entstehungsgeschichte* der Trias „Glaube – Hoffnung – Liebe" (I.Kor 13,13), in: U. Mell/U. B. Müller (Hg.), Das Urchristentum in seiner literarischen Geschichte, FS J. Becker (BZNW 100), Berlin 1999, 197-226.

MENESTRINA, G., ’Aγάπη nelle lettere di Giovanni, in: BeO 19 (1977), 77-80.

MENKEN, J. M. M., *Old Testament Quotations* in the New Testament (NT.S), Leiden 1985.

—, „He gave them *Bread* from Heaven to Eat" (John 6:31), in: ders., Old Testament Quotations in the Fourth Gospel. Studies in Textual Form (Contributions to Biblical Exegesis and Theology 15), Kampen 1996, 47-65.

—, „And They Shall All Be Taught by *God*" (John 6:45), in: ders., Old Testament Quotations in the Fourth Gospel. Studies in Textual Form (Contributions to Biblical Exegesis and Theology 15), Kampen 1996, 67-77.

—, „He Has Blinded their *Eyes* ..." (John 12:40), in: ders., Old Testament Quotations in the Fourth Gospel. Studies in Textual Form (Contributions to Biblical Exegesis and Theology 15), Kampen 1996, 99-122.

—, „He Who Eats My Bread, Has Raised His Heel against Me" (*John 13:18*), in: ders., Old Testament Quotations in the Fourth Gospel. Studies in Textual Form (Contributions to Biblical Exegesis and Theology 15), Kampen 1996, 123-138.

—, „They Hated Me without *Reason*" (John 15:25), in: ders., Old Testament Quotations in the Fourth Gospel. Studies in Textual Form (Contributions to Biblical Exegesis and Theology 15), Kampen 1996, 139-145.

—, „*Rivers* of Living Water Shall Flow from His Inside" (John 7:38), in: ders., Old Testament Quotations in the Fourth Gospel. Studies in Textual Form (Contributions to Biblical Exegesis and Theology 15), Kampen 1996, 187-203.

—, The Use of the *Septuagint* in Three Quotations in John. Jn 10,34; 12,38; 19,24, in: C. M. Tuckett (ed.), The scriptures in the gospels (BEThL 131), Leuven 1997, 367-393.

—, Die *Redaktion* des Zitats aus Sach 9,9 in Joh 12,15, in: ZNW 80 (1989), 193-209.

MERK, O., *Aspekte* zur diakonischen Relevanz von ‚Gerechtigkeit‘, ‚Barmherzigkeit‘ und ‚Liebe‘, in: R. Gebauer/M. Karrer/M. Meiser (Hg.), O. Merk: Wissenschafts-geschichte und Exegese. Gesammelte Aufsätze zum 65. Geburtstag (BZNW 95), Berlin 1998, 337-349.

MERKLEIN, H., Gott und *Welt*. Eine exemplarische Interpretation von Joh 2,23-3,21; 12,20-36 zur theologischen Bestimmung des johanneischen Dualismus, in: ders., Studien zu Jesus und Paulus II (WUNT 105), Tübingen 1998, 263-281.

—, Jesu Botschaft von der *Gottesherrschaft*: eine Skizze (SBS 111), Stuttgart 1983.

METZNER, R., Das Verständnis von *Sünde* im Johannesevangelium (WUNT 122), Tübingen 2000.

—, Vollmacht im Johannesevangelium, in: NT 45 (2003), 22-44.

MEYER, M. W., The *Letter* of Peter to Philip: Text, Translation, and Commentary (SBL.S 53), Michigan 1981.

MICHEL, O., Das *Gebet* des scheidenden Erlösers, in: ZSTh 18 (1941), 521-534.

—, Art. μισέω, in: ThWNT 4, 687-698.

MILAVEC, A., The *Social Setting* of "Turning the Other Cheek" and "Loving One's Enemies" in Light of the Didache, in: BTB 25,3 (1995) 131-143.

MINEAR, P. S., The Original *Functions* of John 21, in: JBL 102 (1983), 85-98.

MIRANDA, J. P., Die *Sendung* Jesu im vierten Evangelium. Religions- und theologie-geschichtliche Untersuchungen zu den Sendungsformeln (SBS 87), Stuttgart 1977.

—, Der *Vater*, der mich gesandt hat. Religionsgeschichtliche Untersuchungen zu den johanneischen Sendungsformeln (EHS.T 7), Bern/Frankfurt a. M. 1972.

MITCHELL, M. M., *"Diotrephes* does not receive us": The lexicographical and social context of 3 John 9-10. In: JBL 117,2 (1998) 299 - 320.

MLAKUZHYIL, G., The Christocentric Literary *Structure* of the Fourth Gospel (AnBib 117), Roma 1987.

MOFFATT, J., *Love* in the New Testament, London 1929.

MOHR, T. A., Markus- und *Johannespassion.* Redaktions- und traditionsgeschichtliche Untersuchungen der markinischen und johanneischen Passionstradition (AThANT 70), Zürich 1982.

MOLLAT, D., *Remarques* sur le vocabulaire spatial du quatrième évangelie, in: StEv 1 (=TU 73), Berlin 1959, 321-328.

MOLONEY, F. J., *God* So Loved the World. The Jesus of John's Gospel, in: ACR 75 (1998), 195-205.

—, A *Sacramental Reading* of John 13:1-38, in: CBQ 53 (1991), 237-256.

—, The *Structure* and Message of John 15,1-16,3, in: ABR 35 (1987), 35-45.

—, *Narrative Criticism* of the Gospels, in: Pacifica 4 (1991) 181-201.

—, Who is „The *Reader"* in/of the Fourth gospel?, in: J. Ashton (Hg.), The Interpretation of John (Studies in New Testament Interpretation), Edinburgh 1997, 219-233.

—, The *Function* of John 13-17 Within the Johannine Narrative, in: F. F. Segovia, „What is John?", Vol. II: Literary and Social Readings of the Fourth Gospel (SBL.SPS 7), Atlanta 1998, 43-66.

—, An Adventure with *Nicodemus,* in: I. R. Kitzberger (ed.), The Personal Voice in Biblical Interpretation, London/New York 1999, 97-110.

—, The Fourth Gospel and the *Jesus of History,* in: NTS 46,1 (2000), 42-58.

—, „The *Jews"* in the Fourth Gospel: Another Perspective, in: Pacifica 15 (2002), 16-36.

MOODY, R. M., *Judaism* and the Gospel of John, in: J. H. Charlesworth/F. X. Blisard/J. S. Siker (ed.), Jews and Christians: Exploring the Past, Present and Future, New York 1990, 76-96.

MORALDI, L., Dio è *amore.* Saggio sul concetto di amore in S. Giovanni con introduzione al 4. vengelo, Roma 1954.

MORAN, W. L., The Ancient Near East Background of the Love of God in Deuteronomy, in: CBQ 25 (1963), 77-87.

MORGEN, M., Afin que le monde soit sauvé. *Jésus* révèle sa mission de salut dans l'évangile de Jean, LeVin 154, Paris 1993.

—, Les épîtres de Jean, in: Les dernières épîtres. Hébreux - Jacques - Pierre - Jean - Jude. (Commentaires), Paris 1997, 189-265.

—, Art. *Liebe* (II. Biblisch), in: RGG[4] 5, Tübingen 2002, 336-338.

—, Art. *Liebe Gottes* und Liebe zu Gott (II. Neues Testament), in: RGG[4] 5, Tübingen 2002, 351-353.

MOULE, C. F. D., The *Individualism* of the Fourth Gospel, in: The Composition of John's Gospel, Selected Studies from Novum Testamentum (compiled by D. E. Orton), Brill's Readers in Biblical Studies 2, Leiden/Boston/Köln 1999, 21-40.

MOYTER, S., The Fourth Gospel and the Salvation of Israel, in: R. Bieringer/D. Pollefeyt/ F. Vandecasteele-Vanneuville (ed.), Anti-Judaism and the Fourth Gospel. Papers of the Leuven Colloquium, 2000 (Jewish and Christian Heritage Series 1), Assen 2001, 83-100.

MÜLLER, U. B., Die Offenbarung des Johannes (ÖTBK 19), Gütersloh 1995.

MUÑOZ-LEÓN, D., *La novedad* del mandamiento del amor en los escritos de San Juan, in: La ética biblica: XXIX Semana Bíblica Española (Madrid 22.-26. 9. 1969; hrsg. vom Instituto "Francisco Suárez), Madrid 1971, 193-231.

MUßNER, F., Eine neutestamentliche *Kurzformel* für das Christentum, in: TThZ 79 (1970), 49-52.

—, *ZΩH.* Die Anschauung vom „Leben" im vierten Evangelium unter Berücksichtigung der Johannesbriefe. Ein Beitrag zur biblischen Theologie (MThS 1), München 1952.

—, Die johanneische *Sehweise* und die Frage nach dem historischen Jesus (QD 28), Freiburg 1965.

—, Die „semantische *Achse*" des Johannesevangeliums. Ein Versuch, in: M. Theobald (Hg.), Mußner, Franz: Jesus von Nazareth im Umfeld Israels und der Urkirche. Gesammelte Aufsätze (WUNT 111), Tübingen 1999, 260-269.

—, Die ,*Verstockung*' Israels nach Röm 9-11, in: TThZ 109 (2000), 191-198.

NAGEL. T., Die *Rezeption* des Johannesevangeliums im 2. Jahrhundert: Studien zur vor-irenäischen Auslegung des vierten Evangeliums in christlicher und christlich-gnostischer Literatur (Arbeiten zur Bibel und ihrer Geschichte 2), Halle 1999.

NAUCK, W., Die Tradition und der *Charakter* des ersten Johannesbriefes: zugleich ein Beitrag zur Taufe im Urchristentum und der Alten Kirche (WUNT 3), Tübingen 1957.

NAUMANN, T., Hoseas *Erben.* Strukturen der Nachinterpretation im Buch Hosea (BWANT 131), Stuttgart 1991.

NEIRYNCK, F., *John* and the Synoptics, in: M. de Jonge (ed.), L'Évangile de Jean (BEThL 44), Gembloux - Leuven 1977, 73-106.

—, *Duality* in Mark: Contributions to the Study of the Markan Redaction. Revised edition with supplementary notes (BEThL 31), Leuven 1988.

—, *Jean* et les Synoptiques. Examen critique de l'exégèse de M.-É. Boismard (BEThL 49), Leuven 1979.

—, John and the *Synoptics* 1975-1990, in: A. Denaux (ed.), John and the Synoptics (BEThL 101), Leuven 1992, 3-62.

—, John and the Synoptics in Recent *Commentaries*, in: ders., Evangelica III. 1992-2000 (BETL 150), Leuven 2001, 601-615.

NEREPERAMPIL, L., „A *New Commandment* I Give You": Johannine Understanding of Love, in: Jeevadhara 74 (1983), 104-114.

NEUGEBAUER, J., Die eschatologischen Aussagen in den johanneischen *Abschiedsreden* : eine Untersuchung zu Johannes 13-17 (BWANT 140), Stuttgart u. a. 1994.

NEUMARK, H., Die *Verwendung* griechischer und jüdischer Motive in den Gedanken Philons über die Stellung Gottes zu seinen Freunden, Würzburg 1937.

NEWSOM, C. A., *Apocalyptic Subjects.* Social Construction of the Self in the Qumran Hodayot, in: JSPE 12,1 (2001) 3-35.

NICHOLSON, G. C., Death as Departure. The Johannine *Ascent –Descent Schema* (SBL.DS 63), Missoula 1983.

NIEDERWIMMER, K., Erkennen und Lieben. Gedanken zum Verhältnis von *Gnosis* und *Agape* im ersten Korintherbrief, in: W. Pratscher/M. Öhler (Hg.), K. Niederwimmer: Quaestiones theologicae. Gesammelte Aufsätze (BZNW 90), Berlin/New York 1998, 1-30.

NIEMAND, C., Was bedeutet die *Fußwaschung*: Sklavenarbeit oder Liebesdienst? Kulturkundliches als Auslegungshilfe für Joh 13,6-8, in: PzB (1994), 115-127.

—, Die *Fußwaschungserzählung* des Johannesevangeliums. Untersuchungen zu ihrer Entstehung und Überlieferung im Urchristentum (StAns 114), Rom 1993.

NISSEN, A., *Gott* und der Nächste im antiken Judentum. Untersuchungen zum Doppelgebot der Liebe (WUNT 15), Tübingen 1974.

NISSEN, J., *Community* and Ethics in the Gospel of John, in: ders./S. Pedersen, New Readings in John. Literary and Theological Perspectives. Essays from the

Scandinavian Conference on the Fourth Gospel (JSNT.S 182), Sheffield 1999, 194-212.

—, The Distinctive *Charakter* of the NT Love Command in Relation to Hellenistic Judaism, in: P. Borgen/S. Giversen (ed.), The New Testament and Hellenistic Judaism, Peabody 1997, 123-150.

—, New Testament and *Mission*: Historical and Hermeneutical Perspectives, Frankfurt 1999.

—, Mission in the *Fourth Gospel*: Historical and Hermeneutical Perspectives, in: ders./S. Pedersen (ed.), New Readings in John. Literary and Theological Perspectives. Essays from the Scandinavian Conference on the Fourth Gospel, Århus 1997 (JSNT.S 182), Sheffield 1999, 213-231.

NOACK, B., Zur johanneischen *Tradition*: Beiträge zur Kritik an der literarkritischen Analyse des vierten Evangeliums (TeolSkr 3), Kopenhagen 1954.

NYGREN, A., *Eros* und Agape: Gestaltwandlungen der christlichen Liebe (aus dem Schwed. übertragen von I. Nygren), Berlin 1955.

OBERMANN, A., Die christologische *Erfüllung* der Schrift im Johannesevangelium: eine Untersuchung zur johanneischen Hermeneutik anhand der Schriftzitate (WUNT II/83), Tübingen 1996.

O'DAY, G. R., „I Have Overcome the *World*" (Joh 16:33): Narrative Time in John 13-17, in: R. A. Culpepper/F. F. Segovia (ed.), The Fourth Gospel from a Literary Perspective (Semeia 53), Atlanta 1991, 153-166.

—, Toward a *Narrative-Critical Study* of John, in: Interp. 49 (1995) 341 - 346.

OEGEMA, G. S., Das *Gebot* der Nächstenliebe im lukanischen Doppelwerk, in: J. Verheyden (ed.), The Unity of Luke-Acts (BEThL 142), Leuven 1999, 507-516.

OEHLER, W., Das Johannesevangelium: eine *Missionsschrift* für die Welt, Gütersloh 1936.

OEPKE, A., Das missionarische *Christuszeugnis* im Johannesevangelium, in: EMZ 2 (1941), 4-26.

OKURE, T., The Johannine Approach to *Mission*: A Contextual Study of Joh 4:1-42 (WUNT II/31), Tübingen 1988.

OLSSON, B., *Deus* semper maior? On God in the Johannine Writings, in: ders./S. Pedersen, New Readings in John. Literary and Theological Perspectives. Essays from the Scandinavian Conference on the Fourth Gospel (JSNT.S 182), Sheffield 1999, 143-171.

—, *Structure* and Meaning in the Fourth Gospel. A Text-Linguistic Analysis of John 2:1-11 and 4:1-42 (CB.NT 6), Lund 1974.

O'NEILL, J. C., The Puzzle of *John*: A New Examination of Origins, London 1966.

ONUKI, T., Gemeinde und *Welt* im Johannesevangelium. Ein Beitrag zur Frage nach der theologischen und pragmatischen Funktion des johanneischen ‚Dualismus' (WMANT 56), Neukirchen-Vluyn 1984.

—, *Traditionsgeschichte* von Thomasevangelium 17 und ihre christologische Relevanz, in: C. Breytenbach/H. Paulsen (Hg.), Anfänge der Christologie (FS F. Hahn), Göttingen 1991, 399-415.

—, Die johanneischen *Abschiedsreden* und die synoptische Tradition, in: AJBI 3 (1977), 157-268 (226ff.).

—, *Fleischwerdung* des Logos und Fehltritt der Sophia – Erwägungen zur johanneischen und gnostischen Lichtsprache, in: P. Müller (Hg.), „ ... was ihr auf dem Weg verhandelt habt": Beiträge zur Exegese und Theologie des Neuen Testaments, FS F. Hahn, Neukirchen-Vluyn 2001, 75-86.

OTTO, E., *Gerechtigkeit* und Erbarmen im Recht des Alten Testaments und seiner christlichen Rezeption, in: ders./S. Uhlig (Hg.), Kontinuum und Proprium. Studien zur Sozial- und Rechtsgeschichte des Alten Orients und des Alten Testaments (Orientalia biblica et christiana 8), Wiesbaden 1996, 342-357.

—, Theologische *Ethik* des Alten Testaments (ThW 3,2), Stuttgart 1994.

—, Das *Verbot* der Wiederherstellung einer geschiedenen Ehe. Deuteronomium 24,1-4 im Kontext des israelitischen und judäischen Eherechts, in: UF 24 (1992) 301-310.

—, Das *Deuteromomium*: politische Theologie und Rechtsreform in Juda und Assyrien (BZAW 284), Berlin 1999.

OVERBECK, F., Das *Johannesevangelium*. Studien zur Kritik seiner Erforschung (hg. von C.-A. Bernoulli), Tübingen 1911.

PAESLACK, M., Zur *Bedeutungsgeschichte* der Wörter φιλεῖν ‚lieben', φιλία ‚Liebe', ‚Freundschaft', φίλος ‚Freund' in der LXX und im Neuen Testament unter Berücksichtigung ihrer Beziehungen zu ἀγαπᾶν, ἀγάπη, ἀγαπητός, in: ThViat 5 (1954), 51-142.

PAGELS, E., The *Social History* of Satan (Part II: Satan in the New Testament Gospels), in: JAAR 62 (1994), 26-47.

—, *Exegesis* of Genesis 1 in the Gospels of Thomas and John, in: JBL 118 (1999) 477-496.

—, The Johannine Gospel in *Gnostic Exegesis*: Heracleon's commentary on John (SBL.MS 17), Atlanta 1989.

PAINTER, J., The ‚*Opponents*' in 1 John, in: NTS 32 (1986), 48-71.

—, The *Quotation* of Scripture and Unbelief in John 12.36b-43, in: C. A. Evans/W. R. Stegner (ed.), The Gospels and the Scriptures of Israel (JSNT.S 104), Sheffield 1994, 429-458.

PAMMENT, M., *John 3:5*: ‚Unless One Is Born of Water and the Spirit, He Cannot Enter the Kingdom of God', in: NT 25 (1983), 189-190.

PANCARO, S., The *Metamorphosis* of a Legal Principle in the Fourth Gospel. A Closer Look at Jn 7,51, in: Bib 53 (1972), 340-361.

—, The *Law* in the Fourth Gospel: The Torah and the Gospel, Moses and Jesus, Judaism and Christianity according to John (NT.S 42), Leiden 1975.

PANNENBERG, W., *Systematische Theologie* (3 Bd.), Göttingen 1988/1991/1993.

—, Art. *Prädestination* (IV: Dogmatisch), in: RGG³ 5, Tübingen 1986, 487-481.

PASQUETTO, V., *Il lessico* antropologico del vangelo e delle lettere di Giovanni (II), in: Ter. 47 (1996), 493-535.

PATTE, D., Jesus' Pronouncement about Entering the Kingdom like a Child: A Structural Exegesis, in: Semeia 29 (1983) 3-42.

PATTERSON, S. J., The Gospel of Thomas and the Synoptic Tradition. A *Forschungsbericht* and Critique, in: Foundation and Facets Forum 8,1-2 (1992), 45-97.

PELLETIER, A., *Le vocabulaire* du commandement dans le Pentateuque des LXX et dans le Nouveau Testament, in: RSR 41 (1953), 519-522.

PERCY, E., Untersuchungen über den *Ursprung* der johanneischen Theologie. Zugleich ein Beitrag zur Frage nach der Entstehung des Gnostizismus, Lund 1939.

PERKINS, P., Apocalyptic Sectarianism and the *Love Commands*: The Johannine Epistles and Revelation, in: W. M. Swartley (ed.), The Love of Enemy and Non-Retaliation in the New Testament, Louisville 1992, 287-296.

—, Johannine *Traditions* in Ap. Jas. (NHC I,2), in: JBL 101 (1982), 403-414.

PESCH, R., Das *Markusevangelium* (HThK 2,I bzw. II), Freiburg 1984⁴ bzw. 1984³.

PETERSON, E., *Gottesfreund*, in: ZKG (1923), 161-202.

PETERSEN, N. R., The Gospel of John and the Sociology of *Light*. Language and Characterization in the Fourth Gospel, Valley Forge 1993.

PETREMENT, S., *Le Dualisme* dans l'Historie de la Philosophie et des Religions. Introduction á l'étude du dualisme platonicien, du gnosticisme et du manichéisme (La Montagne de Sainte Geneviève 5), Paris 1946.

PILGAARD, A., The *Qumran scrolls* and John's gospel, in: J. Nissen/S. Pedersen (Hg.), New readings in John. Literary and theological perspectives. Essays from the Scandinavian Conference on the Fourth Gospel, Århus 1997 (JSNT.S 182), Sheffield 1999, 126-142.

PIPER, R. A., *Satan*, Demons and the Absence of Exorcisms in the Fourth Gospel, in: Horrell, D. G./C. M. Tuckett (ed.), Christology, Controversy and Community, FS D. R. Catchpole (NT.S 99), Leiden u. a. 2000, 253-278.

PIPER, J., „*Love* Your Enemies": Jesus' Love Command in the Synoptic Gospels and in the Early Christian Paraenesis: A History of the Tradition and the Interpretation of Its Uses, Michigan 1992[2].

PLUMER, E., The Absence of *Exorcisms* in the Fourth Gospel, in: Bib 78 (1997), 350-368.

PODELLA, T., Das *Lichtkleid* Gottes: Untersuchungen zur Gestalthaftigkeit Gottes im Alten Testament und seiner altorientalischen Umwelt (FAT 15), 1996.

POKORNÝ, P., Der soziale *Hintergrund* der Gnosis, in: K. W. TRÖGER (Hg.), Gnosis und Neues Testament: Studien aus Religionswissenschaft und Theologie, Berlin 1973, 77-87.

POPKES, E. E., „Constantissimus gratiae praedicator" – *Anmerkungen* zur Paulusexegese Augustins, in: KuD 48 (2002), 148-171.

—, „Ich bin das *Licht* – Erwägungen zur Verhältnisbestimmung des Thomasevangeliums und der johanneischen Schriften anhand der Lichtmetaphorik", in: J. Frey/U. Schnelle (Hg.), Kontexte des Johannesevangeliums. Das vierte Evangelium in religions- und traditionsgeschichtlicher Perspektive; unter Mitarbeit von J. Schlegel (WUNT 175), Tübingen 2004, 641-674.

—, Die *Bedeutung* des zweiten Thessalonicherbriefs für das Verständnis paulinischer und deuteropaulinischer Eschatologie, in: BZ 48 (2004), 39-64.

—, Rez.: H.-C. Kammler, Christologie und Eschatologie. Joh 5,17-30 als Schlüsseltext johanneischer Theologie (WUNT 126), in: BZ 46 (2002), 285-288.

POPKES, W., Die Funktion der *Sendschreiben* in der Johannesapokalypse, in: ZNW 74 (1983), 90-107.

—, Art., δίδωμι, in: EWNT I[2], 771-776.

—, *Paränese* und Neues Testament (SBS 168), Stuttgart 1996.

—, Der Brief des *Jakobus* (ThHK 14), Leipzig 2001.

—, *Christus traditus*. Eine Untersuchung zum Begriff der Dahingabe im Neuen Testament (AThANT 49), Zürich/Stuttgart 1967.

POPP, T., *Grammatik* des Geistes: literarische Kunst und theologische Konzeption in Johannes 3 und 6 (Arbeiten zur Bibel und ihrer Geschichte 3), Leipzig 2001.

PORSCH, F., „Ihr habt den Teufel zum Vater" (Joh 8,44). *Antijudaismus* im Johannesevangelium?, in: BiKi 44 (1989) 50-57.

POTTERIE, I. DE LA, La *Vérité* dans Saint Jean (2 Vol.; 2nd ed., rev. et. corr.), AnBib 73/74, Rom 1999.

PRICE, A. W., *Friendship*, in: O. Höffe (Hg.), Aristoteles: Die Nikomachische Ethik (Klassiker Auslegungen 2), 229 – 252.

—, Aristotle on *Erotic Love*, in: ders., Love and Friendship in Plato and Aristotle, New York 1991[2], 236 – 249.

PRICE, J. L., Light from *Qumran* upon Some Aspects of Johannine Theology, in: J. H. Charlesworth/R. E. BROWN (ed.), John and Qumran, London 1972, 9-37.

PRIGENT, P., Commentary on the *Apocalypse* of St. John (Translation from French into English by W. Pradels), Tübingen 2001.

PRYOR, J. W., Evangelist of the *Covenant People*. The Narrative and the Themes of the Fourth Gospel, Illinois 1992.

QUAST, K., *Peter* and the Beloved Disciple. Figures for a Community in Crisis (JSNT.S 32), Sheffield 1989.

QUISPEL, G., *God* is Eros, in: ed. W. R. Schoedel/R. L. Wilken (ed.), Early Christian Literature and the Classical Intellectual Tradition, FS R. M. Grant (ThH 53), Paris 1979, 189-205.

—, The *Gospel of Thomas'* and the ‚Gospel of the Hebrews', in: NTS 12 (1965/66), 371-382.

—, Qumran, John and *Jewish Christianity*, in: J. H. Charlesworth/R. E. Brown u. a. (ed.), John and the Dead Sea Scrolls, New York 1991[2], 137-155.

RÄISÄNEN, H., Röm 9-11. Analyse eines geistigen Ringens, in: ANRW II.25.4 (1987), 2891-2939.

RAD, G. VON, *Theologie* des Alten Testaments, 2 Bde., München 1992[10] bzw. 1993[10].

—, *Weisheit* in Israel (GTBS 1437), Gütersloh 1992.

RAHNER, J., „Er aber sprach vom *Tempel* seines Leibes". Jesus von Nazaret als Ort der Offenbarung Gottes im vierten Evangelium (BBB 117), Bodenheim 1998.

—, Mißverstehen um zu verstehen. Zur Funktion der *Mißverständnisse* im Johannesevangelium, in: BZ 43,2 (1999), 212-219.

—, Vergegenwärtigende *Erinnerung*. Die Abschiedsreden, der Geist-Paraklet und die Retrospektive des Johannesevangeliums, in: ZNW 91 (2000), 72-90.

RAND, J. A., DU, Die verhouding tussen kerk en *AGAPÄ* in Pauliniese perspektief, in: Acta Theologica 22,1 (2002), 31-41.

RANDALL, J., The Theme of *Unity* in Joh 17,20-23 (EThL 41), Louvain 1965.

RATSCHOW, C. H., Art. *Prädestination* (I. Religionsgeschichtlich), in: RGG[3] 5, Tübingen 1986, 479-481.

REBELL, W., Gemeinde als *Gegenwelt*. Zur soziologischen und didaktischen Funktion des Johannesevangeliums (BET 20), Frankfurt a. M. 1987.

REIM, G., *Targum* und Johannesevangelium, in: BZ 27 (1983), 1-13.

—, Joh. 8.44 - *Gotteskinder/Teufelskinder*. Wie antijudaistisch ist ‚die wohl antijudaistischste Äußerung des NT'?, in: NTS 30 (1984), 619-624.

—, Jesus as *God* in the Fourth Gospel. The Old Testament Background, in: ders., Jochanan. Erweiterte Studien zum alttestamentlichen Hintergrund des Johannesevangeliums, Erlangen 1995, 348-351.

—, Zur *Lokalisierung* der johanneischen Gemeinde, in: BZ 32 (1988) 72-86.

REIN, M., Die *Heilung* des Blindgeborenen (Joh 9), WUNT/II 73, Tübingen 1995.

REINBOLD, W., Propaganda und *Mission* im ältesten Christentum. Eine Untersuchung zu den Modalitäten der Ausbreitung der frühen Kirche (FRLANT 188), Göttingen 2000.

RENDTORFF, R., Er handelt nicht mit uns nach unseren Sünden. Das Evangelium von der *Barmherzigkeit* Gottes im Ersten Testament, in: R. Scoralick (Hg.), Das Drama der Barmherzigkeit Gottes: Studien zur biblischen Gottesrede und ihrer Wirkungsgeschichte im Judentum und Christentum (SBS 183), Stuttgart 2000, 145-156.

RENGSDORF, K. H., Art. ἀποστέλλω κ.τ.λ., in: ThWNT I, 397-448.

RENSBERGER, D., *Love* for One Another and Love for Enemies in the Gospel of John, in: W. M. Swartley (ed.), The Love of Enemy and Non-Retaliation in the New Testament, Louisville 1992, 297-313.

—, Overcoming the *World*: Politics and Community in the Gospel of John, London 1989.

—, *Sectarianism* and Theological Interpretation in John, in: F. F. Segovia (ed.), "What is John?". Vol. II: Literary and Social Readings of the Fourth Gospel (SBL.SPS 7). Atlanta 1998, 139-156.

—, *Anti-Judaism* and the Gospel of John, in: W. R. Farmer (ed.), Anti-Judaism and the Gospels. Harrisburg 1999, 120-157.

RESE, M., Das Gebot der *Bruderliebe* in den Johannesbriefen, in: ThZ 41 (1985), 44-58.

RESSEGUIE, J. L., The strange gospel. *Narrative design* and point of view in John (Biblical interpretation series 56), Leiden 2001.

RICHTER, G., Die *Fußwaschung* Joh 13,1-20, in: ders., Studien zum Johannesevangelium, hg. J. Hainz (BU 13), Regensburg 1977, 42-57.

—, Zum sogenannten Taufetext *Joh 3,5*, in: ders., Studien zum Johannesevangelium, hg. J. Hainz (BU 13), Regensburg 1977, 327-345.

—, Die *Deutung* des Kreuzestodes Jesu in der Leidensgeschichte des Johannes-evangeliums (Joh 13-19), in: ders., Studien zum Johannesevangelium, hg. J. Hainz (BU 13), Regensburg 1977, 58-73.

RIEDL, J., Das *Heilswerk* Jesu nach Johannes (FThSt 93), Freiburg 1973.

RIEDWEG, C., *Mysterienterminologie* bei Plato, Philo und Klemens von Alexandrien (UALG 26), Berlin 1987.

RIES, J., *Plutarque* historien et théologien des doctrines dualistes. in: J. Ries (ed.), Gnosticisme et monde hellénistique. Actes du Colloque de Louvain-la-Neuve; 11-14 mars 1980 (PIOL 27), Louvain-la-Neuve 1982, 146-163.

—, *Dieux* cosmiques et Dieu biblique dans la religion de Mani, in: Aug(L) 40 (1991) 757-772.

RIGAUX, B., *L' Antéchrist* et l' opposition au Royaume Messianique dans l' Ancien et le Nouveau Testament (Diss. Lov. 2,24), Gembloux-Paris 1932

RILEY, G. J., *Resurrection* Reconsidered. Thomas and John in Controversy, Minneapolis 1995.

—, The Gospel of *Thomas* in Recent Scholarship. Currents in Research, in: Biblical Studies 2 (1994), 227-252.

RINGE, S. H., *Wisdom's Friends*: Community and Christology in the Fourth Gospel, Louisville 1999.

RISSI, M., „Die Juden" im Johannesevangelium, in: ANRW II.26.3 (1996), 2099-2141.

RITT, H., Das *Gebet* zum Vater. Zur Interpretation von Joh 17 (fzb 36), Würzburg 1979.

—, Der christologische Imperativ. Zur *Weinstock-Metapher*, in der testamentarischen Mahnrede (Joh 15,1-17), in: H. Merklein (Hg.), Neues Testament und Ethik, FS R. Schnackenburg, Freiburg 1989, 136-150.

—, „So sehr hat *Gott* die Welt geliebt ... " (Joh 3,16). Gotteserfahrung bei Johannes, in: „Ich will euer Gott werden". Beispiele biblischen Redens, mit Beitr. von N. Lohfink u. a. (SBS 100), Stuttgart 1981, 207-226.

ROBINSON, J. A. T., The *New Look* on the Fourth Gospel, in: K. Aland etc. (Hg.), StEv I (TU 73), Berlin 1959, 338-350.

—, The *Priority* of John (ed. F. J. Coakley), London 1985.

—, The *Destination* and Purpose of St. John's Gospel, in: NTS 6 (1959/60), 117-131.

—, *Redating* the New Testament, London 1976.

ROBINSON, J. M., Die johanneische *Entwicklungslinie*, in: H. Köster/J. M. Robinson, Entwicklungslinien durch die Welt des frühen Christentums, Tübingen 1971, 216-250.

—, /P. HOFFMANN/J. S. CLOPPENBURG (ed.), *The Critical Edition* of Q. Synopsis including the Gospel of Matthew and Luke, Mark and Thomas with English, German and French Translations of Q and Thomas; Leuven/Minneapolis 2000.

RODRÍGUEZ RUIZ, M., Der *Missionsgedanke* des Johannesevangeliums. Ein Beitrag zur johanneischen Soteriologie und Ekklesiologie (fzb 55), Würzburg 1987.

RÖHL, W., Die *Rezeption* des Johannesevangeliums in christlich-gnostischen Schriften aus Nag-Hammadi (EHS.T 428), Frankfurt a. M. u. a. 1991.

RÖHSER, G., *Prädestination* und Verstockung. Untersuchungen zur frühjüdischen, paulinischen und johanneischen Theologie (TANZ 14), Tübingen etc. 1994.

—, Art. *Prädestination* (I: Biblisch), in: RGG⁴ 6, Tübingen 2003, 1524-1526.

RÖMER, T. C., *Tendances dualistes* dans quelques écrits bibliques de l'époque perse, in: Transeuphratène 23 (2002), 45-58.

ROLOFF, J., Der erste Brief an *Timotheus* (EKK 15), Zürich/Neukirchen – Vluyn 1988.

ROWLAND, C. C., *John 1,51*. Jewish Apocalyptic and Targumic Tradition, in: NTS 30 (1984), 498 - 507.

RUCK-SCHRÖDER, A., Der *Name* Gottes und der Name Jesu. Eine neutestamentliche Studie (WMANT 80), Neukirchen-Vluyn 1999.

RUCKSTUHL, E., *Sprache* und Stil im johanneischen Schrifttum, in: ders., Die literarische Einheit des Johannesevangeliums, erw. Neuausg., m. e. Vorw. v. M. Hengel (NTOA 5), Freiburg (Schweiz)/Göttingen 1987, 304-331.

—, Zur Antithese *Idiolekt-Soziolekt* im johanneischen Schrifttum, in: ders., Jesus im Horizont der Evangelien (SBAB 3), Stuttgart 1988, 219-264.

—, /DSCHULNIGG, P., *Stilkritik* und Verfasserfrage im Johannesevangelium. Die johanneischen Sprachmerkmale auf dem Hintergrund des Neuen Testaments und des zeitgenössischen hellenistischen Schrifttums (NTOA 17), Freiburg (Schweiz), Göttingen 1991.

RUDOLPH, K., Die *Gnosis*: Wesen und Geschichte einer spätantiken Religion; 3. durchges. und ergänzte Auflage (UTB 1577), Göttingen 1994.

—, Zum Streit um Johannes gnosticus, in: B. Kollmann/W. Reinbold/A. Steudel (Hg.), Antikes Judentum und frühes Christentum, FS H. Stegemann (BZNW 97), Berlin u. a. 1998, 415-427.

RUNIA, D. T., On the *Creation* of the cosmos according to Moses (Philo of Alexandria commentary series 1), Leiden u. a. 2001.

RUSAM, D., Die *Gemeinschaft* der Kinder Gottes. Das Motiv der Gotteskindschaft und die Gemeinden der johanneischen Briefe (BWANT 133), Stuttgart/Berlin/Köln 1993.

RUTENFRANZ, M., Art. ὠφελέω, in: EWNT III², 1221-1223.

SAAYMAN, C., The Textual Strategy in *John* 3:12-14: Preliminary Observations, in: Neotest. 29 (1995), 27-48.

SABBE, M., The *Footwashing* in Jn 13 and Its Relation to the Synoptic Gospels, in: ders., Studia Neotestamentica. Collected Essays (BEThL 98), Leuven 1991, 409-441.

SAKENFIELD, D., Art. Love (OT), in: Anchor Bible Dictionary 4, 1992, 375-381.

SANDERS, E. P., *Paul* and Palestinian Judaism: A Comparison of Patterns of Religion, Philadelphia 1977.

SANDERS, J. T., *Ethics* in the New Testament: Change and Development, Philadelphia 1975.

SANDERS, L., L' Hellénisme de *Saint Clément* de Rome et le Paulinisme (StHell 2), Lovanii 1943.

SANMARTIN-ASCASO, J., Art. אהב, in: ThWAT 2 (1977), 152-167.

SASSE, M., Der *Menschensohn* im Evangelium nach Johannes (TANZ 35), Tübingen 2000.

SATAKE, A., Die *Gemeindeordnung* in der Johannesapokalypse (WMANT 21), Neu-kirchen-Vluyn 1966.

SAUER, J., Traditionsgeschichtliche *Erwägungen* zu den synoptischen und paulinischen Aussagen über Feindesliebe und Wiedervergeltungsverzicht, in: ZNW 76 (1985), 1-28.

SCHAEDEL, K., Das *Johannesevangelium* und „die Kinder des Lichts". Untersuchung zu den Selbstbezeichnungen Jesu im vierten Evangelium und zur Heilsterminologie der „En Fesha-Sekte", Wien 1953.

SCHAEFER, O., „Gott ist *Licht*" – 1 Joh 1,5. Inhalt und Tragweite des Wortes, in: ThStKr 105 (1933) 467-476.

SCHELBERT, G., Art. Jubiläenbuch, in: TRE 17, Berlin/New York 1988, 285-289.

SCHELKLE, K. H., Art. σωτήρ, in: EWNT III², 781-784.

SCHENK-ZIEGLER, A., *Correctio* fraterna im Neuen Testament. Die „brüderliche Zurechtweisung" in biblischen, frühjüdischen und hellenistischen Schriften (fzb 84), Würzburg 1997.

SCHENKE, H.-M., Die neutestamentliche *Christologie* und der gnostische Erlöser, in: K. W. Tröger (Hg.), Gnosis und Neues Testament: Studien aus Religionswissenschaft und Theologie, Berlin 1973, 205-229.

—, *Determination* und Ethik im ersten Johannesbrief, in: ZThK 60 (1963), 203-215.

—, Das *Philippusevangelium* (Nag-Hammadi-Codex II,3), (TU 143), Berlin 1997.

—, *Rez.*: von L. *Schottroff*, Der Glaubende und die feindliche Welt, in: ThLZ 97 (1972), 751-755.

—, /K. M. FISCHER, *Einleitung* in die Schriften des Neuen Testaments II: Die Evangelien und die anderen neutestamentlichen Schriften, Gütersloh 1979.

SCHENKE, L., Joh 7-10: Eine dramatische *Szene*, in: ZNW 80 (1989), 172-192.

—, Das *Johannesevangelium*. Einführung – Text – dramatische Gestalt (UB 446), Stuttgart 1992.

—, Das johanneische *Schisma* und die ‚Zwölf' (Johannes 6.60-71), in: NTS 38 (1992), 105-121.

SCHIMANOWSKI, G., *Weisheit* und Messias: die jüdischen Voraussetzungen der ur-christlichen Präexistenzchristologie (WUNT II/17), Tübingen 1985.

SCHLATTER, A., Die *Sprache* und Heimat des 4. Evangelisten [1902], in: K. H. Rengstorff (Hg.), Johannes und sein Evangelium (WdF 82), Darmstadt 1973, 28-201.

SCHLIER, H., Die *Bruderliebe* nach dem Evangelium und den Briefen des Johannes, in: ders., Das Ende der Zeit. Exegetische Aufsätze und Vorträge III, Freiburg 1971, 124-135.

—, *Glauben*, Erkennen, Lieben nach dem Johannesevangelium, in: ders., Besinnung auf das Neue Testament. Exegetische Aufsätze und Vorträge II, Freiburg 1964, 279-293.

—, Art. παρρησία/παρρησιάζομαι, in: ThWNT V, 869-884.

—, Der *Römerbrief*: Kommentar (HThK VI), Freiburg i. B. u. a. 1987.

—, Der Brief an die Epheser: ein Kommentar (3. durchgeseh. Aufl.), Düsseldorf 1962.

SCHMELLER, T., *Schulen* im Neuen Testament? Zur Stellung des Urchristentums in der Bildungswelt seiner Zeit. Mit einem Beitrag zur johanneischen Schule von C. Cebulj (HBS 30), Freiburg i. B. 2001.

SCHMID, H.-J., *Gegner* im 1. Johannesbrief? Zur Konstruktion und Selbstreferenz im johanneischen Sinnsystem (BWANT 159), Stuttgart 2002.

SCHMIDL, M., Jesus und *Nikodemus*: Gespräch zur johanneischen Christologie. Joh 3 in schichtenspezifischer Sicht (BU N. F. 28), Regensburg 1998.

SCHMIDT, H.-C., Art. Liebe Gottes und Liebe zu Gott (I. Altes Testament), in: RGG[4] 5, Tübingen 2002, 350f.

SCHMIDT, W. H., *Einführung* in das Alte Testament, Berlin/New York 1989[4].

—, Alttestamentlicher *Glaube*, 8., vollst. Überarb. und erw. Aufl., Neukirchen-Vluyn 1996.

SCHMITHALS, W., Neues Testament und *Gnosis* (EdF 208), Darmstadt 1984.

—, *Johannesevangelium* und Johannesbriefe: Forschungsgeschichte und Analyse (BZNW 64), Berlin/New York 1992.

SCHNACKENBURG, R., Die „situationsgelösten" *Redestücke* in Joh 3, in: ZNW 49 (1958), 88-99.

—, Paulinische und johanneische *Christologie*, Ein Vergleich, in: ders., Das Johannesevangelium (HThK IV,4: Ergänzende Auslegungen und Exkurse), Freiburg 1984, 102-118.

—, *Strukturanalyse* von Joh 17, in: BZ 16 (1973), 67-78.

—, Herrlichkeit und *Einheit* (Joh 17,22-24), in: ders., Das Johannesevangelium (HThK IV,4: Ergänzende Auslegungen und Exkurse), Freiburg 1984, 173-183.

—, Das *Anliegen* der Abschiedsrede in Joh 14, in: H. Feld/J. Nolte (Hg.), Wort Gottes in der Zeit (FS K. H. Schelkle), Düsseldorf 1973, 95-110.

—, Der *Missionsgedanke* des Johannesevangeliums im heutigen Horizont, in: ders., Das Johannesevangelium (HThK IV,4: Ergänzende Auslegungen und Exkurse), Freiburg 1984, 58-71.

—, „Der *Vater*, der mich gesandt hat". Zur johanneischen Christologie, in: C. Breytenbach/H. Paulsen (Hg.), Anfänge der Christologie (FS F. Hahn), Göttingen 1991, 275-291.

—, *Tradition* und Interpretation im Spruchgut des Johannesevangeliums, in: ders., Das Johannesevangelium (HThK IV,4: Ergänzende Auslegungen und Exkurse), Freiburg 1984, 72-89.

—, Joh 12,39-41. Zur christologischen Schriftauslegung des vierten Evangelisten, in: ders., Das Johannesevangelium (HThK IV,4: Ergänzende Auslegungen und Exkurse), Freiburg 1984, 143-152.

SCHNEIDER, G., Art. ἀγαπάω κτλ., in: EWNT I[2], 19-29.

—, Zur *Komposition* von Joh 7, in: ZNW 45 (1954), 108-119.

—, Auf Gott bezogenes „Mein Vater" und „Euer Vater" in den Jesus-Worten der Evangelien. Zugleich ein Beitrag zum Problem *Johannes* und die Synoptiker, in: F. van Segbroeck u. a. (ed.), The Four Gospels 1992, FS F. Neirynck (BEThL 100), Leuven 1992, Bd. 3, 1751-1781.

SCHNELLE, U., Antidoketische *Christologie* im Johannesevangelium. Eine Untersuchung zur Stellung des vierten Evangeliums in der johanneischen Schule (FRLANT 144), Göttingen 1987.

—, Die *Abschiedsreden* im Johannesevangelium, in: ZNW 80 (1989), 64-79.

—, *Einleitung* in das Neue Testament (UTB 1830), Göttingen 1999[3].

—, *Gerechtigkeit* und Christusgegenwart. Vorpaulinische und paulinische Tauftheologie (GTA 24), Göttingen 1986.

—, Neutestamentliche *Anthropologie*. Jesus - Paulus - Johannes (BThSt 18), Neukirchen-Vluyn 1991.

—, Perspektiven der *Johannesexegese*, in: SNTU 15 (1990), 59-72.

—, Die johanneische *Schule*, in: F. W. Horn (Hg.), Bilanz und Perspektiven gegenwärtiger Auslegung des Neuen Testaments. Symposion zum 65. Geburtstag von Georg Strecker (BZNW 75), Berlin/New York, 198-217.

—, Johannes und die *Synoptiker*, in: F. van Segbroeck u. a. (ed.), The Four Gospels 1992, FS F. Neirynck (BEThL 100), Leuven 1992, Bd. 3, 1799-1814

—, Johannes als *Geisttheologe*, in: NT 40 (1998), 17-31.

—, Johanneische *Ekklesiologie*, in: NTS 37 (1991), 37-50.

—, *Paulus* und Johannes, in: EvTh 47 (1987), 212-228.

—, Ein neuer Blick. Tendenzen gegenwärtiger *Johannesforschung*, in: BThZ 16 (1999), 21-40.

—, Die *Tempelreinigung* und die Christologie des Johannesevangelium, in: NTS 42 (1996), 359-373.

—, Die *Juden* im Johannesevangelium, in: C. Kähler/M. Böhm/C. Böttrich (Hg.), Gedenkt an das Wort (FS W. Vogler), Leipzig 1999, 217-230.

SCHÖPF, A., Art. Liebe, in: HWP 5, 290-328.

SCHOLER, D. M., *1 Joh 4:7-21*, in: RExp 87 (1990), 309-314.

SCHOLTISSEK, K., *Antijudaismus* im Johannesevangelium? Ein Gesprächsbeitrag, in: R. Kampling (Hg.), „Nun steht aber diese Sache im Evangelium ...". Zur Frage nach den Anfängen des christlichen Antijudaismus, Paderborn/Wien 1999, 151-181.

—, *Johannes auslegen I*. Forschungsgeschichtliche und methodische Reflexionen, in: SNTU A 24 (1999) 35-84.

—, *Johannes auslegen II*. Methodische, hermeneutische und einleitungswissenschaftliche Reflexionen, in: SNTU A 25 (2000), 98-140.

—, *Johannes auslegen III*. Ein Forschungsbericht, in: SNTU A 27 (2002), 117-153.

—, Neue *Wege* in der Johannesforschung. Ein Forschungsbericht I, in: ThGl 89 (1999), 263-295.

—, „Eine größere *Liebe* als diese hat niemand, als wenn einer sein Leben hingibt für Freunde" (Joh 15,13). Die hellenistische Freundschaftethik und das Johannes-evangelium, in: J. Frey/U. Schnelle (Hg.), Kontexte des Johannesevangeliums. Das vierte Evangelium in religions- und traditionsgeschichtlicher Perspektive; unter Mit-arbeit von J. Schlegel (WUNT 175), Tübingen 2004, 413-439.

—, Neue *Wege* in der Johannesauslegung. Ein Forschungsbericht II, in: ThGl 91 (2001), 109-133.

—, *Abschied* und neue Gegenwart. Exegetische und theologische Reflexionen zur johanneischen Abschiedsrede 13,31-17,26, in: EThL 75 (1999), 332-358.

—, *Relecture und réécriture*: Neue Paradigmen zu Methode und Inhalt der Johannesauslegung aufgewiesen am Prolog 1,1-18 und der ersten Abschiedsrede 13,31-14,31, in: ThPh 75 (2000) 1 -29.

—, Eine *Renaissance* des Evangeliums nach Johannes. Aktuelle Perspektiven der exegetischen Forschung, in: ThRv 97 (2001) 267-287.

—, Die *Brotrede* Jesu in Joh 6,1-71. Exegetische Beobachtungen zu ihrem johanneischen Profil, in: ZKTh 123,1 (2001), 35-55.

—, *Mystik* im Johannesevangelium? Reflexionen zu einer umstrittenen Fragestellung, in: J. Eckert/M. Schmidl/H. Steichele (Hg.), Pneuma und Gemeinde. Christsein in der Tradition des Paulus und Johannes; FS J. Hainz, Düsseldorf 2001, 295-324.

—, „*Rabbi*, wo wohnst du?". Zur Theologie der Immanenz-Aussagen im Johannesevangelium, in: BiLi 74 (2001) 240-253.

—, In ihm *sein* und bleiben: die Sprache der Immanenz in den johanneischen Schriften (HBS 21), Freiburg i. B. u. a. 2000.

—, Das hohepriesterliche *Gebet Jesu*: Exegetisch-theologische Beobachtungen zu Joh 17,1-26, in: TThZ 109 (2000), 199-218.

SCHOON, S., Escape Routes as Dead Ends: On Hatred Toward *Jews* and the New Testament, Especially in the Gospel of John, in: R. Bieringer/D. Pollefeyt/F. Vandecasteele-Vanneuville (ed.), Anti-Judaism and the Fourth Gospel. Papers of the Leuven Colloquium, 2000 (Jewish and Christian Heritage Series 1), Assen 2001, 144-158.

SCHOTTROFF, L., Gewaltverzicht und *Feindesliebe* in der urchristlichen Jesustradition, in: G. Strecker (Hg.), Jesus in Historie und Theologie, FS H. Conzelmann, Tübingen 1975, 197-221.

—, Art. ζῶ, ζωή, in: EWNT II², 261-271.

—, Der Glaubende und die feindliche *Welt*. Beobachtungen zum gnostischen Dualismus und seiner Bedeutung für Paulus und das Johannesevangelium (WMANT 37), Neukirchen 1970.

SCHRAGE, W., *Ethik* des Neuen Testamentes (GNT 4), Göttingen 1982.

—, Der erste Brief an die *Korinther*, Bd. I-IV (EKK 7/1-4), Zürich u. a. 1991/1995/1999/2001.

—, Das *Verhältnis* des Thomasevangeliums zur synoptischen Tradition und zu den synoptischen Evangelienübersetzungen. Zugleich ein Beitrag zur gnostischen Synoptikerdeutung (BZNW 29), Berlin 1964.

—, Art. τυφλός/τυφλόω κ.τ.λ., in: ThWNT VIII, 270-294.

SCHRÖDER, J.-M., Das eschatologische *Israel* im Johannesevangelium. Eine Untersuchung der johanneischen Israel-Konzeption in Joh 2-4 und Joh 6 (Neutestamentliche Entwürfe zur Theologie 3), Tübingen/Basel 2003.

SCHRÖTER, J., Sterben für die *Freunde*. Überlegungen zur Deutung des Todes Jesu im Johannesevangelium, in: A. v. Dobbeler/K. Erlemann/R. Heiligenthal (Hg.), Religionsgeschichte des Neuen Testaments (FS K. Berger), Tübingen, Basel 2000, 263-288.

—, *Erinnerung* an Jesu Worte. Studien zur Rezeption der Logienüberlieferung in Markus, Q und Thomas (WMANT 76), Neukirchen-Vluyn 1997.

—, /H.-G. BETHGE, Das Evangelium nach *Thomas*, in: H.-M. SCHENKE, Nag Hammadi Deutsch (hrsg. durch die Berlin-Brandenburgische Akademie der Wissenschaften, eingeleitet und übersetzt von Mitgliedern des Berliner Arbeitskreises für Koptisch-Gnostische Schriften; hrsg. von H.-M. Schenke / H.-G. Bethge / U. U. Kaiser) Koptische-gnostische Schriften 2: NHC 1,1-5,1, GCS N. F., Bd. 8, Berlin; New York 2001, 151-181.

SCHÜRER, E., Über den gegenwärtigen *Stand* der johanneischen Frage, in: K. H. Rengstorf (Hg.), Johannes und sein Evangelium (WdF 82), Darmstadt 1973, 13-35.

SCHÜSSLER-FIORENZA, E., The Quest for the *Johannine School*: The Apocalypse and the Fourth Gospel, in: NTS 23 (1977), 402-407.

SCHÜTZ, E., Die Vorgeschichte der johanneischen Formel: ὁ θεὸς ἀγάπη ἐστίν (Diss. Theol. Kiel), Göttingen 1917.

SCHUBERT, K./J. MAIER, Die *Qumran-Essener*: Texte der Schrift-Rollen und Lebensbild der Gemeinde (UTB 224), München 1992³.

SCHULZ, S., Neutestamentliche *Ethik* (ZGB), Zürich 1987.

SCHULZE, W. A., Das *Johannesevangelium* im deutschen Idealismus, in: ZPhF 18 (1964), 85-118.

SCHWANKL, O., *Licht* und Finsternis. Ein metaphorisches Paradigma in den johanneischen Schriften (HBS 5), Freiburg u. a. 1995.

SCHWARZ, G., Der *Wind* weht, wo er will, in: BN 63 (1992), 47-48.

—, „Und *Jesus* sprach". Untersuchungen zur aramäischen Urgestalt der Worte Jesu (BWANT 118), Stuttgart 1985.

SCHWEIZER, E., *Joh 6,51c-58* – vom Evangelisten übernommene Tradition?, in: ZNW 82 (1991), 274.

—, Zum religionsgeschichtlichen *Hintergrund* der „Sendungsformel" Gal 4,4f.; Röm 8,3f.; Joh 3,16f., in: ders., Beiträge zur Theologie des Neuen Testaments. Neutestamentliche Aufsätze (1955-1970), Zürich 1970, 83-95.

SCOTT, M., *Sophia* and the Johannine Jesus (JSNT.S 71), Sheffield 1992.

SEEBAß, H., Art. Liebe II (Altes Testament), in: TRE 17, Berlin/New York 1988, 128-133.

SEELIG, G., Religionsgeschichtliche *Methode* in Vergangenheit und Gegenwart. Studien zur Geschichte und Methode des religionsgeschichtlichen Vergleichs in der neutestamentlichen Wissenschaft (Arbeiten zur Bibel und ihrer Geschichte 7), Leipzig 2001.

SEGAL, A. F., *Heavenly Ascent* in Hellenistic Judaism, Early Christianity and Their Enviroment, ANRW II.23.2 (1980), 1333-1394.

SEGOVIA, F. F., The Love and *Hatred* of Jesus and the Johannine Sectarianism, in: CBQ 43 (1981), 258-272.

—, *Love Relationships* in the Johannine Tradition. Agape/Agapan in I John and the Fourth Gospel (SBL.DS 58), Chico 1982.

—, The *Theology* and Provenance of John 15:1-17, in: JBL 101 (1982), 115-128.

—, 15:18 - 16:4a: A First *Addition* to the Original Farewell Discourse?, in: CBQ 45 (1983), 210-230.

—, The *Structure*, Tendenz and Sitz im Leben of John 13:31 - 14:31, in: JBL 104 (1985), 471-493.

—, „John 13,1-20. The *Footwashing* in the Johannine Tradition", in: ZNW 73 (1982), 31-51.

SEITZ, O., „Love your *Enemies*", in: NTS 16 (1969), 39-54.

SELL, J., Johannine *Traditions* in Logion 61 of the Gospel of Thomas, in: PRSt 7 (1980), 24-37.

SELLIN, G., Lukas als Gleichniserzähler: Die *Erzählung* vom barmherzigen Samariter (Lk 10,25-37) in: ZNW 66 (1975), 19-60.

—, Der *Streit* um die Auferstehung der Toten: eine religionsgeschichliche und exegetische Untersuchung von 1 Kor 15 (FRLANT 138), Göttingen 1986.

—, Die religionsgeschichtlichen Hintergründe der paulinischen „*Christusmystik*", in: ThQ 176 (1996), 7-27.

SIEGERT, F., Die Septuaginta-Übersetzung und die Sprache der Theologie, in: A. v. Dobbeler/K. Erlemann/R. Heiligenthal (Hg.), Religionsgeschichte des Neuen Testaments. FS Klaus Berger, Tübingen 2000, 289 - 323.

SIMON, L., *Petrus* und der Lieblingsjünger im Johannesevangelium: Amt und Autorität (EHS.T 498), Frankfurt a. M/Berlin/Bern u. a. 1994.

SMALLEY, S. S., Thunder and *Love*: John's Revelation and John's Community, Milton Keynes 1994.

SMITH, D. M., *Johannine Christianity*: Some Reflections on its Character and Delineation, in: NTS 21 (1976), 222-248.

—, John among the *Gospels* (RelSt), Columbia 2001[2].

—, The *Love Command*: John and Paul?, in: E. H. Lovering/J. L. Sumney (ed.), Theology and ethics in Paul and His Interpreters (FS V. P. Furnish), Nashville 1996, 207-217.

—, John's Quest for *Jesus*, in: D. E. Aune/T. Seland/J. H. Ulrichsen (ed.), Neotestamentica et Philonica, FS P. Borgen (NT.S 106), Leiden u. a. 2003, 233-253.

—, The *Theology* of the Gospel of John (New Testament Theology), Cambridge 1995.

—, *John* (Abingdon New Testament Commentaries), Nashville 1999.

—, John and the *Synoptics* and the Question of Gospel Genre, in: F. van Segbroeck u. a. (ed.), The Four Gospels 1992, FS F. Neirynck, Vol. III (BEThL 100), Leuven 1992, 1783-1797.

SMITH, J. Z., Toward Interpreting *Demonic Powers* in Hellenistic and Roman Antiquity, in: ANRW II.16.1 (1978), 425-439.

SÖDING, T., Die *Trias* Glaube, Hoffnung, Liebe bei Paulus. Eine exegetische Studie (SBS 150), Stuttgart 1992.

—, Das *Wortfeld* der Liebe im paganen und biblischen Griechisch. Philologische Beobachtungen an der Wurzel AGAP, in: EThL 68 (1992) 284-330.

—, „*Gott* ist Liebe": 1 Joh 4,8.16 als Spitzensatz Biblischer Theologie, in: ders. (Hg.), Der lebendige Gott: Studien zur Theologie des Neuen Testaments, FS W. Thüsing (NTA 31), Münster 1996, 306-357.

—, *Gottesliebe* bei Paulus, in: ThGl 79 (1989) 219-242.

—, Die *Einheit* der Liebe. Joh 17 auf dem Ökumenischen Kirchentag 2003 in Berlin, in: BiKi 58 (2003), 119-126.

—, *Feindeshaß* und Bruderliebe. Beobachtungen zur essenischen Ethik, in: RdQ 16 (1995), 601-619.

—, „Ich und der *Vater* sind eins" (Joh 10,30). Die johanneische Christologie vor dem Anspruch des Hauptgebotes (Dtn 6,4f), in: ZNW 93 (2002), 177-199.

—, Das Liebesgebot bei *Paulus*. Die Mahnung zur Agape im Rahmen der paulinischen Ethik (NTA 26), Münster 1995.

—, Johanneische *Fragen*, Einleitungswissenschaft - Traditionsgeschichte - Theologie. in: P. L. Hofrichter (Hg.), Für und wider die Priorität des Johannesevangeliums. Symposion in Salzburg am 10. März 2000 (Theologische Texte und Studien 9), Hildesheim u. a. 2002, 213-239.

—, *Wege* der Schriftauslegung: Methodenbuch zum Neuen Testament, Freiburg i. B./Wien 1998.

—, *Wiedergeburt* aus Wasser und Geist. Anmerkungen zur Symbolsprache des Johannesevangeliums am Beispiel des Nikodemusgesprächs (Joh 3,1-21), in: K. Kertelge (Hg.), Metaphorik und Mythos im Neuen Testament (QD 126), Freiburg/Basel/Wien 1990, 168-219.

SOLTAU, W., Die *Verwandtschaft* zwischen dem Evangelium Johannis und dem 1. Johannesbrief, in: ThStKr 89 (1916), 228-233.

SPICQ, C., Agape in the New Testament (transl. by. M. A. McNamara/M. H. Richter; Bd. 1: Agape in the Synoptic Gosples; Bd. 2: Agape in the Epistles of St. Paul, the Acts of the Apostles and the Epistles of St. James, St. Peter and St. James; Bd. 3: Agape in the Gospel, Epistles und the Apocalypse of St. John), St. Louis 1963/1965/1966.

SPIECKERMANN, H., Die *Liebeserklärung* Gottes. Entwurf einer Theologie des Alten Testaments, in: Gottes Liebe zu Israel: Studien zur Theologie des Alten Testaments (FAT 33), Tübingen 2001.

—, Mit der *Liebe* im Wort. Zur Theologie des Deuteronomiums, in: Gottes Liebe zu Israel: Studien zur Theologie des Alten Testaments (FAT 33), Tübingen 2001.

SPRECHER, M.-T., *Einheitsdenken* aus der Perspektive von Joh 17. Eine exegetische und bibeltheologische Untersuchung von Joh 17,20-26 (EHS.T 495), Bern 1993.

STÄHLIN, G., *Jesus Christus* das Licht der Welt, in: L. Lenhart (Hg.), Universitas, Dienst an Wahrheit und Leben, FS Albert Stohr, Mainz 1960, 58-78.

—, Art. φιλέω κτλ., in: ThWNT IX, 112-144.

—, Art. φίλος κτλ., in: ThWNT IX, 144-169.

STARE, M., Durch ihn *leben*. Die Lebensthematik in Joh 6 (NTA. NF 49), Münster 2004.

STAUFFER, E., Art. ἀγαπάω/ἀγάπη/ἀγαπητός, Abs. B-F, in: ThWNT I, 34-55.

—, Die *Botschaft* Jesu damals und heute (DTb 333), Bern etc. 1959.

STEGEMANN, H., Die *Essener*, Qumran, Johannes der Täufer und Jesus. Ein Sachbuch (HerTb 4128), Freiburg i. Br., 1994[4].

STEMBERGER, G., Pharisäer, Sadduzäer, Essener (SBS 144), Stuttgart 1991.

STENDAHL, K., *Hate*, Non-Retaliation and Love. 1 QS X 17 - 20 and Rom, 12: 19-21, in: HThR 55 (1962), 343-355.

STETTLER, C., Der *Kolosserhymnus*: Untersuchungen zu Form, traditionsgeschichtlichem Hintergrund und Aussage von Kol 1,15-20 (WUNT II/131), Tübingen 2000.

STIMPFLE, A., *Blinde* sehen. Die Eschatologie im traditionsgeschichtlichen Prozeß des Johannesevangeliums (BZNW 57), Berlin/New York 1990.

—, „Ihr seid schon rein durch das *Wort*" (Joh 15,3a). Hermeneutische und methodische Überlegungen zur Frage nach „Sünde" und „Vergebung" im Johannesevangelium, in: H. Frankemölle (Hg.), Sünde und Erlösung im Neuen Testament (QD 161), Freiburg u. a. 1996, 108-122.

STOLZ, F., *Weltbilder* der Religionen (Theophil 4), Bern 2001.

—, Grundzüge der *Religionswissenschaft*; 2., überarb. Aufl. (UTB 1980), Göttingen 1997.

STRECKER, G., Die Anfänge der johanneischen *Schule*, in: NTS 32 (1986), 31-47.

—, Der *Antichrist*. Zum religionsgeschichtlichen Hintergrund von 1 Joh 2,18.22; 4,3 und 2 Joh 7, in: T. Baarda u. a. (ed.), Text and Testimony: Essays on New Testament and Apocryphal Literature, FS A. F. J. Klijn, Kampen 1988, 247-254.

—, Chiliasmus und *Doketismus* in der johanneischen Schule, in: KuD 38 (1992), 30-46.

—, Gottes- und *Menschenliebe* im Neuen Testament, in: G. F. Hawthorne; O. Betz (Ed.), Tradition and Interpretation in the New Testament. Essays in Honor of E. E. Ellis, Grand Rapids/Tübingen 1987, 53-67.

—, Art. *Johannesbriefe*, in: EKL[2]II (1989), 838-840.

—, *Literaturgeschichte* des Neuen Testaments (UTB 1682), Göttingen 1992.

—, *Theologie* des Neuen Testaments (bearb., erg. u. hrsg. v. F. W. Horn), Berlin/New York 1995.

—, /U. SCHNELLE (Hg. unter Mitarb. von G. Seelig), *Neuer Wettstein*: Texte zum Neuen Testament aus Griechentum und Hellenismus, Bd. 2. Texte zur Briefliteratur und zur Johannesapokalypse (Teilbd. 2), Berlin 1996.

—, /U. SCHNELLE, *Neuer Wettstein*. Texte zum Neuen Testament aus Griechentum und Hellenismus, Bd. I,2: Texte zum Johannesevangelium, Berlin u. a. 2001.

STROTMANN, A., Relative oder absolute Präexistenz? Zur Diskussion über die Präexistenz der frühjüdischen Weisheitsgestalt im Kontext von Joh 1,1-18, in: M. LABAHN/K.SCHOLTISSEK/A. STROTMANN (Hg.), Israel und seine Heilstraditionen im Johannesevangelium, FS J. Beutler, Paderborn/München/Wien/Zürich 2004, 91-106.

STROUMSA, G. G., Art. *Dualismus* (I. Religionswissenschaftlich), in: RGG[4] 2, Tübingen 1999, 1004f.

STUHLMACHER, P., Biblische *Theologie* des Neuen Testaments: Bd. 1: Grundlegung. Von Jesus zu Paulus; Bd. 2: Von der Paulusschule bis zur Johannesoffenbarung. Der Kanon und seine Auslegung, Göttingen 1992 bzw. 1999.

—, Das *Lamm Gottes* - eine Skizze, in: H. Cancik/H. Lichtenberger/P. Schäfer (Hg.), Geschichte - Tradition - Reflexion, FS M. Hengel, Bd. III: Frühes Christentum, Tübingen 1996, 529-542.

—, *Jes 53* in den Evangelien und in der Apostelgeschichte, in: B. Janowski/P. Stuhlmacher (Hg.), Der leidende Gottesknecht. Jesaja 53 und seine

Wirkungsgeschichte (mit einer Bibliographie zu Jes 53), (FAT 14), Tübingen 1996, 93-105.

—, *Gerechtigkeit* Gottes bei Paulus, 2. berichtigte Aufl. (FRLANT 87), Göttingen 1966.

SUCHARD, B., *Scripture* within Scripture. The Interrelationship of Form and Function in the Explicit Old Testament Citations in the Gospel of John (SBL.DS 133), Atlanta 1992.

SUTCLIFFE, E. F., *Hatred* at Qumran, in: RdQ 2 (1959), 345-356.

TAEGER, J.-W., *Johannesapokalypse* und johanneischer Kreis. Versuch einer traditions-geschichtlichen Ortsbestimmung am Paradigma der Lebenswasser-Thematik (BZNW 51), Berlin/New York 1989.

—, „*Gesiegt!* O himmlische Musik des Wortes!". Zur Entfaltung des Siegesmotivs in den johanneischen Schriften, in: ZNW 85 (1994), 23-46.

TEEPLE, H. M., *Qumran* and the Fourth Gospel, in: The Composition of John's Gospel, Selected Studies from Novum Testamentum (compiled by D. E. Orton), Brill's Readers in Biblical Studies 2, Leiden, Boston, Köln 1999, 1-20.

THEISSEN, G., *Gewaltverzicht* und Feindesliebe (Mt 5,38-48/Lk 6,27-38) und deren sozialgeschichtlicher Hintergrund, in: ders., Studien zur Soziologie des Urchristentums (WUNT 19), Tübingen 1983², 160-197.

—, /A. MERZ, Der historische *Jesus*: ein Lehrbuch, Göttingen 2001³.

—, Die *Religion* der ersten Christen: eine Theorie des Urchristentums, Gütersloh 2000.

THEOBALD, M., Die *Fleischwerdung* des Logos. Studien zum Verhältnis des Johannes-prologs zum Corpus des Evangeliums und zu 1 Joh (NTA N. F. 20), Münster 1988.

—, *Herrenworte* im Johannesevangelium (HBS 34), Freiburg 2002.

—, Der *Jünger*, den Jesus liebte. Beobachtungen zum narrativen Konzept der johanneischen Redaktion, in: H. Cancik/H. Lichtenberger/P. Schäfer (Hg.), Ge-schichte – Tradition – Reflexion (Bd. III: Frühes Christentum; hg. von L. Lichten-berger), FS M. Hengel, Tübingen 1996, 219-255.

—, Gezogen von *Gottes Liebe* (Joh 6,44f.), in: K. Backhaus/F. G. Untergaßmair (Hg.), Schrift und Tradition (FS J. Ernst), Wien 1996, 315-341.

THOMAS, J. D., A *Translation* Problem - John 3:8, in: RestQ 24 (1981), 219-224.

THÜSING, W., *Glaube* an die Liebe. Die Johannesbriefe, in: ders., Studien zur neutestamentlichen Theologie, hrsg. von T. Söding (WUNT 82), Tübingen 1995, 216-232.

—, Die johanneische Theologie als *Verkündigung* der Größe Gottes, in: ders., Studien zur neutestamentlichen Theologie, hrsg. von T. Söding (WUNT 82), Tübingen 1995.

—, Die *Bitten* des johanneischen Jesus in dem Gebet Joh 17 und die Intention Jesu von Nazareth, in: ders., Studien zur neutestamentlichen Theologie, hrsg. von T. Söding (WUNT 82), Tübingen 1995, 265-294.

—, Die Erhöhung und *Verherrlichung* Jesu im Johannesevangelium (NTA 21), Münster 1979³.

—, Die *Kirche* des Anfangs (FS H. Schürmann), Leipzig 1978, 307-338.

—, *Herrlichkeit* und Einheit. Eine Auslegung des Hohepriesterlichen Gebetes Jesu (Johannes 17), 2. verb. Aufl., Münster 1975².

THYEN, H., Johannes und die *Synoptiker*. Auf der Suche nach einem neuen Paradigma zur Beschreibung ihrer Beziehungen anhand von Beobachtungen an Passions- und Ostererzählungen, in: A. Denaux (ed.), John and the Synoptics (BEThL 101), Leuven 1992, 81-108.

—, Art. *Johannesbriefe*, in: TRE 17, Berlin/New York 1988, 186-200.

—, Art. *Johannesevangelium*, in: TRE 17, Berlin/New York 1988, 200-225.

—, Ich bin das *Licht* der Welt. Das Ich- und Ich-Bin-Sagen Jesu im Johannesevangelium, in: JbAC 35 (1992), 19-42.

—, Aus der *Literatur* zum Johannesevangelium, in: ThR 39 (1974), 1-69/222-253/289-330; ThR 42 (1977), 211-270; ThR 43 (1978), 328-359; ThR 44 (1979), 97-134.

—, *Johannes 13* und die Kirchliche Redaktion des vierten Evangeliums, in: G. Jeremias etc. (Hg.), Tradition und Glaube (FS K. G. Kuhn), Göttingen 1971, 343-356.

—, „Niemand hat größere *Liebe* als die, daß er sein Leben für seine Freunde hingibt" (Joh 15,13), Das johanneische Verständnis des Kreuzestodes Jesu, in: C. Andresen/G. Klein (Hg.), Theologia crucis – signum crucis (FS E. Dinkler), Tübingen 1979, 467-481.

—, Noch einmal *Johannes 21*, und „der Jünger, den Jesus liebte", in: T. Fornberg/D. Hellholm, Texts and Contexts (FS L. Hartman), Oslo etc. 1995, 147-190.

—, „ ... denn wir lieben die *Brüder*" (1 Joh 3,14), in: J. Friedrich (Hg.), Rechtfertigung, FS E. Käsemann, Tübingen/Göttingen 1976, 527-542.

—, *Entwicklungen* innerhalb der johanneischen Theologie und der Kirche im Spiegel von Joh 21 und der Lieblingsjüngertexte des Evangeliums, in: M. de Jonge (ed.), L'Évangile de Jean (BEThL 44), Leuven 1977, 259-299.

TIMM, H., Geist der Liebe. Die Ursprungsgeschichte der religiösen Anthropotheologie (Johannismus), Gütersloh 1978.

TOLMIE, D. F., Jesus' *Farewell* to the Disciples. John 13:1-17:26 in Narratological Perspective (Biblical Interpretation Series 12), Leiden/New York/Köln 1995.

—, A Discourse Analysis of Joh 17:1-26, in: Neotest. 27 (1993), 403-418.

TORREY, C. C., The *Aramaic Origin* of the Gospel of John, in: HThR 16 (1923), 305-344.

TOVEY, D., Narrative art and act in the fourth gospel (JSNT.S 151), Sheffield 1997.

TOWNER, W. S., The Rabbinic *Enumeration* of scriptual examples: a study of a rabbinic pattern of discourse with special reference to Mekhilta d'R. Ishmael (StPB 22), Leiden 1973.

TREU, K., Art. *Freundschaft*, in: RAC VIII (1972) 418-424.

TRUMBOWER, J. A., *Born from Above*. The Anthropology of the Gospel of John (HUTh 29), Tübingen 1992.

TRUNK, D., Der messianische *Helfer*: eine redaktions- und religionswissenschaftliche Studie zu den Exorzismen im Matthäusevangelium (HBS 3), Freiburg i. B./Basel/Wien 1994.

TSUCHIDO, K., The *Composition* of the Nicodemus-Episode, John ii 23-iii 21, in: AJBI 1 (1975) 91-103.

TUCKETT, C. M., *The Fourth Gospel and Q*, in: ders./T. Thatcher (ed.), Jesus in Johannine Tradition, Louisville 2001, 281-290.

TWELFTREE, G., H., *Exorcisms* in the fourth gospel and the synoptics, in: R. T. Fortna /T. Thatcher (ed.), Jesus in Johannine tradition, Louisville u. a. 2001, 135 - 143.

UEBELE, W., „Viele *Verführer* sind in die Welt ausgegangen": die Gegner in den Briefen des Ignatius von Antiochien und in den Johannesbriefen (BWANT 151), Stuttgart/Berlin/Köln 2001.

ULLAND, H., Die Vision als Radikalisierung der Wirklichkeit in der Apokalypse des Johannes, Tübingen etc. 1997.

VADAKETHALA, J., *Love* to the Brethern in John: An Exegetical Exposition of the Love to the Brethern and for One Another in the Gospel and the Letters of John (Diss. masch.), Rom 1974.

VALANTASIS, R., The Gospel of Thomas (New Testament Readings), London/New York 1997.

VANDERKAM, J. C., Einführung in die *Qumranforschung* (UTB 1998), Göttingen 1998.

VAN DER WATT, J. G., ‚*Metaphorik*' in Joh 15,1-8, in: BZ 38 (1994), 67-80.

—, *Family* of the King. Dynamics of Metaphor in the Gospel According to John (Biblical Interpretation series 47), Leiden 2000.

VAN DUZER, C. A., *Duality* and Structure in the Iliad and Odyssey (Lang Classical Studies 8), New York 1996.

VAN UNNIK, W. C., The *Purpose* of St. John's Gospel, in: StEv 1 (1959), 382-411.

—, The Christian's *Freedom* of Speech in the New Testament, ders., Sparsa Collecta. The Collected Essays of W. C. van Unnik. Part Two. I Peter. Canon. Corpus Hellenisticum. Generalia (NT.S 30), Leiden 1980, 269-289.

—, The *Quotation* from the Old Testament in Joh 12,34, in: NT (1959), 174-179.

VAN TILBORG, S., Imaginative *Love* in John (Biblical Interpretation Series 2), Leiden 1993.

VELLANICKAL, M., The *Divine Sonship* of Christians in the Johannine Writings (AnBib 72), ROM 1977.

VERHEY, A., The Great *Reversal*: Ethics and the New Testament, Grand Rapids 1984.

VIELHAUER, P., *Geschichte* der urchristlichen Literatur: Einleitung in das Neue Testament, die Apokryphen und die Apostolischen Väter, Berlin 1975.

VOGEL, M., Das *Heil* des Bundes. Bundestheologie im Frühjudentum und im frühen Christentum (TANZ 18), Tübingen 1996.

VOUGA, F., The Johannine *School*: A Gnostic Tradition in Primitive Christinity?, in: Bib 69 (1988), 371-385.

—, *Antijudaismus* im Johannesevangelium?, in: ThGl 83 (1993), 81-89.

WAARDENBURG, J., Art. Religionsphänomenologie, in: TRE 28, Berlin/New York 1997, 731-749.

WAGNER, J., *Auferstehung* und Leben. Joh 11,1-12,19 als Spiegel johanneischer Redaktions- und Theologiegeschichte (BU 19), Regensburg 1988.

WAHLDE, U. C. VON, The Johannine *Commandments*. 1 John and the Struggle for the Johannine Tradition, New York 1990.

—, The Theological *Foundation* of the Presbyter's Argument in 2 Joh (2 Joh 4-6), in: ZNW 76 (1985), 209-224.

—, *Literary Structure* and Theological Argument in Three Discourses with the Jews in the Fourth Gospel, in: JBL 103 (1984), 575-584.

—, The Johannine „*Jews*': A Critical Survey, in: NTS 28 (1982) 33-60.

—, „The Jews" in the Gospel of *John*. Fifteen Years of Research (1983-1998), in: EThL 76 (2000) 30-55.

WALDSTEIN, M., The *Providence Monologue* in the Apocryphon of John and the Johannine Prologue, in: Journal of Early Christian Studies 3 (1995), 369-402.

—, Das *Apokryphon des Johannes* (NHC II,1; III,1; IV,1 und BG 2), in: Nag Hammadi Deutsch (hrsg. durch die Berlin-Brandenburgische Akademie der Wissenschaften, eingeleitet und übersetzt von Mitgliedern des Berliner Arbeitskreises für Koptisch-Gnostische Schriften; hrsg. von H.-M. Schenke/H.-G. Bethge/U. U. Kaiser) Koptische-gnostische Schriften 2: NHC I,1-V,1 (GCS N. F. 8) Berlin/New York 2001, 95-150.

WALLIS, G. /J. BERGMANN/A. HALDAR, Art. אָהַב, in: ThWAT 1 (1973), 105-128.

WARNACH, V., *Agape*. Die Liebe als Grundmotiv der neutestamentlichen Theologie, Düsseldorf 1951.

WATSON, D. F., A Rhetorical *Analysis* of 2 John according to Greco-Roman Convention, in: NTS 35 (1989), 104-130.

WEBER, M., Gesammelte Aufsätze zur *Religionssoziologie*, Bd. I, Tübingen 1978[4].

WEDDERBURN, A. J. M., A *History* of the First Christians, London/New York 2004.

—, Philo's *Heavenly Man*'. in: NT 15 (1973), 301-326.

—, *Baptism* and Resurrection. Studies in Pauline Theology against Its Graeco-Roman Background (WUNT 44), Tübingen 1987.

WEDER, H., Neutestamentliche *Hermeneutik* (ZGB), Zürich 1986.

—, Die *Asymmetrie* des Rettenden. Überlegungen zu Joh 3,14-21 im Rahmen johanneischer Theologie, in: ders., Einblicke ins Evangelium: exegetische Beiträge zur neutestamentlichen Hermeneutik, Göttingen 1992, 435-465.

—, Die *Menschwerdung* Gottes. Überlegungen zur Auslegungsproblematik des Johannesevangeliums am Beispiel von Joh 6, in: ders., Einblicke ins Evangelium: exegetische Beiträge zur neutestamentlichen Hermeneutik, Göttingen 1992, 363-400.

WEIDEMANN, H.-U., Der *Tod Jesu* im Johannesevangelium. Die erste Abschiedsrede als Schlüsseltext für den Passions- und Osterbericht (BZNW 122), Berlin 2004.

WEIL, R., Auf der *Suche* nach dem verlorenen Aristoteles, in: P. Moraux (Hg.), Frühschriften des Aristoteles (WdF 224), Darmstadt 1975, 213-246.

WEISER, A., Das Buch der zwölf kleinen *Propheten* I (ATD 24), Göttingen 1959[3].

—, Die Psalmen I/II (ATD 14/15), Göttingen 1959[5].

WEIß, H. F., Ut omnes unum sint. Zur Frage der *Einheit* der Kirche im Johannesevangelium und in den Briefen des Ignatius, in: ThV X (1979), 67-81.

WEIßE, C. H., Die evangelische *Geschichte* II, Leipzig 1838.

WELCK, CH., Erzählte *Zeichen*. Die Wundergeschichten des Johannesevangeliums literarisch untersucht (WUNT II/69), Tübingen 1994.

WELKER, M., *Gewaltverzicht* und Feindesliebe, in: J. Roloff/H. G. Ulrich (Hg.), Einfach von Gott reden. Ein theologischer Diskurs, FS F. Mildenberger, Stuttgart u. a. 1994, 243-247.

WENDLAND, H.-D., Ethik des Neuen Testaments: eine Einführung (GNT 4), Göttingen 1975[2].

WENDT, H. H., Das *Johannesevangelium*. Eine Untersuchung seiner Entstehung und seines geschichtlichen Wertes, Göttingen 1900.

WENGST, K., Bedrängte *Gemeinde* und verherrlichter Christus. Der historische Ort des Johannesevangeliums als Schlüssel zu seiner Interpretation (BThSt 5), Neukirchen-Vluyn 1983[2] (Gemeinde[1]); Neubearbeitung: Bedrängte Gemeinde und verherrlichter Christus. Ein Versuch über das Johannesevangelium, München 1990[3] (Gemeinde[3]).

—, Christologische *Formeln* und Lieder des Urchristentums (STNT 7), Gütersloh 1972.

WENZ, G., Theologie der *Bekenntnisschriften* der evangelisch-lutherischen Kirche: eine historische und systematische Einführung in das Konkordienbuch (2 Bd.), Berlin u. a. 1996/1998.

WERLITZ, J., Warum gerade *153 Fische*? Überlegungen zu Joh 21, 11, in: S. Schreiber/A. Stimpfle (Hg.), Johannes aenigmaticus. Studien zum Johannesevangelium für H. Leroy (Biblische Untersuchung 29), Regensburg 2000, 121-137.

WESTERMANN, C., Das Buch *Jesaja* 40-66 (ATD 19), Göttingen 1981[4].

WILAMOWITZ – MOELLENDORF, U. v., *Platon* (nach der dritten vom Verfasser herausgegebene Auflage durchgesehen von U. Snell), Berlin/Frankfurt a. M. 1948[3].

WILDBERGER, H., *Jesaja* (BK X,1-3), Neukirchen-Vluyn 1980[2], 1978,1982.

WILCKENS, U., Der Brief an die Römer I-III (EKK VI/1-3), Zürich etc. 1978/1980/1982.

—, Zum *Kirchenverständnis* der johanneischen Schriften, in: ders., Der Sohn Gottes und seine Gemeinde. Studien zur Theologie der johanneischen Schriften (FRLANT 200), Göttingen 2003, 56-88.

—, *Christus traditus* se ipsum tradens. Zum johanneischen Verständnis des Kreuzestodes Jesu, in: ders., Der Sohn Gottes und seine Gemeinde. Studien zur Theologie der Johanneischen Schriften (FRLANT 200), Göttingen 2003, 29-55.

—, Die *Gegner* im 1. und 2. Johannesbrief, „die Juden" im Johannesevangelium und die Gegner in den Ignatiusbriefen und den Sendschreiben der Apokalypse, in: ders., Der Sohn Gottes und seine Gemeinde. Studien zur Theologie der Johanneischen Schriften (FRLANT 200), Göttingen 2003, 89-125.

WILLIAMS, F. H., The Apocryphon of *James*: NHC I,2 1,1-16,30, in: Nag Hammadi Codex I (The Jung Codex). Notes. Volume Editor H. W. Attridge (NHS 23), Leiden 1985, 7-37.

WIND, A., *Destination* and Purpose of the Gospel of John, in: The Composition of John's Gospel, Selected Studies from Novum Testamentum (compiled by D. E. Orton), Brill's Readers in Biblical Studies 2, Leiden, Boston, Köln 1999, 63-106.

WINDISCH, H., *Angelophanien* um den Menschensohn auf Erden. Ein Kommentar zu Joh 1,51, in: ZNW 30 (1931), 215-233.

—, *Johannes* und die Synoptiker: Wollte der vierte Evangelist die älteren Evangelien ergänzen oder ersetzen? (UNT 12), Leipzig 1926.

WINTER, M., Das *Vermächtnis* Jesu und die Abschiedsworte der Väter: Gattungs-geschichtliche Untersuchung der Vermächtnisrede im Blick auf Joh 13-17 (FRLANT 161), Göttingen 1994.

WISCHMEYER, O., Art. Liebe, IV (Neues Testament), in: TRE 21, Berlin/New York 1991, 138-146.

—, Vorkommen und Bedeutung von Agape in der außerchristlichen Antike, in: ZNW 69 (1978), 212-238.

—, Der höchste *Weg*: das 13. Kapitel des 1. Korintherbriefs (STNT 13), Gütersloh 1981.

—, Das *Gebot* der Nächstenliebe bei Paulus. Eine traditionsgeschichtliche Untersuchung, in: BZ 30 (1986), 161-187.

—, Das *Adjektiv* AGAPÄTOS in den paulinischen Briefen. Eine traditionsgeschichtliche Miszelle, in: NTS 32 (1986) 476-480.

—, *THEON AGAPAN* bei Paulus. Eine traditionsgeschichtliche Miszelle, in: ZNW 78 (1987), 141-144.

—, Traditionsgeschichtliche Untersuchung der paulinischen Aussagen über die Liebe (AGAPÄ), in: ZNW 74 (1983) 222-236.

—, *Gut und Böse*: Antithetisches Denken im Neuen Testament und bei Jesus Sirach, in: N. Calduch-Benages/J. Vermeylen (Ed.), Treasures of Wisdom. Studies in Ben Sira and the Book of Wisdom, FS M. Gilbert (BEThL 143), Leuven 1999, 129-136.

WOLFF, H. W., Dodekapropheton. 1. *Hosea* (BK AT 14), Neukirchen-Vluyn 1990[4].

WOLL, D. B., The *Departure* of „the Way": The First Farewell Discourse in the Gospel of John, in: JBL 99 (1980), 225-239.

WUCHERPFENNIG, A., *Heracleon Philologus*. Gnostische Johannesexegese im zweiten Jahrhundert (WUNT 142), Tübingen 2002.

YARBRO COLLINS, A., The *Influence* of Daniel on the New Testament, in: J. J. Collins, Daniel (Hermeneia), Minneapolis 1993, 90-123.

—, The „*Son of Man*" Tradition and the Book of Revelation, in: J. H. Charlesworth (ed.), The Messiah. Developments in Earliest Judaism and Christianity, Minneapolis 1992, 536-568.

YODER, J. H., Helpful and Deceptive Dualisms, in: HBT 10,2 (1988), 67-82.
YOUNG, F. W., A Study of the Relation of Isaiah to the Fourth Gospel, in: ZNW 46 (1955), 215-233.

ZELLER, D., *Paulus* und Johannes, in: BZ NF (1983), 167-182
ZELLER, E., *Grundriß* der Geschichte der griechischen Philosophie, Leipzig 1893.
—, Die *Philosophie* der Griechen in ihrer geschichtlichen Entwicklung, hg. von F. Lortzing/W. Nestle/E. Wellmann, Bd. 3/2, Leipzig 1923[5] (ND Hildesheim 1964), 307-377.
ZIMA, P. V., Literarische *Ästhetik*. Methoden und Modelle der Literaturwissenschaft (UTB 1590), Tübingen/Basel 1995[2].
—, *Komparatistik*: Einführung in die vergleichende Literaturwissenschaft (UTB für Wissenschaft 1705), Tübingen 1992.
ZIMMERMANN, J., Messianische *Texte* aus Qumran. Königliche, priesterliche und prophetische Messiasvorstellungen in den Schriftfunden von Qumran (WUNT/II 104), Tübingen 1998.
ZIMMERMANN, R., *Geschlechtermetaphorik* und Gottesverhältnis: Traditionsgeschichte und Theologie eines Bildfelds in Urchristentum und antiker Umwelt (WUNT II/122), Tübingen 2001.
—, /M. ZIMMERMANN, *Brautwerbung* in Samarien? Von der moralischen zur metaphorischen Interpretation von Joh 4, in: ZNT 2, (1998), 40-51.
—, /M. ZIMMERMANN, Der *Freund* des Bräutigams (Joh 3,29): Deflorations- oder Christuszeuge?, in: ZNW 90 (1999), 123-130.
—, /M. ZIMMERMANN, Vom „*Hätschelkind*" zur ‚Himmelsbraut. Eine ‚relecture' zum Weisheitsverständnis in Spr 8,22-31, in: BZ 44 (2000), 77-91.
ZOBEL, K., *Prophetie* und Deuteronomium. Die Rezeption prophetischer Theologie durch das Deuteronomium (BZNW 199), Berlin 1992.
ZÖCKLER, T., Jesu *Lehren* im Thomasevangelium (NHS 47), Leiden/Boston/Köln 1999.
ZUMSTEIN, J., „*Dieu* est amour", in: FV 99,4 (2000) 95-106.
—, Das *Evangelium*: Eine Strategie des Glaubens, in: ThBeitr 28 (1997), 350-363.
—, Die johanneische *Ostergeschichte* als Erzählung gelesen, in: ZNT 3 (1999), 11-19.
—, Der Prozess der *Relecture* in der johanneischen Literatur, in: NTS 42 (1996), 394-411.

Stellenregister

I. Altes Testament

Genesis

1,1f.	*201f.*
1,3	*208*, 236
2,7	*300*
2,7 LXX	*339*
2,10	*201*
18,17f.	*312*
22,2	185
28,12	*214, 219f.*

Exodus

16,4	221
16,15	221
20,12	113
23,4f.	*262, 268*
33,11	*312*
33,20	*112*
34,6	*244*

Leviticus

19,17f.	45, 48, *65*, 145, 163, 261-264, *268*, 272
19,18	*145*
19,34	48

Numeri

13,30f.	*124*
18,22 LXX	*124*
21,4-9	215f.
21,8	216
21,8 LXX	216

Deuteronomium

4,12	*112*

4,37	*242*
6,4f.	40, 45, *65, 189*, 262, 287, 293-295, 299, 315, 358
6,4-6	*128*, 294
6,5	243, 261, 294
6,5f.	145
7,6-10	105, *242*
7,6-8	242
7,7f.	*305*
7,9	*128*, 294
10,14f.	105, *242*
10,15	*305*
11,1	*128*, 294
13	242f.
15,7f.	150
22,1-4	*262, 268*
24,16	*309*
30,11	*128*
30,11-14	128
30,16	*128*, 294
30,16-20	*235*

1. Könige

17,21	*300*

1. Samuel

18,1-4	*312*

Jesaja

6,10	*29, 33*, 210
11,9	*201*
11,12	*333*
12,3	202
22,14	*124*
35,5	*208*
41,8	*312*

II. Literatur des antiken Judentums

III,25f.	143
III,26	*132, 243, 267*
III,31	142
IV,6	156
IV,11	142
IV,21	156
IV,29f.	*117*
V,13	118
V,18	118
V,19	156
V,23-VI,3	*132, 267*
V,25	*134*
VI,25-27	*134*
VI,25-27	156
VII,2-5	*134*
VII,8f.	*134*
VIII,17	118
V,20	118
V,23	118
IX,8	118
IX,15f.	*132, 156, 244*
IX,16	267f.
IX,21	267f.
IX,21f.	*132, 156*
X,15	155
X,20f.	156

Kriegsregel (1QM)

I,1	118, 142
I,3	118, 142
I,5	156
I,7	118
I,9	118, 142, *156*
I,11	118, 142
I,13	142
I,13f.	118
I,16	118
III,6	118
III,9	118
IX,5	*156*
XIII,14-16	*156*
XIII,16	118, *156*
XIV,17	118
XV,1f.	*156*
XV,2f.	*156*
XV,12	*156*
XVI,11	118
XVIII,1	*156*

Hodajot (1QH)

IV,17	*106*, 110
IV,21	*132*
IV,24	244, *306*
V,19	*106*, 110
VI,2	118
VI,10	*306*
VI,10f.	*132, 156, 243f.*
VI,21	*306*
VI,25-27	*132*, 156f.
VI,26	*128, 294*
VII,9	*128, 294*
VII,18f.	*132, 156, 244*
VIII,11	110
VIII,11	*106*
X,13f.	118
XII,31f.	110
XVI,13	*294*
XX,11-13	*106*
XII,31f.	*106*
XVI,13	*128*
XX,11-13	110
XXI,14	*106*, 110

1Q27	
1 I,5-7	155

1Q28	
IX,16	*132, 267*
VII,18f.	*132, 267*

4Q162	
II,6f.	118

4Q 174	
I,8f.	142
III,8f.	118

4Q 177	
IX,7	118
XI,12.16	118

4Q246 I,1	*155*

4Q 256	
Frg. 5,8	118
Frg. 8 i,5	*132, 267*

4Q258	
Frg. 1 I,1	118
Frg. 1, I,3	118

Hellenistisch-jüdische Autoren

Aristobul

Fragmenta

Philo von Alexandrien

De Abrahamo

De Cherubim

De Decalogo

Quod Deterius potiori insidiari soleat

III. Neues Testament

12,13	*203*
12,31-13,13	*108*
12,33ff.	*150*
13	78, 99, 285
13,2	108
13,4-7	78
13,12	108
13,13	78, 127
15,9.11	*153*
15,21f.	241
16,11	*91*
16,22	284f.
16,23	284

2. Korintherbrief

1,21f.	*203*
4,4	*234*
5,17	270
5,19	241
6,12	*150*
7,15	*150*
11,5	241
11,6	*91*
11,23-33	323
11,26ff.	241
11,32	241
13,11	95

Galaterbrief

2,10	150
2,15-21	105
4,4	240
4,9	*108, 200*
5,6	127
5,13	*127*
5,13ff.	*213*
5,14	262, 264
5,16ff.	*213*
5,22	*307*
5,24f.	*203*
6,15	270

Epheserbrief

1,4	*306*
1,4f.	105
1,4-6	185
1,10	*241*
2,2f.	*117*
2,4f.	105

2,15	270
3,19	*107*
4,29	*224*
4,32-5,2	*263*
5,1	*104*, 263
5,3	*224*
5,5	*224*
5,8	*237*
5,9	*307*
5,10-14	*234*
5,13	*234*
6,1	*129*
6,4	*129*

Philipperbrief

1,8	*150*
1,9f.	*307*
1,11	*307*
2,1	*150*
2,5ff.	*263*
2,6f.	186
2,10f.	241
2,12	99
2,12f.	*99*
2,13	*99*
3,14	*129*
3,17	*104, 263*

Kolosserbrief

1,12f.	*185*
1,13f.	185
1,16	*307*
1,20	*241, 307*
3,9f.	*117*
3,12	*150*
3,20	*129*

1. Thessalonicherbrief

1,6	*263*
1,6f.	*263*
1,7	*104*
4,9	85, 144, 263f.
5,4	*232*
5,5	*237*
5,15	132, *265*

IV. Frühchristliche Schriften und Autoren

V. Nag-Hammadi-Schriften

VI. Übrige griechische und römische Literatur

Autorenregister

Abbott, E. A. 227
Aland, K. 107, 149, 154, 230
Alexander, N. 149
Alt, K. 12
Anderson, P. N. 173, 253, 266, 285, 294, 304, 310
Appold, M. L. 181f., 188, 350
Armstrong, A. H. 12
Arneth, M. 95
Assmann, J. 95
Ashton, J. 238, 240
Attridge, H. W. 257
Augenstein, J. 18, 45, 47f., 54, 63, 67, 77, 84, 105, 121, 128-130, 145, 150, 154, 179, 181, 189, 233, 240, 245, 251, 253, 256, 258, 262, 264, 266, 269, 271, 275, 279-282, 287f., 292-295, 305-312, 318, 325, 341, 346-348
Aune, D. E. 66, 111, 142, 159, 344
Aurelius, E. 128
Avemarie, F. 47

Backhaus, K. 185
Bakke, O. 47, 78, 99f., 285
Balla, P. 205
Balz, H. 82, 99, 111, 138, 159, 232
Barrett, C. K. 53, 152, 194, 200, 219, 224, 325, 330, 333f., 344f., 349, 352
Barth, K. 5, 47, 61, 236
Barth, M. 203
Bauckham, R. 62, 66, 142f., 219, 235, 284, 304
Bauer, W. 107, 134, 149, 154, 231, 323, 352
Baumann, G. 242f.
Baumbach, G. 11, 318
Baumgarten, O. 153
Baur, F. C. 61
Beasley-Murray, G. 215
Becker, J. 5, 25, 35-37, 52, 59, 66f., 69,

106, 115, 117, 122, 149, 153, 170f., 181, 183, 193, 200, 220-222, 225, 236, 250, 255, 268, 269f., 282, 300, 306, 319, 322, 324-326, 330-332, 335, 236
Becker, M. 186
Belle, G. van 59
Berger, K. 61, 64, 66, 79, 100, 150, 193, 293, 304
Berger, P. 13, 28
Bergmeier, R. 11, 33f., 67, 114, 116, 120, 205, 209f.
Bethge, H.-G. 69, 109
Betz, H.-D. 48, 104, 147, 263
Betz, O. 245
Beutler, J. 54, 60, 69, 76f., 80, 83, 85f., 89, 95, 98, 128f., 138, 143, 145, 149f., 153, 155, 179, 188f., 194, 217, 267f., 270, 273f., 285, 287, 294f., 298, 304, 306, 314, 331, 339, 353
Beyer, K. 86, 258, 275-277
Bianchi, U. 12
Black, D. A. 215
Blank, J. 4, 13, 27, 121, 171, 193f., 228, 254, 263, 318
Blass, F. 82f., 91, 122, 178, 183, 194f., 203f., 219, 223f., 226f., 258, 281f., 288, 341, 348
Bleek, F. 55
Böcher, O. 52, 117, 121, 149, 154
Bogart, J. 141
Boismard, M.-E. 59, 117
Bonnard, P. 82
Bonsirven, J. 77
Borchert, G. L. 169f., 172, 175, 177f., 189, 350
Borgen, P. 335
Bornhäuser, K. 330
Bornkamm, G. 32, 58, 99, 332
Bouttier, M. 40
Bowen, C. R. 41, 265

146, 148f., 151, 155, 180f., 263, 266,
292, 295, 307, 309, 350
Strotmann, A. 187
Stroumsa, G. G. 11f.
Stuckrad, K. v. 6, 64
Stuhlmacher, P. 52, 54, 95, 98, 106, 129,
151, 181, 242, 262, 265, 270, 295,
298f., 332
Suchard, B. 221
Sutcliffe, E. F. 138, 267

Taeger, J.-W. 52, 160
Teeple, H. M. 133, 267
Theissen, G. 70, 132, 149f., 198, 263-265,
311
Theobald, M. 57, 65, 68, 140, 175, 193,
203, 207, 209, 227, 230f., 233, 235,
238, 240, 242, 259, 308, 335, 339
Tholuck, A. 170, 190
Thomas, J. C. 68, 76, 120, 205
Thüsing, W. 176, 179, 182f., 188, 190,
216, 321, 345, 348, 350f.
Thyen, H. 59, 212, 235f., 242, 293, 304,
310
Timm, H. 6
Tolmie, D. F. 58, 175, 177
Tovey, D. 56
Towner, W. S. 186
Tröger, K. W. 119
Trumbower, A. J. 198, 200, 211
Tsuchido, K. 216
Tuckett, C. M. 66, 318
Turner, N. 84, 86, 90, 257, 275-277
Twelftree, G. H. 343f.

Uebele, W. 75, 122, 127, 137-139, 141,
149f.

Vadakethala, J. 40
Valantasis, R. 157
VanderKam, J. C. 67, 110, 118, 132, 156,
267
Van der Watt, J. G. 4, 50, 250, 266, 288,
345, 352
Van Duzer, C. A. 12
Van Unnik, W. C. 330, 333
Van Tilborg, S. 49f., 250, 254f., 288,
308f., 312, 325
Vellanickal, M. 196

Vogel, M. 268
Vouga, F. 77, 83, 95, 98, 106, 122f.. 188,
266, 298, 300

Waardenburg, J. 64
Wagner, J. 53
Wahlde, U. C. v. 129f., 150, 278, 293
Waldstein, M. 70, 110, 221
Warnach, V. 40, 47
Weber, M. 28
Wedderburn, A. J. M. 66
Weder, H. 4, 7, 13, 30, 171, 205f., 228,
230, 239f., 245, 264
Weidemann, H.-U. 58, 253, 255f., 273,
339, 341
Weil, R. 312
Weiß, H. F. 55
Weiße, C. H. 201
Weinfeld, M. 243
Welck, Ch. 58, 304
Wellhausen, J. 42, 201
Wendland, E. 41, 129, 307
Wendt, H. H. 55, 201
Wengst, K. 5f., 54, 59, 61f., 68, 81, 84f.,
89, 95, 97f., 110, 114, 123, 126, 129,
146, 149, 158f., 170, 177, 183, 190,
202, 206, 219f., 230f., 236, 240, 242,
245f., 252, 294, 317f., 322, 325, 327,
331, 333f. 339, 341, 344, 346, 349
Wenz, G. 6
Wilamowitz – Moellendorf, U. v. 312
Wilckens, U. 59, 99, 129, 171, 173, 203,
220, 253, 268, 334f.
Wilke, Ch. G. 228
Williams, R. R. 144
Wind, A. 333
Windisch, H. 56, 112
Winter, M. 58, 171, 177, 189, 250f., 253,
255f., 258, 268, 271, 273, 291f., 325,
344
Wischmeyer, O. 78, 107, 117
Witherington, B. 202
Wolff, H. W. 245
Wucherpfennig, A., 12, 61, 68f., 119, 231,
326

Zeller, D. 66, 105, 129
Zerwick, M. 282
Zima, P. V. 64
Zimmermann, M. 187
Zimmermann, R. 187, 242f.
Zobel, K. 243
Zöckler, T. 147, 149, 151, 156, 237, 262
Zumkeller, A. 6
Zumstein, J. 56, 78, 94f., 97, 100, 131,
146, 202, 288, 299, 303f., 337

Sachregister

Hebräische Begriffe

Griechische Begriffe

Lateinische Begriffe

Koptische Begriffe

Wissenschaftliche Untersuchungen zum Neuen Testament

Alphabetische Übersicht der ersten und zweiten Reihe

Bockmuehl, Markus N.A.: Revelation and Mystery in Ancient Judaism and Pauline Christianity. 1990. *Band II/36.*

Bøe, Sverre: Gog and Magog. 2001. *Band II/ 135.*

Böhlig, Alexander: Gnosis und Synkretismus. Teil 1 1989. *Band 47* – Teil 2 1989. *Band 48.*

Böhm, Martina: Samarien und die Samaritai bei Lukas. 1999. *Band II/111.*

Böttrich, Christfried: Weltweisheit – Menschheitsethik – Urkult. 1992. *Band II/50.*

Bolyki, János: Jesu Tischgemeinschaften. 1997. *Band II/96.*

Bosman, Philip: Conscience in Philo and Paul. 2003. *Band II/166.*

Bovon, François: Studies in Early Christianity. 2003. *Band 161.*

Brocke, Christoph vom: Thessaloniki – Stadt des Kassander und Gemeinde des Paulus. 2001. *Band II/125.*

Brunson, Andrew: Psalm 118 in the Gospel of John. 2003. *Band II/158.*

Büchli, Jörg: Der Poimandres – ein paganisiertes Evangelium. 1987. *Band II/27.*

Bühner, Jan A.: Der Gesandte und sein Weg im 4. Evangelium. 1977. *Band II/2.*

Burchard, Christoph: Untersuchungen zu Joseph und Aseneth. 1965. *Band 8.*

– Studien zur Theologie, Sprache und Umwelt des Neuen Testaments. Hrsg. von D. Sänger. 1998. *Band 107.*

Burnett, Richard: Karl Barth's Theological Exegesis. 2001. *Band II/145.*

Byron, John: Slavery Metaphors in Early Judaism and Pauline Christianity. 2003. *Band II/162.*

Byrskog, Samuel: Story as History – History as Story. 2000. *Band 123.*

Cancik, Hubert (Hrsg.): Markus-Philologie. 1984. *Band 33.*

Capes, David B.: Old Testament Yaweh Texts in Paul's Christology. 1992. *Band II/47.*

Caragounis, Chrys C.: The Development of Greek and the New Testament. 2004. *Band 167.*

– The Son of Man. 1986. *Band 38.*

– siehe *Fridrichsen, Anton.*

Carleton Paget, James: The Epistle of Barnabas. 1994. *Band II/64.*

Carson, D.A., Peter T. O'Brien und *Mark Seifrid* (Hrsg.): Justification and Variegated Nomism.

Band 1: The Complexities of Second Temple Judaism. 2001. *Band II/140.*

Band 2: The Paradoxes of Paul. 2004. *Band II/181.*

Ciampa, Roy E.: The Presence and Function of Scripture in Galatians 1 and 2. 1998. *Band II/102.*

Classen, Carl Joachim: Rhetorical Criticsm of the New Testament. 2000. *Band 128.*

Colpe, Carsten: Iranier – Aramäer – Hebräer – Hellenen. 2003. *Band 154.*

Crump, David: Jesus the Intercessor. 1992. *Band II/49.*

Dahl, Nils Alstrup: Studies in Ephesians. 2000. *Band 131.*

Deines, Roland: Die Gerechtigkeit der Tora im Reich des Messias. 2004. *Band 177.*

– Jüdische Steingefäße und pharisäische Frömmigkeit. 1993. *Band II/52.*

– Die Pharisäer. 1997. *Band 101.*

– und *Karl-Wilhelm Niebuhr* (Hrsg.): Philo und das Neue Testament. 2004. *Band 172.*

Dettwiler, Andreas und *Jean Zumstein* (Hrsg.): Kreuzestheologie im Neuen Testament. 2002. *Band 151.*

Dickson, John P.: Mission-Commitment in Ancient Judaism and in the Pauline Communities. 2003. *Band II/159.*

Dietzfelbinger, Christian: Der Abschied des Kommenden. 1997. *Band 95.*

Dimitrov, Ivan Z., James D.G. Dunn, Ulrich Luz und *Karl-Wilhelm Niebuhr* (Hrsg.): Das Alte Testament als christliche Bibel in orthodoxer und westlicher Sicht. 2004. *Band 174.*

Dobbeler, Axel von: Glaube als Teilhabe. 1987. *Band II/22.*

Du Toit, David S.: Theios Anthropos. 1997. *Band II/91.*

Dübbers, Michael: Christologie und Existenz im Kolosserbrief. 2005. *Band II/191.*

Dunn, James D.G.: The New Perspective on Paul. 2005. *Band 185.*

Dunn, James D.G. (Hrsg.): Jews and Christians. 1992. *Band 66.*

– Paul and the Mosaic Law. 1996. *Band 89.*

– siehe *Dimitrov, Ivan Z.*

Dunn, James D.G., Hans Klein, Ulrich Luz und *Vasile Mihoc* (Hrsg.): Auslegung der Bibel in orthodoxer und westlicher Perspektive. 2000. *Band 130.*

Ebel, Eva: Die Attraktivität früher christlicher Gemeinden. 2004. *Band II/178.*

Ebertz, Michael N.: Das Charisma des Gekreuzigten. 1987. *Band 45.*

Eckstein, Hans-Joachim: Der Begriff Syneidesis bei Paulus. 1983. *Band II/10.*

– Verheißung und Gesetz. 1996. *Band 86.*
Ego, Beate: Im Himmel wie auf Erden. 1989.
    Band II/34
Ego, Beate, Armin Lange und *Peter Pilhofer*
    (Hrsg.): Gemeinde ohne Tempel – Commu-
    nity without Temple. 1999. *Band 118.*
– und *Helmut Merkel* (Hrsg.): Religiöses
    Lernen in der biblischen, frühjüdischen und
    frühchristlichen Überlieferung. 2005.
    Band 180.
Eisen, Ute E.: siehe *Paulsen, Henning.*
Ellis, E. Earle: Prophecy and Hermeneutic in
    Early Christianity. 1978. *Band 18.*
– The Old Testament in Early Christianity.
    1991. *Band 54.*
Endo, Masanobu: Creation and Christology.
    2002. *Band 149.*
Ennulat, Andreas: Die 'Minor Agreements'.
    1994. *Band II/62.*
Ensor, Peter W.: Jesus and His 'Works'. 1996.
    Band II/85.
Eskola, Timo: Messiah and the Throne. 2001.
    Band II/142.
– Theodicy and Predestination in Pauline
    Soteriology. 1998. *Band II/100.*
Fatehi, Mehrdad: The Spirit's Relation to the
    Risen Lord in Paul. 2000. *Band II/128.*
Feldmeier, Reinhard: Die Krisis des Gottessoh-
    nes. 1987. *Band II/21.*
– Die Christen als Fremde. 1992. *Band 64.*
Feldmeier, Reinhard und *Ulrich Heckel* (Hrsg.):
    Die Heiden. 1994. *Band 70.*
Fletcher-Louis, Crispin H.T.: Luke-Acts:
    Angels, Christology and Soteriology. 1997.
    Band II/94.
Förster, Niclas: Marcus Magus. 1999.
    Band 114.
Forbes, Christopher Brian: Prophecy and
    Inspired Speech in Early Christianity and its
    Hellenistic Environment. 1995. *Band II/75.*
Fornberg, Tord: siehe *Fridrichsen, Anton.*
Fossum, Jarl E.: The Name of God and the
    Angel of the Lord. 1985. *Band 36.*
Foster, Paul: Community, Law and Mission in
    Matthew's Gospel. *Band II/177.*
Fotopoulos, John: Food Offered to Idols in
    Roman Corinth. 2003. *Band II/151.*
Frenschkowski, Marco: Offenbarung und
    Epiphanie. Band 1 1995. *Band II/79 –*
    Band 2 1997. *Band II/80.*
Frey, Jörg: Eugen Drewermann und die
    biblische Exegese. 1995. *Band II/71.*
– Die johanneische Eschatologie. Band I.
    1997. *Band 96.* – Band II. 1998. *Band 110.*

– Band III. 2000. *Band 117.*
Frey, Jörg und *Udo Schnelle* (Hrsg.): Kontexte
    des Johannesevangeliums. 2004. *Band 175.*
– und *Jens Schröter* (Hrsg.): Deutungen des
    Todes Jesu im Neuen Testament. 2005.
    Band 181.
Freyne, Sean: Galilee and Gospel. 2000.
    Band 125.
Fridrichsen, Anton: Exegetical Writings. Hrsg.
    von C.C. Caragounis und T. Fornberg. 1994.
    Band 76.
Gäckle, Volker: Die Starken und die Schwachen
    in Korinth und in Rom. 2005. *Band 200.*
Garlington, Don B.: 'The Obedience of Faith'.
    1991. *Band II/38.*
– Faith, Obedience, and Perseverance. 1994.
    Band 79.
Garnet, Paul: Salvation and Atonement in the
    Qumran Scrolls. 1977. *Band II/3.*
Gemünden, Petra von (Hrsg.): siehe
    Weissenrieder, Annette.
Gese, Michael: Das Vermächtnis des Apostels.
    1997. *Band II/99.*
Gheorghita, Radu: The Role of the Septuagint
    in Hebrews. 2003. *Band II/160.*
Gräbe, Petrus J.: The Power of God in Paul's
    Letters. 2000. *Band II/123.*
Gräßer, Erich: Der Alte Bund im Neuen. 1985.
    Band 35.
– Forschungen zur Apostelgeschichte. 2001.
    Band 137.
Grappe, Christian (Ed.): Le Repas de Dieu –
    Das Mahl Gottes. 2004. *Band 169.*
Green, Joel B.: The Death of Jesus. 1988.
    Band II/33.
Gregory, Andrew: The Reception of Luke and
    Acts in the Period before Irenaeus. 2003.
    Band II/169.
Grindheim, Sigurd: The Crux of Election. 2005.
    Band II/202.
Gundry, Robert H.: The Old is Better. 2005.
    Band 178.
Gundry Volf, Judith M.: Paul and Perseverance.
    1990. *Band II/37.*
Hafemann, Scott J.: Suffering and the Spirit.
    1986. *Band II/19.*
– Paul, Moses, and the History of Israel. 1995.
    Band 81.
Hahn, Johannes (Hrsg.): Zerstörungen des
    Jerusalemer Tempels. 2002. *Band 147.*
Hannah, Darrel D.: Michael and Christ. 1999.
    Band II/109.
Hamid-Khani, Saeed: Relevation and
    Concealment of Christ. 2000. *Band II/120.*

Harrison; James R.: Paul's Language of Grace in Its Graeco-Roman Context. 2003. *Band II/172.*

Hartman, Lars: Text-Centered New Testament Studies. Hrsg. von D. Hellholm. 1997. *Band 102.*

Hartog, Paul: Polycarp and the New Testament. 2001. *Band II/134.*

Heckel, Theo K.: Der Innere Mensch. 1993. *Band II/53.*

– Vom Evangelium des Markus zum viergestaltigen Evangelium. 1999. *Band 120.*

Heckel, Ulrich: Kraft in Schwachheit. 1993. *Band II/56.*

– Der Segen im Neuen Testament. 2002. *Band 150.*

– siehe *Feldmeier, Reinhard.*

– siehe *Hengel, Martin.*

Heiligenthal, Roman: Werke als Zeichen. 1983. *Band II/9.*

Hellholm, D.: siehe *Hartman, Lars.*

Hemer, Colin J.: The Book of Acts in the Setting of Hellenistic History. 1989. *Band 49.*

Hengel, Martin: Judentum und Hellenismus. 1969, ³1988. *Band 10.*

– Die johanneische Frage. 1993. *Band 67.*

– Judaica et Hellenistica . Kleine Schriften I. 1996. *Band 90.*

– Judaica, Hellenistica et Christiana. Kleine Schriften II. 1999. *Band 109.*

– Paulus und Jakobus. Kleine Schriften III. 2002. *Band 141.*

Hengel, Martin und *Ulrich Heckel* (Hrsg.): Paulus und das antike Judentum. 1991. *Band 58.*

Hengel, Martin und *Hermut Löhr* (Hrsg.): Schriftauslegung im antiken Judentum und im Urchristentum. 1994. *Band 73.*

Hengel, Martin und *Anna Maria Schwemer:* Paulus zwischen Damaskus und Antiochien. 1998. *Band 108.*

– Der messianische Anspruch Jesu und die Anfänge der Christologie. 2001. *Band 138.*

Hengel, Martin und *Anna Maria Schwemer* (Hrsg.): Königsherrschaft Gottes und himmlischer Kult. 1991. *Band 55.*

– Die Septuaginta. 1994. *Band 72.*

Hengel, Martin; Siegfried Mittmann und *Anna Maria Schwemer* (Hrsg.): La Cité de Dieu / Die Stadt Gottes. 2000. *Band 129.*

Herrenbrück, Fritz: Jesus und die Zöllner. 1990. *Band II/41.*

Herzer, Jens: Paulus oder Petrus? 1998. *Band 103.*

Hoegen-Rohls, Christina: Der nachösterliche Johannes. 1996. *Band II/84.*

Hofius, Otfried: Katapausis. 1970. *Band 11.*

– Der Vorhang vor dem Thron Gottes. 1972. *Band 14.*

– Der Christushymnus Philipper 2,6-11. 1976, ²1991. *Band 17.*

– Paulusstudien. 1989, ²1994. *Band 51.*

– Neutestamentliche Studien. 2000. *Band 132.*

– Paulusstudien II. 2002. *Band 143.*

Hofius, Otfried und *Hans-Christian Kammler:* Johannesstudien. 1996. *Band 88.*

Holtz, Traugott: Geschichte und Theologie des Urchristentums. 1991. *Band 57.*

Hommel, Hildebrecht: Sebasmata. Band 1 1983. *Band 31* – Band 2 1984. *Band 32.*

Hvalvik, Reidar: The Struggle for Scripture and Covenant. 1996. *Band II/82.*

Jauhiainen, Marko: The Use of Zechariah in Revelation. 2005. *Band II/199.*

Johns, Loren L.: The Lamb Christology of the Apocalypse of John. 2003. *Band II/167.*

Joubert, Stephan: Paul as Benefactor. 2000. *Band II/124.*

Jungbauer, Harry: „Ehre Vater und Mutter". 2002. *Band II/146.*

Kähler, Christoph: Jesu Gleichnisse als Poesie und Therapie. 1995. *Band 78.*

Kamlah, Ehrhard: Die Form der katalogischen Paränese im Neuen Testament. 1964. *Band 7.*

Kammler, Hans-Christian: Christologie und Eschatologie. 2000. *Band 126.*

– Kreuz und Weisheit. 2003. *Band 159.*

– siehe *Hofius, Otfried.*

Kelhoffer, James A.: The Diet of John the Baptist. 2005. *Band 176.*

– Miracle and Mission. 1999. *Band II/112.*

Kieffer, René und *Jan Bergman* (Hrsg.): La Main de Dieu / Die Hand Gottes. 1997. *Band 94.*

Kim, Seyoon: The Origin of Paul's Gospel. 1981, ²1984. *Band II/4.*

– Paul and the New Perspective. 2002. *Band 140.*

– "The 'Son of Man'" as the Son of God. 1983. *Band 30.*

Klauck, Hans-Josef: Religion und Gesellschaft im frühen Christentum. 2003. *Band 152.*

Klein, Hans: siehe *Dunn, James D.G..*

Kleinknecht, Karl Th.: Der leidende Gerechtfertigte. 1984, ²1988. *Band II/13.*

Klinghardt, Matthias: Gesetz und Volk Gottes. 1988. *Band II/32.*

Koch, Michael: Drachenkampf und Sonnenfrau. 2004. *Band II/184.*

Koch, Stefan: Rechtliche Regelung von Konflikten im frühen Christentum. 2004. *Band II/174.*

Köhler, Wolf-Dietrich: Rezeption des Matthäusevangeliums in der Zeit vor Irenäus. 1987. *Band II/24.*

Köhn, Andreas: Der Neutestamentler Ernst Lohmeyer. 2004. *Band II/180.*

Kooten, George H. van: Cosmic Christology in Paul and the Pauline School. 2003. *Band II/171.*

Korn, Manfred: Die Geschichte Jesu in veränderter Zeit. 1993. *Band II/51.*

Koskenniemi, Erkki: Apollonios von Tyana in der neutestamentlichen Exegese. 1994. *Band II/61.*

Kraus, Thomas J.: Sprache, Stil und historischer Ort des zweiten Petrusbriefes. 2001. *Band II/136.*

Kraus, Wolfgang: Das Volk Gottes. 1996. *Band 85.*

– und *Karl-Wilhelm Niebuhr* (Hrsg.): Frühjudentum und Neues Testament im Horizont Biblischer Theologie. 2003. *Band 162.*

– siehe *Walter, Nikolaus.*

Kreplin, Matthias: Das Selbstverständnis Jesu. 2001. *Band II/141.*

Kuhn, Karl G.: Achtzehngebet und Vaterunser und der Reim. 1950. *Band 1.*

Kvalbein, Hans: siehe *Ådna, Jostein.*

Kwon, Yon-Gyong: Eschatology in Galatians. 2004. *Band II/183.*

Laansma, Jon: I Will Give You Rest. 1997. *Band II/98.*

Labahn, Michael: Offenbarung in Zeichen und Wort. 2000. *Band II/117.*

Lambers-Petry, Doris: siehe *Tomson, Peter J.*

Lange, Armin: siehe *Ego, Beate.*

Lampe, Peter: Die stadtrömischen Christen in den ersten beiden Jahrhunderten. 1987, [2]1989. *Band II/18.*

Landmesser, Christof: Wahrheit als Grundbegriff neutestamentlicher Wissenschaft. 1999. *Band 113.*

– Jüngerberufung und Zuwendung zu Gott. 2000. *Band 133.*

Lau, Andrew: Manifest in Flesh. 1996. *Band II/86.*

Lawrence, Louise: An Ethnography of the Gospel of Matthew. 2003. *Band II/165.*

Lee, Aquila H.I.: From Messiah to Preexistent Son. 2005. *Band II/192.*

Lee, Pilchan: The New Jerusalem in the Book of Relevation. 2000. *Band II/129.*

Lichtenberger, Hermann: siehe *Avemarie, Friedrich.*

Lichtenberger, Hermann: Das Ich Adams und das Ich der Menschheit. 2004. *Band 164.*

Lierman, John: The New Testament Moses. 2004. *Band II/173.*

Lieu, Samuel N.C.: Manichaeism in the Later Roman Empire and Medieval China. [2]1992. *Band 63.*

Lindgård, Fredrik: Paul's Line of Thought in 2 Corinthians 4:16-5:10. 2004. *Band II/189.*

Loader, William R.G.: Jesus' Attitude Towards the Law. 1997. *Band II/97.*

Löhr, Gebhard: Verherrlichung Gottes durch Philosophie. 1997. *Band 97.*

Löhr, Hermut: Studien zum frühchristlichen und frühjüdischen Gebet. 2003. *Band 160.*

– siehe *Hengel, Martin.*

Löhr, Winrich Alfried: Basilides und seine Schule. 1995. *Band 83.*

Luomanen, Petri: Entering the Kingdom of Heaven. 1998. *Band II/101.*

Luz, Ulrich: siehe *Dunn, James D.G.*

Mackay, Ian D.: John's Raltionship with Mark. 2004. *Band II/182.*

Maier, Gerhard: Mensch und freier Wille. 1971. *Band 12.*

– Die Johannesoffenbarung und die Kirche. 1981. *Band 25.*

Markschies, Christoph: Valentinus Gnosticus? 1992. *Band 65.*

Marshall, Peter: Enmity in Corinth: Social Conventions in Paul's Relations with the Corinthians. 1987. *Band II/23.*

Mayer, Annemarie: Sprache der Einheit im Epheserbrief und in der Ökumene. 2002. *Band II/150.*

McDonough, Sean M.: YHWH at Patmos: Rev. 1:4 in its Hellenistic and Early Jewish Setting. 1999. *Band II/107.*

McGlynn, Moyna: Divine Judgement and Divine Benevolence in the Book of Wisdom. 2001. *Band II/139.*

Meade, David G.: Pseudonymity and Canon. 1986. *Band 39.*

Meadors, Edward P.: Jesus the Messianic Herald of Salvation. 1995. *Band II/72.*

Meißner, Stefan: Die Heimholung des Ketzers. 1996. *Band II/87.*

Mell, Ulrich: Die „anderen" Winzer. 1994. *Band 77.*

Mengel, Berthold: Studien zum Philipperbrief. 1982. *Band II/8.*

Merkel, Helmut: Die Widersprüche zwischen den Evangelien. 1971. *Band 13.*
– siehe *Ego, Beate.*
Merklein, Helmut: Studien zu Jesus und Paulus. Band 1 1987. *Band 43.* – Band 2 1998. *Band 105.*
Metzdorf, Christina: Die Tempelaktion Jesu. 2003. *Band II/168.*
Metzler, Karin: Der griechische Begriff des Verzeihens. 1991. *Band II/44.*
Metzner, Rainer: Die Rezeption des Matthäusevangeliums im 1. Petrusbrief. 1995. *Band II/74.*
– Das Verständnis der Sünde im Johannesevangelium. 2000. *Band 122.*
Mihoc, Vasile: siehe *Dunn, James D.G..*
Mineshige, Kiyoshi: Besitzverzicht und Almosen bei Lukas. 2003. *Band II/163.*
Mittmann, Siegfried: siehe *Hengel, Martin.*
Mittmann-Richert, Ulrike: Magnifikat und Benediktus. *1996. Band II/90.*
Mournet, Terence C.: Oral Tradition and Literary Dependency. 2005. *Band II/195.*
Mußner, Franz: Jesus von Nazareth im Umfeld Israels und der Urkirche. Hrsg. von M. Theobald. 1998. *Band 111.*
Niebuhr, Karl-Wilhelm: Gesetz und Paränese. 1987. *Band II/28.*
– Heidenapostel aus Israel. 1992. *Band 62.*
– siehe *Deines, Roland*
– siehe *Dimitrov, Ivan Z.*
– siehe *Kraus, Wolfgang*
Nielsen, Anders E.: "Until it is Fullfilled". 2000. *Band II/126.*
Nissen, Andreas: Gott und der Nächste im antiken Judentum. 1974. *Band 15.*
Noack, Christian: Gottesbewußtsein. 2000. *Band II/116.*
Noormann, Rolf: Irenäus als Paulusinterpret. 1994. *Band II/66.*
Novakovic, Lidija: Messiah, the Healer of the Sick. 2003. *Band II/170.*
Obermann, Andreas: Die christologische Erfüllung der Schrift im Johannesevangelium. 1996. *Band II/83.*
Öhler, Markus: Barnabas. 2003. *Band 156.*
Okure, Teresa: The Johannine Approach to Mission. 1988. *Band II/31.*
Onuki, Takashi: Heil und Erlösung. 2004. *Band 165.*
Oropeza, B. J.: Paul and Apostasy. 2000. *Band II/115.*
Ostmeyer, Karl-Heinrich: Taufe und Typos. 2000. *Band II/118.*

Paulsen, Henning: Studien zur Literatur und Geschichte des frühen Christentums. Hrsg. von Ute E. Eisen. 1997. *Band 99.*
Pao, David W.: Acts and the Isaianic New Exodus. 2000. *Band II/130.*
Park, Eung Chun: The Mission Discourse in Matthew's Interpretation. 1995. *Band II/81.*
Park, Joseph S.: Conceptions of Afterlife in Jewish Insriptions. 2000. *Band II/121.*
Pate, C. Marvin: The Reverse of the Curse. 2000. *Band II/114.*
Peres, Imre: Griechische Grabinschriften und neutestamentliche Eschatologie. 2003. *Band 157.*
Philip, Finny: The Originis of Pauline Pneumatology. *Band II/194.*
Philonenko, Marc (Hrsg.): Le Trône de Dieu. 1993. *Band 69.*
Pilhofer, Peter: Presbyteron Kreitton. 1990. *Band II/39.*
– Philippi. Band 1 1995. *Band 87.* – Band 2 2000. *Band 119.*
– Die frühen Christen und ihre Welt. 2002. *Band 145.*
– siehe *Ego, Beate.*
Plümacher, Eckhard: Geschichte und Geschichten. Aufsätze zur Apostelgeschichte und zu den Johannesakten. Herausgegeben von Jens Schröter und Ralph Brucker. 2004. *Band 170.*
Pöhlmann, Wolfgang: Der Verlorene Sohn und das Haus. 1993. *Band 68.*
Pokorný, Petr und *Josef B. Souček:* Bibelauslegung als Theologie. 1997. *Band 100.*
Pokorný, Petr und *Jan Roskovec* (Hrsg.): Philosophical Hermeneutics and Biblical Exegesis. 2002. *Band 153.*
Popkes, Enno Edzard: Die Theologie der Liebe Gottes in den johanneischen Schriften. 2005. *Band II/197.*
Porter, Stanley E.: The Paul of Acts. 1999. *Band 115.*
Prieur, Alexander: Die Verkündigung der Gottesherrschaft. 1996. *Band II/89.*
Probst, Hermann: Paulus und der Brief. 1991. *Band II/45.*
Räisänen, Heikki: Paul and the Law. 1983, [2]1987. *Band 29.*
Rehkopf, Friedrich: Die lukanische Sonderquelle. 1959. *Band 5.*
Rein, Matthias: Die Heilung des Blindgeborenen (Joh 9). 1995. *Band II/73.*
Reinmuth, Eckart: Pseudo-Philo und Lukas. 1994. *Band 74.*

Reiser, Marius: Syntax und Stil des Markus-
evangeliums. 1984. *Band II/11.*
Rhodes, James N.: The Epistle of Barnabas
and the Deuteronomic Tradition. 2004.
Band II/188.
Richards, E. Randolph: The Secretary in the
Letters of Paul. 1991. *Band II/42.*
Riesner, Rainer: Jesus als Lehrer. 1981, ³1988.
Band II/7.
– Die Frühzeit des Apostels Paulus. 1994.
Band 71.
Rissi, Mathias: Die Theologie des Hebräerbriefs.
1987. *Band 41.*
Röhser, Günter: Metaphorik und Personifikation
der Sünde. 1987. *Band II/25.*
Roskovec, Jan: siehe *Pokorný, Petr.*
Rose, Christian: Die Wolke der Zeugen. 1994.
Band II/60.
Rothschild, Clare K.: Luke Acts and the
Rhetoric of History. 2004. *Band II/175.*
Rüegger, Hans-Ulrich: Verstehen, was Markus
erzählt. 2002. *Band II/155.*
Rüger, Hans Peter: Die Weisheitsschrift aus der
Kairoer Geniza. 1991. *Band 53.*
Sänger, Dieter: Antikes Judentum und die
Mysterien. 1980. *Band II/5.*
– Die Verkündigung des Gekreuzigten und
Israel. 1994. *Band 75.*
– siehe *Burchard, Christoph*
Salier, Willis Hedley: The Rhetorical Impact of
the Sēmeia in the Gospel of John. 2004.
Band II/186.
Salzmann, Jorg Christian: Lehren und
Ermahnen. 1994. *Band II/59.*
Sandnes, Karl Olav: Paul – One of the
Prophets? 1991. *Band II/43.*
Sato, Migaku: Q und Prophetie. 1988. *Band II/29.*
Schäfer, Ruth: Paulus bis zum Apostelkonzil.
2004. *Band II/179.*
Schaper, Joachim: Eschatology in the Greek
Psalter. 1995. *Band II/76.*
Schimanowski, Gottfried: Die himmlische
Liturgie in der Apokalypse des Johannes.
2002. *Band II/154.*
– Weisheit und Messias. 1985. *Band II/17.*
Schlichting, Günter: Ein jüdisches Leben Jesu.
1982. *Band 24.*
Schnabel, Eckhard J.: Law and Wisdom from
Ben Sira to Paul. 1985. *Band II/16.*
Schnelle, Udo: siehe *Frey, Jörg.*
Schröter, Jens: siehe *Frey, Jörg.*
Schutter, William L.: Hermeneutic and
Composition in I Peter. 1989. *Band II/30.*
Schwartz, Daniel R.: Studies in the Jewish
Background of Christianity. 1992. *Band 60.*

Schwemer, Anna Maria: siehe *Hengel, Martin*
Schwindt, Rainer: Das Weltbild des
Epheserbriefes. 2002. *Band 148.*
Scott, James M.: Adoption as Sons of God.
1992. *Band II/48.*
– Paul and the Nations. 1995. *Band 84.*
Shum, Shiu-Lun: Paul's Use of Isaiah in
Romans. 2002. *Band II/156.*
Siegert, Folker: Drei hellenistisch-jüdische
Predigten. Teil I 1980. *Band 20* – Teil II
1992. *Band 61.*
– Nag-Hammadi-Register. 1982. *Band 26.*
– Argumentation bei Paulus. 1985. *Band 34.*
– Philon von Alexandrien. 1988. *Band 46.*
Simon, Marcel: Le christianisme antique et son
contexte religieux I/II. 1981. *Band 23.*
Snodgrass, Klyne: The Parable of the Wicked
Tenants. 1983. *Band 27.*
Söding, Thomas: Das Wort vom Kreuz. 1997.
Band 93.
– siehe *Thüsing, Wilhelm.*
Sommer, Urs: Die Passionsgeschichte des
Markusevangeliums. 1993. *Band II/58.*
Souček, Josef B.: siehe *Pokorný, Petr.*
Spangenberg, Volker: Herrlichkeit des Neuen
Bundes. 1993. *Band II/55.*
Spanje, T.E. van: Inconsistency in Paul? 1999.
Band II/110.
Speyer, Wolfgang: Frühes Christentum im
antiken Strahlungsfeld. Band I: 1989.
Band 50.
– Band II: 1999. *Band 116.*
Stadelmann, Helge: Ben Sira als Schriftgelehr-
ter. 1980. *Band II/6.*
Stenschke, Christoph W.: Luke's Portrait of
Gentiles Prior to Their Coming to Faith.
Band II/108.
Sterck-Degueldre, Jean-Pierre: Eine Frau
namens Lydia. 2004. *Band II/176.*
Stettler, Christian: Der Kolosserhymnus. 2000.
Band II/131.
Stettler, Hanna: Die Christologie der Pastoral-
briefe. 1998. *Band II/105.*
Stökl Ben Ezra, Daniel: The Impact of
Yom Kippur on Early Christianity. 2003.
Band 163.
Strobel, August: Die Stunde der Wahrheit. 1980.
Band 21.
Stroumsa, Guy G.: Barbarian Philosophy. 1999.
Band 112.
Stuckenbruck, Loren T.: Angel Veneration and
Christology. 1995. *Band II/70.*
Stuhlmacher, Peter (Hrsg.): Das Evangelium
und die Evangelien. 1983. *Band 28.*

– Biblische Theologie und Evangelium. 2002. *Band 146.*

Sung, Chong-Hyon: Vergebung der Sünden. 1993. *Band II/57.*

Tajra, Harry W.: The Trial of St. Paul. 1989. *Band II/35.*

– The Martyrdom of St.Paul. 1994. *Band II/67.*

Theißen, Gerd: Studien zur Soziologie des Urchristentums. 1979, ³1989. *Band 19.*

Theobald, Michael: Studien zum Römerbrief. 2001. *Band 136.*

Theobald, Michael: siehe *Mußner, Franz.*

Thornton, Claus-Jürgen: Der Zeuge des Zeugen. 1991. *Band 56.*

Thüsing, Wilhelm: Studien zur neutestamentlichen Theologie. Hrsg. von Thomas Söding. 1995. *Band 82.*

Thurén, Lauri: Derhethorizing Paul. 2000. *Band 124.*

Tomson, Peter J. und *Doris Lambers-Petry* (Hrsg.): The Image of the Judaeo-Christians in Ancient Jewish and Christian Literature. 2003. *Band 158.*

Tolmie, D. Francois: Persuading the Galatians. 2005. *Band II/190.*

Trebilco, Paul: The Early Christians in Ephesus from Paul to Ignatius. 2004. *Band 166.*

Treloar, Geoffrey R.: Lightfoot the Historian. 1998. *Band II/103.*

Tsuji, Manabu: Glaube zwischen Vollkommenheit und Verweltlichung. 1997. *Band II/93*

Twelftree, Graham H.: Jesus the Exorcist. 1993. *Band II/54.*

Urban, Christina: Das Menschenbild nach dem Johannesevangelium. 2001. *Band II/137.*

Visotzky, Burton L.: Fathers of the World. 1995. *Band 80.*

Vollenweider, Samuel: Horizonte neutestamentlicher Christologie. 2002. *Band 144.*

Vos, Johan S.: Die Kunst der Argumentation bei Paulus. 2002. *Band 149.*

Wagener, Ulrike: Die Ordnung des „Hauses Gottes". 1994. *Band II/65.*

Wahlen, Clinton: Jesus and the Impurity of Spirits in the Synoptic Gospels. 2004. *Band II/185.*

Walker, Donald D.: Paul's Offer of Leniency (2 Cor 10:1). 2002. *Band II/152.*

Walter, Nikolaus: Praeparatio Evangelica. Hrsg. von Wolfgang Kraus und Florian Wilk. 1997. *Band 98.*

Wander, Bernd: Gottesfürchtige und Sympathisanten. 1998. *Band 104.*

Watts, Rikki: Isaiah's New Exodus and Mark. 1997. *Band II/88.*

Wedderburn, A.J.M.: Baptism and Resurrection. 1987. *Band 44.*

Wegner, Uwe: Der Hauptmann von Kafarnaum. 1985. *Band II/14.*

Weissenrieder, Annette: Images of Illness in the Gospel of Luke. 2003. *Band II/164.*

–, *Friederike Wendt* und *Petra von Gemünden* (Hrsg.): Picturing the New Testament. 2005. *Band II/193.*

Welck, Christian: Erzählte ‚Zeichen'. 1994. *Band II/69.*

Wendt, Friederike (Hrsg.): siehe *Weissenrieder, Annette.*

Wiarda, Timothy: Peter in the Gospels . 2000. *Band II/127.*

Wifstrand, Albert: Epochs and Styles. 2005. *Band 179.*

Wilk, Florian: siehe *Walter, Nikolaus.*

Williams, Catrin H.: I am He. 2000. *Band II/113.*

Wilson, Walter T.: Love without Pretense. 1991. *Band II/46.*

Wischmeyer, Oda: Von Ben Sira zu Paulus. 2004. *Band 173.*

Wisdom, Jeffrey: Blessing for the Nations and the Curse of the Law. 2001. *Band II/133.*

Wold, Benjamin G.: Women, Men, and Angels. 2005. *Band II/2001.*

Wright, Archie T.: The Origin of Evil Spirits. 2005. *Band II/198.*

Wucherpfennig, Ansgar: Heracleon Philologus. 2002. *Band 142.*

Yeung, Maureen: Faith in Jesus and Paul. 2002. *Band II/147.*

Zimmermann, Alfred E.: Die urchristlichen Lehrer. 1984, ²1988. *Band II/12.*

Zimmermann, Johannes: Messianische Texte aus Qumran. 1998. *Band II/104.*

Zimmermann, Ruben: Christologie der Bilder im Johannesevangelium. 2004. *Band 171.*

– Geschlechtermetaphorik und Gottesverhältnis. 2001. *Band II/122.*

Zumstein, Jean: siehe *Dettwiler, Andreas*

Zwiep, Arie W.: Judas and the Choice of Matthias. 2004. *Band II/187.*

Einen Gesamtkatalog erhalten Sie gerne vom Verlag
Mohr Siebeck – Postfach 2040 – D–72010 Tübingen
Neueste Informationen im Internet unter www.mohr.de